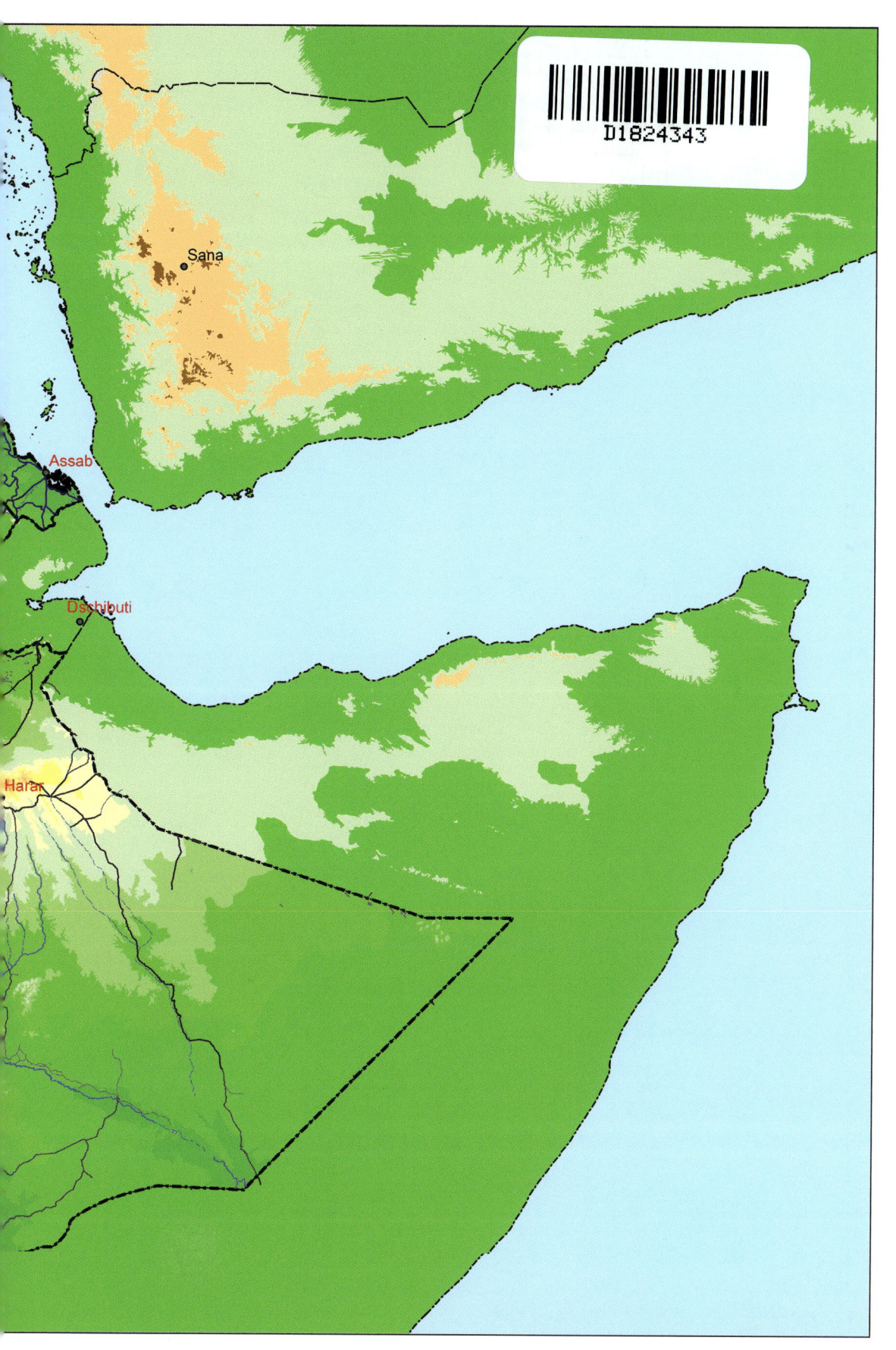

Sana

Assab

Dschibuti

Harar

Äthiopien
Geschichte, Kultur, Herausforderungen

Äthiopien

Geschichte, Kultur, Herausforderungen

Herausgegeben von
Siegbert Uhlig, David Appleyard, Alessandro Bausi,
Wolfgang Hahn und Steven Kaplan

2018
Harrassowitz Verlag · Wiesbaden

Gedruckt mit Unterstützung der DeutschÄthiopischenStiftung.

Titelbild: Madhane Alam am Sonntagmorgen, © Serge Dewel-Mouton.
Foto Rückseite: Markttag, Südäthiopien, © Martina Drewes.
Vorsatz: Physikalische Karte Nordostafrika, © Hiob-Ludolf-Zentrum für Äthiopistik, Hamburg.
Nachsatz: Politische Karte Nordostafrika, © Luisa Sernicola.

Bibliografische Information der Deutschen Nationalbibliothek
Die Deutsche Nationalbibliothek verzeichnet diese Publikation in der Deutschen
Nationalbibliografie; detaillierte bibliografische Daten sind im Internet
über http://dnb.dnb.de abrufbar.

Bibliographic information published by the Deutsche Nationalbibliothek
The Deutsche Nationalbibliothek lists this publication in the Deutsche
Nationalbibliografie; detailed bibliographic data are available on the Internet
at http://dnb.dnb.de .

Informationen zum Verlagsprogramm finden Sie unter
http://www.harrassowitz-verlag.de

Geleitwort von Bundespräsident a.D.
Professor Dr. Horst Köhler

Fragt man in Deutschland nach der im Jahr 2017 am schnellsten gewachsenen Volkswirtschaft, oder fragt man, wo Christen und Moslems weitgehend friedlich Seite an Seite leben, so tippen wohl die wenigsten auf Äthiopien. Stattdessen wird das Land stellvertretend für das gesamte Horn von Afrika oft als Krisenregion wahrgenommen. Natürlich steht Äthiopien vor gewaltigen Herausforderungen, politisch, ökonomisch und sozial. Dennoch offenbart sich hier ein ganz grundsätzliches Problem in unserer Beziehung zu Afrika: Unser Unwissen führt häufig zu Pauschalisierungen, die den Blick auf die afrikanische Wirklichkeit verengen.

Lernen wir also zu differenzieren! Legen wir unsere Ignoranz gegenüber Afrika ab, lernen wir mehr über seine Geschichte, seine Kultur, seine mannigfaltigen Realitäten. Nur so kann echte partnerschaftliche Zusammenarbeit gelingen. Dieses Handbuch zu Äthiopien und dem Horn von Afrika ist ein wichtiger Beitrag dazu.

Was mir an dem Buch besonders gefällt: Anstatt die Komplexität der Jahrtausende alten Kultur und Geschichte Äthiopiens mit dem allzu groben Pinsel übergreifender Statistiken und Narrative zu überkleistern, gibt es dem Leser eine Lupe zur Hand. So fügt sich aus den Beiträgen der über achtzig Autoren ein Bild von einem sich rasant wandelnden Land zusammen, mit all seinen Widersprüchen, Herausforderungen und Verheißungen.

Öffnen wir uns dieser Komplexität, dann kann auch der Blick vom Kleinen auf das Große gelingen: So lässt sich in Äthiopien wie unter einem Brennglas beobachten, welche großen Herausforderungen das Heranwachsen der größten Jugendbevölkerung in der Geschichte der Menschheit mit sich bringt. Hier liegt das Medianalter schon heute bei 17,7 Jahren, ähnlich wie auf dem ganzen Kontinent. Im Jahr 2050 wird Äthiopien voraussichtlich zu den 10 bevölkerungsreichsten Ländern der Erde zählen. In ganz Afrika wird sich die Bevölkerung bis dahin auf etwa 2,5 Milliarden Menschen verdoppeln. Diese Zahlen machen deutlich: Der Jugend Afrikas Perspektiven auf ein Leben in Würde und Wohlstand zu geben ist eine der größten Herausforderungen des 21. Jahrhunderts.

Europa sollte diese Herausforderung nicht als Drohszenario begreifen, sondern im Gegenteil Afrika dabei unterstützen, den Geist der afrikanischen Jugend zur echten transformativen Kraft auf dem Kontinent zu machen.

Damit Afrika ein Kontinent des Wachstums und der Lebensperspektiven wird, müssen sich die Volkswirtschaften dringend diversifizieren. Industrialisierung und Dienstleistungen müssen massiv gefördert werden, um rasch und umfassend Arbeitsplätze zu schaffen. Äthiopien hat diesbezüglich gute Erfahrungen mit einer proaktiven Industriepolitik gemacht und in so diversen Branchen wie Zement und Blumenzucht junge Industriezweige aufbauen können.

Ich habe keinen Zweifel: Die wirtschaftliche Transformation Afrikas ist möglich. Damit einhergehen muss jedoch auch ein struktureller Wandel in Europa, der dem dringend benötigten Wachstum in Afrika sowohl ökologisch als auch ökonomisch ausreichend Raum zur Entfaltung gibt. Überprüfen wir deshalb unsere Handelspolitik, unsere Agrarpolitik und die internationale Steuerpolitik konsequent daraufhin, ob sie zu Arbeit und Einkommen in Afrika beiträgt.

Europa und Afrika befinden sich in einer Schicksalsgemeinschaft. Wir müssen diese gegenseitige Abhängigkeit produktiv nutzen. Voraussetzung dafür ist ein Lernprozess, ein voneinander und ein übereinander lernen. In diesem Lernprozess muss auch die Wissenschaft ihren Beitrag leisten. Dafür ist dieses Buch ein ermutigendes Beispiel. Und ich freue mich auch, dass die Erlöse dieses Buches zur Einrichtung einer Professur für Ostafrikastudien beitragen. Möge es viele interessierte Leser finden!

Horst Köhler

www.horstkoehler.de

Dem Unwissenden erscheint ein kleiner Garten wie ein Wald
Wer den Blauen Nil nicht gesehen hat, ist fasziniert von einer Quelle
(Äthiopische Sprichwörter)

Vorwort

Die Idee zu diesem Sachbuch entstand, noch bevor die *Encyclopaedia Aethiopica* veröffentlicht war, als Vertreter aus Kultur, Wirtschaft und Politik, insbesondere Studierende und Freundeskreise von Hilfsorganisationen, aber auch einige Reiseveranstalter meinten, es sei Zeit für eine verständliche Einführung in Geschichte und Gegenwart Nordostafrikas und vor allem Äthiopiens, Zeit für ein Buch, das mehr als ein Reiseführer sein sollte.

So legen hier 85 Wissenschafter aus 15 Ländern in kurzen Beiträgen verlässliche Informationen vor über die wichtigsten Völker der Region, ihre Sprache, Geschichte und Religion, und nicht zuletzt über die gegenwärtigen Herausforderungen. Zugleich wissen sie, dass sie mit diesem Buch nur einen Überblick präsentieren und nicht alle Themen von Bedeutung behandeln können. Sie wollen Lust machen, weiter zu fragen und mehr wissen und erfahren zu wollen.

Für den Leser, der sich weiter informieren will, befinden sich am Schluss der Artikel Hinweise auf weiterführende – überwiegend internationale – Literatur. Daneben bleibt der Griff zum fünfbändigen Sachlexikon eine gute Wahl, das in den Kapiteln mit „*EAE* I–V" abgekürzt wird:

EAE I   *Encyclopaedia Aethiopica* I (A–C), Wiesbaden 2003

EAE II   *Encyclopaedia Aethiopica* II (D–Ha), Wiesbaden 2005

EAE III *Encyclopaedia Aethiopica* III (He–N), Wiesbaden 2007

EAE IV *Encyclopaedia Aethiopica* IV (O–X), Wiesbaden 2010

EAE V   *Encyclopaedia Aethiopica* V: *Y–Z, Addenda, Index*, Wiesbaden: Harrassowitz Verlag 2014. I–IV ed. by Siegbert Uhlig (IV in cooperation with Alessandro Bausi), V ed. by Alessandro Bausi in cooperation with Siegbert Uhlig.

Nordostafrika und nicht zuletzt Äthiopien erlebt zurzeit einen gewaltigen Umbruch. Die Region hat in der Vergangenheit negative Schlagzeilen gemacht mit Hungerkatastrophen, politischen Umwälzungen und gesellschaftlichen Gärprozessen, mit Diktaturen, Fluchtwellen, mit Staatszerfall und Korruption. Und ohne Zweifel ist die Region alles andere als ein homogenes politisches Gebilde. Aber geopolitisch und kulturhistorisch verbinden die Länder Nordostafrikas viele Gemeinsamkeiten. Dabei versteht sich Äthiopien als politisches und wirtschaftliches Zentrum, und dieses Land bildet auch das Zentrum unseres Buches. Hin und wieder nehmen wir die Nachbarländer mit in den Blick.

Bei allen ungelösten Fragen und bei aller Sorge im Blick auf die Zukunft wird meist übersehen, welch außergewöhnliche Kultur Nordostafrika beherbergt. Die Faszination an Land und Leuten geht bis in die Antike zurück. Auch dieses Sachbuch will einführen und Neugier wecken bei Wirtschaftsvertretern, die in neue Märkte investieren wollen, bei Studenten, die sich den Äthiopienstudien widmen, bei künftigen Reisenden auf der Suche nach interessanten Menschen, Landschaften und einmaligen Orten, aber vor allem bei Menschen, die bereit sind, sich Afrika, seinen Paradiesen und insbesondere seinen ungelösten Aufgaben zu widmen.

Tatsächlich bestehen gewaltige Herausforderungen. Da sind die bunte Vielfalt und zugleich die unterschiedliche Entwicklung zum Beispiel der äthiopischen Völker: einerseits archaische Riten, gerontokratische oder zumindest die Gesellschaft dominierende Altersklassen, daneben basisdemokratische Entscheidungsprozesse bei Großsippen und Ethnien, aktive Frauenbünde neben großen Gruppen von Frauen, die von der gesellschaftlichen Teilnahme ausgesperrt bleiben.

Da sind die gigantischen Herausforderungen in der Gesellschaft: Das Nebeneinander von traditioneller und moderner Rechtsprechung, das Weiterbestehen von gewaltigen Defiziten neben grundlegenden Fortschritten in der medizinischen Versorgung, erfolgreiche Programme zur Alphabetisierung und Armutsbekämpfung neben weiter bestehender Bedrohung durch Hungerkatastrophen, da sind seit Jahrzehnten unaufhaltsame und derzeit gewaltig anschwellende Emigrationsströme, Bemühungen zur Steigerung des Bruttosozialprodukts und zur Verbesserung der Infrastruktur und des Verkehrs- und Handelssektors. Diese Themen greifen wir auf. Wir verfolgen damit das Ziel der Weiterentfaltung der Region, die nur durch Bildung auf höchstem Niveau und durch eine Investition in die besten Köpfe, in die künftigen Führungspersönlichkeiten erreicht werden kann.

Wenn wir mit diesem Buch Erlöse erzielen, fließen sie ungeschmälert in die Errichtung einer Stiftungsprofessur für Gegenwartsfragen Nordostafrikas, um der Entwicklung in diesem Teil Afrikas zu dienen. Dieses Ziel teilen mit uns Persönlichkeiten des gesellschaftlichen Lebens und unterstützen es mit großem Engagement. So der frühere Bundespräsident der Bundesrepublik Deutschland, Horst Köhler, der erklärte: „Ich freue mich über die Initiative der DeutschÄthiopischenStiftung und der Universität Hamburg zur Errichtung einer Stiftungsprofessur. Afrika verändert sich viel schneller als unser Bild von ihm. Deshalb müssen wir Räume schaffen, in denen genau hingeschaut und unser Blick geschärft wird, gerade mit Bezug auf einzelne Länder und Regionen. Eine Professur für Gegenwartsfragen des Horns von Afrika bietet diese Chance." Zu dieser Nachwuchsprofessur, zu ihren Zielen und den Möglichkeiten der Förderung finden sich Informationen unter *www.daes.info*.

Der Zweck des Buches kann weiterführende wissenschaftliche Diskussionen nicht leisten, und so sind an einigen Stellen die Meinungen der Wissenschaftler nicht deckungsgleich. Jeder Artikel ist in sich geschlossen; Wiederholungen sind daher beabsichtigt. – Wir bedienen uns einer einfachen Schreibweise von Namen und Begriffen: statt Ḫaylä Śəllase (I) schreiben wir Hayla Sellase und statt Zär'a Ya'qob schreiben wir Zara Yaeqob. Wer sich genauer informieren möchte, sei auf das Auswahlglossar verwiesen. – Ein Register bietet weitere Hilfen. Einige Karten, die zum Teil bereits in der fünfbändigen *Encyclopaedia Aethiopica* veröffentlicht wurden, informieren zusätzlich.

Dieses Sachbuch wurde 2017 in englischer Sprache herausgebracht: „Ethiopia – History, Peoples and Challenges", veröffentlicht von der Michigan State University Press und vom LIT-Verlag. Der Inhalt des vorliegenden Bandes orientiert sich an jener Ausgabe, weicht aber an etlichen Stellen ab. Außerdem haben wir zusätzlich einige Übersichten und neue Beiträge aufgenommen. Viele Artikel sind ursprünglich in englischer Sprache verfasst worden und nun ins Deutsche übersetzt. Dabei hat gute Lesbarkeit Vorrang vor wörtlicher Übertragung. Für die Übersetzung der Beiträge haben wir neben vielen anderen vor allem Silke Sophie Ebert, Lasse Dallmann, Wolfgang Hahn und Maija Priess zu danken.

Die Fotos werden fast ausnahmslos kostenlos zur Verfügung gestellt; insbesondere den Bildgebern Matthias Ansel, Horst Böge, Serge Dewel-Mouton, Martina Drewes, Philipp Hedemann, Wilfried Hofmann, Clemens Schlüter, Christian Sefrin, Wolbert Smidt, Stefan Warwas und einigen anderen Beiträgern sei dafür herzlich gedankt, ebenso Organisationen wie „Ethiopia Travel" und „Depositphotos". – Wir sind Luisa Sernicola und Matthias Schulz dankbar für die Gestaltung der Karten, die überwiegend bereits in *EAE* V veröffentlicht wurden und deren Schreibung der Ortsnamen hier unverändert übernommen wurde. Thomas Rave besorgte das Layout und bereitete den Druck vor. – Ein Dank gilt dem Harrassowitz Verlag für die erfolgreiche Zusammenarbeit.

Die Autoren bemühen sich, knapp zu formulieren und das zusammenzufassen, was sonst im wissenschaftlichen Diskurs viele Seiten in Anspruch nähme. Daher ist die Sprache kurzgefasst, will aber zugleich verständlich sein.

Eine Reihe von Förderern der Stiftungsprofessur unterstützen diese Einführung für jedermann mit erheblichen Finanzmitteln; neben vielen anderen ist vor allem Karl-Dieter Broks (Hamburg) für seine großzügige Förderung zu danken. Er und andere Freunde dieser faszinierenden Kulturregion machen dieses Buch möglich, entstanden in einer Kooperation des Hiob-Ludolf-Zentrums für Äthiopistik und der DeutschÄthiopischenStiftung.

Ya-Adwa del torennat (Adwa-Siegesfest) = 23. *Yakkatit* 2010 (äthiopischer Kalender) = 2. März 2018 (europäischer Kalender)

Die Herausgeber

DeutschÄthiopischeStiftung
Forschen. Bilden. Erhalten.

Inhaltsverzeichnis

Kapitel 1 Äthiopien und das Horn von Afrika

Kulturkontakt zwischen Europa und Nordostafrika

Auf der Suche nach dem Paradies – oder die faszinierende Begegnung zweier Welten. Europa und der Nordosten Afrikas – was wissen wir von einander? Was fesselt uns an dieser an Legenden schwangeren Weltgegend, in der die Wiege der Menschen gestanden haben soll? Und dazu die Dutzenden von Völkern – was hält sie zusammen? Was verbindet uns mit diesen Menschen?

Aus der Ferne werden wir das nicht ergründen. Wir müssen dem Land und den Leuten begegnen, den Kindern in die großen Augen schauen, mit den Frauen in der Runde Kaffee trinken, mit den weisen Männern unter dem Baum sitzen und den Spruch nach dem Palaver abwarten – gesprochen von einem Alten mit zerfurchtem Gesicht –, müssen nachdenken über die uns verschlossene Wachs- und Gold-Dichtung und über die Weisheitssprüche, wir müssen durch die aus den Nähten platzende Stadt Addis Abeba laufen, Schlange stehen an den Taxiständen und die heftig gestikulierenden, sich die Seele aus dem Leib schreienden Jungen beobachten, müssen dem Verkehrspolizisten hinterherschauen, der von seinem Tritt herabsteigt und das Gitter der Kirche küsst, müssen unsicher am Straßenrand stehen ob der Menge der mit krausen Kinderköpfen vollen Kreuzung, die zweimal am Tage aus der Schule strömen und den Verkehr lahmlegen – diese pulsierende, lachende Zukunft Afrikas.

Welches Geheimnis zieht uns da an und lässt uns nicht wieder los, wenn wir es einmal zu ergründen versucht haben? Diese magische, fast magnetische Kraft, die uns seit Jahrhunderten an Land und Leute fesselt, sie hat eine lange Geschichte. Sie wollen wir nacherzählen und zugleich intensiv nach dem Heute und dem Morgen forschen.

Bereits das byzantinische Reich unterhielt zu den Herrschern Aksums intensive Kontakte. Aber schon vorher kannte man elementare Fakten, auch dank des unbekannten Verfassers der „Umschiffung des Roten Meeres" (griechisch, üblicherweise lateinisch *Periplus Mares Erythraei*), der die Küste im 1. Jh. n.Chr. bereiste. Im 6. Jh. dann schrieb Kosmas der Indienfahrer seine detailreiche *Topographia Christiana*, die Steininschriften des Landes im Wortlaut wiedergibt.

Schon während der Antike kam es zur entscheidenden Begegnung zwischen der arabisch geprägten afrikanischen und der christlichen Kultur des Mittelmeerraumes. Auch wenn wir nicht in allen Einzelheiten Wahrheit und Legende auseinanderhalten können, steht fest, dass in der ersten Hälfte des 4. Jh., vermittelt durch griechische Handelsleute, der aksumitische Herrscher Ezana das Christentum annahm und es zur Religion seines Reiches erklärte. Monumentale Inschriften und Münzen geben darüber Auskunft.

In den folgenden Jahrhunderten erreichten Europa Berichte über sagenhafte Reichtümer und ein christliches Reich am Ende der „zivilisierten" Welt, das durch muslimische Nachbarn bedroht werde. Aus mittelalterlichen legendarischen Erzählungen kamen die Berichte nach Europa – so beispielsweise seit dem 12. Jh. die Geschichte eines Priester(=Königs) Johannes, der ein Land des Friedens regiert –, bis die Anzahl von Informationen seit dem 15. und 16. Jh. das europäische Afrikabild grundlegend änderte: Briefe zwischen äthiopischen Kaisern und europäischen Herrschern und dem Papst führten zu genauerer Kenntnis. Reisende, die das Heilige Land besuchten, berichteten von der Begegnung mit äthiopischen Mönchen. Die ersten Äthiopier, die nach Europa kamen, trugen zur Aufklärung bei. Europäer selbst – zunächst Portugiesen – begannen Äthiopien zu erkunden und über Land und Leute Augenzeugenberichte zu verfassen.

Alte Schriftzeugnisse. Die Neugier des bildungshungrigen Bürgertums brachte zu Beginn der Seefahrer- und Entdeckerperiode verlässliche Abhandlungen über die bis dahin unerforschten Weltgegenden hervor. Schon vom 13. Jh. an hatten Reisende wie Marco Polo, auch wenn sie nicht selbst das äthiopische Reich betraten, die damals zugänglichen Informationen in ihren Schriften verwertet.

Neben dem „Reisejournal" des Portugiesen Francisco Álvares: „Wahrhaftiger Bericht aus dem Reich des Priesters Johannes …" (so die Übersetzung des portugiesischen Titels), das 1540 gedruckt wurde, ist eines der ersten Werke über die Region zu erwähnen, das Büchlein von Damian de Góis über den Glauben und die Sitte der Äthiopier (*Fides, religio, moresque Aethiopum*), das ebenfalls 1540 erschien; es geht auf eine Niederschrift des äthiopischen Geistlichen Sagga Za'ab und auf Interviews mit diesem Botschafter des äthiopischen Kaisers zurück, den Damian 1533 kennenlernte. Die gebildeten Leser griffen begierig zu diesem Büchlein und machten es zu einem Bestseller, der immer wieder nachgedruckt und dessen lateinische Fassung in die europäischen Hauptsprachen übersetzt wurde. Große Geister jener Zeit wie Erasmus, Luther, Melanchthon, Thomas More und Johannes Magnus setzten sich mit diesem Werk und dem „Aufklärer" de Góis auseinander. Das Werk ist ein Kompendium der äthiopischen Kultur, das vor allem Themen aus kirchlicher Praxis und religiösem Brauchtum behandelt: Festkalender, Beschneidung und Taufe, Mönchtum und Priestertum, Speisevorschriften und Sabbat. Aber auch über die äthiopische Geschichte und das Herrschaftssystem des Landes wird berichtet. In diesem Zusammenhang müssten noch einige andere Berichte aufgezählt werden, so z.B. jener über die Militärmission von Christovão da Gama des Jahres 1541 gegen Ahmad Grany, der 1565 erschien. Etwa hundert Jahre nach Damian de Góis kommt es zu einer Begegnung historischer Tragweite zwischen einem Äthiopier und einem deutschen Diplomaten und Gelehrten. Hiob Ludolf, der sich in politischer Mission 1649 in Rom aufhält, trifft auf den Mönch Gorgoryos (Gregorius), der aus religiösen Gründen aus Äthiopien geflohen war und in einem Kloster im Vatikan lebte. Ludolf lernt in kurzer Zeit Altäthiopisch und später auch Amharisch und führt intensive Gespräche mit dem Äthiopier. Er lädt ihn nach Deutschland ein, wo er 1652 unter der Schirmherrschaft seines Landesfürsten Interviews mit Gorgoryos führt, die vorbereitet worden waren durch Literaturauszüge aus den damals bekannten Werken. Die Antworten des äthiopischen Mönchs wurden schriftlich festgehalten und später in dem kleinen Werk „Theologia Aethiopica" veröffentlicht.

Auch in den kommenden Jahrzehnten hat Ludolf immer wieder mit den wissenschaftlichen Methoden seiner Zeit wichtige Bücher über die äthiopischen Sprachen, über die Literatur, Geografie, Landeskunde und Geschichte der Region veröffentlicht und damit das nicht mehr versiegende Interesse an dem Faszinosum Äthiopien geweckt.

Auszüge aus der Literatur. Nach Ludolf schwillt der Strom an Äthiopienwerken erheblich an, so dass wir hier nur einige – beinahe willkürlich ausgewählte – Beispiele deutscher Schriftsteller aus verschiedenen Epochen nennen können.

Der Lübecker Goldschmiedesohn Heyling, der in Paris studiert hatte, schloss sich in den 40er Jahren des 17. Jh. in Ägypten einer Reisegruppe mit dem neuen Kirchenfürsten Äthiopiens, *Abuna* Marqos, an.

Johann Heinrich Michaelis, „Sonderbarer Lebens-Lauff des Herrn Peter Heylings aus Lübec, und dessen Reise …", Halle 1724 (hier modernem Stil und moderner Rechtschreibung angepasst)

[175] „Als er [Peter Heyling] nun endlich mit seinen Gefährten in Äthiopien im Jahr 1634 oder 1635 glücklich angelangt (war), wurde ihm bei dem neuen Abun oder Metropoliten bald Gelegenheit gegeben, seinen Verstand und (seine) Geschicklichkeit auch in (der) Unterrichtung einiger (der) vornehmen Herren Kinder zu zeigen … Welches dann mit so gutem Erfolg geschehen (ist), dass nicht allein bei seinen Untergebenen eine ungemeine Zuneigung und Liebe gegen ihn erwuchs, sondern auch die vornehmen Eltern mit aller Erkenntlichkeit solches zu vergelten suchten … [176] [Er] machte sich also auch durch seine Mildtätigkeit überall mehr Gönner und Freunde … Unser Heyling wurde bald nach einigen Monaten gnädigst zur Audienz aufgefordert. Als nun der König solche ungemeine Gaben und (solche) Geschicklichkeit bei ihm antraf, hat er ihn auch sofort in seinem Lager und an seinem Hofe behalten und ihn fernerhin als einen geheimen Rat und hohen Etatsminister behandelt. Damit auch der König seiner tatsächlich so versichert wäre, musste es sich Peter Heyling gefallen lassen, endlich auch eine Vermählung mit einer Princesse du Sang oder nahen Blutsfreundin des Königs … zu vollziehen."

Knigge veröffentlichte 1791 einen fiktiven Bericht, in dem er erzählt, wie sein Vetter dem afrikanischen Herrscher die Vorzüge von Aufklärung und demokratischer Verfassung schmackhaft macht.

Er wendet sich eingangs an die Leser: „Ich liefre Ihnen die Beschreibung eines großen, wichtigen, bis jetzt fast gänzlich unbekannt gewesenen Reichs in Afrika, von welchem diejenigen, die bis auf den heutigen Tag darüber geschrieben …, ganz falsche Nachrichten gegeben haben; zugleich aber auch enthält mein Buch die Erzählung einer höchst merkwürdigen Revolution, welche in diesem Reiche … ist bewirkt worden." So in der Vorrede [102].

[Adolph Freiherr von Knigge], „Benjamin Noldmann's Geschichte der Aufklärung in Abyssinien oder Nachricht von seinem und seines Herrn Vetters Aufenthalte an dem Hofe des großen Negus, oder Priesters Johannes", Frankfurt am Main – Leipzig 1791

[210] „Nächst Anlegung der Buchdruckereyen empfahl mein Herr Vetter dem Könige [= Kaiser] vorzüglich die Beförderung des Studiums fremder Sprachen. Neue Wörter, Redensarten und Wendungen wären, meinte er, das wenigste, was man dadurch lernte; aber man gewänne auch neue Ideen … [211] Zu dem Aufklärungsplane des Herrn Wurmbrand gehörte ferner mit, daß er dem Monarchen vorschlug, Fremde in das Land zu locken und diese vorzüglich auszuzeichnen … [213] und es wurden Gelder dazu verwilligt, doch mit der Bedingung, daß diese Leute, nach ihrer Zurückkunft, einige Jahre hindurch für den Hof umsonst arbeiten sollten. Hierauf wurde fest gesetzt, in Adova, der Hauptstadt von Tigre, eine Universität, in einigen andern Städten aber Gymnasien und Schulen anzulegen, worauf denn auch endlich der König den Vorschlag billigte, sich zu bemühen, nach und nach deutsche Gelehrte nach Abyssinien zu ziehen."

Der Philosoph Kant hat in einer Vorlesung, die er von 1755 bis 1796 in Königsberg hielt, kurz über Äthiopien und seine Bewohner referiert und dafür die naturwissenschaftlichen Publikationen seiner Zeit intensiv ausgewertet. Er veröffentlichte das Werk nicht selbst, sondern es wurde auf der Basis der Nachschriften seiner Studenten zusammengestellt.

Immanuel Kant, „Physische Geographie" (herausgegeben von Theodor Rink), Königsberg 1802

[418] „In den niedrigen Gegenden des Landes und an den Küsten des Rothen Meers bei Suakin ist die Hitze ganz unerhört heftig, in den andern, gebirgichten Gegenden aber so mäßig wie in Italien oder Griechenland … Der Regen, der hier in den Monaten Juni, Juli und August wie aus Kannen herabstürzt, ist mit schrecklichem Donnerwetter verbunden und giebt dem Nil seinen Zuwachs … Dieses Land hat ohne Zweifel edle Metalle, aber die Einwohner suchen sie nicht, damit der Türken Geiz dadurch nicht angereizt werde … [419] Die Abyssinier sind von arabischer Abkunft, witzig, wohlgebildet, aber schwarzfalb mit wollichtem Haar, ehrlich, nicht zanksüchtig."

Ausgelöst durch die 1905 angebahnten politischen Beziehungen zwischen dem deutschen und dem äthiopischen Reich reiste eine Delegation nach Äthiopien, um die bilateralen Handelsbeziehungen zu intensivieren. Ihr schloss sich Dr. Kurt Herzbruch an und verfasste einen Reisebericht.

Kurt Herzbruch, „Abessinien. Eine Reise zum Hofe Kaiser Meneliks II.", München – Leipzig 1925

[139] „Am 6. April [1907] vormittags waren wir vom Negus Negesti [= *Negusa nagast*] zur Audienz befohlen. Um ½ 8 Uhr ritten wir, in Frack, weißer Binde, Lackschuhen und den weißen Tropenhelmen auf dem Kopfe, von dem Palais des Ras Tassama ab … [140] Als wir vor der Halle erschienen, glitt ein freundliches Lächeln über des Kaisers Gesichtszüge. Wir machten nun, wie es die Hofetikette verlangte, am Eingang und in der Mitte der Halle eine tiefe Verbeugung, worauf wir vor Menelik hintraten. Der Kaiser drückte uns mit gewinnender Herzlichkeit die Hand und

Der Vulkan Erta Ale, © Christian Sefrin

forderte uns auf, vor ihm auf bereitgestellten Sesseln Platz zu nehmen. Der Herrscher
Abessiniens trug eine seidengefütterte Atlaspelerine mit seitlicher Kapuze. Der Über-
wurf war mit gelber Borde verziert und mit goldenen runden Knöpfen versehen.
Unter der Pelerine wurde eine weiße, aus feinstem Baumwollstoff gefertigte Schama
sichtbar, während die Arme in weißen, mit goldenen Knöpfen garnierten, eng anlie-
genden Atlasärmeln steckten. Um Stirn und Kopf hatte der Kaiser ein weißes Tuch
geschlungen, während sein breitrandiger, grauer Filzhut … neben ihm auf einem
Kissen lag."

Einer der im 20. Jh. immer zahlreicher ins Land strömenden Besucher ist der fast
nur Spezialisten bekannte Schrenzel, der einen gelegentlich etwas blumigen Bericht
vorgelegt hat.

Ernst Heinrich Schrenzel, „Abessinien. Land ohne Hunger – Land ohne Zeit",
Berlin 1928

[162] „Die neue Zeit hat den Boden dieses Landes kaum ritzen, sein uraltes Antlitz
nur unmerklich schminken können. Und völlig unberührt hat sie das patriarchalische
System des Staates und seiner Regierung gelassen … Menelik II., der größte und
populärste unter den Herrschern der letzten Jahrzehnte, hielt nur mehr in seinem
Schloss einen Löwenzwinger, und sein Neffe, Ras Taffari, der Regent und Thronfol-
ger von heute, tut das gleiche, und läßt sich mit Vorliebe in seinem Salon mit ein
paar jungen Löwen photographieren. Sie sind Symbol der Herrscherstärke und …
Sinnbild auch der bodenständigen Kraft, gleichsam lebende Wappentiere. Und wie
sie zum Hofe des heutigen Abessinien gehören, der über Automobile verfügt, über
Maschinengewehre, Telephone, Radioapparate, so lebt auch die Sitte aus den Tagen
der Königin von Saba im kaiserlichen ‚Gibbi', das nun schon durch tausend Fäden
der Politik mit Europa verbunden ist. Denn die Gesandtschaften in Addis-Ababa
leben in steter Fühlung mit [163] diesem einzigartigen Hof, dessen eingeborene Würdenträger in uraltem Zeremoniell ihres Amtes walten."

Einer der jüngsten Reiseberichte ist der von Hedemann, der drei Jahre in Äthiopi-
en unterwegs war und über die Menschen erzählt, die er traf.

Philipp Hedemann, „Der Mann, der den Tod auslacht. Begegnungen auf meinen
Reisen durch Äthiopien", Ostfildern 2013

[246] „Das Äthiopien, das ich erlebt habe, befindet sich einerseits in rasantem
Aufbruch, andererseits ist es in Stillstand erstarrt. In der Hauptstadt entsteht ein
Blendwerk des Fortschritts nach dem anderen; doch im Vergleich zu den schwin-
delerregenden Veränderungen in Addis, scheint das Leben in mancher abgelegenen
Klause sogar rückwärts zu gehen. In Zeiten des Umbruchs gibt die Besinnung auf
uralte Bräuche, Riten und Vorstellungen vielen Äthiopiern Sicherheit. Zumindest
zeitweise. Doch nicht alle wollen sich darauf verlassen. Manche Äthiopier versuchen
atem- und rastlos den Modernisierungswettlauf mitzurennen, manche stehen am
Wegesrand und schauen verwundert zu, manche wünschen sich, der Lauf hätte nie
begonnen … Die Grenzen, die die Moderne von der Tradition trennen, sind in Äthiopien häufig unsichtbar, doch schwer zu überwinden … [247] Auch nach drei Jahren
erscheint mir kaum ein anderes Land [Afrikas] so fremd wie das ostafrikanische. Aber
gerade das Fremde lässt mir bewusst werden, dass das, was uns trennt, kleiner ist, als
das, was uns verbindet."

Diese fremde Welt, deren Einmaligkeit uns nicht wieder loslässt, diese Kultur,
deren Geheimnisse uns faszinieren, wollen wir kennenlernen. Und so laufen wir an
der Riege der Schuhputzerjungen vorbei, die an der Hoteleinfahrt herumlungern

mit Plastiknäpfen undefinierbarer Substanz, wir besichtigen den neuen Staudamm, der das Wirtschaftswunder verspricht, wir drehen uns nach der Frau um, die den Pflug durch die rote Erde zieht, und nach der Barfußläuferin, die ein zentnerschweres Brennholz-Bündel neben der Straße in die Stadt schleppt, wir nehmen teil an der fröhlich lärmenden Wallfahrt von Christen und Muslimen, wir beobachten das träge Krokodil im Fluss, wir genießen den kalten Morgen mit dem Holzfeuergeruch, der aus den Höfen aufsteigt, und daneben den betörenden Blütenduft, und den Vogelruf, der in unseren Ohren so fremd klingt.

Literatur: RED., DONALD CRUMMEY, „Ethiopia", *EAE* II, 393–397; SIEGBERT UHLIG, „Ethiopian Studies", *EAE* II, 433–438; RICHARD PANKHURST, WENDY LAURA BELCHER, „Ethiopia in English-language literature", *EAE* V, 401–405.

Siegbert Uhlig, Hiob-Ludolf-Zentrum für Äthiopistik, Universität Hamburg

Das Wunder der Einheit Äthiopiens

Im Jahr 1943 kam es in Äthiopien zu einer aufgeregten Debatte zwischen den britischen Beamten im Lande. Sie stritten über die Zukunft Äthiopiens und damit auch über seine Geschichte. Auf der einen Seite standen Offiziere der britischen Armee, die Äthiopien von der italienischen Besatzung befreit hatten (1936–1941). Viele von ihnen erfahrene Militärs, die im Auftrag der Krone bereits in anderen Kolonien Asiens und Afrikas gedient hatten. Äthiopien, so argumentierten sie, falle aus allen Regeln. Zwar sei das Land immer unabhängig gewesen, doch sei es nun an der Zeit, allgemeine Vernunft walten zu lassen. Und das hieße, das Land aufzuteilen und es unter eine „ordentliche" britische Verwaltung zu stellen. Anderer Ansicht dagegen waren Beamte im britischen Stab für auswärtige Angelegenheiten, die Kaiser Hayla Sellase unmittelbar berieten. Sie traten für die Verwirklichung der 1941 verabschiedeten Deklaration ein, nach der Äthiopiens Souveränität wiederhergestellt werden sollte.

Veteranen am Jahrestag des Sieges von Adwa, © Dereje Belachew

Der führende Kopf unter ihnen war Colonel R.E. Cheesman, der lange genug in Äthiopien war, um das Land besser zu kennen als jene Offiziere. Am 17. Juni 1943 erstattete er nach London Bericht und skizzierte in wenigen Sätzen die vielleicht beste Einführung zu unserem Buch:

„Seit der Regierungszeit von Kaiser Menelik II. (1889–1913) basierte die Außenpolitik Englands, Frankreichs und Italiens mit Blick Äthiopien auf der Annahme, das Land breche früher oder später auseinander – das geschah allerdings nie. Äthiopien überdauerte seine Herrscher Lej Iyasu (1913–1916), Zawditu (1916–1930) und auch Hayle Selassie. Es bewies Einheit auf der ganzen Linie, auch wenn diese zwischen 1935 und 1936 gegen die Italiener nicht effektiv war. Trotzdem hielt sich hartnäckig die Meinung, Äthiopien würde irgendwann zerfallen. Es überrascht nicht, dass man aus anglo-militärischer Sicht die Realität der Einheit Äthiopiens nicht verstehen konnte, dass Äthiopien in nationaler Einheit existierte, und das bei einer Regierung, die nicht in Erscheinung trat und völlig anders war als die eigene Regierung. Wie sollte sie länger als ein paar Monate durchhalten?" Cheesman selbst hegte keine Zweifel am Fortbestehen der äthiopischen Staatlichkeit. Er nahm die „eigentümliche Struktur des äthiopischen Reiches" gründlich unter die Lupe und befand, sie werde zusammengehalten durch „eine geheimnisvolle Kraft, die mit oberflächlichem Wissen über Äthiopien nicht zu begreifen" sei.

Das Rätsel der Geschichte. Genau darum geht es – um die Frage, wie das Land über zwei Jahrtausende hinweg auf eigenen Füßen stehen konnte. Welche Kraft schaffte es, dass dieses „geheimnisvolle" afrikanische Reich so lange frei und unabhängig blieb? Für viele Außenstehende blieb es ein Rätsel, ein faszinierendes Kuriosum oder schlicht eine Abweichung vom normalen Lauf der Geschichte. In der Konsequenz trug diese Denkweise dazu bei, dass Äthiopien im Jahr 1935 Mussolini geopfert wurde – ein Desaster für die Welt. Denn das Land war damals bereits Mitglied im Völkerbund.

Äthiopien, das legendäre, biblische „Land Kusch", weckt große Neugier. Doch wie wurde es vor mehr als 2000 Jahren als politische Einheit geboren, die bis heute besteht? Wie konnte sich eine Königsmonarchie in der antiken Stadt Aksum etablieren? Und wie konnte diese fast 1000 Jahre lang die Geschicke des Landes lenken bis zum Niedergang im 9. Jh.? Wie verschmolzen lokale afrikanische Kultur und orientalisches Christentum? Vereint als Kreuz und Krone in den 340er Jahren mit Bestand bis 1974? Wie entstand im antiken Äthiopien durch jüdische und Einflüsse des Alten Testaments eine Art politisches Christentum, das zu einem äthiopisch-israelitischen Selbstbewusstsein führte? Wie konnte dieses einzigartige Christentum seine Eigenständigkeit bewahren? Und unter dem Schirm der ägyptischen Kirche von den Anfängen bis 1959 zugleich Teil der christlichen Welt sein? Was machte das Weiterbestehen Äthiopiens nach dem Niedergang des aksumitischen Reiches möglich? Was bewirkte die mittelalterliche Renaissance, insbesondere unter der salomonischen Dynastie (1270–1529)? Wie gelang es den salomonischen Herrschern, das Königreich wiederzubeleben und es zu vergrößern? Wie schafften es die Herrscher, eine Vielfalt politischer, militärischer und kultureller Institutionen, die bis heute prägend sind, aufzurichten und immer wieder zu erneuern? Woher stammt dieser „Magnetismus", der das Land über die Jahrhunderte des politischen Niedergangs zusammenhielt? In Zeiten, in denen „es keinen König in Israel gab und jeder tat, was er wollte" (nach Richter 21,25), wie biblisch orientierte äthiopische Quellen schreiben. Wie trug dieses lange, historische Erbe dazu bei, dass sich Äthiopien an der Schwelle zur Moderne trotz der tragischen Ereignisse um Kaiser Tewodros (1855–1868), unter Kaiser Yohannes IV. (1872–1889) und den beiden genannten Kaisern Menilek II. und Hayla Sellase erholte?

Zerfallsidee und Einheit. Die Meinung, Äthiopien würde über kurz oder lang zerfallen, hielt sich zäh. Bis heute gilt es vielen als Land, dessen Geheimnisse im Verborgenen liegen. 1974 erlebte Äthiopien einen Militärputsch. Er mündete in einem am Kommunismus orientierten Regime unter Mengistu Hayle Mariam. Das Land litt unter blutigen Auseinandersetzungen im Inneren und unter hohem Druck aus dem Ausland, so dass es erneut drohte auseinanderzureißen. Eritrea, von 1890 bis 1941 italienische Kolonie und später unter britischer Herrschaft, wurde an Äthiopien zurückgegeben (föderales Abkommen von 1951, volle Annexion 1962), um letztlich doch wieder davon losgelöst zu werden. Nach Mengistus Sturz 1991 wurde Eritrea unabhängig, 1993 auch als Staat offiziell anerkannt. Alle anderen Landesteile überdauerten die Jahre der „Bruderkriege" ebenso unbeschadet wie die Neugründung Äthiopiens 1991.

Die gegenwärtige Führung Äthiopiens ist vom zentralistischen Ethos der Kaiserzeit und der marxistischen Ära abgerückt. Sie nahm sich den Wiederaufbau auf der Grundlage seiner ethnischen Vielfalt vor und rief eine Föderation aus – praktisch 1991 und offiziell 1995. Das heutige Äthiopien besteht aus neun Regionen (Bundesstaaten), die sich an den ethnischen Grenzen orientieren. Diese moderne Gliederung dürfte die Zerfallstheorie auf eine ultimative Probe stellen. Immerhin hat nach der neuen Verfassung von 1995 jeder Bundesstaat das Recht, sich durch ein juristisches Verfahren von Äthiopien unabhängig zu erklären. Viele Beobachter sehen, wie in früheren Zeiten, darin ein Wagnis, das zu einer Zersplitterung Äthiopiens führen könnte. Allen Befürchtungen zum Trotz hat aber keine der Verwaltungsregionen bis zum heutigen Tag, an dem diese Zeilen geschrieben werden und immerhin fast zweieinhalb Jahrzehnte später, nach einer Abspaltung gestrebt. Fest steht, dass die föderale Struktur Äthiopien zwar neu definiert, seine Einheit aber nicht gefährdet.

Und wie steht es um die „Theorie des Zerfalls"? Gehen wir an dieser Stelle der Frage weiter nach. Zu keiner Zeit waren die Herrscher in der Lage – selbst in ihrer Hoch-Zeit nicht – ein ständiges Heer zu errichten, ebenso wenig eine starke Staatsmacht, die ihre zentralistische Wirkung bis in die letzten Winkel des Reiches hätte gewährleisten können. Äthiopien umfasst bis heute ein gewaltiges Territorium mit zerklüfteten Gebirgen, die schwer zu überwinden sind. Keine der geografischen Gegebenheiten erleichterte die Kommunikation oder förderte politische Stabilität. Äthiopien entfaltete auch keine Wirtschaftskraft, die sich auf eine Zentralverwaltung hätte stützen können. Während der Nil in Ägypten (mit dem späteren Anbau von Baumwolle) Mittelpunkt solch eines zentralen Systems war, bildete der Blaue Nil in Äthiopien mit seinem tiefen Canyon eine Barriere für die Völker. Dutzende Sprachen wurden nie vom Amharischen als Nationalsprache verdrängt. Ganz im Gegenteil stiftete diese Vielfalt eine lokale Identität, die zum Teil weit auf umliegende Gebiete ausstrahlte. Ende des 19. Jh. eroberte und annektierte Äthiopien seinen heutigen Süden. Damit verdoppelten sich das Territorium und seine ethnische Vielfalt. Äthiopien büßte seine Integrität nicht ein, vielmehr wurde sie gestärkt.

Darüber hinaus überlebte dieses „rätselhafte" Land nicht einfach, sondern es stellte sich auch zwei übermächtigen Einflüssen der Geschichte und überwand sie. Zum einen das islamische Reich. Es trat als enorme religiöse und politische Kraft im 7. Jh. auf der arabischen Seite des Roten Meeres, quasi vor der Haustür, in Erscheinung. Der Islam dehnte sich rasch in alle Himmelsrichtungen aus, um zu einem der bedeutendsten Reiche der Menschheitsgeschichte zu werden. Äthiopien behauptete sich jedoch in seiner Nachbarschaft. Als der Islam den Einklang von Politik und Religion präsentierte, hatte Äthiopien längst seine eigene Identität gefunden und war nicht bereit, den politischen Islam als Alternative zu akzeptieren. Muslime als Gesellschaft und als Individuen hingegen waren immer willkommen und stellen heutzutage einen vergleichsweise hohen Anteil an der Bevölkerung: 33,9%, gegenüber 43,5% orthodoxen Christen, 18,5% Protestanten, 0,5% Katholiken, 3,4% andere (nach einer Schätzung von 2007). Eine politische Vorherrschaft des Islam würden die Äthiopier aber nicht akzeptieren. Alle islamischen Armeen, die das Land bedrohten, konnten bezwungen werden. Bis auf die Eroberungszüge des Ahmad ibn Ibrahim, „Grany" (1529–1543), endeten praktisch alle militärischen Zusammenstöße mit Muslimen, gleich aus welcher Richtung, mit dem Triumph Äthiopiens. Trotzdem leben Muslime und Christen im Land in einem Verhältnis der Akzeptanz, nachdem der Prophet Mohammed Äthiopien in einer berühmten Botschaft als Vorbild für ein friedvolles Zusammenleben zweier Religionen bezeichnet hatte.

Zum anderen stellten das frühe und das moderne Europa Äthiopien und seine Struktur ebenfalls vor Herausforderungen. So kamen Missionare aus verschiedenen europäischen Ländern ins Land, um ihre Form des Christentums zu verbreiten. Zumeist, aber nicht immer, wurden Missionare freundschaftlich empfangen. Sie dienten in vielfältiger Weise der Gesellschaft, waren aber nicht im Stande, die Dominanz des äthiopischen Christentums und seiner Kirche zu beeinflussen. Als im letzten Viertel des 19. Jh. der Wettlauf um Afrika entbrannte und die europäischen Mächte nahezu den gesamten Kontinent besetzten, entzog sich Äthiopien der Eroberung. Briten und Franzosen wussten zu gut, dass ein solches Unterfangen kostspielig würde. Die Italiener, die dies aber unterschätzten, kam es teuer zu stehen. Obwohl es gelang, ihre moderne Armee in Eritrea zu stationieren und das Land 1890 zu besetzen (begünstigt durch interne Konflikte der Äthiopier), wurden sie letztlich im direkten Aufeinandertreffen der beiden Heere durch die vereinten äthiopischen Kräfte besiegt. Am 1. März 1896 zerschmetterte eine annähernd 250.000 Mann starke Armee, die teilweise über moderne Schusswaffen verfügte, die Truppen der italienischen Kolonialmacht. Die Tatsache, dass Mussolini 40 Jahre später mit einem Rachefeldzug einigermaßen erfolgreich war, schmälert die historische Bedeutung der Schlacht von Adwa keineswegs, denn Äthiopien hat sich dem Joch des europäischen Imperialismus nie gebeugt. Vielmehr trat das Land ins 20. Jh. als ein unabhängiges afrikanisches Reich ein, und wurde sogar ein Gründungsmitglied der UNO. Mit Ausnahme von 13 Jahren im 16. Jh. (Ahmad Granys islamischer Eroberung) und den fünf Jahren im 20. Jh. (1936–1941 unter den Faschisten) erfreute sich Äthiopien der Unabhängigkeit. Das gilt vom Beginn an bis heute.

Die Siege Äthiopiens haben eine weitere Dimension dieses geheimnisvollen Magnetismus offenbart. Sie sicherten die Unabhängigkeit des Landes, aber dies zu einem hohen Preis. Während andere afrikanische oder asiatische Gesellschaften sich unter dem Druck der europäischen Gewalt, der sie sich beugen mussten, zwangsläufig änderten, blieb Äthiopien in seinen alten traditionellen Gleisen stecken. Für die Generationen, die durch das Erbe von Adwa inspiriert waren, wurde der Westen weder eine Herausforderung der Angst noch eine Herausforderung der Nachahmung. Die alte konservative Elite Äthiopiens war kaum motiviert, Innovationen zu übernehmen und neue Modelle aus Europa zu übernehmen. Daher hat Äthiopien vor der Revolution von 1974 nur eine geringe politische, soziale und wirtschaftliche Modernisierung erfahren. Als Hayla Sellase abgesetzt wurde, erinnerten viele Aspekte des Lebens in Äthiopien immer noch an die biblischen Tage. Äthiopien verharrte in mittelalterlichem Charme und in Magie, aber auch in Armut und Elend. Das Bild sich bewegender Skelette, der Opfer von Hunger und Durst, schien den Eindruck zu verstärken, dass das Land mit diesen Skeletten sterben würde. Daran änderte auch Colonel Mengistus Periode trotz der eingeführten Terminologie der revolutionären Veränderung wenig. Als das Land in endlose interne Kriege verwickelt wurde, verschlechterte sich sogar die Situation.

Wiederum, sobald wir weiter ins 21. Jh. vordringen, widerlegt Äthiopien die alte Theorie des Staatszerfalls. Das Land scheint sich jetzt sogar schneller zu verändern. Obwohl die erheblichen Herausforderungen für jeden nur allzu offensichtlich sind, würden wenige das heutige Äthiopien als „gescheiterten Staat" definieren, wie dies für einige Nachbarländer gilt.

Dieses Buch bietet keine Analyse der zeitgenössischen Entwicklungen und auch keine Vorhersagen. Wir behaupten auch nicht, gültige Antworten auf die einzigartige, erstaunliche und faszinierende Geschichte von Äthiopiens zweitausendjähriger Entwicklung geben zu können. Wir lassen auch die Frage nach dem geheimnisvollen Magnetismus offen, die sich jeder Interessierte selbst beantworten sollte. Was wir anbieten, ist ein Schatz von Informationen und Einsichten über ein Land, das seit der Antike überlebt hat und immer noch ein Anziehungspunkt großer Neugierde ist.

Literatur: HAGGAI ERLICH, *Ethiopia and the Challenge of Independence,* Boulder 1986; PAUL B. HENZE, *Layers of Time: A History of Ethiopia,* New York 2000; SVEN RUBENSON, *The Survival of Ethiopian Independence,* London 1976.

Haggai Erlich, Tel Aviv

„Der meist bevölkerte Berg der Welt" – eine Einführung in das Horn von Afrika

„Der meist bevölkerte Berg der Welt" [*la Montagne la plus peuplée du monde*] Jean Gallais (1989)

Zu Beginn des 20. Jh. prägte der französische Geograf Fernand Maurette den Begriff (orientalisches) „Horn von Afrika". Er bezeichnete damit die Halbinsel, die den Golf von Aden und den Indischen Ozean voneinander trennt. Die Region also, zu der Äthiopien, Eritrea, Dschibuti, Somalia und Somaliland gehören. Mitunter werden auch die weiteren Mitglieder des ostafrikanischen Staatenbundes Intergovernmental Authority (IGAD) einbezogen, also Sudan, Südsudan, Kenia und Tansania. Hier beziehen wir den Begriff Horn von Afrika ausschließlich auf die Länder der Halbinsel.

Land	Einwohner (2017)	Einwohner (2050)	Oberfläche in km²
Dschibouti	1.000.000	1.300.000	23.000
Eritrea	5.900.000	9.000.000	118.000
Äthiopien	105.000.000	191.000.000	1.104.000
Somalia	14.700.000	36.000.000	638.000
Somaliland	3.500.000 ?	–	137.000
Gesamt	126.600.000	237.300.000	1.883.000

Tabelle 1: Bevölkerungsentwicklung am Horn von Afrika (Stand September 2017)

Das Hochplateau von Äthiopien und Eritrea weist die zweitgrößte Bevölkerungsdichte im subsaharischen Afrika nach Nigeria auf. Ein Grund hierfür sind die günstigen natürlichen Bedingungen. Sie sind für die Ansiedlung wie geschaffen: Kühle und nicht zu trockene Ebenen mit fruchtbaren Böden bieten eine solide Grundlage. Zudem ist die Region überwiegend frei von Malaria und Schlafkrankheit, die für Mensch und Tier gefährlich ist. In der Jungsteinzeit tauschten die Völker im Zuge von Ackerbau und Viehhaltung die nomadische Lebensweise gegen die Sesshaftigkeit in Dorfgemeinschaften ein. Im Norden begannen die Bauern, ihre Felder mit dem Pflug zu bearbeiten und Getreide anzubauen, in Südäthiopien wurden Gärten mit „falscher Banane" (*Ensat*) angelegt. Im angrenzenden Tiefland, das in der jüngeren Erdgeschichte immer trockener wurde, ließen sich nomadische Viehhirten nieder. Auf der Suche nach Wasser durchzogen sie mit ihren Herden die Gebiete zwischen saisonalen Weideflächen in der Ebene und dem feuchteren, fruchtbaren Gebirgsvorland.

Die Bevölkerungszahlen blieben bis zur Mitte des 20. Jh. konstant. Ursache war nicht selten Lebensmittelknappheit, die nach Dürreperioden auftrat und von politischen Unruhen verstärkt wurde. Der demografische Wandel in den 1960er Jahren veränderte die politischen und ökonomischen Verhältnisse am Horn erheblich. Hatte die Volkszählung 1970 eine Gesamtzahl von 25 Mio Einwohnern in Äthiopien und Eritrea ergeben, waren es beim Zensus 1984 rund 42 Mio. Trotz der schweren Hungersnöte 1973/1974 und 1984/1985, die Hunderttausenden von Menschen das Leben kostete, verlangsamte sich nicht die Bevölkerungsentwicklung. Allein in Äthiopien (ohne Eritrea) lebten 1994 rund 57 Mio Menschen. Im Jahr 2007 stieg die Zahl auf 75 Mio an, was eine Verdreifachung in weniger als 40 Jahren bedeutet. Angesichts der sehr jungen Bevölkerung am Horn (die unter 15-Jährigen machen 34 % in Dschibuti, 43 % in Eritrea, 44 % in Äthiopien und 48 % in Somalia aus) sowie der zurückgehenden Sterblichkeitsrate bei Kindern und Erwachsenen gehen Experten davon aus, dass sich die Einwohnerzahlen bis 2050 verdoppeln werden. Der demografische Druck ist dabei größer, als es den Anschein hat: 80 % der Äthiopier und Eritreer leben in Höhenlagen von mehr als 1.800 m ü.d.M., sie bewohnen aber nur ein Drittel der Gesamtfläche. In den Hochebenen liegt die Bevölkerungsdichte bei 200 Einwohnern/km². Die Fläche der kleinbäuerlichen Betriebe Äthiopiens verringerte sich im Schnitt von 1,4 ha (1988) auf 0,8 ha im Jahr 2006. Unabhängig davon bleibt die Zahl der Menschen, die auf Nahrungsmittelhilfe angewiesen sind, trotz Bevölkerungswachstums konstant – der Welternährungsorganisation zufolge zwischen 7 % in normalen und 11 % in schwierigen Erntejahren. Eritrea veröffentlicht keine Zahlen über die Nahrungsmittelsituation im Land und verweist auf den Ausnahmezustand, in dem sich die Regierung befindet. In Somalia verursacht der Bürgerkrieg lokal immer wieder Lebensmittelengpässe. Die Gefahr einer schweren Nahrungsmittelkrise schwebt unablässig über dem Horn von Afrika. Der Grund hierfür sind unregelmäßige oder ausbleibende Regenfälle und die Tendenz, sehr trockene und stärker abschüssige Felder zu bebauen. Dürreperioden und Missernten im letzten Drittel des 20. Jh. erschütterten die jeweiligen Regierungen. Die Weltöffentlichkeit warf ihnen vor, die katastrophalen Folgen der Dürre zu verschweigen und die Opfer in der Krise allein gelassen zu haben. Die Hungersnot 1973/1974 beschleunigte den Sturz von Hayla Sellase und radikalisierte das Regime von Siyaad Barre in Somalia. Mengistu Haile Mariam, der immer behauptet hatte, die Kollektivierung würde Äthiopien vor Hungersnöten schützen, forderte 1984/1985 internationale Hilfe und Unterstützung an, als es längst zu spät war. Er erzwang die Umsiedlung der Landbevölkerung, zwang

die Bauern, sich der „dörflichen Ansiedlung" anzuschließen. So verlor er seine Glaub-
würdigkeit und Legitimität. 1991 wurde Mengistu durch eritreische Rebellen und
die tigrayische Front gestürzt. Schon Kaiser Hayla Sellase war 20 Jahre zuvor in der
Organisation für Afrikanische Einheit mit Befreiungsbestrebungen der Eritreer und
Forderungen Somalias um Angliederung von Gebieten im Ogaden konfrontiert worden – und das, obwohl er als glühender Verfechter des antikolonialen Kampfes galt.
Aufstände in den Garnisonen von Asmara und Metsewa im Norden sowie massiver
Druck der Westsomalischen Befreiungsfront im Süden befeuerten 1974 die Revolu-
tion in Äthiopien.

Die Zeit nach Hayla Sellase. Der Sturz des *Negus* weckte bei den Völkern, die
Menilek II. seinerzeit erobert hatte (Oromo, Afar, Somali), Autonomieansprüche,
aber auch unter den Amhara und Tigray. Die Agrarreform von 1975 vertiefte weiter
die Kluft zwischen dem Süden, der sie befürwortete, und dem Norden, der sie bitter
bekämpfte. Die Führer in den Nachbarländern versuchten die zerrüttete, territoriale
Lage Äthiopiens auszunutzen. Der Sudan unterstützte die Eritreische Volksbefrei-
ungsfront Eritrean People's Liberation Front (EPLF) und die Tigray People's Liberation Front (TPLF). Hayla Sellase und Mengistu wiederum gewährten den Rebellen
aus dem Südsudan Zuflucht. Siyaad Barre unterstützte die Western Somali Liberation
Front und versuchte, die Bale-Oromo, die sich zwischen 1963 und 1967 gegen den
Negus erhoben hatten, hinter sich zu bringen. 1977/1978 wurden die somalischen
Militärkräfte, die zur Unterstützung der Separatisten im Ogaden angerückt waren,
von den Oromo-Siedlern im Hochland von Harar und Bale geschlagen. Verbündete
fanden die Äthiopier unter den somalischen Offizieren, von denen sich einige gegen
ihren Präsidenten verschworen hatten. Seit 1988 musste Siyaad auch eine Guerillabe-
wegung in Nordsomalia, das Somali National Movement, bekämpfen. Nach seinem
Sturz 1991 blieb Siyaad Barre keine andere Wahl als aus Mogadischu zu fliehen.
Somaliland spaltete sich von Somalia trotz einer fast ausschließlich aus Somali bestehenden Bevölkerung ab.

Nach dem Ende der Mengistu-Ära erwarteten Beobachter das Auseinanderbrechen
Äthiopiens, obwohl EPLF-Führer Isayas Afewerki in Eritrea und TPLF-Chef Mallas
Zenawi („Meles Zenawi") in Addis Ababa von den USA unterstützt wurden. UN,
OAU und Arabische Liga erkannten 1991 die Unabhängigkeit Eritreas an, lange
vor der Volksabstimmung 1993. Somaliland hingegen wird bis heute die politische
Anerkennung verwehrt, auch wenn die De-facto-Regierung mit Bevölkerung und
Diaspora enorme Schritte zum Aufbau staatlicher Strukturen unternommen hat. Somaliland ist weiter ein „Phantomstaat". Südsudan erlangte 2011 einen international
anerkannten Status. Somalia, das Gebiet der früheren Kolonie Italienisch-Somali-
land, wird von einer Übergangsregierung verwaltet. Trotz der Unterstützung durch
internationale Kräfte kann diese nicht verhindern, dass das Land in halbautonome
Regionen zerfällt, wo rivalisierende Klane und die radikal-islamische *Al-Shabaab* versuchen, ihre Interessen mit Waffengewalt durchzusetzen. Aus westlicher Perspektive
überrascht es, dass ausgerechnet Somalia, das als eines der ethnisch homogensten
Länder im subsaharischen Afrika gilt, nicht im Stande sein sollte, politische Stabilität
herzustellen. Inzwischen fanden am 10. Oktober 2016 in Somalia Wahlen für das
Oberhaus und am 23. Oktober 2016 Parlamentswahlen statt. Am 8. Februar 2017
wählten die Mitglieder des somalischen Parlaments Maxamed Cabdullahi Maxame
„Farmaajo" zum Präsidenten des Landes. In Somaliland wählten die Bürger am 13.
November 2017 Muuse Bixi Cabdi zum Präsidenten von Somaliland.

Ganz anders ist die Lage in Äthiopien. Dort garantiert die Verfassung von 1995 „jedem Volke, jeder Nation und jeder Nationalität" weitgehende Autonomie – das Recht auf Unabhängigkeit eingeschlossen. Nicht wenige Kenner Äthiopiens prophezeiten, dass die eine oder andere Regionalregierung dem Beispiel Eritreas folgen würde und es wie im Fall der UdSSR zu einer Auflösung in Nachfolgerepubliken käme. Eritreas Staatspräsident Isayas glaubte allerdings, der Kampf für die Unabhängigkeit habe die religiösen und sprachlichen Unterschiede im Einheitsstaat mit der Zeit verwischt. Nach siebenjähriger, militärisch-wirtschaftlicher Allianz ließen sich Äthiopien und Eritrea 1998–2000 auf einen unerbittlichen und kompromisslosen Krieg ein. Im Ergebnis wurde Äthiopien zum Binnenland und erhielt einen verbindlichen Grenzverlauf mit Eritrea verordnet. Eritrea selbst verlor alle Handelsprivilegien im Transitverkehr mit Äthiopien und sah sich zunehmend isoliert. In Äthiopien begann die Regierung ihre Machtposition in den Regionalparlamenten zu festigen und verabschiedete ein nationales Programm zur Bekämpfung der Armut. Seit 2010 werden fünfjährige Wachstums- und Transformationspläne umgesetzt. Unter Führung des verstorbenen Premiers Mallas Zenawi öffnete sich Äthiopien für ausländische Direktinvestitionen. Eritrea, seit 1991 im Ausnahmezustand, verharrt dagegen im Zustand der „Splendid isolation" und meidet jedwede Beteiligung von Allianzen. Wegen der enormen Abwanderung wächst die eritreische Diaspora jedes Jahr und die Regierung lässt nichts unversucht, eine „patriotische" Einkommensteuer von den Emigranten zu erpressen. Die äthiopische Regierung verfährt völlig anders und greift auf Darlehen internationaler Institutionen, anderer Staaten oder privater Organisationen zurück, um ambitionierte Bauvorhaben zu finanzieren – darunter Wohnungsbau, Straßen und Eisenbahnlinien, Telekommunikation, Schulen und Universitäten. In Addis Abeba und in den Regionalhauptstädten gibt es einen spekulativen Wettlauf um Land, so dass arme und eher chancenlose Bevölkerungsschichten vertrieben werden. Die Innenstädte boomen – Hochhäuser, Bürokomplexe und Wohneigentum für die neue Mittelklasse wachsen überall aus dem Boden. Randgebiete sind durch Händler und kleinere Marktflecken geprägt, durch Zuwanderer vom Land und Umsiedler aus anderen Stadtvierteln. Der rigorose innerstädtische Umbau nach chinesischem Vorbild löste 2005 massiven Widerstand gegen die Regierung aus. Die städtische Bevölkerung hat über lange Zeit lediglich 15% der Bevölkerung Äthiopiens ausgemacht. Massive Landflucht trieb zuletzt jedoch mehr und mehr – und zwar meist qualifizierte – besitzlose junge Leute in die Städte, insbesondere nach Addis Abeba. So stieg die Einwohnerzahl der Hauptstadt in vierzig Jahren von 800.000 auf 4 Mio an. In den vergangenen 15 Jahren war die Hauptstadt für viele von ihnen nur ein Zwischenstopp auf dem Weg in den Mittleren Osten, den Persischen Golf, nach Europa oder Amerika.

Jüngste Entwicklungen. Angesichts der Resignation unter den Jugendlichen, angesichts anhaltender Lebensmittelknappheit und eines hohen Bevölkerungswachstums, welche sich auch im Ergebnis der Parlamentswahlen 2005 widerspiegelten, beeilte sich Mallas mit seinem Entwicklungsplan um eine rasche Industrialisierung. Dieser stützte sich auf drei Säulen: bessere Infrastruktur, moderne Agrarwirtschaft und gewaltige Staudämme. Letztere sollten genügend Energie liefern, um Äthiopien von Importen unabhängig zu machen. Zugleich hoffte man, durch den Verkauf von Strom an die Nachbarländer harte Währung in beträchtlichem Umfang zu gewinnen. Seit Schließung der maroden Bahnstrecke vom Roten Meer nach Addis Abeba (1897–1917 erbaut) rollte auf der Transitstraße ein nicht abreißender Strom von Lastwagen. Er bewegte etwa 90 % der äthiopischen Außenhandelsgüter. Im Jahr 2013 begann die Regierung mit dem Bau eines 4.500 km langen Eisenbahnnetzes in Normalspur und einer Elektrifizierung der Strecke. Die Aufträge gingen an ein Konsortium von chinesischen, türkischen und indischen Eigentümern. Die ersten 1.500 km verlaufen parallel zur alten Eisenbahnstrecke Addis Ababa–Dschibuti mit Erweiterungen entlang des Afrikanischen Grabenbruchs im Süden und in Richtung Hochland im Norden. Das Schienennetz verbindet, wenn es endgültig fertiggestellt ist, die Knotenpunkte im äthiopischen Hochland mit dem Hafen Tadjoura (Dschibuti). 2015 wurde in Addis Ababa die neue Stadtbahn, von chinesischen Firmen gebaut und ausgerüstet, auf zwei Linien eröffnet. 2009 verkündete das äthiopische Agrarministerium, Investoren dürften etwa 3 Mio ha urbaren Landes wirtschaftlich nutzen. Die Gebiete machen ein Siebentel der Anbaufläche aus und befinden sich vor allem im dünn besiedelten Tiefland Westäthiopiens. Gegen geringe Pacht erhalten die Konzerne zigtausende Hektar Land für einen Zeitraum von 20, 30 oder mehr Jahren, um die Agrarproduktion für den Export (Baumwolle, Reis, Palmöl) zu betreiben. Neben äthiopischen Investoren wurden ausländischen Agrarunternehmen (aus Saudi Arabien, Indien, Korea und China) Zehntausende Hektar Land zugesprochen. Auf diese Weise wurde Äthiopien beispielsweise zum zweitgrößten Blumenexporteur Afrikas. Die Konzerne genießen Steuerentlastungen für ausländisches Personal, die Rückführung von Profiten und Kapital sowie den Import von Anlagen und Rohstoffen. In Beni Shangul-Gumuz, der Region der südlichen Nationen, Nationalitäten und Völker sowie in Oromiyaa und Gambela brachen Unruhen aus, weil sich die Bevölkerung um das Land der Vorfahren betrogen fühlte. In Gambela sind sogar über 40 % der Fläche verpachtet worden (2012). Unzufriedenheit machte sich Luft. So zog sich der indische Konzern Karaturi nach wenigen Jahren aus dem Geschäft zurück, weil die Profite nicht hoch genug waren. Im Unterschied dazu blüht „Saudi-Star" (Äthiopien-Saudi Arabien) auf, und auch der französische Konzern Castel kultiviert mehr Weingärten als bisher.

Betrachtet man die Länder am Horn von Afrika, bestätigt Äthiopien seine Dominanz, vor allem was die demografische, wirtschaftliche und militärische Rolle betrifft. Allerdings bleiben die politischen Grundlagen der von Mallas nach den Unruhen von 2005 eingeleiteten industriellen Entwicklung nach wie vor ungewiss, obwohl sein Tod im Jahr 2012 die seit 1991 regierende Koalition nicht beeinträchtigte. Trotz des gewaltigen Unmuts wegen des „Land grabbing", der zunehmenden Kontrolle der Regierung über alle Bereiche der Gesellschaft und der Wirtschaft und der ausgebildeten enttäuschten jungen Leute, die gezwungen sind, in die Golfländer zu emigrieren, hat sich das internationale Bild Äthiopiens verändert: Das Land wird als ein stabiler und zuverlässig aufstrebender Staat für Investoren betrachtet und als ein Land der Kultur und des Kulturerbes.

Literatur: Gérard Prunier, Éloi Ficquet (Hrsg.), *Understanding contemporary Ethiopia. Monarchy, Revolution and the Legacy of Meles Zenawi,* London 2015; Jean-Baptiste Jeangène Vilmer, Franck Gouéry, *Érythrée. Un naufrage totalitaire,* Paris 2015; Alain Gascon, *Sur les hautes terres comme au ciel. Identités et territoires*, Paris 2006.

Alain Gascon, Paris

Kapitel 2 Land und Umwelt

Einführung

Der 6.000 km lange Afrikanische Grabenbruch bestimmt die geomorphologische Struktur des Horns von Afrika. Er hat einerseits Berge von über 4.000 m Höhe und andererseits an seinem östlichen Rand eine Tiefebene geschaffen, die mehr als 100 m u.d.M. liegt und bis heute von nach wie vor akuten Vulkanen geprägt ist. Tafelberge mit steil abfallenden, tief eingeschnittenen Flusstälern formen eine abwechslungsreiche Landschaft. Der Grabenbruch birgt in seinen Ablagerungsschichten Fossilien mit wichtigen Zeugen der Erd- und Menschheitsgeschichte. Zugleich bildet er eine Wetterscheide und bringt sehr unterschiedliche Klimazonen hervor: von der afroalpinen Zone mit über 3.300 m Höhe und unter 10 Grad Durchschnittstemperatur bis zu nur wenigen Metern Meereshöhe und über 25 Grad sowie den heißesten Orten der Erde und einer sog. Trockensichel. Dies stellt für die Lebensbedingungen und die Landnutzung eine Herausforderung dar, zusätzlich erschwert durch den weiter fortschreitenden Verlust von Waldflächen sowie die Bodenerosion. Ackerbau, in der Regel – in Äthiopien mit bis über 90 % – auf kleinsten Flächen mit Ochsenpflug, sowie extensive Weidewirtschaft, bestimmen die Landschaft. In manchen Regionen herrscht nach wie vor nomadisches Leben.

Natürliche Vegetation und ebenso Pflanzenanbau sind im afrikanischen Vergleich außergewöhnlich vielfältig, stellenweise von Terrassenanbau unterstützt: *Tef*, eine Hirseart, und *Ensat* („falsche Banane", vor allem im Süden anzutreffen), Sorghum, Gerste, Weizen, Mais, Hirse und Ölsaaten bilden die Lebensgrundlage für die Menschen, von denen 80 % in und von der Landwirtschaft leben. Eine reichhaltige Fauna ist das Kennzeichen der Region: Rinder, Schafe, Ziegen, Pferde und Kamele. Daneben ist, insbesondere in den zahlreichen Nationalparks (und einigen Jagdreservaten), eine reiche Wildfauna mit nur hier vorkommenden Arten anzutreffen.

Geologie und Geomorphologie

Als Horn von Afrika wird eine weite, gebirgige Halbinsel bezeichnet, die eine Fläche von 1.883.000 km² umfasst. Gelegen ist sie dort, wo der Golf von Aden (tektonische Riftzone) in der Ost-West-Achse auf den Afrikanischen Grabenbruch trifft, der sich von Nord nach Süd erstreckt. Geologisch geprägt ist das Horn durch eine Reihe von Horstschollen, die an den Bruchstellen der Erdkruste herausgehoben wurden. Der Große Afrikanische Graben ist über 6.000 km lang und 40–60 km breit. Die Taleinschnitte variieren von einigen hundert bis zu 1.300 m Tiefe. Der Grabenbruch erstreckt sich vom Nahen Osten bis nach Mosambik. Im nördlichen Eritrea entspringt ein Bruchsystem, das sich von der Riftzone des Roten Meeres in südlicher Richtung fortsetzt und entlang der Gebirgskanten die Hochebenen von Eritrea und Äthiopien erreicht. Das Rift des Roten Meeres zieht sich bis zur Meerenge von Bab al-Mandab, wo es am Golf von Aden und am Golf von Tadjourah auf die südlichen Ausläufer der Arabischen Platte trifft. Der Golf von Aden knickt in den Indischen Ozean ab. An den südlichen Küsten wird der Meeresgolf durch eine sich von Ost nach West ausdehnende Bergkette eingerahmt, die vom Soqotra-Archipel über Kap Guardafui bis zu den Hochflächen von Somaliland und Harar reicht. Entstanden durch die Abspaltung der Somalischen Platte östlich des Grabenbruchs von der Nubischen Platte im Westen liegt das Afar-Dreieck zwischen einem Gebirgszug am Roten Meer („Danakil-Alpen"), dem nördlichen Hochland von Tigray und Amhara sowie den Ahmar-Bergen. Südlich von Addis Abeba vereinen sich diese beiden Zweige des Risses zu einem großen Graben, der das Hochland von Äthiopien in südlicher Richtung teilt. Das Rift erstreckt sich über die äthiopisch-kenianische Grenze hinaus. Sein unterer Teil umschließt eine Reihe von Seen, vom Zway-See im Norden bis zum Turkana-See im Süden.

Die von Vulkanen geschaffene Halbinsel. Die Grabenbildung begann während des Känozoikums durch den Ausbruch riesiger Lavafelder, die zum Austritt einer weitflächigen Lavadecke führten. Diese macht heute das Grundgebirge des Äthiopischen Hochlands und der Hochflächen von Bale und Harar aus. Mit dem Beginn des Auseinanderdriftens der Platten sank der Graben ab und füllte sich mit Lava und Geröll, das durch Erosion von den angrenzenden Horstschollen abgetragen wurde. Auf der Sohle des Grabenbruchs entstand aus der Ablagerung von Sedimentgestein eine 1.000 m dicke Schicht. Sie ist an einigen Stellen im Graben von Seen bedeckt, die einen hohen Mineralgehalt besitzen. Auf Tigray und Eritrea wirkten sich die Lavaströme nicht aus. Hier sind mesozoische Sedimentsockel an der Erdoberfläche zu finden. Nach Südwesten fällt das Gelände hinter den Plateaus allmählich in die sudanesische Tiefebene ab. An der östlichen Flanke des Hochlands (Somaliland, Puntland und Somalia) brachte die marine Transgression im Mesozoikum dicke Ablagerungsschichten aus Kalk- und Sandstein hervor. Infolge vulkanischer Eruptionen zur Zeit der Entstehung des Grabenbruchs im Känozoikum begannen einige Schollen, sich nach oben zu schieben, Spalten und Klüfte verbreiterten sich. Diese tektonischen Bewegungen finden bis heute statt. Das Afar-Dreieck war lange vom Meer überflutet; die durch geologische Aktivitäten entstandene Bergkette verhinderte aber weitere Transgression. Später kamen neue Vulkane am Grabenrand in der Afar-Senke und im Hochland dazu, die noch immer aktiv sind. Die Aufeinanderfolge feuchterer und kühlerer Klimabedingungen in der Erdgeschichte hinterließ Spuren von Gletschererosion auf über 4.000 m hohen Gipfeln und Gletscherstümpfen über 5.000 m. Regenreiche und wärmere Zeiten verursachten eine fluviale Erosion, die ihrerseits die Entstehung schroffer Felsschluchten und eine Häufung von Schwemmkegeln am Fuß der Berghänge begünstigte. Die Einführung von Viehzucht und dem Pflug-basierten Ackerbau im Holozän hatte starken Einfluss auf die Vegetation. Möglicherweise beschleunigte die Landnutzung durch den Menschen damit die negativen Folgen der Erosion, indem die ursprüngliche Bewaldung, die das Hochland bedeckte, nach und nach abgeholzt wurde. Trotz seiner seismisch hochsensiblen Lage erlebte das Horn von Afrika in jüngster Zeit kaum Erdbeben (Dase im Jahr 1953 und 2011 in Eritrea). Im Vergleich zu Dürrekatastrophen und Überschwemmungen richteten sie geringe Schäden an. Nach Ansicht von Experten hat Äthiopien wegen seiner unzähligen heißen Quellen ein großes Potential für die Nutzung von Erdwärme.

Die Geomorphologie folgt einem regionalen Schema wie auch die Ausbildung der Erdkruste und die klimatische Erosion. In den Sediment-, Lava- und Granitschichten haben die Abtragungsprozesse eindrucksvolle Tafelberge (sgl. *Amba*) hinterlassen. In Tigray und Eritrea bilden die oft senkrecht abfallenden Felsplateaus aus Antalo-

Kalkstein (jurassische Kalke) und Addigrat-Sandstein einen Kontrast zu den weicheren, sie umgebenden mesozoischen Schichten. Weiter nördlich bildet das granitische Grundgebirge aus dem Paläozoikum und dem Präkambrium die Basis der eritreischen Bergformationen. Südlich des Takkaze-Flusses trifft das Hochland mit mächtigen Lavaflüssen zusammen, die im Miozän ausgestoßen und infolge der Bodenbildungsprozesse nachhaltig umgestaltet wurden. Diese Basalte erstrecken sich im Westen vom Afar-Dreieck und im Großen Graben bis zum Chamo-See bzw. im östlichen Teil von Harar bis Bale. Die Hochplateaus (2.000–3.000 m) sind tief eingeschnitten und zerklüftet durch die Täler der Flüsse Takkaze, Abbay, Didessa und Gibe, die von spektakulären Wasserfällen wie Tis Esat und Sor unterbrochen werden. Beeindruckende Vulkankegel aus dem Miozän, inzwischen stark erodiert, zählen zu den höchsten Gipfeln Äthiopiens (darunter Ras Dashan 4.620 m, Tulluu Dimtu 4.377 m, Abuna Yosef 4.284 m, Amba Farit 4.247 m, Kaka 4.190 m, Choqqe 4.154 m). Nördlich und südlich des Tanasee-Beckens (1.850 m) spalten Verwerfungen die angrenzenden Hochebenen, wobei die magmatischen Stümpfe dem Flusslauf von Gudar und Abbay folgen und sich Vulkane (Dandi, Wanchi, Jibat) aus der übrigen Landschaft erheben.

Dallol, Danakil-Tiefebene, © Philipp Hedemann

Das Rift des Horns von Afrika. Südlich von Nazret füllte sich die Bruchzone im Quartär mit lakustrischen Ablagerungen in den Seen; weitere Gesteinsverschiebungen, Krater und Lavaströme zersplitterten das Rift. In westliche Richtung klafft der Graben mit einer Abfolge stufenförmiger Verwerfungen auseinander, wobei die Vulkane Zeqwala (2.898 m) und Yarar auf der einen Seite und die Kraterseen von Dabra Zayt auf der anderen bedeutende Landmarken darstellen. Erwähnt seien auch der Mount Wachacha (3.385 m) und der kuppelförmige Mannagasha-Gipfel, die aus der Umgebung herausragen ebenso wie der Entotto (3.198 m) mit Blick über Addis Ababa. Im unteren Verlauf des Grabenbruchs gibt es viele Seen, die keinen Ablauf zum Meer haben wie Zway, Abiyataa, Langano, Shalaa, Awasa, Abbayya, Chamo und Chaw Baher. Sie schmiegen sich gefällig ins Rift bis zur äthiopisch-kenianischen Grenze, die nördlich des Turkana-

Sees (375 m) verläuft. Das Afar-Dreieck war einst mit dem Roten Meer verbunden. Im Quartär verschwand diese Verbindung, und die Tiefebene wurde durch starke Verwerfungen abgetrennt. Die Region ist vulkanischer Aktivität ausgesetzt worden. Aufgrund von Sedimentation in Seen und Fließgewässern entstanden in der Senke gewaltige Ablagerungsschichten, wo Fossilien wie das Skelett von „Lucy" wegen des heißen und trockenen Klimas besonders gut erhalten blieben. Das Zentrum des Afar-Dreiecks, wo auch der Vulkan Fantale (2.007 m) wieder aktiv ist, gliedert sich in den Mittleren und Unteren Awash, der während des Sommerhochwassers in ein Binnendelta mündet, das die Seen Gamari, Adobed und Abhe (260 m) an der Grenze zu Dschibuti speist. An der nördlichen Spitze der Senke, umgrenzt von der Hochebene von Tigray und dem Küstenbereich des Roten Meeres in Eritrea, befindet sich die Danakil-Depression. Sie liegt im Gebiet von Dallol 120 m u.d.M. und hat einen Vulkan (-48 m), der von Geysiren, Salz- und Schwefelseen umgeben ist. Weiter südlich befindet sich der Krater von Erta Ale (613 m), dessen Lavasee seit 1967 aktiv ist. Die Afar-Senke wird von Nordnordwest nach Südsüdost durch kleine Einzelgebirge unterbrochen, die sich bis in die Republik Dschibuti zum Assal-See ziehen, dessen Wasseroberfläche 155 m u.d.M. liegt. Unweit des Sees ließ eine heftige Eruption 1978 den Ardoukoba-Vulkan entstehen und schuf dessen Schlackekegel binnen weniger Monate am Kreuzungspunkt von Nord-Süd-Rift und dem Golf von Tadjoura, dessen Graben sich in Verlängerung des Golfs von Aden bildete. Der Golf von Tadjoura liegt zwischen den vulkanischen Horstschollen der Mabla-Berge im Norden und dem Lavaplateau von Ali-Sabieh im Süden.

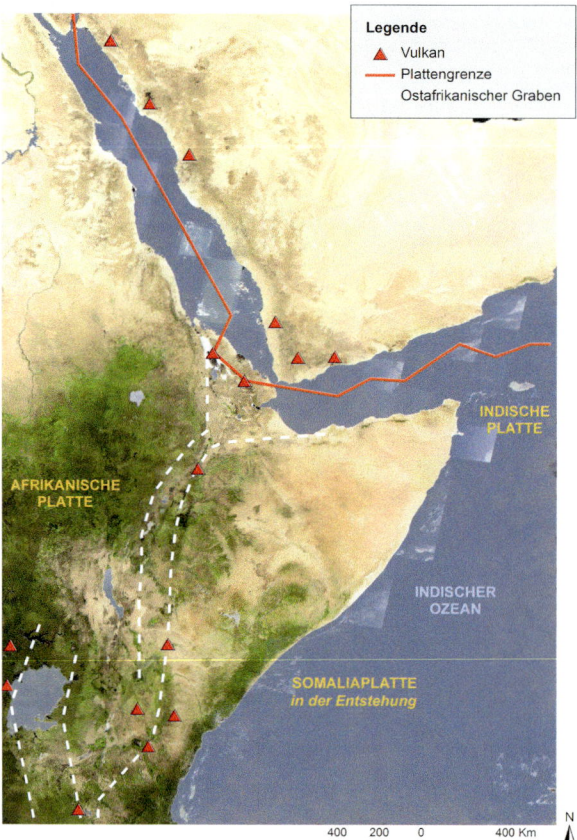

Südlich der vulkanischen Hochebenen von Harar und Bale kommen (westlich der Stadt Harar) Sedimentschichten aus dem Känozoikum zum Vorschein. Diese mehrfach gefalteten und verworfenen Schichten formen einen Gebirgsrücken am Rand der Somali-Platte und erstrecken sich bis Kap Guardafui. Der Sandstein entwickelt hier bizarre Felsformationen (Harar–Jijjiga) und der Kalkstein Karstplateaus mit den *Soof-Omar-Höhlen,* in deren Weite sich der Fluss Wayb verliert. Die Schichten aus dem Känozoikum fallen in gleichmäßiger Neigung zum Indischen Ozean ab. Das Fließgewässersystem konzentriert sich auf den Wabi Shaballe und den Jubba sowie

Karte 1: Ostafrikanischer Grabenbruch (mit Satellitenfoto True Marble), © Luisa Sernicola ihre Nebenflüsse. Die Sommerhochwasser aus den Hochflächen von Harar und Bale überschwemmen die tiefer gelegenen, trockeneren Flusstäler. In der Benaadir-Region unweit von Mogadischu/Xamar trifft der Wabi Shaballe auf eine Sandbank und fließt dann entlang des Indischen Ozeans etwa 400 km nach Südwesten, wo er sich in unzählige mäandrierende Arme teilt, bis er seine Mündung in den Jubba, noch vor den Dünen von Kismaayo, erreicht. Die flache Küstenlinie des Indischen Ozeans ist durch Sumpfland geprägt und unterscheidet sich sehr von der geraden, felsigen Küste von Puntland, Somaliland, Dschibuti und Eritrea. Dort ragen gebirgige Steilhänge über die trockene, ausgedörrte Küstenebene, die besonders unwirtlich ist.

Literatur: ALAIN GASCON, AMINA SAÏD CHIRÉ (Hrsg.), *Atlas de Djibouti*, Paris 2007; ETHIOPIAN MAPPING AUTHORITY, *National Atlas of Ethiopia*, Addis Ababa 1988; WORLD MAPPING PROJECT, *Horn von Afrika (Äthiopien, Somalia, Eritrea, Dschibuti)*, 6. Auflage Bielefeld 2011.

Alain Gascon, Paris

Klima

Das Horn von Afrika ist eine großflächige Halbinsel zwischen Indischem Ozean und Golf von Aden. Sie liegt südlich des nördlichen Wendekreises und erstreckt sich von 18° nördlicher Breite (Ras Kassar, Eritrea) bis 1°40' südlicher Breite (Kaambooni, Somalia) über 2.100 km; von 31° östlicher Länge (Baro/Gambela, Äthiopien) bis 51°15' östlicher Länge (Kap Guardafui, Somalia/Puntland) misst das Horn 2.200 km. Das Hochland im Inneren der Halbinsel erhebt sich auf 1.800 m–3.000 m, eindrucksvolle Berggipfel vulkanischen Ursprungs ragen über 4.000 m in die Höhe.

Der Monsun des Indischen Ozeans. Die heiße, feuchte Luft der Monsunwinde trifft im Sommer auf die äthiopisch-eritreischen Gebirgshänge und regnet sich über der somalischen Halbinsel ab. Im Winter wehen heiße, trockene Passatwinde von der Arabischen Halbinsel. Gegen Ende des Winters und im Frühjahr kommen feuchte Luftmassen aus dem Norden. Sie bewegen sich entlang des Roten Meeres, streifen die östlichen Ränder der Hochebenen im Norden und breiten sich über den Hochebenen im Süden aus. Häufigkeit und Umfang der Regenfälle steigen mit der Höhenlage und sind abhängig vom Breitengrad. D.h., je näher eine Region am Äquator liegt, desto größer ist die Regenmenge, die in der Tiefdruckrinne der innertropischen Konvergenzzone entsteht. Am Wendekreis dauert die Trockenzeit wegen der Hochdruckgebiete über der Sahara länger, weil sich die Wolken auflösen. Abhängig von der Höhe treten regionale Abweichungen in Häufigkeit und Niederschlagsvolumen auf, je nachdem wie stark ein Gebiet der Bewegung feuchter Luftmassen ausgesetzt ist. Der Grabenbruch (das Rift Valley) bietet als Wetterscheide klimatische Besonderheiten und ist verglichen mit den Nachbarregionen niederschlagsarm. An den Hängen der Leeseite, die dem starken Wind abgewandt sind, erwärmen sich die absinkenden Luftmassen, und es wird trocken. Niederschlagskarten zeigen, dass die kontinentale und die regionale Verteilung des Regens nicht gleich sind. Obwohl das Gebiet um Kismaayo auf demselben Breitengrad liegt wie die Regenwälder Gabuns, verblüfft die „Sahel des Äquators" mit Dornensträuchern, die sich an eine Niederschlagshöhe von unter 400 mm pro Jahr (im Zeitraum von nur drei Monaten) angepasst haben. In der südsudanesischen Senke, die durch das äthiopische Hochland vom Indischen Ozean getrennt ist, fallen im Sommer immerhin 800 mm–1.000 mm Regen.

Betrachten wir das Horn makroklimatisch, stimmt sein Niederschlagsmuster nicht mit der Meereshöhe überein. Unter regionalen Gesichtspunkten spiegeln die Tempe-

raturen das Höhenprofil genauer wider. In den Tropen nimmt die Temperatur mit
zunehmender Höhe ab (0,5°C je 100 m), und anders als in Regionen der gemäßigten
Breiten schwankt hier die Tageslänge nur um maximal 30 Minuten. Die Mittags-
sonne steht immer nahe des Zenits, so dass der Strahlungswinkel zur Erdoberfläche
kontinuierlich bei ca. 90° liegt. Die Sonneneinstrahlung über das Jahr hängt von der
Verteilung der Niederschläge ab. In der Regenzeit bilden die Wolken eine Barriere,
die sowohl die Sonneneinstrahlung als auch die Wärmestrahlung vom Boden beeinträchtigt. Temperaturschwankungen innerhalb eines Tages fallen dann geringer aus.
Auf Gipfeln haben Geologen Spuren von Gletschererosion entdeckt, die auf kalte
sowie auf feuchtere Perioden im Holozän zurückzuführen sind. Reisende im 19. Jh.
berichteten von Schneefall im Semen-Gebirge. Klimatologen gehen aber eher davon
aus, dass es sich dabei um Hagelschauer handelte.

Drei Höhenzonen. Die amharischen Begriffe für agroökologische Höhenstufen in
Äthiopien haben sich in der wissenschaftlichen Terminologie niedergeschlagen. Das
spiegelt die Tatsache wider, dass genaue Beobachtungen an den Randbereichen des
nördlichen und zentralen Hochlands stattfanden. Plateaus über 2.400 m gehören zur
Daga-Zone, wo die mittlere Jahrestemperatur zwischen 10°C und 15°C liegt. Im Dezember und Januar kommt es in Lagen über 3.000 m regelmäßig zu Frösten und über
4.000 m jede Nacht. Eine dauerhafte Besiedelung durch den Menschen oberhalb von
3.300 m ist die Ausnahme (Bale, Wallo, Wanchi), weil sie in der Höhengrenze an Getreideanbau (Gerste) und Tierhaltung gebunden ist. Manche Experten schlagen für
das Hochgebirge eine weitere Zone vor (*werch*, „Frost"), um die Gipfel der Vulkane
zu erfassen, aber sie sind sich darüber nicht einig. *Qwalla* wird die Region unterhalb
von 1.600 m – 1.800 m im Bergvorland und in den Tälern genannt, wo im Jahresmittel
weniger als 600 mm Regen fallen, verteilt auf drei Monate. Die Temperaturen liegen
zwischen 18°C und 25°C. Diese Regionen sind frostfrei. Während der Regenzeit und
entlang der ganzjährig wasserführenden Flüsse herrscht Malariagefahr, und es kommt
zu Fällen von Schlafkrankheit. Die *Qwalla*-Zone hat nicht viel gemein mit den heißen
und trockenen Tiefebenen im Afar-Dreieck, *Baraha* („Wüste") genannt, auch nicht mit
den Küsten des Roten Meeres, wo die Temperaturen über 30°C liegen wie in Metsewa,
Dschibuti und Boosaaso. (Klimatologen streiten, ob *Baraha* zu den drei „anerkannten"
Zonen ergänzt werden sollte oder nicht.) Zwischen der *Qwalla*- und der *Daga*-Zone
befindet sich die Höhenzone *Wayna* (= „Weinrebe") *daga*. Sie erhielt ihren Namen
vom Weinanbau in einigen Klöstern, die ihn für die Feier der Eucharistie kultivieren, und vom Gebiet *Wayna daga*, das im Norden des Tanasees liegt. Die jährlichen
Durchschnittstemperaturen liegen hier zwischen 18°C und 20°C, mit Ausnahme weniger Frostnächte im Winter. Das Risiko für Malaria und Schlafkrankheit ist gering,
auch während der großen Regenzeit. Die mittlere Niederschlagshöhe liegt im Norden (Eritrea, Tigray, Wallo) unter 600 mm pro Jahr, steigt im zentralen Hochland auf
1.000 mm an und erreicht südlich von Addis Ababa 1.400 mm. Im Südwesten belegen
Beobachtungen ein Zunehmen von Niederschlagsvolumen und -dauer, was die Unterscheidung zwischen *Qwalla* und *Wayna daga* verwischt.

   Die Frage, ob die drei „anerkannten" Zonen auf Südwestäthiopien und Harar
zutreffen, ist berechtigt. Dort ist die mittlere Zone sehr schmal und verschwindet teilweise ganz. Damit gibt es nur zwei Ebenen: eine untere Zone, die ideale Bedingungen
für den Kaffeeanbau bietet, und eine obere, wo Kaffee nicht gedeiht.

Erwähnt sei, dass für das Horn von Afrika keine verlässlichen Klimadaten vorliegen, die älter als 50
Jahre sind. Glücklicherweise tragen die Analyse meteorologischer Vorgänge für den Flugverkehr und

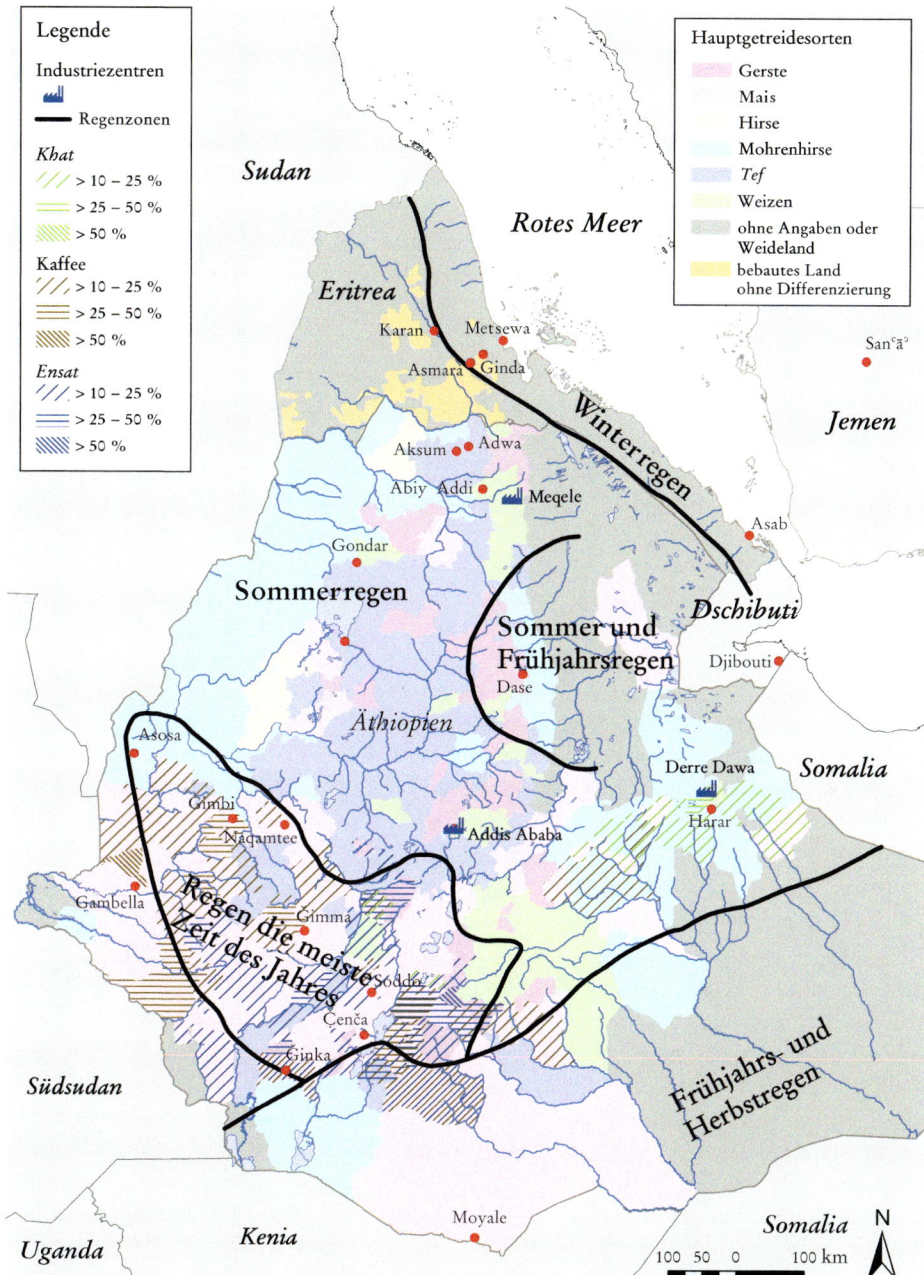

Karte 2: Klima und Landwirtschaft, © Hiob-Ludolf-Zentrum für Äthiopistik, Hamburg

zahlreiche Wettersatelliten zur Erweiterung unseres Wissens bei. Anhand mathematischer Verfahren lässt sich heute das Szenario berechnen, das zur schweren Dürreperiode 1984–1985 führte. Künftig muss man auf ein dichteres Netz von Wetterstationen bauen und auf ein besseres Verständnis der entsprechenden Termini in allen äthiopischen Sprachen.

Klimatische Hauptzonen. Da präzise regionale und lokale Klimakarten fehlen, lassen sich die Gebiete am Horn nur allgemein beschreiben. Neben der Höhenlage sind in der Regenzeit die Dauer und die Verteilung der Niederschläge wichtige Kriterien, die für die Niederschläge entscheidend sind. Tatsache ist, dass sehr starke Regenfälle erforderlich sind, um die grundwasserleitenden Gesteine adäquat zu füllen, wenn die Erdoberfläche in der Trockenzeit ausdörrt und dies das Pflanzenwachstum verhindert. Die Gegenden, in denen die große Regenzeit (*Keramt*) kontinuierlich auftritt (Juli bis September), erstrecken sich über die westlichen Hochebenen von der äthiopisch-eritreischen Grenze bis Addis Abeba und weiter nach Süden einschließlich des Rift Valley und der Bale Mountains. Das betrifft auch den westöstlich verlaufenden Gebirgszug von Arsi und Harar. Die Niederschlagskarte zeigt Gebiete im Osten mit zwei Höchstwerten, im Frühling und im Sommer: Am südlichen und westlichen Rand des Afar-Dreiecks sowie entlang der somalischen Gebirge beläuft sich die Regenmenge auf 800 mm–900 mm im Jahr. Die meisten Niederschläge fallen in nur drei Monaten. Im Inneren der Afar-Senke sind es weniger als 600 mm, an der Küste des Roten Meers in Eritrea, im Ogaden und im Hawdgebiet etwa 400 mm. An den niederschlagsreichsten Punkten des Landes wie im Süden von Wallaga (Jimma–Kafa) werden über 2.000 mm Jahresniederschlag gemessen, südlich des Tanasees auf der Westseite des Grabenbruchs sind es 1.600 mm. Nordöstlich von Gondar im Semen-Gebirge verzeichnet man ebenfalls 2.000 mm. In Tigray, Ostwallo und Eritrea gibt es Hochflächen, wo die Niederschlagsgrenze bei rund 600 mm liegt und wo Getreide kaum noch angebaut wird. Im Unterschied dazu gibt es an den Steilhängen des eritreischen Hochlands am Roten Meer eine kleine Regenzeit im Winter, die durch die tiefliegenden Küstenstreifen bedingt ist. In Somalia fällt noch weniger Regen, verteilt auf mehrere Phasen. Einer großen Trockenzeit von November bis März folgt die Hauptregenzeit von März bis Juni. Zwischen Juli und August schließt sich eine kleine Trockenzeit an, bevor die kleine Regenzeit von September bis Oktober einsetzt. Zwischen den Flüssen Wabi Shaballe und Jubba liegt die Grenze bei 400 mm im Jahr, wo Landwirtschaft möglich, aber schwierig ist. An der Küste des Indischen Ozeans wird die Trockenheit durch den relativ kalten Somalistrom verstärkt und die Verdunstung reduziert. Die hohe Planktonkonzentration im Meer bildet eine sichere Grundlage für die Fischerei (s. auch „Ökologische Zonen" im Artikel „Ökologie und Umwelt").

Klimatische Unregelmäßigkeiten. Der Schwankungskoeffizient der Niederschläge in Äthiopien wird im langjährigen Mittel auf 14 % im Westen und 65 % im Osten geschätzt. Wir sprechen von einer „trockenen Sichel", die Regionen einschließt, in denen Niederschläge unregelmäßig oder kaum ausreichend vorkommen. Ihre Mitte liegt in den östlichen Tiefebenen, ihre südliche Spitze zieht sich westwärts Richtung Kenia, das nördliche Ende (nördlich von Dase) umfasst die äthiopisch-eritreischen Hochebenen bis zur sudanesischen Grenze. Gerade im Norden erlebte die Bevölkerung 1973/1974 und 1984/1985 große Dürreperioden. Jüngste Fortschritte beim Wassermanagement sowie örtliche Bewässerungsanlagen ermöglichen inzwischen einen Trockenzeitanbau und mindern die negativen Folgen langer Trockenperioden. Der Ausbau der Infrastruktur erleichterte 2008 die Verteilung von Lebensmitteln in den am stärksten von Nahrungsmittelknappheit betroffenen Regionen Tigray und Walaytta.

Einige Medien gingen so weit, dass sie der Mengistu-Regierung unterstellten, die Krise gesteuert und die klimatischen Unregelmäßigkeiten als Vorwand benutzt zu haben, um die Bauern unter Kontrolle zu behalten. Klimaforscher wiesen jedoch nach, dass beide Hungersnöte durch eine Abfolge regenarmer Jahre verursacht worden sind.

1984/1985 betrugen die Defizite etwa 30 % des durchschnittlichen Niederschlags auf den windseitigen Hängen und 50 % auf den windabgewandten Seiten. Die unsicheren Regenfälle als Ursache der Lebensmittelknappheit sind am Horn wohl bekannt, wie

Königschroniken über Jahrhunderte belegen. Schon die Menschen im Alten Ägypten entdeckten Dank ihrer Nilometer, dass auf einen guten Nil-Zyklus alle zehn Jahre ein schlechter folgte – die Geschichte von den sieben schönen, fetten Kühen und den sieben mageren, hässlichen Kühen des Alten Testaments. Wir wissen, dass 86 % des Nilwassers im äthiopischen Hochland entspringen. Die Umkehrung der von 1940 bis 1970 günstigen Regenkonstellation in der Sahel Zone in ihr Gegenteil wirkte sich 1973/1974 fatal auf Äthiopien und Somalia aus, was die Theorie von 30-Jahres-Zyklen bekräftigt. Historiker stellen aber immer wieder auch Jahrhundertereignisse fest, die als außergewöhnliche Dürreperioden oder Überschwemmungen nach vielen „guten" oder „schlechten" Jahren auftreten. Derzeit ist es wegen unzureichender Datenlage nicht möglich, verlässlich vorherzusagen, wie sich das Klima des Horns im Kontext der globalen Erwärmung entwickelt. Versuche, das lokale und regionale Klima zu prognostizieren, sind deshalb riskant. Der Klimawandel muss nicht zwangsläufig höhere Temperaturen zur Folge haben, falls der Niederschlag zunimmt, wie einige Klimaszenarien zeigen.

Literatur: CENTRAL STATISTICAL AGENCY, INTERNATIONAL FOOD POLICY RESEARCH INSTITUTE, *Atlas of the Ethiopian Rural Economy*, Washington, Addis Ababa 2006; JEAN GALLAIS, *Une géographie politique de l'Éthiopie. Le poids de l'État,* Paris 1989.

Alain Gascon, Paris, Jon Abbink, Leiden

Ökologie und Umwelt

Ökologie beschreibt die Beziehungen von Lebewesen untereinander, mit ihrer Umwelt sowie die Folgen dieser Wechselwirkung. Betrachtet man das Zusammenspiel von physischer Beschaffenheit, Landnutzungsmustern und kultureller Tradition in den verschiedenen Regionen Äthiopiens, ergeben sich mehrere agroökologische Zonen (s. „Äthiopische Ökozonen").

Agroökologische Zonen. Die Verschiedenheit ökologischer Zonen resultiert aus der Topographie des Landes, wo man Tiefebenen unterhalb des Meeresspiegels, aber auch Berggipfel von über 4.500 m vorfindet. Äthiopien besitzt – je nach Einteilung – mindestens sechs agroökologische Zonen, die im Sprachgebrauch der Ethnien verankert und auch bei der ländlichen Bevölkerung recht bekannt sind. Die traditionellen Bezeichnungen dafür lauten: *Baraha* (unterhalb von 500 m), *Qwalla* (500 m–1.500 m), *Wayna daga* (1.500 m–2.300 m), *Daga* (2.300 m–3.200 m), *Werch* (3.200 m–3.700 m) und Hohes *Werch* (über 3.700 m). Abhängig vom Jahresmittel der Niederschläge und der Verdunstung lassen sich einige Zonen noch weiter unterteilen (trocken, feucht, immerfeucht).

Von *Baraha* bis Hohes *Werch* wechseln die Bodentypen von gelbsandigen über rote und braune bis zu schwarzen Böden. Hauptsächlich klimatisch bedingt ändert sich die natürliche Vegetation, nacheinander von Grasland und Akazien über Cordia- und Ficusarten, Bambus, Wacholder, afrikanisches Redwood (Kossobäume, Hagenia), Koniferen (Podocarpaceae) sowie Heide- und Johanniskrautgewächsen bis hin zu Gebirgssteppen.

Das Temperaturmittel im Tiefland unterscheidet sich extrem von dem der höchsten Bergzonen. Im Semen-Gebirge ist sogar Schnee möglich. In den höheren und mittleren Zonen gibt es aufgrund von Steigungseffekten und kühleren Temperaturen relativ viel Regen. Generell ist die Niederschlagszuverlässigkeit im südlichen Hochland Äthiopiens höher als im nördlichen Hochland. Temperaturschwankungen innerhalb eines Jahres nehmen von Süd nach Nord zu. Das Dürrerisiko ist damit im nördlichen Hochland größer als im südlichen Hochland, allgegenwärtig jedoch ist die Dürregefahr in den semiariden und ariden Tiefländern (*Baraha* und *Qwalla*). Abgesehen von den Gebieten der Wüsten und Halbwüsten, gibt es einen erheblichen Unterschied bei der Länge der Regen- und Trockenzeiten, in den meisten Gebieten liegt sie zwischen vier und acht Monaten.

Die Landnutzung ist in zwei Haupttypen gegliedert: a) Das integrierte System Ackerbau mit Viehwirtschaft, welches auf dem Pflugbau basiert, sowie b) die nomadische oder halbnomadische Weidewirtschaft, teils verbunden mit etwas Ackerbau. Generell hängt die Bewirtschaftung stark von physischen Gegebenheiten ab wie Wasserversorgung, Temperatur und Bodenqualität. Die jeweiligen ethnischen, kulturellen und wirtschaftspolitischen Besonderheiten üben ebenfalls Einfluss auf die Landnutzung aus. In Regionen zwischen rund 1.000 m und 3.000 m bestimmt der Ackerbau das Landschaftsbild. Am fruchtbarsten sind die *Wayna-daga*- und die unteren *Daga*-Regionen, wo zwei oder sogar drei Ernten im Jahr eingebracht werden. Bewässerung ist hier eher untypisch. Man findet sie jedoch – entsprechende Wasservorkommen vorausgesetzt – in Gebieten mit niedrigem jährlichen Niederschlag oder wo eine starke Verdunstung herrscht, insbesondere entlang von Flüssen und in Talebenen wie beim Awash sowie in Gebieten mit marktorientierter Produktion.

Hauptanbauprodukte sind Baumwolle, Früchte, Zuckerrohr, Sorgum, *Tef*, Mais, *Ensat*, Kaffee, diverse Gemüse, Gerste, Weizen und Hülsenfrüchte. Die Gebiete mit vorherrschender Viehwirtschaft konzentrieren sich auf die weniger fruchtbaren Regionen im Tief- und Hochland sowie auf ungünstige Lagen aufgrund des Bodens oder der Topographie. Hauptsächlich werden hier Fleisch, Häute und Horn produziert, eingeschränkt auch Milchprodukte.

Umweltherausforderungen. Die schweren Hungersnöte der 1970er und 1980er Jahre führten zu einer erhöhten Aufmerksamkeit gegenüber den ökologischen Zusammenhängen am Horn von Afrika. Umweltzerstörung gilt als eines der einschneidensten Probleme in Äthiopien und den Anrainerstaaten. Sie wirkt sich verheerend auf die Landwirtschaft aus, die für die Ernährung und die Wirtschaft der ganzen Region ausschlaggebend ist.

Es wird angenommen, dass die Kultivierung wichtiger Nutzpflanzen wie *Tef* und Fingerhirse vor 7.000 Jahren einsetzte. Die aksumitische Kultur spielte eine zentrale Rolle bei der Verbreitung von Getreide, Hülsenfrüchten und Ölsaaten. Die Einführung des Ochsenpflugs (1.000 bis 500 v.Chr.) war eine wichtige Innovation, auch aus Sicht der Umweltgeschichte. Große Flächen wurden nun für Ackerbau und die für das Vieh benötigten Weiden genutzt, was die Vegetation und die Landschaften deutlich und dauerhaft veränderte. Es gibt klare Hinweise dafür, dass die aksumitische Zivilisation zerfiel, weil die landwirtschaftlichen Erträge infolge der Bodenerosion zurückgingen.

Heute gerät die biologische Vielfalt in vielen Gebieten zunehmend unter Druck, weil endemische Bäume und Nutzpflanzen durch importierte Arten ersetzt werden. Das Bevölkerungswachstum erzwingt außerdem eine intensive Bewirtschaftung von ehemals wenig oder unbebauten Flächen. Holz ist eine wichtige natürliche Ressource einer Agrargesellschaft, der es an fossilen Brennstoffvorräten fehlt. Zieht man historische Reiseberichte zurate, zeigt sich, dass die massive Zerstörung der Wälder in Zentral- und Südäthiopien sowie in Eritrea bereits im 19. Jh., teils noch früher schon weit fortgeschritten war. Die Abholzung im östlichen Hochland fing Ende des 19. Jh. mit den Feldzügen von Menilek II. an. Im Westen und Süden setzte die Rodung in den 1950er Jahren ein, wie verschiedene Studien belegen. Wegen des Holzmangels in Zentral- und Nordäthiopien wurden seit den 1890er Jahren Eukalyptusbäume eingeführt, um das Energieproblem zu lösen. Nach Schätzungen von 1994 waren damals nur noch 2,7 % Äthiopiens von dichten Wäldern bedeckt.

Hauptursachen für Abholzung und Waldverlust ist und war der steigende Bedarf an Flächen für Anbau von Nutzpflanzen sowie der Mangel an Brennholz, Holzkohle, Baumaterial, etc. Dies bleibt wegen des anhaltenden Bevölkerungswachstums und des gleichzeitig zu geringen Produktivitätsfortschritts der Landwirtschaft ein aktuelles Problem. Der Einschlag des natürlichen Baumbestands ist bis heute nicht gestoppt, obwohl die Waldfläche dank Aufforstung mit Eukalyptus, Zypressen und Kiefern zumindest in einigen Gebieten wieder zunimmt. Die Einführung exotischer Arten kann zu unvorhersehbaren Konse-

Höhenzonen	hauptsächliche Erzeugnisse	Höhengrenzen
I Werch:	kein Anbau	A: Höchstgrenze für den Anbau von Gerste und (seltener) Kartoffeln
II High daga:	Gerste (Kartoffel)	B: Höchstgrenze für Weizen/Hülsenfrüchte (temperaturabhängig)
III Daga:	Weizen, Gerste, Hülsenfrüchte	C: Höchstgrenze für Mais/*Tef* (temperaturabhängig)
IV Wayna daga:	*Tef*, Mais, Weizen, Hülsenfrüchte	D: ungefähre Untergrenze für den Anbau von Mais/*Tef* (regenabhängig)
V Qwalla:	Mohrenhirse, *Tef*	E: ungefähre Untergrenze für Mohrenhirse (regenabhängig)
VI Baraha:	kein regenabhängiger Anbau	

Amharische Bezeichnungen und Anbaukulturen nach Zonen gegliedert

Tabelle 2: Schlüssel zu Höhenzonen und beregnetem Feldbau, © Hans Hurni

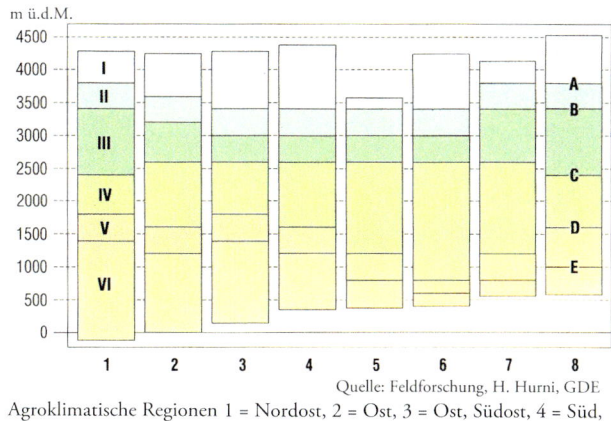

Quelle: Feldforschung, H. Hurni, GDE

Agroklimatische Regionen 1 = Nordost, 2 = Ost, 3 = Ost, Südost, 4 = Süd, 5 = Südwest, 6 = West, 7 = Nordwest, 8 = Nord

Tabelle 3: Agroökologische Zonen in der jeweiligen agroklimatischen Region, © Hans Hurni

quenzen führen, wenn gebietsfremde Pflanzen zur Konkurrenz werden, die die einheimische Flora verdrängen oder wie im Falle von Eukalyptus wegen des hohen Wasserbedarfs die Bodenerosion verstärken.

Bodendegradation und Wasserbewirtschaftung. Die Bodendegradation hängt mit dem Niederschlag, der Topographie, der Vegetation bzw. der Bewirtschaftung des Landes zusammen. Bodenerosion ist ein altbekanntes Phänomen. Die Fruchtbarkeit des Nils in Ägypten ist seit der Antike vor allem auf den Bodenverlust in Äthiopien zurückzuführen. Bodendegradation umfasst sowohl die Bodenerosion als auch den Rückgang der Fruchtbarkeit des Bodens. Dies ist für die Bauern ein ernstes Problem, weil die Bodentiefe mancherorts ein für die Agrarnutzung kritisches Niveau erreicht, sollte der Prozess nicht durch Gegenmaßnahmen verlangsamt oder aufgehalten werden. Obwohl die Hochlandböden von Natur aus fruchtbar sind, führen Nährstoffentnahme ohne Kompensation, steile, zerklüftete Hänge, verbunden mit außergewöhnlich intensiven Niederschlägen zu beschleunigter Erosion. Wegen des Mangels an Feuerholz werden tierischer Dung und Ernterückstände als Brennstoff verwendet, anstatt sie als Dünger einzusetzen, was die Abnahme der Bodenfruchtbarkeit noch steigert.

Für die Umweltprozesse spielen auch die Verfügbarkeit und die Qualität des Wassers, die Abflussmengen von Bächen und Flüssen und die saisonalen Niederschlagsschwankungen eine wichtige Rolle. Abholzung, eine geringe oder bei der Aussaat zeitweilig fehlende Vegetationsbedeckung sowie Starkniederschläge erhöhen den

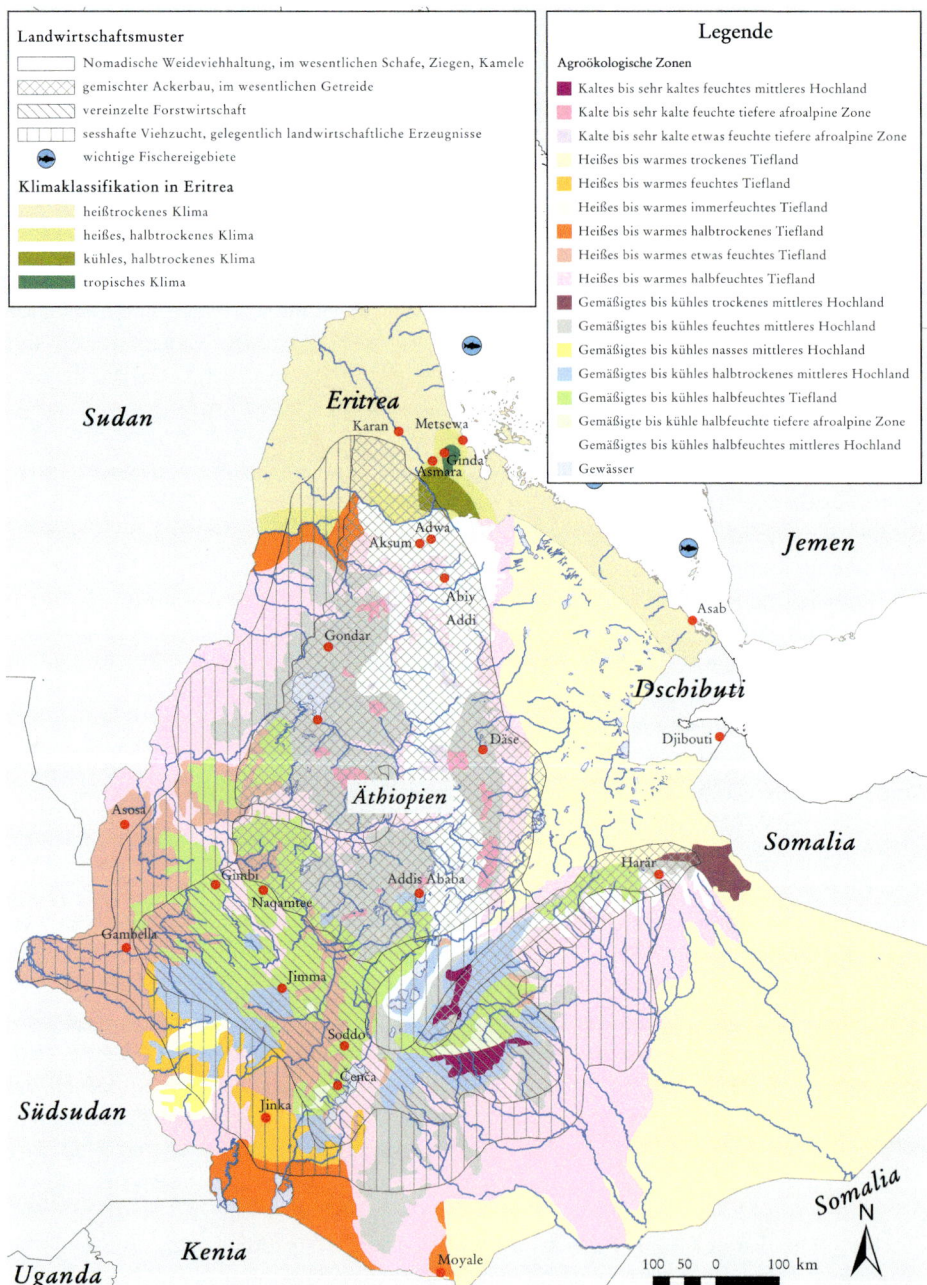

Landwirtschaftsmuster

- Nomadische Weideviehhaltung, im wesentlichen Schafe, Ziegen, Kamele
- gemischter Ackerbau, im wesentlichen Getreide
- vereinzelte Forstwirtschaft
- sesshafte Viehzucht, gelegentlich landwirtschaftliche Erzeugnisse
- wichtige Fischereigebiete

Klimaklassifikation in Eritrea

- heißtrockenes Klima
- heißes, halbtrockenes Klima
- kühles, halbtrockenes Klima
- tropisches Klima

Legende

Agroökologische Zonen

- Kaltes bis sehr kaltes feuchtes mittleres Hochland
- Kalte bis sehr kalte feuchte tiefere afroalpine Zone
- Kalte bis sehr kalte etwas feuchte tiefere afroalpine Zone
- Heißes bis warmes trockenes Tiefland
- Heißes bis warmes feuchtes Tiefland
- Heißes bis warmes immerfeuchtes Tiefland
- Heißes bis warmes halbtrockenes Tiefland
- Heißes bis warmes etwas feuchtes Tiefland
- Heißes bis warmes halbfeuchtes Tiefland
- Gemäßigtes kühles trockenes mittleres Hochland
- Gemäßigtes bis kühles feuchtes mittleres Hochland
- Gemäßigtes bis kühles nasses mittleres Hochland
- Gemäßigtes bis kühles halbtrockenes mittleres Hochland
- Gemäßigtes bis kühles halbfeuchtes Tiefland
- Gemäßigtes bis kühle halbfeuchte tiefere afroalpine Zone
- Gemäßigtes bis kühles halbfeuchtes mittleres Hochland
- Gewässer

Karte 3: Ökologie und agroökologische Zonen, © Hiob-Ludolf-Zentrum für Äthiopistik, Hamburg

Wasserabfluss an der Oberfläche und reduzieren so den nutzbaren Niederschlag und die Versickerung. Rund 74% der 110 Mia Kubikmeter Oberflächenwasser strömen pro Jahr in jene Flüsse, die nach Sudan, Ägypten, Somalia und Kenia abfließen. Wenn weniger Wasser in den Boden eindringt und gespeichert wird, steht den Nutzpflanzen entsprechend weniger zur Verfügung. Gleichzeitig ist die Bodenerosion eine schwerwiegende und jahrhundertealte Problematik. Bodenerosion durch Wasser verringert auch die Nutzungsdauer von Staudämmen, da die Staubecken mit Sedimenten gefüllt werden, weshalb die Energieerzeugung in Kraftwerken abnimmt – und außerdem auch das Wasservolumen für eine mögliche Bewässerung reduziert wird.

Durch den forcierten Ausbau bewässerter Ackerflächen in einigen traditionell nomadischen Gebieten ging vor allem seit der Jahrhundertwende Weideland – teilweise durch großflächige Landverpachtung („land grabbing") – verloren. Für Nationalparks (19.767 km²), Naturschutzgebiete (28.100 km²) und Wildreservate (9.536 km²) wurden schon in den 1990er Jahren riesige Weideflächen verringert. Diese Entwicklung hat zu Konflikten zwischen den Hirtennomaden sowie einer Abwehrhaltung gegenüber staatlichen Organisationen und großen Agrarinvestoren geführt. Die Nomaden sind gezwungen, mit ihren Herden auf wenig attraktive Flächen auszuweichen und diese zu nutzen. Das gefährdet die Nomaden in Dürreperioden zusätzlich. Wiederkehrende Dürren dezimieren die Viehbestände und schränken die Erntechancen der noch vorhandenen Äcker ein. Außerdem besteht die Gefahr der Überweidung.

Insbesondere seit den 1990er Jahren hat sich die Umweltverschmutzung zu einem ernsthaften Problem aufgrund der Modernisierung von Regionen und Wirtschaftszweigen entwickelt. Die Luftverschmutzung entsteht vor allem durch den Eintrag umweltschädlicher Gase und durch Feinstaub beim Verbrennen fossiler Brennstoffe. Darunter leiden die Bewohner in Ballungsräumen und in der Umgebung von Industriestandorten, aber auch die angebauten Kulturen sind betroffen. 2011 waren mehr als 50% aller Fahrzeuge in Addis Abeba älter als 20 Jahre und entsprachen damit keinesfalls modernen Emissionsstandards, um ein Beispiel zu nennen. Industriewachstum, zunehmendes Verkehrsaufkommen und die Verbrennung von fossilen Rohstoffen als Energiequelle führten in den letzten 20 Jahren zu einem Anstieg von Atemwegserkrankungen. In Äthiopien verwandelten sich in den zurückliegenden Jahren saubere Flüsse zu offenen Abwasserkanälen, weil Haushalte, Landwirtschaft und Industrie Schmutz, Abfälle und Abwässer einleiteten, die die Gesundheit schädigten oder gar zum Tod von Mensch und Tier führten. Die Müllentsorgung bleibt ein ungelöstes Problem vieler Städte. Bei den marktorientierten, intensiv genutzten Landflächen werden die Böden durch Überdüngung, Pestizide und Herbizide vergiftet. Dies wirkt sich negativ auf die physikalische, chemische und biologische Bodenbeschaffenheit aus und beeinträchtigt letztlich das Pflanzenwachstum.

Literatur: DEMEL TEKETAY, ALFONS RITLER, „Environment", *EAE* II, 323–327; ALFONS RITLER, „Ecological Zones", *EAE* II, 213–215; HANS HURNI, *Agroecological Belts of Ethiopia. Explanatory Notes on 3 Maps at a Scale of 1:1,000,000*, Berne 1998; SOIL CONSERVATION RESEARCH PROGRAMME ETHIOPIA, *Research Report 43*, Addis Ababa, Berne 1998.

Alfons Ritler, Centre for Development and Environment, University of Berne

Äthiopische Ökozonen

Ökozonen („Biome") sind natürliche Lebensgemeinschaften von Pflanzen und Tieren. Sie werden durch die Struktur der natürlichen Vegetation und Zusammensetzung der Arten wilder Pflanzen und Tiere definiert, die dort vorkommen. Meereshöhe, Klima und andere Umweltbedingungen sind von Biom zu Biom unterschiedlich. Äthiopien hat eine große Anzahl von Biomen aufgrund der Höhenunterschiede: von der Dallol-Tiefebene, ca. 130 m u.d.M., bis zur Höhe von Ras Dashan, ca. 4.600 m ü.d.M. und der verschiedenen Niederschlagsmuster auf beiden Seiten des von Süd nach Nord verlaufenden Hochlandes. Äthiopische Bauern haben traditionelle landwirtschaftliche Anbauzonen festgelegt, die weitgehend den heute definierten Biomen entsprechen: *Qwalla*, *Wayna daga*, *Daga* und *Werch*. Neueste Studien der äthiopischen Vegetation erfassen folgende Biome:

(1) Wüsten und Halbwüsten-Buschland – in den trockenen Gebieten von Afar und Ogaden
(2) *Acacia-Commiphora* Waldgebiet und Buschland – in vielen südöstlichen Tiefebenen, Teilen von Afar und des Grabenbruchs (Rift Valley)
(3) Bewaldetes Grasland der westlichen Gambela Region – hohe Graslandvegetation südlich des Baro-Flusses, überflutet während der Regenzeit
(4) *Combretum-Terminalia* Waldgebiet – auf allen Westhängen des Hochlandes bis zu ca. 1.500 m Höhe
(5) Trockener immergrüner afromontaner Wald- und Graslandkomplex im zentralen, nördlichen und östlichen Hochland bis zu ca. 3.500 m, mit einer höheren Zone, die von *Hagenia*- und *Hypericum*-Bäumen dominiert wird
(6) Feuchter immergrüner afromontaner Wald – kommt ab ca. 1.500 m und aufwärts im südwestlichen Äthiopien, westlich des Gibe/Omo und südlich der Abbay-Flüsse vor
(7) Übergangsregenwald – befindet sich in den höchsten Niederschlagsgebieten Südwestäthiopiens bis zu einer Höhe von ca. 1.500 m
(8) Ericoider Gürtel – eine Zone meist oberhalb der afromontanen Wälder von ca. 3.500–4.000 m
(9) Afroalpiner Gürtel – oberhalb des Ericoiden-Gürtels von ca. 4.000 m

Die folgenden Biome sind an das Vorhandensein offenen Wassers gebunden:

(10) Flussvegetation – entlang der Flüsse, außer wenn sie sehr trockene Lebensräume passieren
(11) Süßwasserseen, Marschland und Sümpfe
(12) Salzseen, salzige Feuchtgebiete und Salzpfannen – überwiegend in Afar, z.B. die Dallol-Tiefebene, und im Ogaden

Literatur: IB FRIIS, SEBSEBE DEMISSEW, PAULO VAN BREUGEL, „Atlas of the Potential Vegetation of Ethiopia“, *Biologiske Skrifter, Biological Series of the Royal Danish Academy of Sciences and Letters*, 58 (2010), 1–307.

Ib Friis, Natural History Museum of Denmark, Copenhagen

Landwirtschaft

Die Landwirtschaft ist die Hauptstütze der äthiopischen Wirtschaft. Sie bietet Einkommen und Beschäftigung für etwa 80 % der Bevölkerung. Das macht fast die Hälfte des Bruttoinlandsprodukts (BIP) aus und mehr als 80 % der Exporteinnahmen. Rund 15 % der Gesamtfläche werden für den Ackerbau genutzt, wobei saisonale Feldfrüchte überwiegen, ungefähr 1,5 % für mehrjährige Kulturen; fast 50 % des Landes dient als Weidefläche.

Aufgrund der unterschiedlichen klimatischen und agroökologischen Bedingungen, die sich in zwölf Ökozonen niederschlagen (s. dazu „Äthiopische Ökozonen"), ist die Landwirtschaft Äthiopiens sehr vielgestaltig. Ackerbau wird vor allem durch kleinbäuerliche Betriebe im dicht besiedelten, zentralen Hochland betrieben. Es umfasst ca. 40 % der Gesamtfläche und beherbergt etwa 80 % der Bevölkerung. Die Bewohner des Hochlands leben in der Regel von gemischter Landwirtschaft auf zumeist kleinen Parzellen. Im dünner besiedelten Tiefland dominiert die Viehzucht (Pastoralismus). In den Regionen Somalia, Afar und in Teilen von Oromiyaa wird sie durch Feldbau ergänzt (Agropastoralismus). Typisch für die Regionen Beni Shangul-Gumuz, Gambella und die Region der südlichen Nationen, Nationalitäten und Völker ist der Wanderfeldbau.

Angebaut werden vorrangig Getreide, Hülsenfrüchte, Ölsaaten und Kaffee. Obwohl die Böden in vielen Gebieten fruchtbar sind und normalerweise ausreichend Niederschlag fällt, sind der landwirtschaftlichen Produktion Grenzen gesetzt. Nichtmechanisierte Technologien, Fragmentierung der Felder, Raubbau an natürlichen Ressourcen, Bodenerosion und periodisch wiederkehrende Dürren führen zu einem niedrigen Niveau der Produktion und zu Ernteausfällen. Nur ca. 1 % der bewirtschafteten Fläche ist bewässert.

Es gibt zwei Vegetationsperioden: Die Hauptsaison (*Mahar*), in der etwa 95 % der Getreideernte mit Einsetzen der großen Regenzeit produziert werden, und daneben die Nebensaison (*Balg*), welche mit der kleinen Regenzeit beginnt.

Anbauprodukte. Getreide gehört zu den wichtigsten Kulturpflanzen und wird auf etwa 86 % der Ackerfläche angebaut. Am bedeutendsten sind *Tef* (indigene Pflanze zur Zubereitung von *Enjara*, dem einheimischen Fladenbrot), Weizen und Gerste, die oberhalb von 1.500 m unter kühleren Hochlandbedingungen (Biom 5) gedeihen, sowie Mais, Sorghum und Hirse in niedrigeren Lagen mit milderem Klima. *Tef*, Weizen und Mais sind Hauptnahrungsmittel für die meisten Äthiopier. Getreide wird meist für den Binnenmarkt produziert, um den Bedarf der bäuerlichen Familien zu sichern.

Die kärglichsten Flächenerträge liefert *Tef* (im Schnitt ca. 1 t/ha), die höchsten weist Mais (etwa 2 t/ha) auf. Während die Getreideerzeugung von den 1970er Jahren bis 1991 auf nationaler Ebene bei jährlich 5–7 Mio Tonnen stagnierte, gingen der Sturz des *Darg*-Regimes und die Förderung der Landwirtschaft sowie eine Liberalisierung des Getreidemarkts in den 1990er Jahren mit einem Wachstum der Produktion von jährlich über 3 % einher. Seit 2000 hat es sich auf 7 % pro Jahr beschleunigt, und die Getreideproduktion erreicht seither jährlich mehr als 10 Mio Tonnen. Verbesserte Saatgutsorten, der Einsatz von Düngemitteln und nachhaltige Technologien könnten Erträge und Produktivität weiter steigern.

An zweiter Stelle nach Getreide steht der Anbau von Hülsenfrüchten (Kichererbsen, Linsen, Gartenbohnen), gefolgt von Ölsaaten auf Platz drei. Sie sind vom Tiefland bis in große Höhen von etwa 3.000 m im nördlichen und zentralen Hochland (Biom 5) zu finden. Neben der Sicherung des Eigenbedarfs waren Hülsenfrüchte und Ölsaaten in der Vergangenheit wichtig für den Export. Unter den letzteren gewinnt seit einigen Jahren vor allem Sesam als hochpreisige Marktfrucht an Bedeutung.

Ensat („falsche Banane") ist Grundnahrungsmittel im südlichen und südwestlichen Hochland von Äthiopien. Da die *Ensat*-Pflanze kürzere Dürreperioden gut übersteht und sich das Mehl mehrere Jahre lagern lässt, eignet sie sich als Nahrungsmittelreserve für die Bevölkerung.

Exportpflanzen. Der Kaffee hat seine Ursprungsheimat wahrscheinlich in Äthiopien und ist das begehrteste nationale Exportgut (s. „Kaffee"). Der Kaffeeanbau sichert das Einkommen von mehr als 300.000 Bauernfamilien und erzeugt etwa zwei Drittel des gesamten Exportvolumens. Ausgeführt werden auch die leicht aufputschenden *Khat*-Blätter, ebenso Baumwolle, Zitrusfrüchte, anderes Obst und Zuckerrohr. Seit einigen Jahren erfreuen sich außerdem Anbau und Export von Schnittblumen wachsender Beliebtheit.

Tierhaltung. Die Viehzucht ist mit rund einem Drittel des agrarischen Bruttoinlandprodukts ebenfalls ein bedeutender Wirtschaftsfaktor. Leder und Felle sind nach Kaffee die einträglichsten Exportgüter. Äthiopien soll den größten Viehbestand ganz Afrikas besitzen – mit immerhin 30 Mio Rindern, 42 Mio Schafen und Ziegen, 7 Mio Pferden unterschiedlicher Arten, 1 Mio Kamelen, 50 Mio Stück Geflügel und 10 Mio Bienenvölkern (Stand 2012/2013). Nutztiere dienen als Zugtiere, Nahrungs-, Zahlungs- und Transportmittel, Einnahmequelle und Dunglieferant, aber auch zur sozialen Absicherung und als Statussymbol (s. „Tierwelt").

In der Tierproduktion hat Äthiopien noch viel ungenutztes Potential, sowohl was die lokalen Märkte angeht als auch den Export. Mangelhafte Futtermittel, Tierseuchen sowie ein Mangel an Veterinären und den entsprechenden Dienstleistungen schränken die Entwicklungschancen ein.

Agrarstrukturen: Kleinbauern und gemischte Landwirtschaft. Für die äthiopische Landwirtschaft sind vier Bewirtschaftungstypen charakteristisch: Kleinbauernhöfe, Genossenschaftsbetriebe, Staatsfarmen und Betriebe privater Investoren. Obwohl genossenschaftliche und staatliche Betriebe während der *Darg*-Zeit besonders gefördert wurden, blieben sie relativ unbedeutend und steuerten weniger als 5 % der gesamten landwirtschaftlichen Produktion bei. Heute stellen Staatsunternehmen und private Großbetriebe bei Baumwolle, Zuckerrohr, Obst, Gemüse, Kaffee, Tee, Sesam den Löwenanteil der industriellen Agrarproduktion.

Ungeachtet dessen sind ländliche Kleinbetriebe bis heute das häufigste Agrarmodell in Äthiopien. Sie dienen vorrangig der Eigenproduktion (Subsistenzwirtschaft) und sind geprägt durch gemischte Landwirtschaft, natürliche Bewässerung, geringen Input, traditionelle Verfahren und niedrige Produktivität. Subsistenzwirtschaftliche Kleinbetriebe bebauen 95 % der kultivierten Fläche und produzieren darauf 96 % der in Äthiopien erzeugten Agrarprodukte. Im Schnitt beträgt die Größe einer Farm weniger als 2 ha, die Hälfte der Betriebe ist kleiner als 1 ha, oft in mehrere Parzellen zersplittert. Zumeist decken die Kleinbauern gerade ihren Eigenbedarf, abgesehen vom gelegentlichen Verkauf eines Teils der Ernte oder durch den Verkauf von Vieh. Die Ochsenpflüge im Getreideanbau und der Einsatz von Handwerkszeugen bei anderen Kulturen gelten bis heute als rückständig. Ein hohes Bevölkerungswachstum und der Mangel an Einkommensquellen zwingen viele Bauern, steile Hang- und Randlagen zu bebauen, was Bodenerosion, Wasserverlust und Landdegradation verstärkt.

Im Unterschied zu diesen eher negativen Merkmalen der Landwirtschaft im nördlichen und zentralen Hochland haben einige Ethnien im südlichen Hochland (Burji, Konso-Gidole, Dullay) intensive und nachhaltige Methoden mit Terrassierung als markantem Merkmal entwickelt. Die mit Steinen befestigten Felder erlauben es, auch unwirtliche Hänge effizient zu nutzen, Erosion vorzubeugen und das Wasser im Boden zu halten. Darüber hinaus tragen Wasserrückhalte- und Bewässerungsanlagen, der Einsatz von Viehdung und menschlichen Fäkalien als Dünger sowie angepasste Praktiken bei Fruchtfolge und Mischkulturen zum Erhalt der Bodenfruchtbarkeit bei. Dadurch können die Terrassen ganzjährig bewirtschaftet werden. Trotz ihrer offenkundigen Vorteile hat sich dieses intensive und nachhaltige Agrarsystem im übrigen äthiopischen Hochland noch nicht verbreitet, so dass dort Bodenerosion und Wasserknappheit die Landwirtschaft einschränken.

Landschaft in Agame, Tigray, © Wolbert G.C. Smidt

Herausforderungen: niedrige Produktivität, Dürre, nachhaltige Landnutzung. Die äthiopische Regierung hat die Landwirtschaft als Hauptquelle wirtschaftlichen Wachstums anerkannt (s. den Growth and Transformation Plan im Artikel „Wirtschaft") und diverse Initiativen zu ihrer Förderung eingeleitet:

- Grundbucheintragung, um sicherere Nutzungsverhältnisse zu schaffen und die Bauern zu motivieren, in ihr Land zu investieren und nachhaltige Verfahren anzuwenden
- Förderung einer einheitlichen Verwaltung für das Wassermanagement
- Ausbau kleiner, mittlerer und großer Bewässerungsanlagen (z.B. der Bau des Grand Ethiopian Renaissance Dam, der neben der Energiegewinnung auch 500.000ha Bewässerungsfläche schaffen soll)
- Hilfe bei der Kommerzialisierung der Landwirtschaft durch Förderung hochwertiger Kulturen, Intensivierung der Produktion in Gebieten mit entsprechendem Potential und Entwicklung des Agrarmarketings
- Groß angelegte Förderung kommerzieller Agrarinvestoren in bisher nur extensiv oder kaum genutzten Tieflandregionen

Maßnahmen wie Grundbucheintragung, Wasserbewirtschaftung und kleinräumige Bewässerungssysteme wurden als notwendig, sinnvoll und erfolgversprechend beurteilt. Ob andere Maßnahmen, insbesondere die Förderung groß angelegter Bewässerungsanlagen und großflächige Landwirtschaft durch Agrarkonzerne sinnvoll sind, bleibt abzuwarten. Es gibt erhebliche Bedenken, ob sie nicht kurz- oder langfristig ökologischen und sozialen Schaden anrichten.

Fakten und Zahlen

Bevölkerung abhängig von der Landwirtschaft	80%
Beitrag der Landwirtschaft zum BIP	50%
Beitrag zu den Exporten	50%
Anteil der gesamten Bodenfläche:	
für den Anbau verwendet	ca. 15%
bewässert	ca. 1%
mehrjährige Pflanzen	ca. 1,5%
Weidefläche	ca. 50%
Typische Merkmale der äthiopischen Landwirtschaft Kleinbauernhöfe, gemischte Nutzpflanzen – Viehzucht, Regenfeldbau, wenig Input, traditionelle Technologie, niedrige Produktivität, niedrige Erträge	95%
Hauptprodukte Getreide (Mais, *Tef*, Weizen, Sorghum, Hirse), Hülsenfrüchte, Ölsaaten, Kaffee	
Viehhaltung größte Viehbestände in Afrika; ca. 30 Mio Rinder, 42 Mio Schafe und Ziegen	

Tabelle 4: Landwirtschaft in Äthiopien, ausgewählte Fakten, © Manfred Metz

Literatur: MANFRED METZ, „Agriculture", *EAE* I, 148–153; ALEMAYEHU SEYOUM TAFFESSE, PAUL DOROSH, SINAFIKEH ASRAT, *Crop Production in Ethiopia: Regional Patterns and Trends, International Food Policy Research Institute, Ethiopia Strategy Support Program II, Working Paper No. 0016*, Addis Ababa 2011.

Manfred Metz, Berlin

Wildpflanzen

Die Flora Äthiopiens ist, verglichen mit der vieler anderer Länder des Kontinents, ungewöhnlich reich an endemischen Arten. Die größte Vielfalt im tropischen Afrika weisen Kamerun und Gabun auf mit 4.000–5.000 Arten pro 10.000 km². Der durchschnittliche Pflanzenreichtum Äthiopiens liegt zwischen 1.500 und 2.000 Arten pro 10.000 km². Er ist bedeutend größer als der bei den Nachbarn desselben Breitengrads: In der Sudanzone, einem breiten Savannengürtel, der sich von der Atlantikküste Nordafrikas bis zum äthiopischen Hochland erstreckt, sind es nur 500–1.000 Arten. Im semiariden Sahel, zwischen der sudanischen Zone und der Saharawüste, kommt man auf 200–500 Arten je 10.000 km². Die Sahelzone zieht sich über das norderitreische Tiefland bis zum Roten Meer. Die üppigere Vegetation Äthiopiens und Eritreas gegenüber dem Sahel und der Sudanzone erklärt sich durch abwechslungsreichere klimatische Bedingungen sowie die deutlich stärker abweichende Topographie und Geologie.

Zusammensetzung der Flora. Zu den Wildpflanzen des Horns von Afrika zählen alle Arten, die nicht von Menschen gezüchtet wurden. Dazu gehören einheimische Arten und früher kultivierte sowie wieder verwilderte Arten. So betrachtet, umfasst die Flora insgesamt mehr als 6.500 Arten, darunter fünf Gymnospermen (Nacktsamerarten und 36 Arten von Farnen und Farnverwandten), sowie etwa 200 Familien von Blütenpflanzen. Die Flora des Horns ist selbst in höheren Regionen sehr komplex. Mehrere große Familien von Pflanzenarten spielen auch wirtschaftlich eine Rolle, wie zum Beispiel die Gräser (ca. 700 Arten), die Hülsenfruchtgewächse (ca. 550 Arten) und die Familie der Sonnenblumen/Korbblütengewächse (ca. 500 Arten). Weitere Familien, die mehr als 100 Arten aufweisen, sind Akanthus-, Wolfsmilch- und Seidenpflanzengewächse, Riedgräser, Orchideen, Lippenblütler, Malven-, Winden-, Braunwurz- und Kaffeegewächse. Gräser und Hülsenpflanzen sind ökologisch wichtig in Busch- und Baumsavannen, Steineibengewächse und Wacholder in Nord- und Zentraläthiopiens Hochland. Sapo-

ten-, Ölbaum-, Rosen- und Kaffeegewächse prägen die feuchten Waldgebiete im Süden und Südwesten. Typisch für die trockenen Savannen von Südostäthiopien und Somalia sind Weihrauchbäume und Myrrhesträucher, die in mehr als 50 Arten auftreten. Weihrauch ist auch im nördlichen Teil des westlichen Tieflands verbreitet.

Verteilung der Flora. In Äthiopien und Eritrea ist die Artenvielfalt nicht gleich verteilt (s. die Karten in den Tabellen 5 und 6 auf S. 34). Die größte Diversität mit 3.000–4.000 Arten auf 10.000 km² weist die historische Provinz Sidamo auf mit ungefähr 2.000 Arten. Die alten Provinzen Shawa und Hararge beherbergen jeweils 1.500 Arten. Für den eritreischen Küstenstreifen mit 500 Arten liegt die Vielfalt statistisch

Acanthus sennii (Acanthus Familie), nur im äthiopischen Hochland anzutreffen, © Ib Friis

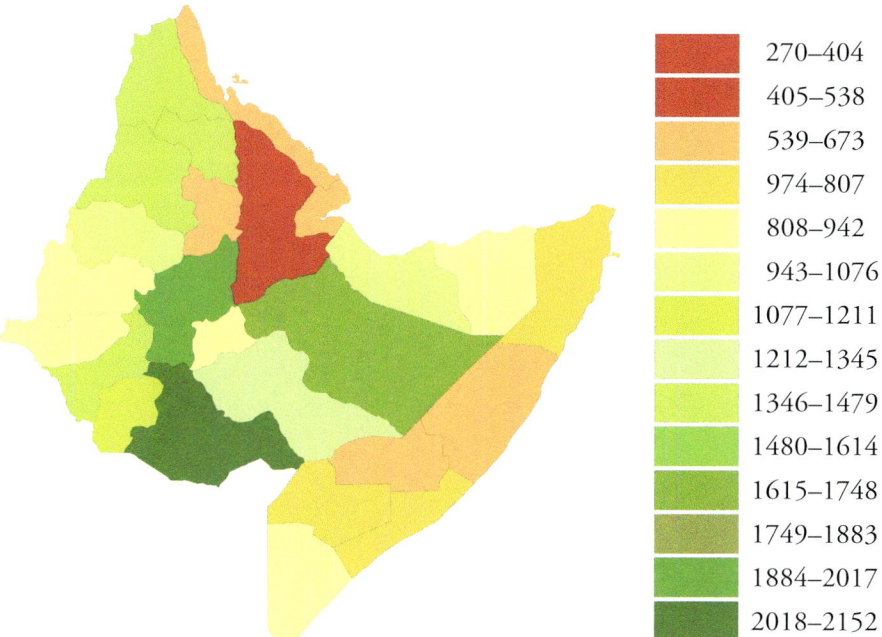

	270–404
	405–538
	539–673
	974–807
	808–942
	943–1076
	1077–1211
	1212–1345
	1346–1479
	1480–1614
	1615–1748
	1749–1883
	1884–2017
	2018–2152

Tabelle 5: Reichhaltigkeit der Pflanzenarten; die Farben zeigen die Zahl der Wildpflanzenarten je Region an, © Ib Friis

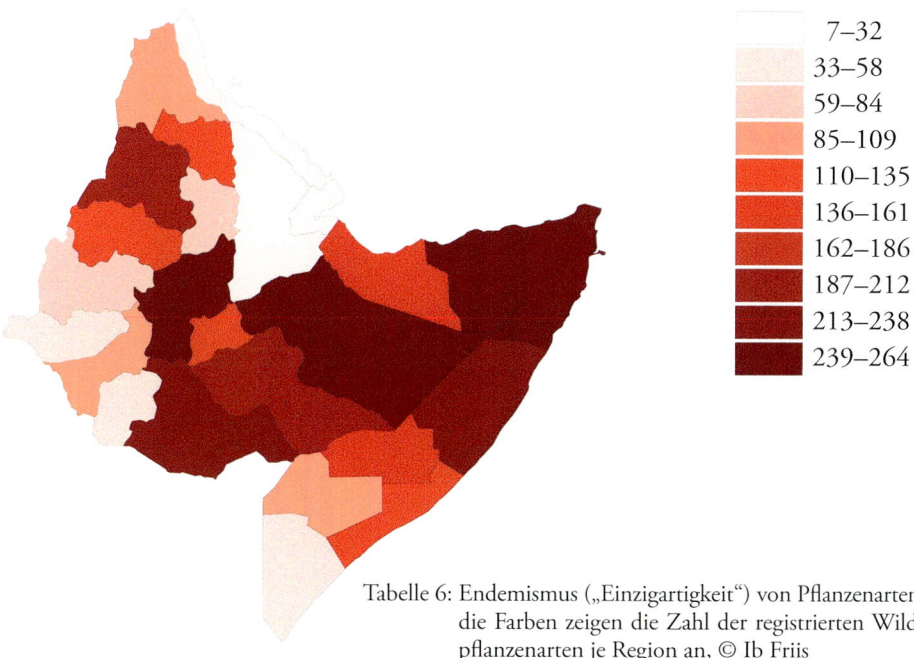

	7–32
	33–58
	59–84
	85–109
	110–135
	136–161
	162–186
	187–212
	213–238
	239–264

Tabelle 6: Endemismus („Einzigartigkeit") von Pflanzenarten; die Farben zeigen die Zahl der registrierten Wildpflanzenarten je Region an, © Ib Friis

bei 1.000 auf 10.000 km². Grund für derartige Schwankungen sind die Höhenlage, die Niederschlagsmenge und die Geologie eines Gebiets. Die größte Artenvielfalt findet sich im äthiopischen Hochland zwischen 1.500 m und 3.000 m. Sie nimmt jedoch ab, je mehr man sich den höchsten Berggipfeln nähert. Die geringste Diversität befindet

Akanthusgewächse	*Acanthaceae*	Malvengewächse	*Malvaceae*
Alpenveilchen	*Cyclamen*	Myrrhe	*Commiphora*
Arabicakaffee	*Coffea arabica*	Ölbaumgewächse	*Oleaceae*
äthiopische Riesenlobelien/ Lobelien	*Lobelia rhyncopetalum, Lobelia achrochilus*	Orchideen	*Orchidaceae*
Balsambaumgewächse	*Burseraceae*	Ostafrikanischer Wacholder	*Juniperus procera*
Braunwurzgewächse	*Scrophulariaceae*	Riedgräser	*Cyperaceae*
Dickblattgewächse	*Crassulaceae*	Rosen	*Rosa*
Frauenmantel	*Alchemilla*	Rosengewächse	*Rosaceae*
Gräser	*Poaceae*	Seidenpflanzengewächse	*Asclepiadaceae*
Hülsenfruchtgewächse/ Schmetterlingsblütler	*Fabaceae/Papiliono-ideae*	Sonnenblumen/ Korbblütengewächse	*Asteraceae*
Kaffee- oder Rötegewächse	*Rubiaceae*	Steinbrechgewächse	*Saxifraga*
Klee	*Trifolium*	Steineibengewächse	*Podocarpaceae*
Korbblütler	*Asteraceae*	Weihrauch	*Boswellia*
Kugeldisteln/Kratzdisteln	*Echinops/Cirsium*	Windengewächse	*Convolvulaceae*
Lippenblütler	*Lamiaceae*	Wolfsmilchgewächse	*Euphorbiaceae*

Tabelle 7: Wissenschaftliche Namen der Wildpflanzen am Horn von Afrika, © Ib Friis

sich jedoch in den Tieflandwüsten der Afar-Region mit ca. 400 Arten auf 10.000 km². Auch in den Halbwüsten entlang des Roten Meeres und in einigen Trockengebieten an den Grenzen zu Kenia und Somalia ist die Artenvielfalt ähnlich niedrig (Biom 1, s. den vorangehenden Artikel). Sie nimmt in den durch Brände gefährdeten Wäldern (Biom 3 und 4) nahe der Grenze zum Sudan zu. Von Gambella nach Nordwestäthiopien und Eritrea fällt die Diversität wieder ab. Im Mosaik der feuchten Tieflandwälder und der feuchten Wälder Südwestäthiopiens ähnelt die Artenvielfalt vergleichbarer Regionen (Biom 7), die weiter im Westen Afrikas liegen.

Verhältnis zur Flora in anderen Weltregionen; Besonderheiten des Horns von Afrika. Eine Reihe weit verbreiteter europäischer und asiatischer Pflanzengattungen finden in Südäthiopien und Nordsomalia ihre natürliche Südgrenze. Bekannte Beispiele sind eine Art Rose, eine Art Steinbrech und eine Art Alpenveilchen. Allerdings ähnelt die Flora der äthiopischen und eritreischen Hochebenen sehr stark der anderer Gebirgslandschaften Ostafrikas. Eine kleinere Anzahl von Gattungen und Arten, vor allem in größeren Höhenlagen, gibt es allerdings nirgendwo sonst – so die Gattung Hypagophytum aus der Familie der Dickblattgewächse, die ausschließlich im Semen-Gebirge und im Hochland von Tigray vorkommt. Die wilde Flora Äthiopiens und Eritreas weist im Wesentlichen eine Übergangscharakteristik auf, ist sie doch teilweise vergleichbar mit der Europas und Asiens in gemäßigten Breiten, während andere der des tropischen Afrika und der ostafrikanischer Gebirge vergleichbar sind. Der Anteil von Wildpflanzen, die nur am Horn von Afrika zu finden sind, ist im Vergleich zu anderen Ländern sehr hoch. Nur die tropischen Länder Angola und die Demokratische Republik Kongo haben einen höheren Anteil endemischer Wildpflanzen, aber in Madagaskar und im außertropischen Südafrika liegt ihr Anteil doch sehr weit darüber. Diese endemischen Arten treten in Südwestäthiopien und in Somalia auf, während andere im äthiopischen Hochland zu finden sind, so z.B. viele Arten der Gattungen Frauenmantel, Klee, Riesendistel und die zwei Arten äthiopischer Riesenlobelien. Die im Hochland beheimateten Wildpflanzen wachsen auf einer bestimmten Höhenlage weitflächig und in großer Zahl. Verhältnismäßig wenige endemische Arten tauchen in den feuchten Wäldern Südwestäthiopiens auf, auch wenn diese als Urheimat des Arabica-Kaffees gelten und er vermutlich sonst nicht wild gedeiht. Die Pflanzenwelt Somalias weist mit über 25 % den höchsten Grad endemischer Pflanzen auf. Der Anteil steigt zur Spitze des Horns an, wobei die somalische Flora insgesamt nicht mehr als 3.200 Arten aufweist. In Äthiopien und Eritrea sind etwa 17 % aller Pflanzen endemisch, bis auf wenige Vertreter, die es auch in Somalia gibt. Die endemischen Pflanzen des Tieflands sind in der Regel auf kleinere Gebiete beschränkt. Am häufigsten findet man sie im Ogaden sowie in den Tiefebenen der traditionellen Provinzen Sidamo und Bale.

Der Reichtum an Wildpflanzen war am Horn von Afrika schon in vor-aksumitischen und aksumitischen Zeiten eine hoch geschätzte natürliche Ressource und trug dazu bei, dass diverse landwirtschaftliche Verfahren durch viele ethnische Gruppen bis in spätere Perioden übernommen wurden und auch in späterer Zeit eine Rolle spielen. Äthiopien gilt als eines der bedeutenden Zentren für die Domestizierung von Pflanzen.

Literatur: IB FRIIS, MATS THULIN, HENNING EMIL ADSERSEN, ANNE-MARIE CHRISTIANSEN BÜRGER, „Patterns of Plant Diversity and Endemism in the Horn of Africa", *Biologiske Skrifter* (*Biological Series of the Royal Danish Academy of Sciences and Letters*), 55 (2005), 289–314; JENS MUTKE, WILHELM BARTHLOTT, „Patterns of Vascular Plant Diversity at Continental to Global Scales", *Biologiske Skrifter* (*Biological Series of the Royal Danish Academy of Sciences and Letters*), 55 (2005), 521–531.

Ib Friis, Natural History Museum of Denmark, Copenhagen

Kulturpflanzen

Die Flora Äthiopiens und Eritreas fasziniert durch reiche natürliche Vegetation und mannigfaltige Kulturpflanzen – in Afrika ist sie einer der sechs großen Brennpunkte. Ihre Biodiversität ist einzigartig, und schon früh wurden in der Region Pflanzen mit exzellentem Genpotenzial angebaut, gezüchtet und gehandelt, insbesondere wegen ihres genetischen Reichtums. Vermutlich war die zentrale Lage zwischen Asien und Europa, im tropischen Hochland des Horns von Afrika, äußerst günstig für den Austausch von Pflanz- und Saatgut über lange Zeiträume hinweg. Indigene Sorten wurden nach und nach kombiniert mit Importen aus Asien, Süd- und Mittelamerika, Europa und dem übrigen Afrika. In der Region gedeihen mehr als 6.000 Pflanzenarten und -sorten, 841 von ihnen sind als „nutzbar" gelistet, fast 170 werden angebaut. Viele Kulturen sind eingekreuzt aus wild vorgefundenen oder eingeführten Sorten und Ergebnis immerwährenden Experimentierens, Weiterentwickelns, Domestizierens und Lernens in der Praxis. Die lange Geschichte der Pflanzenzüchtung ergab eine Reihe von Stammformen, die als Bauern- oder „Landsorte" einer Kulturpflanzenart breite Verwendung als Lebensmittel finden. Andere werden gelegentlich angebaut und manche durch wenige Ethnien nur selten.

Entdeckung, Ursprung und genetische Quellen. Frühe Beschreibungen der Anbaukulturen schlummern vor allem in Berichten von Forschern, in Tagebüchern und Schriften von Historikern, Ethnologen, Anthropologen und Biologen.

Diese Hinweise belegen, dass äthiopische Bauern sehr versiert darin waren, Feldfrüchte, die sie mühsam anbauten, großzuziehen und sich nutzbar zu machen. Die Berichte des Afrikareisenden James Bruce bieten Zeichnungen von Pflanzen wie *Ensat* („falsche Banane"), Färberdistel und *Anchoote* (Weinrebenart, die essbare Wurzelknollen bildet). Auch Forscher und Wissenschaftler des 19. und beginnenden 20. Jh. bezogen viele Anbaukulturen in ihre botanischen Betrachtungen ein. In den 1920er Jahren legte der Russe Nikolai Vavilov eine außergewöhnlich umfangreiche Sammlung pflanzlichen Erbguts an. Diese und spätere Arbeiten zum Ursprung äthiopischer Nutzpflanzen und die Beschreibungen der Ackerbausysteme liefern eine recht vollständige Darstellung der Kulturpflanzen.

Äthiopien geriet als hervorragende Quelle von Saatgut und Genmaterial frühzeitig in den Blick der internationalen Öffentlichkeit. Genannt seien Sorten, die gegen Gerstenvergilbungsvirus oder Kaffeekirschen-Krankheit resistent sind, und Gerste- sowie Sorghumsorten, die reich an Protein und Lysin, einer essenziellen Aminosäure, sind. Erbgut wie dieses setzte starke Signale für die Entwicklung moderner Agrartechnologien. Einige Spezies, die schon frühzeitig nach Äthiopien kamen, haben sich hier verändert und machen die Region heute zu einem bedeutenden sekundären Ausdehnungsareal.

Äthiopien selbst hat eine Vielzahl von Nutzpflanzen hervorgebracht. Ein interessantes Beispiel ist die Entdeckung des Kaffees, die offenbar eher zufällig geschah. Erzählt wird, dass ein Hirte bei einer seiner Ziegen ein ungewöhnliches Verhalten bemerkte, nachdem sie Beeren eines Kaffeestrauchs gefressen hatte. Einige brachte er mit nach Hause, und die Erfolgsgeschichte des Kaffees nahm von Äthiopien über Jemen ihren Lauf nach Europa und in die übrige Welt. Weitere äthiopische Züchtungen wie *Tef*, *Ensat* und Sorghumhirse gewannen wohl zusätzlich an Geltung, als die im Grasland lebenden Ethnien wegen einer langen Trockenperiode vor ca. 13.000 Jahren gezwungen waren, ins Hochland umzusiedeln. Die Region weist eine große Mannigfaltigkeit bei vier der weltweit wichtigsten Nahrungsmittelpflanzen auf (Weizen, Gerste, Hirse und Erbsen), bei drei kommerziellen Kulturen (Leinsamen, Rizinus und Baumwolle), einer Exportpflanze (Kaffee) sowie bei Feldfrüchten, die eher auf dem Binnenmarkt und lokal von Bedeutung sind. Äthiopien gilt als primäres Genzentrum bei *Nug* („Nigersaat"), *Tef* und Äthiopischem Senf, einschließlich seiner Unterarten und lokalen Sorten. Zur Ergänzung indigener Pflanzen wurden in den letzten 100 Jahren Maniok, Tannia und mehrere Baumarten (Avocado, Apfel, Pflaume und Weiße Sapote) eingeführt, einige auch später.

Typisches Bauerngehöft mit *Ensat* und anderen Pflanzen rund ums Haus, © Manfred Metz

Pflanzenanbau, Austausch und Züchtung. Häufig kultivierte Nutzpflanzen sind Getreide (*Tef*, Sorghumhirse, Gerste, Weizen, Mais, Finger- und Perlhirse), Wurzeln und Knollen (*Anchoote*, *Ensat*, Yams, Wasserbrotwurzel, Tannia, Kartoffeln, Süß- und Oromo- oder Walaytta-Kartoffeln), Genuss- bzw. Aufputschmittel (Kaffee, *Khat*, *Gesho*), Hülsenfrüchte (Puffbohne, Gartenbohne, Limabohne, Felderbsen, Kuherbsen, Linsen, Kichererbsen, Erdnüsse), Früchte (Banane, Orange, Limette, Mango, Papaya, Weintrauben, Zimtapfel, Pfirsich, Baumtomate, Avocado, Weiße Sapote), Ölsaaten (*Nug*, Sesam, Leinsamen, Raps, Färberdistel, Sonnenblume), Gemüse (Paprikaschoten, Schalotten, Zwiebeln, Knoblauch, Tomaten, Kohl, Karotten, Rote Bete, Kürbis), Heil- und Aromapflanzen (Myrrhe, Basilikum, Beifuß, Zitronengras), Zuckerrohr, Flaschenkürbis und viele mehr.

Biom	Bezeichnung der traditionellen agro-ökologischen Zone	Beschreibung des Agroklimas	Regenmenge (mm)	Höhenlage (m ü.d.M.)	angebaute Hauptkulturen
1	*Erteb baraha*	feuchtes heißes Tiefland	900–1400	<500	natürlich bewässerter Anbau: Perlhirse
2	*Daraq qwalla*	trockenes Tiefland	<900	1500–500	Sorghum, *Tef*, Perlhirse
3	*Erteb qwalla*	feuchtes Tiefland	900–1400	1500–500	Sorghum, (selten) *Tef*, *Nug*, Dagussa, Sesam
4	*Zenabama Wayna daga*	immerfeuchtes Tiefland	>1400	1500–500	Kaffee, Mais, Mango, Süß-kartoffel, Taro, Zuckerrohr, Zitrusfrüchte
5	*Daraq wayna daga*	trockenes Mittel-hochland	<900	2300–1500	Weizen, *Tef*, Mais
6	*Erteb wayna daga*	feuchtes Mittel-hochland	900–1400	2300–1500	Mais, Sorghum, *Ensat*, *Nug*, Weizen, Dagussa
7	*Daraq wayna daga*	immerfeuchtes Mittelhochland	>1400	2300–1500	*Tef*, Mais, *Ensat*, *Nug*, Gerste
8	*Daraq daga*	trockenes Hochland	<900	3200–2300	Gerste, Weizen, Hülsen-früchte
9	*Erteb daga*	feuchtes Hochland	900–1400	3200–2300	Gerste, Weizen, Hülsen-früchte
10	*Zenabama daga*	immerfeuchtes Hochland	>1400	3200–2300	Gerste, Weizen, *Nug*, Hülsen-früchte 2 jährliche Ernten
11	*Daraq werch*	trockene Frostzone	<900	3700–3200	(nur) Gerste, 1 jährliche Ernte
12	*Erteb werch*	feuchte Frost-zone	900–1400	3700–3200	(nur) Gerste, 1 jährliche Ernte
13	*Zenbama werch*	immerfeuchte Frostzone	>1400	3700–3200	(nur) Gerste, 2 jährliche Ernten

Tabelle 8: Wichtige Kulturpflanzen Äthiopiens und die agrarökologischen Zonen ihres regelmäßigen Anbaus (bearbeitet von Zemede Asfaw nach AZENE BEKELE TESEMMA, *Useful trees and shrubs for Ethiopia*, Nairobi 2007)

Neben klassischer Feldwirtschaft findet man vielfältige Formen von Gartenbau. Die Hauptgetreidearten bilden in der Region das Rückgrat der gesamten Landwirtschaft und Nahrungsmittelproduktion. Rechnet man konventionell angebaute Pflanzen, Bäume (einschließlich des aus Australien stammenden Eukalyptus), Stauden, Zierpflanzen und Hecken dazu, ergibt sich ein reiches Bild der kultivierten Flora. Einige Agrargüter sind Lebensmittel, weitere dienen industriellen Zwecken oder dem Export, andere spielen eher eine untergeordnete Rolle. Ein großes Spektrum von Anbaukulturen ist für Land-nutzung und Ernährungsgewohnheiten wichtig. Öle und Gewürze sind überall gefragt, ganz gleich um welches Nahrungsmittel es sich handelt, da sie Geschmack, Konsistenz und Aussehen von Speisen verfeinern. Einige Arten werden angebaut und wild gesam-melt, andere findet man ausschließlich in natürlichen Lebensräumen, weitere als verwil-derte Population, was die große Fülle der äthiopischen Nutzpflanzen unterstreicht.

Beschreibungen der reichen Pflanzenwelt am Horn gaben vermutlich den Aus-schlag dafür, dass verschiedene Spezies in andere Länder gelangten – auf offiziellen oder individuellen Wegen. Äthiopien trug so zum weltweiten Nutzpflanzen-Pool und seinen genetischen Ressourcen bei. Ein besonderes Geschenk Äthiopiens an die Welt ist der Arabica-Kaffee, der schnell zum gefragten Handelsgut wurde. Hervorzuhe-ben sind erneut die krankheitsresistenten Gerste- und Weizensorten, Getreidearten mit sehr hohem Protein- bzw. Lysingehalt, *Tef, Ensat, Anchoote*, die Oromo- oder Walaytta-Kartoffel, *Nug* und die afrikanische Fingerhirse. Eingeführte Pflanzen, die heute nicht mehr wegzudenken sind, sind Peperoni, Mais, Knoblauch, Zwiebeln, Kartoffeln und Süßkartoffeln. Sie sind fester Bestandteil der heimischen Küche. Die reichen und außergewöhnlichen genetischen Ressourcen der Region werden weithin geschätzt, die Biodiversität ist jedoch ernstlich gefährdet durch einen Verlust der Artenvielfalt und das Streben nach Wachstum und Veränderung in der Landwirtschaft. Die negativen Einflüsse in Zeiten des Klimawandels sowie der Entwicklung und des Fortschritts bergen Herausforderungen, denen man sich stellen muss. Um sie zu bewältigen, ist eine Kombination aus Ex-situ- und In-situ-Maßnahmen zum Erhalt der Artenvielfalt zwingend geboten, da die Kulturpflanzen der Region ein substanzielles nationales Gut darstellen, aber auch eine globale Ressource für die Nachwelt.

Literatur: JACK RODNEY HARLAN, „Ethiopia: a Center of Diversity", *Economic Botany* 23 (1969), 309–314; A. PONCET, INGA HEDBERG, MARIE MELANDER, EVA PERSSON, „Useful Plants in the Flora of Ethiopia and Eritrea Area according to Volumes 1–7", in INGA HEDBERG, IB FRIIS, and EVA PERSSON (Hrsg.), *Flora of Ethiopia and Eritrea*, VIII, Addis Ababa, Uppsala 2009, 39–95.

Zemede Asfaw, Addis Ababa University

Tierwelt

Auf Grund seiner Topographie und unterschiedlichen Klimazonen verfügt Äthiopien über verschiedene Ökozonen (Biome; s. „Äthiopische Ökozonen"), die eine vielfältige Tierwelt beherbergen. Gleichzeitig führt das starke Bevölkerungswachstum und die damit einhergehende intensivierte Landnutzung dazu, dass der natürliche Lebensraum der Wildtiere zunehmend eingeschränkt wurde. Die ursprüngliche Vegetation der meisten Hochgebirge (Biom 5) wies eine geschlossene Walddecke in feuchten Gebieten sowie Grasland, Buschland und Dickicht in trockeneren Gebieten auf. Da auch Berghänge (Biome 5 und 6) verbreitet als Ackerland genutzt wurden, verblieben für die Tierwelt nur wenige Gebiete mit ursprünglicher Vegetation als natürlicher Lebensraum.

Abgesehen von einigen Insektengruppen, wie Termiten, Heuschrecken und Schmetterlingen, sind die Wirbellosen nicht gut erforscht und erfordern weitere Studien. Wirbeltiere wurden hingegen relativ gut erfasst. Die Erschließung weiterer Gebiete durch Straßen- und Wegebau bringt es mit sich, dass bisher unbekannte Wildtierarten entdeckt und dokumentiert werden. Gleichzeitig kommen moderne Methoden der Technologie für die Klassifikation zum Einsatz.

Fische und Amphibien. Gegenwärtig ist das Vorkommen von 200 Fischarten verzeichnet, wovon ca. 40 Arten heimisch sind. Allein der Tanasee beherbergt 22 heimische Fischarten. Es wurden auch 63 Amphibienarten gezählt, von denen 26 endemisch sind. Über 100 Arten von Reptilien wurden erfasst, davon mindestens 16 endemisch.

Vögel. Man hat in Äthiopien 872 Vogelarten gezählt, 26 davon endemisch.

Säugetiere. Wildtiere. Es wurden 320 Säugetierarten erfasst, von denen mehr als 50 endemisch sind. Während der vergangenen Jahrzehnte haben sowohl der Verlust von Lebensraum als auch die Wilderei mehrere äthiopische Wildtierarten reduziert. Als besonders gravierend muss der Rückgang bei den großen Säugetieren wie dem Afrikanischen Elefanten (*Loxodonta africana*) bezeichnet werden. Seit den 1980er Jahren hat das Land fast 90 % seiner Elefanten verloren; heute gibt es einen Restbestand von kaum 1.000. Zu erwähnen ist auch der Äthiopische Löwe (*Panthera leo roosevelti*), der sich im Vergleich mit anderen afrikanischen Löwen durch eine dunklere Mähne und einen schmaleren Körperbau auszeichnet.

Zu den endemischen Säugetieren, allesamt gefährdet, zählt der äthiopische Steinbock (*Walia Ibex, Capra walie*), dessen Lebensraum auf die Semen-Berge beschränkt ist, ebenso die Bergantilope (Berg-Nyala, *Tragelaphus buxtoni*), die im äthiopischen Hochland östlich des Rift Valley im Biom 8 ihre Heimat hat, sowie Meneliks Buschbock (*Tragelaphus scriptus meneliki*), den man in weiten Gebieten der Hochlandwälder antrifft. Der äthiopische Wolf (*Canis simensis*) mit der größten Population in den Bale-Bergen ist in seiner Existenz ebenfalls gefährdet. Der Gelada-Affe oder Blutendes-Herz-Affe (*Theropithecus gelada*) findet sich vor allem im äthiopischen Hochland, mit der stärksten Population in den Semen-Bergen. Der Mantelaffe oder äthiopische schwarz-weiße Kolobus (*Colobus guereza*) und der Hamadryas-Pavian (*Papio hamadryas*), die am Horn von Afrika heimisch sind, haben sich weit verbreitet. Der Anubis-

Gelada-Pavian, Semen Berge, © Philipp Hedemann

Pavian (Grüner Pavian, *Papio anubis*) bewohnt Savannen, Steppen und Wälder. Die Riesenmaulwurf-Ratte (*Tachyoryctes macrocephalus*) hat auf dem Sanetti-Plateau und in den Bale-Bergen (Biom 9) ihren Lebensraum. Darüber hinaus gibt es kleine Säugetiere wie die Spitzmaus (*Crocidura harenna*) und die Engfuß-Maus (*Grammomys minnae*).

Nutztiere. Äthiopien verfügt über den größten Viehbestand Afrikas; Rinder, Schafe und Ziegen spielen für den Lebensunterhalt der bäuerlichen Bevölkerung, die im Hochland lebt und wo ein gemischtes Nutzungssystem mit Ackerbau und Viehwirtschaft vorherrscht, eine herausragende Rolle. Gleiches gilt für die nomadischen Hirtenvölker in den Tieflandregionen (s. „Landwirtschaft"). Allerdings ist die marktorientierte Tierhaltung zur Fleischversorgung in Äthiopien und Export von Lebendtieren nicht so ausgeprägt wie in den Nachbarländern Somalia und Sudan.

Rinder. Vorherrschend sind acht einheimische Rassen des Zeburindes. Ihre Zahl wird in Äthiopien auf etwa 30 Mio geschätzt, von denen ca. 2/3 von Bauern im Hochland, etwa 1/3 von nomadischen Hirten im Tiefland gehalten werden. Die Zeburinder erweisen sich bei der Fleisch- und Milchproduktion als weniger produktiv gegenüber europäischen Rinderrassen, sie sind aber sehr gut an die Standort- und Haltungsbedingungen in Äthiopien angepasst.

Durch die Bereitstellung von Fleisch und Milch, als Zugkraft, als Einkommensquelle, als „Sparform" und als Versicherung gegen Notzeiten tragen Rinder in mehrfacher Hinsicht zum Lebensunterhalt der ländlichen Bevölkerung in Äthiopien bei. Im Hochland stellen Zugochsen das wichtigste Produktionsmittel für die Bodenbearbeitung dar. Haushalte, die Ochsen besitzen, gelten als relativ wohlhabend. Bauern, die keine Ochsen besitzen, müssen sie zur Bodenbestellung ausleihen und dafür bis zu 50 % des Ernteertrags an den Besitzer der Ochsen abführen.

Schafe und Ziegen. Der Bestand an Schafen und Ziegen in Äthiopien wird auf über 40 Mio geschätzt, wobei die Mehrzahl der Schafe von Kleinbauern im Hochland und die Mehrzahl der Ziegen von den Hirten im Tiefland gehalten werden. Es gibt eine große Vielfalt von Schaf- und Ziegenrassen, abhängig von den ökologischen Bedingungen, den Ethnien der Schaf- und Ziegenhalter und den jeweils praktizierten Haltungsformen und Produktionsweisen. Schafe und Ziegen decken etwa 90 % des nationalen Fleischbedarfs und tragen mehr als 90 % zu den Exporteinnahmen bei Leder und Fellen bei.

Kamele. Der Kamelbestand Äthiopiens kann nur grob auf etwa 1 Mio geschätzt werden. Eine genauere Erfassung war bisher wegen der saisonalen Migration innerhalb des Landes und über die Grenzen hinweg sowie der Zurückhaltung von Kamelbesitzern hinsichtlich einer korrekten Angabe ihrer Herdengröße nicht möglich. Die Bedeutung des Kamels darf jedoch nicht unterschätzt werden. Kamele liefern Nahrungsmittel wie Milch, Blut und Fleisch im Rahmen der Subsistenzwirtschaft und sind in einigen Regionen ein unersetzliches Lasttier. Neben der wirtschaftlichen kommt dem Kamel eine soziale und kulturelle Bedeutung für die Nomaden zu. Kamele werden wegen ihrer Rolle in den traditionellen sozialen Beziehungen geschätzt, sei es als Brautpreis oder als Zahlungsmittel für die Beilegung von Konflikten. Kamele gelten auch als Sparform sowie als Versicherung gegen Dürren, Krankheiten und andere Notfälle. Kamele können 19–30 Tage ohne Wasser auskommen, so dass die Kamelhaltung in weiten semiariden und trockenen Gebieten die einzig mögliche Nutzungsform ist.

Esel, Maultiere und Pferde. Sie spielen eine bedeutende Rolle in der äthiopischen Landwirtschaft sowie der Volkswirtschaft insgesamt. Äthiopien hat eine der größten Eselpopulationen der Welt (ca. 4 Mio). Die Kleinbauern des Hochlands haben dabei den größten Anteil mit 2–3 Tieren pro Familie. Esel sind das wichtigste Transportmittel auf dem Land; sie tragen Lasten von 60–100 kg. Ferner verfügt Äthiopien über 65 % aller afrikanischen Maultiere und fast der Hälfte aller Pferde in Afrika. Das Maultier ist ausdauernder als ein Pferd, kann schwerere Lasten tragen, kommt mit weniger Futter aus und ist sicherer beim Begehen der Bergpfade.

Geflügel. Geflügelhaltung ist integraler Bestandteil der bäuerlichen Hauswirtschaft und erfolgt zumeist unter der Regie der Frauen. 98 % der Geflügelpopulation in Äthiopien wird in bäuerlichen Haushalten gehalten. Landwirte verkaufen ihre Hühner in der Regel direkt an Verbraucher, auf lokalen Märkten oder an Aufkaufhändler, die sie dann auf die größeren städtischen Märkte bringen.

Geflügelprodukte werden in städtischen Gebieten in größerem Umfang konsumiert als in ländlichen Gebieten. Besonders hoch ist der Verbrauch während der Festzeiten. Hühnerfleisch dient auch als Begrüßungsessen für Gäste, als Kraftnahrung für Frauen im Wochenbett, als Zahlungsmittel im lokalen Gesundheitswesen und als Geschenk an Neuverheiratete.

Bienenzucht. Die Tradition der Bienenzucht geht in Äthiopien bis weit in die frühe Geschichte zurück. Bienenhaltung ist eine wichtige Tätigkeit und Einkommensquelle für die ländliche Bevölkerung und findet sich überall in Wäldern, Feldern und Hausgärten. Honig und Bienenwachs spielen im kulturellen und religiösen Leben der Äthiopier eine wichtige Rolle. Mit über 10 Mio Honigbienenkolonien hat Äthiopien den höchsten Honigbienenbestand in Afrika, und das Land ist weltweit einer der führenden Produzenten von Honig und Bienenwachs.

Literatur: FISSEHA GEBREAB, „Animals", *EAE* I, 268–273; AFEWORK BEKELE, DEREK WILLIAM YALDEN, *The Mammals of Ethiopia and Eritrea,* Addis Ababa 2013.

Afework Bekele, Addis Ababa, Maija Priess, Universität Hamburg

Die Völker Äthiopiens – ein Überblick

Äthiopien (bis 1991 mit Eritrea) ist die Heimat vieler ethnischer Gruppen und Völkerschaften. Daraus entfaltet sich kultureller Reichtum, aber es entstehen auch Spannungen.

Die weit zurückreichende äthiopische Geschichte mit ihrem politischen Ursprung im aksumitischen Reich (bis ins 9. Jh.) wurde durch diese Vielfalt geprägt und blieb weitgehend frei von westlicher Kolonialherrschaft. Seine staatlichen und regionalpolitischen Strukturen sind tief verwurzelt in den Traditionen der vielen Völker und ethnischen Gruppen, die durch vielfältige Anpassungen an die physische und geografische Umgebung entstanden sind, die sich weiterentwickelten, die sich wandelten, sich abspalteten oder wegwanderten. Die Menschen im heutigen Äthiopien sind eng verbunden mit den historischen und kulturellen Traditionen, die dynamisch sind, teils auch neu „entdeckt" und oft mit Stolz gepflegt werden.

Die Bevölkerung Äthiopiens mit 100 Mio Einwohnern (Stand Dezember 2016) setzt sich aus rund 75 Ethnien und Völkern zusammen, je nach gewählter Definition. Zu diesen verschiedenen Ethnien liegt seit dem nationalen Zensus von 2007 keine statistische Gliederung vor, doch kann man mit einiger Sicherheit schätzen, dass die Bevölkerung seitdem um mindestens 10 % zugenommen hat – ein durchschnittliches jährliches Wachstum um 2,6 %. Neben der Volkszugehörigkeit erweist sich die Religion als ein entscheidendes Kriterium und fügt dem Bild der Vielfalt, der Auseinandersetzung und des kulturellen Austauschs eine wichtige Dimension hinzu. Dabei ist in der Geschichte des Landes die relative Harmonie durchaus bemerkenswert, in der die einzelnen Gesellschaften und Völker bei unterschiedlicher religiöser Ausrichtung zusammen leben und zusammenwirken, auch wenn das Thema Religion in Äthiopien immer mehr Zerreißproben hervorruft.

Völker und Sprachen. In historischen Quellen ist es gelegentlich nicht einfach, die Bezeichnung von Völkern, Regionen und Sprachen zu unterscheiden, da sie – wie im Fall von Tigrinnya – oft zusammenhängen. Sprach- und ethnische Grenzen sind nicht immer deckungsgleich.

Eine Sprache hat die Tendenz, sich auszudehnen und über eine bestimmte ethnisch-linguistische Gruppe hinauszugehen. Diese vielschichtigen Übergänge lassen Grenzen zwischen beiden Identitäten verschwimmen. Darüber hinaus gibt es gemischte Gruppen, die sich der Einteilung entziehen, so z.B. die städtischen Bevölkerungen, die seit Generationen in urbanen Strukturen leben, Mischehen eingehen, sich soziokulturell assimilieren und die lokal dominierende Sprache wie Amharisch oder Oromiffaa in Äthiopien bzw. Tigrinnya in Eritrea übernehmen. Werden sie gefragt, identifizieren sich die Menschen oft sogar mit mehreren ethnischen Labels. Selbst wenn die Sprache ein erster Hinweis zur Unterscheidung ethnischer Gruppen oder Völker ist, bildet sie wegen ihrer vielen Varianten nur einen Ausgangspunkt. In den letzten Jahrzehnten wurden die ethnischen Gruppen und Sprachen Äthiopiens eingehend erforscht. Die Arbeiten reichen von wissenschaftlichen Publikationen über politische Studien bis hin zu allgemeinverständlichen Büchern. Die ethnische Heterogenität sowie der kulturelle Reichtum Äthiopiens führten vermehrt zu einem „ethnischen Tourismus", insbesondere im Südwesten des Landes.

In Äthiopien und Eritrea finden sich zwei der vier großen Sprachfamilien Afrikas, die nilosaharanische und die afroasiatische. Im Afroasiatischen sind drei große Sprachgruppen vertreten: die semitische (mit den äthiosemitischen Sprachen und dem Arabischen), die kuschitische und die omotische. Die nilosaharanischen Sprachen bilden die kleinste Sprachfamilie, verbreitet überwiegend in den westlichen Landesteilen Äthiopiens und Eritreas.

Die nilosaharanische Sprachgruppe mit geschätzt 1,3 Mio Sprechern umfasst ca. 20 Ethnien, darunter die Nara und Kunama in Südwesteritrea sowie die Berta, Gumuz, Anywa, Meen, Mursi und andere Völker in Äthiopien. Ihre Zahl variiert zwischen 200.000 (Berta) und etwa 300 (Kwama). Abgesehen von wenigen Gruppen, als Jäger und Sammler aktiv, sind die meisten von ihnen Feld- und Viehbauern, Kleinbauern. Nicht wenige haben sich auf den Handel mit dem Sudan spezialisiert. Sie dokumentieren das ganze Spektrum religiöser Vorstellungen: Islam, Christentum (orthodox oder evangelikal), Natur- und Stammesreligionen. Diese Völker, die seit jeher in Randgebieten des äthiopischen Staates leben, waren zu keiner Zeit stark mit den Zentren der politischen Macht verbunden.

Innerhalb der afroasiatischen Sprachfamilie gibt es drei Gruppen, wobei die omotischen Sprachen ausschließlich in Südäthiopien zuhause sind. Wir zählen 32 namentlich bekannte Omotisch sprechende Völker, wenngleich dialektale Varianten strittig sind und ihre Zahl damit höher ausfallen könnte. Die zahlenmäßig wichtigsten sind die Walaytta (1,75 Mio), die Kafa oder Kaficho (ca. 1,1 Mio) sowie die Gamo (1,4 Mio). Bei ihnen überwiegt eine gemischte Landwirtschaft. Die Lebensgrundlage ist hier vor allem der Anbau von *Ensat* („falsche Banane").

Die beiden anderen Gruppen mit den größten Populationen sind die Semitisch-Sprechenden und die Kuschitisch-Sprechenden. Die äthiosemitische Gruppe (Zahlen von 2007) umfasst die Amhara (als Sprachgemeinschaft 21,5 Mio; als Volk oder ethnische Gruppe 19,8 Mio), die Tigrinnya (etwa 4,5 Mio), die Tigre (1,2 Mio in Eritrea mit etlichen Untergruppen), die Gurage (ca. 2,4 Mio, wieder mit etlichen Varianten) und die Silte (ca. 1,2 Mio), die bis 2003 noch als Teil der Gurage galten. Sie alle leben im und um das zentrale Hochland von Äthiopien.

Zu den Kuschiten gehören die Oromo. Sie bilden die größte ethnische Gruppe im Land mit etwa 25,4 Mio Sprechern (2007, inklusive vieler kleinerer Gruppen), sowie die Somali (4,5 Mio in Äthiopien), die Sidaama (ca. 1,9 Mio), die Afar (1,2 Mio) und die Hadiyya (1,2 Mio) – dies insgesamt ohne Berücksichtigung des Bevölkerungswachstums von 2,6 % jährlich.

Hinzuzufügen sind Minderheitengruppen (Kasten) wie die Wata, Fuga, Manja, Bandu, Shabo und Sabuye. Häufig ist es schwer festzustellen, ob sie Teil der bestimmenden Gruppe – quasi ihrer „Wirtsgesellschaft" – sind oder ob sie eigenständige Gruppen bilden. Viele von ihnen werden nach wie vor diskriminiert und ausgegrenzt.

Sprachgemeinschaften, vor allem die größeren, können Mitglieder verschiedener Ethnien einschließen, die die regional vorherrschende Sprache als Erstsprache übernommen haben. Neben sprachlicher Divergenz prägen die Völker Äthiopiens unterschiedliche Abstammungslinien und soziokulturelle Merkmale mit prägnanten indigenen politischen Profilen, rituellen und religiösen Vorstellungen, Verwandtschaftssystemen sowie eigenständigen Traditionen in Kunst und materieller Kultur. Sie sind ausführlich in der ethnologischen Literatur beschrieben.

Diese ausgeprägte Heterogenität trägt maßgeblich zum kulturellen Reichtum und zur Vielschichtigkeit im heutigen Äthiopien bei. Trotzdem lassen sich Grenzen nicht willkürlich ziehen, weil die Bevölkerung im regen Austausch und Kontakt steht, was die Selbstwahrnehmung verschieben und verändern kann und die Wandelbarkeit belegt. Im 20. Jh. führte der erstarkte Nationalstaat in Äthiopien zu politischer Zentralisation, zur Modernisierung von Militär und Bildung, sowie zu einem neuen Bündel staatlicher Gesetze (seit den 1950er Jahren), was das traditionelle Rechtsverständnis der Völker in Frage stellte.

Ethnizität in moderner Zeit. Die wirtschaftliche und politische Ungleichbehandlung im Kaiserreich wie auch der Prozess der Modernisierung „reproduzierte" sich sprachlich und ethnisch in regionalen Missverhältnissen, Machthierarchien, in mangelndem Zugang zu zentralen Ressourcen und in kulturellem Prestige-Ranking. Diese Prozesse stärkten letztlich die Ethnizität.

Das *Darg*-Regime (1974–1991) „de-emphatisierte", d.h. beschränkte die den Volksgruppen zuerkannte Autonomie auf kulturelle Emanzipation im Sinne marxistisch-sozialistischer Politik und verwehrte politische Selbstbestimmung. So entstanden, verstärkt durch ständige diktatorische Repression, ethnisch-regional ausgerichtete Rebellenorganisationen in vielen Regionen Äthiopiens, um die Regierung zu bekämpfen, und damit die wahrgenommene Ungleichheit und den fehlenden Respekt vor den ethnisch-kulturellen Rechten zu vertiefen. Eine zeichenhafte „Familienidentität", welche mit dem Appell ethnischer Selbstbestimmung einherging, fand mehr Resonanz unter den Menschen als jede andere Identität.

Die Politik des föderalen Äthiopien nach 1991 wird von Vorstellungen ethno-linguistischer Identität bestimmt. Die herrschende Tigray People's Liberation Front (TPLF), treibende Kraft in der Regierung nach 1991, hat ihre Wurzeln in einer ethno-regionalen Widerstandsbewegung gegen die Zentralregierung. Seit 1991 werden unter der TPLF/EPRDF-Führung die ethnischen Identitäten und Sprachen explizit anerkannt. „Nationalitäten" sind für Regionalverwaltung, Ländergrenzen, Bildungsreform und lokale Autonomie einzusetzen. Ethnizität wurde aber auch zum Vehikel einer Identitätspolitik und zum Auslöser schwerer Unruhen. Der politische Einsatz der Ethnizität drohte die kulturelle Ethnizität zu überschatten. Wenig überraschend also, dass die Realität der ethnischen und linguistischen Vielfalt Äthiopiens nicht völlig mit den Gesetzen und Dokumenten der offiziellen Darstellung übereinstimmt: Eine aktuelle Karte der ethno-linguistischen Regionen Äthiopiens von 1992 weist 63 Völker auf. Die Verfassung von 1995 erklärte Äthiopien zu einer Förderung von Nationen, Nationalitäten und Völkern. Einschlägige Veröffentlichungen der Regierung nannten 70–72 Ethnien. Die Volkszählung von 2007 erfasste 86 Gruppen. Mit anderen Worten: die selbstgewählte Klassifizierung verschiebt sich. Seit 2005 wird die ethnische Vielfalt des Landes gefeiert, und zwar durch einen staatlich geförderten „Tag der Nationen, Nationalitäten und Völker".

Im Zeitalter der Globalisierung unterhalten viele äthiopische Volksgruppen Diaspora-Gemeinschaften im Ausland, oft mit eigener Internetpräsenz. Ihre Eliten engagieren sich, um ihre Herkunft und ethnische Identität am neuen Ort neu zu gestalten. Das führt nicht selten zu einer Überbetonung ethnischer Grenzen und Identitäten, so dass diese nicht immer mit den tatsächlichen Gegebenheiten im Heimatland übereinstimmen.

Literatur: Eloi Ficquet, Dereje Feyissa, „Ethiopians in the Twenty-first Century: the Structure and Transformation of the Population", in Gerard Prunier, Eloi Ficquet (Hrsg.), *Understanding Contemporary Ethiopia: Monarchy, Revolution and the Legacy of Meles Zenawi,* London 2015; Paulos Milkias, *Ethiopia,* Santa Barbara 2011; Solomon Addis Getahun, Wudu Tafete Kassu, *Culture and Customs of Ethiopia,* Greenwood 2014.

Jon Abbink, Leiden

Die Sprachen

Äthiopien und das Horn von Afrika zeichnen sich durch eines der breitesten und vielfältigsten Sprachenspektren des Kontinents aus. Allein in Äthiopien gibt es bis zu 90 gesprochene Sprachen, in Eritrea neun. Die größte Diversität findet man im Westen und Südwesten des Landes. Es ist nicht einfach, verlässliche Angaben über die Zahl der Sprachen zu machen. Zum einen können sich Linguisten und Sprecher einzelner Sprachgruppen nicht einigen, ob es sich um eine Sprache mit einer Anzahl von Dialekten oder eine Gruppe eng verwandter Sprachen handelt. Ein Beispiel ist das Oromo, das von einigen nicht als Sprache, sondern als Bündel gesprochener Dialekte interpretiert wird, von denen einige sich teilweise nur schwer untereinander verständigen können. Für Sprachen ohne Schrift durchaus nichts Ungewöhnliches, selbst wenn eine Abweichung oder ein gesprochener Dialekt als Standardform festgelegt ist; dies kann ein Spektrum gesprochener Dialekte sein und wird so festgehalten. Zum anderen können, wenn Linguisten exaktere Beschreibungen vornehmen, „neue" Sprachen identifiziert werden, die zuvor nur als Dialektvarianten galten. So wird das auf den Dahlak-Inseln gesprochene Tigre, jetzt Dahalik genannt, als separate Sprache angesehen, nachdem man es eingehender untersucht hat. Schließlich entdecken Forscher in weniger zugänglichen Landesteilen, insbesondere in West- und Südwestäthiopien, noch heute gelegentlich „neue" Sprachen. Es ist auch kaum möglich, genaue Angaben über die Sprecherzahl einiger Sprachen zu machen. Hierfür gibt es weitere Gründe. Viele Äthiopier sprechen mehr als eine Sprache, häufig zwei, gewöhnlich drei oder mehr Sprachen, je nach Situation.

Eine Sprache kann zu Hause gepflegt werden, eine für behördliche Angelegenheiten und wieder eine andere im Zusammenleben mit den Dorfbewohnern oder auf dem Markt. Vor allem auf dem Land ist das zu beobachten. Doch auch in großen Städten wie Addis Abeba nutzen die Menschen mehrere Sprachen. Linguisten sprechen von der Muttersprache einer Person, wenn das Kind sie zuhause erlernt hat. Doch auch hier kann es geschehen, dass im Haushalt mehr als eine Sprache verwendet wird.

Zwei als *Lingua franca* überregional gebrauchte Sprachen sind Oromo und Amharisch. Dies erhöht bei Volkszählungen die Sprecherzahlen erheblich. Auch hier gilt: Die Statistiken führen zu keiner Klarheit, weil die Sprecher zwar eine Muttersprache angeben, sich aber trotzdem einer anderen Ethnie zugehörig fühlen. Der Zensus von 2007 beziffert die Anzahl der Sprecher aller Oromo-Dialekte mit fast 25 Mio, aber die Zahl derer, die sich als ethnische Oromo bezeichneten, liegt bei 26,5 Mio. Auf der anderen Seite geben in derselben Volkszählung über 21,5 Mio Menschen an, Amharisch zu sprechen, obwohl nur etwas mehr als 19,8 Mio für sich in Anspruch nehmen, ethnisch zu den Amhara zu gehören (diese Angaben sind mit hoher Wahrscheinlichkeit längst überholt).

Die Sprachen. Fast alle Sprachen Äthiopiens, Eritreas, Dschibutis und Somalias gehören einer von vier großen Sprachgruppen an. Es gibt eine Handvoll kleiner Sprachen im Südwesten Äthiopiens, deren Zugehörigkeit umstritten ist, so z.B. viele der Bantuvarianten in Südsomalia. Von den in der Region vertretenen Sprachfamilien sind zwei ausschließlich am Horn von Afrika vertreten: Omotisch in Äthiopien und Kuschitisch in allen vier Ländern des Horns, mit Ausläufern im Sudan, in Kenia und Tansania. Die äthiosemitische Sprachgruppe, in Äthiopien und Eritrea gesprochen, ist ein Zweig der weit verbreiteten semitischen Sprachen, die in Nordafrika und im Nahen Osten beheimatet sind. Ihr größter Vertreter ist das Arabische mit seinen Formen. Auch in Eritrea wird eine Form des Arabischen als Muttersprache gesprochen, die Mitte des 19. Jh. von der Arabischen Halbinsel eingeführt wurde. Omotisch, Kuschitisch und Semitisch gehören zur Dachfamilie der afroasiatischen Sprachen. Die vierte Sprachfamilie in der

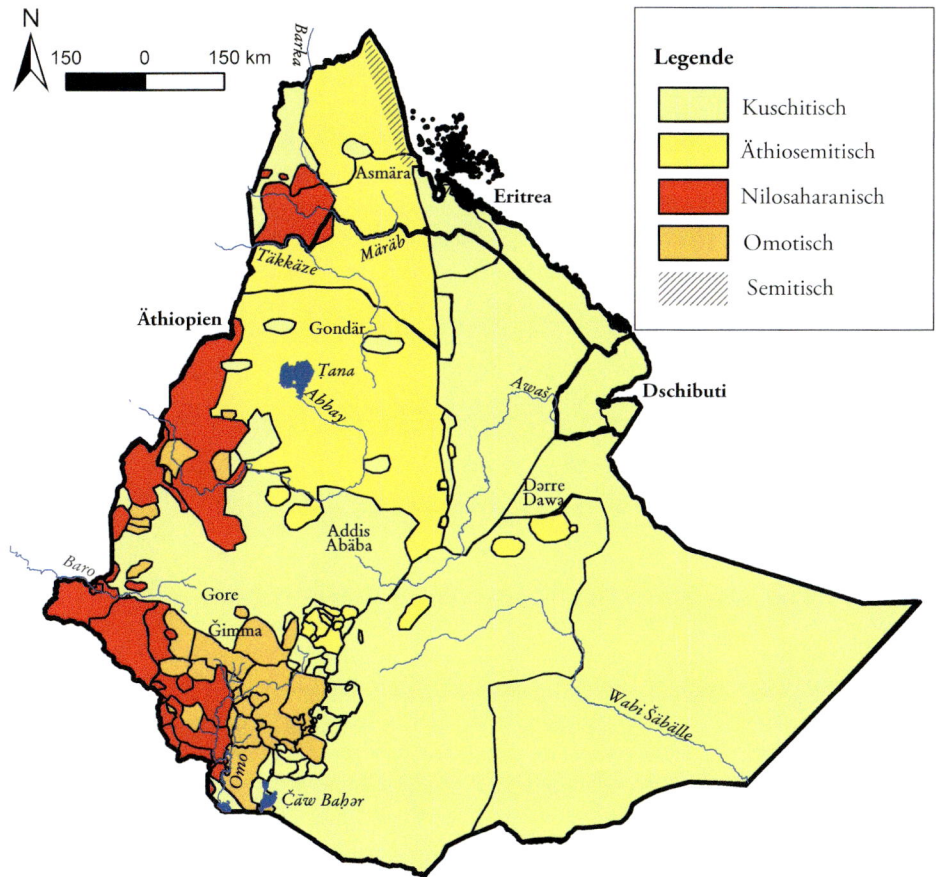

Karte 4: Die Sprachen Äthiopiens und Eritreas, © Hiob-Ludolf-Zentrum für Äthiopistik, Hamburg

Region, die nilosaharanische, ist mit ihren relativ kleinen Sprachen überwiegend auf die Westgrenze Äthiopiens und Eritreas begrenzt. Die meisten nilosaharanischen Sprachen werden weiter westlich im Sudan, Südsudan, Tschad bis hinüber nach Mali gesprochen.

Es gibt ungefähr 30 omotische Sprachen, in zwei bis drei Untergruppen gegliedert, die sämtlich in Äthiopien gesprochen werden, meist mit kleinen Sprecherzahlen, von wenigen Tausend bis hin zu einigen Zehntausend. Mit Kafa, Gofa und Kullo (oder Dawro) haben drei einige hunderttausend Sprecher, nur Walaytta und Gamo mehr als 1 Mio. Die Frage, was als Sprache und was als Dialekt zu definieren ist, taucht hier am Beispiel von Gamo wieder auf, denn Gamo, Gofa und Kullo/Dawro werden manchmal als *eine* Sprache definiert. Die ethnisch unterschiedliche Selbstwahrnehmung der Sprecher steht dieser Bündelung jedoch entgegen.

Darüber hinaus gibt es rund 30 kuschitische Sprachen, die in allen vier Ländern des Horns, ausgenommen Kenia und Tansania, gesprochen werden. Linguisten unterteilen diese Familie in sechs oder sieben Untergruppen, mit ebenfalls einer erheblichen Spannweite von einigen Tausend bis zu einigen Millionen. Die größte kuschitische Sprache ist das Oromo (Eigenbezeichnung *Oromiffaa* oder *Afaan oromoo*) mit vielleicht mehr als 30 Mio Sprechern in Äthiopien, Gruppen in Kenia und Somalia ausgenommen, Dialekte aber inbegriffen. Die zweitgrößte Sprache ist Somali (*Af soomaali*) mit etwa 16–17 Mio Sprechern, wieder inklusive aller Dialekte. Etwa 6 Mio von ihnen leben in Äthiopien, die übrigen verteilen sich auf Somalia, Dschibuti, Kenia und die somalische Diaspora. Eine weitere kuschitische Sprache mit über 1 Mio Sprechern ist Afar (*Qafar af*) in Äthiopien, Eritrea und Dschibuti. Afar gehört mit Oromo und Somali zum Tieflandostkuschitischen. Sidaama und Hadiyya, Vertreter des Hochlandostkuschitischen, werden in Äthiopien im Rift Valley gesprochen. Über 1 Mio Sprecher hat das Beja (Eigenbezeichnung *Bidhaawyeet* oder *Tu-bdhaawi*). Ihre Sprecher leben überwiegend im Sudan und in Ägypten, ca. 160.000 in Eritrea.

Zu den äthiosemitischen Sprachen gehören, je nachdem was als Sprache oder Dialekt gilt, zwischen zwölf und 30 Sprachen. Die kleineren werden manchmal unter dem Namen Gurage (z.B. die Chaha, Selte, Walane) zusammengefasst, ein Begriff, der eher eine geografische als eine linguistische Beschreibung darstellt. Der größte und kulturell einflussreichste Vertreter ist das Amharische (*Amarennya*) mit etwa 26 Mio Sprechern, darunter jene, die Amharisch als überregionale Verkehrssprache in Äthiopien verwenden, gefolgt von Tigrinnya mit etwas weniger als 7 Mio Sprechern in Äthiopien und Eritrea. Bis auf Tigre in Eritrea werden alle anderen äthiosemitischen Sprachen von weniger als 1 Mio Sprechern benutzt, in der Regel höchstens mehrere Zehntausend oder gar ein paar Tausend. Als ein Sonderfall bleibt das Ge'ez (auch Äthiopisch oder Klassischäthiopisch genannt), das keine gesprochene Sprache im eigentlichen Sinne mehr ist, jedoch einen hohen Stellenwert als Sprache der Literatur und der Liturgie innerhalb der Äthiopisch-Orthodoxen Kirche innehat. Es ist vergleichbar der Rolle des Latein in der katholischen Kirche.

Schließlich die weniger als 20 nilosaharanischen Sprachen in der Region, von denen keine mehr als 200.000 Sprecher hat, die meisten sogar deutlich weniger. Die bedeutendsten sind Berta, Kunama und Nara in Eritrea sowie Gumuz, Meen und Nuer in Äthiopien.

Typologie und Klassifikation der Sprachen. Obwohl sich die Sprachen der Region klar unterscheiden, weist die Mehrzahl viele gemeinsame Muster und Strukturelemente auf. Dies mag z.T. daran liegen, dass die meisten, die den kuschitischen, omotischen oder semitischen Sprachgruppen angehören, zur großen afroasiatischen Sprachfamilie zählen. Sie sind verwandt, wenn auch nur entfernt. Ihre Ähnlichkeiten lassen sich auch durch den Kontakt ihrer Sprecher über Jahrtausende erklären; sie haben sich zwangsläufig gegenseitig beeinflusst. Die kuschitischen und omotischen Sprachen sind vermutlich indigene Elemente am Horn, wohingegen die semitischen Sprachen während des 1. Jt. v. Chr. Eingang fanden. Nachweisen lassen sich diese äußeren Einflüsse mittels des Ge'ez, dessen Eindringen sich in die erste Hälfte des 1. Jt. n. Chr. datieren lässt, wenn man es mit den modernen äthiosemitischen Sprachen vergleicht. Strukturell weist Ge'ez viele Gemeinsamkeiten mit nichtäthiosemitischen Sprachen, wie Arabisch, auf.

Typische Merkmale der meisten Sprachen der Region sind: 1) das Vorhandensein emphatischer Konsonanten, sog. Glottallaute, die von einfachen Konsonanten zu unterscheiden sind. In der Transkription dieses Buches wird z.B. glottalisiertes *k* durch *q* gekennzeichnet, was deutliche Unterschiede markiert: (Walaytta) *Qamma* = „Nacht", aber *Kamma* = „Versteck dich!". 2) Komplexe Verbkonstruktionen, die in einem Wort ausdrücken, was in europäischen Sprachen mit mehreren Wörtern zum Ausdruck gebracht wird: (Tigrinnya) *Aywasaduwwon* = „sie haben es nicht genommen". 3) Gegenüber europäischen Sprachen deutlich andere Satzstellung mit dem Verb am Ende: (Oromo): *Intalli mana keessaa hojii qabdi* = „das Mädchen arbeitet zu Hause" (wörtlich: „Mädchen Haus drinnen Arbeit sie-hat"). Dies sind nur drei markante Merkmale, viele andere sind bekannt.

Als Ergebnis bildet die Region einen „Sprachraum" – das ist ein geografischer Raum, in dem die Sprachen eine Reihe von Merkmalen teilen, die sie gemeinsam von jeder anderen geografisch definierten Sprachgruppe weltweit unterscheiden. Keine Sprache weist jedoch alle Elemente der Listenmerkmale auf, und so ist der Begriff Sprachraum umstritten.

Alphabetisierung und Sprachpolitik. Die Geschichte des Schreibens und der Alphabetisierung geht über zwei Jahrtausende bis in die Zeit der ältesten Geʾez-Inschriften zurück. Es gibt aber kaum Hinweise darauf, wie viele Menschen in jener Zeit lesen und schreiben konnten. Trotz der Einführung des Christentums in Aksum und des langen Prozesses der Übersetzung der Bibel und anderer christlicher Literatur ins Geʾez die gesprochene Sprache in Aksum. Die Kenntnis des Lesens und Schreibens blieb sicherlich wenigen vorbehalten. Geʾez war praktisch die einzige Sprache der Alphabetisierung im christlichen Bereich, auch nachdem es aufgehört hatte, gesprochen zu werden. Vereinzelt finden sich Schriftzeugnisse aus dem 14. Jh., die auf Amharisch verfasst sind, zunehmend aber mit dem 18. Jh. Amharisch war vom Ende des 13. Jh. an Sprache des Hofes und der herrschenden Elite und wurde Sprache des Königs genannt. Der Prozess setzte sich in die Neuzeit fort, weil die Sprache zunehmend hohes Prestige erlangte und die „Amharisierung" die Voraussetzung für sozialen und politischen Fortschritt wurde. Während der italienischen Besatzung (1936–1941) wurde die Idee einer Nationalsprache in Äthiopien und Eritrea vehement abgelehnt, und der Unterricht in den Schulen geschah in einer der größeren lokalen Sprachen, einschließlich des Arabischen in muslimischen Gebieten. Bis dahin hatten nur die Missionsschulen lokale Sprachen zur Wissensvermittlung eingesetzt. Nach der Befreiung führte Kaiser Hayla Sellase neue Richtlinien ein, die das Amharische für alle als verbindlich erklärten. Die Verfassung 1955 proklamierte das Amharische zur Amtssprache des äthiopischen Reiches. Alle offiziellen Dokumente wurden auf Amharisch und Englisch (als Sprache der internationalen Kommunikation) abgefasst. Im Radio gab es nur vereinzelt Sendungen in anderen Sprachen wie Oromo, Afar, Arabisch, Somali, Tigre und Tigrinnya. An den Schulen war Amharisch bis zur 6. Klasse Bildungsmedium, in höheren Klassen dann Englisch.

Nach der Revolution 1974 wurde die strikte Pro-Amharisch-Politik gelockert. In der Theorie konnten verschiedene Nationalitäten wählen, ob sie ihre eigene Sprache in lokalen Angelegenheiten und in der Bildung verwenden wollen. In der Praxis waren jedoch nur wenige Sprachen im Hinblick auf Standardisierung und Alphabetisierung in der Lage, so zu handeln. Daher förderte die Regierung eine Alphabetisierung für bislang ungeschriebene Sprachen. Unter den modernen Sprachen hatten nur Amharisch und Tigrinnya eine Schrifttradition, gefolgt von Oromo, da hier Missionare mitgewirkt hatten. Die *Darg*-Regierung entschied, dass nur die äthiopische Schrift (*Fidal*) für die schriftliche Darstellung der Sprachen einzusetzen sei, um ein Zeichen nationaler Einheit zu setzen. Die äthiopische Schrift eignet sich allerdings nicht für alle Sprachen der Region, so dass manchmal wenig geeignete Anpassungen vorgenommen werden mussten. Gleichzeitig nahm die Regierung eine rigorose Alphabetisierung in Angriff und übertrug die Verantwortung für Studium und Standardisierung der Sprachen auf die Ethiopian Language Academy. Dessen ungeachtet behielt die Demokratische Volksrepublik Äthiopien das Amharische als Amts- und Arbeitssprache des Staates bei.

Die Sprachakademie unternahm große Anstrengungen, die Terminologie des Amharischen weiterzuentwickeln, um den Standard eines modernen Kommunikationsmittels zu erreichen. Wortschatz und sprachlicher Reichtum wuchsen außerordentlich in Bereichen, an die vorher nicht zu denken gewesen war.

Nach dem Regierungswechsel 1991 erklärte die Demokratische Bundesrepublik Äthiopien 1994 alle Sprachen für gleichberechtigt. Seitdem kommt die Alphabetisierung der Sprachen voran, da die Völker die äthiopische Schrift verwenden können,

aber dazu nicht gezwungen sind – einige setzen heute das lateinische Alphabet ein.
Der Widerstand gegen *Fidal* war in einigen Regionen groß, insbesondere das Oromo war schon seit Jahren von Vertretern in der Diaspora mit lateinischen Buchstaben (*Qubee*) geschrieben worden. Dies wurde nun auch in Äthiopien übernommen:
Oromo wird in lateinischer Schrift wiedergegeben.

In Eritrea wird seit der Unabhängigkeit 1991 eine Alphabetisierung der neun indigenen Sprachen entwickelt, obgleich de facto nur Tigrinnya, Arabisch und Englisch (als internationale Sprache) offiziellen Status genießen. *Fidal* wird ausschließlich für Tigrinnya und Tigre genutzt, alle anderen Sprachen verwenden die lateinische Schrift, ausgenommen selbstverständlich Arabisch. Dschibuti bleibt bei Arabisch und Französisch als Amtssprachen, obgleich Somali und Afar am meisten gesprochen werden. In Somalia gelten Somali und Arabisch als Amtssprachen; 1972 wurde ein lateinisches Alphabet für das schriftsprachliche Standard-Somali entwickelt.

Literatur: Jon Abbink, „Languages and Peoples in Ethiopia and Eritrea", *EAE* V, 381–388; David Appleyard, Martin Orwin, „The Horn of Africa", in Andrew Simpson (Hrsg.), *Language and National Identity in Africa*, Oxford 2007, 267–290; Marvin Lionel Bender et al. (Hrsg.), *Language in Ethiopia,* Oxford 1976.

David Appleyard, SOAS, London

Die Tigray

Die Tigrinnya-Sprecher sind eine bedeutende ethnische und regionale Gruppe in Äthiopien und Eritrea. Von den etwa 6,5 Mio Tigrinnya-Sprechern leben rund 4,5 Mio in Äthiopien und die übrigen in Eritrea, wo sie 40–50% der Bevölkerung ausmachen. Sie sind vor allem durch die gemeinsame Sprache Tigrinnya, eine der großen äthiosemitischen Sprachen, verbunden. In Äthiopien werden sie zumeist Tigray genannt (Amharisch: Tegré). Tigray ist nur eine der Bezeichnungen, die sie für sich verwenden, gebraucht wird auch „*Tegraway*" (pl. „*tagaru*", d.h. „Tigrayer"). Viele Tigrinnya-Sprecher, vor allem in ländlichen Gegenden, bevorzugen den Namen ihrer jeweiligen Untergruppe, der sich häufig von der Region herleitet, wie zum Beispiel „*Walqayte*". Sie leben überwiegend im äthiopischen Regionalstaat Tigray sowie in Zentraleritrea, wo man sie wiederum eher Tigrinnya nennt, nach der gängigsten Bezeichnung ihrer Sprache.

Eine von nahezu allen Sprechern anerkannte generelle Selbstbezeichnung, auf dem Land und in der Stadt, ist *Habasha* (diesen Begriff verwenden in der Form [*H*]*abasha* allerdings auch die Amharen für sich, der seit einiger Zeit öfter auch Äthiopier allgemein meint). Das Tigrinnya wurde in der älteren Tradition oft einfach nur *Qwanqwa habasha* genannt („Habasha-Sprache"). – Daneben gibt es noch eine andere ethnische Gruppe, die sich ähnlich nennt, die Tigre in Eritrea, die die verwandte Tigre-Sprache sprechen (die dem Ge'ez nahesteht); sie nennen sich gelegentlich ebenfalls Tigray, sind aber nicht mit dieser Gruppe zu verwechseln.

Geschichte. Bereits im 10. Jh. erscheint eine ethnische Bezeichnung, die „Tigray" nahesteht, und zwar „Tigretai". Diese Angabe bezieht sich wahrscheinlich auf Vorfahren der Tigre, die an der Küste des Roten Meeres in der Umgebung des antiken Hafens Adulis lebten. Vermutlich gab es noch im frühen Mittelalter eine alte ethnische Gruppe, die sich Tigray nannte, eine Sprache ähnlich dem Ge'ez sprach und von der Küste bis nach Aksum siedelte, sich dann aber sprachlich und ethnisch abspaltete. Dabei gingen die Tigray im Hochland in der Bevölkerung des Umlandes von Aksum auf und passten sich diesen sprachlich an, woraus das Tigrinnya entstand, während Ge'ez als gesprochene Sprache verlorenging. Die Region Tigray ist seit dem Altertum von verschiedenen Völkern dicht besiedelt, semitische und kuschitische Sprachen sprechend. Inschriften aus aksumitischer Zeit sowie Ortsnamen verschiedener Herkunft deuten darauf hin, dass die Region immer schon durch Migration und die Interaktion mehrerer Volksgruppen geprägt war. So berichtet eine Überlieferung der Hamasen in Eritrea, sie seien im 13. Jh. aus Tigray eingewandert. Es gibt auch alte Hinweise auf eine Belew-Einwanderung im Hochland. Eine der letzten größeren Wanderungen ereignete sich im 19. Jh., als Kaiser Yohannes IV. Adelsherren aus Tigray zu Gouverneuren des eritreischen Hochlandes ernannte. Viele Tigray aus Tamben siedelten sich damals im Gebiet von Asmara an.

Die Region Tigray bildete das Kernland des aksumitischen Königreichs. In vielerlei Hinsicht sind die Tigray die Erben der Bevölkerung aus aksumitischer Zeit und teilweise ihre direkten Nachkommen. So befindet sich bis heute das spirituelle Zentrum der Region in Aksum. Auch einige Namen von Tigrinnya-Gruppen und Ortschaften stammen aus der aksumitischen bzw. vor-aksumitischen Zeit und sind fast unverändert, wie Yaha, Aksum oder Agama. Traditionell war das Gebiet in verschiedene weitgehend autonome Provinzen und Fürstentümer unterteilt. Eine „tigrayische Dynastie" kam nie zustande, da die konkurrierenden Fürstenfamilien der Tigrinnya-Provinzen jeweils ähnlich mächtig blieben. Über eine gewisse Zeit hinweg wurden diese aber in der Hand zweier Fürsten vereint. Seit dem 14. Jh. gab es z.B. den *Tigre makwannen*, den „Herrn von Tigray" mit dem Zentrum in Hawzen bzw. der Gegend um Adwa, während die Region weiter nördlich (das heutige eritreische Hochland) zeitweise dem *Baher nagash*, dem „Herrscher der See[-Küste]", unterstand, der die Handelsrouten zum Meer kontrollierte, nicht allerdings die Küste selbst. Nur selten waren alle Gebiete unter einem Fürsten vereint, wie unter *Dajjazmach* Kifle Wahid im frühen 17. Jh., oder unter dem späteren Kaiser Yohannes IV. (der 1872–1889 ganz Äthiopien regierte). Gleich nach dessen Herrschaft setzte sich aber die Tradition der Aufteilung in verschiedene Herrschaftsgebiete auf andere Weise fort: Das nördliche Hochland trennte sich 1890 als Teil der neuen italienischen Colonia Eritrea ab, behielt aber einige der alten soziopolitischen Strukturen der Selbstverwaltung, nun unter kolonialer Kontrolle. Die Nachkommen von Yohannes IV. verwalteten seither Tigray, bzw. Teile davon, als Erbland unter Amhara-Herrschaft und bildeten damit die erste tigrayische Dynastie. Mitglieder dieser Familie bekleideten hohe Posten als Gouverneure Tigrays oder Untergouverneure und verteidigten wiederholt, bis in 1970er Jahre hinein, lokale autonome Strukturen, manchmal in direkter Konfrontation, zuweilen auch mittels einer Kooperation mit der Zentralregierung.

So versuchte *Ras* Hayla Sellase Gugsa, die verbreitete Unzufriedenheit mit der Amhara-Oberherrschaft für die eigene Machtposition auszunutzen und schlug sich im Krieg von 1935–1936 auf die Seite der Italiener. Dies entpuppte sich als Fehler, weil Tigray, anstatt autonomes Fürstentum zu werden, Teil des Kolonialgebietes Eritrea wurde (1936–1941). Eritrea wurde nach der italienischen Niederlage zeitweise Äthiopien angegliedert, vereinigte sich aber nicht mit Tigray.

Im 20. Jh. führten Maßnahmen der Zentralisierung, massive Ausgrenzung, wirtschaftlicher Niedergang und politische Unterdrückung zur Gründung lokaler, bewaffneter Bewegungen, insbesondere der Tigray People's Liberation Front (TPLF) in den 1970er Jahren, die Tigray von 1989 an vollständig kontrollierte. Mit der Abtrennung Eritreas von Äthiopien 1991 wurden die Tigrinnya-Sprecher erneut geteilt. Sie litten besonders unter dem eritreisch-äthiopischen Krieg 1998–2000.

Gesellschaft. Die meisten Tigrinnya-Sprecher sind Bauern. Sie betreiben traditionellen Ackerbau mit Holzpflug und kultivieren *Tef*, Sorghum, Hirse, Weizen, Mais, etc. Sie

Landschaft bei Yaha, Tigray, © Wolbert G.C. Smidt

halten Rinder, Schafe und Ziegen, in vielen Gegenden auch Bienen. Ihre Gesellschaft
zeichnet sich durch ein starkes Ideal der Einheit der Gemeinschaft aus und, insbesondere in ländlichen Gegenden, durch egalitäre Prinzipien. Einige Gruppen besitzen
traditionell eine ausgeprägte regionale Identität, wie die Rayya und Wajjarat, und organisierten sich halbautonom mittels der Ältestenversammlungen bzw. in anderen Regionen durch lokale Feudalfamilien. Tigrinnya-Gesellschaften sind wegen des Hangs zu
Konkurrenz, Rivalität und Konflikten innerhalb ihrer Gesellschaft als individualistisch
beschrieben worden, was aber nicht ganz zutreffend ist. Es geht eher darum, die eigene
Gemeinschaft, eigene und lokale Rechte gegen Einmischung durch mächtige Persönlichkeiten oder den Staat zu verteidigen.

    Tigrinnya-sprechende Gruppen sind durch zahlreiche soziale Institutionen mit aus-
geprägtem Netzwerkcharakter geprägt. Diese beruhen auf wechselseitigen Rechten und
Pflichten, vermitteln wirtschaftliche und andere Unterstützung und sind insbesondere
in ländlichen Regionen noch sehr lebendig. Die Institution der „Bruderschaft" (*Ha-
wennat*) umfasst alle männlichen Nachkommen eines Vorfahren, mindestens sieben
Generationen zurück. Alle Mitglieder dieser erweiterten Familie sind durch Verpflich-
tungen untereinander verbunden. Zudem verstehen sich ihre Dörfer oft als genealogi-
sche Gemeinschaft, die aus mehreren Zweigen einer Verwandtschaftsgruppe besteht.
Dorfversammlungen (*Bayto*) entscheiden über lokalpolitische Angelegenheiten, heute
im Rahmen der modernen staatlichen Verwaltungsstrukturen Äthiopiens und Eritreas.
Eine andere wichtige Institution in weiten Teilen der Tigray-Region ist *Sewa sanbat*
(„Sonntagskelch") bzw. *Tsabal* („heiliger Trank"). Sie wird in manchen Regionen nach
Heiligen benannt; in *einem* Dorf kann es mehrere davon geben. Jeder Mann ist Mit-
glied einer solchen Vereinigung, die sich sonntags trifft, bzw. im Fall von *Tsabal* am
Monatstag des Heiligen. Dabei werden wirtschaftliche und andere Fragen erörtert,

basierend auf den Prinzipien von Konsens und gegenseitiger Hilfe. Ebenfalls bedeutend als soziale und kulturelle Instanz sind die Versammlungen der Ältesten (*Shemagelle*), die die oft detailreichen mündlichen Überlieferungen ihrer Gemeinschaften und Gruppen weitererzählen und oral überlieferte Verzeichnisse von Landbesitz, von Rechten und Abstammungslinien bewahren. Landrechte wurden nicht nur durch Familien vererbt, sondern in manchen Gebieten auch kommunal durch Dorfgemeinschaften, die Land unter der neuen Generation alle paar Jahre neu verteilten. Bemerkenswertes Erbe sind die Gewohnheitsrechte der Tigrinnya. Verschiedene eritreische Gruppen haben sie zu schriftlichen Rechtsbüchern ausgearbeitet. Diese sind auf lokaler Ebene bis heute gültig, allerdings staatlichem Recht nachgeordnet. Auch in Tigray gilt das Gewohnheitsrecht teilweise noch, insbesondere im Ehe- und Erbrecht, gelegentlich in Strafsachen. Bei Schlichtungsfällen spielt es eine wichtige Rolle.

Trotz eines recht homogenen Eindrucks setzen sich die Tigrinnya-Sprecher aus einer Vielzahl von Untergruppen mit eigenen soziokulturellen Traditionen zusammen. Unter ihnen die Agama in Osttigray, die autonomen Tsanadagla und Maratta von Akkala Guzay in Eritrea, auch die Hamasenay, Ackerbauern in Hamasen und gleichnamige Rinderhirten in Humara, desgleichen die egalitären Wajjarat im Südosten Tigrays, u.s.w. Es gibt auch kleinere Gruppen, die über mehrere Distrikte verstreut leben, wie die einst bedeutenden Iggala. In der Regel definieren sie sich auf der Basis ihrer gemeinsamen Abstammung, in einigen Fällen aber auch als politisches Bündnis, das unterschiedliche Gruppen vereint. Assimilationsprozesse haben zur Aufnahme anderer ethnischer Gruppen geführt, insbesondere von Agaw. So wurden die Agaw-Siedler in Saraye schon vor Jahrhunderten Tigrinnya-Sprecher, ebenso Gefolgsleute des *Wag shum* aus Lasta in Agama; auch einige Bilen-Dörfer in der Nähe von Karan in Eritrea gehören mittlerweile zur Tigrinnya-sprechenden Bevölkerung.

Religion. Mehrheitlich sind sie orthodoxe Christen, wobei es auch muslimische Minderheiten gibt, und seit dem 19. Jh. Protestanten und Katholiken, vor allem in Eritrea. Das tägliche Leben der Tigrinnya-Sprecher ist deutlich von der Religion geprägt. Fastenzeiten beispielsweise werden streng befolgt, insbesondere in der Region Tigray. Gleichzeitig sind traditionelle Vorstellungen, insbesondere der Glaube an Naturgeister, weit verbreitet. Muslimische Tigray sind oft Händler und zum Teil Bauern mit ererbten Landrechten und bilden eine spezielle Untergruppe der Tigrinnya-Gesellschaft. Einige von ihnen, vor allem in Eritrea, nennen sich Jabarti. In der Vergangenheit verdingten sich Muslime auch als Bedienstete bei wohlhabenden Bauern und Adligen, und viele siedelten an Handelsrouten und in Kleinstädten. Sie sind Sunniten, ihr Glaubensalltag zeigt Einflüsse aus Sudan, Ägypten, dem Jemen und, in jüngster Zeit, aus Saudi Arabien. Eritrea und Tigray beheimaten die ältesten muslimischen Bevölkerungen am Horn von Afrika, die der Überlieferung nach auf die früheste Zeit des Islam zurückgehen.

Über die Jahrhunderte siedelten kleine Gruppen von Tigrinnya-Sprechern quer durch Äthiopien und darüber hinaus nach Süden. Daher sind ethnische Bezeichnungen in Verbindung mit „Tigray" überall in Äthiopien zu finden. Im 19. Jh. wurden Tigray als Soldaten von Oromo-Königen eingesetzt, und muslimische Tigray-Händler siedelten in den Gibe-Staaten. Einige Klannamen wie „Tigrii" unter den Naggaadee innerhalb der Oromo (von *Naggade* = „Händler") oder „Tigeroo" und „Tigre" bezeugen dies, ebenso wie die Familie der Nagado Tigroch unter den Adelsfamilien der Kafa in Südwestäthiopien. Unter den Walaytta besteht ein Klan, der den Namen „Tegera" trägt. Es gibt zahlreiche weitere Gruppen, die von sich sagen, sie seien Nachfahren von tigrayischen Einwanderern, unter ihnen mehrere Gurage-Gruppen und Klane der Dawuro.

Literatur: WILLIAM A. SHACK, *The Central Ethiopians: Amhara, Tigriña and Related Peoples*, London 1974; WOLBERT SMIDT, „Təgray", *EAE* IV, 888–895; WOLBERT SMIDT, „Təgrəñña-speakers", *EAE* IV, 908–911.

David Appleyard, SOAS, London, Wolbert Smidt, Mekelle, Erfurt

Die Amhara

Die Volksgruppe, die Amharisch (*Amarennya*) als Muttersprache gebraucht, bildet die Volksgruppe der Amhara in Äthiopien. Das Amharische ist eine äthiosemitische Sprache, die erstmals im 14. Jh. dokumentiert wurde. Durch den Wechsel der Dynastie unter Yekunno Amlak (1270–1285) gewannen sie an Bedeutung, und ihre Sprache setzte sich als gesprochene Sprache des Hofes durch und wurde die künftige Reichssprache. Heute wird Amharisch in weiten Teilen des Landes, auch außerhalb der Amhara-Region und vor allem in den urbanen Zentren, gesprochen.

Mit knapp einem Drittel der Gesamtbevölkerung (fast 30%) stellen die Amhara die zweitgrößte Ethnie dar und bilden mit mehr als 90% den überwiegenden Bevölkerungsanteil der Amhararegion. Typisch ist die ausgeprägte regionale Identität. So bezeichnen sich die Bewohner gern nach ihrer Ortsherkunft (z.B. als *Gojjame*, *Gondare*, *Manze*). Durch die bestimmende Position, die sie über Jahrhunderte in Verwaltung und Regierung innehatten, leben viele Amharen auch heute in anderen Regionen des Landes, vor allem in Städten und Verwaltungszentren.

Alltag und Land. Die meisten Amhara leben in einer reizvollen Umgebung. Charakteristisch sind weite Hochebenen, die von tiefen Schluchten und Flüssen durchzogen werden, von breiten Tälern mit Weiden und Ackerflächen, mit steilen Hängen, mit Büschen und Wäldern bewachsen. Das Klima schwankt je nach Höhenlage und Jahreszeit. Das Ackerland ist überwiegend davon abhängig, dass zur richtigen Zeit ausreichend Regen fällt. Im Hochland sind die Nächte kühl, während in den trockenen Monaten die Tage recht warm und im Tiefland heiß werden können. Bauernhöfe bestimmen überwiegend das Bild der Landschaft, deren Häuser inmitten der Felder liegen, oft weit verstreut. Kirchen prägen das Bild der Amhara-Siedlungen, meist an weithin sichtbaren, hohen Stellen gelegen und von alten Bäumen umgeben. Wenige ausgebaute Landstraßen gestatten Gütertransport, aber viele Amhara leben fernab der Magistralen. Überall kreuzt ein Netz von Fußwegen die Landschaft. Sie verbinden die Gehöfte und offenen Plätze, an denen die Bauern sich treffen, um auf wöchentlichen Märkten ihre Agrarerzeugnisse feilzubieten und einzukaufen. Auch fahrende Händler, die von Markt zu Markt ziehen, bieten dort Waren an und kaufen Produkte in größeren Mengen. Mit der Zeit wuchsen um die Marktflecken kleine Städte, sowohl an den Landstraßen als auch an den für Lastwagen und Autos unzugänglichen Orten. An Markttagen kann man an diesen Orten einen Anflug urbanen Lebens spüren, wenn kleine Kioske, Cafés und Restaurants Kaffee, Speisen und hausgebrautes Bier und Spirituosen anbieten.

Die Schönheit der Landschaft steht im krassen Gegensatz zur harten Realität des Bauernlebens. Bei Tagesanbruch, vor 6 Uhr, stehen die Frauen auf, um ihren täglichen Pflichten nachzukommen. Angrenzende Äcker dienen der Notdurft, und nach der kurzen Morgentoilette wird eine einfache Mahlzeit zubereitet. Um Feuer zu entfachen, müssen zuweilen glimmende Kohlen in einem zerbrochenen Gefäß von den Nachbarn geholt werden. Bald ist die Morgenluft erfüllt vom scharfen Geruch des Feuers, der von zahlreichen Häusern aufsteigt.

Die Arbeitsteilung unterscheidet sich nach Geschlecht und Alter. Männer übernehmen die schwere körperliche Arbeit wie das Pflügen, Frauen das Kochen und Saubermachen, die Kinderbetreuung, das Wasserholen und eine Vielzahl anderer Arbeiten rund um das Haus. Kinder werden schrittweise an das Arbeitsleben der Erwachsenen herangeführt, indem sie anfänglich auf das Kleinvieh aufpassen und Vögel und Insekten von den Feldern verjagen. Wachsen sie heran, folgen sie dem geschlechtsspezifischen Muster, nach welchem Mädchen allmählich die weiblichen Aufgaben übernehmen und die Jungen ihren Vätern und älteren Brüdern zur Arbeit auf die Felder folgen. Ältere Frauen unterstützen die jüngeren beim Kochen, und ältere Männer kümmern sich um die grasenden Tiere rund ums Haus.

Amhara-Älteste in Bahrey Gemb, bei Gondar, © Wolbert G.C. Smidt

Im Idealfall ist ein solcher Kleinbauernhaushalt autark in Arbeit und Ernährung. Zusätzlich kann er einen Überschuss erzeugen, der auf dem Markt verkauft wird, um einen neuen Pflugochsen oder eine Milchkuh sowie andere Marktgüter (Kleidung, Gebrauchsgegenstände, Zucker, Salz und Kaffee) und die jährlichen Steuern an den Staat zu finanzieren. Die Grundlage für den idealen Landhaushalt ist die Arbeitsteilung von Ehemann und Frau sowie ihrer Kinder. Den Gipfel an Produktivität erreichen sie, wenn die Kinder ein Alter erreicht haben, in dem sie sich voll und ganz an der täglichen Arbeit beteiligen können, und ihre Eltern noch ihre volle Arbeitskraft besitzen. Solche Haushalte sind relativ wohlhabend – mit einem Pflugochsen, ein oder zwei Milchkühen, einigen Schafen und Ziegen und vielleicht ein bis zwei Eseln. Ihr Land ist der Grenzen setzende Rahmen. Familien mit voller Arbeitskapazität bestellen deshalb auch typischerweise Felder für Haushalte, wo jemand fehlt, für geschiedene oder verwitwete Frauen ohne arbeitsfähigen Mann. Dann ist es üblich, die Ernte zu teilen.

Die Familie (*Betasab* = „Haus der Leute") ist eng verbunden mit dem Ackerland. Jungen und Mädchen haben gleiches Erbrecht, auch bezüglich des Bodens. Im Idealfall bekommt ein herangewachsener, heiratsfähiger Sohn ein Stück Land von der Familie zum Pflügen überlassen. Indem er sich von den Ackerprodukten dieses Landes ernährt, wird er wirtschaftlich unabhängig und kann heiraten. Ebenso sollen Töchter ein Landstück der Familie für die Ehe erhalten, um es dem ihres Ehemannes hinzuzufügen. Durch immer kleinere Parzellen wird dieser Brauch seltener. Junge Leute, die ihren Lebensunterhalt mit Ackerbau bestreiten wollen, sind abhängig von anderen Möglichkeiten, an Landbesitz zu gelangen: Sie müssen das Land von Witwen, alten

Leuten oder anderen pachten, die es nicht selbst bestellen können. Durch solche Arrangements können Frauen ohne Ehemann ihren Haushalt bestreiten. Für Männer ohne Ehefrau, die sich ums Kochen, Saubermachen und um andere Aufgaben kümmert, ist es dagegen schwieriger, allein ihr Leben zu bestreiten. Pflügen bleibt fast ausschließlich Männerarbeit, zur Hausarbeit sind die meisten Männer nahezu unfähig. Die Rolle der Frauen in der Landwirtschaft beschränkt sich hauptsächlich auf Unkrautjäten und, in kleinerem Umfang, auf die Ernte.

Die Amhara-Region wurde mehrfach von Hungersnöten heimgesucht; ständig wiederkehrende Lebensmittelknappheit ist in vielen Gebieten nichts Ungewöhnliches. Das Hauptnahrungsmittel ist *Enjara*, ein säuerliches, flaches und weiches Fladenbrot, aus Mehl hergestellt. Dafür verwendet man bevorzugt *Tef* (einheimische Zwerghirse mit winzigen Körnern). Es ist sehr arbeitsintensiv und klimaanfällig, ein geschätztes Handelsgut. Das tägliche *Enjara* wird meist aus Sorghumhirse, Gerste – das einzige Getreide, das auch in höheren Lagen wächst – oder Weizen zubereitet. Fleisch ist ein Luxus, den sich die meisten Bauern außerhalb von festlichen Anlässen nicht leisten können. Üblicherweise wird *Enjara* mit einer Sauce aus Hülsenfrüchten, Zwiebeln, Knoblauch und Paprika serviert und manchmal auch mit Gemüse gereicht.

Nach Tradition der Amhara sollten Jungen im Alter von 18 oder 19 Jahren und Mädchen im Alter von 14 oder 15 heiraten. In einigen Regionen war es Brauch, was heutzutage verboten ist, sehr früh zu heiraten. Insbesondere für ihre Töchter arrangierten die Eltern Hochzeiten schon im Kindesalter von 6 bis 8 Jahren. In solchen Fällen zog das Mädchen in die Heimat des jungen Ehemanns (der etwas älter und geschlechtsreif war), lebte aber weiterhin unter dem Schutz der Schwiegereltern, bis es reif und bereit für das Eheleben war. Die Ehe stellt eher eine wirtschaftliche Vereinigung dar als eine Beziehung zwischen Liebenden. Die erste Ehe zweier junger Leute wird durch eine Vereinbarung der Familien, vorwiegend durch die Väter, geregelt. Sie ist fragil und zerbricht oft wieder. Viele ältere Amhara-Frauen erzählen, dass sie sich nicht einmal an den Namen ihres ersten Ehemannes erinnern und nach ein paar Tagen wieder nach Hause gelaufen seien. Nur die erste Heirat umfasst aber eine prunkvolle Zeremonie, ein Hochzeitsfest (*Sarg*), einen Hochzeitszug der Brautfamilie zum Gehöft des Bräutigams und anschließend zur Familie der Braut. Idealerweise erhält das Paar einen Anteil des Familienbesitzes, Dinge des Hausgebrauchs und Tiere. Die Kosten sind hoch. Ein Weg, die kostspielige Zeremonie und teure Geschenke zu umgehen, ist, das Mädchen zu entführen. Ursprünglich eine gewaltsame Methode, eine Frau zu bekommen, bietet dieses Mittel jungen Menschen heute die Möglichkeit, der Autorität ihrer Eltern zu entfliehen und Kosten zu sparen. Mit stärkerer Wertschätzung von Bildung und Perspektiven auf ein anderes Leben als das der Eltern wehren sich junge Leute, auch die Mädchen, gegen die traditionell arrangierte Ehe und bauen sich ein unabhängiges Leben in kleineren Städten auf, wobei sie versuchen, so viel Bildung wie möglich zu bekommen.

Alltag und Kirche. Die örtliche Gemeinde organisiert sich um eine Kirche mit eigenem *Tabot* (Altarplatte, die die Bundeslade versinnbildet), der einem Heiligen der Äthiopisch-Orthodoxen Kirche geweiht ist. Jeder Heilige wird an einem monatlichen und einem jährlichen Festtag verehrt. An solchen Tagen hat schwere Feldarbeit, insbesondere das Pflügen, zu ruhen. Die jährlichen Festtage werden gemeinsam gefeiert, oft mit Wettkampfspielen und Scheinkämpfen der Nachbarn untereinander. Dazu gehört, wenn es wirtschaftlich möglich ist, viel Fleisch und viele Getränke. Das beliebteste Getränk ist *Talla*, ein schwachprozentiges Bier, das von Frauen in den meisten Haushalten gebraut wird.

Für viele Amharen nimmt die Kirche eine zentrale Stellung im Leben ein. Der komplexe Ritualkalender bestimmt das Leben. Über den monatlichen Heiligentag hinaus gibt es eine Anzahl großer kirchlicher Festtage. Die bedeutendsten sind Ostern (*Fasika*), das Fest der Auffindung des Heiligen Kreuzes (*Masqal*) und Epiphanie, das Gedächtnis an die Taufe Jesu (*Temqat*) – das Osterfest gilt als das höchste. Die christlichen Amhara unterziehen sich dem Fasten (*Tsom*) während des ganzen Jahres jeweils mittwochs und freitags, d.h. sie verzichten auf Speisen von tierischen Produkten. Strenggläubige essen an diesen Wochentagen nur einmal am Nachmittag. Sie halten auch die 55 Tage dauernde Fastenzeit vor Ostern ein. Danach wird in einer nächtlichen Liturgie am Ostersonntag das Fasten mit einem reichhaltigen Festessen beendet.

Die Bedeutung der Kirche zeigt sich besonders in Zeiten von Lebenskrisen, wie z.B. bei Todesfällen. Der Begräbnisritus beginnt mit der Bestattung des Leichnams auf dem Gemeindefriedhof, gefolgt von Ritualen und Trauerfeiern in vorgeschriebenen Intervallen im ersten Jahr nach dem Ableben (der 40. Tag danach ist der wichtigste) und wird später jährlich wiederholt. Begräbnisse bedeuten hohe und oftmals unerwartete Kosten für die Familie der Hinterbliebenen. Deswegen sind private Bestattungsorganisationen (*Edder* oder *Qere*) eine wichtige soziale Institution. Es handelt sich um die Vereinigung von Gruppen, die regelmäßig Beiträge in einen Fonds einzahlen und die sich verpflichten, andere bei einem Todesfall zu unterstützen und am Begräbnis eines Gruppenangehörigen teilzunehmen.

Soziale Organisation. Nachbarn sind durch eine Vielzahl symbolischer und praktischer Beziehungen miteinander verbunden. Es gibt religiöse Bruderschaften (*Mahbar*), die sich einem bestimmten Heiligen widmen, und kleine Spargemeinschaften (*Equb*). Alle haben eine formale Struktur, Mitgliedschaft und Regularien. Nachbarschaften können sich auch um einen Schutzgeist (*Adbar*) bilden, der oft durch einen alten Baum beträchtlicher Größe repräsentiert wird. Ihm werden regelmäßig Gaben dargebracht, um Ruhe und Frieden der Gemeinschaft zu gewährleisten. Nachbarn helfen sich in praktischen Dingen, mehr oder weniger formal organisiert. So werden arbeitsintensive landwirtschaftliche Aufgaben durch halbformale wechselseitige Arbeitsgruppen (*Dabo*) erledigt. Zwei Nachbarn, die je nur einen Ochsen haben, aber ein Ochsenpaar zur Feldarbeit benötigen, spannen ihre Tiere gemeinsam ein, um den Pflug zu ziehen, und pflügen abwechselnd auf ihren Äckern.

Prinzipiell zeichnet sich die bäuerliche Amhara-Gesellschaft durch ein hohes Maß an Zusammenarbeit, aber auch durch gegenseitige Abhängigkeit untereinander aus. Das kann in gewissem Umfang mit der Würde und dem Stolz der Menschen in Konflikt geraten. Manchmal entspringen daraus Misstrauen und Neid in der Gemeinschaft, die zu offenen, zuweilen gewaltsamen Auseinandersetzungen führen und zu Angst vor Magie. Neben ihrer tiefen Religiosität glaubt die Landbevölkerung an eine Fülle von Geistern, übernatürlichen und magischen Kräften. Sie kennen Zauber abwehrende Sprüche, Amulette, Kräuterelixiere, Flüche und Hexerei. Viele suchen Rat bei Spezialisten der Magie: Zauberer, Wahrsager, Exorzisten, Kräuterkundige, traditionelle Heiler und andere Kundige. Auch Kirchenleuten, und hier insbesondere den „Schriftgelehrten" (*Dabtara*), wird nachgesagt, dank magischer Kräfte Macht über das Unglück zu haben. Weit verbreitet ist der Glaube an den bösen Blick (*Ayna tela* oder *Buda*). Seine Kraft wird mit Neid und Egoismus in Verbindung gebracht, und davon ist potentiell jeder Mensch betroffen. Vor allem bestimmte Handwerker wie Schmiede und Töpfer sind Träger der *Buda*, und deshalb leben sie getrennt vom Rest der Gesellschaft in ihren eigenen Dörfern.

Heute sind die Amharen eine sehr heterogene Gruppe, viele leben seit Generationen in der Stadt. Sie sind Nachkommen eines einflussreichen Volkes der äthiopischen Geschichte und vereinen in sich Kultur und Bräuche eines großen Vermächtnisses (einschließlich von Kirche und Staatswesen) wie auch den „kleineren" Traditionen der Region, aus der sie hervorgegangen sind. Dabei geht es in Äthiopien nicht allein um die Frage der Identität, sondern auch der Politik. Der Begriff Amhara wurde zur politischen Mobilisierung genutzt, auf Staats- und regionaler Ebene.

Die äthiopische Bevölkerung erlebt zurzeit einen enormen Wandel durch die Urbanisierung, durch eine am Markt orientierte Geldwirtschaft, neue Kommunikationsformen wie Mobiltelefon und Internet sowie das allgemeine Recht auf Bildung, Gesundheit und Wohlstand. Alle, ob sie sich als Amhara bezeichnen oder einer anderen Ethnie angehören, beteiligen sich aus unterschiedlichen Aspekten an diesem Prozess – vom ärmsten Kleinbauern in Nordäthiopien bis hin zum wohlhabenden Kaufmann in Addis Ababa. Hauptbezugspunkt für die Kultur der Amhara und ihre Tradition bleibt das Leben der Kleinbauern im Hochland Nordäthiopiens, wohin die Amhara unter den Städtern regelmäßig an den Gedenktagen der Toten und zu kirchlichen Festen zurückkehren.

Literatur: Donald N. Levine, „Amhara", *EAE* I, 230–232; Simon D. Messing, *The Highland Plateau Amhara of Ethiopia,* New Haven 1985; William A. Shack, *The Central Ethiopians Amhara, Tigriña and Related Peoples,* London 1974.

Harald Aspen, NTNU, Norwegian University of Science and Technology, Trondheim

Die Beta Esrael

Als Beta Esrael (veraltet „Falasha") werden die Anhänger einer Religionsgemeinschaft bezeichnet, die seit Jahrhunderten in Nord- und Nordwestäthiopien siedelten. Sie lebten in mehr als 500 Dörfern, die in der Gegend um Gondar verstreut waren; kleine Gruppen wohnten in Tigray, Lasta und Qwara. Seit 1977 ist die große Mehrheit der Beta Esrael nach Israel ausgewandert.

Religiöse Praxis. Herzstück ihrer Identität in Äthiopien waren ihre religiösen Überzeugungen und Rituale, die hebräisch-alttestamentliche, christliche und panäthiopische Elemente vereinten. Besondere Verehrung kam der Heiligen Schrift zu, die sie *Orit* (Tora/Altes Testament) nannten. Zwischen dem 15. und dem beginnenden 20. Jh. galten Mönche als oberste geistliche Instanz der Beta Esrael, danach traten „Priester" an ihre Stelle. Sie leiteten die Liturgie im Gebetshaus, sie führten die Opfer durch und leisteten geistlichen Beistand.

Ihr Jahreskreis enthielt Feier- und Fasttage, die einem Mondkalender folgten. Einige der bedeutendsten Feste wie Neujahr, Versöhnungstag und *Pessach* wurden in ähnlichem Ritus und in Anlehnung an biblische Feiertage begangen, wie sie von Juden weltweit eingehalten werden.

Mit besonderer Strenge befolgten die Beta Esrael den Sabbat als Ruhetag. Anders als die meisten anderen Juden waren sie nicht mit dem Talmud und den späteren, rabbinischen Schriften vertraut. Auch Chanukka und Bar Mitzwa, Gebetsriemen oder Gebetsschal kannten sie nicht.

Vor dem 20. Jh. muss die Identität der Beta Esrael eng im Kontext der christlich-äthiopischen Gesellschaft gesehen werden. Im Laufe der Zeit entstand durch Kontakte zum außeräthiopischen Judentum ein System, das sich dem normativen Judentum näherte: Feiertage wurden abgewandelt und neue hinzugefügt, um jenen Elementen mehr Gewicht zu geben, die anderswo in der jüdischen Welt galten. Unterscheidende Bräuche wie Monats- und Opferfeste, Mönchtum und bestimmte Reinheitsvorschriften verschwanden oder wurden abgeschafft. Hebräisch erlangte den Status der Liturgiesprache wie Ge'ez, und Torarollen kamen neben *Orit*-Handschriften in Gebrauch.

In Äthiopien lebten die Beta Esrael in eigenen Dörfern, aber auch in gemischten Siedlungen an der Seite anderer Ethnien. Sie bevorzugten die Nähe von Flüssen und Wasserläufen, was nicht nur für die täglichen Bedürfnisse wichtig war, sondern auch für die notwendige rituelle Reinigung. Die Frauen zogen sich während der Menstruation und nach einer Geburt von der Gemeinschaft zurück und lebten in speziellen Hütten. Die Beta Esrael grenzten sich sozial streng von anderen ab, was auch bedeutete, dass sie sich nach dem Kontakt mit Außenstehenden reinigten.

In vielerlei Hinsicht ähnelte die Lebensweise der Beta Esrael der ihrer christlichen Nachbarn. Kleidung und äußere Erscheinung waren sehr ähnlich, sie sprachen Amharisch bzw. Tigrinnya. Trotzdem gab es Aspekte, bei denen sich die Beta Esrael unterschieden und zwischen ihnen und ihren Nachbarn Abgrenzungen bestanden. Zwar konsumierten sie die gleichen Lebensmittel und Getränke wie andere Äthiopier, lehnten aber den Verzehr von rohem Fleisch ab. Wie Muslime und Christen enthielten sich die Beta Esrael von Schweinefleisch und von Speisen (insbesondere von Fleisch), welche von Fremden zubereitet wurden.

Geschichte. Laut ihrer eigenen Legenden wanderte eine größere Gruppe von Israeliten zur Zeit König Salomons (10. Jh. v.Chr.) nach Äthiopien ein. Andere verstehen sich als Abkömmlinge des Stammes Dan, einer der zehn verlorenen Stämme (ca. 722 v.Chr.).

In der Wissenschaft herrscht seit den 1970er Jahren der Konsens, dass es zwar einen frühen jüdischen Einfluss auf die äthiopische Kultur gegeben hat, die Beta Esrael selbst aber von einer äthiopischen Gruppe abstammen, deren früheste Existenz für das 14. Jh. nachzuweisen ist. Wo auch immer ihre Wurzeln liegen – es fehlen Beweise dafür, dass sie vor dem 14. Jh. in Äthiopien waren. Es gibt in Reiseberichten Hinweise auf Juden am Roten Meer (aber keiner dieser Reisenden besuchte tatsächlich Äthiopien), die den legendären Priesterkönig Johannes sowie eine jüdische Kriegerkönigin Esato (oder Gwedit, Gudit, fälschlicherweise „Judit") erwähnen.

Die erste zuverlässige Erwähnung eines Volkes, das später Falasha genannt wurde, enthält die Chronik der Kriege von Kaiser Amda Tseyon I. (reg. 1314–1344). Nach dieser Quelle schickte der Kaiser Truppen gegen Leute „wie die Juden". Tatsächlich scheint dies den Beginn einer (mit Unterbrechungen) 300 Jahre währenden Auseinandersetzung zwischen den Beta Esrael und den christlichen Herrschern Äthiopiens zu markieren.

Im 15. und 16. Jh. traten die Beta Esrael als deutlich erkennbare ethnisch-religiöse Gruppe in Erscheinung, indem sie neue Fähigkeiten erwarben und eigene Institutionen gründeten. Da sie mit der Zeit das Recht auf Landbesitz verloren, begannen sie, ihr Einkommen als Schmiede, Weber, Zimmerer – im Falle der Frauen als Töpferinnen – aufzubessern. Schmiede- und Töpferkunst galten als verachtete Handwerksberufe, was dazu führte, dass ihre Nachbarn den Beta Esrael mit Argwohn und Angst begegneten.

Obwohl die muslimische Eroberung Äthiopiens im 16. Jh. seitens der Beta Esrael zunächst begrüßt wurde, erlitten sie später erhebliche Verluste und litten unter den Invasoren. Ausdruck ihres schweren Schicksals in jener Zeit ist der häufige durch hebräische Schreiber erwähnte Verkauf äthiopischer Juden in die Sklaverei, die von Juden in Ägypten wieder ausgelöst wurden.

Im frühen 17. Jh., nach der Eroberung durch Kaiser Susenyos (reg. 1607–1632) büßten die Beta Esrael ihre militärische und politische Autonomie ein. Allerdings konnten sie ihre unverwechselbaren religiösen, wirtschaftlichen und sozialen Besonderheiten nutzen, um ihre Existenz als Volk zu sichern. Tatsächlich scheinen sie intensiv als Handwerker beim Bau der Residenz in Gondar mitgewirkt zu haben.

Moderne Zeit. Für die Beta Esrael begann die Begegnung mit der modernen, westlichen Welt Mitte des 19. Jh., als erste protestantische Missionare unter der Schirmherrschaft der London Society for Promoting Christianity Amongst the Jews eintrafen. Als Reaktion auf diese missionarische „Bedrohung" riefen namhafte jüdische Persönlichkeiten dazu auf, den Beta Esrael beizustehen. 1867 reiste der Orientalist Joseph Halévy nach Äthiopien, um ihre Lage zu untersuchen. Trotz seiner eindeutigen Empfehlung zu ihren Gunsten blieb jede Hilfe aus, bis 40 Jahre später sein Schüler Jacques (Ya'acov) Faitlovitch nach Äthiopien kam. Ihm gelang es wie keinem anderen, die Beta Esrael ins Bewusstsein der weltweiten Juden zu rücken. Er schickte eine kleine Gruppe von äthiopischen Studenten ins Ausland und versuchte, die religiöse Praxis der Beta Israel zu reformieren. Zwar unterbrach die italienische Besatzung Äthiopiens seine Aktivitäten, doch nach der Rückkehr von Kaiser Hayla Sellase kehrte auch er wieder ins Land zurück. Zwischen 1948 und 1977 gab es keine Versuche, die Beta Esrael nach Israel umzusiedeln, lediglich eine Handvoll verließ das Land; die diplomatischen Beziehungen zwischen Äthiopien und Israel waren 1973 auf Eis gelegt worden.

Seit 1977 kamen kleine Gruppen von Beta Esrael nach Israel, nachdem ihnen die Flucht über Kenia, den Sudan oder Dschibuti geglückt war. In den Jahren 1984 und 1985 gelangten im Rahmen der „Operation Moses" Tausende von ihnen auf dem Luftweg über den Sudan nach Israel. Nach der Wiederherstellung der diplomatischen Beziehungen zwischen Äthiopien und Israel 1989 wurde die Auswanderung der Beta Esrael gesetzlich geregelt, und im Mai 1991, als die marxistische Regierung fiel, wurden über 14.000 in weniger als zwei Tagen nach Israel gebracht. Obwohl vorsichtige Schätzungen nur von 30.000 Personen ausgingen, sind seit 1977 mehr als 80.000 Beta Esrael und ihre Angehörigen nach Israel ausgewandert. Berücksichtigt man in Israel geborene Kinder, umfasst ihre Gruppe heute rund 130.000 Personen.

Auch wenn in Äthiopien keine organisierte Beta-Esrael-Gemeinde mehr besteht, beanspruchen Hunderte, wenn nicht Tausende von Menschen für sich das Recht auf Familiennachzug, als Verwandte derer, die bereits nach Israel emigriert sind.

Literatur: Steven Kaplan, *The Beta Israel (Falasha) in Ethiopia*, New York 1992; Kay Kaufman Shelemay, *Music, Ritual and Falasha History*, East Lansing 1989; Hagar Salamon, *The Hyena People*, *Ethiopian Jews in Christian Ethiopia*, Berkeley, Los Angeles 1999.

Steven Kaplan, The Hebrew University of Jerusalem

Einige Völker Nordwestäthiopiens

An der (nord-)westlichen Grenze zum Sudan liegt der föderale Bundesstaat Beni Shangul-Gumuz. Er gehört zu den multiethnischen Regionen in der Bundesrepublik Äthiopien. Administrativ ist das Gebiet aus dem ehemaligen Beni (früher oft auch Bela) Shangul, dem Asosa *Awrajja*, ehemals in Wallaga, und der früheren Verwaltungseinheit Matakkal, dem Gebiet der Gumuz und Shinasha, 1991 vereinigt worden. Beni Shangul-Gumuz umfasst heute vier Verwaltungseinheiten (*Zones*) und einen Sonderbezirk (*Special Warada*). Diese sind Matakkal, Khamashi, Asosa und der Mao-Komo *Special Warada*. Im Gebiet des heutigen Beni Shangul-Gumuz leben die Gumuz, die Berta, Shinasha, Mao und Komo. Darüber hinaus bewohnen viele Oromo und Amhara das Gebiet. Beni Shangul-Gumuz kennzeichnet eine außergewöhnliche kulturelle und demografische Vielfalt. Die Geschichte der Region ist von Migration, Handel und der Entstehung neuer kultureller Räume und Beziehungen bestimmt. Diese interethnische Geschichte hat zu einer einzigartigen Vielfalt an kulturellen und religiösen Beziehungen geführt.

Berta. Die Berta sprechen eine nilosaharanische Sprache, die starke sudan-arabische Einflüsse aufweist. Sie stammen ursprünglich aus dem multiethnischen sudanesischen Königreich Funj (1504–1821). Vermutlich im 16. Jh. wanderten sie in das äthiopische Hochland. Ihre oralen Traditionen zeugen von der Begegnung mit den Gwama (s. unter „Mao"), etwa in der Region des heutigen Tumat-Flusses, welche daraufhin weiter gen Süden zogen. Als Ursprungsland gilt den Berta die Region zwischen Fazughli und Roseiris im heutigen Sudan. Den Berta folgten sudanesische Händler, die sich auf arabische Abstammung beriefen und zur Verbreitung des Islam in der Region beitrugen. Der Zuzug dieser Händler (*Jallaba*), die die Berta als „Bergbewohner" (*Jebellawin*) kannten, führte zu Mischehen und der Entstehung einer feudalen Herrscherklasse der sog. *Watawit*. Als das äthiopische Reich seine westlichen Grenzen sicherte und die *Watawit*-Scheichtümer von Beni Shangul um 1898 integrierte, wurde *Shaykh* Khojali al-Hasan der politisch einflussreichste regionale Herrscher. Er blieb dem äthiopischen Staat bis in die 1930er Jahre tributpflichtig und übte eine teilautonome Herrschaft über Beni Shangul aus.

Die Berta besetzen heute als zweitgrößte Gruppe in Beni Shangul-Gumuz viele politische Ämter in der Hauptstadt Asosa. Die Landbevölkerung geht der Subsistenzwirtschaft nach. Berta bauen vor allem Mais und Hirse an. Sie halten Ziegen und Schafe, aber kaum Kühe. Der Esel ist das bevorzugte Transport- und Fortbewegungsmittel der Berta. Das Goldwaschen in den Flüssen ist bis heute ein wichtiger Nebenverdienst für viele Familien, das hauptsächlich von Frauen betrieben wird. Berühmt ist die traditionelle Musik der Berta. Weithin bekannt sind die Bläserensembles, die die *Wasa* (Holztrompeten) und *Zumbara* (Bambusflöten) spielen. Das Christentum spielt eine untergeordnete Rolle in der Region. Die meisten Berta sind Muslime.

Gumuz. Nördlich der Berta, im Gebiet von Matakkal, leben die Gumuz. Wie das Berta gehört auch das Gumuz zur nilosaharanischen Sprachgruppe. Die Gumuz litten über viele Jahrhunderte unter den Raubzügen aus dem äthiopischen Hochland durch die Herrscher von Gondar. Die Gumuz waren, als nördlichste der Gruppen, bereits den Raubzügen durch König Sartsa Dengel (ca. 1550–1597) ausgesetzt. Aus dieser Zeit stammt auch der Name *Shanqella*, der zunächst für die Gumuz gebraucht wurde, und später zum kollektiven Namen für die „schwarze" (nilosaharanische) Bevölkerung im westlichen Tiefland Äthiopiens wurde (und sich später auch für die Ethnien des Südens und Südwestens durchsetzte). Der Begriff ist rassistisch belastet und heute verboten.

Ähnlich wie bei den Berta entstand bei den Gumuz von Gubba eine Herrschergruppe mit historischen Bezügen zum Funj-Sultanat. *Shaykh* Hamdan, auch bekannt als *Dajjazmach* Banja, war wie Khojali ein der Zentralregierung in Addis Ababa tributpflichtiger, aber autonomer Herrscher. Sein Palast wurde von den Italienern als Fort genutzt und durch die britische Luftangriffe während des Befreiungskrieges (1941) zerstört.

Im Gegensatz zu anderen sudanesisch-äthiopischen Gruppen haben die Gumuz die Tradition des Schwesterntausches erhalten. Hierbei muss der Bräutigam der Familie der Braut seine Schwester oder Cousine zum Tausch anbieten. Der Tausch ersetzt den Brautpreis, wobei Geschenke durchaus üblich sind. Insbesondere die Durchdringung der Kultur der Gumuz durch das Christentum führt allerdings zur Aufgabe dieser und weiterer Traditionen. Anders als bei den Berta spielt aber bei vielen Gumuz noch ihre traditionelle Religion eine Rolle. Der Islam herrscht insbesondere bei den Gumuz von Gubba vor.

Mao und Komo. Unter der Bezeichnung Mao werden unterschiedliche Gruppen in Westäthiopien zusammengefasst. Der Begriff wurde vielleicht durch die seit dem 18.

Jh. eingewanderten Oromo und Busase aus Anfillo mit in den Westen Äthiopiens gebracht. Noch heute leben im Anfillo-*Warada* Mao als ethnische Minderheit. Weiter
nördlich in Beni Shangul und an der Grenze zu Oromiyaa gibt es weitere Gruppen
der Mao. Diese sind die Bambasi Mao und die Hozo und Sezo. Wie die Anfillo-Mao
sprechen diese drei Gruppen omotische Sprachen. Ebenfalls teilweise als Mao firmie-
ren die Gwama (fälschlicherweise „Kwama"). Die Gwama im Hochland von Wallaga
identifizieren sich mit dem Namen Mao, wohingegen sie im Tiefland überwiegend die
Eigenbezeichnung Gwama bevorzugen.

Komo-Männer bei einem Ballspiel, Pockung, Gambella, © Alexander Meckelburg

Die Gwamasprecher in Oromiyaa nennen sich selbst *Sith Chwala*, was im Gwama
„schwarze Menschen" bedeutet. *Twaa gwama* (die Gwamasprache) gehört, wie *Taa
komo*, die Sprache der Komo, zu den nilosaharanischen Sprachen. Die Gwama und
Komo leben auch im Sudan und weiter südlich in Äthiopien, in Gambella.

Die politische Geschichte der Mao und Komo ist erheblich mit der Expansion der
Oromo (von Süden) und der Berta (von Norden) verbunden. In der Region des heutigen Gidamii hatte die Expansion der Leeqaa Oromo die Komo aus deren ursprüng-
lichem Heimatgebiet um den Berg Gewa (heute „Gemi" in Oromo) verdrängt. Dabei
wurden viele Mao und Komo assimiliert. Insbesondere im Raum Begii zeigte sich der
regionale Machtkampf der Berta mit den Oromo, was bis in die heutige Zeit die politische Geschichte der Mao und Komo bestimmt. In Begii verlief die Grenze zwischen
den Gebieten unter der Kontrolle von *Shaykh* Khojali al-Hasan und der Oromo unter Jote Tullu. Begii, das auch der Herrschersitz von Khojali war, gehörte bis in die
Zeit der sozialistischen Militärregierung (*Darg*) zum Gebiet des Beni Shangul/Asosa
Awrajja. Mit dem Ende der Militärherrschaft 1991 forderten die Oromo das Gebiet
um Begii für den neu gegründeten Bundesstaat Oromiyaa. Der Konflikt mündete in
einem Referendum, und aufgrund der zahlenmäßigen Mehrheit der Oromo wurde
der Begii *Warada* dem Oromiyaa-Gebiet zugeschlagen. Das Ergebnis: ein beträchtli-

cher Teil der Mao/*Sith Chwala* kam ins Verwaltungsgebiet von Oromiyaa und wurde vom Verwaltungssitz der Mao und Komo getrennt. Dieser befindet sich heute in Tongo, der Hauptstadt des sog. Mao-Komo *Special Warada*.

Literatur: ALFREDO GONZÁLES-RUIBAL, *An Archaeology of Resistance*: *Materiality and Time in an African Borderland*, Lanham 2014; ALEXANDER MECKELBURG, „Minority Integration and Citizenship Expansion. Observations from the Mao and Komo Groups in Western Ethiopia", in SUSANNE EPPLE (Hrsg.), „Artisans, Hunters and Slave Descendants in Ethiopia: Recent Observations on Status Change and Boundary Shifting", *Studien zur Kulturkunde* 132, Berlin 2018, 173–192.

Alexander Meckelburg, Nairobi

Die Oromo

Die Oromo (ehedem „Galla") bilden die größte kuschitisch-sprechende Gruppe am Horn von Afrika. Sie leben vor allem in Äthiopien, in Nordkenia und in Teilen Somalias. In Äthiopien stellen sie, mit zwischen 33 % und 40 % der Gesamtbevölkerung, die größte Volksgruppe und bewohnen einen Großteil des äthiopischen Staatsgebietes sowie einen Teil von Nordkenia. Laut einer Ursprungslegende geht der Name Oromo auf Horo, den gemeinsamen Vorfahren der Oromo, zurück. Seine Nachfahren nannten sich selbst *Ilmaan Oromoo* („Söhne des Oromo"). Ihrem Verständnis nach ist Oromo die Selbstbezeichnung seit den frühen Jahrhunderten des 2. Jt., der Zeit, da die Oromo ihre eigene Identität entwickelt haben.

Ursprünge. Die Wissenschaft ist sich einig, dass die Oromo Nachfahren der frühesten Bewohner des Horns von Afrika sind. Linguistische und archäologische Belege deuten darauf hin, dass in der Zeit zwischen 3500 und 1000 v.Chr. kuschitische Völker kontinuierlich in Nordostafrika in Wanderbewegung waren, insbesondere im äthiopischen Hochland. Zwei verschiedene kuschitische Gruppen, die Konso-Oromo und die Omo-Tana begannen ihre Wanderung bereits im 1. Jt. v.Chr. entlang des südlichen äthiopischen Hochlandes. Während der zweiten Hälfte des Jahrtausends trennten sich die Vorfahren der Oromo von der Gruppe der Konso-Oromo und entwickelten eine eigene linguistische Identität. Um die Wende des 1. Jt. n.Chr. gingen diese Proto-Oromo nach Süden, überquerten den Grabenbruch und besetzten die weiten Ebenen zwischen den Flüssen Wabi Shaballe und Ganaalee Dorya. Mit der Zeit erweiterte sich ihr Weideraum zum Dawa-Fluss und möglicherweise bis zum Turkana-See.

Bis vor kurzem haben viele Forscher eine Gegend namens Walaabu im Turkana-Gebiet als Ursprungsraum der Oromo gesehen. Von dort aus sollen sich die Oromo in ihre weiteren Gebiete des heutigen Äthiopien bewegt haben. Diese Einschätzung geht auf einen Interpretationsfehler der Ursprungslegende der Oromo zurück, in der es heißt: „Die Schöpfung beginnt in Walaabu". In dieser Legende ist *Walaabu* aber eine mythische Wasserfläche, wo der Hochgott die gesamte Schöpfung einschließlich des Menschen ins Leben rief.

Mehrfach wurde fälschlicherweise die Ursprungslegende als historische Tatsache betrachtet und irrtümlicherweise behauptet, die Oromo hätten sich aus Walaabu kommend erst im 16. Jh. im äthiopischen Hochland niedergelassen. Tatsächlich aber waren die Oromo zu dieser Zeit bereits eine Sprachgemeinschaft und hatten eigenständige Kulturmuster einschließlich einer im Wesen monotheistischen Religion sowie eine einzigartige soziopolitische Organisationsform mit dem *Gadaa*-System als der Summe der Lebensgesetze schlechthin geschaffen.

Sprache. Die Sprache der Oromo, *Afaan oromo* oder *Oromiffaa*, ist eine kuschitische Sprache der afroasiatischen Familie, die mit dem Konso, dem Somali und Afar nah verwandt ist. Oromo ist die zweitgrößte Sprache (nach Swahili) in Afrika. Sie ist nicht nur die gemeinsame Sprache der Oromo-Nation – mit vier untereinander verstehbaren Dialekten –, sie ist auch die *Lingua franca* in großen Teilen Südäthiopiens und wird von vielen ethnischen Gruppen verwendet. Oromo war bis Mitte des 19. Jh. nicht verschriftlicht. Damals begannen Europäer die Sprache zu studieren und erste Oromo-Bücher in lateinischer Sprache herauszugeben. Die frühesten Arbeiten in der Oromo-Sprache waren christliche Schriften, doch auch profane Publikationen wie Wörterbücher, Grammatiken, Sammlungen von Kurzgeschichten und Sprichwörtern, Gedichte, Schulbücher, etc. wurden geschaffen. Die Missionare, von denen einige Linguisten waren, meinten, dass das lateinische Alphabet für *Afaan oromoo* besser geeignet sei als die Ge'ez-Schrift. Im Jahr 1871 wurde eine Oromo-Übersetzung des Lukasevangeliums mit Ge'ez-Schrift (*Fidal*) publiziert, was einen Wendepunkt in der Geschichte der Sprachentwicklung des Oromo markierte. Dieser Wechsel im Einsatz einer Schrift geschah, um Kaiser Menilek dafür zu gewinnen, eine Deutsche Oromo-Mission in seinem Gebiet zu gestatten, aber auch, weil die wenigen Schriftkundigen der Oromo in Shawa die Ge'ez-Schrift nutzten. Damit blieb das Schreiben mittels des lateinischen Alphabets, obgleich phonetisch besser geeignet, mehr als ein Jahrhundert untersagt.

Religion. Bevor die Oromo mit Christentum und Islam in Berührung kamen, folgten sie einem indigenen monotheistischen Glaubenssystem. Bereits im 17. Jh. wurden die Oromo von Reisenden nicht als Muslime und nicht als Christen beschrieben. Sie würden keine Götzen verehren. Tatsächlich verehrten sie mit *Waaqa* eine Gottheit, die, wie die Oromo glaubten, das Universum erschaffen hat und die Menschen auf den Pfad der Gerechtigkeit, Wahrheit und einer harmonischen Sozialordnung führt. Die Oromo-Religion behauptet fundamentale Wahrheiten über das Göttliche und das geschaffene Universum, allerdings ohne etabliertes Glaubensbekenntnis, ohne kanonisierte Offenbarungen, ohne geweihte Priester.

Nach ihrem Glaubenssystem ist der Kosmos geteilt in eine diesseitige Welt und in einen unsichtbaren Raum mit Geistern, Göttern und Ahnen. Offenbarungen, das Hauptinstrument für spirituelle Rücksprachen zwischen diesseitiger und Metawelt, waren allgegenwärtig und erfüllten das Glaubenssystem ständig mit neuem Sinngehalt. Die Oromo glaubten, dass sich *Waaqa* regelmäßig allen Menschen in der Schöpfung offenbart und sich in Träumen, Visionen und Vorzeichen zeige. *Waaqa* kommuniziert mit dem Menschen durch *Ayyaana*, spirituelle Kräfte, die sich auf vielerlei Weise in der physischen Welt manifestieren. *Ayyaana*, die selbst göttlicher Natur sind, stellen die Verbindung zwischen *Waaqa* und seiner Schöpfung her. Eine direktere und persönlichere Verbindung zu *Waaqa* kann durch den *Qaalluu* hergestellt werden; dies sind rituelle Experten, die in regelmäßigen Zeitintervallen von den *Ayyaana*-Geistwesen besessen und dadurch befähigt werden, mit dem Hochgott in eine besondere Beziehung zu treten.

Während der letzten beiden Jahrhunderte konvertierten viele Oromo, teils freiwillig, teils durch gewaltsame Bekehrung, sowohl zum Christentum als auch zum Islam. Im 19. Jh. zwang Kaiser Yohannes IV. (reg. 1872–1889) die Oromo in Nordäthiopien, sich zum Christentum zu bekehren; in Zentraläthiopien zwang Menilek II. (reg. 1889–1913) die Oromo zum orthodoxen Christentum. Im Osten, Norden, im Südwesten und in Zentraläthiopien nahmen viele Oromo durch Handelsbeziehungen oder die Mission den Islam an; sie taten dies auch, um ein Zeichen gegen die Zwangskonversionen zum orthodoxen Christentum zu setzen. Seit dem 20. Jh. sind besonders in Westäthiopien viele Oromo Protestanten geworden, sei es durch das Wirken euro-amerikanischer Missionare oder einheimischer Priester. Als Folge sind etwa die Hälfte der Oromo Muslime, ein Drittel Orthodoxe und etwa ein Fünftel Protestanten. Wenig mehr als 3 % folgen der traditionellen Oromo-Religion, die als *Waaqefanna* bekannt ist. Ungeachtet der konfessionellen Zugehörigkeit sind traditionelle religiöse Vorstellungen und Praktiken bei vielen Gruppen immer noch fester Bestandteil der Oromo-Identität.

Soziale Organisation. Historische Untersuchungen gehen davon aus, dass das *Gadaa*-System irgendwann im 11. oder 12. Jh. entstand und sich über die folgenden fünf Jahrhunderte auf die Ebenen im Süden und Südwesten Äthiopiens zu einem kohärenten Sozialsystem entwickelte. Zwischen Wabi Shaballe und Turkana-See war dieses komplexe System im 16. Jh. unter den Viehzüchtern der Oromo offenbar voll ausgebildet. Das *Gadaa*-System teilt die Oromo-Gesellschaft in zehn Klassen, basierend auf der genealogischen Abfolge von Vätern und Söhnen. Der Klassenwechsel vollzieht sich alle acht Jahre mit der Übernahme wirtschaftlicher, militärischer, politischer und ritueller Verantwortung. Die formale Machtübergabe geschah in Versammlungen, in denen die Gesetze für die folgenden acht Jahre festgelegt wurden. Als soziale Struktur lenkt das *Gadaa*-System das Leben des Einzelnen und dient der Sozialisation, der Erziehung, der Religionspraxis, dem Erhalt des Friedens, der Gerichtsverwaltung und dem sozialen Zusammenhalt. Das *Gadaa*-System wurde komplementär durch eine vielschichtige religiöse Organisation abgesichert, welcher der *Qaalluu* vorstand. Der Residenzort dieser rituellen Führungsinstanz war gleichzeitig das Zentrum für die Ausübung der traditionellen Religion. Das *Gadaa-Qaalluu*-System bildete geradezu die Verfassung der Oromo, durch die sich die Gemeinschaft verwaltete, ihr Territorium verteidigte und durch gezielte Adaptionen andenssprachiger Gruppen (*Moggaasa*) ausweitete und ihre wirtschaftlichen Aktivitäten organisierte.

Als die Oromo in die verschiedenen Gebiete des Horns von Afrika zogen, bildete sich das *Gadaa*-System als Organisationsstruktur auf der Klan-Ebene nach. Mit der Zeit entstanden wichtige *Gadaa*-Zentren in den Siedlungsgebieten. Dies hielt die Oromo-Nation als eigenständige und unverwechselbare Gesellschaft zusammen. Ihre Vertreter unternahmen jährliche Pilgerfahrten zu dem obersten *Qaalluu,* dem *Abba Muuda* in der Dallo-Region von Bale, um ihm Ehre zu zollen und die Einheit der Oromo zu bekräftigen.

Geschichte. Heute erstreckt sich der Siedlungsraum der Oromo über ein weites Gebiet von der sudanesischen Grenze zum Harar-Plateau, nahe der Grenze zu Somaliland, und vom nördlichen Tigray bis nach Kenia, was das Resultat einer mindestens vier Jahrhunderte zurückreichenden Siedlungsgeschichte und Bevölkerungsbewegung ist. Im frühen 16. Jh. bestand die Oromo-Gesellschaft aus zwei Gruppen oder Moeities: den Boorana und Barentuu, die jeweils den Westen und Osten des Grabenbruchs besiedelten. Diese Gruppen lebten nach dem *Gadaa*-System und waren Agropastoralisten, die Viehzucht und extensiven Anbau von Gerste betrieben. Im Laufe des Jahrhunderts emigrierten beide Gruppen in großer Zahl aus den Ebenen in verschiedene Gebiete. Die Barentuu wanderten in östliche und nordöstliche Richtung und siedelten in den Gegenden des heutigen Arsi, Bale, Harar, Gojjam und Wallo. Die Boorana wanderten gen Nordwesten, Westen und Südwesten, in Richtung des heutigen Shawa, Wallaga, Illubabor, Gojjam und Gondar. Im äthiopischen Hochland schlossen sich die Viehzüchter den bereits sesshaften Oromo an, die dort vor dem 16. Jh. eingewandert waren. Das Ergebnis: die Oromo sind heute die größte und am weitesten verbreitete ethnische Gruppe in Äthiopien.

Anfang des 17. Jh. wurden die Oromo, die am Oberlauf des Abbay gesiedelt hatten, allmählich in das christliche äthiopische Reich eingegliedert. Viele Oromo wurden von den politischen Eliten integriert und dienten den äthiopischen Kaisern in teilweise hochrangigen Positionen. Kaiser Susenyos, ein bedeutender Herrscher des 17. Jh., wuchs bei den Oromo auf, sprach Oromo und nutzte deren militärische Taktik, sowohl bei seiner Machtergreifung als auch bei der Konsolidierung seines Reiches. Mit der Zeit nahmen die Oromo in Gojjam die christliche Hochlandkultur an und traten zum orthodoxen Christentum über. Schließlich vernachlässigten sie ihre Sprache und Kultur und konnten von der christlich-amharischen Hochlandbevölkerung kaum mehr unterschieden werden.

Die Oromo südlich des Abbay erfuhren eine etwas andere Geschichte. Sie besiedelten und kultivierten Gebiete, die mit natürlichen Ressourcen und landwirtschaftlichen Erzeugnissen reich gesegnet waren. Diese Region war durch weitgespannte Handelsrouten mit anderen Gebieten am Horn von Afrika verbunden. Innerhalb weniger Jahrzehnte nach ihrer Besiedelung entwickelte sich die gemischte Landwirtschaft zur bevorzugten Produktionsweise. Als der Bedarf an Erzeugnissen der Region wuchs, stieg der Wert des Landes an, was eine Klasse von Händlern und Landbesitzern schuf. In diesem Prozess waren es gerade die *Gadaa*-Würdenträger, die ihren Reichtum und Einfluss ausbauen konnten. Allmählich verwandelten sie ihre zeitlichen Ämter in dauerhafte Machtinstitutionen, die Monarchien ähnelten. Um die Mitte des 19. Jh. gab es in der Gibe-Region fünf Oromo-Königreiche (z.B. Limmu-Ennarya und Jimma) und zwei Königreiche in Wallaga.

Im Süden und Südosten des Landes, insbesondere in Bale, Arsi und Boorana pflegten die Oromo Viehzucht. Weiter östlich, in der Gegend um Harar betrieben sie hauptsächlich Landwirtschaft und nahmen regen Anteil am Handel mit der Stadt. Weiter entfernt von Harar blieben die Oromo Viehzüchter und folgten dem *Gadaa*-System bis ins 19. Jh. Unter den pastoralnomadischen Boraana im südöstlichsten Äthiopien ist das *Gadaa*-System bis heute die vorherrschende soziale Organisationsform.

Im letzten Drittel des 19. Jh. eroberte der mit modernen Waffen ausgestattete König Menilek von Shawa die Oromo-Königreiche und weite Gebiete der pastoralen Oromo. Einheiten Shawas entmachteten die traditionellen Oromo-Herrscher, besetzten ihr Land und stellten es unter die Verwaltung der erobernden Generäle. Die Gefolgsleute dieser Militärführer besiedelten das Land als Soldaten-Siedler, bekannt als *Naftannya*. Die Bauern wurden diesen Soldaten-Siedlern als Arbeitskräfte, sog. *Gabbar*, anstelle einer Besoldung zugeteilt. So etablierte sich in den eroberten Gebieten ein feudales Herrschaftssystem mit einer Herren-Diener-Struktur, dem *Naftannya-Gabbar-System*. In den Königreichen, die sich friedlich unterwarfen, blieben die Herrscher an der Macht, mussten aber Tribut zahlen und den König von Shawa anerkennen.

Moderne Zeit. Die Machtverhältnisse der Eroberungsperiode blieben über Jahrzehnte bestehen. Nach seiner Thronbesteigung verfolgte Hayla Sellase (reg. 1930–1974) eine Politik der Zentralisierung. Er baute die Teilautonomie, die Menilek II. den Königreichen gewährt hatte, zunehmend ab und schaffte sie schließlich ab. Unter Hayla Sellase wurden die Oromo-Eliten assimiliert und vereinnahmt, wohingegen die Bauern ihr Land verloren und die Viehzüchter vertrieben wurden, um Platz für eine mechanisierte Landwirtschaft zu schaffen. Die Unzufriedenheit unter den Oromo, die unter der politischen Marginalisierung und der wirtschaftlichen Ausbeutung und der kulturellen Entwurzelung litten, war in einigen ihrer Wohngebiete bereits vor der Zeit von Hayla Sellase festzustellen, als 1928–29 die Rayyaa-Aseebuu-Revolte ausbrach. Zwischen 1964 und 1970 erschütterten Aufstände von Oromo-Gruppen die Provinz Bale. Kurz zuvor, 1963, war die Macha-Tuulama-Vereinigung gegründet worden. Ihr Ziel war der Kampf für soziale Gerechtigkeit, politische Gleichberechtigung und Bürgerrechte. Die

Machtübergabe während der *Chaffee*-(=„Versammlung")-Zusammenkunft der Tuulama-Oromo 2013, © Ezekiel Gebissa

Gruppierung wurde schnell wieder aufgelöst, aber die Ideen der Selbstverwaltung, der ethnischen Identität und der Bürgerrechte für die Oromo begründeten ihr wachsendes Bestreben nach kultureller und politischer Autonomie. Die Forderungen und Aktionen dieser Bewegung ebneten den Weg für die Revolution von 1974, die der politischen und ökonomischen Grundlage der Monarchie den Todesstoß versetzte, indem sie den privaten Großgrundbesitz abschaffte und eine Verstaatlichung des Landes verfügte. Die repressive Politik des Militärrates (*Darg*) bewog die Oromo seit der zweiten Hälfte der 1970er Jahre jedoch, eine Widerstandsbewegung, die Oromo Liberation Front zu begründen. Diese hatte Anteil am Sturz der Militärdiktatur 1991.

Der Fall des Militärregimes markierte den Höhepunkt des politischen Kampfes der Oromo gegen die politische, ökonomische und kulturelle Ungerechtigkeit. Heute ist das Gebiet der Oromo, der Bundesstaat Oromiyaa, Teil der föderalen Ordnung Äthiopiens. Neben dem Gebrauch des Arabischen für die Oromo-Schrift (*Ajami*) durch muslimische Oromo hat sich vor allem das *Qubee* (Gebrauch der lateinischen Schrift) für die Oromo-Sprache durchgesetzt. *Afaan oromo* ist heute in Oromiyaa Amts-, Bildungs- und Handelssprache. Die Oromo haben erfolgreich für ihr kulturelles Erbe und den Erhalt ihrer ethnischen Identität innerhalb des äthiopischen Staatswesens gekämpft.

Literatur: Tsega Etefa, *Integration and Peace in East Africa: A History of the Oromo Nation*, New York 2012; Ezekiel Gebissa, „Oromo History", *EAE* IV, 61–64; Mohammed Hassen, *The Oromo of Ethiopia: A History 1570–1860*, Cambridge 1990; Ezekiel Gebissa, *The Oromo and the Christian Empire of Ethiopia 1300–1700*, Woodbridge, Suffolk 2015; Asmarom Legesse, *Oromo Democracy: An Indigenous African Political System*, Lawrenceville 2006.

Ezekiel Gebissa, Kettering University

Gurage und Selte

Einleitung. Die Gurage und Selte (gesprochen mit scharfem *s*) gehören zu den bedeutenden ethnisch-linguistischen Gruppen des heutigen Äthiopien. Dies begründet sich nicht nur durch ihre Bevölkerungsanzahl von zusammen fast 3 Mio, sondern auch durch ihre große Präsenz in Addis Abeba und vielen zentral- und südäthiopischen Städten. In Walqitte und Werabe, den Verwaltungszentren der Gurage bzw. Selte, befinden sich neuerdings Universitäten im Aufbau. In der Hauptstadt stellen beide Gruppen die drittgrößte Bevölkerungsgruppe nach den Amhara und Tigray. Ihre Heimatregion gehört mit zu den am dichtesten besiedelten Gebieten ganz Äthiopiens. Sie liegt südlich der Flüsse Awash und Wabi in den heutigen Verwaltungszonen Gurage und Selte im nördlichsten Teil der äthiopischen Südregion. Ihre Gebiete umfassen unterschiedliche ökologisch-klimatische Zonen und Höhenbereiche zwischen ca. 1.700 m bis weit über 3.000 m ü.d.M.

Der Begriff Gurage birgt eine faszinierende Komplexität in sich. Er beschreibt nicht etwa eine einzelne Gruppe mit einheitlicher Sprache, Kultur, Religion und Wirtschaftsweise, die sich *ein* Territorium und *eine* gemeinsame Geschichte teilt. Vielmehr handelt es sich – je nach Zählweise – um mindestens 14 territoriale Gruppen, die jeweils unterschiedliche, jedoch eng verwandte äthiosemitische Sprachen sprechen. Verschiedene westliche Gurage-Sprachen werden von den Chaha, Endagan, Enor/Ennamor, Enar, Ezha, Geto, Dobbi/Gogot, Gumar, Masqan, Muher und Kestane/Soddo gesprochen. Die Selte, Walane und Zay sprechen östliche Guragesprachen. Während Gurage als linguistische Bezeichnung für sämtliche dieser Gruppen anzuwenden ist, lassen sie sich hinsichtlich ihres eigenen Zugehörigkeitgefühls nicht alle der ethnopolitischen Einheit der Gurage zuordnen. Dies gilt etwa für die Selte, die seit spätestens Anfang der 1990er Jahre eine Zuordnung zu den Gurage entschieden ablehnen und entsprechend eine von den Gurage unabhängige Verwaltung erhalten haben. Gleichzeitig gibt es auch Gruppen, welche zwar keine Gurage-Sprachen sprechen, aber dennoch der heutigen Verwaltungszone Gurage angehören, wie etwa die kuschitisch-sprachigen Qabeena und die Libido.

Sämtliche der hier aufgeführten Gruppen haben jeweils ihre eigene lokale Geschichte und eine Reihe kultureller Besonderheiten hervorgebracht. Bis zur Eroberung des Gurage-Gebietes durch das äthiopische Reich in der zweiten Hälfte des 19. Jh. war jede von ihnen eine eigenständige politische Einheit.

Wirtschaft. Als Ende des 19. Jh. Addis Abeba die neue Hauptstadt wurde, spielten die Gurage eine wichtige Rolle als Träger und Bauarbeiter. Insbesondere muslimische Gurage und Selte arbeiteten außerdem für die indischen, armenischen, griechischen und arabischen Handelshäuser. Seit der italienischen Besatzungszeit und verstärkt in den 1950er bis 1970er Jahren erschlossen sie sich erfolgreich eigene Geschäftsfelder, die sie seitdem vor allem als Kleinunternehmer in den Städten Zentral- und Südäthiopiens stetig ausbauen. Heute werden ihre Namen in Äthiopien deshalb fast als Synonyme für Geschäftstüchtigkeit genannt. Mit der Verbesserung der Infrastruktur entfalten die Gurage und Selte heute auch in ihren Heimatgebieten zunehmend unternehmerische Aktivitäten.

Eine große Mehrheit der Bevölkerung dort betreibt jedoch eine weitgehend traditionelle bäuerliche Mischwirtschaft mit Garten- und Ackerbau sowie Viehhaltung. Eine zentrale Rolle spielt dabei der Anbau der *Ensat*. Die *Ensat*-Pflanze sieht einer Bananenstaude recht ähnlich. Sie wird nach etwa acht Jahren geerntet. Der Hauptanteil dieser schweren Arbeit wird von den Frauen geleistet, während die Männer eher für das Vieh und den Getreideanbau zuständig sind. Die große unterirdische Knolle der *Ensat* dient als Stärkelieferant. Erst nach einem aufwändigen traditionellen Fermentationsverfahren kann die Stärke für die Nahrungszubereitung verwendet werden. Von der Vielzahl schmackhafter Gerichte auf *Ensat*-Basis hat nur das „Ensat-Brot" (*Qocho*) Verbreitung in anderen Teilen Äthiopiens gefunden. Sämtliche Teile der *Ensat*-Pflanze werden verwendet. Die großen Blätter eignen sich beispielsweise als Verpackungsmaterial, und aus dem Scheinstamm werden Fasern für Seile gewonnen.

Gurage-Frauen an einer *Ensat*-Grube, © Dirk Bustorf

Zur traditionellen Gesellschaft gehören neben den Bauern auch die Schmiede, Gerber, Töpfer und Holzbearbeiter, die jedoch trotz größter Kunstfertigkeit und gewisser ritueller Aufgaben in der Vergangenheit einen niedrigen sozialen Rang einnahmen. Ursprünglich war ihnen der Landbesitz versagt. Ihre Situation hat sich heute etwas verbessert.

Religion. Quer zu den Grenzen der territorialen Gruppen verlaufen die religiösen Grenzen. Die Selte, Walane, Qabeena und Libido sind nahezu ausschließlich Muslime. Während die ältere Generation in einem mystischen und moderaten Volksislam aufgewachsen ist, orientieren sich jüngere Muslime oft an moderner islamischer Bildung und einer puristischen bis fundamentalistischen Auslegung des Koran. Die überwiegende Mehrheit der Kestane, Muher, Enar und Endagan gehört der Äthiopisch-Orthodoxen Kirche an. Zwar kam das Christentum möglicherweise schon im 14. Jh. in die Gegend, es geriet danach jedoch weitgehend in Vergessenheit und konnte erst nach der äthiopischen Eroberung im 19. Jh. wieder Fuß fassen. Die anderen Gruppen sind religiös stark gemischt. Im zentralen Gurage gibt es einige Katholiken. Verschiedene protestantische Kirchen haben die Gurage erst in den letzten Jahrzehnten zum Teil mit Erfolg missioniert. Neben den abrahamitischen Religionen existieren bis dato lokale Überbleibsel des alten sozioreligiösen Systems der Gurage. Sie stehen heute jedoch unter starkem Druck seitens der anderen Religionen und der Behörden, welche sie als rückständig und „heidnisch" darstellen oder zur Folklore reduzieren wollen. Ihre zentralen Praktiken und Vorstellungen ranken sich vor allem um die drei mächtigen Schutzgeister der Gurage sowie die Schutzgeister („Engel") einzelner Klane.

Geschichte. Die früheste Erwähnung der Namen Gurage und Selte findet sich in der Chronik des Kaisers Amda Tseyon I. (reg. 1314–1344), der eine Reihe von Feldzügen bis in den Süden unternahm. Seine Chronik erwähnt, dass er Statthalter an verschiedenen Orten im Gurageland einsetzte. Einige der mündlichen Überlieferungen erwähnen einen Feldherrn des Kaisers namens *Azmach* Sebhat. Er stammte angeblich aus der Linie des biblischen Königs Solomo und wurde zum Vorfahren vieler Klane der westlichen Gurage. Um die Südgrenzen des christlichen Reiches zu sichern, siedelten sich unter seiner Führung Militärkolonisten aus dem heutigen Eritrea im nördlichen Gurage-Land an. Sie gelten der Tradition nach als Vorfahren der Gurage. Von ihren Kolonien aus soll sich auch das äthiopisch-orthodoxe Christentum zum ersten Mal in der Region verbreitet haben. Bis ins 18. Jh. hinein führte er jedoch eher ein Schattendasein. Die muslimischen Gurage und die Selte erzählen einen anderen Einwanderungsmythos. Danach waren es arabischstämmige muslimische Gelehrte und Truppen des Ahmad Ibrahim al-Ghazi (Ahmad Grany) von Adal, die sich nach dem Ende des Krieges gegen das christliche Reich im 16. Jh. von östlich des Grabenbruchs kommend in der Region niederließen. Die Herkunft einiger dieser Vorfahren, wie etwa Hajji Aliyye von Selte und *Shaykh* Nasrallah, wird traditionell direkt auf die Familie des Propheten Mohammed zurückgeführt.

Zusätzlich zu den christlichen und islamischen Überlieferungen gibt es auch noch eine Reihe anderer Herkunftslegenden. Eine von ihnen berichtet von einer weiteren Einwanderung aus dem Norden in der Zeit des Kaisers Zara Yaeqob (reg. 1434–1468). Einzelne Klanüberlieferungen erwähnen auch historische Wurzeln im Süden Äthiopiens sowie bei den Oromo. Über solche Legenden hinaus kann über die frühe Herkunft der Gurage nur spekuliert werden. In jedem Falle ist ihre Herkunft ethnisch und kulturell sehr heterogen. Linguistische Befunde weisen auf eine Verbindung der Selte mit den Harari im südlichen Äthiopien hin. Genauere schriftliche Hinweise gibt es erst wieder für die Zeit des Kaisers Susenyos (reg. 1604–1632), der Feldzüge in der Gegend unternahm.

Im 19. Jh. entwickelte sich unter den zersplitterten und sich regelmäßig bekämpfenden Gruppen der Region ein sehr lockeres System von Bündnissen und Nichtangriffspakten schrittweise in größere politische Formationen; sie waren weit von einheitlichen zentralistischen Strukturen entfernt. Allerdings hatten sie institutionalisierte gemeinsame Ratsversammlungen, die nominell vom Hohenpriester eines mächtigen Gurage-Schutzgeistes geleitet wurden. Sie konnten ein friedliches Marktgeschehen durchsetzen und ein gemeinsames Gewohnheitsrecht (*Seera*) etablieren, welches teilweise bis in die Gegenwart Gültigkeit hat. Sie organisierten zudem gemeinsame militärische Unternehmungen. Bei den westlichen Gurage bildeten sich zunächst die *Ammest Bet Gurage* („Fünf Häuser der Gurage"), die sich später zu den *Sabat Bet Gurage* („Sieben Häuser der Gurage") weiterentwickelten. Die *Sabat Bet Gurage* werden heute oft als die „eigentlichen Gurage" verstanden. Bei den Selte wurde die *Gogot*-Konföderation gegründet.

Ein weiteres Phänomen des 19. Jh. war eine Welle der Islamisierung in der Region, welche direkt und indirekt durch den Antikolonialismus und das religiöse Erwachen in der islamischen Welt inspiriert war. Unter ihrem Anführer Hasan Enjaamo gründeten die Qabeena ein Sultanat, dem sich viele Muslime anschlossen. Es gelang ihnen für kurze Zeit, weite Teile des Gurage-Landes zu unterwerfen und der Eroberung durch Kaiser Menilek II. für gewisse Zeit zu widerstehen. Nach dem Sieg über Hasan Enjaamo 1889 konnte Menilek das Gebiet, das sich ihm 1888 schon einmal unterworfen hatte, erneut gewaltsam einnehmen. Die Kestane-Gurage hatten sich schon 1876 zum ersten Mal dem äthiopischen Reich angeschlossen.

Unter der äthiopischen Herrschaft wurden die Gebiete von Gurage und Selte in die Provinz Shawa integriert. Zur Ausbeutung ihrer Produktivität wurde ein Feudalsystem errichtet, das sich auf einheimische Oberhäupter und nordäthiopische Truppen stützte und bis zu seiner Abschaffung durch die Revolution 1974 zu etlichen Aufständen führte. Die Armut der Landbevölkerung aufgrund dieses Systems trug erheblich zur Abwanderung vieler Gurage und Selte in die Stadt bei. Dieser Trend hält bis heute an, denn die Fläche bebaubaren Landes pro Familie ist meist zu klein, um mittels Erbteilung an die neue Generation lebensfähig verteilt zu werden. Jetzt schon können viele Familien nur durch die Unterstützungszahlungen ihrer städtischen Mitglieder auf dem Lande überleben. Die meisten Familien wurden auf diese Weise zu so genannten translokalen Gruppen, d.h. es gehört zu ihrer Überlebensstrategie, dass sie gleichzeitig an mehreren Orten – in der Stadt und auf dem Land – wirtschaftlich aktiv sind und ihr Leben gestalten.

Literatur: Dirk Bustorf, *Lebendige Überlieferung. Geschichte und Erinnerung der muslimischen Silt'e Äthiopiens. With an English Summary*, Wiesbaden 2011; Gabreyesus Haile Mariam, *The Guragué and their Culture*, New York, Los Angeles 1991; William A. Shack, *The Gurage. A People of the Ensete Culture*, London, New York, Nairobi 1966.

Dirk Bustorf, Hamburg

Die Hadiyya

Als eines der Teilreiche der muslimischen Föderation von Adal nahm Hadiyya zwischen dem 13. und dem 16. Jh. ein großes Territorium im heutigen Südostäthiopien ein. Es wurde von Ethnien verschiedener sowohl kuschitischer als auch semitischer Sprachzugehörigkeit bewohnt, die jedoch eine Anzahl gemeinsamer Kulturzüge aufwiesen, so vor allem eine starke islamische Prägung und eine ausgeprägte Feld- und Viehwirtschaft. Die Gruppen, die heute als die eigentlichen Hadiyya bezeichnet werden, gehören linguistisch zum Hochland-Ostkuschitischen Sprachblock, zu dem auch die Qabeena, Allaaba, Kambaata, Timbaaro, Sidaama, Gideo und Burji gehören. Sie bewohnen ein Gebiet zwischen dem 6. und 8. Grad nördlicher Breite, das sich vom oberen Omo-Fluss bis in die Ebene westlich des Zway-Sees erstreckt. Der größte Teil ihres Gebietes wurde in den 1990er Jahren in der *Hadiyya*-Zone innerhalb des Southern Nations, Nationalities and Peoples' Regional State administrativ zusammengefasst.

Geschichte. Im 14. Jh. unterstanden Teile der Adal-Föderation einschließlich Hadiyya der Herrschaft des christlich-äthiopischen Reiches, das seine Kontrolle durch Militärkolonisten sicherte. Äthiopische Königschroniken aus der Zeit des 14.–17. Jh. berichten sowohl von zahlreichen Kämpfen der Hadiyya zur Erlangung ihrer Unabhängigkeit als auch von diplomatischen Beziehungen der Kontrahenten. Mündliche Überlieferungen bewahrten Einzelheiten über einen Bürgerkrieg der Hadiyya, in dem ein Booyyaamo genannter Anführer – die Chronik von Zara Yaeqob nennt ihn Bamo – den Kaiser bei der Niederschlagung eines Aufstandes seiner Landsleute unterstützte. Dieser Tatbestand wird von den heutigen Hadiyya als verräterische Handlung missbilligt, und die lange Zeit in der Gesellschaft als besonders ehrenwert erachtete Abstammung von Booyyaamo erhält eine zunehmend kritische Bewertung. Die meisten Hadiyya sind jedoch stolz auf die in den historischen Quellen dokumentierte Heiratsverbindung von Kaiser Zara Yaeqob mit einer Hadiyya-Prinzessin, die unter dem christlichen Namen Eleni (Helena) bis zu ihrem Tod 1522 eine bedeutende Rolle in der äthiopischen Geschichte spielte. Während des „heiligen Krieges", den die muslimische Adal-Konföde-

ration 1527–1568 unter Ahmad ibn Ibrahim al-Ghazi (Ahmad Grany) und Nur ibn
Mudjahid gegen das christliche Reich führte, wanderte ein Großteil der Hadiyya von
den westlichen Regionen des Harar-Plateaus und der heute von Arsi-Oromo eingenom-
menen Gebiete westwärts und siedelte sich in der Nachbarschaft der Gurage, Kambaata
und Walaytta an. Seit der zweiten Hälfte des 16. Jh. wurden die Hadiyya östlich des
Grabenbruches zunehmend von den Oromo überrannt, die aus ihren südlicher gelegenen Stammsitzen expandierten, und sie wurden sprachlich weitgehend assimiliert.

Noch in der zweiten Hälfte des 20. Jh. konnten zahlreiche Klane der Arsi- und
Ittuu-Oromo aufgrund ihrer Genealogien und bestimmter Kulturmerkmale als
Hadiyya-Gruppen identifiziert werden, die von den Oromo im Zuge ihrer großen
Expansion zwischen dem 16. und dem 19. Jh. assimiliert worden waren. Bei den Arsi
stellten diese Assimilierten (*Moggaassa*) sogar die Mehrheit der Bevölkerung.

In ihren neuen Wohnsitzen westlich des Grabenbruches beanspruchen die folgenden
Ethnien eine historisch-genealogische Herkunft aus dem vormaligen politischen Ver-
bund der Hadiyya: die Qabeena, die Selte, die Welbarag und andere Gruppen des früher als Ost-Gurage bezeichneten Blockes, die eigentlichen Hadiyya, die Allaaba und
Teile der Sidaama wie vor allem die Qeweena. Seit dem späten 20. Jh. wurde der Name
Hadiyya zunehmend auf die eigentlichen Hadiyya begrenzt, die ihn dann auch als Be-
zeichnung für ihre administrative „Zone" wählten. Die Darstellung der Geschichte und
Ethnografie vom 19. Jh. an soll hier auf dieses Gebiet und seine Bewohner begrenzt werden. Die dortigen Hadiyya bestehen aus fünf Hauptgruppen: die Agara, die Leemo, die
Sooro, die Shaashoogo und die Baadawwaachcho, deren Gesamtbevölkerung sich auf
ca. 1,5 Mio belaufen dürfte. (Die Libidoo bilden eine kleinere Exklave in der Gurage-
Zone.) Das Bewusstsein als ethnische Identität, das sie heute vereint, hat sich im Laufe
von historischen Ereignissen und Erfahrungen seit dem 19. Jh. herausgebildet. Mit den
benachbarten Kambaata standen die Hadiyya oft in kriegerischen Auseinandersetzungen, gleichzeitig waren sie durch ein Netzwerk intensiver Heiratsverbindungen und
durch vielfältige kulturelle und wirtschaftliche Beziehungen mit ihnen verbunden.

Zwischen den 1870er und den 1890er Jahren wurden die Hadiyya vom äthiopischen Kaiserreich unterworfen und in die Provinz Kambaata eingegliedert. Wie alle
Bewohner des eroberten Landes im Süden erhielten sie den gesellschaftlichen Status
als „Hörige des Staates", die den Verwaltungsinstanzen und Militärkolonisten, zumeist
Amhara aus dem Norden, Abgaben und Frondienste zu leisten hatten. Aufgrund dieser
sozioökonomischen Unterdrückung entwickelten sie wenig Loyalität gegenüber dem
äthiopischen Staat und revoltierten auch während des Bürgerkrieges von 1916–1917
und in der Zeit der italienischen Besatzung 1935–1941. Bis zur „äthiopischen Restauration" durch Hayla Sellase waren die meisten Hadiyya Anhänger einer *Fandaanano* genannten Volksreligion, die durch zahlreiche Elemente aus der Zeit des früher bei ihnen
vorherrschenden Islam gekennzeichnet war. Nachdem der Kaiser 1944 eine Verordnung erlassen hatte, die den „heidnischen" Bürgern den Übertritt zu einer Weltreligion,
gewissermaßen als Symbol für die Modernisierung des Staates, nahelegte, konvertierten
die Hadiyya zunehmend zum Islam, zum orthodoxen Christentum oder zu einer der
westlichen Missionskirchen. Bereits seit den späten 1920er Jahren hatten protestantische und katholische Missionare mit zunehmendem Erfolg Stationen bei den Hadiyya,
Kambaata und Walaytta gegründet. Am Beginn des 21. Jh. ist *Fandaanano* als geleb-
tes sozioreligiöses System endgültig erloschen. Seine Hohenpriester haben ihre einst
bedeutsame Position ebenso eingebüßt wie die zuvor zahlreichen Heiler, die sich der
Praktiken von Ekstase und Trance bedienten.

Hadiyya-Männer beim Begräbnistanz, © Ulrich Braukämper

Gesellschaft. Die soziopolitische Organisation der Hadiyya war stets durch das Grund-muster der Gleichheit geprägt. Anders als bei den benachbarten Kambaata und Walaytta hatte sich nie ein Königtum entwickelt, und auch das für die Oromo und viele ande-re Ethnien in Südäthiopien charakteristische System von Altersklassen fehlte bei den Hadiyya. Männer konnten einen gehobenen Status durch kriegerische Taten, durch Reichtum oder durch Überzeugungskraft, Wissen und Eloquenz bei den Ratsversamm-lungen erlangen. Es gab zahlreiche Ehrentitel, die durchweg jedoch nicht vererbbar wa-ren. Töter von gefährlichen Tieren oder menschlichen Feinden durften bestimmte Insig-nien tragen und erhielten aufwändige Begräbnisrituale. Opulente Verdienstfeste für die Besitzer von 100 Rindern existieren, wenn auch selten, noch in der Gegenwart. Neben den ursprünglich bäuerlichen Normalbürgern gibt es Handwerkergruppen (*Fuga*), die auch heute noch einer tiefgreifenden gesellschaftlichen Diskriminierung ausgesetzt sind. In einer traditionell festgelegten Arbeitsteilung stellen deren Frauen Keramikartikel her, während die Männer zumeist auf das Gerben von Fellen und die Herstellung von Holz-geräten spezialisiert sind. Andere Handwerkerkasten stellen Lederarbeiten oder Eisen-geräte her. Sklaverei gab es – allerdings nie in einem Ausmaß wie in den benachbarten Königtümern – bis zur italienischen Okkupation Mitte der 1930er Jahre.

Gegenwärtig sind die Hadiyya neben den Gurage, Selte, Kambaata und anderen Ethnien im zentralen Südäthiopien eines der typischen Völker der *Ensat*-Kultur. Die-se zeichnen sich aus durch einen intensiv betriebenen Anbau der sog. falschen Banane (*Ensete ventricosum*) und eine außergewöhnliche Bevölkerungsdichte, die vielerorts 500 Bewohner pro Quadratkilometer übersteigt. Die Menschen leben in lockeren Weilersiedlungen, wo die Häuser jeweils mit einem Ring von Gärten und Plantagen umgeben sind, die ständig gedüngt werden. *Ensat* und Getreidearten wie Gerste und Weizen werden durchweg in Gebieten von über 2000 m ü.d.M. angebaut, während in niedrigeren Lagen Mais und Hirsearten überwiegen. Bis zur Mitte des 19. Jh. hatten die Hadiyya jedoch vorwiegend Feld- und Viehwirtschaft betrieben, die auf

Viehzucht und extensivem Anbau basiert, mit Gerste als der am meisten geschätzten Anbaufrucht. Sie übernahmen dann die *Ensat* als Nahrungspflanze von den Gurage und Kambaata und profitierten von ihrem einzigartigen Ertrag, der sie seitdem vor akutem Nahrungsmangel bewahrte. Nach der äthiopischen Eroberung war der Pflug als eine wichtige technische Innovation eingeführt worden, doch blieben die traditionellen Agrargeräte Grabstock und Hacke auch weiterhin von Bedeutung. Viehhaltung erfreut sich großer Wertschätzung, doch hat sich der Pro-Kopf-Besitz von Haustieren infolge der ständig schwindenden Weideflächen beträchtlich verringert.

Wegen Landknappheit und Überbevölkerung sind die Hadiyya, ähnlich wie die Gurage, seit Jahrzehnten in erheblichem Umfang gezwungen, als Wanderarbeiter, Händler und Unternehmer in Städten und Fabriken außerhalb ihres Heimatgebietes neue Existenzgrundlagen zu suchen.

Literatur: ULRICH BRAUKÄMPER, „Hadiyya history", *EAE* II, 963–965; ULRICH BRAUKÄMPER, *Fandaanano. The Traditional Socio-Religious System of the Hadiyya in Southern Ethiopia*, Wiesbaden 2014.

Ulrich Braukämper, Göttingen

Die Sidaama

Sidaama (früher auch Sidamo) ist die Selbstbezeichnung einer ethnischen Gruppe, die in Südäthiopien lebt. Ihre Sprache, *Sidaamu afoo* („Zunge der Sidaama"), gehört zur kuschitischen Sprachfamilie. Die Sidaama bewohnen das Hochland am Rande des Afrikanischen Grabens zwischen den Städten Hawaasa (Awasa) im Norden und Dilla im Süden. Die Nachbarn der Sidaama sind Oromo, die Guji und Arsi sprechen, sowie die omotisch sprechenden Walayyta. Das Siedlungsgebiet der Sidaama liegt in der Region der Southern Nations, Nationalities and People's Region, die 19 Distrikte umfasst. Nach der äthiopischen Volkszählung im Jahr 2007 beträgt die Zahl der Muttersprachler 2.925.171. Das Territorium der Sidaama ist ein von kleinen Flüssen und Tälern durchzogenes Hochlandplateau, das drei ökologische Zonen aufweist: Tiefland, Bergland und Hochland. Die Vegetation ist üppig und begünstigt Tierhaltung, *Ensat*-Gärten und andere Kulturpflanzen. Das Jahr teilt sich grob in Trockenzeit (November–März) und Regenzeit (April–Oktober).

Herkunft. Einige Stammesälteste behaupten, die Sidaama seien übers Meer nach Äthiopien gekommen und siedelten zunächst in verschiedenen Regionen, bis sie in den Süden zogen und in Bale ihre Heimat fanden. Andere mündliche Überlieferungen widersprechen dem und erzählen, die Sidaama seien weiter im Süden ansässig gewesen. Sie sehen die Gebiete um den Fluss Dawa als Herkunftsort an. Als Ursprungsstämme der Sidaama werden die Maldiya und Bushshe betrachtet. Beide Gruppen waren traditionell Viehhirten, wenngleich die Bushshe auch mit Gartenbau vertraut gewesen sein mögen. Das Sidaama-Wort für Erdboden, *Bushsha*, könnte diese Annahme bestätigen. Das Land wurde vor der Besiedelung durch die Sidaama von den Hoofa bewohnt, die die Sidaama unterwarfen. Als die Tributzahlungen unerträglich wurden, schlossen sich die Bushshe mit den Maldiya zusammen, und es gelang, die Hoofa zu bezwingen. Diese assimilierten sich später mit den Sidaama. Im Lauf der Jahrzehnte verfeindeten sich Bushshe und Maldiya. Durch gegenseitige Eheschließungen und die gemeinsame Sprache und Kultur konnte der Frieden aber wieder hergestellt werden.

Wirtschaft. Im Hochland leben die meisten Sidaama-Bauern in agrarischer Subsistenzwirtschaft, im Tiefland gibt es auch Viehwirtschaft. Auf Grund der Überbevölkerung nimmt die Zahl der Viehzüchter aber rapide ab, weil Weideflächen fehlen. Auch verringert die Überbevölkerung den Ackeranbau, da die Anbauflächen kleiner werden. Viele Sidaama bauen *Ensat* an. Die Erzeugnisse daraus, insbesondere das fermentierte Fruchtfleisch, *Waasa*, ist ihr Hauptnahrungsmittel. Es wird durch Milchprodukte, Gemüse und gelegentlich Fleisch ergänzt. Neben *Ensat* werden Mais, Gerste, Sorghumhirse, Zuckerrohr, Hülsenfrüchte u.a. angebaut. Die Sidaama leben in kleinen Weilern, in denen die *Ensat*-Gärten die strohgedeckten Hütten umgeben. Heute, seit den 1950er Jahren, ist Kaffee das wichtigste Exportgut. Der Siedlungsraum

Sidaama-Ältester vor seinem *Ensat*-Garten, © Anbessa Teferra

der Sidaama ist das Hauptanbaugebiet für Kaffee in Äthiopien und liefert etwa 40% des gewaschenen Rohkaffees für den nationalen Markt. Sidaama-Biokaffee zählt zu den Premiummarken weltweit. Das andere wichtige Exportgut ist *Khat*.

Neben der bäuerlichen Bevölkerung gibt es Handwerker wie Gerber, Töpfer, Schmiede und Weber. Traditionell wurden diese Berufe verachtet, und die Ehe zwischen Sidaama und den Handwerkerfamilien war untersagt. Ein Teil der gebildeten Sidaama bekleidet Posten in der staatlichen Verwaltung, andere sind im Handel tätig.

Soziale und politische Organisation. Die Sidaama sind in diverse Klane gegliedert. Die Maldiya sind die größte Gruppe, die neun Subklane umfasst, die Bushshe haben fünf Subklane. Die Familie bildet die kleinste soziale Einheit. Das patriarchalische System der Sidaama ist geprägt von der Vorherrschaft des Ehemannes, er ernährt die Familie mittels Landwirtschaft und Viehzucht. Die Frau ist für alle Hausarbeiten einschließlich der Kindererziehung zuständig. Mehrere Familien bilden das Dorf, die Dorfgemeinschaft bildet die Nachbarschaft, die in verschiedenen Bereichen wie Hausbau, Feldarbeit, Gewässerpflege u.a. zusammenarbeitet. Der Ältestenrat organisiert die Nachbarschaft. Er befasst sich mit lokalen Angelegenheiten und schlichtet Konflikte. Die Sidaama haben zu keiner Zeit einen Anführer gewählt. Stattdessen verwaltet ein traditionelles Oberhaupt, *Moote* genannt, den jeweiligen Klan. Das Abstammungssystem der Sidaama leitet sich traditionell aus der Erbfolge der väterlichen Linie ab, mit männlichem Erbrecht. Die gesellschaftliche Organisationsstruktur basierte auf einem System von *Generationsklassen, Luwa*, das fünf Stufen umfasst, alle acht Jahre wechselt und ausschließlich Männern vorbehalten ist.

Religion und Rituale. Die Sidaama verehren in ihrer traditionellen Religion den Gott *Magano* („Gott") und glauben an den Geist mächtiger Stammesväter und verstorbener Ältester. Ihre Verehrung Gottes beweist sich in der Befolgung der Wahrheit (*Halaale*), die Güte hervorbringt und Aufrichtigkeit und Respekt gegenüber den Ältesten. Die Vorfahren, insbesondere verstorbene Väter, fungieren als Vermittler zwischen Gott und der Familie. Um die Hilfe der Ahnen zu erhalten oder ihnen Respekt zu erweisen, wird eine rituelle Opfergabe dargebracht. Dabei werden Honig und Milch oder das Blut eines geschlachteten Stiers auf dem Grab des Vorfahren dargebracht. Das reiche Repertoire an Traditionen und Praktiken der Sidaama verändert sich allmählich aufgrund verschiedener Faktoren. Unter dem *Darg*-Regime beispielsweise gingen traditionelle Lieder verloren. Auch evangelikale Kirchen, die seit 1991 starken Zulauf erfahren, sowie die schleichende Globalisierung sind für den Niedergang der traditionellen Bräuche verantwortlich. Lederkleidung, Ornamente, das Gießen von Honig und Milch auf ein Ahnengrab oder lautes Klagen beim Begräbnis werden selten.

Sehenswürdigkeiten. Das Sidaama-Gebiet weist verschiedene Orte auf, die für Touristen attraktiv sind. Dazu gehören die heißen Wando-Gannat-Quellen und die Wälder von Wando Gannat, der Fischmarkt von Hawaasa sowie die Thermalquellen von Gidabo. In der Aragash Lodge bei Yirgalem werden Kaffeezeremonien zelebriert und die Speisevorstufen der *Ensat* (bekannt als *Waasa*) demonstriert. Darüber hinaus lohnt sich ein Besuch der Wasserfälle von Logita und Bonora. Die farbenfrohen Neujahrsfestlichkeiten (*Fichchee-cambalaalla*) der Sidaama locken viele Touristen an (2015 von der UNESCO als Weltkulturerbe anerkannt).

Literatur: John Hamer, Anbessa Teferra, „Sidaama ethnography", *EAE* IV, 655–658; Arne Tolo, *Sidama and Ethiopian: the Emergence of the Mekane Yesus Church in Sidama*, Uppsala 1998.

Anbessa Teferra, Tel Aviv

Die Walaytta

Das Volk der Walaytta (Wolaitta) umfasst etwa 1,75 Mio Menschen und lebt in der gleichnamigen Region im südlichen Zentraläthiopien. Ihre Sprache gehört zur omotischen Sprachgruppe. Als das äthiopische Kaiserreich Ende des 19. Jh. militärisch expandierte, war eines der eroberten Gebiete im Jahr 1894 das der Walaytta, das damals ein blühendes Königreich war. Sprachlich und kulturell hatten die Walaytta wenig gemein mit den Völkern des äthiopischen Hochlands, obwohl seit dem 14. Jh. Einflüsse der monarchischen Traditionen und Religionen bestanden. Aber die Walaytta-Könige widersetzten sich jeder engeren Verbindung mit dem christlich-orthodoxen Kaiserreich, weil sie politisch und wirtschaftlich unabhängig bleiben wollten.

Das heutige Gebiet der Walaytta umschließt eine Gesamtfläche von 4.500 km² und ist sehr dicht besiedelt. In der Hauptstadt Soddo leben schätzungsweise 135.000 Menschen. In Ermangelung von Ackerland und Rohstoffen ist es zu einer großen Abwanderung junger Leute gekommen, die Arbeit suchen und Wert auf Bildung legen und die der überfüllten Region und der fehlenden Beschäftigung entfliehen wollen.

Innerhalb der letzten Jahre erfuhr die Wirtschaft der Region einen gewissen Aufschwung durch Investitionen, eine neue Infrastruktur und die Eröffnung einer Universität in der Hauptstadt im Jahr 2007. Trotzdem ist Walaytta noch immer relativ arm und geprägt durch die landwirtschaftliche Stagnation. Der Druck durch die hohe Bevölkerungsdichte hemmt ebenfalls das Wachstum.

Geschichte. Walaytta hat eine interessante Geschichte als Königtum, für viele Walaytta nach wie vor ein Grund, sich des einstigen Glanzes zu erinnern. Es gab zwei bedeutende Königs-Dynastien: zum einen die Walaytta-Malla-Dynastie, die im 13. Jh. aus dem Walaytta-Malla-Klan hervorging, der bis heute besteht, zum anderen die Tigray-Dynastie, die von 1710 bis 1894 herrschte. Unter den Walaytta-Malla-Königen entstand der eigentliche Staat. Er wuchs durch fortwährende Eroberungszüge und dehnte sich nach Norden und Osten aus. Der Königsklan entfaltete sich später mit angeblich göttlicher Herkunft.

Der bekannteste Walaytta-König war – nach mündlicher Überlieferung – Motolome, der berühmt wurde, weil er in dem mittelalterlichen christlich-religiösen Text *Gadla Takla Haymanot* Erwähnung findet (obwohl sich diese Referenz vermutlich auf einen König gleichen Namens in einer anderen Region bezieht). Zur Zeit dieser ersten Dynastie folgten die Walaytta wahrscheinlich einer traditionellen lokalen Religion, wenngleich die Legende berichtet, dass Motolome zum Christentum konvertierte.

Das orthodoxe Christentum war bereits vor der Eroberung des Walaytta-Gebiets durch die Truppen Menileks II. im Jahr 1894 verbreitet; es wurde vermutlich durch die ersten Herrscher der Tigray-Dynastie in Walaytta eingeführt, die zu Beginn des 18. Jh. die Macht übernahmen. Ihre Begründer waren Einwanderer aus dem Norden, nämlich Tigray. Als Christen, die aus der Fremde kamen und Vertreter einer schriftlichen, religiösen Tradition waren, gewannen sie wahrscheinlich die Anerkennung der Einheimischen.

Unter den Tigray-Königen vergrößerte sich ihr Reich maßgeblich. Der bedeutendste Eroberungszug erfolgte unter König Sanna (reg. 1762–1790). Er bezwang benachbarte Völker und nahm Gebiete jenseits der Bergregion Damota ein. Er war der mächtigste Feldherr der Walaytta und prägte das Staatswesen entscheidend. Sein Sohn Ogato setzte die Expansion in Richtung Nordosten fort. Die Tigray-Dynastie schuf auch ein ausgefeiltes Rechtswesen, mit vier hohen Würdenträgern, die den König berieten, desgleichen einen Verteidigungsführer sowie einen Rat aus 12 Mitgliedern, die ein entscheidendes Stimmrecht bei der Königsnachfolge hatten und in allgemeinen politischen Fragen mit entschieden. Bemerkenswert ist das Fehlen jeglichen Vermächtnisses einer Erbfolge.

Walaytta-Familie vor einem typischen Haus, © Jon Abbink

Insbesondere unter den Königen Amado und Gobe gelangte Walaytta im 19. Jh. zur Blüte. Der letzte König war Tona (reg. 1884–1894). Er weigerte sich, die Oberhoheit Menileks II. anzuerkennen, woraus sich 1894 ein Krieg entspann, der die staatliche Struktur des Walaytta-Reiches zerstörte und einen steilen wirtschaftlichen Niedergang sowie eine Identitätskrise der Gesellschaft zur Folge hatte.

Während der Kaiserzeit, bis 1974, hieß das Gebiet Wolamo und zählte als Verwaltungseinheit zur Provinz Sidamo. Es war eine subsistenzwirtschaftlich orientierte, unterentwickelte Agrarregion, mit erheblicher sozialer Ungleichheit und sehr wenig Industrie, abgesehen von ein wenig traditionellem Handwerk und kleinen Marktflecken. In den 1990er Jahren gehörte Walaytta zur nördlichen Omo-Region und war nicht mehr eigenständig.

Gesellschaft und Wirtschaft. Traditionell besteht die Gesellschaft der Walaytta aus über 100 Familienklanen mit väterlicher Erbfolge und unterschiedlichen Wurzeln. Höhergestellte Klane waren die des Königshauses und der Adligen, gefolgt von den (freien) Bauern (*Goka*), den Handwerkern und den Sklaven am untersten Ende der Sozialskala.

Die mündlichen Überlieferungen der Walaytta sind reich an historischen Episoden und Klangeschichten. Sie brachten ein eigenes Genre epischer Gesänge hervor, die *Gereesa*, in denen Mythen und Legenden rezitiert werden. Aber diese Tradition verliert an Bedeutung. Junge Walaytta schätzen sie auch heute, aber nur noch wenige beherrschen diese Kunst des Rezitierens. Die meisten jungen Leute bemühen sich darum, einen Bildungsabschluss zu erlangen, das wirtschaftliche Überleben zu sichern, und sie wollen auch in Fragen der Religion „modern" sein. Die Walaytta sind bekannt für ihre charakteristischen Lieder und Tänze, die bei Hochzeiten, kirchlichen Festen und bei anderen Feiern dargeboten werden. Sie gehören zum Standardprogramm von Tanz- und Theatergruppen in Äthiopien und sind im staatlichen Fernsehen zu sehen.

Die Wirtschaft der Walaytta ist bis heute überwiegend gemischt bäuerlich ausgerichtet. Wichtiges Erzeugnis ist *Ensat*. Die Bauern vertreiben auf den Märkten Ingwer, Holz, Kaffee und Butter, die sämtlich auch außerhalb der Region verkauft werden. Die städtische Wirtschaft wächst langsam; dazu gehören einige Investitionen in den Dienstleistungssektor und in Kleinbetriebe, in Lebensmittelverarbeitung und in Bildung.

Die wichtigsten Religionen sind orthodoxes Christentum (25 %), evangelische Pfingstgemeinden (etwa 63 %), Katholizismus (5 %) und (in den Städten) der Islam (5 %).

Im November 2000 hat Walaytta nach einer Welle gewalttätiger Auseinandersetzungen in Soddo den Status einer eigenständigen Verwaltungszone innerhalb der Region des Southern Nations, Nationalities and People's Regional State erlangt. Der bis Februar 2018 amtierende äthiopische Premierminister, Hailemariam Dessalegn, kommt aus Boloso-Sore in Walaytta.

Walaytta kämpft mit umweltbedingten Veränderungen und um wirtschaftliche Entfaltung. Die Knappheit an Agrarflächen und die Überbevölkerung sind ernster Natur und nach wie vor aktuell. Es gibt nur wenige Alternativen zu Landwirtschaft und Kleinhandel, obgleich in Soddo ein Industriegebiet errichtet wurde. Dank staatlicher Unterstützung für die Landwirtschaft gibt es seit einigen Jahren ein gewisses Wachstum. Weiterhin anfällig bei klimatischen Schwankungen, bleiben Tausende von Menschen auf Nahrungsmittelhilfe angewiesen. Neben saisonbedingter Arbeitsmigration wächst die Abwanderung in die prosperierenden Städte des Südens und nach Addis Ababa. Die sozioökonomische Gesamtlage Walayttas ist daher weiter prekär.

Literatur: JON ABBINK, „Wolaitta livelihoods (Ethiopia): agricultural 'involution', identity, and prospects of growth", *Afriche e Orienti, special issue,* 13/4 (2011), 86–104; DATA DEA BARATA, „Governance, language, politics and education in Southern Ethiopia: the tribulations of inventing Wo-GaGoDa", in Paulos Milkias, Messay Kebede (Hrsg.), *Education, Politics and Social Change in Ethiopia*, Los Angeles 2010, 117–128; Dessalegn Rahmato, *Development Interventions in Wollaita, 1960s–2000s: A Critical Review*, Addis Ababa 2007.

Jon Abbink, Leiden

Die Kafa

Kafa ist der Name eines Volkes und eines untergegangenen Königreichs in Südäthiopien und heute einer Verwaltungszone im Southern Nations, Nationalities and Peoples' Regional State. Die Bewohner, meist Kaficho genannt, zählen ca. 1,1 Mio (2007 nach der Volkszählung nur 835.000). Bis 1897 bildeten sie das eigenständige Kafa-Königreich. Sie stammen aus unterschiedlichen ethnischen Ursprüngen; verschiedene vorher bestehende Gruppen wurden im Laufe der Zeit erobert und integriert. Ihre Sprache wird *Kafi-nono* genannt und zählt zur omotischen Sprachfamilie. Historisch war Kafa eines der bedeutendsten einheimischen Königreiche des heutigen Äthiopien. Es gehörte zu einer Gruppe, die man die Gonga-Königreiche nannte. Nach der mündlich überlieferten Geschichte hatten die Kafa zwar verschiedene Herkünfte, aber ihr Reich schmiedete ein neues Volk. Die Erinnerung an dieses Königreich bildet bis heute eine wichtige Basis für die Identität dieses Volkes.

Die Kafa sind überwiegend Bauern und Kleinhändler. Etwa 90 % von ihnen leben in den ländlichen Regionen, eine Minderheit in kleinen Städten. Daneben gibt es auch Handwerker. Junge Leute verlassen in zunehmender Anzahl ihre Heimatregion, um anderswo Beschäftigung und Weiterbildung zu erhalten, dies vor allem in den Städten Zentraläthiopiens. Wie bei anderen äthiopischen Gruppen entsteht auch in ihrem Fall eine wachsende Diaspora außerhalb Äthiopiens.

Wirtschaft. Die Wirtschaft der Kafa gründet sich vor allem auf den Anbau von Gerste, *Tef*, Mais, Weizen, Sorghumhirse, Gewürzen und Knollen (*Ensat*, *Taro* [Brotfrucht], Süßkartoffel, Yam[s]), Linsen und Gemüse. Die Kafa-Region zählt zu den Kernbereichen des „*Ensat*-Komplexes" Südäthiopiens. Handelsgüter sind Kaffee, Baumwolle und Ingwer. Tee wird auf kommerziellen Plantagen angebaut, die sich überwiegend im Besitz von Nichteinheimischen befinden. Die Kafa verkaufen Honig und verschiedene Produkte des Waldes. Das Land ist fruchtbar, traditionell wurden hier in der Regel Lebensmittelüberschüsse erwirtschaftet. Während die Landwirtschaft ursprünglich auf der Kultivierung mit der Ackerhacke basierte, hielt im 20. Jh. allmählich der Pflug seinen Einzug. Ihr Gebiet ist nach wie vor eine der am stärksten bewaldeten Regionen Äthiopiens. Der Wald spielt für die Sicherung der Lebensgrundlage eine entscheidende Rolle: zum Handel mit Holzprodukten kommt das Sammeln von Wild- und Heilpflanzen. Seit Mitte der 1980er Jahre sinkt die Waldfläche wegen der Bevölkerungsexplosion und der herrschenden Armut allerdings rapide, was die Lebensbedingungen verschlechtert.

Sozialordnung. Die soziale Organisation wird durch – mehr als 100 – Klane bestimmt, die patrilinear absteigen. Die Klane waren hierarchisch gegliedert: an der Spitze standen die Königs- und Adels-(ehemals Landbesitzer-)Klane. Darunter befanden sich die Bauern und die Vertreter von Berufskasten: Schmiede, Weber, Gerber, Töpfer, Jäger – sie stehen nach wie vor am unteren Ende der Sozialskala. Auf der anderen Seite ist Diskriminierung gesellschaftlich geächtet, und die sozialen Kategorien der Vergangenheit wandeln sich, da die Kafa mit neuen Arten der Beschäftigung auch überkommene So-

Kafa-Hirte, © Bruno d'Amicis, NABU

zialgrenzen überschreiten. Polygamie war üblich, und die Tradition, dass das Brautgeld (mit Rindern oder Geld) bezahlt wird, besteht fort. Die Menschen leben im Lande verstreut in Gehöften oder Weilern. Im Laufe des vergangenen Jahrhunderts haben sich viele wirtschaftliche, soziale und kulturelle Kontakte und Verbindungen zwischen den Kafa und benachbarten Gruppen der Oromo, Bench, Dawro und Walaytta entwickelt, obwohl sich das historische Bewusstsein der Kafa deutlich von anderen Völkern unterscheidet und die ethnische Identität bestimmt.

Das Kafa-Königreich der Zeit vor 1897 und seine komplexe soziale Struktur, seine Institutionen, das Brauchtum und die materielle Kultur hat Friedrich Bieber beschrieben. Anfang des 18. Jh. boten die Kafa eine stark gegliederte Gesellschaft, mit einem „göttlichen" König und der *Bushasho*-Elite an der Spitze, gefolgt von Adligen, Gemeinen (Landarbeitern, Leibeigenen), Handwerkergruppen wie den *Addo* oder *Manjo* (Jägern), den *Manne* (den Gerbern, den Lederarbeitern), *Shammano* (den Webern) und *Qemmo* (Schmieden) und auf der niedrigsten Stufe den Sklaven. Der Kafa-König übte die oberste politische und religiöse Macht aus und übernahm verschiedene offizielle Ritualfunktionen. Beispielsweise eröffnete er mit den Ältesten oder lokalen Führern den jährlichen landwirtschaftlichen Zyklus mit einem Ritus. Eine wichtige gesellschaftliche Rolle spielten auch die *Shatto*, Sänger oder Barden, deren Lieder geschichtliche Ereignisse wie die Taten der Könige, soziale Auseinandersetzungen und die Beziehungen zu anderen Gruppen zum Inhalt hatten.

Religion. Die traditionelle Kafa-Religion kannte einen obersten Gott, *Yero*, Klangeister (*Heqo* oder *Eqo*) und weitere spirituelle Kräfte. Geistmedien (*Allamo*) übten stets großen Einfluss unter den Kafa aus. Daneben existierten Geistmedien (*Maracho*) und Volksheiler. Während die traditionelle Religion weiterhin verbreitet ist, hat das Christentum seit dem 17. Jh. Fuß gefasst, obwohl es nicht zur Massenbewegung geworden ist. Zunächst wurde eine katholische Mission, von dem italienischen Kapuzinerpriester Guglielmo Massaia geführt, in den 1850er Jahren gegründet. In der zweiten Hälfte des 19. Jh. erlebte das Christentum einen Aufschwung, aber auch die Geistmedien gewannen an Einfluss. Trotz der Repression durch den Kafa-König Galli Sherocho (reg. 1870–1890) nahm der Einfluss des orthodoxen Christentums seit den 1870er Jahren allmählich zu und repräsentiert heute die Mehrheit (ca. 70 %). Auch die Evangelikalen erleben deutlichen Zulauf (ca. 17 %). Die Muslime repräsentieren etwa 6 % der Bevölkerung, die traditionelle Religion kommt auf 8 %.

Geschichte und Gegenwart. In den 1880er Jahren weckte Kafas Reichtum und seine strategische Lage die Begehrlichkeiten der Könige Menilek II. von Shawa und Takla Haymanot von Gojjam. Dies wurde zum Gegenstand eines militärischen Konflikts im Jahre 1882 und in den kommenden Jahren. Nachdem die meisten Vasallenstaaten Kafas schon von den kaiserlichen Truppen erobert worden waren, wurde das Reich selbst nach mehreren Schlachten im Jahre 1897 von äthiopischen Kaisertruppen und ihrem Verbündeten König Abba Jifar II. von Jimma unterworfen. Der letzte Kafa-König war Gaki Sherocho, der gefangen genommen und als Gefangener nach Addis Ababa gebracht wurde, wo er 1919 starb.

Das historische Kafa, obwohl ein autoritär geführter Staat, der durchaus nicht von inneren Konflikten, sozialer und wirtschaftlicher Unterdrückung und Ungleichheit verschont wurde, war sehr wohlhabend und hatte in der Vergangenheit eine erheblich größere Bevölkerung als in den meisten Jahrzehnten des 20. Jh. Der wirtschaftliche und soziale Rückgang setzte aber bereits nach der Eroberung von 1897 ein, begleitet von einem deutlichen Rückgang der Bevölkerungszahlen. Derzeit ist das Bevölkerungswachstum aber hoch und vergleichbar mit dem anderer ländlicher Gebiete Äthiopiens.

Die *Darg*-Periode (1974–1991) brachte Kafa eine große Stagnation. In den 1990er Jahren wurde im Rahmen der ethnologisch regionalen Dezentralisierung eine Kafa-Sheka-„Zone" und im Jahr 2000 eine Kafa-„Zone" im südlichen äthiopischen Regionalstaat eingerichtet, die der lokalen Bevölkerung eine Teilautonomie bei Entscheidungen über gewisse Gemeinschaftsangelegenheiten einräumte, dies z.B. in Bezug auf Land- und Waldnutzung, aber ebenso bei der Konfliktbewältigung. Die traditionellen Waldbestände gehen zurück, die Nutzungsrechte der Bauern sind bedroht. So haben jüngste Studien in Kafa zunehmende Umweltschäden, Landknappheit und eine abnehmende Biodiversität aufgedeckt.

Literatur: Friedrich Julius Bieber, *Kaffa. Ein Altkuschitisches Volkstum in Inner-Afrika*, Münster, Wien 1920–1923; Gezahegn Petros, „Kafa", in Dena Freeman, Alula Pankhurst (Hrsg.), *Peripheral Peoples. The Excluded Minorities of Ethiopia*, London 2003, 80–96; Yihenew Zewdie, „Room for Manoeuvre: Local Organisations and Resource Tenure Administration in Highland Kafa, Southwest Ethiopia", *Eastern Africa Social Science Research Review*, 20/2 (2004), 31–58.

Jon Abbink, Leiden

Die Mursi (Mun)

Die Mursi sind eine nilotische Volksgruppe in Südwestäthiopien mit einer Bevölkerung von 7.483 Angehörigen (2007). Sie leben traditionell von Viehzucht und Ackerbau und nennen sich selbst Mun (von *muni* = „singen"), aber auch *Taama* in rituellen oder historischen Zusammenhängen. Sie sprechen Mun, eine surmische, nilosaharanische Sprache. Diese ist eng mit der Sprache der Suri verwandt, die westlich und nordwestlich der Mursi leben, sie weist aber zugleich Unterschiede auf. Tatsächlich stehen sich Sprache, Klanstrukturen und Bräuche der Mursi und Suri nahe. Das trifft auch auf ihre Geschichte zu. Mursi und Suri sind bekannt für ihre ungewöhnlichen Lippenteller aus Holz oder Ton, die erwachsene Mädchen und verheiratete Frauen tragen, außerdem bekannt für die Stockkämpfe der Männer und Jungen. Vorrangig züchten die Mursi Rinder, aber auch Ziegen und Schafe. Angebaut werden Sorghumhirse, Mais, Kürbis und Bohnen. Zur Ergänzung der Nahrung sammeln sie Blätter von ca. 40 essbaren Pflanzen.

Siedlungsgebiet. Die Mursi leben in einem etwa 2.000 km² großen Terrain, das sich zwischen den Flüssen Omo und Mago im Salo-Mago-Distrikt der Region des Southern Nations, Nationalities and Peoples' Regional State erstreckt. Die Landschaft umfasst Wälder entlang der Uferbänke, Buschdickicht und offene Graslandsavannen. Das Hauptplateau, Dara Mountain (1.666 m ü.d.M.) genannt, verläuft von Südwest nach Nordost. Die abgelegenen Mursi-Dörfer sind in den letzten Jahren zunehmend erschlossen worden. In unmittelbarer Umgebung entstanden zwei Nationalparks (Mago und Omo), ein Jagdsportcamp sowie das Tama-Wildreservat.

Geschichte. Gemäß der eigenen mündlichen Überlieferung stammen die Mursi aus Gebieten, die weiter südlich liegen. Mitte des 19. Jh. soll ihre Wanderung nach Norden begonnen haben, wobei sie den Omo-Fluss an einer Stelle namens Dorl vom Westufer her überquerten. Trotz starker Vermischung mit benachbarten Ethnien, insbesondere den Suri, Kwegu und Bodi, schwanken Mursi und Bodi in den vergangenen 50 Jahren immer wieder zwischen freundlicher Verständigung und offener Feindschaft. Ihre wechselvolle Beziehung steht im Zusammenhang mit dem Kampf um Weideflächen und Wasserressourcen. Es wird angenommen, sie hätten Gebiete der Bodi im Norden durch lange und enge Nachbarschaft eingenommen, unlängst wohl auch Land der Ari im Osten. In den 1980er Jahren zogen einige Mursi aus der Mara-Region ins Magotal, so dass sie Anteil an Marktproduktion und Handel gewannen. Auf den Hochlandmärkten der Ari begannen sie Rinder zu verkaufen und wirtschaftliche Rücklagen zu bilden, um Trockenzeiten ausgleichen zu können. Ungeachtet des Tourismus und der landwirtschaftlichen Entwicklung in ihrem Gebiet haben die Mursi kaum Zugang zum Bildungssystem, geschweige denn Chancen in Wirtschaft und Politik.

Ethnografie. Der Anthropologe David Turton war der erste Wissenschaftler, der die soziale und politische Organisation der Mursi untersucht hat. In ihrem gesellschaftlichen System sind verwandtschaftliche Beziehungen, Klanstrukturen und lokale Gruppen die wichtigsten Formen der Organisation. Turton beobachtete, dass sich die Klane in lokale Gruppen unterteilen, die *Bhuranyoga* heißen. Sie lassen sich ausschließlich auf Flusskarten darstellen, die saisonal nutzbare Überschwemmungs-

Unverheiratetes Mursi-Mädchen bereitet sich auf einen Armreifenwettbewerb vor, © Shauna LaTosky

flächen des Omo zeigen und Mitgliedern bestimmter Gruppen zur Bewirtschaftung vorbehalten sind. Bis heute ist ein System von Altersklassen für die Mursi von Bedeutung. Ihre Gesellschaft ist patriarchalisch strukturiert; die älteren Männer, *Bara*, entscheiden die meisten Angelegenheiten für jede Altersgruppe. Mursi-Knaben werden dazu erzogen, die Interessen der Gemeinschaft zu verteidigen und zu schützen und den Status erwachsener, verheirateter Männer (*Rora*) zu erlangen, denen man als weisen Männern und Friedensstiftern Respekt entgegenbringt. Mursi-Mädchen sollen zu starken Frauen (*Bansanaa*) heranwachsen, um mit der Heirat in die Altersklasse ihres Ehemannes integriert zu werden. Anthropologen haben viele Elemente der Mursi-Ethnografie entdeckt, wie die Rolle der Frauen, die häuslichen Beziehungen, Kleidung, Kultur und Rhetorik, die Auswirkungen des Tourismus, ihr Liedgut, Preisgesänge und -rituale, Heilung und Heiler, Körperbemalung, etc.

Kultur. Ein Kompendium des mündlichen Gewohnheitsrechts regelt viele Aspekte des Mursi-Alltags und ihr Ritual. Fast alle Konflikte lassen sich durch die Bezahlung mit Rindern beilegen. Heiler oder lokale Priester können die meisten Nöte und Schwierigkeiten innerhalb der Gemeinschaft lösen. Im Mittelpunkt der religiösen Ordnung steht das erbliche Amt des *Komoru* („Priester"), der sich um Spiritualität und Wahrsagung kümmert, ebenso um die Fruchtbarkeit des Landes und den Regen für die Landwirtschaft, den Schutz der Viehherden vor Krankheiten und die Bewahrung der Menschen in Kriegszeiten. Die Mursi sind Monotheisten und glauben an eine höhere Macht namens *Tumwi*. Selbst wenn einige Mursi das Christentum angenommen haben, halten die meisten von ihnen an ihrem eigenen monotheistischen Glauben fest.

Das Entrichten des Brautpreises ist allgegenwärtig und wird in Form von Tieren bezahlt. 38 Rinder sind erforderlich, um heiraten zu dürfen und ein anerkanntes Mitglied der Gesellschaft zu werden. Der Reichtum einer Person ergibt sich aus der Zahl der Rinder und der Kinder. Unverheiratet zu sterben (*Zigai*), gilt unter Mursi-Männern als Schande. Heranwachsende Mädchen und Jungen begegnen sich während der Erntetänze und Stockwettkämpfe (*Donga*). Nach den Stockduellen wetteifern die jungen Mädchen um den schönsten Armschmuck (*Ula*), als *Donga a dholuiny* (das *Donga* der Mädchen) bezeichnet. Es ist nicht üblich, dass Männer frühzeitig heiraten, stattdessen, während sie heranwachsen, bemühen sie sich um zunehmenden Viehbestand und vermehren ihren Besitz, um den Preis für die Braut bezahlen zu können.

Nicht die ganze Mursi-Existenz jedoch konzentriert sich auf die Viehzucht, sondern auch auf den Anbau von Mais und Sorghumhirse. Die Lebensbedürfnisse lassen sich durch Ackerbau und Viehzucht decken, insbesondere durch sog. Bi-Produkte wie Milch und Blut. Die Mursi trinken Milch und zuweilen Rinderblut, verzehren Brei von Sorghumhirse oder Mais, und dazu essbare Kräuterblätter, *Kinnoi* genannt. Stiere und Ochsen schlachtet man bei besonderen Anlässen, zeremoniellen Handlungen oder im Krankheitsfall. Geschicklichkeit und Weisheit der Mursi-Bauern und -Hirten rühren von der langen und engen Naturverbundenheit her. Bemerkenswert ist ihre Generationen übergreifende Verantwortung, die Wildtiere, Nutzvieh, Weideland und heilige Haine, *Badhinya*, umfasst. Die Mursi und ihre Nachbarn hätten in dieser Umgebung nicht überlebt, bewiesen sie nicht ein hohes Maß an Widerstandskraft, Anpassungsfähigkeit und konformistischen Reaktionen gegenüber sozialen und politischen Bedingungen. Die Übersiedlung ins Mago Valley 1979/1980 ist eines der offensichtlichsten Beispiele dafür in der jüngsten Geschichte.

Plantagen und Umsiedlung. Am unteren Omo soll das größte Bewässerungsprojekt Äthiopiens entstehen. 2011 gründete die staatliche Ethiopian Sugar Corporation das

Omo-Kuraz Sugar Development Project. Es werden neue Dörfer gebaut, die das Leben der Mursi und ihrer Nachbarn grundlegend verändern: mit sesshaften Bauern und bewässerten Feldern, aber wenig oder keinem Vieh. Die Pläne werden im Interesse des nationalen Fortschritts durchgeführt und in der Überzeugung, dass sie auch der lokalen Bevölkerung zugutekommen. Bisherige Erfahrungen zeigen allerdings, dass ehrgeizige und gut gemeinte Projekte wie dieses nicht selten tragische Konsequenzen für diejenigen haben, die dabei hätten gewinnen sollen, maßgeblich wohl deshalb, weil die Entwickler solcher Programme die lokale Bevölkerung nicht in die Prozesse einbeziehen und das Wissen der indigenen Bevölkerung nicht respektieren.

Literatur: SHAUNA LATOSKY, *Predicaments of Mursi (Mun) Women in Ethiopia's Changing World*, Köln 2013; DAVID TURTON, „The Meaning of Place in a World of Movement: Lessons from Long-term Field Research in Southern Ethiopia", *Journal of Refugee Studies*, 18/3 (2005), 258–280.

Shauna LaTosky, Max-Planck-Institut für ethnologische Forschung, Halle (Saale)

Die Hamar (Amar, Hamer)

Siedlungsgebiet. Das historische Kerngebiet der Hamar ist eine zerklüftete Gebirgskette, die sich aus dem tiefgelegenen Woito-Tal (400–600 m ü.d.M.) steil auf bis zu 2000 m ü.d.M. erhebt und dann nach Westen hin allmählich zu den Ebenen des unteren Omo abfällt. Von Jinka aus wirkt das Land der Hamar eher flach und unspektakulär, anders von Lokitang oder Illeret. Dort türmen sich die Berge zwischen dem Turkana-See und Chaw Baher über der gesamten Region majestätisch auf. Mit jeweils über 2000 m ü.d.M. sind der Assile im Süden und der Baala im Norden die höchsten Gipfel. Aus dieser sicheren Höhenlage können die Hamar alles überwachen, was vom Westen her geschieht. In früheren Zeiten bildete das ausgetrocknete Flussbett des Kaeseke die westliche Grenze. Es wird in der Regenzeit ausgiebig mit Gebirgswasser versorgt, welches sich später ins Omo-Tal ergießt. Seit der äthiopischen Eroberung Ende des 19. Jh. konnten die Hamar ihr Territorium Schritt für Schritt nach Westen und Süden hin erweitern, wodurch sie in engen Kontakt mit den Boorana, Dhaasanac, Nyangatom und Kara (Karo) kamen.

Geschichte. Die Hamar sprechen eine Reihe von Dialekten, die dem südlichen Zweig der omotischen Sprachfamilie, auch Aroid genannt, angehören. Sie stammen aus einer Mischung verschiedener Kulturkreise. Der Hamar-Überlieferung zufolge waren ihre ersten Vorfahren Angehörige der Ari, dann kamen Maale, Tsamai, Konso und andere hinzu. Wahrscheinlich begann die prägende Phase im 17. oder 18. Jh. Der Prozess dauerte bis zum Ende des 19. Jh., als erste Großwildjäger und europäische Entdecker eintrafen. Später drangen die Truppen von Menilek II. in die Region vor. Durch die folgende Unterwerfung der Hamar gingen etliche ihrer Traditionen verloren, und während der Verbannung eigneten sie sich die Bräuche ihrer Herren an, gaben ihre eigene Identität aber nie auf.

Wirtschaft. Die Hamar praktizieren seit jeher eine gemischte Subsistenzwirtschaft, basierend auf der Brandrodung, die durch Raubzüge ergänzt wird. Von hoch oben aus den Bergen können sie Wild oder die Herden der Boorana, Samai oder Arbore im Tal gut ausmachen und aus dem Hinterhalt überraschen. Darüber hinaus halten sie Rinder, Esel, Schafe und Ziegen. Letztere stellen das Rückgrat ihrer Wirtschaft dar. Es mag Jahre gegeben haben, in denen kaum Hirse zur Reife kam. Trotzdem war es nie so tro-

Hamar-Hochzeitszeremonie, © Matthias Ansel

cken, dass die Ziegen nicht überlebt hätten und die Hamar über die schwierigsten Monate des Jahres hinweg retteten. Ziegen werden gegen Getreide getauscht oder auf einen der beiden Märkte gebracht, wo ihre Besitzer andere Waren oder Geld dafür erhalten.

Territoriale Organisation. Im Mittelpunkt des Lebens steht das Gehöft der Hamar. Dazu gehören ein Rinderkral, ein Ziegengehege, ein oder mehrere Häuser sowie ein offener, reinlich geputzter Platz, auf den Verwandte, Freunde und Fremde zuerst eingeladen werden sich auszuruhen, bis die Kuhhäute vor oder in einem der Häuser ausgebreitet sind, um die Gäste zu empfangen. Je nach Anzahl der Generationen bzw. Geschwister, welche das Gehöft bewohnen, hat der Rinderkral einen oder mehrere Zugänge, während das Ziegengehege nur einen besitzt. Die Zugänge sind von großer Bedeutung bei allen großen Ritualen in Hamar. Die Gehöfte liegen idealerweise auf einer Anhöhe, so dass sie Überblick auf die Umgebung gewähren und man das Wetter beobachten kann. Mehrere Gehöfte zusammen ergeben eine Nachbarschaft. Nachbarn werden *Zarsi* genannt, was auf eine Grasart dieses Namens anspielt, die sich überall auf dem Boden verbreitet und mit der Zeit ein Netzwerk untereinander verbundener Wurzeln bildet. Die nächst größere räumliche Einheit heißt *Tsinti*, von denen es früher etwa ein Dutzend gab. Man geht von heiligen Pforten aus, die alle Einwohner der *Tsinti* einmal pro Jahr durchqueren, wenn sie rechtschaffen gelebt haben. Den Vorschriften der Hamar folgend wagt es aber wohl kaum einer, sie zu durchschreiten. Grundsätzlich ist das Territorium der Hamar in die Bereiche zweier spiritueller Oberhäupter geteilt, welche für Frieden und Gesundheit der Hamar sorgen. Inzwischen wird diese Gliederung durch moderne Verwaltungsorgane ergänzt, wie sie überall in Äthiopien existieren. Zusammen mit einer sich entwickelnden Infrastruktur und den boomenden Städten werden sie die traditionellen Formen territorialer Organisation eines Tages ablösen.

Verwandtschaftliche Organisation. Anders als Rinder oder Kamele lassen sich Ziegenherden leicht auf eine ansehnliche Größe bringen und begünstigen das Zusammenleben, das keiner unmittelbaren Abstammung oder Bezugsgruppe bedarf. Die Hamar sind in Klane organisiert, neun in der *Binnas*- und sechzehn in der *Galabu*-Linie. Sie leben im Siedlungsgebiet überall verstreut und haben keine wirtschaftliche oder politische Funktion. Vielmehr stellen sie den Rahmen für Eheschließungen und die zahllosen Rituale dar, die mit der Gründung einer Familie zusammenhängen. Die Zugehörigkeit zu einem Klan vererbt sich durch die väterliche Seite. Obwohl normalerweise die Mitglieder einer Gruppe nur Angehörige der jeweils anderen Erblinie heiraten, wird die Situation dadurch erschwert, dass ein Klan der *Galabu* beiden gleichzeitig angehört, so dass hier *Galabu*-Klane ausnahmsweise untereinander heiraten dürfen. Während die Abstammungslinien der Klane schon grundsätzlich eine Orientierung für die Heirat bieten, werden die eigentlichen Absprachen einer Eheschließung zwischen Familien, „Häusern" und Kasten arrangiert. Wie sonst auch in Äthiopien werden Vieh, Getreide, Honig, Waffen und andere Güter überreicht. Der vereinbarte Preis kann über Jahre abgegolten werden, teilweise über Generationen.

Politische Organisation; die Rolle des Sprechers. Die Völker Südäthiopiens sind zu Recht bekannt für ihre egalitäre und demokratische Politik, die im starken Kontrast zu den hierarchischen und autoritären Gesellschaften des Nordens steht. In Hamar ist es nur auserwählten Männern gestattet, auf öffentlichen Versammlungen zu sprechen. Sie werden *Ayo* genannt, was so viel heißt wie „Männer, die Dinge erledigen". Ein *Ayo* wird von den Ältesten in sein Amt berufen, sobald ein neuer Sprecher benötigt wird. Dieses Privileg ist vorläufig und dauert so lange, wie seine Führung dienlich und gewinnbringend ist. Bei den Treffen sitzen die Männer nach ihrem Alter, was auch die Redeordnung bestimmt. Reife und erfahrene Sprecher beginnen gewöhnlich mit einem lauten, stilisierten Ausdruck der Verärgerung, um die jüngeren Männer zurechtzuweisen. Nach Äußerung des rhetorischen Ärgers eröffnet der Redner das Anliegen des Tages, indem er das aktuelle Thema in einen geschichtlichen Kontext setzt. Dem ersten folgen weitere Sprecher, je nachdem wie dringlich die Angelegenheit ist und wie viele Sprecher anwesend sind. Keinem Sprecher wird in vollkommener Stille gefolgt. Geht es in einer Versammlung um Krieg und Frieden, stimmen die Männer unmittelbar ihre Kriegslieder an, um ihre Kampfbereitschaft zu demonstrieren und um jede Andeutung, sie würden zögern, sofort zu ersticken.

Religion und die Philosophie der kontinuierlichen Schöpfung. Neben dem Vorstellen der Totengeister und den damit verknüpften Opfergaben und Prophezeiungen versuchen die Hamar, Glück und Wohlbefinden (*Barjo*) zu erlangen. Dieses Streben liegt allem zu Grunde, was wir als Religion der Hamar bezeichnen würden. Die *Barjo*-Philosophie und die dazu gehörigen Segenswünsche stehen im Einklang mit dem egalitären politischen System der Hamar. Nach ihrer Auffassung setzt sich die Schöpfung kontinuierlich fort, und die Menschen sind aktive Mitspieler dabei. Jedes lebende Wesen benötigt *Barjo*, um zu existieren und um den natürlichen Zustand des Wohlbefindens zu erreichen. Sogar Naturphänomene wie Wolken, Regen und die Sterne brauchen *Barjo*, um in ihrer immer gleichen, ordnungsgemäßen Form zu bestehen. Menschen können das *Barjo* beim Volk, bei Tieren, Pflanzen, beim Boden, bei Jahreszeiten, etc. erwecken, indem sie es bewusst erschaffen und mehren. Männer wie Frauen besitzen *Barjo*, aber nur die Ältesten dürfen es mit emphatischen und stilisierten Gesängen anrufen. Frauen holen ihr *Barjo* auf dezente und bescheidene Weise herbei, indem sie z.B. den Eingang zum Ziegenstall kehren oder einen mit Kaurischnecken dekorierten Gürtel tragen. Beim Initiationsritus können Segnungen gemeinsam durchgeführt werden, wenn Nachbarn oder Verwandte einen Jugendlichen anfeuern und feiern, wenn es ihm gelungen ist, auf die Kuhrücken zu springen und über sie hinweg zu balancieren. Das stärkt und mehrt sein *Barjo*, es lässt ihn zum Erwachsenen reifen, der heiraten darf. Es sorgt auch dafür, dass ihm seine Ehefrau später viele Kinder schenkt. Gelegentlich wird dieses Ereignis als Bullensprung bezeichnet, obwohl Bullen dabei nicht anwesend sein dürfen. Nur weibliche Kühe, ein Kalb und zwei Ochsen dürfen an dem Ereignis beteiligt sein.

Literatur: Ivo Strecker, *Ethnographic Chiasmus. Essays on Culture, Conflict and Rhetoric. The Hamar of Southern Ethiopia*, V, Wien, Berlin, Michigan 2010; Ivo Strecker, *Berimba's Resistance. The Life and Times of a Great Hamar Spokesman. As told by his Son Aike Berinas*, The Hamar of Southern Ethiopia, IV, Berlin et al. 2013.

Ivo Strecker, Mainz und Arba Mench

Die Nuer und Anywaa Südwestäthiopiens

Die Nuer

Grundlegende Fakten. Die Nuer sind traditionell Viehzüchter und Landwirte, die überwiegend Mais und eine kleine Auswahl an Gemüse entlang der Flussufer und in der Hochlandsavanne anbauen. Die Agrarerzeugnisse machen rund 60 % und die Milchprodukte rund 40 % ihrer Grundnahrung aus. Während der Trockenzeit siedeln sie mit großen Gruppen in Viehcamps entlang der Flüsse Baro und Gilo mit ihren Nebenflüssen, während der Regenzeit ziehen sie ins Hochland zu den Siedlungen ihrer Kernfamilien. Die Fischerei ist ein wichtiger Teil ihrer selbstunterhaltenden Wirtschaft. Während das Jagen früher von zentraler Bedeutung für ihre Ökonomie war, kam dies auf Grund der Tatsache, dass die meisten Wildtiere während der letzten regionalen Auseinandersetzungen getötet wurden, zum Erliegen.

Die große Mehrheit der Nuer lebt im Südsudan, sie müssten auf der Basis einer Berechnung des Census von 1956 heute etwa 1,8 Mio betragen. Der äthiopische Census von 2008 ermittelte in der Gambella-Region Äthiopiens die Zahl von 112,606.

Wenn Gebete ohne Antwort bleiben: ratsuchender Christ bei einem Nuer-Propheten, Jikow, Gambella, © Christiane Falge

Die wichtigsten Nuer-Stämme in Äthiopien sind die östlichen Jikany, insbesondere die Gajaak, gefolgt von den Gajiok-Gruppen Kuek und Lang sowie den Gaagwang. Nachbarn der Nuer im Westen sind die Dinka und im Osten die Anywaa. Im Süden grenzen sie an die Murle und im Norden an die zwei kleinen ethnischen Gruppen der Maban und Komo.

Auswirkungen der Globalisierung: Kolonialismus, Missionskampagnen, Krieg und Abwanderung. Die Nuer begannen gegen Ende des 19. Jh. aus dem Gebiet nördlich des Bahr al-Ghazal-Flusses, der damals unter der Kontrolle der gemeinsamen Herrschaft von Anglo-Ägypten stand, sich in Richtung Äthiopien auszudehnen. (Mit der Unterschrift unter die Grenzvereinbarung im Jahr 1902 zwischen dem Kolonialsudan und dem kaiserlichen Äthiopien wurden manche Regionen der östlichen Jikany offiziell Teil des äthiopischen Staatsgebiets.) Seit der *Darg*-Zeit wurden die Nuer nach und nach in die staatlichen Strukturen Äthiopiens integriert. In den 1980er Jahren nahm Bildung einen wichtigen Platz ein, als die Flüchtlingsunterkünfte, die man in der Region eröffnete, einen Zugang zur Schulbildung boten. Die Gründung des Regionalstaates Gambella in den 1990ern führte dazu, dass die erste Generation der gebildeten Nuer in den äthiopischen Staat als Verwaltungsbeamte eingebunden wurde.

Die Nuer sind für die Bedeutung ihres Abstammungssystems bekannt, und dafür, dass durch die Wechselbeziehung zwischen Verwandtschaft und Ort ein relativ ausgeglichenes politisches System entsteht. Die tiefgreifenden Kräfte des Kolonialismus, missionarische Aktivitäten und der Bürgerkrieg im Sudan und Südsudan veränderten mit ihren dramatischen Auswirkungen das gesamte politische und kulturelle System der Nuer. Während des *Darg* litten sie sehr unter dem Einfluss der Regierung, die in Itang durch die Sudan People's Liberation Army unterstützt wurde. Insbesondere die äthiopischen Gajaak-Nuer mussten große Bewegungen ihrer Bevölkerung hinnehmen, mit plündernden Soldaten in ihren Gebieten, die einen Krieg gegen sie führten (1985–1988). Mit dem Niedergang ihrer traditionellen Ethik, die Konflikte ausgeglichen hatte, führten die Auswirkungen des Krieges zu einer Eskalation der Gewalt in den Regionen der äthiopischen Nuer, so dass viele von ihnen in den äthiopischen Flüchtlingsunterkünften Zuflucht suchten. Hier erhielten sie Zugang zur Bildung und konvertierten zum Christentum, was vermutlich den Krieg und die Gewalt zu bewältigen half. Im Jahr 2001 gründeten sie ihre eigene Synode der äthiopischen Evangelischen Kirche Mekane Yesus. Allerdings hat das Christentum andere religiöse Bewegungen nicht vollständig ersetzt, und die Position der Nuer-Propheten z.B. blieb unerschüttert.

Nach dem Fall des *Darg* 1991 gerieten die zersplitterten Nuer in Stammeskriege mit ihren Nachbarn, den Anywaa und den Murle. 1992 kehrten viele Flüchtlinge in ihre Heimatgebiete zurück, während Tausende von Nuer in westliche Länder auswanderten. In den Vereinigten Staaten begannen sie, verwandtschaftsbasierte Netzwerke zu gründen, und schufen Verbindungen als Kirchen und politische Gruppen mit ihren Landsleuten in der Heimat. Daraus ergaben sich Zuflüsse an Kapital, Ideen und Personen, die zu einer gewissen „Globalisierung" der Nuer in Gambella führten. Derzeit bewegen sie sich hin und her zwischen ihren angestammten Gebieten und den äthiopischen Flüchtlingsunterkünften. Nach dem Ausbruch neuer Kämpfe in der Folge des südsudanesischen Friedensabkommens von 2015 und der Lebensmittelkrise im Südsudan 2017, ist Äthiopien wieder das Zuhause für mehr als 300.000 südsudanesische Flüchtlinge; viele von ihnen sind Nuer.

Literatur: EDWARD EVANS-PRITCHARD, *The Nuer*, Oxford 1940; CHRISTIANE FALGE, *The Global Nuer. Transnational Life-Worlds, Religious Movements and War*, Köln 2015.

Christiane Falge, Hochschule für Gesundheit, Bochum

Die Anywaa

Das Volk der Anywaa (Anuak) lebt im Tiefland der heutigen Gambella-Region. Historisch und sprachlich sind sie eng verwandt mit den Luo sprechenden Gruppen im Südsudan und anderen Gebieten Ostafrikas, z.B. den Shilluk, den Acholoi und den Luo Kenias. Nach dem äthiopischen Census von 2007 liegt ihre Zahl bei etwa 65.000. Weitere ca. 100.000 leben jenseits der südsudanischen Grenze, in den Landkreisen Pochalla und Akobo des Jonglei-Gebietes.

Geografisch markant in der Anywaa-Region sind die Flüsse, die am westlichen Rand des äthiopischen Hochlandes entspringen und sich als Nebenflüsse des Sobat-Flusses in den weißen Nil ergießen. Traditionell liegen die meisten Dörfer längs der Flussufer. Die Anywaa sind sesshafte Landwirte, sie bauen Hirse, Mais und anderes Saatgut an, treiben Fischerei, sind Jäger und sammeln essbare Wildpflanzen. Es werden nur wenige Rinder, Ziegen und Schafe gehalten. Üblicherweise waren die Anywaa in zwei Gesellschaftsschichten gegliedert: die Aristokraten und die Normalbürger, wobei erstere sich in zwei Gruppen teilten: den Adel und die Dorfvorsteher. Diese Struktur der politischen Autorität wurde vom sozialistischen Regime Äthiopiens verboten, übrigens zusammen mit dem System der Bezahlung des Brautpreises (in Form spezieller Glasperlen). Die sozialistische *Darg*-Zeit führte außerdem zur Umsiedlung und zur Ankunft Zehntausender Siedler aus den Hochländern. Man entwickelte eine Reihe von Entwicklungsprogrammen, so z.B. eine Staatsfarm, ein Bewässerungsprojekt, aber schuf auch einen großen Zustrom sudanesischer Flüchtlinge. Eine Gruppe von Anywaa-Dissidenten, die gegen das sozialistische Regime antraten, gründeten eine Freiheitsbewegung, die Befreiungsbewegung Gambella People's Liberation Movement, und bekämpften das Regime. Als dann die Ethiopian People's Revolutionary Democratic Front die Macht übernahm, erhielt die Gambella-Befreiungsbewegung das Recht, die teilautonome Region Gambella zu verwalten. Allerdings setzte sich das spannungsgeladene Verhältnis zwischen der Zentralregierung und den Anywaa fort, das oft zu heftigen Auseinandersetzungen führte. Angespannte Verhältnisse ergaben sich nicht nur mit der Zentralregierung, sondern auch durch die ständig steigende Zahl ankommender Hochlandbewohner und von Nuer. Die Tatsache, dass sie inzwischen zu einer Minderheit von nicht viel mehr als 20% der Bevölkerung in einem Gebiet wurden, das sie als ihre Heimat betrachten, ist eine Ursache großer Verbitterung.

Literatur: DEREJE FEYISSA, *Playing Different Games: The Paradox of Anywaa and Nuer Identification Strategies in the Gambella Region, Ethiopia*, New York, Oxford 2011.

Eisei Kurimoto, Osaka University

Die Afar

Die Afar (in ihrer offiziellen Bezeichnung: Qafar) sind überwiegend eine Hirtengesellschaft im ariden Tiefland des Horns von Afrika. Ihre Sprache gehört dem östlichen Zweig der kuschitischen Sprachfamilie an. Ein Großteil von ihnen, etwa 70%, lebt heute in Äthiopien (ca. 1,3 Mio). Ein weiterer Teil der Afar findet sich im östlichen Tiefland Eritreas (ca. 0,3 Mio) und im Norden und Westen von Dschibuti (ca. 0,3 Mio, etwa ein Drittel der Bevölkerung des Staates). Verwaltungstechnisch sind sie aufgeteilt in den Afar National Regional State in Äthiopien, mit der Hauptstadt Samara, und in die Southern Red Sea Zone in Eritrea. Auf Tigrinnya werden sie als Dankal bezeichnet (nach dem früheren Afar-Königreich Dankali an der Küste), auf Amharisch Adal (Udali im Somalischen, nach dem früheren Staat Adal). Europäer kennen sie gewöhnlich unter dem Namen Danakil (abgeleitet aus dem Arabischen). In der neuen Hauptstadt Samara wurde eine Universität errichtet. Dort haben auch die Verwaltungszentren einer aufstrebenden Industrie ihre Niederlassungen, wobei insbesondere der konzessionierte Pottasche-Abbau und große Landwirtschaftsprojekte (am nahen Awash-Fluss) zu erwähnen sind.

Das Siedlungsgebiet. Das Siedlungsgebiet der Afar hat die Form eines langgezogenen Dreiecks. Es besteht im Wesentlichen aus unfruchtbarem, ödem Tiefland, das vor allem in den Randgebieten bewohnt ist. Eine Seite des Dreiecks bildet die Küste des Roten Meeres, es reicht von der Bori-Halbinsel in Eritrea, südöstlich von Metsewa, bis zur Westküste des Golfs von Tadjoura am Bab al-Mandab in Dschibuti. Die zweite Dreieckslinie bildet das Hügelland am Rande des äthiopischen Hochlandes. Diese Hänge und Hügelgebiete liegen etwas höher und verfügen über ein gemäßigteres Klima mit Weideland und werden deshalb für die saisonale Wanderweidewirtschaft genutzt. Das ist auch der Hintergrund für die regelmäßigen Zusammenstöße zwischen den Kamelhirten und den Hochlandbewohnern – meist in Form von Raubüberfällen auf die Viehherden der jeweils anderen Gruppe. Und dies ist auch eine Auswirkung der Ausweitung landwirtschaftlicher Gebiete bis tief in das saisonale Weideland der Nomaden. Grundsätzlich aber bestimmen friedliche Formen des Austauschs die Lage, so die gemeinsame Nutzung von Märkten in den Gebieten zwischen beiden Volksgruppen, die durch Handelsrouten miteinander verbunden sind. Der von Kamelkarawanen getragene Handel verband die Hochlandgebiete mit der Küste. Über Generationen hinweg haben sich die Afar spezialisiert auf Salzförderung und Salzhandel, was stets von vitalem Interesse für die Hochländer war. Allerdings sind die Kamelhirten der Afar unter ökonomischen Druck geraten wegen der Konkurrenz moderner Transportwege (zunächst die äthiopisch-dschibutische Eisenbahn, später durch die Straßenführungen), aber dieser Verlust wird teilweise durch die Schmuggelaktivitäten in den Grenzgebieten ausgeglichen. Die dritte Seite des Afar-Dreiecks besteht aus einem langen Landstreifen entlang des Ostufers des Awash-Flusses, wo sich auch das Inlandflussdelta des Awash befindet, das in eine Reihe von Seen mündet, an der heutigen Grenze zwischen Äthiopien und Dschibuti. Der Awash und seine Zuflüsse, die jährlich regelmäßig austrocknen, bieten Weideland und Wasserlöcher für Kamele und Viehherden während der Trockenzeiten, und zwar entlang der saisonalen Wanderweidewege hin zu den höheren Lagen. Die enge Beziehung der Afar-Hirten mit ihrer Umwelt, die geprägt ist von der Verfügbarkeit des Wassers, wurde inzwischen erheblich beeinträchtigt durch die Ausweisung weiter Landwirtschaftsgebiete entlang des gesamten Awash-Bassins. Dazu gehörte der stark eingeschränkte Zugang zu den Flussufern, die reduzierten Wassermengen und die Kontaminierung des Wassers durch Pestizide und Düngemittel. Seit den 1970er Jahren ist das Umland des Awash ein umstrittenes Grenzgebiet zwischen den Afar und den Isa-Somali, die in verschiedenen Gebieten des Flussgebiets Siedlungen gegründet haben.

Die soziopolitische Struktur. Die gesellschaftliche Ordnung der Afar basiert auf der Verbindung zweier grundlegender Faktoren: den genealogischen und den territorialen

Formen der gesellschaftlichen Organisation. Einerseits sind die Afar eingebunden in zahlreiche patrilineare Abstammungsgruppen bzw. Klane (*Kedo*), in eine Kombination aus Verwandtschaftsbindungen und Bündnissystemen. Klane und Subklane sind die Träger von gemeinschaftlichen Erinnerungen an Konflikte, Naturkatastrophen, Volkswanderungen, der Integration eingewanderter Minderheiten und der Einwanderung „heiliger Familien" von Religionslehrern. Andererseits dreht sich die Gesellschaft um Fragen von Landrecht, Wassernutzung und Handel, die jeweils unter der Kontrolle einer traditionellen Führungspersönlichkeit an der Spitze großer territorialer Entitäten stehen (*Bado*), die man gewöhnlich als Sultanate bezeichnet. Nach dem Untergang der Walasma-Dynasite im 17. Jh., die vom 13. Jh. an das multiethnische islamische Königreich von Adal kontrolliert hatte, wurde das fruchtbare Inlanddelta von eingewanderten Gruppen des nahen Hochlandes eingenommen (Haralla, Dobaa), die in das Volk der Afar integriert wurden. Dieser Integrationsprozess führte zur Entstehung des Sultanates von Awsa. Wegen seines Wohlstandes, der mit der landwirtschaftlichen Entfaltung des Gebietes aufblühte, und ebenso wegen der strategischen Lage an einer Haupthandelsroute, weitete dieses Sultanat seinen Einfluss über das gesamte südliche Afar-Gebiet aus. Bis heute bildet es das größte und mächtigste Sultanat der Afar. Der derzeitige *Amoyta* („König") ist Hanfadhe Alimirah, der vom Staat als traditioneller Herrscher der Afar anerkannt wird; er hat seinen Sitz in Aysaiita bei Samara. Abgesehen von der zentralen Region, die von Awsa kontrolliert wird, bestehen an der Küste die Sultanate von Baylul (im Nordosten, im heutigen Eritrea), Rahayta (an der zentralen südwestlichen Küste, heute geteilt zwischen Eritrea und Dschibuti) und Tadjoura

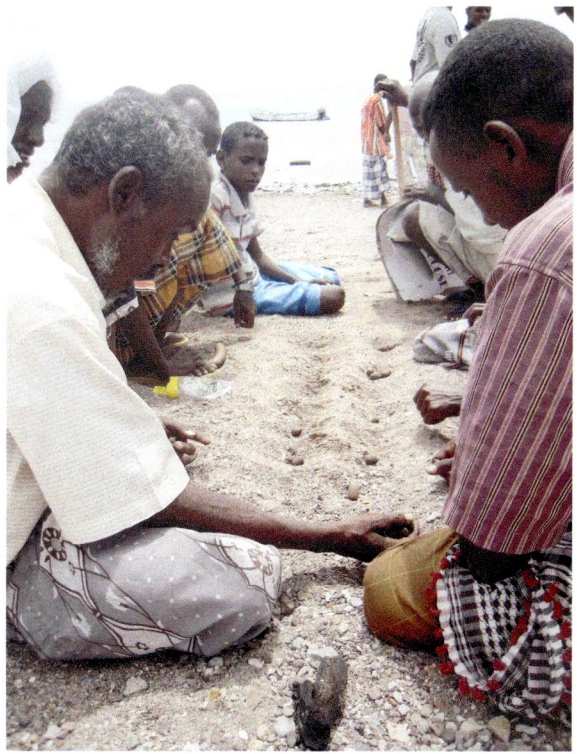

(oder Tagori, im Südwesten, in Dschibuti). Sie alle bestehen bis heute, nun in der Form lokaler traditioneller Entitäten bzw. Kleinsultanate. Das nördliche Binnenland von Afar stand unter der Herrschaft der Sultanate von Bidhu und Teru; das Sultanat von Gobaad lag in den südwestlichen Regionen der Afar. Der Herrscher von Awsa nahm sehr früh freundschaftliche Handelsbeziehungen mit den Königen von Shawa auf; diese profitierten ihrerseits von der über das Territorium von Awsa führenden sicheren Verbindung zum Roten Meer. 1875 verteidigte das Sultanat von Awsa seine Unabhängigkeit gegen eine ägyptische Expeditionstruppe, die von Tadjoura kam, und 1883 und 1888 unterzeichnete Awsa in-

Afar-Männer spielen *Gebeta* am Strand von Tadjoura, © Wolbert G.C. Smidt

ternationale Freundschaftsverträge mit Italien. Awsa akzeptierte erst im Jahre 1896
– dies nach mehreren Kriegen mit dem Königreich von Shawa – eine formelle Oberherrschaft der äthiopischen Herrscher. Allerdings bewahrte Awsa seine Autonomie,
ähnlich wie das Jimmaa-Königreich im Oromogebiet, und unterwarf sich der Kontrolle der äthiopischen Regierung erst 1944. Von 1916 bis 1921 gewährten die Herrscher von Awsa dem abgesetzten Herrscher Äthiopiens, *Lej* Iyasu, Asyl.

Zusätzlich zur Untergliederung der Afar in Klane und verschiedene Territori-
en trennen die meisten Afar zwei rivalisierende politische Koalitionen: Die Roten
(*Asayammara*) und die Weißen (*Adoyammara*). Diese Zweiteilung ist das Ergebnis
früherer Konflikte im 18. Jh. wegen des Graslandes rund um das Awashtal. Jedes der
oben erwähnten Sultanate stand unter der Kontrolle einer dieser beiden Gruppie-
rungen, und keine der beiden kann volle Kontrolle über Landrechte für sich beanspruchen und ist verpflichtet, jeweils die Ansprüche der Gegenpartei zu respektieren.
Durch lange Perioden haben Heirat und Vermischung zwischen beiden Gesellschaften die Unterschiede in manchen Regionen zumindest teilweise aufgelöst.

Religion. Die Afar sind fast vollständig Muslime. Der Islam wurde zunächst in den
Küstengebieten durch Religionslehrer arabischer Herkunft verbreitet, vermutlich
schon seit dem 9. Jh. Deren Abkömmlinge und spirtuelle Erben begründeten „heilige Familien", die sich in festen Siedlungen an den politischen Zentren der Afar
niederließen. Von diesen Zentren aus verbreiteten sie die Lehre des Islam unter den
Nomaden, die gleichzeitig aber einen Großteil ihres traditionellen vorislamischen
Glaubens und ihrer rituellen Praktiken beibehielten. Seit der Zeit der mystischen
Gründungsväter des Islam unter den Afar, wie z.B. *Shaykh* Ibrahim Warufi, gab es
erfolgreiche Bekehrungen durch gelehrte *Shayks*, denen die mündliche Tradition magische Fähigkeiten nachsagt und deren Schreine (auf der Spitze von Vulkanen) als
Schutzschilde betrachtet werden, die ihr Territorium beschützen. Die Qadiri-Sufi-Be-
wegung war federführend bei der Eingliederung der Afar in die regionalen Netzwerke
des Islam. Im 19. Jh. verfasste *Shaykh* Kabir Hamza Mahmud al-Awsiyi eine Reihe
von mystischen Gedichten und Traktaten auf Arabisch und in der Afar-Sprache. Die
Koexistenz zwischen formeller Befolgung islamischer Lehre und Gesetze und den
althergebrachten Bräuchen war stets ein Streitpunkt zwischen der konformistischen
Hanafi-Rechtsschule, die in Awsa verbreitet ist, und den eher reformistischen Positionen der Shafii, die die nördlichen Afar dominieren.

Sehenswürdigkeiten und Tourismus. Das Afardreieck beherbergt sehr frühe paläo-
anthropologische Fundstätten, wo Überreste des Australopithecus, so die berühmte „Lucy", gefunden wurden. Touristen reisen in die Afar-Senke, eine der heißesten
Wüsten der Welt, wo sich die farbenprächtigen Schwefelquellen von Dallol befinden,
und deren tiefster Punkt ca. 146 m u.d.M. liegt. Auch der Besuch des Gebietes der
traditionellen Salzförderung an den Salzseen nördlich von Berahle lohnt sich. Zudem
finden sich etliche Vulkane parallel zum Küstenverlauf; unter ihnen der Nabro, der
2011 ausgebrochen ist. Der Erta Ale ist einer der weltweit wenigen aktiven Vulkane
mit einem offenen Lavasee. Strikte Sicherheitsmaßnahmen sorgen für den Schutz der
Touristen. Jede Reise wird begleitet von in Afar stationierten Soldaten und professionellen Reisebegleitern, Ausgangspunkt ist meist Meqele in Tigray.

Literatur: DIDIER MORIN, „Afar", *EAE* I, 115f.; DIDIER MORIN, *Dictionnaire historique afar (1288–
1982)*, Paris 2003; GETACHEW KASSA, *Among the Pastoral Afar in Ethiopia*, Utrecht 2001.

Éloi Ficquet, École des hautes études en sciences sociales, Paris, Wolbert G.C. Smidt, Mekelle, Erfurt

Die Somali

Die Somali sind eine der größten ethnischen Gruppen am Horn von Afrika. Ihre genaue Zahl ist schwer zu ermitteln, da sie wegen kolonialer Teilung und Flucht über viele verschiedene Länder verteilt leben. Weltweit werden sie auf 16–17 Mio geschätzt. Innerhalb Somalias, das als eines der wenigen ethnisch homogenen Länder Afrikas gilt (obwohl es auch hier bisher kaum beachtete kulturelle Unterschiede zwischen den Gruppen gibt) leben bis zu 10 Mio Menschen. In Äthiopien, vornehmlich im Osten des Landes, gibt es ca. 4 Mio Somali. Kenia und Dschibuti kommen zusammen auf ca. 2 Mio Somali. Mindestens 1 Mio Somali leben als Flüchtlinge oder als dortige Staatsbürger in der weiteren Diaspora, auf der arabischen Halbinsel, in Nordamerika und Europa, aber zunehmend auch in Asien (Indien, Malaysia). Viele Somali sprechen neben ihrer Muttersprache (*Af soomaali,* einer ostkuschitischen Sprache) noch Arabisch, was in der Koranschule gelernt wird, und je nach persönlichem Lebens- und Migrationshintergrund noch Amharisch, Kiswahili oder weitere Sprachen.

Ursprung. Einige Ursprungsmythen der Somali stellen Verbindungen zu frommen Reisenden oder *Shaykhs* aus dem Hadhramaut im 14.–15. Jh. her, die sich im Norden der somalischen Halbinsel niederließen. Diese sind mit der Ausbreitung einer Sufiversion des sunnitischen Islam unter vielen Somali anerkannt und werden als Gründungsväter großer Abstammungsgruppen wie den Isaaq, Dir und Darood verstanden. Die linguistische Forschung verweist darauf, dass die Vorfahren der Somali aus dem Gebiet des Turkana-Sees (heute Nordwestkenia) ins Horn von Afrika einwanderten. Der Name Somali wurde erstmals im *Kebra Nagast* (14. Jh.) erwähnt, das den Sieg des Königs Yeshaq über muslimische Truppen am Horn von Afrika preist.

Über die Jahrhunderte vermischten sich die Somali mit Oromo-Gruppen. Die Oromo sprechen, wie die Somali, eine kuschitische Sprache und stammen gleichfalls aus der Gegend des Turkana-Sees. Im 16. Jh. zogen die Oromo bis in den Norden der somalischen Halbinsel. Außerdem landeten seit der Antike arabische und asiatische und später europäische Flüchtlinge, Missionare, Kaufleute und Abenteurer an der somalischen Küste am Golf von Aden und dem Indischen Ozean und schufen Handelsposten, Moscheen und Festungsanlagen. Sie wurden allmählich in die lokale Bevölkerung integriert, vor allem entlang der Benaadir-Küste des heutigen südlichen Somalia. Außerdem, vor dem Aufkommen der somalischen Nomaden vom Turkana-See, waren höchstwahrscheinlich Teile des südlichen Horns bereits von Bantu-sprechenden Landwirten bewohnt, sowie den Madhiban und anderen, die mit Jagd und Handwerk wie Schmiede- und Lederarbeit Erfahrung hatten. Im 19. Jh. brachte der arabische Sklavenhandel mehr Bantu-sprachige Gruppen, insbesondere aus dem heutigen Tansania, als Plantagenarbeiter nach Südsomalia. Die heute lebenden Somali sind somit von verschiedenen Einflüssen über die Jahrhunderte geprägt worden. Auf der anderen Seite bleibt es das Ideal vieler Somali, sich von den „Afrikanern" durch eine besonders „reine" Genealogie zu unterscheiden. Dies wird in der Regel mit der Vorstellung verbunden, arabischen Ursprungs zu sein – und damit der Wiege des islamischen Glaubens nahezukommen.

Der kulturelle Nationalismus (*Soomaaliniimo*) bestand bereits vor dem Aufkommen des politischen Nationalismus in Form der Idee eines Groß-Somalia (= Vereinigung aller Somali in einem Staat). Zentrale Bestandteile der kulturellen Identität vieler Somali sind dabei: der Sunni-Islam, die somalische Sprache (allerdings mit z.T. deutlichen dialektalen Varianten), und die Zugehörigkeit zu einer der bedeutenden

patrilinealen Abstammungsgruppen (Isaaq, Darood, Hawiye, Dir, Rahanweyn), die
wiederum in viele Klane und Linien untergliedert sind. Die Historische Forschung hat
gezeigt, dass die patrilineare Abstammung vieler Somali konstruiert ist. Dennoch ist
der Abstammungsmythos bis heute relevant. Gruppen wie die Jareer, Eyle, Madhiban
oder Yibir, die nicht zu einer der Klanfamilien gehören, gelten im lokalen Umgang oft
als unrein und sind von der Heirat mit Mitgliedern der dominierenden Gruppen ausgeschlossen. Andere Gruppen, wie Sheekhaal oder Asharaaf fungieren als religiöse Spezialisten. Sie führen ihre Herkunft direkt auf die Familie des Propheten Mohammed
zurück und genießen hohe Anerkennung; allerdings sind auch diese Gruppen meist
endogam. Die meisten der eben genannten „Minderheiten" sind traditionell durch ein
Klienten-Verhältnis mit den dominierenden Abstammungsgruppen verbunden.

Somali-Markt in Dschibuti, © Wolbert G.C. Smidt

Mobile Tierhaltung ist die grundlegende Wirtschaftsform vieler Somali. Kamele gelten als die wertvollsten Tiere und sind wichtige Symbole im politischen und kulturellen Leben. Staatliches Einkommen wird durch den Viehexport (Kamele, Ziegen
und Schafe) aus den somalischen Gebieten (einschließlich der Region 5 in Äthiopien)
erwirtschaftet, über die Häfen Berbera und Bosaso abgewickelt. Hauptabnehmer ist
Saudi Arabien. Neben Nomadenwirtschaft und Handel wird in einigen Gebieten
Ackerbau betrieben. Die Landwirtschaft hängt dabei wesentlich von den unregelmä-
ßigen Regenfällen ab und ist besonders in Regionen Südsomalias verbreitet. Entlang
der langen somalischen Küste leben die Bewohner auch von Fischerei.

Geschichte. Vor dem 20. Jh. hatte die somalische Gesellschaft im Grunde keine politische Zentralgewalt. Allerdings bestanden in der Zeit 12.–18. Jh. somalische Sultanate
oder Stadtstaaten am Horn von Afrika, die entlang der Karawanenrouten ihre Macht
konzentrierten. Das mächtigste Sultanat, das von Adal, hatte sein politisches Zentrum
in Harar. Hier kam 1527 Ahmad ibn Ibrahim al-Ghazi (Ahmad Grany, auch „Axmed
Gurrey") an die Macht. Er rekrutierte islamische Kämpfer aus den Gruppen der Afar

und Somali für seinen *Jihad* gegen das christlich-äthiopische Reich des Hochlandes. Mehr als ein Jahrzehnt lang kontrollierten seine Truppen weite Teile des nördlichen Horns und bedrängten das christliche Königtum. Die islamischen Kräfte wurden von den Osmanen unterstützt, dem christlichen König halfen dagegen portugiesische Truppen. Die Vormachtstellung der muslimischen Kräfte endete mit dem Tode Granys im Jahr 1543. Im Laufe der folgenden zwei Jahrhunderte verschwanden die somalischen Sultane. Nur im Süden der somalischen Halbinsel hielt sich das „Geledi-Sultanat" noch bis ins 19. Jh. Jenseits dieser Stadtstaaten lag die politische Ordnung im Somali-Gebiet vornehmlich in den Händen traditioneller Ältester. Ihre Aufgabe war es, die ökonomischen, politischen und sozialen Angelegenheiten ihrer Sippen zu regeln. Dabei beriefen sie sich auf das traditionelle Recht (*Xeer*). Allerdings blieb ihre Macht beschränkt und hing von der Unterordnung der Sippen ab. Das Fehlen einer starken politischen Führung erleichterte die koloniale Teilung der Somali.

Mit der Öffnung des Suezkanals im Jahr 1869 wurde die somalische Küste Bestandteil einer der wichtigsten Handelsrouten damaliger Zeit. Die strategische Bedeutung der Gebiete am Roten Meer und am Golf von Aden zeigte sich ab Mitte des 19. Jh. in der Auseinandersetzung etlicher europäischer Mächte, die sich dort etablieren wollten. Italien nahm den Hafen von Assab in Besitz (1869); der Khedive Ismail von Ägypten brachte die Somali-Küste bis zum Kap Guardafui (*Ras Asey*) unter seine Kontrolle, mit Harar im Binnenland, sowie den Häfen Zayla und Berbera. Als 1884 die Mahdirebellion im Sudan ausbrach, mussten sich die ägyptischen Truppen aus dem Somali-Gebiet zurückziehen. Das dadurch entstandene politische Vakuum wurde von europäischen Mächten und von Äthiopien gefüllt. Großbritannien schloss von den 1880er Jahren an Schutzverträge mit verschiedenen nordsomalischen Klanen ab. Die Italiener folgten wenige Jahre später diesem Beispiel und bemühten sich, den Nordosten und den Süden der Somali-Halbinsel zu kontrollieren. Kaiser Menilek II. von Äthiopien (1889–1913) weitete seinen Herrschaftsbereich von den 1880er Jahren an massiv aus, bis hinein in das somalisch besiedelte Tiefland (im heutigen Ostäthiopien). Im Jahr 1887 eroberten die kaiserlichen Truppen Menileks, noch vor seiner Inthronisation als Kaiser, Harar. Investitionen in die Armee und Waffenhandel mit europäischen Mächten (insbesondere mit Frankreich) sowie eine effektive Diplomatie ermöglichte Äthiopien die politische Position „auf Augenhöhe" mit den europäischen Kolonialmächten. Diese Position wurde durch den Sieg äthiopischer Truppen über ein italienisches Invasionsheer bei Adwa (1896) eindrucksvoll bestätigt. Im Jahr 1897 schlossen Äthiopien und Großbritannien einen Vertrag, der etwa ein Drittel der unter britischer Protektion stehenden Somali-Gebiete an Menilek II. überschrieb. Im Gegenzug versprach Äthiopien, sich neutral zu verhalten im Wettstreit zwischen Großbritannien und Frankreich um die Gebietskontrolle am Horn. Die von der britischen Krone losgelösten Gebiete umfassten den Ogaden, die Hawdregion und anliegende Weidegebiete. Bis heute war die Übertragung dieser für die somalische Hirtenwirtschaft wichtigen Region an Äthiopien in den Augen vieler Somali ein Fehler. Äthiopien etablierte ein hartes Kolonialsystem in diesem Gebiet. Bis in die Gegenwart (2016) ist die Somali-Region Äthiopiens von Unsicherheit und Willkür der Behörden und Sicherheitskräfte gegenüber der somalischen Bevölkerung geprägt.

Die Truppen Menileks II. trieben im Somali-Gebiet mit Gewalt Steuern ein. Die von Großbritannien eingeräumten Schutzgarantien hielten sie nicht ein. Einige Somali-Führer suchten dagegen ihre Stellung gegenüber Äthiopien durch eine Kooperation zu verbessern. In dieser Situation formierte sich der antikoloniale Widerstand im

Norden der Somali-Halbinsel. Um 1899 begannen die *Daraawiishta,* die Derwische, angeführt von Sayid Mohamed Abdille Hassan (Maxamed Cabdille Xasan, ca. 1864–1921), gegen britische und äthiopische Truppen und deren Verbündete zu kämpfen. Der Sayid, wie er von seinen Anhängern genannt wurde, entstammte dem Ogaden-Klan. Er war ein Religionsgelehrter, Dichter und Kämpfer. Ihm gelang es, über zwanzig Jahre eine schlagkräftige Truppe anzuführen. Zwischen 1913 und 1919 zogen sich die Briten aus dem Protektorat von Somaliland zurück. Der Krieg gegen die somalischen Guerillas wurde in den Zeiten des ersten Weltkrieges eingestellt. Die Derwische errichteten Festungen in Teilen Nordsomalias und fanden Unterstützer auch in den italienisch kolonisierten Gebieten im Nordosten und Süden oder der späteren Republik Somalia. Die Derwische wurden schließlich 1920 mittels einer großangelegten Offensive zu Land und aus der Luft von der britischen Armee und den Protektoratstruppen geschlagen. Mohamed Abdille Hasan floh nach Imey, tief in der heutigen Region 5 Äthiopiens, wo er wenig später einer Krankheit erlag. In der postkolonialen Zeit, insbesondere unter Präsident Mohamed Siyad Barre, wurde er zum Helden Somalias und Nationalisten emporgehoben.

In der ersten Verfassung Somalias (1960) wurde das Ziel formuliert, alle Somali am Horn unter einer politischen Herrschaft zu vereinen. Die Flagge des Landes zeigt einen weißen Stern auf blauem Grund. Die fünf Zacken des Sterns stehen für Britisch-Somaliland und Italienisch-Somalia, die sich am 1. Juli 1960 zur Republik Somalia zusammenschlossen, außerdem für die somalischen Gebiete in Dschibuti, Äthiopien und Kenia. Die Gebietsansprüche gegenüber den Nachbarstaaten führten Somalia in den 1960er und 1970er Jahren wiederholt in eine militärische Auseinandersetzung mit Äthiopien und Kenia. Mogadischu unterstützte in den 1960er Jahren den Aufstand der Somali in Nordkenia (den *Shifta*-Krieg). Im Jahr 1969 putschten hochrangige somalische Offiziere gegen die Regierung in Mogadischu und etablierten die Somalische Demokratische Republik, deren offizielle Ausrichtung sozialistisch und Moskau-freundlich war. Äthiopien war dagegen unter Kaiser Hayla Sellase eng mit dem Westen verbunden. Der Sturz des Kaisers und die Machtübernahme durch den *Darg* unter Mengistu Haile Mariam (1975–1991) stürzten Äthiopien zunächst ins politische Chaos. Somalia nutzte die Schwäche des Nachbarn, um seine Gebietsansprüche im Osten Äthiopiens mit Gewalt durchzusetzen, allerdings gegen den Willen Moskaus. Dies führte zum Ogaden-Krieg mit Äthiopien (1977–1978). Im Verlauf dieser Konfrontation wandte sich die sowjetische Führung von Somalia ab und unterstützte das zunächst unterlegene Äthiopien massiv mit Waffen und dem Transfer von bis zu 20.000 kubanischen Soldaten, mit deren Hilfe es gelang, die somalischen Truppen zurückzuschlagen. Die Niederlage hatte die Flucht hunderttausender Somali aus dem Ogaden nach Somalia zur Folge, und die Regierung in Mogadischu musste die ökonomischen und politischen Folgen des verlorenen Krieges verkraften. Die Unzufriedenheit mit der Regierung Mohamed Siyad Barres brach sich in einem Putschversuch im April 1978 Bahn und führte letztlich zur Gründung etlicher somalischer Guerillabewegungen, die von Äthiopien unterstützt wurden und denen es 1991 gelang, die Regierung in Mogadischu zu stürzen. Somalia versank in einem langanhaltenden Bürgerkrieg und ist bis heute (2018) Ziel verschiedener Militärinterventionen.

Jüngere Entwicklungen. Die Somali in Äthiopien gehören verschiedenen Abstammungsgruppen an. Allerdings machen die Ogaden, Teil der Darood-Klanfamilie, die Mehrheit aus. Lange Zeit (seit den 1960er Jahren) waren viele Somali in der heutigen

Region 5 Äthiopiens Verbündete des Widerstandes gegen die Macht Addis Ababas. Verschiedene Guerillabewegungen wurden etabliert (s. „Äthiopien und seine Nachbarstaaten", hier „Somalia") und von Mogadischu unterstützt. Die prominenteste Bewegung ist die Ogaden National Liberation Front (ONLF), die 1984 in Erscheinung trat und bis heute aktiv ist. Die ONLF kämpfte gegen den *Darg* bis 1991. Mit der Machtübernahme durch die Ethiopian People's Revolutionary Democratic Front (EPRDF) kam es kurzzeitig zu einer Kooperation zwischen der neuen äthiopischen Regierung und den somalischen Guerillas. Die föderale Neuordnung des Landes versprach den verschiedenen ethnischen Gruppen mehr Rechte und die Teilhabe an der Macht. Doch schon nach wenigen Jahren führten anhaltende politische Spannungen zur Wiederaufnahme des Kampfes durch die ONLF. Auch der Zerfall des Staates Somalia von 1991 an hatte Auswirkungen auf die Lage der Somali in Äthiopien. In den 1990er Jahren war vor allem die islamistische Gruppierung *Al-ittihad al-islamiya* (AIAI), die somalischen Ursprungs war, in Ostäthiopien aktiv. 1996 bombardierte die äthiopische Luftwaffe Stellungen der AIAI im Südwesten Somalias, an der Grenze zu Äthiopien. Äthiopien und Eritrea engagierten sich ab Mitte der 1990er Jahre im Bürgerkriegsland Somalia und unterstützten, im Zuge ihrer Feindschaft, rivalisierende somalische Milizen. Als im Jahr 2006 die Union der Somalischen Gerichtshöfe (Union of Islamic Courts) in Mogadischu an die Macht kam, deren „Jugendorganisation" *Al-Shabaab* war, stellte Asmara Berater und Waffenlieferungen bereit. Addis Ababa stützte die somalische Übergangsregierung (Transitional Federal Government – TFG) unter Präsident Abdullahi Yusuf. Ende Dezember 2006 marschierten offiziell ca. 16.000 äthiopische Soldaten in Südsomalia ein und schlugen, in Kooperation mit den Truppen der TFG, die islamistischen Einheiten zurück und brachten Mogadischu unter ihre Kontrolle. Dem folgte der Aufstand militanter Islamisten, in dessen Verlauf die *Al-Shabaab* an Kampfkraft gewann. Als sich die äthiopischen Truppen im Januar 2009 offiziell aus Somalia zurückzogen, um einer neuen, in Dschibuti etablierten, somalischen Übergangsregierung Platz zu machen, rückte die *Al-Shabaab* in die vakanten äthiopischen Stellungen vor. Bis Mitte 2011 kontrollierte die islamistische Miliz größere Teile Süd- und Zentralsomalias als De-facto-Regierung.

Im April 2007 griff die ONLF das Abole-Ölfeld bei Dhagaxbuur an. Ungefähr 70 äthiopische Soldaten und Arbeiter, sowie neun chinesische Angestellte der Firma Sinopec Limited (Öl- und Gasförderung), wurden getötet. Daraufhin begann die äthiopische Armee eine Anti-Guerilla-Offensive, im Zuge derer die äthiopischen Truppen massive Menschenrechtsverletzungen verübten. Die spezielle Polizeieinheit Liyu-Police, der Somali aus der Region angehörten, wurde eingesetzt, um besonders hart gegen mögliche Unterstützer der ONLF vorzugehen. Im Jahr 2012 begannen Friedensverhandlungen zwischen der äthiopischen Regierung und der ONLF, die bis 2016 zu keinem Abschluss gekommen sind. Gleichzeitig nahm Addis Ababa in ihre Region 5 Investitionen vor. Dies führte zu einem Entwicklungsschub besonders in den urbanen Zentren, wie der Regionalhauptstadt Jijjiga. Somali machen in Äthiopien zwar die dritt- (oder viert-)größte ethnische Gruppe aus, nach wie vor aber stehen sie politisch und ökonomisch am Rande und werden gelegentlich als potentielle Terroristen oder Aufständische mit Argwohn betrachtet.

Literatur: Tobias Hagmann, *Talking Peace in the Ogaden. The Search for an End to Conflict in the Somali Regional State in Ethiopia*, Nairobi 2014 (online unter *http://www.riftvalley.net/publication/talking-peace-ogaden#.VUZCJFP7tlc*); Mohamed Haji Mukhtar, *Historical Dictionary of Somalia*, Neue Auflage Oxford 2003.

Markus Höhne, Universität Leipzig

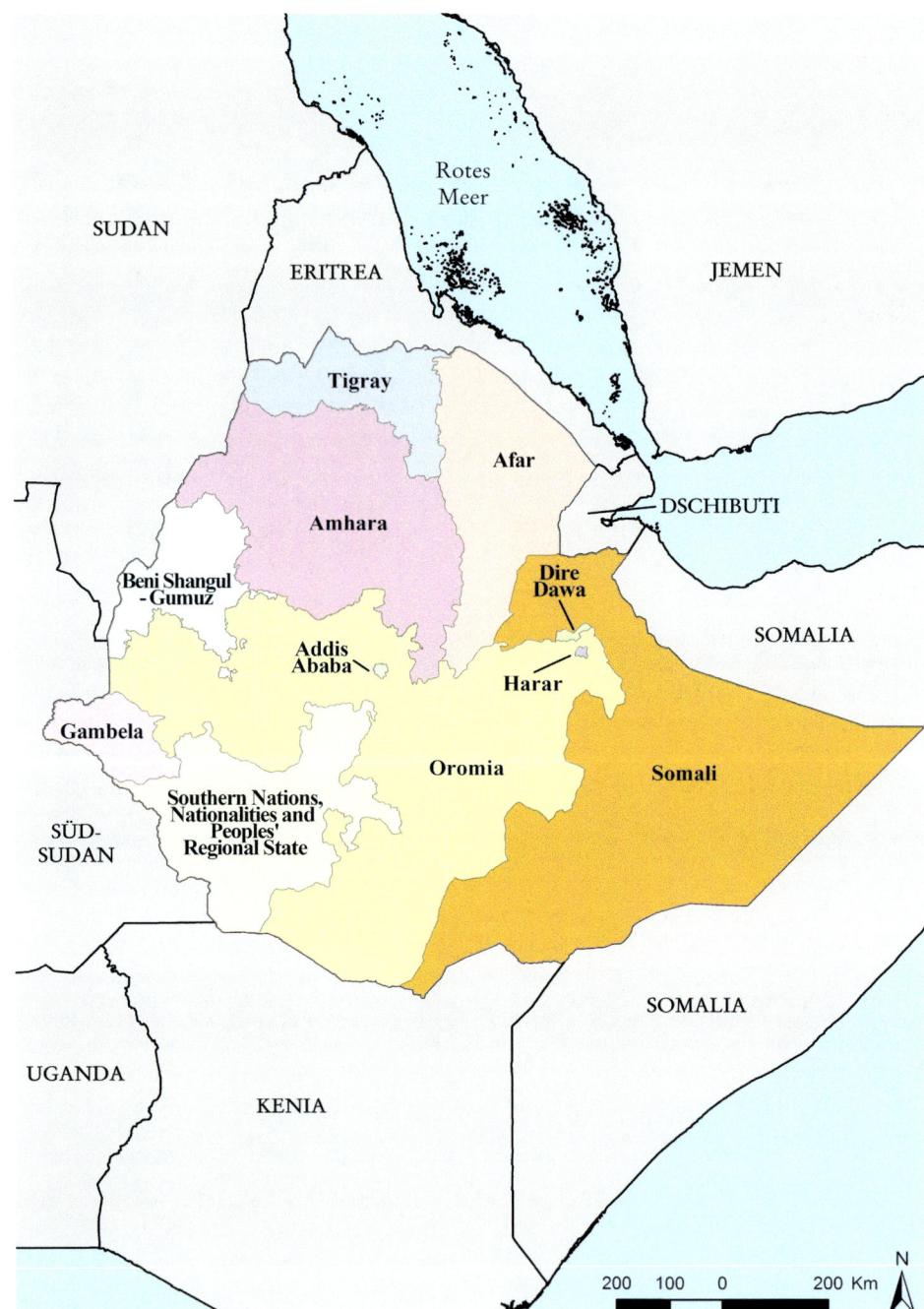

Karte 5: Regionalstaaten Äthiopiens, © Luisa Sernicola

Kapitel 4 Geschichte

Einführung

Die Geschichte Nordostafrikas nahm einen einzigartigen Verlauf. Nirgends reichen unsere Kenntnisse so weit zurück und finden wir so eindrucksvolle Dokumente wie hier: Das Hochland von Tigray und Eritrea, aber auch die Afarwüste geben bis in unsere Tage Skelettfunde von unseren Urahnen frei, die die Idee von der Wiege der Menschheit plausibel machen. Später zeugen Siedlungsanlagen aus der Zeit vom 1. vorchristlichen bis ins 1. nachchristliche Jahrtausend von einer einzigartigen Kultur mit hoher Sprachkunst, von einem organisierten Staatswesen mit städtischer Architektur, einem expandierenden Reich und ökomisch-politischem Zentrum, und mit Handelswegen, die bis in den mediterranen Raum, bis weit ins Innere Afrikas und bis an die Küsten Indiens reichen. Die Herrscher der Region waren mit wenigen Ausnahmen offen für die Begegnung mit Europa und Asien. Dabei dienten der Nil und das Rote Meer als vielbenutzte Straßen für Informationen, Sklaven und Handelsgüter.

Singulär für das subsaharische Afrika ist eine hochentwickelte Schriftkultur und sind Inschriften und Handschriften seit frühesten Zeiten. Auf diese Weise konnte die äthiopisch-eritreische Kultur weitgehend erhalten und dokumentiert werden. Andererseits bestimmen gewaltige Brüche die Geschichte des Horns von Afrika. Prägend war stets das ökonomisch-militärische Expansionsstreben, waren Gewaltherrschaft und große Führergestalten, war die Entfaltung höchster Kultur und immer das Ringen um nachhaltige Zukunftsstrategien.

Die durchgehende Ideologie vom 13. bis in die zweite Hälfte des 20. Jh. war der Legitimationsanspruch auf biblisch-alttestamentlicher Grundlage, eine Dynastie – aber dies ohne durchgehende dynastische Blutslinie –, die sich auf die Abstammung von Salomo (10. Jh. v.Chr.) und die „Königin des Südens" gründete. Die Salomoniden brachten ein Macht-, Militär- und Kulturzentrum am Tanasee und ab Ende des 19. Jh. am Entoto hervor. Sie wurden in der zweiten Hälfte des 18. Jh. während einer tiefgreifenden Schwächephase von konkurrierenden Provinzfürsten entmachtet, aber ergriffen wieder Mitte des 19. Jh. eine neue Chance mit dem in die Moderne strebenden Kaisertum. Das wiedererstarkte „Haus Salomo" öffnete die Region für die Welt, und führte Äthiopien-Eritrea in die internationale Gemeinschaft der Völker, bis eine rote Revolution die Herrschaft des Kaiserhauses abrupt beendete. Die Revolution selbst aber beraubte sich nach einer kurzen Phase des Aufbruchs in brutalem Machterhalt und in gesellschaftlich-ökonomischem Niedergang jeglicher moralischer Rechtfertigung und verschwand so schnell, wie sie sich erhoben hatte, von der Weltbühne. Von der ältesten Geschichte bis heute halten Krisen und Herausforderungen die Afrikaner und die Welt in Atem.

Paläontologie und Vorgeschichte

Insel Afrika. Zusammen mit der Tiefe des Alls und der Tiefe des Meeres ist die am weitesten zurückliegende Vergangenheit unseres Planeten eines der atemberaubendsten Grenzgebiete menschlicher Forschung. Die Gesteinswelt von Äthiopien bietet eine wunderbare und einzigartige Möglichkeit, das winzige Bruchstück der Vorvergangenheit zu erforschen, welche die Entwicklung der Menschheit einschließt. Nicht dass die Überreste menschlicher Vorfahren nur in Äthiopien gefunden werden – es ist dies eben das Land, in dem Wissenschaftler den reichhaltigsten Fund an menschlichen Fossilien erschlossen haben.

Einblicke in die älteste Vergangenheit Äthiopiens können für viele Jahrmillionen gewonnen werden, bevor die Vorgänger der Menschen begannen, auf zwei Beinen zu gehen. In den Schluchten des Blauen Nil bezeugen Fossilien, die älter als 140 Mio Jahre sind, eine zum Jurazeitalter gehörende Tierwelt mit riesigen fleischfressenden Dinosauriern. 50 Mio Jahre später sind auf dem äthiopischen Hochplateau kleine Überreste von Insekten und Pflanzen in Bernstein eingeschlossen worden und überdauern bis heute.

Zu dieser Zeit trennten sich Afrika und die Arabische Halbinsel von den anderen Südkontinenten und drifteten nach Norden. Lange nachdem die Dinosaurier von der Erde verschwunden waren (vor etwa 65 Mio Jahren), hat die äthiopische Fundstelle von Chilga (nahe des Tanasees) Fossilien von Pflanzen und Säugetieren aufbewahrt (vor 27 Mio Jahren), die eine so lange Isolation belegen. Sie erzählen uns vor allem von ausgestorbenen Verwanden der Elefanten und Klippschliefer, die es nirgendwo sonst gab. Sie lebten in einer üppigen Vegetation, die sich unter einem heißen und regenreichen Klima entwickelte.

Nach der Kollision von Insel-Afrika mit Eurasien bevölkerten neue Wanderer den Kontinent und insbesondere den Afrikanischen Grabenbruch. Dieser war das Ergebnis einer größeren geologischen Anhebung (begonnen vor 30 Mio Jahren), die das äthiopische Hochland bildete. Der langsame Einsturz und die vulkanischen Aktivitäten des Grabenbruches wirkten wie eine riesige Falle, in der Organismen, welche in Ostafrika lebten, starben und zu Fossilien wurden. Vom Roten Meer bis zum Malawi-See erfasste diese Senke die Hauptphasen der biologischen Entwicklung, die in dieser Gegend stattfand. Für die letzten 8 Mio Jahre erweist sich das äthiopische Segment als das repräsentativste.

Die frühesten aussagekräftigen Überreste, die sich im äthiopischen Grabenbruch erhalten haben, stammen aus der Zeit von vor 8 Mio Jahren und finden sich bei Chorora, nahe dem Südende des Afar-Dreiecks. Zusammen mit frühen Flusspferden und dreihufigen Verwandten der Pferde gefunden, war der *Chlororapithecus* ein großer Affe, den man mittels einer Handvoll Zähne identifizieren konnte. Diese Zähne deuten darauf hin, dass er höchstwahrscheinlich ein Vorläufer der Gorillas war; sie belegen eine Entwicklung, die vor der Trennung der menschlichen Linie und der Schimpansen-Linie stattfand.

Frühe Hominiden. Bei den Hominiden sind die frühesten bekannten Arten Äthiopiens der *Ardipithecus kadabba* (vor fast 6 Mio Jahren) und der *Ardipithecus ramidus* (vor 4,4 Mio Jahren). Beide wurden im mittleren Awash-Tal (Afar-Region) gefunden. Der *Ardipithecus kadabba* ist durch wenige Überreste bekannt; er ging höchstwahrscheinlich auf zwei Beinen und hatte etwas kleinere Eckzähne als die Schimpansen. Der *Ardipithecus ramidus* wird vor allem belegt durch das älteste Skelett eines menschlichen Vorfahren mit Spitznamen „Ardi".

Dies ist eine wichtige Entdeckung, weil Überreste unserer Vorgänger so selten sind: von 1.000 fossilen Knochen, die in Ostafrika entdeckt wurden, gehören weniger als zehn den Vorgängern des Menschen an, und es sind zumeist nur einzelne Zähne. Daher

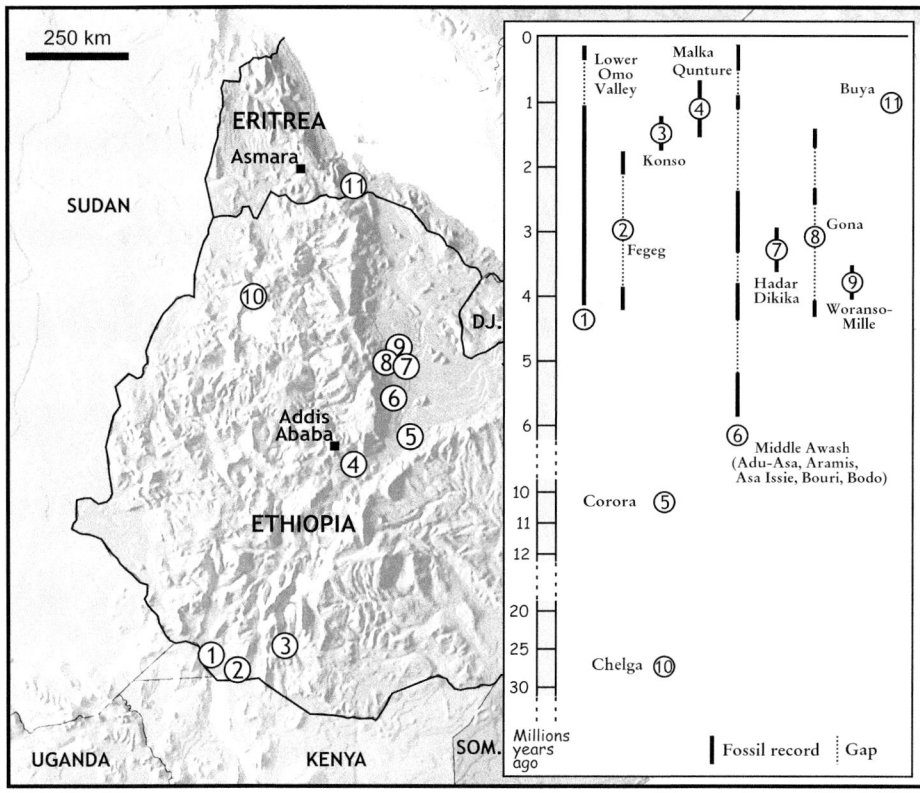

Tabelle 9: Raum- und Zeitübersicht der wichtigsten paläontologischen Fundstätten Äthiopiens und Eritreas, © Jean-Renaud Boisserie

liefert uns „Ardi", trotz seiner Unvollständigkeit, eine Fülle von Informationen. Wegen der geringen Größe seiner Eckzähne im Vergleich mit solchen anderer Exemplare des *Ardipithecus ramidus* wissen wir, dass „Ardi" ein Weibchen war. Ihr flacher Schädel deutet an, dass die Hirnkapazität ähnlich der der Schimpansen war. Durch die Hüftknochen wissen wir, dass sie häufig auf zwei Beinen ging, aber auch noch die Fähigkeit zum Besteigen von Bäume besaß. Dazu passt, dass ihr großer Zeh wie bei den Schimpansen und Gorillas gegenständig war. Dagegen ähnelten ihre Hände und Handgelenke eher denen der Menschen, und sie ging nicht auf den Knöcheln wie Schimpansen. Neben dem *Ardipithecus* wurden viele andere Überreste von Tieren entdeckt, welche darauf hinweisen, dass sich die „Bodenaffen" (*Ardi* = „Boden" im Afar) in Lebensräumen mit reichlich vorhandenen Bäumen aufhielten, was sich von der heutigen Landschaft ostafrikanischer Ebenen, die überwiegend mit Gras bewachsen sind, unterscheidet.

Die folgenden Vorfahren des Menschen in Äthiopien gehören zur Gattung des *Australopithecus*, die wie der *Ardipithecus* durch eine mäßige Hirngröße gekennzeichnet sind, aber bessere Fähigkeiten zum Gehen auf zwei Beinen hatten. Der *Australopithecus afarensis* ist eine besonders gut dokumentierte Art, die zwischen 3,7 und 2,9 Mio Jahren datiert ist. Die international berühmte „Lucy" – oder *Denqenash* auf Amharisch – gehört zu dieser Gattung und wurde 1974 in Hadar, nördlich des mittleren Awash, gefunden. Damals war dieses Teilskelett eines der ältesten bekannten fossilen Urmenschen. Obwohl wir heute wissen, dass „Lucy" in unserer Entwicklungsgeschichte

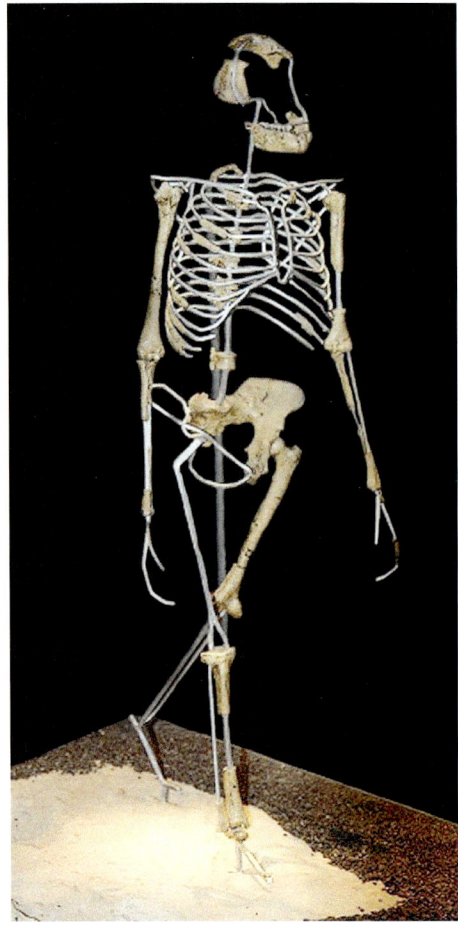

Australopithecus afarensis, © Senckenberg Museum Frankfurt a.M., Foto: Petra Karstedt

nur auf halbem Wege war, bleibt sie ein wichtiger Bezugspunkt, mit dem alle neuen Entdeckungen verglichen werden. Die Art *Australopithecus afarensis* ist auch durch viele andere Exemplare von verschiedenen Fundstellen in Afar bekannt, darunter das Teilskelett eines Babys mit dem Spitznamen „Salam" aus Dikika. Zusammengenommen bieten sie das Bild einer anpassungsfähigen Art, die eine Vielfalt von Lebensräumen bewohnte.

Die Entwicklung des Menschen. Ab der Zeit von vor 3 Mio Jahren werden Hominiden nicht nur in Afar gefunden, sondern auch im südlichen Teil des äthiopischen Grabenbruchs. Einen für die menschliche Entwicklung und die Umweltveränderungen zwischen 3 und 1 Mio Jahren höchst bedeutsamen Fund an Fossilien lieferte Shungura im unteren Omotal. Der Befund von dieser Stelle ist fast ununterbrochen, besonders gut datiert und für diesen Zeitabschnitt weltweit ohne Parallele. Er bezeugt vor allem die Entwicklung von robusten Verwandten des Menschen (darunter der *Paranthropus aethiopicus* und der *Paranthropus boisei*), die besonders große, zum Mahlen gut geeignete Backenzähne ausbildeten und vor etwa 1,3 Mio Jahren ausstarben. Einige der frühesten bekannten Vertreter der Gattung *Homo* (zu der unsere Art, der *Homo sapiens*, gehört) wurden ebenfalls bei Shungura gefunden. Die genauen geologischen Gegebenheiten dieser Fundstelle erlauben es, diese Vorfahren des Menschen sowie andere Lebewesen und deren morphologische Veränderungen mit einer zunehmenden Trockenheit und Abkühlung in Verbindung zu bringen, welche die Erdentwicklung seit 2,8 Mio Jahren bestimmen.

Aus ungefähr derselben Periode liegen die frühesten Belege materieller Kultur in Äthiopien vor. Dies sind relativ einfache Werkzeuge aus Basalt oder Quarz; kommen aus Gona und Hadar in der Afar-Region (2,6 bzw. 2,3 Mio Jahre), sowie aus Shungara (2,3 Mio Jahren). Es ist unklar, welche Art der menschlichen Vorfahren zuerst begonnen hat, Werkzeuge anzufertigen, aber aus der Zeit 2,5 Mio Jahre vor uns gibt es Überreste des *Austrolopithecus garhi*, die in unmittelbarer Nähe von Knochen gefunden wurden, die Schnittmarken von Steinwerkzeugen tragen.

Neue Techniken in der Steinbearbeitung kamen vor etwa 1,8 Mio Jahren auf und wurden erstmals in Konso (Südäthiopien) registriert. Charakteristisch dafür war besonders die Herstellung von Faustkeilen. Sie stammen aus der gleichen Zeit wie die Entwicklung des *Homo erectus*, in Konso belegt vor 1,4 Mio Jahren, ebenso wie im mittleren Awash und in Buia vor 1 Mio Jahren. Dieser menschliche Vorfahr mit größerer Hirnkapazität und größerer Statur ist der erste, der sich nach Eurasien ausbreitete, und er ist auch der Vorfahr späterer menschlicher Arten.

Darunter sind die frühesten bekannten Vertreter des *Homo sapiens* unserer Art, die aus der Zeit von 200.000 bis 160.000 Jahren vor uns in Äthiopien – im unteren Omo-Tal und bei Herto im mittleren Awash – gefunden wurden. An der letztgenannten Fundstelle kamen drei Schädel von anatomisch modernen Menschen (zwei Erwachsene und ein Kind) zutage mit Spuren, die darauf schließen lassen, dass diese Individuen, bekannt als *Homo sapiens idaltu*, bestimmten Bestattungspraktiken unterzogen wurden – und dies 60.000 Jahre vor den frühesten bekannten Gräbern.

Vom *Ardipithecus kadabba* bis zum *Homo sapiens idaltu* beherbergt Äthiopien somit die meisten Hauptphasen der morphologischen wie kulturellen Entwicklung zum Menschen und hat kritische Einsichten in unsere afrikanischen Wurzeln geliefert. Noch viele weitere Entdeckungen werden dazukommen, vor allem aus den Fossilfundstätten des Awashtals in der Afar-Region und dem unteren Omo-Tal, die als UNESCO-Weltkulturerbe anerkannt wurden.

Literatur: JEAN-RENAUD BOISSERIE, „Palaeontology", *EAE* IV, 104–107; JEAN-RENAUD BOISSERIE, „Ardipithecus ramidus and the Birth of Humanity", *Annales d'Éthiopie*, 25 (2010), 270–281.

Jean-Renaud Boisserie, Centre National de la Recherche Scientifique, Addis Ababa und Poitiers

Geschichte Aksums

Die Bedeutung Aksums. Das aksumitische Reich wird nach seiner Hauptstadt Aksum benannt, die im Zentrum des nordäthiopischen Hochlandes von Tigray, nicht weit von der äthiopisch-eritreischen Grenze, liegt und schon in der Antike eine Drehscheibe für die Handelsrouten zwischen der alten Hafenstadt Adulis an der Küste des Roten Meeres und den innerafrikanischen Gebieten war, die sich bis weit in die Niederungen nördlich und westlich des äthiopischen Hochlandes erstreckten. Das Königreich von Aksum ist für die äthiopische Geschichte so wichtig, dass sich die allgemeine Periodisierung daran orientiert.

Archäologen und Historiker unterscheiden: a) eine vor-aksumitische Periode (8./7. Jh. v.Chr. bis 1. Jh. n.Chr.), bestehend aus einer südarabisch beeinflussten Phase (7. bis 4. Jh. v.Chr), die durch ca. 200 sabäische Inschriften belegt ist, b) eine früh-aksumitische Phase (4. Jh. v.Chr. bis 1. Jh. n.Chr.), die nur archäologisch definiert ist; c) die eigentliche aksumitische Periode (1. bis 7. Jh. n.Chr.); d) eine nach-aksumitische Periode (8. bis 11. Jh. n.Chr.), die der Zagwe-Periode (12. und 13. Jh. n.Chr.) vorausgeht.

Obwohl durch sehr vielfältige archäologische Beweise in der ganzen Region von Aksum, insbesondere auf den nahe gelegenen Hügeln, schon seit dem 1. Jt. v.Chr. frühere Siedlungen nachgewiesen wurden, meint man allgemein, dass sich das aksumitische Königreich als eigene politische Einheit spätestens Mitte des 1. Jh. n.Chr. herausgebildet hat. Zu dieser Zeit findet der Name Aksum erstmals Erwähnung, und zwar im *Periplus maris Erythraei* (50/60 n.Chr.), einer Art Handbuch für römische Kauffahrer, die die Routen vom Mittelmeer durch das Rote Meer in den Indischen Ozean befuhren.

Als eine „Afrikanische Zivilisation der Spätantike", wie Stuart C. Munro-Hay sie genannt hat, reichte das aksumitische Königreich mit dem ausgeprägten Profil einer politischen Einheit und als zeitweise bedeutende Regionalmacht zumindest bis in die erste Hälfte des 7. Jh. n.Chr. Danach setzte ein rascher Niedergang ein, der durch den zunehmenden Einfluss des Islam auf die zuvor von Aksum kontrollierten Handelsrouten beschleunigt wurde.

Zu den größten Errungenschaften, die die Geschichte Aksums kennzeichnen, kann man zählen:

1. die Bildung eines hegemonialen Reiches, das seinen direkten oder indirekten Machtbereich allmählich ausdehnte, und zwar weit über die Grenzen des Stadtgebietes hinaus bis in die südlichen Gebiete des Semen, nach Meroe (im 3. Jh. n.Chr.) und nach Südarabien (im 3. Jh. n.Chr. und vom Ende des 5. bis ins 6. Jh. n.Chr., über einige Jahrzehnte hindurch sogar kontinuierlich): dieses königliche Erbe blieb in der äthiopischen Erinnerung als Idee erhalten und spielte eine große Rolle bei der Ausprägung der Identität späterer christlich-äthiopischer Königreiche.

2. Die eigene Sprache, nämlich das semitische Ge'ez (oder Klassisch-Äthiopisch), das als Literatursprache bis ins 19. Jh. in Gebrauch war und noch heute in der kirchlichen Liturgie verwendet wird, ebenso als traditionelles Element in der christlich-religiösen Bildung.

3. Die in der 1. Hälfte des 4. Jh. einsetzende Christianisierung des Landes und die bleibenden Auswirkungen des monophysitischen Christentums und seiner Institutionen wie des Mönchtums, vor allem auch durch die institutionelle Abhängigkeit der aksumitischen Kirche vom Bischofsstuhl – später vom Patriarchat – von Alexandria in Ägypten.

4. Eine Literatur mit ihren Gattungen, vor allem die Übersetzung der Bibel und anderer christlich-religiöser Schriften, die einen Großteil der späteren literarischen Produktion bestimmten.

Quellen der Geschichte Aksums. Im Unterschied zur vor-aksumitischen Periode, die durch einen Mangel an schriftlichen Belegen (lediglich kurze südarabische Inschriften) und durch ein absolutes Vorherrschen archäologischer Quellen gekennzeichnet ist, haben wir, beginnend mit der aksumitischen Periode – neben den großen und eindrucksvollen archäologischen Denkmälern, unter denen sich die berühmten Stelen von Aksum und mehrere monumentale Komplexe befinden – eine breite Palette einheimischer und nichtäthiopischer Schriftquellen.

Dazu zählen die aksumitischen Königsinschriften in Ge'ez (diese in äthiopischer und in sabäischer Schrift) und Griechisch. Weiterhin gehören dazu die Literaturwerke von Kirchenvätern über aksumitische Ereignisse. Einige Ereignisse, insbesondere der Feldzug des Königs Kaleb nach Südarabien im Jahre 525, sind ausführlich dokumentiert, und dies in mehreren Sprachen des christlichen Orients (Griechisch, Syrisch, Arabisch, und dazu wiederum sabäische und Ge'ez-Inschriften). Außerdem wurde vom Ende des 3. Jh. n.Chr. an eine fast durchgehende Serie von Münzen in Gold, Silber und Kupfer geprägt. Die Legenden auf diesen Münzen bezeugen auf Griechisch und Ge'ez die aksumitischen Könige bis in die ersten Jahrzehnte des 7. Jh. n.Chr.

Sie belegen auch, so die Inschriften des Königs Ezana, den entscheidenden Schritt vom Heidentum zum Christentum, der sich Mitte der ersten Hälfte des 4. Jh. vollzog. Eine bemerkenswerte Errungenschaft der neueren Forschung – durch Radio-Karbonanalyse bestätigt – ist die Datierung von zweien der drei Kodizes der „Vier Evangelien von Abba Garima" (nahe Adwa, im nördlichen Tigray) in die Periode des aksumitischen Königreichs, nämlich ungefähr ins 5. oder 6. Jh. Das wären die absolut ältesten Ge'ez-Handschriften, und sie würden überhaupt zu den ältesten illustrierten christlichen Bibelhandschriften weltweit gehören. Neben den antiken literarischen, archäologischen und numismatischen Belegen gibt es eine weitere Quelle für die aksumitische Geschichte: die lokalen Überlieferungen, mündlich wie schriftlich,

als historische, erzählerische oder hagiographische Geschichten. Dazu gehören halb-
oder pseudohistorische Dokumente, wie Königslisten, Traditionen alter Klosterstif-
tungen, etc., deren Zuverlässigkeit meist sehr zu bezweifeln ist.

Ein berühmtes Beispiel dafür ist das der legendären Königsbrüder Abreha und
Atsbeha, denen die Einführung des Christentums zugeschrieben wird. Das zugrun-
deliegende Ereignis basiert auf dem Leben Ezanas, der tatsächlich mit seinem Bruder
regierte, während die Namen aus der Zeit des Königs Kaleb stammen: Kaleb führte
auch den Namen Ella Atsbeha, und ein Abreha genannter König herrschte in Südarabien (s. „Geschichte und Glaube der Äthiopisch Orthodoxen Kirche").

Ein chronologischer Abriss. Eine grobe Chronologie der aksumitischen Zeit lässt sich
wie folgt skizzieren:

Im 1. Jh. n.Chr., in der früh-aksumitischen Zeit (ca. 50–150 n.Chr.), bezeugt der
oben erwähnte *Periplus maris Erythraei* die Namen dreier Städte: Aksum (*Aksomites*),
Adulis (*Adouli*) und Qohayto (*Koloe*), die durch Handelsinteressen in Verbindung
stehen. Dabei wird auch ein König Zoskales erwähnt, in Beziehung entweder mit
Aksum oder mit einem eigenen Königreich an der Küste. Das beweist die Ausdehnung der hellenistischen Kultur in der Region.

Unterirdische Grabanlage, Stelenfeld, Aksum, © Serge Dewel-Mouton

Im 2. und 3. Jh. n.Chr. (klassische archäologische Periode, ca. 150–400 n.Chr.)
wird ein König Sembrouthes in einer griechischen Inschrift (in dessen 25. Regierungsjahr) bezeugt; er könnte identisch sein mit dem König einer am Anfang un-
vollständigen Inschrift, die als *Monumentum Adulitanum* (2. Teil) bekannt ist und
aus dem 27. Regierungsjahr des ungenannten Königs stammt. Darin beschreibt der
König seine Siege im Inland, gegen Norden und Süden, sowie über das Rote Meer
hinweg. Im selben Jahrhundert (ca. 200–275 n.Chr.) wird die Herrschaft Aksums
über Teile Südarabiens durch sabäische Inschriften bezeugt.

Dabei werden folgende Könige erwähnt: 'DBH (König der Aksumiten), BYGT
(Sohn des Königs), GRMT (Sohn des Königs der Aksumiten), DTWNS und ZQRNS
(zwei Könige von Abessinien). Schon um das 3. Jh. n.Chr. erscheint die älteste bekannte

Ge'ez-Inschrift auf einem Metallobjekt (vielleicht ein Zepter) und nennt einen GDR(T), König (*Ngsy*) von Aksum (vielleicht mit GDRT der südarabischen Inschriften identisch). Zu den ältesten Belegen der Ge'ez-Sprache gehören auch noch andere Inschriften.

Im letzten Jahrzehnt desselben Jahrhunderts hat ein König mit Namen Endybis als Erster in einer Reihe der Herrscher Münzen prägen lassen, von denen wir nur den Namen wissen, gefolgt von Afilas und WZB. Die Macht von Aksum wuchs im 3. Jh. zu einer solchen Größe, dass es in den *Kephalaia*, einem manichäischen Text, als eines der vier mächtigsten Königreiche der Welt bezeichnet wird.

Im 4. Jh. wurde Meroe von Aksum erobert, und zwar von Ella Amida, Vater des Ezana und möglicherweise des Ousanas (I.). So bezeugt durch Inschriften. In der ersten Hälfte des 4. Jh. (ca. 330–340) ist der Christ Frumentius von Tyrus (in der äthiopischen Tradition als *Abba* Salama bekannt) als königlicher Sekretär und Archivar für Ezana in Aksum tätig. Dieser König (ca. 330–370) ist durch Münzen und, zusammen mit seinen Brüdern S'ZN und HDF, in mehreren Inschriften – sowohl der heidnischen (wir kennen die Namen der besonderen und nicht zum semitischen Pantheon gehörigen Gottheiten) als auch der christlichen Inschriften – überliefert. Frumentius war der Initiator für die Übernahme des Christentums durch den König. Noch zu dessen Zeit könnte auch der Bau der Kirche in Aksum (die später als Kathedrale bekannt gewordene *Gabaza Aksum*) und der Beginn der Bibelübersetzung aus dem Griechischen ins Ge'ez anzusetzen sein.

Einige Zeit nach 346 wurde Frumentius/*Abba* Salama von Athanasius in Alexandria zum Bischof geweiht. Vor und nach dieser Begegnung können die Gesandtschaften des Theophilus des Inders, zunächst nach Himyar in Südarabien und dann nach Aksum, stattgefunden haben. Einige Jahre später erwähnt Athanasius von Alexandria in seiner zweiten *Apologia ad Constantium* (ca. 357) Aizanas und Sazanas als Herrscher Aksums. Aus derselben Zeit stammt ein römisches Gesetz, das Reisenden nach Aksum oder Himyar verbietet, länger als ein Jahr in Alexandria zu verweilen.

Während das Christentum in Aksum Fuß fasste, setzte sich um ca. 380 an der gegenüberliegenden Küste des Roten Meeres ein anderer Monotheismus durch und festigte die Konversion zum Judentum im 6. Jh.

Im 5. Jh. (mittlere archäologische Periode Aksums, ca. 400–550) findet sich die Erzählung von der Christianisierung des Königreichs Aksum durch Frumentius bereits beim Kirchenhistoriker Rufinus von Aquila in seiner *Historia Ecclesiastica* (402/403). Eine Reihe von Königen wird nur durch Münzen überliefert (Ouazebas, Eon, MHDYS, Ebana, Nezana, Nezool, Ousas, Ousanas, Ella Amida [II.]), bis hin zum Vater des Kaleb, einem auch inschriftlich überlieferten Tazena. Im selben Jahrhundert (ca. 420) wird ein Bischof Moses von Adulis erwähnt, notiert in einer Palladius zugeschriebenen Schrift („Über die Völker Indiens und die Brahmanen"). Das ökumenische Konzil von Ephesus (431) und das von Chalcedon (451), dessen Beschlüsse von der Alexandrinischen Kirche verworfen wurden, dürften der Anlass für die Sammlung des *Qerellos* gewesen sein, einer der wichtigsten patristischen Schriften aus der aksumitischen Periode. Die Kanonrechtssammlung, bekannt als „Aksumitische Sammlung" (*Sinodos*), gehört wahrscheinlich auch in diese Zeit. Schließlich wurde ca. 478–486 der Mönch Thomas von St. Euthymius zum Bischof von Abessinien ernannt.

Ein Erlass des römischen Kaisers Zeno (reg. 474–475 und 476–491), das *Henotikon* (das Einheitsedikt von 482), könnte für das Kommen von Mönchen und Priestern aus dem Byzantinischen Bereich nach Aksum Ende des 5. Jh. und zu Beginn des 6. Jh. verantwortlich gewesen sein; diese Bewegung wird gelegentlich als die „zweite Christianisierung" Äthiopiens bezeichnet.

Damit ist die Gründung von Kirchen und Klöstern verbunden, die den „Neun Heiligen" zugeschrieben wird, zur Tradition, die tatsächlich aber nicht früher als beinahe zehn Jahrhunderte nach den Ereignissen Realität wurde. Dasselbe gilt – trotz entsprechender lokaler Überlieferungen – für die Existenz der beiden Hl. Libanos (auch Mata genannt) und Yared. Dies ist auch ein mögliches Datum für die ältesten Ge'ez-Handschriften, die erhalten sind: die erwähnten beiden Kodizes der Vier Evangelien von Abba Garima.

König Kaleb ist (noch deutlicher als Ezana) der am besten dokumentierte aksumitische König. Dies ist durch Ge'ez-Inschriften, Münzen und eine reiche literarische Überlieferung belegt, die seine Feldzüge gegen den jüdischen König Y(W)SF 'S'R YTH'R/Dhu-Nuwas in Südarabien behandeln, der dort die Christen, einschließlich der Aksumiten, verfolgt hatte.

Die erste Militärexpedition, die vor 518 stattfand, stand unter der Führung von HYN, wahrscheinlich einem General Kalebs; sie ist aber schon zur Zeit des Bischofs Euprepius von Aksum (ca. 514–530) anzusetzen. Eine zweite Expedition wurde nach einer um 522–523 berichteten, noch härteren Verfolgung unternommen, die auch die Oase von Najran traf. Wie in sabäischen Inschriften vermerkt, fielen damals mehrere tausend Christen einem Massaker zum Opfer. Von Vorbereitungen zu einer aksumitischen Militärexpedition schrieb auch Cosmas Indicopleustes in Adulis (ca. 520). Bei dieser Gelegenheit kopierte er das *Monumentum Adulitanum*, das er später in seine *Christliche Topographie* einfügte. Kalebs entscheidender Feldzug, der durch eine byzantinische Flotte unterstützt wurde, fand 525/530 statt; in diese Jahre oder etwas früher fällt auch eine der beiden byzantinischen Gesandtschaften nach Aksum, die von Julian (ca. 525/531) und die von Nonnosus (zwischen 531 und 542).

Nach dem vollständigen Sieg der Aksumiten, bei dem der jüdische König besiegt wurde und den Tod fand, wurde Südarabien durch einen von Kaleb eingesetzten, einheimischen König, einen gewissen SMYF' 'SW' (ca. 530/535), regiert, der aber wenige Jahre später von Abreha gestürzt wurde; dieser konnte sich in Südarabien über mehrere Jahrzehnte behaupten (ca. 535–ca.565), dürfte aber an Aksum Tribut gezahlt haben. Nach dem in der islamischen Tradition so genannten Jahr des Elefanten (ca. 565) wurde Südarabien durch die Sassaniden besetzt (ca. 570/575).

In der Zeit nach Kaleb (der bereits einen jüdischen Namen trug) – archäologisch gesehen in der spät-aksumitischen Periode (ca. 550–700) – sind weitere Könige auf Münzen verzeichnet mit Namen, die das jüdische Erbe wiederspiegeln: Esrael, vielleicht identifizierbar mit dem legendären Kalebsohn Gabra Masqal; oder auch W'ZB, inschriftlich verbürgter Sohn Kalebs (vermutlich auch mit Gabra Masqal gleichzusetzen); Gersem, Ioel und Hetaza (Vater des Ella Tsaham?). Sie sind auf Münzen bezeugt. Etwa um diese Zeit (ca. 570/580) war Aksum, so wird berichtet, dem Einfluss von Anhängern des Julian von Halicarnassus ausgesetzt, die als Dissidenten predigten.

Zwischen dem 6. und 7. Jh. lässt sich der Niedergang von Aksum an der abnehmenden Qualität seiner Münzen ablesen. Die letzten Könige waren – nach einer hypothetischen Rekonstruktion – Ella Gabaz (II.) und Armah. In den literarischen Quellen wird ein Ella Tsaham genannt, der wahrscheinlich als *Najashi* al-Atsham b. Abjar (der vielleicht zu al-Atsham b. al-Hataz verbessert werden könnte) zu identifizieren ist; er gewährte den ersten Muslimen während der sog. ersten *Hijra* (ca. 615/616) Zuflucht und Schutz.

Es gibt noch immer keine gänzlich überzeugende Hypothese, mit der man das Ende oder zumindest den Niedergang des Königreichs von Aksum erklären kann. Es scheint, dass die islamische Expansion die Hauptrolle spielte, zumal die Muslime sehr früh die Handelsrouten am Roten Meer kontrollierten. Bereits 702 n.Chr. waren die Dahlak-Inseln von Muslimen besetzt, und von 864 n.Chr. stammt die früheste datierte islamische Inschrift dieses Inselarchipels. Zur selben Zeit gab es Wanderbewegungen im Inland (so im 8. Jh. die Wanderungen der sog. Rom/Balaw aus dem Norden zum eritreischen und nordäthiopischen Hochland), die die ethnische Struktur des nördlichen Hochlandes grundlegend veränderten.

Verschiedene Quellen der späteren Jahrhunderte berichten von Zerstörungen in Aksum, und es gab einen allgemeinen Verfall der materiellen Kultur (dies gehört in die nach-aksumitische archäologische Periode, ca. 750–1000). Die späten und sehr unsicheren epigraphischen Belege (die sog. Inschriften des *Hatsani* Daneel) sind dafür ein beredtes Zeugnis. Für viele Jahrhunderte war Aksum nun zu einer kleinen Siedlung verkümmert und hatte aufgehört, die Hauptstadt des christlichen Königreichs zu sein.

Literatur: STUART MUNRO-HAY, *Aksum. An African Civilisation of Late Antiquity*, Edinburgh 1991; DAVID PHILLIPSON, *Foundations of an African Civilisation: Aksum & the Northern Horn 1000 BC–AD 1300*, Woodbridge, Suffolk 2012; PAOLO MARRASSINI, *Storia e leggenda dell'Etiopia tardoantica. Le iscrizioni reali aksumite*, Brescia 2014.

Alessandro Bausi, Universität Hamburg

Vor-aksumitische Kultur

Definiton. Der Begriff „vor-aksumitische Kultur" wird allgemein verwendet für die archäologischen Belege für ein Gemeinwesen, das eine staatliche Komplexität hatte und unbestreitbar südarabische Züge aufwies. Es bildete sich um die Mitte des 1. Jt. v.Chr. in Tigray (Nordäthiopien) und in Zentraleritrea heraus. Die wichtigsten Fundstätten sind Yaha, Hawelti, Melazo, Kidana Mehrat, Seglamen in Zentraltigray, Mazbar und Maqaber Gaewa (Wuqro) in Osttigray, sowie Matara, Addi Grameten und Kaskase in Zentraleritrea. Archäologische und epigraphische Befunde legen es nahe, dass das Kerngebiet des Staates anfänglich im Raum von Yaha und Aksum lag. Dort wurden die ältesten Königsinschriften entdeckt. Die Datierung der vor-aksumitischen Kultur wird vorläufig auf Grund einiger weniger radiometrischer Daten von Kidana Mehrat (bei Aksum) auf etwa zwischen 800/700 und 400 v.Chr. angesetzt. Die Siedlungen bestanden aus großen Dörfern, Weilern und Kultzentren. Ein größeres Zeremonialzentrum mit einem monumentalen Tempel und wahrscheinlich auch einem Palast befand sich in Yaha.

Die selbstunterhaltende Nahrungswirtschaft basierte auf dem Anbau von Hülsengerste, Emmer, Leinsamen, Erbsen, möglicherweise auch Hafer, *Tef*, *Nug* und Linsen. In der Tierhaltung waren Rinder vorherrschend, und – in geringerem Maße – gab es auch Schafe und Ziegen. Eine kleine Figur mit zwei Ochsen unter einem Joch aus Hawelti bei Aksum illustriert den Einsatz des Pfluges. An Handwerken gab es Metall- und Steinbearbeitung zur Herstellung von Statuen und Votivaltären für die Könige bzw. die Oberschicht.

Epigraphische Belege. Königsinschriften in südarabischer Schrift und sabäischer Sprache bieten die Namen des Staatengebildes (*Dʿmt*) und mehrerer Oberhäupter, die den Titel *Mlk* (König) und den sabäischen Titel *Mkrb* (*Mukarrib*, vielleicht „Großkönig") trugen. Auch Königinnen werden erwähnt, sie hatten höchstwahrscheinlich eine dynastische Funktion.

Einige Votivaltäre aus der Aksum-Yaha-Region nennen Personen aus Saba (Jemen); in der Gesellschaft bildeten sie möglicherweise eine kleine Minderheit als Teil der Oberschicht.

Südarabische und einheimische Gottheiten finden Erwähnung in den vor-aksumitischen Inschriften. Insbesondere dürften Stierfiguren aus Stein, Bronze oder Ton den sabäischen Gott Almaqah repräsentieren; Sphinxfiguren in ägyptisch-meroitischem Stil und sitzende weibliche Figuren legen die Vermutung nahe, dass Stier, Löwe und möglicherweise eine weibliche Gottheit die zentrale Rolle im Kult spielten. Die Tempel waren örtliche Zentren der Gesellschaft.

Archäologische Belege. Als Utensilien für die Verwaltung dienten tiergestaltige, ovale, rechteckige und runde Siegelstempel aus Bronze, ebenso rechteckige, ellipsenförmige und rautenförmige Siegel. Das Vorkommen von Siegeln an vielen vor-aksumitischen Fundstellen lässt auf eine weitgespannte Verwaltung schließen. Bronzene Siegelstempel in Tiergestalt, manchmal mit Personennamen, fanden sich nur in den Gräbern der Oberschicht von Yaha.

Die Überreste der Monumentaltempel sind die beeindruckendsten Kennzeichen der vor-aksumitischen Kultur. Dazu gehören der sog. Große Tempel und der Grat-Baal-Gebri-Palast bei Yaha, zwei viereckige Schreine mit vorspringendem Eingang in Haweltis und zwei kleine rechteckige Tempel innerhalb einer Umfassung in Malazo bzw. in Maqaber Gaewa. Zwei Hüttenmodelle aus Ton aus Haweltis lassen darauf schließen, dass die Landbevölkerung in kegelförmigen und in rechteckigen Hütten wohnte, zumindest in der Gegend von Aksum. Die Tempel von Yaha weisen einige typisch südarabische Züge auf, wie das Podium, quadratische Säulen mit rechteckigen Sockeln, behauene Steintafeln und architektonische Verzierungen.

Schachtgräber der Oberschicht wurden in Yaha und in Matara gefunden. Diese bestanden aus viereckigen oder grob runden Schächten, über 2 m tief, an der Basis mit einer oder mehreren Grabkammern. Kleine Grabgruben, manchmal in Verbindung mit einer Stele, sind ebenfalls nachzuweisen, und zwar in Seglamen (Zentraltigray). Sie dürften einer anderen Tradition von Begräbnissitten angehören.

Kunst. Vier Statuen von Haweltis, Maqaber Gaewa und Addi Galamo (Meqele), sowie ein „Thron" aus Haweltis sind die Hauptzeugen einer entwickelten Kunst. Die Statuen repräsentieren sitzende Frauen mit langen Gewändern. Der „Thron", aus *einem* Stein gehauen, bestand aus einem viereckigen Sitz mit Stierbeinen und einem Baldachin, an dessen beiden Seiten als Dekoration stehende Figuren herausgemeißelt sind, eine männliche und vielleicht eine weibliche, dazu am Rande ein Fries mit Steinböcken. Einige wenige steinerne Sphinxe, die einen liegenden Löwen mit Männerkopf darstellen, stammen aus Addi Grameten, Feqya und Dibdib (Eritrea). Auch einige Tonfragmente einer ähnlichen Sphinx von Haweltis sind Belege für die figurative Kunst dieser Periode. Diese Artefakte deuten auf eine synkretistisch beeinflusste Kunst hin, die verschiedenen Strömungen ausgesetzt war: achämenidischen, griechischen, meroitischen und südarabischen.

Kleine Votivaltäre aus Stein fand man in Yaha, Melazo, Feqya, Matara und Addi Grameten. Unter ihnen sind zylinderförmige Altäre mit kegelförmigem Fuß, würfelförmige Altäre mit trapezförmigem Fuß, einfache Opferplatten auf einer trapezförmig behauenen Basis, Opfertische auf rechteckiger Basis mit einem Abfluss in Gestalt eines Löwenkopfes. Aus Feqya ist ein Altar mit einem rechteckigen Becken und zwei vorspringenden Sphinxen bezeugt. Der Stil der zylindrischen und würfelförmigen Altäre ist südarabisch, einige Exemplare könnten aus dem Jemen importiert worden sein. Die Opfertische mit dem Löwenkopf-Abfluss sind mit ägyptischen und meroitischen Prototypen vergleichbar, aber man fand sie auch in Marib (Jemen). Die Altäre mit einfacher Opferplatte sind vergleichbar solchen aus Meroe.

Auswärtige Kontakte. Kontakte mit dem nubischen Königreich von Kusch werden durch einige nubische Objekte in Yaha, Matara und Haweltis nachgewiesen. Darunter ist ein Alabastergefäß aus Yaha, das nubischen Exemplaren des 8.–7. Jh. v.Chr. ähnelt;

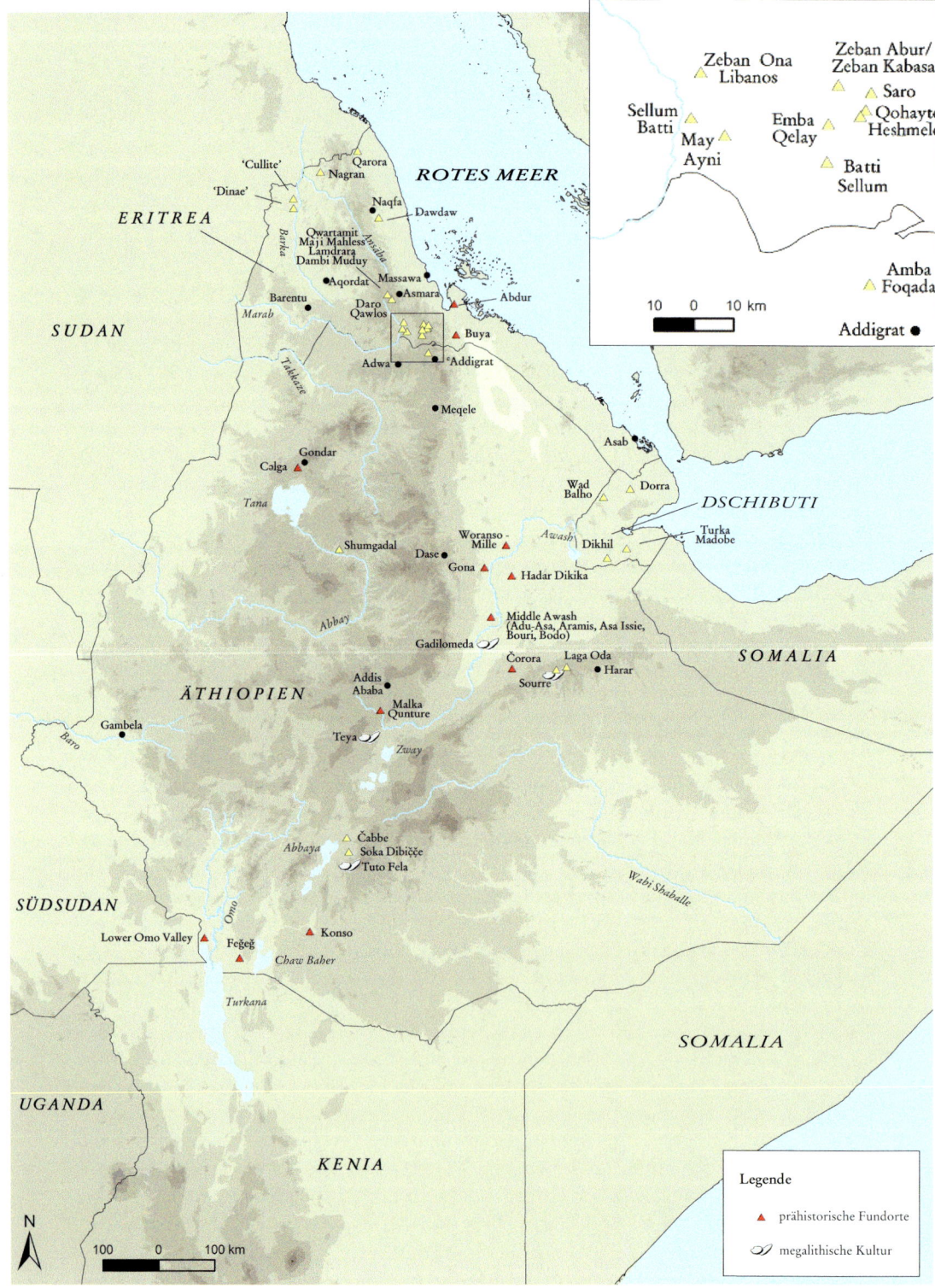

Karte 6: Vor-aksumitische Kultur, © Hiob-Ludolf-Zentrum für Äthiopistik, Hamburg

des weiteren zwei Amulette aus Hawelti, ähnlich denen des 6.–5. Jh. v.Chr. in Meroe; einige Becher aus Yaha und Hawelti, vergleichbar mit meroitischen Bechern des 7. und späten 5. bis Mitte des 3. Jh. v.Chr. aus Bronze, Silber und Ton; und ein Amulett aus Karneol meroitischen Typs aus Matara.

Entwicklung des Staatswesens. Die Keramik in den unteren Schichten in Matara und in Yaha legt nahe, dass der vor-aksumitische Kulturraum im frühen 1. Jt. v.Chr. anfänglich in zwei Regionen aufgeteilt war, deren Töpferstile sich stark unterscheiden: einerseits Zentraltigray und andererseits Osttigray/Zentraleritrea. Wahrscheinlich waren beide Regionen Teile eines Netzwerkes von Kontakten mit dem Jemen, denn sowohl in Yaha als auch in Matara wurden südarabische Gefäße gefunden. Topfscherben wie die frühen vor-aksumitischen aus der Yaha-Aksum-Region wurden auch bei Fundstellen in Shurab el Gash bei Kassala registriert, was auf Kontakte zwischen dem Hochland und dem Tiefland im frühen 1. Jt. v.Chr. schließen lässt.

Die gleichen Keramiken treten in den Schichten aller Fundstätten auf, die bis in die Mitte des 1. Jt. v.Chr. gehören, d.h. dass das Hochland von Zentraleritrea bis Zentraltigray eine gemeinsame Kulturlandschaft bildete. Das Vorhandensein von Tempeln, die entwickelte Kunst, die große handwerkliche Fähigkeit in der Steinbearbeitung (bei Altären und Opfertischen), die bronzenen Siegelstempel, dazu der Einsatz einer Schrift und eine klar abgegrenzte Hierarchie, deuten auf eine Konsolidierung des Staatswesens in dieser Zeit hin. Ein eindrucksvoller Tempel und eine Begräbnisstätte der Oberschicht mit reichhaltigen Grabanlagen befinden sich bei Yaha.

Mitte bis Ende des 1. Jt. v.Chr. ging offensichtlich das vor-aksumitische Staatswesen in Zentraltigray zugrunde. In dieser Zeit nahm die Größe der Siedlungen ab, und die Monumentalbauten wurden aufgegeben.

Yaha war nicht länger ein wichtiges Kultzentrum; die Landschaft prägten vielmehr kleine ländliche Siedlungen. In Hawelti und in Melazo, westlich von Aksum, gab es kleine Schreine, aber sie dienten höchstwahrscheinlich der Landbevölkerung. Für die Zerstörung zweier Monumentalbauten in Yaha durch Feuer dürften kriegerische Ereignisse am Ende des vor-aksumitischen Staatswesens in Tigray verantwortlich sein. Im Gegensatz dazu könnte auf Grund der Kontinuität der Besiedlung in Matara der Fortbestand einer städtischen Gesellschaft in Zentraleritrea anzunehmen sein.

Ursprung. Wie das vor-aksumitische Staatswesen entstand, wird noch immer diskutiert. Der Befund der Inschriften und der Monumente spricht für einen unbestreitbaren südarabischen Einfluss, der die Hypothese einer Einwanderung und/oder Kolonisation aus dem Jemen im frühen 1. Jt. v.Chr. als Hauptfaktor der Staatsbildung im Hochland annehmen lässt. Tatsächlich dokumentieren Felsinschriften in Qohayto (Akkala Guzay, Eritrea) für diese Zeit im Hochland die Anwesenheit einzelner Leute oder sehr kleiner Gruppen aus Arabien. Einige vor-aksumitische Inschriften aus der Region Aksum bezeugen auch Sabäer um die Mitte des 1. Jt. v.Chr. Sie haben sicherlich dazu beigetragen, Elemente der südarabischen Kultur nach Eritrea und Tigray zu bringen, aber ihre Rolle bei der Herausbildung des vor-aksumitischen Staates ist unbekannt. Der sabäische Titel *Mukkarib* könnte nahelegen, dass das vor-aksumitische Staatswesen dem sabäischen Vorbild folgte, doch die Rolle, welche möglicherweise den Königinnen zukam, dürfte eher eine lokale Tradition widerspiegeln als eine südarabische, und so könnte der D'mt-Staat aus einer komplexen einheimischen Gesellschaft erwachsen sein. Die archäologischen Beweise sprechen dagegen für einen Unterschied zwischen der Oberschicht, die südarabische (hauptsächlich sabäische) Machtsymbole (monumentale Architektur, Inschriften, Kunst) benutzte, und gewöhnlichen Leuten, die ihre lokalen Traditionen bewahrten, denn die meiste Keramik ist einheimisch und spricht für einen entsprechenden Ursprung der Bevölkerung.

Gegenwärtig scheint es, dass sich die vor-aksumitische Kultur aus dem Zusammenwachsen zweier vorgeschichtlicher Lokaltraditionen herausbildete: aus einer westlichen (tigrinischen) und einer östlichen (hauptsächlich eritreischen). Der südarabische Einfluss war eine oberflächliche – wenn auch imposante – Komponente, die nur die oberen Schichten der Bevölkerung erfasste.

Ebenso spricht dieser Nachweis dafür, dass ein frühes Staatswesen in der Region Yaha-Aksum als Folge von Kontakten zwischen der örtlichen Bevölkerung und den Südarabern entstand und dass sich dieses später die Ostregion einverleibte. Im 4. Jh. v.Chr. zerfiel das vor-aksumitische Staatswesen in der Westregion – vielleicht auf Grund von Konflikten – und ein neues entstand bei Aksum.

Literatur: FRANCIS ANFRAY, *Les anciens éthiopiens*, Paris 1990; ETIENNE BERNARD, ABRAHAM JOHANNES DREWES, ROGER SCHNEIDER, *Recueil des Inscriptions de l'Ethiopie des Périodes Pré-Axoumite et Axoumite*, Paris 1991; RODOLFO FATTOVICH, „The northern Horn of Africa in the first millennium BCE: local traditions and external connections", *Rassegna di Studi Etiopici*, n.s. 4, (2012), 1–60.

Rodolfo Fattovich, †

Aksumitische Kultur

Definition. Mit dem Begriff aksumitische Kultur bezeichnet man herkömmlicherweise die archäologische Hinterlassenschaft des sog. aksumitischen Reiches, abgeleitet vom Namen der Hauptstadt Aksum in Zentraltigray (Nordäthiopien), die das Hochland im heutigen Tigray und Eritrea vom späten 1. Jt. v.Chr. bis zum späten 1. Jt. n.Chr. beherrschte. Archäologische Fundstätten, die dieser Kultur zuzuschreiben sind, wurden über weite Gebiete von Tigray und Eritrea verteilt dokumentiert, was darauf hindeutet, dass sich das Territorium des Königreichs über das gesamte Hochland von der Küste des Roten Meeres und den Rand des Grabenbruches bis zum Gebiet von Rora (Norderitrea), dem Takkaze-Fluss (Westtigray) und dem Bergmassiv von Amba Alagi (Südtigray) erstreckte. Die aksumitischen Siedlungen bestanden aus Städten, Dörfern und abgeschiedenen Weilern. Klöster und Kirchen wurden zu maßgeblichen Bestandteilen der Landschaft nach der Einführung des Christentums im 4. Jh. n.Chr. Das städtische Wesen erreichte seinen Höhepunkt Mitte des 1. Jt. n.Chr., als auch das Reich seine größte Ausdehnung erlangte. Außer Aksum wurden an großen Siedlungen in Tigray festgestellt: May Adrasha, Henzat, Hagaro, Deragwe, Gulo Makeda, in Eritrea: Matara, Tokonda, Dara, Qohayto, Arattu und Adulis.

Archäologische Belege. Die Aspekte, die die aksumitische Kultur besonders charakterisieren, sind Repräsentativ- und Kultbauten, Grabmale und Throne. Die Wohnhausarchitektur umfasste große Komplexe für König und Oberschicht, Stadt- und Landhäuser. Das Anwesen der Oberschicht bestand aus einem zentralen Gebäude, das durch Innenhöfe von den umgebenden Räumlichkeiten getrennt war und so den privaten Wohnsitz bildete. Es wurde auf einer stufenförmigen Plattform errichtet, die in der Regel an die 3,5 m hoch war, und konnte zwei oder mehr Stockwerke aufweisen. Stadthäuser wurden in Kidana Mehrat (Aksum) und Matara entdeckt. Darunter befanden sich Häuser sowohl der höheren als auch der niederen Klassen, die dicht bebaute Wohnviertel bildeten. Die Häuser der höheren Klasse waren in ihrer Art ähnlich dem zentralen Gebäude der Repräsentativbauten. Die Häuser der niederen Klasse bildeten ein Ensemble von Räumen und waren durch enge Gassen voneinander getrennt. Die ländlichen Hütten hatten einen rechteckigen bzw. viereckigen Grundriss und wahrscheinlich ein flaches Dach; zuweilen befanden sich darin kleine runde Speicher oder Zisternen. Die Kultbauten der christlichen Zeit waren Kirchen mit einer rechteckigen Vorhalle, einem 3–5-teiligen Schiff, einer abgerundeten oder quadratischen Apsis mit zwei Seitenräumen und höchstwahrscheinlich einer Galerie. Derartige Kirchen sind aus Aksum, Matara und Adulis bekannt. Kirchenbauten mit kreuzförmigem Grundriss kennt man aus Aksum und Tokonda. Die Kirchen wurden auf einem Podium errichtet und konnten wie die Repräsentativbauten der Oberschicht von einer Reihe von Räumen umschlossen sein. Die Grabstätten der Oberschicht waren künstliche Steinplattformen, verbunden mit Stelen und Gräbern. Die Plattformen dienten als Oberbau zum Schutz der Gräber und als Ort für die Darbringung von Opfergaben an den Verstorbenen, wie wir aus den Keramikbecken schließen können, die oft oben auf die Plattformen gestellt wurden. Die Stelen variierten zwischen einfachen, unbearbeiteten Monolithen bis zu kunstvoll und symmetrisch behauenen Steinen, die etwa 2–3 m und sogar mehr als 30 m hoch sein können. Die Gräber umfassen Grubengräber, Schachtgräber, Stufengräber und größere unterirdische Anlagen. Die ältesten Stelen, die bisher gefunden wurden, stammen aus dem späten 1. Jt. v.Chr. und liegen auf dem Beta-Giyorgis-Hügel im Nordwesten von Aksum. Die steinernen Throne bestanden aus einer Basis, zwei seitlichen Platten und einer Steinplatte hinten. Die Seitenplatten waren manchmal beschriftet, und die rückwärtige Platte konnte oben verziert sein. Wahrscheinlich gehen diese Monumente zurück bis ins 3.–5. Jh. n.Chr.

Unterschiedliche Stiltraditionen bei der Keramik legen nahe, dass es bis zum Anfang des 1. Jt. n.Chr. zwei kulturelle Teilregionen gegeben hat, die Zentraltigray einerseits und Osttigray/Zentraleritrea andererseits angehörten. Um die Mitte des 1. Jt. n.Chr. (4.–6. Jh. n.Chr.) verbreitete sich ein und dieselbe materielle Kultur über das ganze aksumitische Gebiet, was darauf schließen lässt, dass beide Teilregionen in *einer* Kulturlandschaft aufgingen. Die vorhandenen Belege deuten auch auf zwei unterschiedliche Typen städtischer Kultur in Zentraltigray und in Osttigray/Zentraleritrea hin. In Zentraltigray war die Landschaft in der Antike durch eine klare Hierarchie in der Größe der Siedlungen charakterisiert, die von der Stadt Aksum mit einer Ausdehnung über 100ha bis zu kleinen Gehöften mit weniger als 1ha reichte, darunter Dörfer, Wohnsitze der Oberschicht, Residenzkomplexe, Bauernweiler und Werkstätten. Große Siedlungen, die eine Fläche von 7ha bis über 11ha einnahmen, waren hauptsächlich am Fuß von Hügeln oder manchmal auch diesen gelegen. Paläste der Oberschicht lagen des Öfteren verstreut in der offenen Ebene. Dörfer, Weiler und Gehöfte befanden sich am oberen Ende oder am Hang der Hügel. Des Weiteren charakterisierten Terrassenfelder, Brunnenanlagen, Dämme, Pfade, Steinbrüche und Flurzeichen die Landschaft. In Osttigray und Zentraleritrea war die Landschaft bestimmt durch verstreute Wohnsitze der Wohlhabenden und/ oder der Oberschicht sowie durch Kirchen, wie sich einerseits aus den archäologischen Arealen in Gulo Makeda (Tigray) und in Dara, Qohayto und Tokonda (Eritrea) andererseits schließen lässt. Zwei Städte mit dicht gedrängten Gebäuden waren Matara (ca. 20ha) in Zentraleritrea und Adulis (ca. 21ha), an der Küste des Roten Meeres gelegen.

Die aksumitische Keramik bestand aus Bechern, Schalen, offenen und geschlossenen Gefäßen, Tellern, Schüsseln und Krügen. Besondere Gefäße in Zentraltigre waren die Krüge mit kugelförmigem Bauch und zylindrischem Hals, dekoriert mit tiefen Vertikalrillen, dagegen waren zylindrische Becher mit einer oder zwei Horizontalrillen unter dem Rand typisch für Osttigray/Zentraleritrea. Unter den Werkzeugen aus Stein befanden sich abgeplatzte Splitter, Plättchen und Schaber. An Verwaltungsutensilien gab es Siegelstempel aus Ton oder Stein und Stempel sowie Marken aus Keramik. Das Prägen

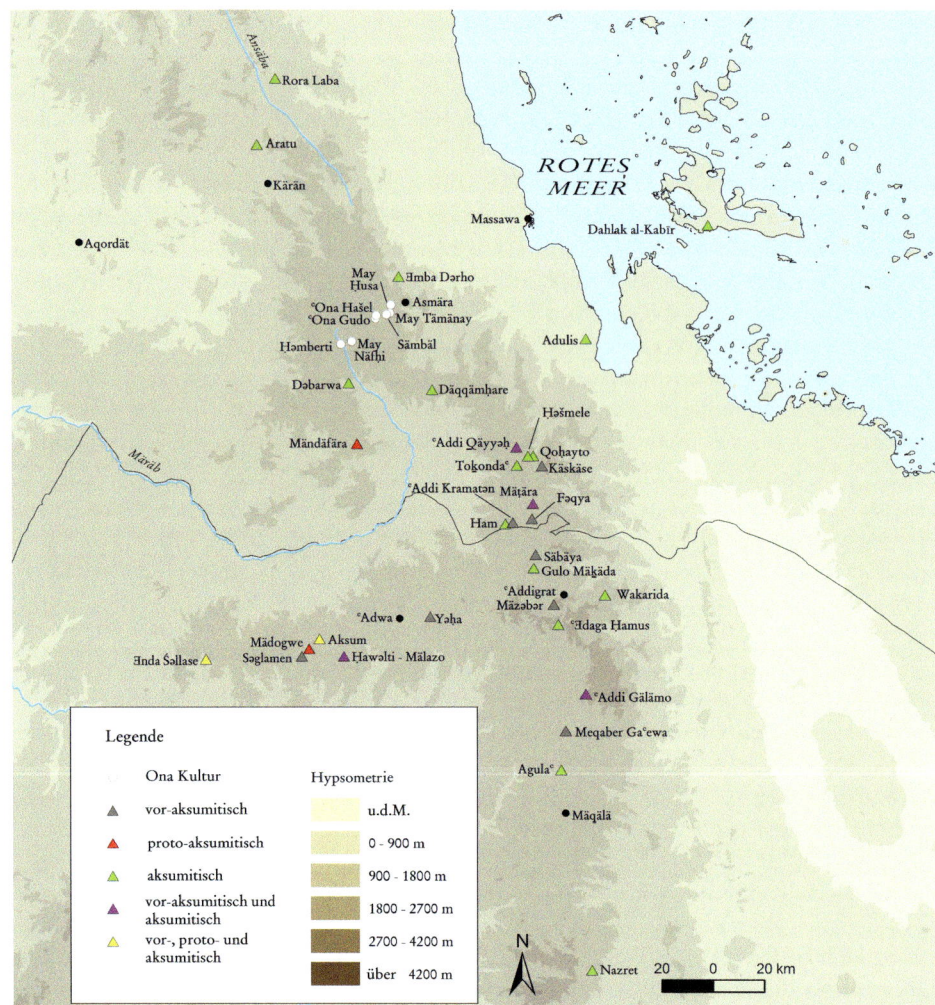

Karte 7: Aksumitische Kultur, © Hiob-Ludolf-Zentrum für Äthiopistik, Hamburg

von Münzen wurde Ende des 3. Jh. entwickelt, und diese waren bis zur Mitte des 7. Jh.
in Gebrauch. Importierte Artefakte, hauptsächlich Glasgefäße und Perlen, in Aksum
gefunden, weisen auf Beziehungen in der ersten Hälfte des 1. Jt. v.Chr. zu Ägypten,
Gallien, Indien und Nubien hin, zu Syrien und Ägypten um die Mitte des 1. Jt. n.Chr.
und später zum byzantinischen Ägypten und sassanidischen Persien.

     Die absolute Chronologie der aksumitischen Kulturgeschichte ist unsicher. Die
Befunde der Ausgrabungen des Beta-Giyorgis-Hügels (Aksum) legen eine Abfolge
von fünf Phasen in der städischen Entwicklung der Metropole nahe: a) eine vor-
aksumitische Phase 360(?)–140/120 v.Chr.; b) eine früh-aksumitische Phase 140/120
v.Chr.–130/190 n.Chr.; c) die klassisch-aksumitische Phase 130/190–360/400
n.Chr.; d) die mittel-aksumitische Phase 360/400–550/610 n.Chr. und e) die spät-
aksumitische Phase 550/610–800/850 n.Chr.

     Mittels der systematischen Untersuchung des Territoriums der Metropole lässt sich
die Stadtentwicklung Aksums erschließen: 1) Eine fortschreitende Zunahme der Größe von der vor-aksumitischen zur früh-aksumitischen Zeit, als die Stadt eine Fläche

von annähernd 80–100 ha umfasste, sich die Besiedlung schrittweise zum Fuß des Beta Giyorgis verlagerte und von Norden (Beta Giyorgis und May Malahso) nach Süden und Westen (Addi Keletta) ausdehnte. Zu dieser Zeit gab es noch immer einen Palast und eine Begräbnisstätte auf dem Beta Giyorgis, aber Paläste wurden auch schon in Addi Keletta und Grabanlagen der Oberschicht entlang des May Hejja errichtet. 2) Eine größere Ausdehnung in der klassisch-aksumitischen bis mittel-aksumitischen Zeit, als die städtische Besiedlung eine Fläche von etwa 180 ha ausmachte. Insbesondere in dieser Zeit entstanden eindrucksvolle Paläste in Addi Keletta, desgleichen finden sich riesige, bis zu 33 m hohe, behauene Stelen nahe der monumentalen königlichen Grabanlagen, entlang des May Hejja. 3) Ein rapider Rückgang der Stadt in spät-aksumitischer Zeit, als die Besiedlungsfläche nur etwa 60 ha betrug: der einzige Palast der Oberschicht, der bisher verzeichnet wurde, befand sich in Dungur, westlich von Aksum. 4) Eine weitere Reduzierung der Stadtgröße erfolgte in nach-aksumitischer Zeit, als die Besiedlung eine Fläche von ca. 40 ha einnahm und sich um die Kirche von Maryam Tseyon lagerte.

Entwicklung des Staatswesens. Die Analyse der materiellen Kultur macht deutlich, dass sich im 4. Jh. v.Chr. in Zentraltigray ein neues Staatswesen in Aksum herausbildete. Den frühesten archäologischen Nachweis dafür bietet Beta Giyorgis im Nordwesten Aksums und wird der vor-aksumitischen Entwicklungsphase der alten Metropole Aksum zugeschrieben. Die Ursprünge dieses Staatswesens sind unklar. Die Verwendung von Grabstelen zusammen mit den Votivgaben an den Begräbnisstätten der Elite sprechen für einen Ahnenkult als ideologisch zentrale Funktion der Autorität in der örtlichen Gesellschaft und für eine gewisse kulturelle Kontinuität in den Traditionen, die mit der Ausübung der Herrschaft in den eritreisch-sudanesischen Tiefländern des 3.–2. Jt. v.Chr. in Verbindung zu bringen ist. Die Belege der Bestattungen von Beta Giyorgis weisen zudem gewisse Ähnlichkeiten im Verhalten der Elite mit denen in Napata und Meroe (Sudan) auf.

In der Keramik und der Errichtung von Grabstelen besteht eine Kontinuität zwischen der vor-aksumitischen und der früh-aksumitischen Phase, die verdeutlicht, dass das aksumitische Reich aus dem vor-aksumitischen Staatswesen hervorging. Die Errichtung behauener Stelen mit einer Höhe von bis zu 9–10 m, aufgestellt auf massiven Plattformen mit Opferbecken, spricht für die große Bedeutung des Begräbniskults in der Ideologie der Elite und des Königtums während der früh-aksumitischen Zeit. Ein besonderes Merkmal des aksumitischen Königtums tritt in der klassisch-aksumitischen Zeit auf, als der Thron sicher ein wichtiges Symbol der königlichen Macht war und bei Begräbnissen und Siegeszügen symbolisiert wurde. Speer- und Pfeilspitzen und das Fragment eines Daumenringes zum Bogenschießen in einem königlichem Grabkomplex der späten klassischen bis mittel-aksumitischen Zeit Aksums ähneln im Stil stark den nubischen (meroitischen und nachmeroitischen) Mustern und können eine ähnliche militärische Symbolik in der Ideologie des Königtums widerspiegeln. Das Vorkommen einer königlichen Begräbnisstätte mit kunstvoll behauenen Stelen und in die Grundplatte gemeißelten Opferpfannen zeigt, dass Mitte des 1. Jt. der Grabkult in Aksum noch immer ein sehr wichtiges Element in der Ideologie des Königs und der Elite war. Die in Form eines Palastes in Bildern bearbeiteten Stelen sind ein Hinweis darauf, dass der Palast im späten 3.–frühen 4. Jh. als wichtiges Symbol von König und Elite galt.

Als die Grabstelen in mittel-aksumitischer Zeit nicht mehr errichtet wurden, deutete dies den Verzicht auf den Grabkult und auf einen radikalen Wechsel in der Ideologie von König und Elite an. Die Konstruktion von Grabaufbauten, die ein Gebäude darstellten, sind Zeichen dafür, dass der Palast noch immer das Symbol des Königs und der Elite war. In mittel-aksumitischer Zeit erschien das Kreuz als königliches Symbol auf den

Stelenfeld, Aksum, © Serge Dewel-Mouton

Münzen und signalisiert die Annahme eines christlichen Modells des Königtums. Nach dem archäologischen Befund von Beta Giyorgis dauerte die Periode des Übergangs zum Christentum mindestens 150 Jahre: von Mitte des 4. bis Anfang des 6. Jh. Das kann man aus dem ständig zunehmenden Einsatz des Kreuzes als Dekor auf der Keramik schließen. Im 5. Jh. findet sich das Kreuz zwar auf den Münzen und diente dem König als Propagandamedium, aber noch nicht auf den Tongefäßen. Daraus folgt, dass das Christentum anfangs vom König eingeführt, aber noch nicht von der ganzen Bevölkerung akzeptiert wurde. Im 6. Jh. hatte sich das Kreuz zum beherrschenden dekorativen Motiv der häuslichen Keramik entfaltet, was für eine weitgehende Christianisierung des Volkes spricht.

Schließlich ähnelt die Darstellung des Königs mit Krone auf den Münzen des 6.–7. Jh. sehr der der zeitgenössischen byzantinischen Kaiser. Dies zusammen mit der Konstruktion von Kirchen im Stile der *Martyria* über unterirdischen Grabanlagen des Königs oder der Oberschicht mag als Hinweis darauf gelten, dass in spätantiker Zeit der aksumitische König und die Elite verschiedene Elemente des kaiserlich byzantinischen Symbolismus übernahmen. Der Thron blieb ein Zeichen der Königsideologie, denn der thronende König findet sich auf Münzen, die in die spät-aksumitische Zeit gehören.

Der archäologische Nachweis für den Niedergang des aksumitischen Staatswesens ist noch immer sehr dürftig. Zwischen dem 6./7. Jh. und dem 8./9. Jh. war Aksum im steilen Abstieg begriffen. Matara wurde anscheinend aufgegeben, und zwar nicht später als im 8. Jh. n.Chr. Adulis war im 6./7. Jh. nur noch ein kleines Dorf mit einer Kirche und mit Rundhütten, es verschwand im 8. Jh. In nach-aksumitischer Zeit existierte in Tigray und in Eritrea keine einzige Stadt, die wenigen Siedlungen dieser Periode sind hauptsächlich verstreute kleine Dörfer. Das Auftreten von gemauerten Kirchen und von Felskirchen, die möglicherweise ins 11.–12. Jh. zu datieren sind, vor allem in Osttigray, könnte darauf verweisen, dass es in dieser späten Zeit eine wichtige Region war.

Literatur: FRANCIS ANFRAY, *Les anciens éthiopiens*, Paris 1990; RODOLFO FATTOVICH, *Kings and Farmers. The Urban Development of Aksum, Ethiopia: ca. 500 BC–AD 1500*, Boston 2008; DAVID

W. PHILLIPSON, *Foundation of an African Civilisation. Aksum and the Northern Horn 1000 BC–AD 1300*, Woodbridge, Suffolk 2012.

Rodolfo Fattovich, †

Aksum, Stadt und Monumente

Die alte Stadt Aksum, die im Zentrum von Nordtigray, im Norden des äthiopischen Hochlandes liegt, war während der ersten sieben Jahrhunderte unserer Zeitrechnung ein politisches, wirtschaftliches und religiöses Zentrum von großer Bedeutung.

Die Lage der Stadt in einer Landschaft mit fruchtbaren Äckern, an einer alten Handelsroute, die das nördliche Hochland mit dem Süden des Roten Meeres und der weiten Welt des Indischen Ozeans, mit dem Ostafrikanischen Grabenbruch und dem Niltal verbindet, war ausschlaggebend für die Entwicklung zur Hauptstadt des aksumitischen Reiches. Mit Aksum als Hauptstadt konnte dieses Staatswesen seinen Bereich vom nördlichen Eritrea bis zu den Rändern Zentraläthiopiens und vom Süden der Arabischen Halbinsel bis zu den Ländern am Nil im Sudan ausdehnen. Als ein starkes, städtisch geprägtes Zentrum war Aksum bestimmend für das Engagement des Königreiches in der Geopolitik des antiken Nordostafrika, des östlichen Mittelmeerraumes und Südwestasiens zwischen dem 3. und dem 7. Jh. n.Chr.

Die alte Stadt wird in mehreren aksumitischen Inschriften und in anderen Quellen genannt. Darunter sind Texte der Arabischen Halbinsel, diplomatische Korrespondenz aus dem Byzantinischen Reich und Berichte aus der Welt des Mittelmeeres und des Roten Meeres, so in der „Naturgeschichte" Plinius des Älteren, der „Geographie" des Claudius Ptolemäus, dem anonymen *Periplus of the Erythrean Sea* und der „Christliche Topographie" von Cosmas Indicopleustes.

Frühe Besiedlung. Die Anfänge der städtischen Entwicklung Aksums gehen nahezu 3000 Jahre bis ins 1. Jt. v.Chr. zurück. Aus dieser Zeit gibt es archäologische Belege für dörfliche Siedlungen von Bedeutung in der Gegend von Aksum bei Kidana Mehrat und Ona Nagast.

Bei Kidana Mehrat, das in einem breiten Tal östlich des Beta-Giyorgis-Hügels liegt, bewohnten die Leute einen Komplex eckiger Steinhäuser, fertigten Keramik, verwendeten Werkzeuge aus Stein und aus legiertem Kupfer, bauten Weizen und Gerste an und hielten domestizierte Rinder, Ziegen und Schafe. Bei Ona Nagast auf dem Hügel von Beta Giyorgis erhob sich eine alte Siedlung, die aus zahlreichen Haushalten und einem monumentalen Gebäude oder Palast der Oberschicht bestand, mit Teilkellern, abgestuften Wänden, sorgfältig verlegten Fußböden und einem Podium. Daneben, in Ona Enda Abboy Zagwe, befindet sich ein Friedhof mit Grabgruben, aus dem Felsen gehauenen Gräbern und Stelen von einigen Metern Höhe. Sowohl Kidana Mehrat als auch Ona Nagast waren wichtige Vorläufer für den Aufstieg und die frühzeitige Entfaltung Aksums.

Stelen und Gräber. Anfang des 1. Jh. n.Chr. konzentrierte sich das Zentrum Aksums auf das Tal zwischen Beta-Giyorgis-Hügel und dem May-Qoho-Hügel. Hier zeugen Bestattungen, Podien und monolithische Stelen vom Beginn der ersten Entwicklung Aksums als Mittelpunkt eines aufstrebenden Staatswesens. Gegen Ende des 3. Jh. n.Chr. sah das Terrain zwischen Beta Giyorgis und May Qoho die Konstruktion einer gewaltigen Terrassenanlage, die heute als Stelenpark bezeichnet wird – mit unterirdischen Grabanlagen, die von monumentalen Monolithstelen markiert werden, darunter einige mit einer Länge von über 20 m, jeweils aus *einem* Block, von granitähnlichem Nephelin-Syenit.

Mehr als 100 noch aufrecht stehende oder umgestürzte Stelen finden sich im Stelen-
park und Hunderte mehr in verschiedenen Regionen Aksums, darunter am Westufer des
May-Hejja-Baches, in der Gegend von May Aqno und May Cheqqa und im Gudit Stelenfeld, einem alten Friedhof am südwestlichen Rand von Aksum mit über 600 Stelen.

Die meisten der monumentalen Stelen im Stelenpark markieren wohl Königsgräber
aus dem 3. und frühen 4. Jh. Sechs davon sind so behauen, dass sie, in Flachrelief, mehr-
stöckige Häuser darstellen, mit Fensterrahmen und -öffnungen, hölzernen Querbalken,
falschen Türen und (nicht mehr erhaltenen) Metallscheiben, die in den Giebelbereich der
Stele eingelassen waren. Zwei der noch aufrecht stehenden Stelen (die als Stelen Nr. 2 und
Nr. 3 bezeichnet werden) wiegen je 160–170 t und haben eine Gesamtlänge von je 24 m.
Die größte Stele Aksums (Stele Nr. 1) hat ein Gewicht von nahezu 520 t und misst in der
Länge 33 m; sie ist der größte, jemals von Menschen der Antike irgendwo auf der Welt
behauene Steinblock aus einem Stück. Diese gewaltige Stele dürfte im 4. Jh. n.Chr. beim
Versuch, sie aufzustellen, umgestürzt und in mehrere Teile zerbrochen sein.

Auch die Terrasse des Stelenparkes birgt mehrere Begräbniskomplexe, wovon die
prominentesten folgende sind: „Mausoleum" (*Nafas mawcha*), Tomb of the Brick Ar-
ches (Grab der Ziegelsteinbögen) und Tomb of the False door (das Falsche-Tür-Grab).

Das Mausoleum ist eine weitläufige, unterirdische Grabanlage, die neben und
teilweise unter der eingestürzten Stele Nr. 1 gelegen ist. In ihrer Mitte verläuft ein
fast 17 m langer und 2 m breiter Korridor von Ost nach West, mit fünf rechteckigen, etwa 3 m langen Kammern auf seiner Nordseite und dazu in symmetrischer
Anordnung fünf Kammern auf der Südseite. In der Nähe des Mausoleums liegt Nafas
Mawcha, ein unterirdischer Grabbau, der von einem massiven Deckstein von 360 t
Gewicht und den Ausmaßen von 17 x 6 m überspannt wird. Darunter befindet sich
eine rechteckige Kammer von 14,5 m Breite an der Nord-Süd-Achse und 22,5 m an
der Ost-West-Achse, an drei Seiten umgeben von einem Gang. Die Ausgrabungen
haben hier, unter anderen Gegenständen, Keramikkrüge in menschlicher Kopfform,
einen vergoldeten, quadratischen Bronzeanhänger mit einem rosenförmigen Dekor
aus blauem, grünem und weißem Glas, das Modell eines aksumitischen Hauses in
Ton sowie Zierobjekte aus Bronze zu Tage gefördert. Diese kunstvollen Grabbeiga-
ben sowie die Größe und Gestalt des Grabes legen es nahe, dass es sich um die letzte
Ruhestätte eines aksumitischen Königs oder eines seiner Angehörigen gehandelt hat.

Im östlichen Teil des Stelenparks befindet sich das Grab der Ziegelsteinbögen.
Diesen Komplex betritt man über eine Passage, die mit einer Auflage aus grobem
Stein überdacht ist und eine Treppenflucht von 18 steinernen Stufen enthält. Am
Ende der Stufen folgt ein hufeisenförmiger Torbogen aus Ziegeln und dahinter vier
aus dem Felsen gehauene Grabkammern und zwei weitere Ziegelbögen. Die archäologischen Ausgrabungen in dieser Gruft haben eine Anzahl kunstvoller Artefakte frei-
gelegt, darunter ein sorgfältig hergestelltes Keramikgefäß in Form eines Vogels, eine
Metallscheibe mit einem menschlichen Gesicht darauf, metallene Plaketten, verziert
mit mehrfarbigen, geometrischen Mustern, Elfenbeinverkleidungen für einen Sessel
oder Thron, rote Glaspokale und mehr als 400 Elfenbeinfragmente.

Auf der dieser Grabanlage gegenüberliegenden Seite des Stelenparks liegt das
Falsche-Tür-Grab, ein unterirdischer Grabkomplex, von den Archäologen so genannt
wegen der falschen Tür, die in den Felsen über der Zugangstreppe gehauen wurde.
Dieser Komplex besitzt einen offenen, gepflasterten Hofraum mit Steinblöcken, die
durch Metallklammern befestigt sind, ein 12 m im Quadrat großes unterirdisches
Bauwerk aus geschichtetem Mauerwerk, und am Ende einer Flucht aus Steinstufen

eine Grabkammer mit einem steinernen Sarkophag, der schon in alter Zeit von Grab-räubern geplündert worden ist.

Außerhalb des Stelenparks gibt es andere bedeutende Begräbnisstätten, wie das Gudit Stelenfeld, wo sich die Gräber der unteren Bevölkerungsschichten befinden, des weiteren das aus dem Felsen gehauene Grab des Bazen am Südhang des May-Qoho-Hügels, das Grab des Menilek nordwestlich von Dungur am südwestlichen Stadtrand, die Schacht-Gräber auf der Westseite des Plateaus von Abba Liqanos, und die Mehrkammer-Grabhöhlen „Kaleb" und „Gabra-Masqal" in der Gegend von Enda Kaleb 2 km nördlich von Aksum, die mit Granitblöcken ausgekleidet sind. Letztere könnten ins 6. Jh. n.Chr. gehören.

Ihre Aufbauten, die sich über den beiden Gräbern erheben und durch einen Säulen-hof und einen breiten Treppenaufgang verbunden sind, haben die Form einer Doppel-kirche. Das nördliche Grab, das von der Tradition dem aksumitischen König Kaleb aus dem 6. Jh. n.Chr. zugeschrieben wird, besteht aus einer Zugangstreppe, einer längli-chen Zentralkammer und fünf Räumen, in deren einem drei Sarkophage erhalten sind.

Städtisches Zentrum und Hauptstadt des Königs. Im 3. Jh. war die Struktur Aksums durch eine Vielfalt locker gegliederter Gebäudegruppen und Monumentalbauten ge-kennzeichnet, die die Bandbreite sozioökonomischer Stände und urbane Spezialisierun-gen aufwiesen. Zu den Regionen im Norden lief die Verbindung entlang der Flusstäler von May Gwodae und des May Atela; nach Osten und nach Süden verlief das Flussbett des May Abak, wo ein größeres Satellitendorf in Hamad Gabaz am östlichen Stadt-rand bestand. Der Einschnitt des May-Negus-Flusses war die Verbindung zwischen Aksum und Gebieten im Süden und im Westen, wozu alt-aksumitische Siedlungen in Seglamen, Medogue und May Abeqat gehörten, sowie mit dem Gebiet von Enda Sellase und, darüber hinaus, mit dem großen Takkaze-Fuss.

Zwei der äußerst erstaunlichen Eigenheiten des alten Aksum sind das Fehlen eines Schutzwalls um das Stadtzentrum oder anderer Befestigungsanlagen, und der Mangel an großräumigen Bewässerungssystemen. Daraus lässt sich schließen, dass die Stadt nicht unter feindlichen Einfällen litt und dass sie sich auf den jahreszeitlichen Regen und auf Methoden der Wasserspeicherung verlassen konnte, kleine Reservoire und Zisternen für die lokale Wasserverteilung nutzte und die Nahrungsmittelproduktion auf lange Sicht sicherstellte. Ein Beispiel für die Wasserbewirtschaftung Aksums kann im Norden des Stelenparks besichtigt werden: das May-Shum-Reservoir, das immer noch als Gemeinschaftszisterne dient. Man schätzt, dass der Kernbereich der Stadt in den ersten vier Jahrhunderten n.Chr. zwischen 80 ha und 100 ha umfasste; bis zum 6. Jh. erreichte es eine Ausdehnung von etwa 180 ha, wozu noch Satellitensiedlungen und ländliche Hinterlandgemeinden im Umkreis von 10 km kamen, die durch ein Netz von gepflasterten Straßen und unbefestigten Wegen angebunden waren. In der Blütezeit könnten mindestens 50.000 Menschen im Zentrum der alten Stadt gelebt haben, mit Tausenden weiteren in der städtischen Peripherie und im unmittelbaren Umland. Die Stadtgrenzen wurden, wie es scheint, durch steinerne Monumental-throne und Inschriften der Könige markiert. Solche Throne findet man auch entlang des Weges von der Kathedrale Maryam Tseyon zum Stelenpark.

Sie bestehen aus bearbeiteten Steinplatten von 2–3 m im Quadrat, mit einem klei-neren Sitzblock und Vertiefungen für monolithische Säulen an jeder Ecke, um ei-nen Baldachin zu tragen. Diese Thronsitze könnten vom aksumitischen Adel benutzt worden sein, möglicherweise aber dienten sie auch für die Zurschaustellung von Sta-tuen, die an die Großtaten der Könige erinnern sollten.

An verschiedenen Stellen in Aksum fand man königliche Inschriften, die auf langen Steintafeln von den Siegen verschiedener Könige berichten.

Sie sind in altäthiopischem Ge'ez geschrieben, bisweilen auch in südarabischen und griechischen Versionen. Sie liefern Details der königlichen Titulatur, bieten Erlasse, religiöse Hinweise und Feldzugsberichte gegen die Feinde. Diese Inschriften waren wohl für die öffentliche Kenntnisnahme gedacht, und zumindest die beiden mehrsprachigen Inschriften, die Ezana, König im 4. Jh., zugeschrieben werden, waren frei stehende Monumente, die die nördlichen und südöstlichen Eingänge zur Stadt markierten.

Große Bauwerke in Aksum wurden häufig auf ein hohes Stufenfundament oder einen Sockel gesetzt, waren mit Schieferplatten gedeckt und hatten zurückversetzte Mauern. Einige Gebäude waren zwei- oder dreistöckig und hatten gelegentlich im Untergeschoss Speicherräume. Die Bauten der Oberschicht („Pavillons") waren mehrstöckig, hatten einen quadratischen Grundriss und zurückversetzte Mauern, massive Eckvorsprünge oder -türme mit bearbeiteten Eckpfeilern und einen Zugang über breite Stufen zu einem offenen Innenhof, der von einer Reihe quadratisch oder rechteckig gestalteter Räume umgeben war. Bekannte Beispiele solcher Pavillon-Komplexe sind die Stätten Taaka Maryam, Enda Semon und Enda Mikael in der Westregion von Aksum, und Dungur im Süden des Beta-Giyorgis-Hügels. In den Wohngegenden der niedrigeren Bevölkerungsschichten waren die Häuser rechteckig im Grundriss gebaut, aus unbearbeiteten, mit Schlammmörtel gemauerten Feldsteinen und mit Schutt gefülltem Kern, und mit engen Gassen dazwischen. Auf Plätzen unter freiem Himmel, die über die Stadt verstreut waren, wurde getöpfert und Steinwerkzeug hergestellt. Andere spezialisierte Handwerke waren Holzbearbeitung, Elfenbeinschnitzerei, die Herstellung zylinderförmiger Behälter und kunstvoller Plaketten, die Anfertigung von Glas und einer breiten Palette von Metallarbeiten in Eisen, Kupferlegierungen, Silber und Gold. Besonders wichtig unter den Metallarbeiten war die Münzprägung, denn das aksumitische Königreich gab von der 2. Hälfte des 3. Jh. bis zur Mitte des 7. Jh. eigene Gold-, Silber- und Kupfermünzen aus. Die aksumitischen Münzaufschriften überliefern in Griechisch und Ge'ez die Namen von nahezu 20 Königen; Exemplare von aksumitischen Münzen sind mehrfach an fernen archäologischen Fundstätten in Arabien und Indien entdeckt worden.

Während des 4. Jh. wurde Aksum zum Zentrum eines christlichen Staatswesens, und es folgte eine lange Periode des Kirchen- und Klosterbaues in einem Großteil des aksumitischen Reiches. In Aksum selbst errichtete man vor dem 6. Jh. an der Stelle eine Kirche, an der jetzt die berühmte Maryam-Tseyon-Kathedrale steht (Aufbewahrungsort der Bundeslade nach der äthiopisch-orthodoxen Tradition).

Diese frühe Kirche hatte wahrscheinlich die Form einer Basilika, mit zwei Seitenschiffen neben dem Mittelschiff; sie stand auf einem 3,4 m hohen Podium, welches 66x41 m misst und über eine breite Treppenflucht betreten wurde.

Zu den anderen alten Kirchen in Aksum gehören die Überreste der Doppelbasilika über den Gabanlagen der Könige Kaleb und Gabra Masqal; des weiteren zwei Kirchengebäude auf dem Beta-Giyorgis-Hügel, eine Arbaetu Ensesa genannte Kirche im südöstlichen Teil von Aksums Stadtkern, die drei Gänge, ein Sanktuarium, eine halbkreisförmige Apsis und Nebenräume mit einer Schatzkammer hatte, außerdem die Klosterkirche von Abba Pantalewon auf einem 40 m hohen Felssporn am südöstlichen Hang des May-Qoho-Hügels, wo ein Sakralbau wahrscheinlich schon in früher christlicher Zeit über einem vorher existierenden, vorchristlichen Tempel des Mahrem, des alten Kriegsgottes, errichtet worden war.

Legende

1. Mahraf
2. Gräber von Kaleb und Gabra Masqal
3. Enda Abba Libanos
4. Ona Enda Abboy Zawge
5. Kidana Mehrat D Site
6. Ezana Inschrift
7. Da'aro Gräber und Stele
8. Ona Nagast
9. May Shum Reservoir
10. Abba Pantalewon
11. Nördlicher Stelen-Park

12. Südlicher Stelen-Park und Nafas Mawcha, Mausoleum,
    Grab der Ziegelsteinbögen und Falsche-Tür-Grab
13. Maleke K Site
14. Maryam Tseyon
15. Dungur
16. Enda Mikael
17. Gudit Stelen-Feld
18. Enda Semon
19. Arbaetu Ensesa
20. Felsengräber und Stelen
21. Ta'aka Maryam
22. Ezana Inschrift und Steinthrone

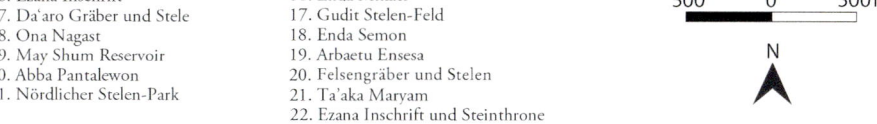

Karte 8: Aksum, archäologische Stätten, © Matthew C. Curtis

Niedergang. Aksums langer Abstieg als städtischer Mittelpunkt und Regierungssitz des Königs begann bereits Mitte des 6. Jh. n.Chr., als die Wirtschaft und die Bevölkerung in Stadt und Umgebung dramatisch schrumpften. Zu den Faktoren, welche diesen Verfall ausgelöst haben, dürften Veränderungen in den Handelsströmen und in den Macht-verhältnissen im Bereich des südlichen Roten Meeres und des nördlichen Horns von Afrika in Verbindung mit der persischen Besetzung des himyaritischen Südarabien und der zunehmenden Kontrolle des Seehandels im Roten Meer durch die Araber gewesen sein. Dazu kamen Bedrohungen durch andere afrikanische Staatsgebilde und eine Ver-schlechterung der Umweltbedingungen, die die Ertragsfähigkeit des Landes rund um die Stadt beeinträchtigten. Im 9. Jh. n.Chr. war Aksum keine königliche Hauptstadt mehr, und am Ende des 1. Jt. n.Chr. lebte der größte Teil der verbliebenen Bevölkerung im Westteil der alten Stadt rund um die Maryam-Tseyon-Kathedrale. Zwischen dem 10. und dem 15. Jh. n.Chr. war die zentrale Siedlungsfläche von Aksum kaum mehr als 40 ha groß. Obwohl die Stadt niemals ihre kirchliche Vorrangstellung verlor und über die letzten 500 Jahre hinweg als regionaler Marktort, Verwaltungszentrum und Reiseziel für Touristen ihre Bedeutung behielt, begann sie erst im letzten Jahrzehnt, ihren Rang als urbanes Zentrum in Äthiopien zurückzugewinnen (s. „Aksumitische Kultur"). Heute ist Aksum im Wachsen begriffen und ein regionaler Brennpunkt für die wirtschaftliche Entwicklung, was sich auch auf die Erhaltung und den Schutz des historischen und archäologischen Erbes auswirkt.

Literatur: Kathryn A. Bard, Rodolfo Fattovich, Andrea Manzo, Cinzia Perlingieri, „The chronology of Aksum (Tigrai, Ethiopia): a view from Bieta Giyorgis", *Azania*: *Archaeological Research in Africa*, 49 (2014), 285–316; Stuart Munro-Hay, „Aksum: History of the Town and Empire", *EAE* I, 173–179; David W. Phillipson, *Foundations of an African Civilisation: Aksum & The Northern Horn 1000 BC–AD 1300*, Woodbridge, Suffolk 2012.

Matthew C. Curtis, University of California, Los Angeles

Zagwe-Periode

Nach dem raschen Niedergang Aksums im 7. Jh. werden die lokalen Quellen spärlich, sie erhellen die weiteren Ereignisse nur dürftig. Was wir wissen, beruht hauptsächlich auf den Berichten arabischer Geografen und Kirchenhistoriker; dies wird aber kaum gestützt in zuverlässigen lokalen Quellen. Zu den wenigen Informationen, die wir haben, gehören die Gründung des Klosters von Dabra Egziabeher am Hayq See (ca. 869/871 n.Chr.), die Erwähnung von Kubar als Hauptstadt von Abessinien (nach 872 n.Chr.) und der Bericht, dass eine Königin über Äthiopien geherrscht hat (ca. 930–980 n.Chr.), der die Tötung eines Königs (*Hatsani*) von Aksum zugeschrieben wird (ca. 970/980), was auch durch einen Brief des äthiopischen Königs an König Georg von Nubien (nach 969, vor 978) bestätigt wird, in dem er sich über die Verwüstung des Königsreichs verbreitet. Aber wir haben auch von weiteren wichtigen Völkerwanderungen Kenntnis, darunter eine erste Welle von Agaw aus Lasta, die zur Entstehung der ethnischen Gruppe der Bilin im heutigen Eritrea geführt hat (ca. 9./10. Jh. n.Chr.).

Herkunft. Die Zagwe-Periode hat ihren Namen von einer Dynastie heiliger Könige, wahrscheinlich Angehörigen von Agaw-Sprechern (Zagwe dürfte „von den Agaw" bedeuten). Sie hatten ihren Ursprung in Bugna, einem Bezirk in Lasta (Wallo), ca. 200 km südlich von Aksum, am allernördlichsten Rand der heutigen Amhara-Region. Dort befand sich ihre alte Hauptstadt Adafa, bevor eine neue gegründet wurde, das jetzige Lalibala. Die Zagwe herrschten von Lasta aus über einen Großteil des christlichen Äthiopien, der sich im Norden über das heutige Eritrea erstreckte – mit einem besonderen Schwerpunkt in Shimazana und dem historischen Kloster von Dabra Libanos von Ham –, im Westen Richtung Wallaga und Bagemder, aber ohne Shawa und die Gebiete südlich davon.

Nach der äthiopischen Tradition dauerte die Zagwe-Periode mehr als 300 Jahre, vom 10. bis zum 13. Jh. Dagegen stimmen die meisten Historiker darin überein, dass diese Dynastie vom 12. Jh. (ca. 1140 n.Chr.) bis zum 13. Jh. (ca. 1268/1270 n.Chr.) an der Macht war. Sie wurden von der Salomonischen Dynastie, von König Yekunno Amlak, gestürzt (der den letzten Zagwe-König, Yetbarak, tötete). Anders als zumindest einige Aksumiten-Könige waren die Zagwe den Mittelmeermächten ihrer Zeit so gut wie unbekannt, wobei sie aber regelmäßige Beziehungen zu Ägypten und Jerusalem unterhielten, wie aus Dokumenten und Kunstmotiven in den berühmten Felsen- und Höhlenkirchen hervorgeht, die ihnen zugeschrieben werden.

Abgesehen von den Dokumenten, die König Lalibala (ca. 1185–1225) und seinem Nachfolger Na'akkweto La'ab (gest. ca. 1250) zugeschrieben werden, sowie dem Datum des Sturzes der Zagwe (ca. 1269/1270) gibt es nur wenige sichere Nachrichten. In der späteren äthiopischen Tradition werden die Zagwe vom Standpunkt der dynastischen Legitimität als Usurpatoren angesehen, weil sie keine „Israeliten" waren (so das *Kebra Nagast*). Und sie werden zeitlich unmittelbar nach der Zerstörung Aksums (ca. 9./10. Jh.) angesetzt. Andererseits hält man sie für heilige Könige. So wurden die meisten Zagwe-Könige – alle außer Marari und Tataweddem – in einigen Texten als heilig verehrt; sie sind den Königen Yemrehanna Krestos, Harbay, Lalibala, Na'akkweto La'ab und der Königin Masqal Kebra gewidmet und entstanden frühestens im 15. Jh. Dies geschah wahrscheinlich in Verbindung mit der Vollendung des monumentalen Komplexes der Felsenkirchen in der Stadt Lalibala, die auf die schrittweise Anerkennung ihres Ranges als heilige Könige folgte. So wurden sie auch für die neu etablierte Salomoniden-Dynastie akzeptabel.

Die Hagiografien der Zagwe sind Zeugen für ein Konzept des Königtums, das auf Frieden und Gedeihen (wie z.B. das „Regenmachen") ausgerichtet zu sein scheint, und das sich sowohl vom Konzept der Aksumiten als auch dem der Salomoniden unterscheidet. Die den Zagwe zugeschriebene ausgeprägte Aktivität als Förderer und Gründer von Kirchen ist dagegen nicht ihr besonderes Merkmal. Nach anderen Quellen, wie dem armenischen Kirchenhistoriker Abu Salih (Abu l-Karim), scheinen sich die Zagwe der Abstammung von Israel gerühmt zu haben, und zwar von der Familie Moses und Aarons; derselbe Autor bezeugt auch die Tradition, dass die Zagwe die Bundeslade in ihrem Besitz gehabt hätten und Priesterkönige gewesen wären.

Die Zahl und die Namen der Zagwe-Könige lassen sich nicht mit Sicherheit feststellen. In den traditionellen Königslisten variieren die Namen zwischen fünf und 16; davon hängt auch die unterschiedliche Zeitspanne für die Dynastie ab. (Diese Unsicherheiten werden sich wahrscheinlich aufklären lassen, wenn eine systematische Ausgrabung in Lalibala durchgeführt wird.) Darüber hinaus scheinen die Zagwe dem Erbfolgerecht der Agaw gefolgt zu sein, das ein gewisses Maß von Matrilinealität zuließ, mit einem Übergang der Herrschaft auf Brüder und dann Neffen des Königs. Daraus resultierte eine gewisse Unklarheit in der Terminologie. So nennt z.B eine Liste elf Könige: Takla Haymanot, Tataweddem/Tatadem, Germa Seyyum, Jan Seyyum, Yemrehanna Krestos, Qeddus Harbay, Lalibala, Na'akkweto La'ab, Yetbarak, Mayrari und Harbay. Auch die Umstände des Machtübergangs auf die Zagwe sind gänzlich unklar. Nach einer späteren äthiopischen Tradition heiratete Mara (Takla Haymanot), ein Feldherr des letzten Herrschers von Aksum, Delnaod, dessen Tochter, rebellierte dann gegen seinen Schwiegervater, tötete ihn auf dem Schlachtfeld und gründete eine neue Dynastie. Die Nachkommen des Delnaod aus der Salomonidenlinie blieben gemäß dieser Tradition Jahrhunderte lang in der Verborgenheit und bereiteten die Restauration der Salomoniden vor. Es gibt auch eine andere Tradition, nach der eine Frau, Terda Gabaz, die Gattin des Degna Jan oder Hezba Nany, das Bindeglied des letzten Königs von Aksum zu den Zagwe war.

Wahrscheinlich war Marara (Takla Haymanot) der Gründer und erste König der Dynastie, gefolgt von Tantaweddem (Thronname Salomon), von dem ein schönes metallenes Vortragekreuz in der Kirche von Ura Maskal (Nordtigray, nahe bei Dabra Libanos von Ham und der heutigen eritreischen Grenze) aufbewahrt wird.

Dieses und zudem informative Textdokumente der Zagwe-Könige sind die wahrscheinlich frühesten authentischen feudalherrschaftlichen Akte, die überliefert sind. Wenngleich auch einige davon nur in Abschriften überliefert wurden, bezeugen sie die Existenz einer hochentwickelten Verwaltung, die vor allem eine Kontinuität mit den aus aksumitischen Inschriften bekannten Protokollen erkennen lässt.

Yemrehanna Krestos, in dessen Hagiografie der Aspekt des Priesterkönigs besonders stark hervortritt und der vermutlich das Vorbild für die Lokalisierung des „Priesters Johannes" in Äthiopien lieferte, war der Vorgänger von Harbay und dessen Bruder Lalibala, beides Söhne von Jan Seyyum. Der letzte Zagwe-König, Yetbarak, bekannt als „der Verborgene", wurde von Yekunno Amlak (dem Begründer oder Restaurator der sog. Salomoniden-Dynastie) in Gayent getötet, in der Kirche des Hl. Qirqos (Quiricus), dem Schutzheiligen seiner Familie, wo er Zuflucht gesucht hatte.

Als vorläufige Genealogie kann man festhalten: Marari (1), dem Masoba Warq den Tantaweddem (2) gebar; Gerwa Seyyum und Jan Seyyum; Gerwa Seyyum war der Vater von Yemrehanna Krestos (3); dieser seinerseits hatte zwei Söhne, Harbay (4) und Lalibala (5), welche die jeweiligen Väter von Na'akkweto La'ab (6) und Yetbarak (7) waren.

Es gibt einige Hinweise auf einen Pro-Zagwe-Widerstand gegen den Dynastiewechsel, wohingegen die entscheidende Rolle beim Sturz der Zagwe traditionellerweise entweder dem Hl. Iyyasus Moa zugewiesen wird, oder – nach späterer Überlieferung – dem Hl. Takla Haymanot. Noch spätere Traditionen (17. Jh.) bringen die Schaffung der neuen Dynastie mit einer Belohnung von einem Drittel des Königreiches für das „Haus Takla Haymanot" in Verbindung. Unfähig, das Reich zu einen, aber als Förderer der Künste, so wurden die Nachkommen der Zagwe als Lokalkönige anerkannt und erfreuten sich noch im 17. und 18 Jh. einer gewissen Autonomie als Präfekten von Wag (*Wag-shum*).

Literatur: MARIE-LAURE DERAT, *L'énigme d'une dynastie sainte et usurpatrice dans le royaume chrétien d'Ethiopie, XIe–XIIIe siècle*, Turnhout 2018; GIANFRANCO FIACCADORI, „Zagʷe", *EAE* V, 107–114; PAOLO MARRASSINI, „Un caso africano: la dinastia Zague in Etiopia", in SERGIO BERTELLI, PIETRO CLEMENTE (Hrsg.), *Tracce dei vinti*, Firenze 1994, 200–229.

Alessandro Bausi, Universität Hamburg

Salomoniden-Dynastie

Nachkommen der Königin von Saba. Der Begriff „Salomoniden-Dynastie" wurde von modernen Historikern geprägt und bezeichnet die im späten 13. Jh. an die Macht gekommene christliche Dynastie. Traditionellerweise glaubte man daran, dass die Herrscher Äthiopiens bis zum Sturz Hayla Sellases (im Jahre 1974) von Salomo, dem König von Israel, und Makeda, der Königin von Saba, abstammen, die aus dem alten äthiopischen Königreich von Aksum gekommen sein soll. Menilek I., der legendäre Sohn von Salomo und Makeda, sei der erste in der Reihe der äthiopischen Herrscher dieser Dynastie gewesen, die kontinuierlich bis in die zweite Hälfte des 20. Jh. die Macht ausübten.

Die klassische Formulierung des Anspruchs auf die salomonische Abstammung findet sich im Buch *Kebra Nagast* („Die Herrlichkeit der Könige"), in der heutigen Version nach allgemeiner Ansicht etwa ins 14. Jh. zu datieren. Es bleibt jedoch festzuhalten, dass Elemente dieser Stiftungslegende älter sein mögen als diese Erzählung. Sicherlich geht der Anspruch der äthiopischen Monarchen auf eine israelitische Abstammung, ebenso wie auf den Besitz der Bundeslade, auf eine Zeit vor dem 14. Jh. zurück.

Nach dem *Kebra Nagast* machte sich die Königin von Saba auf die Reise, um König Salomo in Jerusalem zu besuchen. Während ihres Aufenthaltes setzte Salomo sie nicht nur mit seiner Weisheit in Erstaunen, sondern verführte sie auch zum Geschlechtsverkehr. Die Königin empfing einen Sohn, den sie auf dem Rückweg nach Aksum gebar. Als er herangewachsen war, reiste dieser Sohn, Menilek, nach Jerusalem, um seinem Vater zu begegnen. Am Ende dieses Besuches befahl Salomo, dass die erstgeborenen

Söhne der Priester und Ältesten Israels Menilek nach Aksum begleiten sollten. Er und seine Begleiter wurden vom Sohn des Hohepriesters angestiftet, die Bundeslade aus dem Tempel zu stehlen. So kamen die „Herrlichkeit Zions" und die Kinder Israels von Jerusalem nach Aksum, dem neuen Zion in Äthiopien, dem neuen Israel.

Gemäß dem *Kebra Nagast* regierten Mitglieder der Salomoniden-Dynastie Äthiopien von der Zeit Menileks I. an. Andere Quellen berichten jedoch, sie seien von einer „jüdischen" Königin Gwedit oder Gudit (fälschlicherweise „Judith") gestürzt worden. Danach kam Äthiopien unter die Herrschaft der Könige der Zagwe-Dynastie, die man als nicht-israelitische Usurpatoren ansah. Sie wurden um das Jahr 1270 von Yekunno Amlak abgesetzt (s. „Zagwe-Periode"). Die spätere königliche Geschichtsschreibung, die von der Salomoniden-Dynastie abhing, beschreibt Yekunno Amlak als Nachkommen des letzten aksumitischen Herrschers. So wurde seine Machtergreifung als Wiederherstellung der Salomoniden-Dynastie dargestellt. Dieser Anspruch findet über die Jahrhunderte hinweg in vielen Königschroniken seinen Ausdruck. Einige der herausragenden Herrscher dieser Periode trugen Namen mit deutlichem biblisch-israelischen Bezug, wie Amda Tseyon („Säule Zions", 1314–1344) und Zara Yaeqob („Same Jakobs", 1434–1468).

Es gibt keinen glaubhaften Beweis dafür, dass jemals ein aksumitischer König die salomonische Abstammung für sich beansprucht hätte oder dass es tatsächlich eine durchgehende Blutslinie von den aksumitischen Königen zu Yekunno Amlak und seinen Nachkommen gab. Überdies wird die Regierungszeit Salomos allgemein ins 10. Jh. v. Chr. datiert, Jahrhunderte vor dem Aufkommen der aksumitischen Zivilisation.

Salomonische Hegemonie. Es ist wichtig festzuhalten, dass die Idee der salomonischen Abstammung Teil eines größeren Zusammenhanges äthiopischen Selbstverständnisses ist und zwar in den Beziehungen zwischen Kirche und Staat. Mitglieder der Salomoniden-Dynastie verstanden sich als Wächter und Verteidiger des wahren Glaubens und als Schutzherren der Kirche. Ein legitimer Herrscher hatte nicht nur Mitglied der Dynastie zu sein, sondern auch Christ. Dazu gehörten bestimmte Symbole der Macht und Rituale bei der Thronbesteigung. Der Löwe, und zwar genauer der (siegreiche) Löwe von Juda, wurde zum Sinnbild der äthiopischen Monarchie, zumindest seit Mitte des 16. Jh. Im Laufe der Jahrhunderte wurde das Symbol weiter entwickelt, und von der Mitte des 18. Jh. an erscheint auf dem königlichen Siegel ein gekrönter Löwe mit einem Kreuz und dem Motto, das den Monarchen als einen „Nachkommen Salomos, Sohn Davids" identifiziert. Das zentrale Motiv im Wappen Kaiser Menileks II. war der salomonische Thron, auf dem das Motto „Stern aus dem Hause Davids" geschrieben steht.

Wie beharrlich der Glaube an die Salomoniden-Dynastie war, zeigt insbesondere die Tatsache, dass sogar während der „Zeit der Fürsten" (1769–1855), als die legitimen Herrscher kaum mehr waren als Marionetten der herrschenden Adeligen (s. „Zeit der Fürsten"), sie nicht durch Nicht-Salomoniden auf dem Thron ersetzt wurden. So konnte das Ideal der Herrschaft durch ein Mitglied der Salomoniden-Dynastie auch dann aufrechterhalten werden, als die entsprechende Macht eines solchen Herrschers praktisch nicht existierte.

Die Nachfolge ging nicht notwendigerweise vom Vater auf den Sohn über, sie konnte auch Brüder, Neffen und, in seltenen Fällen, Töchter einschließen. Dies bedeutete natürlich, dass es eine große Anzahl von Thronanwärtern gab und Nachfolgekämpfe an der Tagesordnung waren. Vom 14. bis ins 16. Jh. wurde das Problem der rivalisierenden Herrschaftsanwärter dadurch gelöst, dass man mögliche Thronerben in einem „königlichen Gefängnis" festsetzte. Im Laufe der Zeit, als die Zahl der Nachkommen wuchs, entstand eine Aufspaltung zwischen Zweigen der Dynastie aus Gondar und Shawa.

In ähnlicher Weise entwickelten auch einige nichtkönigliche Gruppen Traditionen, die sie mit salomonischen Traditionen verbanden. Bei den Beta Esrael (Falasha) wird der Anspruch erhoben, dass einige der Israeliten, die Menilek I. nach Äthiopien begleiteten, sich weigerten, am Sabbat zu reisen. Sie trennten sich von der Mehrheitsgruppe und wurden zu Ahnherrn der Falasha. Einige Traditionen lassen die Zagwe von König Salomo und einer Sklavin oder Dienerin Makedas abstammen.

Obwohl der Sturz von Hayla Sellase im Jahr 1974 die effektive Herrschaft eines Repräsentanten der Salomoniden-Dynastie beendete, gibt es politische Gruppen, insbesondere in der Diaspora, die seine Nachkommen noch immer als legitime Herrscher Äthiopiens betrachten und sich für eine „Restauration" mit einem Salomoniden einsetzen, entweder als konstitutionellen Monarchen oder auch als Repräsentationsfigur.

Literatur: ERNEST ALFRED WALLIS BUDGE, *The Queen of Sheba and her only Son Menyelek*, London 1922, 1932, 2001; GERARD COLIN, *La Gloire des rois (Kebra Nagast). Epopée nationale de L'Ethiopie*, Genève 2002; SVEN RUBENSON, „The Lion of the Tribe of Judah: Christian Symbol and/or Imperial Title", *Journal of Ethiopian Studies*, 3/2 (1965), 75–85.

Steven Kaplan, The Hebrew University of Jerusalem

Gondar, Stadt und Herrschaftsepoche

Azazo als Vorgängersiedlung. Wenn auch Gondar unter der Salomoniden-Dynastie keineswegs die erste ständig bewohnte Siedlung war, so war sie doch die erste über Generationen hinweg bestehende Residenz der Salomoniden-Herrscher.

Die Anfänge müssen in Azazo, ungefähr 13 km südlich von Gondar, gesucht werden. Hier errichtete im Jahre 1621 *Atse* (Kaiser) Susenyos (reg. 1607–1632), der Vater von Gondars Gründer Fasiladas, eine königliche Residenz. Berichten zufolge wählte er diese Gegend, einen strategisch geeigneten Hügel an der Kreuzung wichtiger Handelsrouten in den Sudan, nach Gojjam und Tigray, mit Hilfe eines seiner Berater, des spanischen Paters Pedro Páez, der von 1603 an der kleinen, aber einflussreichen Jesuitenmission vorstand. Die neue Siedlung wurde Gannata Iyasus („Paradies Jesu") genannt und war als ein Komplex konzipiert, der verschiedenen Zwecken dienen sollte: der Verteidigung, der Entspannung, der Hofhaltung und der Religionsausübung. Die wichtigsten architektonischen Elemente waren ein Palastgarten, der mit Hilfe indischer Maurer und Ingenieure nach dem Vorbild der Hofarchitektur der indischen Mogule angelegt wurde, dazu kam ein befestigter Kirchenkomplex. Fasiladas wuchs in dieser Umgebung auf und nutzte, nach der Ausweisung der Jesuiten aus dem Land, Gannata Iyasus zeitweilig als eine seiner Residenzen, zusammen mit denen in Libo (Danqaz) und Gondar.

Gründung und frühe Entwicklung Gondars. Nach den historischen Berichten ließ sich *Atse* Fasiladas (reg. 1632–1667) erstmals während seines 4. Regierungjahres in Gondar, d.h. 1636 oder 1637, nieder. Um 1641 scheint er Gondar zu seiner Hauptresidenz (*Madina* in der „kurzen" Königschronik) gemacht zu haben, ohne jedoch die Tradition der wandernden Residenzorte gänzlich aufzugeben. Man kann annehmen, dass Gondar um die Mitte dieses Jahrzehnts langsam die Gestalt einer ständigen Siedlung mit stadtähnlicher Struktur erhielt. Zur Mitte der 1640er Jahre, als es ihm gelungen war, einige aufständische Provinzen unter seine Kontrolle zu bringen und durch regelmäßige Beutezüge beträchtlichen Reichtum anzuhäufen sowie eine aktive Außenpolitik zu betreiben – dank diplomatischer Missionen in den Jemen, in die osmanische Türkei, das Mogulenreich Indien und Niederländisch Ostindien –, begann Fasiladas, in Gondar

Bauten zu errichten, wie er sie in seinen Jugendtagen in Gannata Iyasus and Danqaz kennengelernt hatte. Gegen 1647, als Hasan bin Ahmed al-Haymi, der Gesandte des zaydischen Jemen, die erste Beschreibung verfasste, war *Fasil gemb*, das berühmte Bauwerk der Stadt, bereits gebaut oder nahezu vollendet.

Der Gesandte beschreibt „die Residenz des Königs …, ein hohes Gebäude mit aufragender Struktur, das zu den wunderbarsten Prachtbauten und den schönsten der berühmten Wunderwerke gehört, gebaut aus Stein und Kalk. Es gibt kein anderes, das ihm gleichkommt in der Stadt, ja im ganzen Lande von al-Habasha – sein Anblick ist höchst vollkommen und in allerschönster Gestalt". Der Gesandte fügte hinzu, dass das Schloss durch einen Inder erbaut wurde und dass es, obwohl außerhalb der Stadt gelegen, von zahlreichen Lehmhütten umgeben ist.

Dem Bericht können wir entnehmen, dass Gondar seit seiner Gründung eine multiethnische und multi-religiöse Bevölkerung beherbergte. Den Kern bildeten die christlichen Amhara, die die höchsten Staatsämter innehatten, ebenso wie die traditionell einflussreichen Positionen innerhalb der Kirche. Eine zweite wichtige Gruppe waren die Muslime, die – wie Hasan bin Ahmad berichtet – in „besonderen, abgeschlossenen Vierteln" wohnten. Sie müssen verschiedenen Gruppen angehört haben, wie den Amhara, Sudanesen, Arabern, Jemeniten und Türken. In wirtschaftlichen Belangen (Finanzen und Handel), wie auch in diplomatischen Angelegenheiten spielten sie eine zentrale Rolle. Der Hof dürfte eine beträchtliche Anzahl seiner Dolmetscher und Berater aus dieser Gruppe bezogen haben. Die Kemant und Falasha (Beta Esrael), die wahrscheinlich Agaw-Dialekte sprachen und verschiedene eigene Religionen ausübten, waren seit Gründung der Stadt als Handwerker und Maurer tätig. Eine kleine äthiopisch-portugiesische Miliz, die sich während der Herrschaft des Galawdewos (reg.1541–1559) gebildet hatte, diente bei Hof als Leibgarde des Herrschers. Anfang des 18. Jh. ließen sich viele Oromo in der Stadt nieder, wo sie hauptsächlich militärische Aufgaben übernahmen.

Mit dem Wachsen der Stadt scheint das Gondar-Reich seine Präsenz im Lande verstärkt zu haben. So dürfte eine Reihe von Provinzen, darunter Dambeya, Bagemder, Gojjam, Agaw Meder, Damot, Takusa and vielleicht sogar Tigray, durch ein Netz kaiserlicher Straßen eng angebunden worden sein; dafür baute man Steinbrücken mit Mörtel. Aber auch königliche Kirchen (wie Azazo Takla Haymanot, Daga Estifanos, Qoma Fasiladas, Dabra Berhan Sellase, Egziabeher Ab, Dafacha Kidana Mehrat, Aksum Tseyon, Martula Maryam) und Befestigungsanlagen (Aringo, Yebaba, Abba Gish Fasil, Gemb Giyorgis, Gomar, Wahni Amba und vielleicht auch Guzara) wurden über das Land verteilt errichtet.

Veränderungen. Die Nachfolger von Fasiladas, zunächst insbesondere Yohannes I. (reg. 1667–1682) und Iyasu I. (reg.1682–1706), später dann auch Dawit III. (reg. 1716–1721) und Bakaffa (reg. 1721–1730) scheinen, ungeachtet aller Krisen, die während ihrer Herrschaft auftraten, die Politik ihres Vorgängers fortgeführt zu haben. So wurde unter Yohannes I. in der Stadt die Trennung der Religionen vorangetrieben. Die Christen beanspruchten die höher gelegenen Gebiete am Hügel von Gondar für sich, das war die Umgebung der königlichen Region, während die Muslime und die Falasha die Bereiche im Süden der Stadt und am Ufer des Flusses Qaha einnehmen sollten. Das Moslemviertel wurde fortan als Eslam Bet (später auch als Addis Alem) bezeichnet, während die Beta Esrael in zwei Regionen wohnten, in Kayla Meda und in Falasha Bet. Die „Türken" wohnten in der Turkoch genannten Gegend, wo heute die Baata-Kirche steht. Die höchsten religiös-orthodoxen Würdenträger hatten ebenfalls ihre Quartiere: der *Echage* (das Oberhaupt der Klostergemeinschaft von Dabra Libanos) und sein Ge-

Schloss des Fasiladas von Süden aus, Gondar, © Serge Dewel-Mouton

folge besetzten das *Echage bet*, unmittelbar gegenüber der Königsresidenz im Nordwesten; der *Abun*, der koptische Metropolit, residierte im sog. *Abun bet*, wo sich jetzt das Gabrielskloster befindet. Die äthiopisch-portugiesischen und die Übriggebliebenen der katholischen Konvertiten wurden gezwungen, das Reich zu verlassen.

Während der Herrschaft der Nachfolger des Fasiladas wurden neue, aufwändige Bauten zu denen des Gründers hinzugefügt: Yohannes I. ließ einen Kanzleipalast und eine elegante Bibliothek errichten, und Iasyu I. ein Schloss mit einem beeindruckenden Tonnengewölbe. Bakaffa seinerseits erbaute einen originellen U-förmigen Pavillon. Die neuen Bauwerke folgten der indisch inspirierten Architekturtradition, die von Susenyos und Fasiladas begonnen worden war, aber alle wiesen Varianten auf und führten neue Formen ein, wahrscheinlich entlehnt aus den Nachbarländern wie Jemen und Ägypten. Es wurden auch neue Kirchen gebaut, wie Tsadda Egziabeher Ab (Yohannes I.), Dabra Berhan Sellase (Iyasu I.), Hamara Noh (Tewoflos), Ledata (Yostos), Atatame Qeddus Mikael (Dawit and Bakaffa) und Dafacha Kidana Mehrat (Bakaffa).

Um die Wende zum 18. Jh. muss es Gondar auf eine ansehnliche Einwohnerzahl gebracht haben, und es muss zum wahren politischen, kulturellen und wirtschaftlichen Zentrum eines großen Gebietes aufgestiegen sein. Der Einflussbereich der Stadt dürfte sich bis ins sudanesische Tiefland und in die Region des Roten Meeres erstreckt haben. So diente die Stadt mehreren Regionen als Markt für den Austausch und die Vermittlung von Erzeugnissen, von den Früchten des fruchtbaren Ackerbodens aus Gojjam, Damot, Agaw Meder und Dambeya bis hin zu Rindern der Gegend, von Zibetkatzen bis Kaffee, Fellen und Sklaven. Die Kirchen der Stadt erhoben den Anspruch, Zentren der religiösen Ausbildung zu sein, in denen religiöse Dichtkunst (*Qene*), liturgischer Gesang und Rituale wie *Zema* und *Aqqwaqwam* ebenso wie Theologie und Auslegung (*Andemta*) gelehrt wurden.

Wichtige Zivilbeamte, die die Stadt führten, waren der *Naggadras* und der *Kantiba*. Der erstere stand an der Spitze der Kaufmannschaft und erhob die Steuern, überwachte die Karawanen und schlichtete Zivilfälle, der *Kantiba* seinerseits wirkte als eine Art Bürgermeister und Richter, sprach Recht und hielt die öffentliche Ordnung aufrecht.

Mentewwab und die Qwara-Periode. In den mittleren Jahrzehnten des 18. Jh., unter der Ägide der Königin Mentewwab (Thronname Berhan Mogasa), wurde die Qwara-„Fraktion", ursprünglich aus der Westprovinz Qwara, nahe des Sudan, zur einflussreichen Kraft in Stadt und Reich. Mentewwab heiratete in den 1720ern *Atse* Bakaffa und gebar ihm einen Sohn, den künftigen Iyasu III. In der Folge wurden ihre Verwandten, einschließlich ihres Bruders Walda Leul, in Schlüsselpositionen des Reiches gebracht, während Mentewwab als Regentin herrschte. Die offiziellen Herrscher, Iyasu II. und Iyoas, waren dagegen nie in der Lage, die eigentliche Macht auszuüben. Andererseits wurde Königin Mentewwab auch zur Patronin der Künste und führte die Gondar-Kunst und -Architektur zu neuer Blüte. Unter ihrer Schirmherrschaft entstand im Palastbezirk das Schloss von Iyasu II., ebenso ihr eigenes. Am meisten aber erinnert man sich ihrer wegen der Abtei und des königlichen Gebäudekomplexes von Qwesqwam, die sie in einem Außenbezirk von Gondar errichten ließ. Dort befanden sich die Kirche von Dabra Tsahay („Berg der Sonne", Erinnerung an den Namen ihrer Heimat Qwara, der auf Qwarennya „Sonne" bedeutet), dazu ein eleganter Palast. In der Tana-Region gründete sie die Kirche von Narga Sellase, welche, wie Dabra Tsahay, eine wichtige Sammlung von Gemälden im Gondar-Stil enthält.

Aus eben dieser Zeit stammt eine der ausführlichsten Beschreibungen der Stadt, die auf den schottischen Reisenden James Bruce zurückgeht. Nach seinen Ausführungen war Gondar gegen 1770 eine Stadt „mit etwa 10.000 Familien in Friedenszeiten, die Häuser sind überwiegend aus Lehm, die Dächer kegelförmig gedeckt".

Der *Fasil-gemb*-Komplex, schrieb er, habe in Trümmern gelegen, aber eine Reihe von Königen hätten Wohnbereiche angebaut, „aus Lehm, in der einheimischen Art und Weise; der Palast selbst war zur Zeit des ‚Faciladas' von Maurern aus Indien errichtet worden". Der Palast und alle damit zusammenhängenden Gebäude waren „von einer massiven, 30 Fuß hohen Steinmauer umgeben, mit Zinnen auf der äußeren und einem Brustwehrdach zwischen der inneren und der äußeren Mauer". Nach Süden zu, auf der anderen Seite des Qaha-Flusses „befindet sich eine große Siedlung von Mohammedanern mit etwa 1.000 Häusern. Das sind alles tätige, fleißige Leute; ein großer Teil von ihnen ist damit beschäftigt, das Gepäck und die Feldausrüstung des Königs und des Adels zu versorgen, sowohl wenn sie ins Feld ziehen, als auch bei der Rückkehr".

Vom Niedergang bis zum Wiederaufstieg im 20. Jh. Die Regentschaft der Mentewwab dauerte bis zum Mai 1769, als Mikael Sehul von Tigray den Kaiser Iyoas ermordete und seinen eigenen Kandidaten auf den Thron setzte. Dieses Ereignis betrachtet man als den eigentlichen Beginn der *Zamana-masafent*-Periode („Zeit der Fürsten"), während der die Herrscher Gondars im Schatten lokaler Machthaber standen. Die Stadt blieb das zeremonielle, wirtschaftliche und religiöse Zentrum des Reiches, aber die Könige wurden zu Gallionsfiguren herabgewürdigt, ohne dass sie auch nur die Mittel für ihre Hofhaltung gehabt hätten. Der erste der Lokalfürsten war *Ras* Ali Gwangul, der von Dabra Tabor aus vom 2. Jahrzehnt des 19. Jh. an regierte.

In den frühen 1830ern soll der Königsbezirk von Gondar nur noch aus Ruinen bestanden haben, während der jeweilige Monarch in einem ganz bescheidenen Quartier neben dem einstmals imposanten Schloss seine Bleibe hatte. Die Stadt war auf etwa 1.000 Häuser mit vielleicht 6.500 Einwohnern geschrumpft. Nach 1855 gab es in Gondar keine Kaiser mehr. *Atse* Tewodoros II. lehnte es ab, hier zu leben. Er ist dafür berüchtigt, die Stadt in den Jahren 1864 und 1866 geplündert zu haben (dennoch wurde zu seinem Gedächtnis 2010 eine Statue auf der Piasa, am Eingang der Altstadt, errichtet). 1888 und 1889 steckten die sudanesischen Derwische in Brand, was von der Stadt noch übrig war. Bis zum frühen 20. Jh. sank die Bevölkerung auf vielleicht 1.000 oder noch weniger Einwohner.

Gondar begann sich erst wieder mit der italienischen Besetzung zu erholen. Die Stadt wurde 1936 eingenommen und danach zur Hauptstadt der Provinz Amhara („governatorio dell'Amhara") erhoben. Um die alte Stadt herum errichtete man eine neue, mit neuen Wirtschafts- und Regierungsgebäuden, Straßen und öffentlichen Plätzen. Parallel dazu wurden die beiden Bevölkerungsgruppen – Italiener und Einheimische – strikt voneinander getrennt. Außerdem kam erstmals ein Plan für die Restaurierung und den Umgang mit dem architektonischen Erbe von Gondar zur Geltung.

Nach der Niederlage der italienischen Truppen im November 1941 wurde Gondar die Hauptstadt der Provinz Bagemder und Semen. In die italienischen Regierungsgebäude zog die Stadtverwaltung unter einem *Kantiba* und einem Rat aus christlichen und muslimischen Mitgliedern ein. Muslime und, in steigender Zahl, auch Christen betätigten sich in Handel und Gewerbe, die Märkte der Stadt blühten auf. Grund- und Sekundarschulen wurden eröffnet, 1953 auch ein staatliches Medizin-College auf dem Gelände des früheren italienischen Konsulats. Ausländische Touristen begannen, die Denkmäler der Stadt zu besichtigen, die im Jahre 1969 mit Hilfe der UNESCO einer größeren Restaurierung unterzogen wurden.

Heute, auch dank der Investitionen von Diaspora-Äthiopiern und des wirtschaftlichen Aufschwungs im Lande, erfährt die Stadt eine bedeutende Ausdehnung entlang der 10 km langen Straße, die Gondar mit Azazo verbindet. Im Jahre 2004 wurde das Medizin-College zur Universität erklärt und drei Standorte am Stadtrand, im Maraki-Samunar-Bar-Gebiet, errichtet. Die Stadt verteidigt ihre Rolle als wichtiges Tor für den Handel mit dem Sudan und kontrolliert die Produktion von wichtigen Devisenbringern, wie etwa Sesam. Inzwischen hat sich Gondar zu einem Anziehungspunkt für Touristen entwickelt, ohne dass dieses Potential bisher ausgeschöpft worden wäre (s. „Gondar und Umgebung"). Im Jahre 2017 erreichte die Bevölkerungszahl ca. 300.000, das ist mehr als die der offiziellen Hauptstadt des Amhara-Regionalstaates, Baher Dar.

Literatur: GHIORGHIS MELLESSA, „Gondar Yesterday and Today", *Ethiopia Observer*, 12/3 (1969), 164–176; RICHARD PANKHURST, „Notes for the History of Gondar", *Ethiopia Observer*, 12/3 (1969), 177–227.

Andreu Martínez d'Alòs-Moner, University of Gondar

„Zeit der Fürsten"

Die Periode, die in der äthiopischen Geschichte als *Zamana masafent* („Zeit der Fürsten") bekannt ist, dauerte von der Mitte des 18. bis zur Mitte des 19. Jh. Sie ist dadurch charakterisiert, dass die Zentralmacht (besser: die Koordinationsmacht der Könige), die seit dem 17. Jh. in Gondar etabliert war, schwächer wurde. Die Monarchie wurde nicht abgeschafft, aber die bisherigen, machtlosen Repräsentanten der königlichen Salomoniden-Dynastie waren nunmehr von regionalen Machthabern abhängig und auf symbolische Funktionen beschränkt, weshalb sie im historischen Diskurs allgemein als Marionettenkönige bezeichnet werden.

Die Bezeichnung der Periode bezieht sich auf das biblische Buch der Richter, ins Ge'ez übersetzt als *Masfen* (pl. *Masafent* = Herrscher, Gouverneur), was dem *Shofet* (plur. *Shoftim*) in der hebräischen Bibel nahekommt (im Gegensatz zum Begriff *Krites*, plur. *Kritai* = Richter in der griechischen Bibel). Die Herstellung von Parallelen zur biblischen Geschichte ist kennzeichnend für die äthiopische Geschichtsschreibung. Das Bild dieser Periode, als verwahrlost und ohne Ordnung, entstand wahrscheinlich im späten 19. Jh., als die neue Staatsnarrative von der nationalen Einigung und der Wiederstellung imperialer Größe zur offiziellen Propaganda unter Menilek II. gehörte.

Dieser wurde in der offiziellen Chronik seiner Herrschaft mit König David verglichen, während sein Vorgänger Tewodros König Saul gleichgestellt wird. Mit diesen Vergleichen wird auf das biblische Buch Samuel Bezug genommen, welches auf das Buch der Richter folgt. Das Buch Josua (das wiederum dem Buch der Richter vorangeht) wird mit der Gestalt des Königs Iyasu I. in Beziehung gesetzt, der die Blütezeit des Reiches von Gondar repräsentiert. Während die latente Eschatologie, die hinter dem Konzept des *Zamana masafent* steht, für die äthiopische Denkweise überaus typisch ist, ist doch das Auftreten solcher biblischer Bezugssysteme in der äthiopischen Geschichtsliteratur, und als Folge die Übernahme dieser Konzepte in den historischen Studien ausländischer Gelehrter, eine Frage, die bislang nicht untersucht wurde.

Eine geschwächte Monarchie. Der Beginn der „Zeit der Fürsten" wird in der Regel mit dem Jahr 1769 angesetzt, dem Jahr der Ermordung des „Königs der Könige" Iyoas und der Machtergreifung durch *Ras* („Fürst") Mikael Sehul von Tigray. Diese Ereignisse versetzten der schon geschwächten Autorität der Königsdynastie den endgültigen Schlag. Was folgte, war ein heftiger Wettstreit zwischen den Regionalfürsten um die Kontrolle der verschiedenen Teile des Reiches. Diese Auseinandersetzungen zwischen verschiedenen kulturellen Identitäten und politischen Legitimitäten wurden durch religiöse Streitigkeiten zwischen den christlich-theologischen Fraktionen verschärft, die die regionalen Verschiedenheiten widerspiegelten.

Das Gebiet von Gojjam war das Kernland der (unktionistischen) *Qebat*-Bewegung, die für die assimilierte Bevölkerung der Agaw und Oromo attraktiv war. Die Verfechter einer vereinheitlichenden und konservativen Vision eines Reiches, das nur den ethnischen Abessiniern (Tigray und Amhara) gehören sollte, unterstützten eher die Glaubensrichtung *Tawahedo* (= unitarisches Dogma).

Nach dem Königsmord an Iyoas waren die Jahre zwischen 1769 und 1802 von großer Instabilität geprägt. Machthaber unterschiedlicher Regionen kämpften gegeneinander um die Kontrolle von Gondar. Sobald sie vorübergehend die zentrale Herrschaftsposition in Gondar errungen hatten, nutzten sie diese, um offizielle Ämter und Landzuteilungen an Verwandte und Schützlinge zu vergeben. In 33 Jahren wurden neun Salomoniden zu Kaisern gemacht; einer von ihnen, Takla Giyorgis I., wurde sechsmal ein- und wieder abgesetzt. Er scheiterte mit seinen wiederholten Versuchen, die dynastische Autorität wiederherzustellen, woher sein ironisch gemeinter Beiname kommt: *Fatsame mangest* = „Vollender/Beschließer der Monarchie".

Aufstieg der muslimischen Oromo-Konvertiten. Diese Wirren begünstigten den Aufstieg einer ursprünglich muslimischen Oromo-Familie, den *Warra shekoch* („Haus der *Shaykhs*"), die aus dem Territorium von Yajju, nordöstlich von Wallo, kamen. Nachdem sie sich per Heirat mit der herrschenden Familie von Lasta verbündet hatten, passten sie sich dem Glauben und den Gebräuchen des christlichen Reiches an. Diese vermischte Abstammungslinie erreichte höchste politische Machtstellungen im Jahr 1784, als Ali Gwangul durch König Takla Giyorgis zum *Ras* erhoben wurde. *Ras* Ali regierte nur vier Jahre, aber seine Position ging auf seine Brüder und deren Nachkommen über, die sich allerdings untereinander heftig befehdeten.

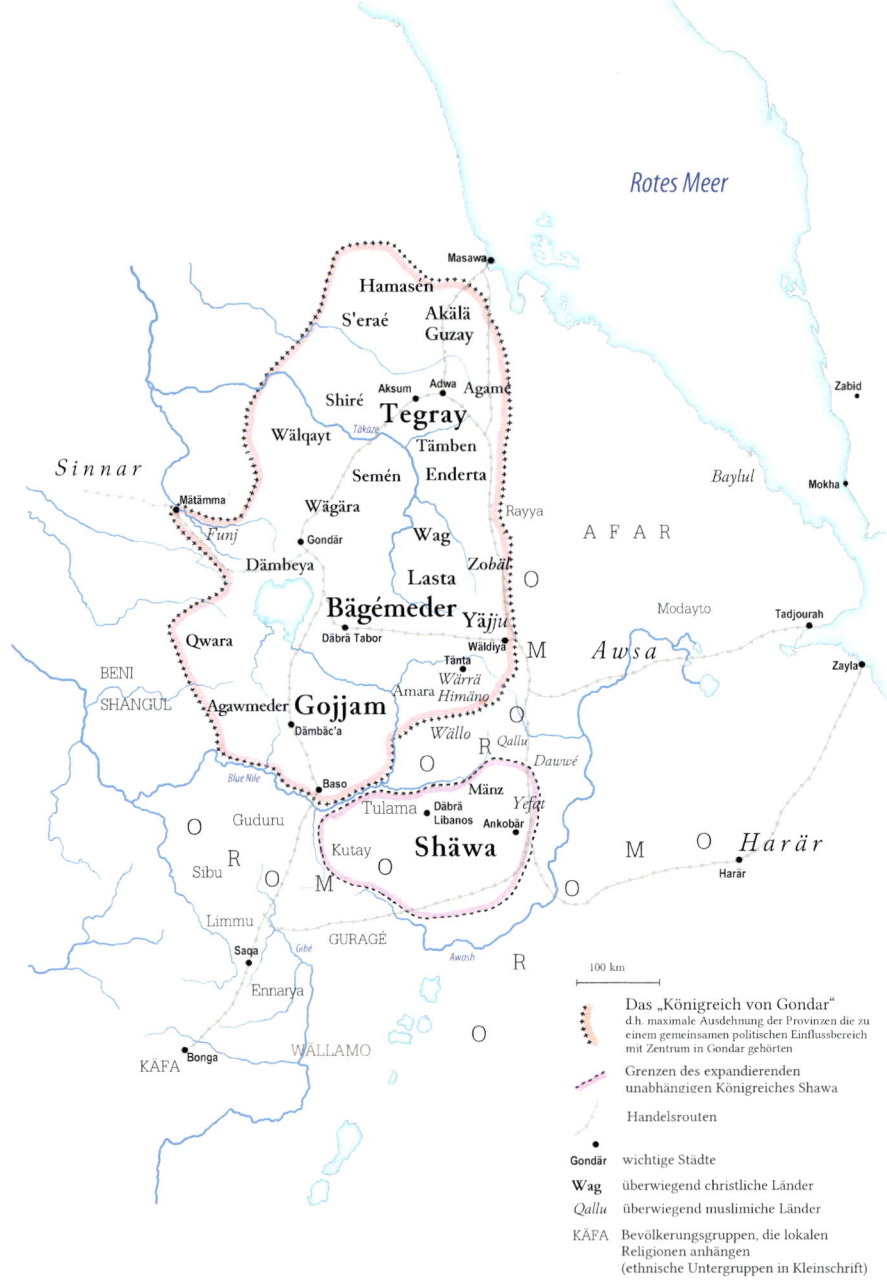

Karte 9: Die christlichen Mächte in Zentral-Äthiopien und ihre Nachbarn während der „Zeit der Fürsten" (*Zamana masafent*, 1769–1855), © Éloi Ficquet

Die Lage unter der Herrschaft von *Ras* Gugsa in den Jahren 1802 bis 1825 war dagegen stabiler. Er konsolidierte und erweiterte die Macht seiner Verwandten und Verbündeten. In Dabra Tabor wurde eine neue Hauptstadt gegründet, die zentraler gelegen war als Gondar. Einige signifikante Reformen wurden begonnen, insbesondere hinsichtlich des Landbesitzes. Auch wenn sie letztlich nicht vollständig umgesetzt wurden, beweisen die Reformen, dass sich hinter den regionalen Auseinandersetzungen konkrete politische Fragen wie die Umverteilung der Ressourcen verbargen. Inzwischen verfielen Gondars Schlösser. Die Bevölkerung der Stadt und ihre Aktivitäten nahmen ab, ohne aufgegeben zu werden. Gondar blieb das Zentrum der staatlichen und kirchlichen Verwaltung, deren Organisation an den nationalen Symbolfiguren hing. Obwohl ohne exekutive Macht, war der König (*Atse*) noch immer wichtig für das rituelle Inkraftsetzen von Regierungsbeschlüssen. Die fortdauernde Präsenz des ägyptischen Metropoliten-Erzbischofs (*Abun*) war wegen der theologischen Streitigkeiten und wegen der Spannungen mit Ägypten in Gefahr. Sein Sitz blieb über viele Jahre vakant, aber die Fürsten bemühten sich um einen neuen Metropoliten, weil er als Instrument in ihrer Strategie, sich selbst zu den obersten Herrschern zu machen, dienen konnte.

Regionale Konkurrenz. Die lange Vorherrschaft von Familien aus Yajju und Wallo war den anderen Fürsten ein Dorn im Auge. Der Aufstieg dieser Außenseiter und Neubekehrten an die politische Spitze wurde als Entweihung des von den Vätern ererbten christlichen Königsreiches und als Bedrohung für die Unabhängigkeit des Landes betrachtet. Die entschiedensten Herausforderer der Yajju-Herren von Dabra Tabor waren die aufeinanderfolgenden Herrscher von Tigray, nämlich Walda Sellase, Sabagadis und Webe. Ihre Ambitionen, die Kontrolle über das Reich zu erlangen, wurden durch die geografische Lage begünstigt, denn sie beherrschten die Handelsrouten zum Roten Meer. So konnten sie Steuern erheben und den Löwenanteil am Nachschub von Feuerwaffen zu ihren eigenen Armeen umleiten. Geschwächt wurden sie allerdings durch die gleichen internen Streitigkeiten, wie sie in den anderen Regionen vorherrschten. Währenddessen hielt sich das Königreich von Shawa abseits der politischen Verwicklungen der *Zamana masafent* und zahlte weder irgendeinen Tribut, noch nahm es Rücksicht auf die Herren von Gondar. Es baute eigene Handelsverbindungen zum Meer aus, und zwar über den östlich gelegenen Hafen von Zayla.

Internationale Beziehungen. Diese Zeit war nicht nur durch ununterbrochene interne Turbulenzen bestimmt, sondern man sah sich auch dem zunehmenden Druck seitens internationaler Akteure ausgesetzt. Der osmanische Vizekönig von Ägypten, Muhammad Ali, beanspruchte die zwar entlegene, aber historisch schon länger etablierte türkische Herrschaft über die gesamte afrikanische Küste des Roten Meeres, die freilich historisch berechtigt war, sich jedoch wegen der großen Entfernungen nicht hatte durchsetzen lassen. In den 1820er Jahren fielen türkisch-ägyptische Truppen in die Gebiete von Sennar und Kordofan (die nordöstlichen Regionen des heutigen Sudan) ein, was zu regelmäßigen Gefechten in den westäthiopischen Grenzgebieten führte. Außerdem lebten die islamisch-mystischen Sufi-Orden wieder auf, welche in Oromosprachige Gebiete (Wallo) vordrangen und mittels gelehrter *Shaykhs*, denen man magische Kräfte nachsagte, viele Einwohner zum Islam bekehrten.

Schließlich verstärkte sich die Präsenz von Europäern zunehmend. Im Jahre 1770 machte sich James Bruce auf den Weg, die Quelle des Blauen Nil wieder zu entdecken (als hätte der Jesuit Páez diese nicht vor ihm bereits besucht). Bruce wurde Zeuge der Kriege, die zum Zusammenbruch des Reiches führten. Ab den 1810er Jahren, beginnend mit den Aufenthalten der Briten Salt und Pearce, kam eine wachsende Zahl von Forschern, Missionaren, Diplomaten und Abenteurern in verschiedene Gegenden Äthiopiens, in denen sie reisten und sich länger aufhielten. Sie berichteten über viele Ereignisse der lokalen Politik, wie sie es vom Standpunkt des Gefolges einflussreicher Oligarchen sahen, unter deren Protektion sie standen. Es gab auch bereits einige, wenn auch erfolglose Versuche, diplomatische Beziehungen herzustellen.

Salomonidische „Könige der Könige"	Tatsächliche Machthaber/Königsmacher
Yohannes II. (reg. Mai September 1769)	*Ras* Mikael Sehul von Tigray
Takla Haymanot I. (1. reg. Oktober 1769–September 1770)	(wirkend 1769–1771)
Susenyos II. (reg. September–Dezember 1770)	Koalition geführt von *Dajach* Wand Bawasan von Lasta, *Dajach* Goshu von Gojjam und *Dajach* Fasil von Damo
Takla Haymanot II. (2. reg. 1770–1777)	*Ras* Mikael Sehul bis 05/1771 (Schlacht von Sarbakusa). Danach verlagerte Bündnisse und Machtkampf unter Führerschaft der drei zuvor genannten Fürsten.
Salomon I. (reg. 1777–1779)	*Ras* Haylu Yosedeq von Gojjam
Takla Giyorgis I. (1. reg. 1779–1784)	(wirkend 1777–1784)
Iyasu III. (reg. 1784–1788)	Ras Ali von Yajju (wirkend 1784–1788)
Takla Giyorgis I. (2. reg. April 1788–Januar 1789)	
Hezqeyas (reg. 1789–1794)	*Ras* Aligaz von Yajju (wirkend 1788–1791)
Takla Giyorgis I. (3. reg. Januar 1794–April 1795)	*Ras* Asrat und *Ras* Walda Gabreel, beide von Lasta
Baeda Maryam II. (reg. April 1795–Juni 1796)	
Salomon II. (reg. Juni 1796–August 1797)	*Ras* Mared von Gojjam
Yonas (reg. August 1797–Februar 1798)	*Ras* Asrat von Lasta gegen *Ras* Walda Sellase von Tigray
Takla Giyorgis I. (4. reg. Februar 1798 Juli 1799)	
Demetros (Juli–Oktober 1799)	
Takla Giyorgis I. (5. reg. Oktober 1799–Mai 1800)	
Demetros (Mai 1800–Juli 1801)	*Ras* Gugsa Marsa von Yajju
Egwale Tseyon (1801–1818)	(wirkend 1801–1825)
Iyoas II. (reg.1818–1821)	
Gigar I. (um 1821–1831)	*Ras* Yemam Gugsa (wirkend 1825–1828)
	Ras Mareye Gugsa (wirkend 1828–1831)
Iyasu IV. (Februar September 1831)	*Ras* Dori Gugsa (wirkend Februar–Mai 1831)
Sahla Dengel (reg. 1832–1840; 1842–1843; 1846–1850; 1852–1855) Yohannes III. (r. 1840–1842, 1843–1846, 1850–1852) Diese beiden nominellen Könige herrschten gleichzeitig und abwechselnd während der 1840er und 50er Jahre	*Ras* Ali Alula (wirkend 1831–1853) und seine Mutter Etege Manan von Warra Himano..

Tabelle 10: Herrscher der „Zeit der Fürsten" (*Zamana masafent*, 1769–1855)

Messianische Erwartungen. Nach der volkstümlichen Meinung und der religiösen Vorstellung der christlichen Äthiopier jener Zeit wies der Dauerzustand von politischer Krise und dem Gefühl, dass sich die ganze Welt veränderte, auf das Kommen eines messianischen Königs hin. Dieser sollte Tewodros heißen, entsprechend einem König des 15. Jh., der im neunten Monat seiner Herrschaft während eines Krieges gegen den islamischen Staat von Adal verschwand. Er würde zurückkehren und den Frieden wiederherstellen, indem er die christlichen Gebiete in *einem* Reich wiedervereinte. Diese Rolle übernahm schließlich ein kleinerer Regionalfürst aus dem westlichen Grenzdistrikt von Qwara, *Dajjazmach* Kassa Haylu, der aufgrund seines außerordentlichen Kampfgeistes schnell zum militärischen Führer aufstieg. Die herrschende Warra-Shekoch-Familie versuchte, seine Loyalität durch eine Heirat mit der Tochter von *Ras* Ali II. zu gewinnen. Dieser hatte seit 1830 unter der Oberhoheit seiner Mutter Manan regiert, die Königin und Regentin war. Ihren Herrschaftstitel beanspruchte sie als Gemahlin von *Atse* Yohannes III., einem der beiden letzten „Könige der Könige" ohne Exekutivgewalt, der diese Position abwechselnd mit Sahle Dengel ausübte, einem anderen Salomonidenspross und Werkzeug der intrigierenden *Masafent*. Kassas Hartnäckigkeit und Ehrgeiz waren aber stärker als das politische Geschacher, und so wandte er sich gegen alle *Masafent*. Die letzten Gefolgsleute von *Ras* Ali wurden 1853 besiegt. Da trat der mächtige *Dajjazmach* Webe von Semen und Tigray auf den Plan, der aber 1855 besiegt wurde. Kassa nutzte diesen Sieg sofort, um sich selbst unter dem Namen Tewodros II. zum „König der Könige" salben und krönen zu lassen. Dieses Ereignis markiert das formelle Ende der Salomoniden-Dynastie von Gondar. Nachdem er mit der Machtbalance, die die *Zamana masafent* geprägt hatte, gebrochen hatte, schuf dieser „self-made-Herrscher" eine neue politische Ordnung, die Reformen und Modernisierung auf der exklusiven Grundlage einer starken königlichen Autorität möglich machte.

Literatur: MORDECHAI ABIR, *The Era of the Princes. The Challenge of Islam and the Re-unification of the Christian Empire, 1769–1855*, London 1968; DONALD CRUMMEY, „Society and Ethnicity in the Politics of Christian Ethiopia during the Zamana Masafent", *The International Journal of African Historical Studies*, 8/2 (1975), 266–278; SOPHIA DEGE, „Zämänä Mäsafənt", *EAE* V, 122–129; SHIFERAW BEKELE, „Reflections on the Power Elite of the Wärä Seh Mäsfenate (1786–1853)", *Annales d'Éthiopie*, 15 (1990), 157–176.

Éloi Ficquet, École des hautes études en sciences sociales, Paris

Äthiopien unter Tewodros II. und Yohannes IV.

Nach einem langen Zeitalter des Niedergangs und der Instabilität erlebte Äthiopien in der zweiten Hälfte des 19. Jh. drei politisch herausragende Herrschergestalten, die die Macht der Monarchie wiederbelebten und bewahrten, die regionalen Herrschaftsbereiche einten, die territoriale Größe ausdehnten, die Unabhängigkeit gegen fremde Invasoren verteidigten und westliche Neuerungen einführten. Es waren dies Tewodros II., Yohannes IV. und Menilek II. Alle drei wurden noch in der chaotischen Zeit geboren, die als *Zamana masafent* („Zeit der Fürsten") bekannt ist (s. den vorangehenden Artikel).

Kaiser Tewodros II.

Der Initiator der Einheit und Modernisierung Äthiopiens war Kaiser Tewodros II. (1855–1868). Er war energisch und – wie einheimische und auswärtige Quellen bestätigen – sehr intelligent, über die nationale und die internationale Politik gut informiert,

moralisch untadelig, zumindest in den ersten Jahren seiner Regierung. Geboren um
1820 in Gondar oder Qwara, hieß er ursprünglich Kassa Haylu.

Über seinen Vater ist kaum etwas bekannt, abgesehen davon, dass er ein Adliger aus Qwara in Nordwestäthiopien war. Seine Mutter Attetagab lebte zumeist in Gondar; sie zog den Sohn auf und gab ihn sehr früh in die Kirchenschule von Takla-Haymanot in Chenkar (zwischen Gondar und dem Tanasee). In den späten 1820er Jahren überfielen Soldaten, die sich auf dem Rückmarsch von einem Feldzug befanden, das Kloster. Dabei wurden mehrere Schüler getötet oder verwundet, aber Kassa konnte entfliehen und schloss sich einer Gruppe an, die nach Qwala entkam. Sein Halbbruder, der diese Region regierte, nahm sich seiner an, so dass er seine Ausbildung im Kloster von Mahbara Sellase fortsetzen konnte.

Wie lange Kassa eine kirchliche Erziehung genoss, ist unbekannt, aber seine späteren Diskussionen mit Klerikern und anderen Personen zeigen, dass er in den religiösen, juristischen und historischen Traditionen des Landes bewandert war. Auch die militärischen Fähigkeiten, wie Reiten, den Gebrauch von Waffen und die Kriegstaktik, beherrschte er; wahrscheinlich vervollkommnete er sie durch die Teilnahme an wiederkehrenden Feldzügen gegen türkisch-ägyptische Truppenkontingente, die aus dem Sudan vorstießen, an den Qwara grenzte.

Um 1840 ging Kassa nach Gojjam und trat für einige Zeit in die Dienste von *Dajach* Gosshu, aus denen er sich später mit einigen Kameraden nach Tchilga absetzte, wo er sich als Rebell gegen die herrschenden Adelsfamilien von Gojjam und Bagemder stellte. Damit begann seine Popularität: er griff die Reichen an und verteilte seine Beute unter die Armen. Die Zahl seiner Soldaten nahm ständig zu, und das von ihm kontrollierte Gebiet wuchs.

Deshalb suchten Kaiserin Manan und ihr Sohn, *Ras* Ali, die mächtigsten unter den politischen Gebietern über den Rest des Reiches, über Vermittler eine Versöhnung mit ihm. Kassa akzeptierte den Vorschlag, eine Enkelin der Kaiserin zu heiraten und Gouverneur von Qwara zu werden. Diese Ehe wurde geschlossen, die Provinz ihm aber vorenthalten, angeblich weil er nicht von hinreichend hohem Rang war. Wieder rebellierte er, und in den Jahren 1845–1855 besiegte er *Dajach* Gosshu, *Etege* Manan, *Ras* Ali und *Dajach* Webe von Semen in mehreren Schlachten.

Nach der letzten Schlacht, im Februar 1855, krönte er sich selbst in Darasge zum Kaiser mit dem Namen Tewodros II. Zu dieser Zeit erklärte er die Ziele seiner Politik: Bauern und Händler wurden ermutigt, ihrer Tätigkeit nachzugehen. Landbesitzer sollten ihre Güter behalten. Räuber, Diebe und Rebellen würden mit schweren Strafen belegt, wenn sie an ihren Untaten festhielten. Wem Unrecht geschah, der konnte sich an ihn persönlich wenden. Das Entmannen von Gefangenen verbot er. Die Praxis, Verwandte eines Mörders zur Verantwortung zu ziehen, wurde abgeschafft. Im orthodoxen Glauben sollte nur die Lehre des *Abun* gelten. Für die Ehe galt, dass ein Mann nur eine Frau haben sollte.

Doch der Kaiser hatte nicht die Zeit, all seine Grundsätze konsequent zu verfolgen und durchzusetzen, die er für die Gesellschaft vorhatte. Die Einigung Äthiopiens war zur Zeit seiner Krönung noch fern der Vollendung; er musste noch Wallo und Shawa unterwerfen, ganz zu schweigen vom Süden. Sogar Tigray, wo Webe regiert hatte, kam nicht ohne Mühe unter seine Kontrolle; ein Neffe des gefangen gesetzten Gouverneurs beherrschte es in den nächsten fünf Jahren. Doch Tewodros war keineswegs ermüdet oder entmutigt. Nach der Regenzeit von 1855 marschierte er nach Wallo und eroberte Maqdala; dort brachte er den Staatsschatz unter und errichtete ein Gefängnis für Verdächtige und Rebellen. Er zog auch in Shawa ein, ohne viel Widerstand zu finden, weil

Ras Hayla-Malakot krank wurde und starb, bevor der Kaiser Ankobar erreichte. Er ernannte in beiden Regionen Gouverneure, nahm den jungen Prinzen (den späteren Kaiser Menilek) mit sich und marschierte durch Gojjam nach Bagemder. Aber auch dort konnte er nicht rasten, er musste in die verschiedenen Regionen weiterziehen, wo Rebellionen ausbrachen, die von Adeligen angestiftet worden waren, darunter vielen, die er selbst ernannt hatte. Die Erfahrung dieser Rebellionen veränderte seinen Charakter. Im Jahre 1860 starb seine ihm überaus zugetane Gattin, die ihn auch in den entscheidenden Zeiten auf seinen Feldzügen begleitet hatte, an einer Krankheit; dies belastete ihn sehr. Außerdem stellte sich heraus, dass katholische und protestantische Missionare, die er geduldet hatte, solange sie sich nicht in seine Politik einmischten, in Korrespondenzen mit Rebellen standen oder den Kaiser in Büchern, die sie schrieben, offen kritisierten. Dazu kam, dass seine Schreiben an einige europäische Mächte unbeantwortet blieben. Als Reaktion darauf nahm er alle Europäer im Lande, darunter den britischen Konsul, gefangen und inhaftierte sie auf dem Berg von Maqdala. Die britische Regierung reagierte mit der Entsendung einer riesigen Expeditionsarmee nach Maqdala, um die Gefangenen zu befreien. Tewodros sah sich von den meisten seiner Offiziere und Soldaten verlassen und zog es vor, Selbstmord zu begehen, statt sich den Ausländern zu ergeben. So endete sein Leben, aber seine Initiative, das Land zu reformieren und zu einen, blieb im Denken der Schriftsteller und Politiker Äthiopiens lebendig.

Kaiser Yohannes IV.

Unter dem Gesichtspunkt der Wiederherstellung von Äthiopiens Einheit und Sicherheit war Yohannes genau der richtige Nachfolger von Tewodros II., obwohl, chronologisch gesehen, vor ihm sein Schwager Takla Giorgis II. den Thron innehatte. Er verbrachte den größeren Teil seiner Herrschaft (1872–1889) damit, den Staat militärisch zu einen und politisch zu befrieden, sowie seine Unabhängigkeit gegen auswärtige Bedrohungen zu verteidigen.

Yohannes wurde um 1831 in May Beha (Tamben) geboren und starb in Matamma im März 1889. Ursprünglich hieß er Kahsay, doch ist er besser bekannt unter der amharischen Version Kassa. Sein Vater war *Shum tamben* Mircha Walda Kidan und seine Mutter Sellas, eine Tochter von *Shum Agame* Waldu. Wenig ist über sein frühes Leben und seine Erziehung bekannt. Er begann seine politische Laufbahn als Rebell gegen die Gouverneure von Tigray, die er während der letzten Jahre von Tewodros II. einen nach dem anderen tötete oder gefangennahm. 1867 stand ganz Tigray unter seiner Kontrolle.

Als die Briten mit ihrer Armee durch Tigray nach Maqdala zogen, schloss er eine Übereinkunft mit ihnen mit dem Ziel, dass sie sein Land nicht besetzen würden und er seinen Untertanen erlaubte, die Expedition gegen Bezahlung zu verpflegen. Auf dem Rückmarsch zur Küste versorgten ihn die Briten mit Kanonen, Gewehren und Munition, was sein Ansehen und seine Macht sehr erhöhte.

Er lehnte es ab, sich dem neuen Kaiser, Takla Giorgis II., zu unterwerfen und ihm den Metropoliten zu senden, den er aus Ägypten hatte kommen lassen. Als der Kaiser 1871 gegen ihn zu Felde zog, besiegte ihn Kassa und nahm ihn gefangen. Sechs Monate später krönte er sich selbst (in Aksum) als „Yohannes IV., König von Zion, König der Könige Äthiopiens". Der größte Teil des Landes war zu dieser Zeit noch nicht unter seiner Herrschaft, so dass er, nach der Niederschlagung einer Rebellion in Rayya Azabo, nach Bagemder, Gojjam und Wallo marschierte, wo er durchweg kaum Widerstand fand. Aber bevor er Shawa erreichte, musste er sich nach Norden wenden, da ägyptische Truppen, von europäischen und amerikanischen Offizieren kommandiert, aus drei Richtungen auf das Hochland zumarschierten. Yohannes besiegte sie 1875/1876 vernichtend bei Gundat und Gurae und erbeutete beide Male eine beträchtliche Menge an Waffen und Munition. 1877/1878 zog er dann gegen Shawa und nahm die Unterwerfung von *Negus* Menilek an, der sich bereit erklärte, jährlich regelmäßig Tribut zu entrichten.

Yohannes gelang es in den ersten fünf Jahren seiner Herrschaft, die überwiegend christlichen Provinzen zu einen. Er krönte Menilek von Shawa und Takla Haymanot von Gojjam zu Regionalkönigen und ermutigte sie, das Reich nach Süden, Osten und Westen hin zu erweitern. Er zog durch die anderen Regionen und ernannte Gouverneure, meist aus dem lokalen Adel, ungeachtet ihrer früheren Einstellung ihm gegenüber, solange sie sich unterwarfen und ihm unerschütterliche Treue versprachen.

Sein nächstes Ziel war die religiöse Einheit des Landes. Das gelang ihm nur beim christlich-orthodoxen Teil der Gesellschaft. Er hatte ein Reich übernommen, in dem drei große religiöse Fragen geklärt werden mussten: die Auseinandersetzungen innerhalb der Äthiopisch-Orthodoxen Kirche, die Bedrohung von Staat und Kirche durch den Islam und die Aktivitäten der ausländischen Missionare. Alle drei betrachtete er als Bedrohung für die Einheit und Stabilität des Staates. 1878 war er vorbereitet, sich diesen Herausforderungen zu widmen, wofür er ein Konzil nach Boru Meda einberief.

Die meisten der hohen Würdenträger und Notablen Äthiopiens waren anwesend. Führende Theologen der großen drei Richtungen in der Orthodoxen Kirche nahmen teil und versuchten, ihre jeweiligen Lehrmeinungen zu verteidigen. Schließlich verlas man am Ende der Disputation ein Schreiben des Patriarchen von Alexandria, das den Standpunkt des Kaisers stützte. Und alle, die sich nicht der Doktrin von Alexandria anschlossen, mussten ins Exil gehen.

Diese Politik bestimmte die ganze Regierungszeit des Yohannes, doch es gab Anzeichen dafür, dass die unterdrückten Glaubensrichtungen keineswegs beseitigt waren.

Unmittelbar nach dem Konzil von Boru Meda berief Yohannes einige Kirchengelehrte, um das muslimische Wallo zu christianisieren. Im selben Jahr wurde ein Zwangsdekret erlassen, das die Muslime verpflichtete, zum Christentum zu konvertieren. Die Folgen waren verheerend. Viele Muslime wanderten in den Sudan aus. Der Außenhandel, der überwiegend in den Händen der Muslime lag, verfiel abrupt. Einige Würdenträger im Reich waren nicht bereit, das Dekret umzusetzen. Die Maßnahme zog auch Kritik von Seiten auswärtiger Mächte nach sich, ein Umstand, der sich als schädlich für die Außenpolitik des Yohannes erwies. Nach zwei Jahren wurde das Vorhaben aufgegeben, und Yohannes begann in seiner Korrespondenz zu dementieren, jemals Gewalt angewendet zu haben.

Ein anderes Hindernis für seine Außenpolitik war die Erfahrung, die der Kaiser mit den ausländischen Missionaren machte. Sowohl protestantische als auch katholische Missionen hatten sich im entfernteren Norden schon lange vor seiner Krönung etabliert. Es gibt kein Anzeichen dafür, dass er sich gegen ihre Anwesenheit wandte, solange sie sich nicht in die Politik einmischten.

Allerdings blieben einige der katholischen Missionare aus Frankreich in Akkala Guzay politisch nicht neutral. Sie erhoben auch eine bestimmte Jahresabgabe, die traditionell dem *Liqa kahnat* der Orthodoxen Kirche zustand. Als Takla Giyorgis besiegt wurde, fand man unter seinen Papieren einen Brief der Missionare, der ihn zum Kampf gegen Yohannes ermutigte. Daraufhin vertrieb er sie aus seinem Herrschaftsgebiet.

Ein weiteres Anliegen des Kaisers war es, die verlorenen Gebiete zurückzugewinnen, die Grenzen seines Reiches zu erweitern und die Souveränität des Staates gegen die Bedrohung und Einmischung auswärtiger Mächte zu sichern. Er verstand sein Land als eine christliche Insel im Meer des Islam. In diesem Sinne wandte er sich freundschaftlich an mehrere europäische Mächte, um sie für ein ausgleichendes Engagement zu gewinnen, damit sein Streit mit Ägypten auf dem Verhandlungswege gelöst werden könne. Die Reaktion der auswärtigen Mächte war freilich sehr gleichgültig, weil sie eher Interesse am muslimischen Ägypten hatten als am christlichen Äthiopien.

Für Ägypten handelte Großbritannien eine Übereinkunft aus, die als Vertrag von Adwa oder als Admiral-Hewett-Vertrag von 1884 bekannt ist. Darin erhielt Yohannes das Recht, über den Hafen Metsewa Waffen einzuführen und einige Gebiete zu übernehmen, die unter ägyptischer Kontrolle standen, dies unter der Voraussetzung, dass

Thron des Kaisers Yohannes IV. im Palast von Meqele, Holzarbeit von Naretti, Mekelle-Museum, © Wolbert G.C. Smidt

er den ägyptischen Garnisonen, die von den Mahdisten bedroht wurden, sicheren Schutz bot. Yohannes erfüllte seinen Teil, aber Großbritannien ließ zu, dass Italien, das den Vertrag nicht unterzeichnet hatte, Metsewa besetzte. Was noch schlimmer war, Großbritannien schlug die Abtretung bestimmter Küstengebiete vor, und Yohannes sollte sich wegen der bei Dogali gefallenen italienischen Soldaten entschuldigen. Das wies Yohannes zurück, da er nicht die Meinung teilte, dass er sich dafür entschuldigen sollte, gegen Invasoren zu kämpfen, die sein Land bedrohten.

Im März 1889 griff Yohannes die Mahdisten bei Matamma an und wurde in der Hitze der Schlacht tödlich verwundet. Die Mahdisten schnitten seinen Kopf ab und stellten ihn in Khartum zur Schau. In der äthiopischen Literatur hat ihn dieses Ereignis mehr als alle seine Verdienste zum Märtyrer gemacht.

Literatur: SVEN RUBENSON, *King of Kings Tewodros of Ethiopia*, Addis Ababa, Nairobi 1966; ZEWDE GEBRE-SELLASSIE, *Yohannes IV of Ethiopia: a Political Biography*, Oxford 1975; RICHARD A. CAULK, *"Between the Jaws of Hyenas": A Diplomatic History of Ethiopia, 1876–1896*, Wiesbaden 2002.

Bairu Tafla, Universität Hamburg

Kaiser Menilek II.

Herkunft. Menilek II. war der eigentliche Schöpfer des modernen äthiopischen Staates. Sein Großvater war Sahla-Sellase, König von Shawa, der südlichsten Provinz von Hochlandäthiopien, sein Vater dessen Nachfolger Hayla Malakot (reg. 1847–1855). Der Name Menilek bezieht sich auf den legendären Sohn von Salomo und der Königin von Saba und sollte als Prophezeihung seiner künftigen Herrschaft dienen. Im Alter von elf Jahren wurde er von Kaiser Tewodros in Geiselhaft genommen und wuchs an dessen Hof auf. 1865, als die Macht des Tewodros im Schwinden begriffen war, floh er nach Shawa, wo er begeistert begrüßt und als rechtmäßiger König anerkannt wurde. Als König von Shawa, der sich selbst proklamiert hatte, zeigte er Ambitionen auf die Kaiserwürde. Aber nach dem Tod von Tewodros fehlte ihm die militärische Stärke, um gegen den Herrscher von Tigray vorzugehen. Dieser setzte als Kaiser Yohannes IV. (reg. 1872–1889) seine Oberherrschaft auch über Shawa durch; Menilek musste sich unterwerfen (März 1878).

Zwischen 1866 und 1889 war er der mehr oder weniger unabhängige Herrscher über Shawa und schuf die Grundlagen für seine künftige Kaiserherrschaft. Dreierlei trug dazu bei: erstens die von ihm angebahnten unabhängigen Beziehungen zu Europa, um moderne Technologie (insbesondere Waffen), Experten und diplomatische Unterstützung zu erhalten; zweitens unterwarf er benachbarte Völker im Südosten, Süden und Südwesten, wodurch er den europäischen Kolonialisierungsbestrebungen zuvorkam und den beträchtlichen Reichtum dieser Gebiete ausbeuten konnte; und drittens die Wahrung seiner Autonomie gegenüber den historischen Zentren nationaler Machtausübung im Norden, bis er imstande war, dies zu ändern.

Sicherung der äthiopischen Unabhängigkeit. Nachdem Yohannes im März 1889 im Kampf gegen die Mahdisten bei Matamma gefallen war, erklärte sich Menilek unverzüglich zum Kaiser und sicherte sich die Gefolgschaft der wichtigsten lokalen Fürsten. Wenngleich im Inneren abgesichert, war seine Position auf der internationalen Ebene doch sehr fragil. Am 2. Mai 1889 hatte er mit Italien den Vertrag von Wechale geschlossen, dessen italienische Textversion listigerweise ein Protektorat Italiens über Äthiopien formulierte. Da der amharische Text eine Interpretation in diesem Sinne nicht zuließ, begab sich Menilek auf Kollisionskurs mit Italien. Beim Werben um Unterstützung erwies er sich als sehr geschickt und sicherte sich Waffen und diplomatische Unterstützung – insbesondere bei Frankreich, Russland und der Türkei – und die Gefolgschaft des praktisch vereinigten Landes Äthiopien. So konnte er eine gut ausgerüstete Armee von vermutlich über 100.000 Mann ins Feld führen, mit der er den Italienern am 1. März 1896 bei Adwa eine vernichtende Niederlage beibrachte.

In der Folge dieses Sieges wurde Äthiopien die volle europäische Anerkennung als unabhängiger, souveräner Staat zuteil – der einzige auf dem afrikanischen Kontinent, der diesen bedeutenden Status erreichte. Dennoch fand er sich mit der italienischen Kolonie Eritrea in ihren bestehenden Grenzen ab und versuchte nicht, die äthiopische Herrschaft bis zur Küste des Roten Meeres auszudehnen.

Diese Entscheidung, später heftig kritisiert, kann man wohl damit erklären, dass die äthiopische Armee nach Adwa erschöpft war, und dass die Furcht herrschte, ein Angriff auf eine bereits bestehende Kolonie würde zu Feindseligkeiten mit Europa führen. Die äthiopische Expansion aber nach Süden, Osten und Westen ging weiter und führte zu den Grenzen, die auch über 100 Jahre später noch Bestand haben.

Bildung eines modernen Staates. Menilek wandte dann seine Aufmerksamkeit auf die Errichtung eines modernen äthiopischen Staates. Er war von Natur aus wissbegierig und interessierte sich für alle technischen Neuerungen, wobei er sich auch europäischer Berater bediente, allen voran des Schweizers Alfred Ilg. Eine Entwicklung von entscheidender Bedeutung war der Bau der Eisenbahnlinie von der französischen Kolonie Dschibuti bis zur von Menilek gegründeten Stadt Addis Abeba. Dadurch erhielt Äthiopien einen Zugang zum Meer, unüberwacht von Italien, das die historische

Route über das Hochland nach Metsewa kontrollierte und weiterhin die Hauptbedrohung für Äthiopiens Selbstständigkeit war. Addis Ababa wurde zur ständigen Hauptstadt, die nahezu im Zentrum des Reiches lag. So verschwand das System der mit dem Herrscher wandernden Verwaltung. Den Fürsten der neu einverleibten Provinzen wurde – auch wenn sie Muslime waren, wie in Jimma – erlaubt im Amt zu bleiben, wenn sie Menileks Oberhoheit anerkannten; bei Widerstand entfernte man sie rücksichtslos. Gleichzeitig übernahm eine Elite von christlichen Hochländlern, darunter aus dem Dienst geschiedene Soldaten (*Naftannya*) große Teile des eroberten Landes und errichtete ein sehr ausbeuterisches System mit quasi kolonialen

Kaiser Menilek II., Ilg-Collection, © Völkerkundemuseum, Universität Zürich

Regeln. Das führte auf längere Sicht zu ernsthaften Beeinträchtigungen für die Verwaltung des äthiopischen Staates. Einzelne Angehörige der unterworfenen Völker fanden jedoch die Möglichkeit, unter Menilek in höchste Positionen aufzusteigen (so der Oromo-Kriegsminister *Fitawrari* Habta Giyorgis und der Gurage *Dajjazmach* Balcha, Gouverneur von Sidamo), doch sie wurden in religiösen und kulturellen Belangen von den Amhara und dem orthodoxen Christentum vereinnahmt. Menilek gab seine Tochter Shawaraga dem muslimischen Oromo-Fürsten von Wallo, Mohammed Ali, zur Frau, und dieser wurde gedrängt, zum Christentum zu konvertieren und den Namen Mikael anzunehmen (ihr Sohn Iyasu V. regierte für kurze Zeit als Menileks Nachfolger (1913–1916).

Der Kaiser erkannte auch die Notwendigkeit, eine neue Klasse von Verwaltungsleuten heranzubilden, und errichtete dazu die nach ihm benannte erste europäische Schule in Äthiopien. Andere Gradmesser der Modernisierung waren ein Münz- und ein Postsystem, das die ersten Münzen und Briefmarken 1894 herausbrachte. Außerdem errichtete er ein Netz von Straßen und ließ Telefon und Telegraph installieren, die – wenn auch noch recht unzuverlässig – die Verbindungen sowohl im Inland als auch mit der Außenwelt deutlich verbesserten. Die wichtigsten ausländischen Mächte errichteten ständige diplomatische Missionen (so das Deutsche Reich 1905), und zwar auf großen Ländereien, die ihnen der Kaiser zur Verfügung stellte. Im Jahre 1907 wurden formell Regierungsministerien eingerichtet, auch wenn diese im Grunde als Hilfsapparat für ein in hohem Maße personenabhängiges Verwaltungssystem fungierten, das der Palast dirigierte. Das alte Amt des *Tsahafe teezaz* („Schreiber der Befehle"), in Wahrheit der Sekretär des Kaisers, wurde z.B. zum „Minister of the pen" (Minister der Feder) gemacht. Wichtiger aber war eine gewisse Zentralisierung des Steuerwesens, wodurch die Provinzgouverneure unter spürbaren Druck gerieten, ihre Einnahmen an die Zentralregierung abzuführen.

Menileks Niedergang und seine Leistung. Menilek war ein großer, stämmiger Mann mit dunkler Hautfarbe, dunkler als bei den meisten Hochlandäthiopiern üblich. Er kümmerte sich wenig um kaiserliches Gehabe. In seinen späteren Jahren pflegte er einen einfachen Umhang und ein Kopftuch (*Bandanna*) zu tragen, gelegentlich darüber noch einen breitkrempigen Hut.

Sein körperlicher Verfall zog sich lange hin und war tragisch, beginnend Mitte 1906, als er einen leichten Schlaganfall erlitt. Weitere Anfälle folgten im Mai 1908 und Anfang 1909; ein schwerer Schlaganfall im Oktober 1909 führte fast zum Tod. Obwohl er noch erfolgreich den Übergang der kaiserlichen Gewalt auf seinen Enkelsohn *Lej* Iyasu durchsetzte, verfügte er bis zu seinem schließlich im Dezember 1913 eintretenden Tod über keine wirkliche Macht mehr.

Er muss zu den größten Führern, nicht nur Äthiopiens, sondern Afrikas gezählt werden. Als einziger unter seinen Zeitgenossen auf dem Kontinent besaß er die Vision, das politische Geschick und die staatlichen Möglichkeiten, die erforderlich waren, um sein Land und Volk gegen das Vordringen des Kolonialismus abzuschirmen und im Laufe der Zeit ein erheblich vergrößertes Territorium für seinen Staat und einen Platz im Weltgeschehen zu erkämpfen.

Dass sich dies als zutiefst brüchig erwies, mag man ihm anlasten, obschon er da nicht anders handelte als andere Reichsgründer seiner Zeit. Auf Dauer ging damit aber unausweichlich eine Enteignung des Landes im Süden und eine soziale Ungleichbehandlung einher, die sich als die größte Schwäche des von ihm geschaffenen Staates herausstellte. Auch die Anerkennung der italienischen Kolonie Eritrea hatte nachhaltige Konsequenzen. Die Äthiopier gedenken seiner sowohl im positiven Sinne – als einer großen Herrscherpersönlichkeit und des Schöpfers des modernen Äthiopien – als auch im negativen Sinne, dies wegen der Auswirkungen der ökonomischen Ausbeutung und der ethnischen wie religiösen Ungleichheit, die sich auf die Entwicklung der inneren Struktur des Reiches auswirkte.

Literatur: HAROLD G. MARCUS, *The Life and Times of Menilek II: Ethiopia 1844–1913*, Oxford 1975; BAHRU ZEWDE, *A History of Modern Ethiopia 1855–1974*, London 1991; PAUL HENZE, *Layers of Time: A History of Ethiopia*, London 2000.

Christopher Clapham, Centre of African Studies, Cambridge University

Kaiser Hayla Sellase und seine Zeit

Am 2. November 1930 waren die Augen der Welt auf Addis Ababa gerichtet: *Ras Tafari Makwannen*, der Regent Äthiopiens, wurde an diesem Tage als Hayla Sellase I. zum *Negusa nagast* (= „König der Könige") von Äthiopien gekrönt. Gesandte aus vielen Ländern nahmen an den Krönungsfeierlichkeiten teil.

Das englische Königshaus schickte eine Delegation, genauso wie Japan, Italien, die Niederlande und Schweden. Stolz listet Hayla Sellase sie in seinen Memoiren auf. Auch die Französische Republik, die Vereinigten Staaten von Amerika und die deutsche Weimarer Republik entsandten hochrangige Vertreter. Dieses veritable gesellschaftliche Ereignis machte die Weltpresse groß auf. Äthiopien, über Jahrhunderte beinahe vergessen von der internationalen Politik, bildete mit seinem neuen Kaiser ein Zentrum globaler Aufmerksamkeit.

Hayla Sellase berief sich bei seinem Krönungszeremoniell auf eine mehr als 3000 jährige Tradition und eine Geschichte, die zurückreicht bis zu den biblischen Königen David und Salomo. Als Begründer der äthiopischen Dynastie galt danach der Sohn des alttestamentlichen Königs Salomo und der Königin von Saba, mit Namen Menilek (I.). Hayla Sellase zählte sich in der Salomonischen Dynastie als 225. Nachfolger Menileks I. auf dem äthiopischen Thron. Mit der Salbung, dem zentralen Element der Krönungszeremonie, wurde aus Tafari Makwannen der von Gott auserwählte *Negusa nagast*. Damals konnte man nicht ahnen, dass viereinhalb Jahrzehnte später, mit der Revolution von 1974, ein schmerzlicher Schlussakkord unter diese Jahrtausende alte Tradition gesetzt werden würde. Mit den Ereignissen des Jahres 1974, die als „schleichende Revolution" in die Annalen Äthiopiens eingingen, wurde nicht nur Hayla Sellase vom Thron gestürzt, sondern sie machten auch einem Kaiserreich das Ende, das nach der Tradition über zig Generationen bestanden hatte. Hayla Sellase, der wie kein anderer Kaiser Äthiopien geprägt hatte, ist auch mehr als vierzig Jahren danach eine umstrittene Person. Von den einen wird er als erbarmungsloser Diktator verteufelt, von anderen wird er als Heiliger verehrt, so von den Rastafarianern. Man sollte aber nicht übersehen: Tafari Makwannen war ein Kind des ausgehenden 19. Jh. mit allen Einflüssen im Afrika jener Zeit. Er kam am 23. Juli 1892 in der Stadt Harar im Osten des Landes zur Welt. Dass er einmal Kaiser sein würde, damit war bei seiner Geburt nicht zu rechnen. Es war eine Mischung aus Schicksal und unerwarteten Ereignissen in der Geschichte, die ihn auf den Thron brachte.

Tafari Makwannen und sein Weg auf den Thron. Tafaris Vater *Ras* Makwannen war ein Vetter Kaiser Menileks II. und seit Ende der achtziger Jahre des 19. Jh. Gouverneur der Provinz Harar. Diese war erst kurz zuvor Teil des äthiopischen Kaiserreichs geworden. *Ras* Makwannen regierte sie mit Umsicht und einer für einen äthiopischen Fürsten damaliger Zeit erstaunlichen Offenheit. Landesweiten Ruhm erwarb er sich am 2. März 1896. In der Schlacht von Adwa schlugen die vereinten äthiopischen Truppen, mit *Ras* Makwannen an ihrer Spitze, die angreifenden italienischen Verbände vernichtend. So bewahrten sie Äthiopien davor, italienische Kolonie zu werden. Das war ein Grund dafür, dass Kaiser Menilek seinen Cousin *Ras* Makwannen 1898 formell zum Thronerben ernannte. Doch Makwannen starb bereits 1906 überraschend an einer Krankheit.

Tafari Makwannen war nun im Alter von 13 Jahren Vollwaise. Seine Mutter war im Wochenbett gestorben, als er zwei Jahre alt war. Kaiser Menilek II. holte den Waisenknaben in die Obhut seines Hofes nach Addis Abeba. Hier lernte dieser die höfischen Sitten kennen, aber auch die Intrigen und das Ränkespiel der Hofgesellschaft. Die Ausbildung, die der junge Tafari Makwannen genoss, blieb freilich gemessen an europäischen Maßstäben eher rudimentär: Sie umfasste während seiner Kindertage in Harar die traditionelle äthiopische Schulbildung und den Privatunterricht bei französischen Mönchen und katholischen Priestern. Immerhin war ihm hier, in der offenen Atmosphäre seines Vaterhauses, eine Art Grundausbildung vermittelt worden, die nicht nur dic französische Sprache, sondern auch europäisches Denken und die Weltsicht eines praktizierenden Christen zum Inhalt hatte. Alles, was darüber hinausging, eignete er sich später autodidaktisch an. Am Hof in Addis Abeba wuchs der junge

Tafari zusammen mit seinem Vetter *Lej* Iyasu, einem Enkel Menileks, auf, den der Kaiser vor seinem Tod zum Nachfolger bestimmt hatte. Dass er dennoch nicht den Thron bestieg, hatte verschiedene Gründe: *Lej* Iyasu umgab der Ruf eines unbeherrschten Lebemannes, und er ließ kaum eine Gelegenheit aus, die arrivierten äthiopischen Würdenträger vor den Kopf zu stoßen. Außerdem beargwöhnte man in Hofkreisen und der Kirche seinen toleranten Umgang mit dem Islam, dem ja fast die Hälfte der äthiopischen Bevölkerung angehört. Damit war er ohne Zweifel seiner Zeit voraus. Vor allem setzte er aber außenpolitisch auf das falsche Pferd. Er betrachtete insbesondere die Kolonialmächte England und Frankreich als Widersacher und versuchte vor dem 1. Weltkrieg Allianzen mit dem Deutschen und dem Osmanischen Reich zu knüpfen. Dieser Entschluss führte letztlich zu seinem politischen Untergang. So fiel die Regentschaft über das Land im Jahr 1916 Tafari Makwannen im Alter von erst 24 Jahren zu. Die mächtigen Fürsten des Landes sahen in ihm eine Person, die sie nach Belieben steuern konnten. Doch sie unterschätzten den Willen und die Beharrlichkeit des jungen Regenten. *Ras* Tafari ergriff seine Gelegenheit, und er war fest entschlossen, das Erbe seines großen Vorbildes Menilek II. anzutreten, der Äthiopiens Einheit bewahrt und gegen die europäischen Imperialmächte standhaft verteidigt hatte. Als Prinzregent (für Menileks Tochter Zawditu) und ab 1930 als Kaiser Hayla Sellase, öffnete er, gegen die beharrlichen Widerstände der einheimischen Führungseliten, sein Land der Welt und führte es aus dem Mittelalter in die Moderne.

Regierungssystem, Innenpolitik und Reformansätze. Niemand wird Hayla Sellase den guten Willen absprechen können, seinem Land gedient zu haben, und auch nicht die historischen Erfolge leugnen, die er erzielte. 1931, ein Jahr nach seiner Krönung, gab er seinem Land die erste Verfassung überhaupt. Sie formte Äthiopien in eine konstitutionelle Monarchie um, schränkte allerdings seine Macht kaum ein. Es gab nur wenige Ansätze für einen Parlamentarismus im westlichen Sinne. Trotz der Einführung von Wahlen waren beispielsweise Parteien nicht zugelassen. Es gab keine Gewaltenteilung: Exekutive, Legislative und Judikative lagen in den Händen des Kaisers. Die revidierte Verfassung von 1955 hatte vor allem eine Umwandlung vom traditionellen äthiopischen Recht zu westlichem Staatsrecht sowie einige Ergänzungen zu den Menschenrechten zum Inhalt. Zaghafte Modernisierungs- und Reformversuche blieben stecken, so wie beispielsweise die Verordnung zur Abschaffung der Leibeigenschaft (übrigens eine Voraussetzung für die Aufnahme in den Völkerbund 1923), die nicht umgesetzt wurde, da die adeligen Großgrundbesitzer sie verweigerten. Erfolgreicher war der Bau von Straßen, Schulen und Krankenhäusern, auch wenn sich dies auf die Hauptstadt Addis Ababa beschränkte. Äthiopische Studenten schickte er ins Ausland, auf Staatskosten. Laut seiner Autobiographie konnten von seinem Regierungsantritt an bis 1935 insgesamt 32 Reformvorhaben umgesetzt werden, durch die er sein Land aus dem Mittelalter in das 20. Jh. führte. Hayla Sellase bot dem italienischen Faschismus die Stirn und sicherte dem Vielvölkerstaat Äthiopien Einheit und Unabhängigkeit, wenngleich seine Flucht nach Europa nicht von allen Äthiopiern verstanden wurde. Auf der anderen Seite verleibte er Eritrea entgegen den internationalen Verträgen dem äthiopischen Staat ein.

Außenpolitik, Reisen und Gründung der OAU/AU. Im Gegensatz zu seinen größtenteils erfolglosen innenpolitischen Bemühungen war Kaiser Hayla Sellase ein brillanter Außenpolitiker. Bereits 1923 bewegte er den Völkerbund dazu, Äthiopien als Mitglied aufzunehmen. Um die Gründung der Organisation für Afrikanische Einheit (OAU/AU) erwarb er sich bleibende Verdienste und hatte wesentlichen Anteil an der Entkolonialisierung Afrikas. Er mahnte Afrika, seine Probleme selbst zu lösen. Auf seine Einladung kamen 1963 die Führer der afrikanischen Staaten nach Addis Abeba in die Africa Hall zur ersten panafrikanischen Konferenz. Mit politischer Taktik und diplomatischem Geschick verstand Hayla Sellase es, die verschiedenen rivalisierenden Gruppen unter einem afrikanischen Dach zu versammeln, und leitete damit die entscheidenden Schritte zur Gründung der OAU ein. Man einigte sich auf die Charta der OAU; Hayla Sellase wurde zum ersten Präsidenten gewählt und „Vater der afrikanischen Einheit" genannt. Zwei Jahre später wurde Addis Abeba zum ständigen Sitz der Organisation bestimmt.

Kaiser Hayla Sellase mit Palmwedel am Samstag vor Palmsonntag, © Georg Gerster

Auch mehrere wichtige Reisen zeugen von Hayla Sellases Willen, eine bedeutende Rolle in der Weltpolitik zu spielen. Bereits 1924 war der Prinzregent als erster äthiopischer Herrscher nach Europa (Rom, Paris, London) gereist. 1954 unternahm er eine sechsmonatige Mission in die USA, nach Kanada, Mexiko und Westeuropa. Sein Staatsbesuch in Bonn war der erste eines ausländischen Staatsoberhauptes in die Bundesrepublik Deutschland nach der Nazi-Diktatur. Unter dem Kaiser schloss sich Äthiopien auch den Blockfreien Staaten an. In diesem Zusammenhang suchte er Beziehungen zum Ostblock und fuhr in die Sowjetunion und nach China.

Der Staatsstreich von 1960, Krisen, Hungerkatastrophe von 1973. Hayla Sellase war lange Zeit ein weitgehend unangefochtener Herrscher. Nach und nach aber traten Risse auf, und die Loyalität seiner Umgebung begann zu bröckeln. Er wurde nicht mehr danach beurteilt, was er getan hatte, sondern danach, was er unterlassen hatte.

1960, während seiner Brasilienreise, putschten einige Minister, die kaiserliche Hofgarde und der Kronprinz gegen ihn. Der Palast wurde gestürmt, andere Minister und Vertraute wurden als Geiseln festgehalten und getötet, auf den Straßen kämpften kaiserliche Truppen gegen die Aufständischen. Wie sich herausstellte, hatten die Putschisten keinen Rückhalt in der Bevölkerung und auch die Armee verhielt sich insgesamt kaisertreu. Bei seiner Rückkehr umjubelten die Menschen Hayla Sellase. Dem sich reumütig gebenden Kronprinzen wurde vorerst verziehen, die Anführer wurden öffentlich gehängt. Der viertägige Aufstand kostete das Leben von 2.000 Menschen.

Ein anderes Zeichen für die Unzufriedenheit seines Volkes zeigte sich bei den äthiopischen Studenten, die der Kaiser im Zuge seiner Modernisierungspolitik und Bildungsinitiative in den 1950er und 1960er Jahren zum Studium nach Europa und in die Vereinigten Staaten geschickt hatte. Ab 1965 gingen sie auf die Straße und demonstrierten, zusammen mit Lehrern und Bankangestellten. Sie verglichen die westlichen Demokratien mit der ökonomischen und politischen Rückständigkeit ihres Heimatlandes. In den frühen 1970er Jahren geriet Äthiopien in eine ernste Krise. Dafür waren viele Faktoren verantwortlich. Hauptgrund war eine mehrjährige verheerende Dürre bzw. dramatische Ernteausfälle infolge von ausbleibendem oder sintflutartigem Regen. Hinzu kamen die weiter bestehenden feudalen Gegebenheiten auf dem Land, wo die Bauern zusätzlich unter den Abgaben für die Großgrundbesitzer litten. Die Katastrophe wurde zudem lange vor der Weltöffentlichkeit vertuscht. Hilfsorganisationen erhielten keinen oder kaum Zugang zu den Not leidenden Menschen. Dies sowie die Hilf- und Tatenlosigkeit der Regierung lösten Massendemonstrationen und Streikwellen aus. Ein Jahr vor Hayla Sellases Sturz im Herbst 1973 gingen dann Bilder von hungernden Kindern in den äthiopischen Provinzen Wallo und Tigray um die Welt. Hunderttausende starben. Es war ein weithin sichtbares Fanal für des Kaisers Untergang.

Resümee. Hayla Sellase war angetreten, Äthiopien nach westlichem Vorbild zu modernisieren. Den Herausforderungen, die mit der rasanten technologischen und wirtschaftlichen Entwicklung der Welt in der zweiten Hälfte des 20. Jh. einhergingen, war Hayla Sellase nicht gewachsen. Der äthiopische Historiker Bahru Zewde bemerkt dazu: „Das größte Verbrechen Hayla Sellases war es, dass er viel zu lange regierte – und dass er sich dessen nicht bewusst war." Wenn die Geschichte einmal mit gebührendem Abstand ihr Urteil über Hayla Sellase und seine 60 Jahre währende Herrschaft über Äthiopien als Regent und als Kaiser fällt, wenn sie seine Stärken und Schwächen gegeneinander abwägt, werden vielleicht Hayla Sellases Verdienste um Äthiopien mehr ins Gewicht fallen als die großen Fehler, die er zweifelsohne machte. Auch für ihn gilt: Die Größe eines Herrschers offenbart sich erst im Lichte der Regime und Herrscher, die ihm folgen. Oder um es mit einem äthiopischen Sprichwort auszudrücken: „Die Wahrheit und der Morgen erstrahlen immer nach und nach!"

Literatur: Asfa-Wossen Asserate, *Der letzte Kaiser von Afrika*, Berlin 2014; John H. Spencer, *Ethiopia at Bay: A Personal Account of the Haila Selassie Years*, Los Angeles 2006; Bahru Zewde, „Haile-Selassie. From Progressive to Reactionary", *Northeast African Studies*, 2/2 (1995), 99–114 (111).

Asfa-Wossen Asserate, Frankfurt am Main

Äthiopien nach dem Sturz des Kaisers

Von 1974 bis 1987 übte in Äthiopien ein Provisional Military Administrative Council, der *Darg* (amharisch: „Komitee"), die staatliche Regierungsgewalt aus. Die radikalen Militärs, die Kaiser Hayla Sellase im September 1974 nach landesweiten Protesten entmachteten, nahmen für sich in Anspruch, als machtpolitischer Garant tiefgreifender und zukunftsweisender Reformen zu agieren. Anders als herkömmliche Militärregime, die sich im Austausch kleiner Herrschaftszirkel erschöpfen, verfolgte der *Darg* umfassende gesellschaftspolitische und sozialrevolutionäre Ziele. Binnen weniger Monate brachte die linksnationalistische Junta radikale Reformen auf den

Weg. Es galt, das „beschämend unterentwickelte" äthiopische Kaiserreich entwicklungs- und reformorientiert zu modernisieren.

Militärherrschaft und ideologisierte Machtkämpfe. Bei den Putschisten, die am 12. September 1974 die knapp 60-jährige Regentschaft Hayla Sellases gewaltsam beendeten, handelte es sich um eine anfangs anonym bleibende, etwa 120 Mitglieder umfassende Gruppe oppositioneller Militärs. Radikale Unteroffiziere hatten im Februar 1974 begonnen, oppositionelle Aktivitäten zwischen den Teilstreitkräften zu koordinieren, und sämtliche Armeeeinheiten waren per Funk aufgefordert worden, jeweils drei Abgeordnete in einen Koordinationsrat, das „Koordinationskomitee der Streitkräfte, der Polizei und der Territorialarmee" zu entsenden. Am 28. Juni 1974 trat das Gremium, das später als Provisional Military Administrative Council firmierte, erstmals zusammen. Es dominierten junge, rangniedere Offiziere. Den höchsten Dienstgrad bekleidete ein Major. Politisch war das organisatorisch unerfahrene Gremium äußerst heterogen. Seinen Angehörigen war zunächst wenig mehr gemein als der Wille zum Sturz des Kaisers. Die politischen und ideologischen Auseinandersetzungen innerhalb des Militärrates waren erheblich. Pläne zur Errichtung einer 22-köpfigen Militärjunta wurden ebenso verworfen wie der Vorschlag, die staatliche Regierungsgewalt einer durch Wahlen zu bestimmenden Zivilregierung zu überantworten.

Nach der Sicht eines kaiserlichen Exministers: „Einige sind unausgegorene Radikale und Maoisten ... Einige Majore sind äußerst reaktionär. Ein generelles Gefühl der Unzufriedenheit ist das einzige, was dem Komitee gemein ist. Die Streitkräfte haben keine klaren Meinungen und keine Ideen" (Pliny the middle aged).

Mitte September 1975 machte der Provisorische Militärische Verwaltungsrat General Aman Andom, einen gebürtigen Eritreer, zu seinem Sprecher. Der General – selbst kein Mitglied des *Darg* – war um eine friedliche Beilegung des Eritreakonflikts bemüht. Er wurde zwei Monate später abgesetzt und, Widerstand leistend, in seinem Haus erschossen. Mit ihm starben zwei *Darg*-Mitglieder und 57 hohe Repräsentanten des entmachteten Regimes, deren Todesurteile zu unterschreiben er sich geweigert hatte. Aman Andoms Nachfolger wurde der aus der Zentralprovinz Shawa stammende Brigadegeneral Tafari Banti, der, ehemals äthiopischer Militärattaché in den USA, in der Eritreafrage die Reputation eines Hardliners erworben hatte. Zwei Tage nach seiner Amtsübernahme wurde ein 5.000 Mann starkes Kontingent der ehemals kaiserlichen Leibgarde in die eritreische Hauptstadt Asmara verlegt. Oberst Mengistu Haile Mariam und Major Atnafu Abbate wurden zu Tafari Bantis Stellvertretern erklärt.

Spezifisch äthiopischer Sozialismus. Im Dezember 1975 veröffentlichte der Militärrat, der unmittelbar nach der Machtübernahme jegliche Opposition für illegal erklärt hatte, eine trotz aller Unbestimmtheit richtungweisende Grundsatzerklärung. In einem Zehn-Punkte-Programm erläuterte der *Darg* sein Revolutionsmotto *Ityopya teqdam* („Äthiopien zuerst") und umriss das Konzept eines „spezifisch äthiopischen Sozialismus":

1. Äthiopien muss ein geeintes Land bleiben, wo es keine Diskriminierung auf Grund der ethnischen Abstammung, der Religion, der Sprache und der Kultur geben soll.
2. Äthiopien tritt ein für eine wirtschaftliche, kulturelle und soziale Gemeinschaft mit Kenia, Somalia und dem Sudan.
3. Das Leitmotiv der äthiopischen Revolution *Ityopya teqdam* gründet auf einem spezifisch äthiopischen Sozialismus.
4. Jede Region, jedes Dorf wird seine eigenen Ressourcen entwickeln und sich auf sich selbst stützen.
5. Eine große politische Partei, inspiriert durch die revolutionäre Philosophie von „Äthiopien zuerst" wird auf einer nationalistischen und sozialistischen Basis gegründet werden.

6. Die gesamte Wirtschaft wird vom Staat übernommen werden. Alle Reichtümer und Güter in Äthiopien gehören von Rechts wegen dem äthiopischen Volk. Nur einige Wirtschaftszweige werden in privater Hand bleiben, sofern sie als nützlich für das Allgemeinwohl angesehen werden.

7. Das Recht auf Grundbesitz wird einheitlich auf die beschränkt werden, die den Boden bearbeiten.

8. Die Industrie wird vom Staat übernommen werden. Nur einige Privatbetriebe, die nützlich für die Allgemeinheit sind, werden in privater Hand verbleiben, so lange bis der Staat ihre Nationalisierung für sinnvoll hält.

9. Die Familie, Basis der äthiopischen Gesellschaft, wird vor allen schädlichen, unreinen Einflüssen, die aus dem Ausland kommen, geschützt werden.

10. Die bisherige Außenpolitik Äthiopiens wird im Kern fortgesetzt werden. Jedoch wird das neue Regime sich um die Stärkung der gutnachbarlichen Beziehungen zu allen seinen Nachbarn bemühen." (Afrika Komitee)

Die entschädigungslose Verstaatlichung der landwirtschaftlichen Nutzflächen entzog der landbesitzenden Aristokratie die ökonomische Grundlage ihrer politischen Macht. Banken, Versicherungen und größere Industriebetriebe wurden verstaatlicht, und die von Mietsenkungen begleitete Enteignung von Zweitwohnungen und Mietshäusern schränkte die Immobilienspekulation ein. Außerdem wurde die Bevölkerung landesweit in Bauern- und Stadtviertelvereinigungen (*Qabale*) organisiert. Diese bildeten zusammen mit anderen Massenorganisationen wie Frauen- und Jugendverbänden den institutionellen Rahmen eines politischen Systems, das 1984 durch eine marxistisch-leninistische Arbeiterpartei ergänzt wurde.

Es zeigte sich jedoch bald, dass die innenpolitischen Konflikt- und Machtkonstellationen von einem zentralen Widerspruch gekennzeichnet waren. Einerseits lag es im machtpolitischen Eigeninteresse des *Darg*, die feudale Aristokratie durch sozialrevolutionäre Eingriffe in die Eigentumsstruktur zu entmachten. Andererseits ging der populistisch um Legitimation bemühte Militärrat gegen dieselben Klassen und Schichten, die von seiner Umverteilungspolitik profitierten, immer dann unnachgiebig und mit offener Gewalt vor, wenn deren politische Forderungen auf eine Aufweichung zentralstaatlich-autoritärer Herrschaftsformen hinausliefen. Die rücksichtslose Unterdrückung jeglicher Opposition, das faktische Streikverbot, die autoritäre Kontrolle der Massenorganisationen, die Verweigerung demokratischer Rechte und die kompromisslose Haltung der Regierung in der Nationalitätenfrage machten deutlich, dass der *Darg* vor allem bemüht war, seine zentralstaatliche Herrschaft und deren bürokratische Ausweitung diktatorisch abzusichern. Auf Forderungen nach Demokratisierung und regionaler Selbstverwaltung reagierte der Militärrat mit Einschüchterungen, Massenverhaftungen und Folterungen. Während des sog. „Roten Terrors" verloren 1977–1978 mehrere tausend Oppositionelle, zumeist Jugendliche, ihr Leben.

Anfang Februar 1977 kam es im kaiserlichen Palast zu einer Schießerei, die Tafari Banti das Leben kostete. Der General, dessen Position durch die Neuverteilung der Regierungskompetenzen gefestigt schien, hatte wenige Tage zuvor in einer öffentlichen Ansprache die Möglichkeit eines politischen Ausgleichs mit der oppositionellen Ethiopian People's Revolutionary Party angedeutet, die ihrerseits im September 1976 begonnen hatte, regierungstreue Funktionäre zu ermorden. Im November 1977 wurde Atnafu Abbate hingerichtet. Er hatte bei einem Treffen des Militärischen Verwaltungsrates die Regierung der Unterdrückung jeglicher Opposition beschuldigt, die außen- und sicherheitspolitischen Bindungen an die UdSSR in Frage gestellt und eine Mixed economy befürwortet.

Sozialistisches Äthiopien, Nennwert 50 *Birr,* Royal Mint Lliantrisant (Wales) 1984, © Wolfgang Hahn

Rückblickend lassen sich drei Phasen der „nachrevolutionären" Entwicklung unterscheiden:

- Während des Revolutionsjahres 1974 waren die innenpolitischen Konfliktkonstellationen von dem machtpolitischen Gegensatz zwischen der feudalen Aristokratie und einer spontanen, von Teilen des Militärs unterstützten Volksbewegung bestimmt.

- Zwischen 1975 und 1977 brachen zivil-militärische Gegensätze auf. Der grundlegende Dissens zwischen den entscheidenden politischen Akteuren (Militär, Gewerkschaften, Intelligenz) über die institutionellen Wege gesellschaftlicher Konfliktregelung mündete in bürgerkriegsähnlichen Auseinandersetzungen, die der *Darg,* die staatlichen Gewaltmittel kontrollierend, für sich entscheiden konnte.

- Nach der Zerschlagung jeglicher Opposition (1977/1978) war es das Anliegen der herrschenden Militärs, die gewaltsam errungene Macht im Rahmen eines autoritär verfügten Prozesses nachholender Modernisierung ideologisch und institutionell abzusichern.

Zusammenfassend lässt sich sagen, dass die anderthalb Jahrzehnte äthiopischer Militärherrschaft die These bestätigen, nach der militärisch dominierte Regime nur in der Anfangsphase ihrer Herrschaft, d.h. dann, wenn große Entscheidungen anstehen, erfolgreich sein können. Dem *Darg* ist es nicht gelungen, die beabsichtigten Reformimpulse für langfristige wirtschaftliche und politische Erfolge zu nutzen. Im September 1987 löste sich der „Provisorische Militärische Verwaltungsrat" auf und übergab die staatliche Regierungsgewalt an eine – nach wie vor von den Militärs kontrollierte – „Zivilregierung". Staats- und Parteichef blieb Mengistu Haile Mariam, der 1977 den Vorsitz des *Darg* übernommen hatte.

Literatur: AFRIKA KOMITEE, *Materialien,* Berlin 1977; STEFAN BRÜNE, Äthiopien – *Unterentwicklung und radikale Militärherrschaft,* Hamburg 1986; CHRISTOPHER CLAPHAM, *Transformation and Continuity in Revolutionary Ethiopia,* Cambridge 1988; PLINY THE MIDDLE AGED, „The PMAC – Origins and Structure", *Ethiopianist Notes,* 2/3 (1978–1979), 1–18 und *Northeast African Studies,* 1/1 (1979), 1–20.

Stefan Brüne, Hamburg

Zeittafel zur äthiopischen Geschichte

8.–5. Jh. v.Chr.	Beginnender Einfluss der südarabischen Kultur
1. Jh. n.Chr.	Aksums Aufstieg als Stadtstaat
3. Jh.	Aksum als Regionalmacht, interveniert in Südarabien
4. Jh. – frühes 7. Jh.	Blütezeit des aksumitischen Reiches
Mitte 4. Jh.	König Ezana nimmt das Christentum an
um 525	Feldzüge König Kalebs im Jemen
spätes 6. Jh.	Beginnender Niedergang Aksums
640er Jahre	Aksum wird durch die Expansion des Islam isoliert
Mitte 10. Jh.	Zerstörung Aksums durch Königin Gudit (fälschlicherweise „Judith")
1137?–1270	Zagwe-Dynastie in Lasta, Felskirchen in Lalibala
1270	Kaiser Yekunno Amlak begründet die Salomoniden-Dynastie
1314–1344	Kaiser Amda Tseyon I. konsolidiert und erweitert das Reich
1434–1468	Kaiser Zara Yaeqob, Höhepunkt der kaiserlichen Machtentfaltung
1508–1526	Versuche eines Bündnisses mit Portugal
1527–1543	*Jihad* Ahmad Granys, Verwüstung Äthiopiens
1541	Ankunft portugiesischer Truppen zur Unterstützung von Kaiser Galawdewos
1540er Jahre	Beginn der Wanderung der Oromo nach Äthiopien
1557	Osmanische Türken besetzen Metsewa
1622	Kaiser Susenyos konvertiert zum katholischen Glauben
1626	Kirchenunion der Katholischen und der Äthiopisch-Orthodoxen Kirche
1636	Kaiser Fasiladas gründet Gondar als Kaiserresidenz
1769–1855	„Zeit der Fürsten" mit machtlosen Kaisern
1855	Kassa Haylu gekrönt als Kaiser Tewodros II.
1868	Britische Militärexpedition gegen Tewodros und Suizid des Kaisers
1871/1872	Kahsay Mecha wird Kaiser Yohannes IV.
1882	Italiener besetzen Metsewa (1890 „Colonia Eritrea")
1888	Franzosen gründen Djbouti
1889	Tod des Kaisers Yohannes IV. im Kampf gegen die Mahdisten; sein Nachfolger Menilek II. errichtet mit der Expansion nach Süden das neuäthiopische Reich
1896	Äthiopiens Sieg über italienische Truppen bei Adwa
1913	Tod Menileks II., Enkel Iyasu V. folgt nach
1916	Iyasu V. abgesetzt
1917	Menileks Tochter Zawditu besteigt den Thron, mit *Ras* Tafari Makwannen als Regent
1923	Äthiopien wird Mitglied im Völkerbund
1928	Krönung von *Ras* Tafari Makwannen zum *Negus*
1930	nach Zawditus Tod Krönung Kaiser Hayla Sellases I.
1935/1936	Äthiopien besetzt durch das faschistische Italien
1936	Flucht des Kaisers
1936–1941	„Africa Orientale Italiana" unter Vizekönig Amadeo di Aosta
1941	Britische Truppen besiegen die Italiener, Rückkehr Hayla Sellases
1952	Eritrea als autonomes Gebiet an Äthiopien übergeben
1960	Somalia unabhängig
1960	Militärputsch gegen Hayla Sellase gescheitert
1962	Äthiopische Annexion Eritreas, Beginn des Aufstandes in Eritrea
1974	Militärputsch, Sturz Hayla Sellases (ermordet 1975)
1975	Sozialistische Junta (*Darg*) übernimmt Regierungsgewalt
1977/1978	Ogaden-Krieg zwischen Äthiopien und Somalia
1987	Äthiopische Verfassung als Demokratische Volksrepublik
1991	Sturz des Mengistu-Regimes
1993	Eritreas Unabhängigkeitserklärung
1995	Äthiopische Verfassung als Bundesrepublik

Einführung

Nordostfarika war zu keiner Zeit eine homogene und durch eine gemeinsame Infrastruktur erschlossene Großregion, auch wenn es durch kulturelle, religiöse und historische Gemeinsamkeiten zumeist eng verbunden war. Etwa 100 Völker und Sprachen, drei monotheistische Religionen und eine lange blutige Geschichte verbanden und trennten die Menschen. Dies brachte eine einmalige Vielfalt der materiellen Kultur hervor.

Die unterschiedlichen Faktoren und Lebensbedingungen waren das Ergebnis der Gegebenheiten vor Ort – Wälder, Flusstäler, Hochlandregionen, Savannen oder Wüsten –, und dies wiederum war bestimmt von der Klimazone und der Meereshöhe oder der Nähe zur Küste des Roten Meeres. Das Leben war bestimmt von religiösen oder tiefgreifenden geistigen Einflüssen, die von andernorts (z.B. Innerafrika, Arabien, die Levante, Indien oder später Europa) eingedrungen waren und sich durchgesetzt hatten. Nicht zuletzt prägte das verbindende und zugleich die Landschaft zergliedernde Band der drei großen afroasiatischen Sprachgemeinschaften die Kulturgrenzen der Völker.

Diese Vielfalt mit ihren Unterschieden wirkt sich aus auf den Einsatz von Materialien, z.B. beim Haus- und Speicherbau, bei der Herstellung von Arbeitsgeräten und Gefäßen, bei Produktion und Gestaltung der Kleidung, beim Anbau der Nahrungs- und Genussmittel, bei der Verwendung von tierischen Erzeugnissen, von Alltagsgegenständen und Zierrat. Die vielfältigen Zeugnisse von Architektur und Kunsthandwerk präsentieren das pralle materielle Leben Nordostafrikas, das wir hier mit einigen ausgewählten Beispielen vorstellen (wobei einige von ihnen – so z.B. die Kreuztradition oder die Münzgeschichte – ebenso gut in das folgende Kapitel der geistigen Kultur eingefügt werden könnten).

Hausbau

Die Landschaft Äthiopiens teilt sich grob in drei Klimazonen (zu weiteren Differenzierungen s. „Klima"). Das Tiefland im Südosten ist trocken und eben; hier leben halbnomadische Viehzüchter, die mit ihren Herden in einfachen Behausungen wohnen. In höher gelegenen Regionen mit ihrer üppigen Vegetation und den mit Kaffeepflanzen wogenden Hügeln wachsen die letzten verbliebenen Wälder Äthiopiens. Hier finden wir strukturierte Siedlungen von Holzhütten mit Schilfdächern, die von großen Familien bewohnt werden. Die Landschaft ist durch Hochplateaus geprägt, die durch tiefe Schluchten getrennt sind. Im Hochland leben die Menschen in abgeschiedenen Gruppensiedlungen, die von ihren Nachbarn durch steile Felswände und Täler getrennt sind.

Das Klima bestimmt die Konstruktion des Hauses. Daneben spielen die Materialien, der Zugang zu Ressourcen, die Möglichkeiten der Verteidigung, die Bewohner und die Sicherheit bei der Gestaltung des Hauses eine Rolle. Aber es spiegeln sich in den Baustilen der äthiopischen Häuser auch die kulturellen und religiösen Praktiken und Bräuche wieder. Stadtbewohner haben außerdem Zugang zu modernen Baustoffen und errichten heutzutage ihre Häuser aus gebrannten Tonziegeln mit Betonböden und Giebeldächern. Während die Materialien wechseln, können Form und Nutzung eines neuen Gebäudes allgemein eher traditionellen Mustern nachempfunden sein.

Im äthiopischen Hochland prägt ein Rundbau aus Stroh die Landschaft, mit Wänden aus Dung und Lehmziegeln über einem Gerüst aus Eukalyptuszweigen, die von einem Baumstamm in der Mitte gestützt werden (*Tukul*). Um das Regenwasser abzuleiten und den Rauch abziehen zu lassen, wird ein Keramikgefäß oben über diese zentrale Stütze gestülpt. Während der kalten Monate finden alle Aktivitäten im Inneren des einzigen Raumes statt. An den Wänden verlaufen Bänke, die als Sitzgelegenheiten und als Schlafstätten dienen, mit Speicherplatz darunter. Ein kleineres Gebäude außerhalb des Hauses kann als zusätzlicher Speicher und Küche dienen. Ansonsten wird über einer zentralen Feuerstelle im Haus gekocht. Der Innenraum ist dunkel, so dass sich während der wärmeren Monate die meisten täglichen Aktivitäten und Ereignisse wie Feste, Rituale und die Zeremonien des Lebenskreises im Freien abspielen.

Amhara. Das traditionelle Amhara-Haus (*Bet*) besteht aus Stein oder aus einem Flechtwerk mit Verputz. Diese Rundhäuser sind mit ihren kegelförmigen Grasdächern und einer Kuppel aus Steingut (*Gullelat*) so in die Landschaft gefügt, dass sie so gut wie möglich vor Wind und Regen geschützt sind und sich in die Hochlandschaft von Amhara einpassen. Seit das relativ billige, lokal hergestellte Wellblech zur Verfügung steht, werden auch in ländlichen Gebieten viele Häuser mit Metalldächern gebaut und sind daher rechteckig.

Die Amhara leben auf ihrem Land oder in der Nähe, oft in abgezäunten Gehöften (*Gebbi*) mit zumindest *einem* Wohnhaus. In einigen Regionen kann man größere Ansammlungen von Gehöften finden, die kleine Weiler bilden. In früheren Zeiten verfügten die Adligen über mehrere Häuser mit unterschiedlichen Funktionen, wie Küche (*Mad bet*), einem Empfangsgebäude (*Adderash*) und einem Gästehaus (*Engeda bet*). Derartige besondere Hausstrukturen gibt es nicht mehr.

In den höchstgelegenen Gebieten (*Daga*-Zone) haben die Wohnstätten typischerweise dicke Steinmauern, oft aus zwei Schichten mit Lehm dazwischen. In etwas geringeren Höhen (Zone *Wayna daga*) ist das Klima milder und Holz eher verfügbar. Hier werden die Hauswände gebaut mit den Stämmen starker junger Bäume oder gespaltenen Stämmen (hauptsächlich aus Eukalyptus), die aufrecht aus dem Boden ragen, alle dicht nebeneinander. Sie werden mit horizontalen Hölzern oder Bambus verbunden. Anschließend verputzt man sie beidseitig mit einer Mischung aus Schlamm und Stroh. Im Tiefland (*Qwalla*-Zone), wo das Klima warm und trocken ist, reicht für den Hausbau eine einfachere, luftdurchlässige Konstruktion.

Im Inneren des Gebäudes sind der Fußboden, die Wände und Lehmbänke, die einen Teil der Wand einnehmen, mit einem Gemisch aus Schlamm (*Cheqa*), Mist, *Tef*-Stroh und Asche verkleidet. Das Haus kann in mehrere Räume geteilt sein, durch mehr oder weniger stabile Wände aus Bambus oder Stoff. Der Herd steht im Hauptraum, mit ausreichendem Abstand von der Wand und vom Mittelpfeiler. Die Bänke aus Lehm entlang der Wände dienen den Mitgliedern des Haushalts und den Gästen als Sitzgelegenheiten, Kindern auch zum Schlafen während der Nacht. Nur wenige Möbel werden gebraucht: kleine Strohtische (*Masob*), um die Mahlzeiten zu servieren, und meist zumindest auch ein Bett (*Alga*), das aus einem hölzernen Gestell mit dazwischen geflochtenen Lederstreifen besteht.

Tigray. In Tigray, der nördlichsten Region Äthiopiens, ist der Boden felsig, und es gibt wenige Weideflächen für die Tiere. Die Häuser sind hier für gewöhnlich rechteckig und aus Stein gebaut, mit einem einzigen, großen Raum (*Hedmo*), mit einem Pfosten in der Mitte und einer Feuerstelle. Andere, kleinere Räume können mit dem *Hedmo* durch Innengänge verbunden sein. Hier halten sich die Mitglieder des Hauses auf, schlafen, essen und bringen ihre Habseligkeiten unter. Tiere, gewöhnlich Esel, Maultiere, Kälber und Ziegen finden über Nacht ebenfalls ihren Platz. Im *Hedmo* besteht der Fußboden aus Lehm oder Dung, und entlang der Wände verlaufen Bänke.

Die Häuser werden oft hinter einer hohen Steinmauer, innerhalb eines rechteckigen Hofes errichtet. Eine überdachte Stelle im Hof hat Bänke und Wände, sie ist verputzt und häufig bemalt. Dies ist der Treffpunkt für die nachmittägliche Kaffee-Zeremonie.

Frauen sind dafür zuständig, dass der Erdboden im Innenraum instandgehalten und gereinigt wird, sie sind verantwortlich für den Verputz und die Bemalung der Wände einmal im Jahr, sowie für die gesamte Ausstattung des *Hedmo*. Die Materialien sind vielfach Bestandteil der Mitgift. Allerdings waren Häuser und Besitz nach dem Gesetz, zumindest bis 1991, Eigentum der Männer.

Traditionelle Konso-Architektur in Kombination mit moderner Hauskonstruktion, Eco Lodge, © Horst Böge

In Tigray haben die Männer das Holz für die Häuser zu besorgen. Da die äthiopischen Hochländer heute meist vollständig entwaldet sind, ist Holz eine teure Ware und ein wertvoller Grundstoff. Bäume sind in Tigray sichtbare Landmarken, und nur die Kirchen werden noch von Hainen umgeben. Große Bäume eignen sich als Stätten, wo immer noch über lokale, regionale oder sogar nationale Politik von einem Rat der Ältesten entschieden wird, der dort zu Verhandlungen zusammentrifft.

Die Konstruktion des Hauses besteht idealerweise aus Hartholz wie Wacholder oder Olive. Der (männliche) Eigentümer und seine Verwandten errichten das flache, mit Erde bedeckte Dach, das von Holzbalken und senkrechten Sparren getragen wird. Dieselbe bodenständige Architektur setzte man traditionellerweise sowohl für Adelsgebäude wie Bauernhäuser ein, wobei bei ersteren wesentlich mehr Holz zum Einsatz kam. Wie man Holz für die Verzierungen des aksumitischen Hauses einsetzte, so ist der Einsatz von Holz beim Hausbau nach wie vor das Statussymbol von Begüterten.

Die Bauern in Tigray und, weiter südlich, in Amhara, bauen *Tef*, Gerste, Hafer und andere Pflanzensorten auf terrassierten Hängen hinter ihren kleinen Dörfern auf dem Hochplateau an. Sie halten auch Vieh und nutzen Felle für Kleidung sowie Wolldecken als Bettzeug.

Die meisten verstehen sich als Christen und folgen dem Glauben des orthodoxen Christentums, der viele religiöse Regeln und Fastengebote einschließt. Die Dörfer bestehen aus zehn bis 30 Häusern, in der je eine größere Familie wohnt. Diese bilden ihrerseits einen Kreis um eine orthodoxe Rundkirche. Oftmals ist die Kirche in diesen entlegenen Hochlandgemeinden das einzige Gebäude mit einem Metalldach. Die Rundform des Kirchenbaus entspricht der Aufteilung in der orthodoxen Sakralarchitektur, wo das Allerheiligste das Zentrum ist, der Platz, an dem der *Tabot* (der die Bundeslade repräsentiert)und den nur der amtierende Priester betreten darf. Der sich anschließende Teil der Kirche bleibt den Diakonen vorbehalten, noch weiter außen stehen die frommen Laien und dann die Frauen.

Dorze. In den Regionen des zentralen und des südlichen Hochlandes von Äthiopien sind Häuser aus Stroh mit nacktem Erdboden häufiger. Die Dorze in den Guge-Bergen sind berühmt für ihre Flechtarbeiten und ihre gewölbten (Kuppel-) oder Bienenstock-förmigen Häuser, die aus einer Bambuskonstruktion und einer Eindeckung aus *Ensat* („falsche Banane") bestehen. Sie können bis zu 12m hoch sein. Mit der Zeit wird die Struktur von Termiten zerfressen; dann lässt sich daraus noch eine Küche schaffen. Ein solches Kuppelhaus mag ungefähr 50 Jahre Bestand haben, also das Lebensalter eines Menschen in Äthiopien; danach muss Ersatz geschaffen werden. Die Tiere sind in einer eigenen Abteilung im Inneren des Hauses untergebracht, wo sie geschützt sind und der Familie Wärme spenden.

In der Mitte der Dorze-Hütte liegt das offene Feuer zum Kochen, darum befinden sich niedrige Sitzbänke aus Holz. An den Wänden gelegen sind die Schlafstellen und Speichermöglichkeiten. Während das Heim der Dorze nur *einen* großen Raum hat,

Dachkonstruktion, Südäthiopien, © Martina Drewes

kann für ein frisch vermähltes Paar ein kleines Separee eingerichtet werden, um den jungen Eheleuten ein wenig Privatsphäre und eine kurze freie Zeit von den Anforderungen des täglichen Lebens einzuräumen. Sobald sie es verlassen, um ein eigenes „Bienenstockhaus" zu bauen, kann daraus eine Küche gemacht werden.

Gurage. Die Gurage im Süden, die *Ensat* anbauen, leben in runden Häusern aus Stroh. Für deren Konstruktion engagiert man Spezialisten, die zur Klasse der Künstler zählen. Sie errichten die runden Dächer, die einen umgestülpten Topf auf der Spitze erhalten. Der Beruf des Hausbauers ist hier neben dem der Weber und Töpfer ein eigener Berufsstand ähnlich einer sozialen Kaste. Gurage-Frauen geben ihren Wohnstätten eine persönliche Note, indem sie den Eingang und die Innenwände mit einer Malerei aus Rautenmustern versehen.

Harar. Zu den einzigartigen Häusern Äthiopiens gehören jene in der ummauerten Altstadt von Harar. Die Stadtmauer wird durch fünf Tore unterbrochen – die historischen Zugänge für die Händler zu der Zeit, als das Handelszentrum im 16. Jh. seinen Höhepunkt erlebte. Enge Gassen, mit Steinen gepflastert, schlängeln sich zwischen den Häusern, die hinter weiß getünchten Hofmauern liegen. Jeder Hof hat im Boden eine Grube für den Abfall, der in ein offenes Kanalsystem auf der Straße geleitet wird. Durch größere Löcher in der Stadtmauer wurden des Nachts die Hyänen eingelassen, um auf Futtersuche die Straßen zu säubern (s. „Harar").

In der Harari-Sprache heißen die traditionellen Häuser *Gegar*(*ach*), „Haus/Häuser der Stadt". Sie sind aus fest gebrannten, weißgetünchten Lehmziegeln gebaut. Alle haben Wasserleitung, separate Küchen und Latrinen. Der Hauptraum (*Gidir gar*) bleibt den Aktivitäten des Familienkreises vorbehalten. Hier werden Mahlzeiten aufgetragen und Besucher bewirtet, Männer kauen *Khat*, lesen den Koran und schlafen zur Nacht. Der Raum ist auch gedacht für Gäste, die sitzen oder häufig – an aufgereihten Polstern lehnen. Der Raum hat eine hierarchische Gliederung: dem Ältesten oder dem wichtigsten Gast gebührt die höchste Ebene. Frauen können einen Raum daneben einnehmen, der ihr Bereich ist. Frauen sind dafür zuständig, die Wände des *Gidir gar* mit handgeflochtenen Korb- und Emailwaren zu dekorieren. Der Platz jedes Stückes ist festgelegt und dokumentiert die familiäre Beziehung der Frau. Wenn z.B. ein Sohn heiratet, muss seine Frau im ersten Ehejahr für ihre Schwiegermutter einen schönen Harari-Korb flechten. Die aufgehängten Körbe an der Wand zeigen, wie viele verheiratete Söhne eine Frau hat. Für die jungen Männer der Familie wird ein spezieller, abgetrennter Raum an der Seite oder, über Treppen erreichbar, im Obergeschoss gebaut, in dem das Paar die Flitterwochen verbringt.

Der Fußboden im traditionellen wie im modernen Harari-Haus besteht entweder aus roter Erde oder einem rot gestrichenen Betonboden im Hauptraum. Der rote Fußboden symbolisiert den Blutzoll des Volkes von Harar während der Schlacht von Chelenqo 1887. Die Harari erinnern sich daran mit Trauer als an den Tag, an dem sie ihre Unabhängigkeit verloren und in das äthiopische Reich Menileks eingegliedert wurden.

Afar. Die nomadischen und halbnomadischen Afar in den östlichen Wüsten der Danakil-Senke leben isoliert als Hirten mit ihren Herden aus Kamelen, Ziegen und Rindern. Die Fasermatten, mit denen sie ihre Häuser decken, werden von den Frauen aus Gräsern hergestellt, die in der Nähe des Flusses Awash wachsen und mit Holz und Palmfasern verstärkt werden. Kamele transportieren diese einfachen, auf Zeit errichteten Hütten. Sie sind Eigentum der Frauen, die sie auch aufstellen und abbauen, wenn ihre Familien mit den Tieren von einer Wasserstelle zur nächsten wandern.

Literatur: JOE ARANHA, „'Hidmo': Stone Houses of the Tigray, Ethiopia", *Traditional Dwellings and Settlements Review*, 22/1 (2010), 57; HARALD ASPEN, ULRICH BRAUKÄMPER, ELISABETH-DOROTHEA HECHT, KERSTIN VOLKER-SAAD, „House(s)", *EAE* III, 76–84.

Peri M. Klemm, California State University, Northridge;
Amharisches Haus: Harald Aspen, NTNU, Norwegian University of Sciences and Technology, Trondheim

Kunsthandwerk

Äthiopien hat eine große Tradition im Kunsthandwerk. In den einschlägigen Geschäften in Addis Abeba, die die heimische Oberschicht und die Touristen als Kundschaft bedienen, ist ein reichhaltiges Sortiment von Gebrauchskunst zu finden. Die Läden sind meist voll von Brotbehältern aus Ziegenhaut, Fliegenwedeln aus Pferdehaar, dazu Tonfiguren, Schilde aus Nilpferdhaut, handgesponnene Seidenwaren, Büffelhornbecher, geschnitzten Kreuze, Bernstein- und Glasperlen, filigrane Silberhalsketten, hölzerne Nackenstützen, Gemälde auf Kuhhaut mit einer Darstellung der Schlacht von Adwa oder der Bilderreihe von der Begegnung der Königin von Saba mit König Salomo. Diese wenigen Notizen spiegeln die geografische, kulturelle und historische Vielfalt der ästhetischen Traditionen Äthiopiens wider.

Korbwaren. Körbe unterschiedlicher Formen, Größe und Muster sind über Äthiopien verbreitet. *Masob* (singl.): große runde Korbtische mit kegelförmigem Deckel werden im Norden beim Essen von *Enjara* und *Wat* verwendet, ein äthiopisches Fladenbrot mit scharfer Soße. In winzigen Deckelkörbchen daneben befinden sich Weihrauchkörner und Gewürze. Einige der aufwändigsten Körbe kommen aus Harar. Ein Harari-Mädchen wird schon früh in der Technik des Spiralstiches unterwiesen. Man erwartet von ihr, dass sie Körbe für den Gebrauch und zur Ausschmückung ihres künftigen Wohnraumes anfertigt. Während ihrer Mädchenjahre kann sie mit anderen Gleich-

Amhara-Bäuerin auf dem Weg zum Samstagmarkt, Gorgora-Region, © Serge Dewel-Mouton

altrigen am Flechten bzw. Weben in einer Gruppe teilnehmen. Sobald sie heiratet, verlangt die Tradition, dass sie im ersten Ehejahr einen großen, komplizierten Korb für ihre Schwiegermutter herstellt, den diese voller Stolz an der Wand ihres Wohnraumes zur Schau stellt. Dieser Schwiegermutter-Korb (*Hamat mot*) ist im Vergleich mit allen ungefähr 30 Harari-Korbtypen der mit den engsten Windungen und der am dichtesten geflochtene. Der Korb wird mit Leder eingefasst oder, was heute gebräuchlicher ist, mit rotem Vinyl und an den äußeren Laschen, die zum Aufhängen dienen, mit Kaurimuscheln verziert. Heute leben viele Harari-Mädchen im Ausland und bezahlen professionelle Korbflechter, damit diese ihre Mitgiftkörbe mit komplexen Mustern herstellen. Diese Körbe werden stets mit der funktionalen Seite zur Wand und mit der dekorativen Seite nach außen gedreht, um von den Gästen bewundert zu werden.

Die Boorana-Frauen in Südäthiopien flechten Behälter für Milch, Butter und Wasser, die sie abdichten, indem sie das Innere mit den Säften des Euphorbiakaktus auskleiden und über dem Feuer räuchern. Jeder Behälter unterscheidet sich in Größe und Form. Die von verheirateten Frauen gemachten Milchbehälter haben besondere rituelle Bedeutung, vor allem bei Verlobungszeremonien und Begräbnissen. Größe und Verzierungen der Behälter der Boorana hängen von ihrem Einsatz ab, wobei man Giraffenhaar und Kaurimuscheln zur Dekoration für alle Arten einsetzt.

In ganz Äthiopien werden die Korbwaren aus einheimischen Gräsern hergestellt, die nach der Trocknung gefärbt werden können. Heute experimentieren die Weber auch mit Akrylfasern und Plastikbändern.

Weberei. Während das Korbflechten Frauenarbeit ist, bleibt die Weberei vorrangig den Männern vorbehalten. Sie ist in Zentraläthiopien weit verbreitet. Männer im Hochland weben zwei Grundarten von Kleidungsstücken: Das eine, einfach, schwer und grob, wird für den täglichen Gebrauch und als Bettlaken für die Nacht eingesetzt (*Gabi*); das andere, *Natala*, dünn und eingesäumt mit einem gestickten Band aus farbenfrohen Fäden, ist die Nationalkleidung der Frauen im christlichen Hochland und besteht aus

Vorbereitung des Webstuhls für den Einsatz, © Charlene Glacy

dem Gewand und einem Umhängetuch, der *Shamma*, die über Schultern und Kopf getragen oder um Schultern und Oberkörper geschlungen wird. Während der Trauerzeit wird dieses Tuch umgewendet und damit der Kopf bedeckt.

Die Dorze- und die Menz-Regionen sind bekannt für ihre Weber, die Textilien aus Baumwolle auf hölzernen Trittwebstühlen herstellen. Die Männer bauen die Baumwolle an, die Frauen bereiten das Garn vor und spinnen es für die (männlichen) Weber. Auch Wolle wird in den natürlichen Grau- und Brauntönen zu Matten, Hüten und Decken verwoben.

Flaschenkürbisse. Flaschenkürbisse werden von den meisten Völkern Äthiopiens als Gefäße, Schöpflöffel und Schalen verwendet. Unverzierte Kürbisse können als Schalen für Wasser, Bier, Honigwein (*Tajj*) dienen, während verzierte Kürbisse für spezielle Anlässe und besondere Personen gestaltet werden. Der Flaschenkürbis wird in Äthiopien angebaut. Wenn er vom Feld kommt, lässt man das Äußere aushärten, während das Innere mit der Zeit verrottet. Anschließend kann er geschnitten, gereinigt und mit Butter eingerieben werden. Verzierungen sind einzuritzen und dazu Lederstreifen zum Tragen, Kaurimuscheln oder Perlen zu applizieren. Das öfters praktizierte Aufhängen über der Feuerstelle führt dazu, dass der Inhalt einen rauchigen Geschmack annimmt. Die Funktion des Kürbisses wird bestimmt durch die Form, in der er wächst und die der Künstler durch seine Schnitte und Dekorationen gestaltet. Einige Kürbisse werden mit einer Ahle dekoriert und zum Tragen mit einem Ledernetz versehen. Der Künstler schafft Behälter für die Flüssigkeiten, für die sie gedacht sind, denn für Milch, Butter, Honig, Wasser und Alkohol haben sie je eigene Formen und Größen. Wenn Kürbisse Sprünge bekommen,

Kalebassen, © Charlene Glacy

können sie mit Fasern oder Metallklammern repariert werden. Wasserbehälter, die den Waschungen vor dem Gebet der Muslime dienen, werden zunehmend durch maschinell gefertigte Plastikflaschen in der Form der ursprünglichen Kürbisse ersetzt.

Nackenstützen. Im Omo-Gebiet Südäthiopiens führen die nomadischen und halbnomadischen Hirten Nackenstützen mit sich, die sie als Sitze und als „Kopfkissen" verwenden. Da Männer häufig eine kunstvolle Frisur mit Schlammpackungen, Ocker und geflochtenen Haaren tragen, halten diese Stützen die Frisuren in Form und frei von Schmutz und Wanzen. Sie erlauben den Männern auch, aneinander Nachbesserungen vorzunehmen, wenn sie fern von ihren Wohnorten mit den Herden unterwegs sind. Die Nackenstützen bestehen aus Holz, die vielfältigen Formen folgen regionalen Stilen. Einige haben am Fuß Schnurgriffe, eingravierte Muster und Metallklammern. Mit der Zeit und bei häufigem Gebrauch nehmen sie eine kräftig dunkle Patina an.

Töpferei. Die Keramikproduktion ist in Äthiopien in der Regel die Arbeit von Frauen. Sie formen Kochgeschirr und Haushaltsartikel aus lokalem Ton. Kaffeebecher, Teegarnituren, Krüge, Schüsseln, Kochtöpfe, Becher, Kerzenhalter in roter oder schwarzer Politur findet man in den meisten ländlichen Haushalten. Große Krüge sind nach wie vor das gebräuchliche Gefäß für den Wassertransport. Sie werden kunstvoll mit drei Henkeln am oberen Ende angefertigt, damit die Frauen und Mädchen sie mit einen Tuch oder Lederriemen kreuzweise über der Stirn befestigen können.

Die Töpferinnen schaffen mittels einer Art „Wickeltechnik" die Gefäße mit bloßen Händen und einfachen Werkzeugen. Einige Behälter, die man zum Backen benötigt, werden mit Harz beschichtet oder glasiert, um sie wasserdicht zu machen. Viele Töpfer verkaufen ihre Waren auf den lokalen Märkten. In den meisten Kulturbereichen gehören Töpfer zu den Künstlern, und sie arbeiten in einer symbiotischen Beziehung mit der Landwirtschaft und dem Schmiedehandwerk zusammen. In der historischen Tradition pflegen diese Gruppen jedoch nicht wechselseitig zu heiraten; die Töpfer gelten für Bauern wegen ihrer beruflichen Spezialisierung gesellschaftlich als Tabu. So kennen z.B. die Gamo in Südwestäthiopien (die westlich der Abaya- und Chamo-Seen leben) drei endogame Kasten, die gesellschaftlich voneinander getrennt, aber für den Handel aufeinander angewiesen sind: die Bauern und die Weber als höchste innerhalb der sozialen Ebenen, dann die Töpfer, gefolgt von Schmieden und Lederarbeitern. Töpfer können auch für andere Berufe eine wichtige soziokulturelle Rolle übernehmen, als Experten für Rituale, die die Riten, Tänze und Gesänge zu den Lebensabschnitten übernehmen und Jungen und Mädchen beschneiden.

Die Ari in Südwestäthiopien stellen 50 verschiedene Typen von Kochgefäßen her, die je nach Gestalt und Verwendung klassifiziert und nach dem darin zubereiteten Essen benannt werden. Ein typischer Haushalt sollte etwa zwölf Töpfe haben. Die Ari-Frauen erhalten Unterstützung von ihren Männern beim Graben des Lehm und beim Brennen, aber sie gelten als die alleinigen Hersteller eines Gefäßes. Ein Mädchen lernt das Handwerk von seiner Mutter, und es wird erwartet, dass sie bereits im Backfischalter in allen Arten der Töpferei gut bewandert ist. Unter den Beta Esrael fertigen die Frauen aus Keramik kleine Figuren und Alltagsszenen an, die nach dem Brennen bemalt werden können. Inzwischen haben industrielle Erzeugnisse und Plastikgefäße den Einsatz keramischer Behälter reduziert, dies vor allem in städtischen Regionen.

Schmuck. Frauen und Männer tragen eine Vielzahl von Halsketten, Ringen, Armreifen, Fußketten und Haarschmuck, die aus farbigen Perlen, Muscheln, Knochen, Leder, Ton, Gräsern, Münzen oder Metall angefertigt sind. Der erste Schmuckgegenstand, den ein orthodoxer Christ nach der Tradition erhält, ist die Taufkordel (*Matab*) von blauer Seide, oder es ist eine Baumwollschnur, die man um den Hals trägt. Im späteren Leben können Frauen einen dicken Silberring, ein Ohrstäbchen oder ein Kreuz daran hängen. Kreuze sind aus Holz, Stein, Knochen oder Leder, oder, wenn man es sich leisten kann, aus Silber; dieses wird entweder direkt aus einer großen Silbermünze geschnitten oder aus geschmolzenem Metall mit der Technik der „verlorenen" Form aus einem Wachsabdruck gegossen (s. „Das Kreuz in der äthiopisch-eritreischen Kultur"). Im Laufe der Zeit entwickelten sich unterschiedliche Stilarten, die mit den Orten in Beziehung stehen, wo sie entstanden. Moslemkindern wird oft als erstes ein Amulett aus Leder, Metall oder Papier gegeben, das Medizin oder heilige Substanzen enthalten kann. Bei den Oromo-Muslimen in Wallo z.B. kann dieses Amulett (*Kudhaama*) die getrocknete Leber einer Hyäne enthalten. Sowohl im christlichen als auch im muslimischen Bereich vermitteln die Halsbänder dem Kind Segen und Unantastbarkeit, sie bewahren die religiöse Tradition des Kindes.

Im Hochland ist Aksum ein wichtiger historischer Ort für die Metallverarbeitung und für die Herstellung feinen Silberschmuckes und der liturgischen Kreuze. Die Schmiede gestalten mit Amboss, Hammer, Zange und Feuer, das mit einem Blasbalg angefacht wird, filigrane und gelötete Hals- und Armbänder für den örtlichen Bedarf. Wohlhabende Kunden entscheiden sich für Silber, wenngleich auch Gold zunehmend Anklang findet; die Durchschnittsbevölkerung begnügt sich mit Nickel, Zinn oder Kupferlegierungen.

Das Silber stammt vielfach aus eingeschmolzenen Maria-Theresien-Talern (Silbermünzen mit dem Portrait der österreichischen Herrscherin und dem ursprünglichen Prägejahr 1780), die u. a. während der ägyptischen Besetzung Harars nach Äthiopien kamen (s. „Münz- und Geldgeschichte"). Sie dienen als Basis für Silberschmuck und andere Ziergegenstände im ganzen östlichen Hochland.

Reiche muslimische Frauen der Harari, Somali, Argobba und Oromo in Ostäthiopien, die noch Familienschätze in Silber oder deren moderne Nachbildungen aus Nickel, Messing oder Aluminium besitzen, tragen bei bestimmten Anlässen zylindrische Metallbehälter, genannt *Wakari*, dazu hohle, granulierte Silberperlen an Halsbändern, den *Muriyya*, und auf dem Kopf Metallketten mit fünf oder sieben dreieckigen Gehängen, die *Siyassa*. Diese Objekte, insbesondere die von feinerer Qualität wie das *Siyassa* Stirnband, leiten sich direkt von arabischen Quellen aus der Zeit der ägyptischen Besetzung ab. Daneben sind unter den muslimischen Frauen quadratische Anhänger, *Mergaf*, beliebt. Sie bestehen aus dünnem Silberblech und werden nicht selten mit hohlen Silberperlen geschmückt; in der Mitte verfügen sie über einen Hohlraum und können Koranverse oder Heilpflanzen aufnehmen. Manchmal kommen honigfarbene Bernsteinperlen dazu; heute sind sie aber eher aus Kopal- oder Phenolharz denn aus echtem Bernstein.

Frauen der Afan-Qallo-Oromo haben vor drei Generationen damit begonnen, Halsbänder aus Glasperlen (*Ambarka*) anzufertigen. Sie bestehen entweder aus zwei dicken Bändern einzelner Perlen, die unten zu einer Reihe zusammenlaufen, oder aus zwei Doppelperlenbändern, die unten verbunden sind und in Fransen auslaufen. In beiden Fällen liegen die Seiten des Halsbandes gerade auf der Brust und reichen vom Brustbein bis zum Schlüsselbein der jungen Frau. Die importierten Glasperlen werden von jungen Frauen, die diese Halsbänder fertigen, zu Knäueln gefädelt, die innerhalb einer weiten Palette von jeweils einer Farbe ein rautenförmiges Muster bilden. Diese Glasperlen aus der Tschechischen Republik werden in einfarbigen Strängen seit 1990 auf den Märkten von Harar, Fedis und Baabbile in großen Mengen gehandelt und sind meist erhältlich in Weiß, Grün, Gelb, Blau und Rot. Zusammen mit Perlkopfbändern (*Bishanni* und *Challee qarmaa*) bilden *Ambarka* ein komplettes Ensemble von Oberkörperschmuck.

Sie werden von unverheirateten Mädchen getragen, die das Auffädeln in der Zurück-
gezogenheit lernen und nur das tragen, was sie selbst zusammengefügt haben.

Am Omo tragen die Frauen der Hamer, die in Vielehe leben, Metallringe um ihren
Hals, welche ihre Rangfolge dokumentieren: der Halsring der Erstfrau ist erheblich
größer und schwerer als der ihrer Mitfrauen. Schmiede in der Nachbarschaft stellen
die Ringe her, aber die Frauen sind dafür zuständig, ihren Schmuck selbst aus Perlen,
Muscheln und Metallbändern auf dem Lederkittel anzufertigen.

Die Mursi-Frauen tragen in den Dörfern bei Jinka eine Fülle von Armreifen, Halsbändern aus Plastik und Glasperlen über ihrer Lederbekleidung und in ihrer Haar-
tracht. Die Lippenscheibe aus Ton wird allerdings nur dann eingelegt, wenn Fremde
zum Fotografieren auftauchen und sie auf diese Weise einen Geldbetrag erhalten. In
Shashamene verwenden die Frauen der Arsi fast nur noch Plastikperlen, um ihren
Hals, um die Stirn und das Handgelenk zu schmücken.

Inzwischen haben Männer wie Frauen damit begonnen, neue und importierte
Materialien in ihren traditionellen Schmuck einzuarbeiten, darunter Plastikperlen,
Knöpfe, metallene Uhrbänder, Kappen von Limonadenflaschen und sogar von ge-
brauchten Spritzen.

Literatur: JOHN W. ARTHUR, „Transforming Clay: Gamo Caste, Gender, and Pottery of Southwestern Ethiopia", *African Study Monographs*, 46 (2013), 5–25; MORIE KANEKO, „Variations
in Pottery Making in Southwestern Ethiopia", in SVEIN EGE et al. (Hrsg.), *Proceedings of the 16th
International Conference of Ethiopian Studies*, Trondheim 2009, 383; RAYMOND SILVERMAN, NEAL
W. SOBANIA, „Silverwork in the Highlands. The Life and Work of Gezahegn Gebre Yohannes and
Abib Sa'id in Ethiopia", in RAYMOND SILVERMAN (Hrsg.), *Traditions of Creativity*, Seattle 1999,
183–199; BELLE ASANTE TARSITANI, „Revered Vessels: Custom and Innovation in Harari Baske-
try", *African Arts*, 42 (2009), 64–75.

Peri M. Klemm, California State University, Northridge

Das Kreuz in der äthiopisch-eritreischen Kultur

Bedeutung. In Äthiopien hat das Kreuz (*Masqal*), ähnlich wie in anderen christlichen
Konfessionen, eine hohe symbolische Bedeutung; es prägt das Alltagsleben der Christen. Das Rechteck, am unteren Ende des Kreuzesbalkens befestigt, soll nach dem Volksglauben die Evangelien symbolisieren, nach anderer Deutung den *Tabot* (= die Tafeln
der Bundeslade) oder das Grab Adams, das nach der äthiopischen Legende unter dem
Kreuz auf Golgatha lag und auf dem das Kreuz errichtet wurde (daher die Platte, auf der
das Kreuz steht). Auch zahlensymbolische Verbindungen bestehen: zur göttlichen Dreifaltigkeit, zu den zwölf Aposteln bzw. den zwölf Stämmen Israels, den vier Evangelisten
oder den vier Enden (= Winden) der Welt, oder zu den fünf Wunden Jesu.

Jeder Priester trägt das Kreuz als Zeichen seines Amtes, der äthiopische Christ trägt
es als Zeichen seines Glaubens. Man verwendet es, um die Kirchen und ihre Innen-
einrichtungen, Gewänder und Vorhänge zu schmücken, aber ebenso die traditionelle
Alltagskleidung und die Haushaltsutensilien. Kaiser Zara Yaeqob (reg. 1434–1468)
ordnete an, dass jeder Christ das Zeichen des Kreuzes an der Stirn, an den Geräten
und an allen Sachen zu tragen habe. Der liturgische Kalender der Kirche stellt während
zweier Feste das Kreuz in den Mittelpunkt: am 17. Maskaram die Erhöhung des Kreuzes und am 10. Maggabit die Entdeckung des wahren Kreuzes durch Kaiserin Helena.

Mit der Einführung des Christentums begegnet uns das Kreuzeszeichen in großer
Anzahl. Die aksumitischen Münzen (4.–7. Jh.) nutzen es als Zeichen des neuen Kul-

tes auf afrikanischem Boden. Während des aksumitischen Reiches (s. die vier Artikel über Aksum in Kapitel 4) findet sich das Kreuz auch auf Inschriften, auf Keramiken und an Bauwerken. Während aller Perioden sind die Ge'ez-Handschriften außen und innen mit Kreuzen verziert. Ikonen mit Heiligengestalten zeigen Kreuze in vielen Abwandlungen. Diese Vielfalt demonstriert, dass dieses Symbol in alle Bereiche des religiösen und kulturellen Lebens eingedrungen ist und sich in variantenreichen, kunstvollen und einfachen Formen und Materialien niederschlägt.

Rolle des Kreuzes. Der Christ erhält bei seiner Taufe eine in drei Farben geflochtene Seidenschnur (*Matab* = „Siegel, Kreuzeszeichen"), die das Zeichen der Trinität Gottes symbolisiert; an sie wird in der Regel später ein Kreuz gehängt. In allen Bereichen der Liturgie, auch bei Begräbnis und kirchlicher Trauung, steht das Kreuzeszeichen im Zentrum. Im Alltag findet es sich als Tätowierung an Stirn, Hals oder Arm. Dem Kreuz wird im Volksglauben nachgesagt, Dämonen zu vertreiben, Wunder zu wirken und zu heilen.

Der Priester ist im öffentlichen Leben ohne sein Handkreuz aus Holz oder Metall, das er ständig bei sich trägt, nicht vorstellbar. Begegnet der Priester den Gläubigen, legt er ihnen das Kreuz an die Stirn oder die Wange und auf den Mund, und die Gläubigen küssen es. Der Priester segnet danach den Gläubigen mit dem Spruch: „Gott segne dich. Er möge sein Angesicht leuchten lassen."

Im kirchlich-liturgischen Raum bildet das Kreuz den stets sichtbaren Mittelpunkt. Im Rahmen der Liturgie segnet der Priester die Gemeinde mit dem Kreuz in seiner rechten Hand; während der Eucharistie vollzieht er mittels des Kreuzes mehrere Segnungsgesten. Durch die zwei Ösen am unteren Ende des Kreuzes wird ein Tuch (in Erinnerung an das Gewand Christi) geschlungen, in einer feierlichen Prozession tragen Diakone es durch den Kirchenraum. Diese Vortragekreuze sind mit einem hohlen Schaft versehen, um sie mittels eines Holzstabes zu erhöhen. Ältere Kreuze haben einen Durchmesser von 20 cm, die neueren seit dem 18. Jh. können eine Weite von bis zu 70 cm oder mehr

Vergoldetes Bronze Prozessionskreuz, © University Collection, Addis Ababa

Bronzenes Prozessionskreuz, © University Collection, Addis Ababa erreichen. Die Fortsätze am unteren Ende sind eine typisch äthiopische Ergänzung des Prozessionskreuzes. Sie verzweigen sich seitlich des Schachtes, berühren nicht selten den unteren Rand des Korpus und erinnern an ähnliche Formen einiger georgischer und armenischer Kreuze.

Als eindrucksvolle Landmarken zeigen sich die Kreuze auf den in der Regel runden Dächern äthiopischer Kirchen, an ihren Enden sind Straußeneier befestigt.

Formen und Arten. Die älteste Grundform ist das gleichschenklige oder griechische Kreuz, manchmal umgeben von einem Kreis (Scheibenkreuz). Es steht für Christus als Herrn des Weltkreises. Die zweite Grundform stellt das Kreuz mit unterschiedlich langen Schenkeln dar: das lateinische Kreuz hat einen längeren Vertikalbalken und erinnert so an den Speer, der in die Seite Jesu drang. Die äthiopische Tradition sieht symbolische Verknüpfungen des Kreuzes zu Lebensbaum, Schlange oder Vogel. Äthiopische Kreuze bleiben selten auf die einfache Basisform reduziert. Dekorative Endstücke werden zu Armen des Kreuzes ausgearbeitet, besondere Elemente innerhalb der Arme hinzugefügt, und gelegentlich ist das Kreuz mit einem Rahmen umgeben. Nicht selten zeigen sich Flechtstreifen oder Bandelwerk, was in den Handschriften zu dekorativen Elementen ausgestaltet wird. Eingravierte Figuren der Jungfrau Maria mit Kind, der beiden Erzengel Michael und Gabriel, der Heiligen Dreifaltigkeit, der Kreuzigungsszene, verschiedener Heiliger, insbesondere des Hl. Georg mit dem Drachen auf Metallkreuzen sind häufig zu finden. Dreidimensionale Gestaltungen (etwa Kruzifixe) gibt es nicht.

Materialien. Das äthiopische Kreuz besteht aus Eisen, Kupfer, Bronze, Messing, Nickellegierungen, Silber und selten Gold, ebenso aus Holz, Leder oder Stein. Kreuzdekorationen von Gras und Palmblättern sind nur am Palmsonntag üblich. Die ältesten Kreuze sind aus Kupfer oder Bronze, und eben solche werden weiterhin für den allgemeinen Gebrauch angefertigt. Im 15. Jh. nahm die Herstellung aus Messing zu, doch Bronze und Kupfer blieben weiterhin im Umlauf. Für die Zeit vor dem 15. Jh. gibt es kaum Nachweise von Silberkreuzen; vor allem im 19. Jh. begann man, in großer Zahl Brustkreuze aus Maria-Theresien-Talern zu fertigen. Gold ist das Material nur sehr weniger Kreuze, doch einige Prozessionskreuze tragen eine Vergoldung. Die Handkreuze aus Kupfer und Bronze, die aus der Zeit des 14.–15. Jh. stammen, sind im Grunde vereinfachte Versionen von Vortragekreuzen.

Bei der Herstellung der großen Vortragekreuze werden verschiedene Methoden eingesetzt. Die meist verwendete ist das Wachsschmelzverfahren. Die gewünschte Form des Kreuzes wird zu Beginn aus Wachs geformt und dieser Wachskörper in eine Tonmasse gebettet. Ein Gießkanal und je nach Form und Größe des Modells mehrere Ausflusskanäle sorgen für die spätere Aufnahme des Flüssigmetalls. Das Erhitzen der Tonform sorgt dafür, dass das Wachs abfließt und das (bisherige) Wachsmodell als Hohlraum für den Guss dient. Man gießt das flüssige Metall in die Form.

Nachzeichnung eines Prozessionskreuzes (in GETATCHEW HAILE, *The Ethiopian Orthodox Church's Tradition on the Holy Cross*, Leiden 2018), © Mariam-Sena Haile

Um das Kreuz zu erhalten, muss nun die Form zerbrochen werden; sie kann kein zweites Mal verwendet werden.

Holzkreuze repräsentieren eine andere Machart; sie sind Beispiele der Handwerkskunst des Volkes. Kein außergewöhnliches Werkzeug und keine besondere Ausstattung sind für die Herstellung notwendig. Jedermann mit ausreichender Begabung kann sie herstellen. Feiner gearbeitete Kreuze dürften unter den Händen professioneller Holzschnitzer entstehen. Die meisten Kreuze aus Holz sind Handkreuze, die in der Regel aus *einem* Holzstück und ohne Maschinentechnik hergestellt werden. Sie werden manchmal aus zwei oder drei Teilen zusammengefügt, insbesondere wenn sie Metallkreuzen nachgebildet sind und wenn Zierstücke hinzugefügt werden.

Literatur: FRIEDRICH HEYER, EINE MOORE, „Crosses", *EAE* I, 815–821; ANNEGRET MARX, *Katalog der Äthiopienabteilung, Museum Haus Völker und Kulturen*, Sankt Augustin 2001, 131–140.

Maija Priess, Universität Hamburg

Münz- und Geldgeschichte

Im Laufe der Zeiten gab es in Äthiopien unterschiedliche Formen von Zahlungsmitteln, unter denen lange Zeit das Natural-(sogenanntes „Primitiv"-)Geld vorherrschend war. Von einer Münzkultur wurde das Hochland von Tigray erst in nachchristlicher Zeit erfasst, als das Reich von Aksum hier eine wirtschaftliche und machtpolitische Blüte erlebte. Zuerst brachten Händler römische und südarabische Münzen mit; letztere sind vielleicht im 3. Jh. auch in Aksum selbst nachgeahmt worden. Kurz vor 300 kam es hier dann zur Schaffung eines Münzsystems in den drei klassischen Münzmetallen Gold, Silber und Kupfer, offenbar angeregt durch die Münzreformen des Kaisers Diokletian im Römischen Reich. Aber Aksum entwickelte ein eigenständiges Bildprogramm.

Aksumitische Münzen. An den Goldmünzen waren vor allem Fernhändler interessiert, welche die Route vom Mittelmeer durch das Rote Meer nach Indien befuhren und an der Küste, die dem König von Aksum untertan war, Zwischenstation machten. Voraussetzung war, dass im Machtbereich entsprechende Goldvorkommen ausgebeutet werden konnten. Das Münzgeld diente dabei dem König nicht nur zur Repräsentation und zur Schatzbildung, sondern hatte durchaus auch eine wirtschaftliche Funktion: Abgesehen vom Fernhandel mit Goldmünzen entwickelte sich – so die Funde – eine Zirkulation des Kleingeldes auf den lokalen Märkten, also ein regelrechter Münzgeldverkehr, wie in Afrika südlich von Ägypten nirgendwo anders festzustellen. Wir haben es also mit einem Ausläufer der mediterranen, hellenistisch-römischen Geldwirtschaft zu tun, sozusagen mit einer numismatischen Insel am Südrand der damals bekannten Welt.

Die aksumitischen Münzen, über ca. 320 Jahre relativ kontinuierlich geprägt, nennen eine Reihe von Königsnamen (z.T. programmatisch aus der Bibel entlehnt, wie Noe, Kaleb, Gersoem, Joel), die sonst überwiegend unbekannt wären, denn die anderen Geschichtsquellen sind für diese Epoche der Spätantike weit weniger informativ.

Diese Namen lassen sich wahrscheinlich mit 18 Königen verbinden. Ihre detaillierte Identifizierung ist schwierig. Die relative Chronologie dieser Könige konnte über weite Strecken durch die Numismatik rekonstruiert werden, beginnend mit einem gewissen Endybis und endend mit einem Hethasas. Unsicherer ist jedoch die Dauer der einzelnen Regierungen, dafür sind die Daten der im Mittelalter erstellten Königslisten ziemlich wertlos.

Alle Münzen beziehen sich in Bild und Aufschrift auf den (nicht immer namentlich genannten) König. Die Titelinschrift lautete anfänglich auf Griechisch *Basileus Aksomiton* (= „König der Aksumiter"; im 5. Jh. auch *Abassinon*, wohl die älteste Bezeugung von „Abessinien"). Später kam daneben die Inschrift in Ge'ez auf: *Negusa aksum* (= „König von Aksum", mit äthiopischen Zeichen geschrieben, zumeist ohne Vokale). Darüber hinaus war die Komposition von Bild und Schrift religiös bestimmt: in heidnischer Periode mit dem Symbol des Staatsgottes *Mahrem* (mit der Mondsichel), in der christlichen Zeit mit dem Kreuzzeichen in symbolträchtig ausgearbeiteten Formen und begleitet durch entsprechende Sinnsprüche. Als Besonderheit wurde auf einigen Silber- und Kupfermünzen eine aufwändige Teilvergoldung angebracht, um bestimmte Details des Münzbildes farbensymbolisch hervorzuheben.

Die offizielle Annahme des christlichen Kultes durch Ezana wird durch die Münzprägung eindrücklich dokumentiert. Für dieses einschneidende Ereignis der äthiopischen Geschichte wird neuerdings, und dies durchaus mit Argumenten, eine etwas spätere Datierung um 360 vertreten, als dies in der äthiopischen Tradition auf Grund der (legendär gefärbten) kirchengeschichtlichen Literatur mit 333/340 vielfach vertreten wird.

Auch der andere heilige König, der mehrfach und durch verschiedenartige Quellen relativ gut bezeugt ist, Kaleb Ella Atsbeha, ist durch eine starke Münzprägung der 510er–530er Jahre vertreten, dies auch durch Funde goldener Münzen im Jemen, wo er sich kriegerisch als Verbündeter des byzantinischen Kaisers und als Verteidiger des Christentums engagierte. Die auf ihn folgenden sechs Könige mit Münzprägung sind dagegen historisch weniger eindeutig zu fassen. Anscheinend ließen sie sich ab den 570er Jahren in die byzantinisch-persischen Kriege einbinden. Mit der persischen Eroberung von Palästina (614) und Ägypten (618) war die Verbindung zu Byzanz und zum Indienhandel schon im Vorfeld der nachfolgenden Entstehung und Expansion des Islam unterbrochen worden. Damit scheinen der wirtschaftliche Niedergang des aksumitischen Reiches und das Ende seiner Münzprägung ursächlich zusammenzuhängen (s. „Aksumitische Kultur" und „Geschichte Aksums").

Spätere Entwicklungen. In den langen Jahrhunderten, die bis zur Etablierung des neuäthiopischen Reiches unter Menilek II. verstrichen, gab es keine Münzprägung. Das Wirtschaftsleben spielte sich, wie in Afrika üblich, über einen Tauschhandel ab, bei dembestimmte Arten von Naturalgeld eingesetzt wurden. Weit verbreitet waren Salzbarren (*Amole*), aber auch eiserne Spaten und Nadeln waren im Gebrauch, während goldene Ringe für die Abwicklung von Tributen und zur Schatzbildung dienten. Daneben sickerten aber immer geringe Mengen an fremden, z. T. islamischen Münzen ins Land. Erst von der Zeit der Entdeckungen an (ab dem 16. Jh.) traten vermehrt abendländische Münzen des Welthandels auf, vor allem Venezianer Dukaten und spanische Pesos. Schließlich hat sich auf Grund seiner verlässlichen Güte und seines Unzengewichts (*Waqet*) der österreichische Levantinertaler (Maria-Theresien-Taler) in weiten Teilen Ostafrikas und so in Äthiopien durchgesetzt, insbesondere nach der Eröffnung des Suezkanals (1869). Für die britische Militärintervention von 1868 und die kolonialen Bestrebungen der Italiener spielte er eine große Rolle.

In den islamisch dominierten Regionen hatte zu dieser Zeit nur das Handelszentrum in Harar Bedarf an kleinem Wechselgeld für seinen Markt. So gaben die Emire dort Münzen aus, sog. *Mahallaq*, die mit einfachen Stempeln aus minderwertigem Metall gehämmert wurden. Die frühesten, sicher identifizierten Stücke tragen das *Hijra*-Jahr 1197 (= 1782), die letzten stammen aus dem Jahr vor der Eroberung der Stadt durch die Truppen Menileks II. (1887). Kurz davor hatte die ägyptische Besatzung (1875–1885) modernes Münzgeld nach Harar gebracht, auch indische Rupien waren bekannt. Im Jahre 1892 wurden in Harar Menileks erste Kleinsilbermünzen hergestellt, in Maschinenprägung und im ägyptischen Piaster-Standard ($^1/_{20}$ Taler). Dieser Kaiser hatte 1889 im Vertrag von Wechale eine Münzunion mit Italien vereinbart, die eine Talerprägung vorsah, die wechselseitig im Umlauf sein sollte. So waren die in Rom zwischen 1890 und 1896 für die Kolonie Eritrea produzierten *Talleri* und deren Teilstücke auch für Äthiopien gedacht. Menelik entschloss sich jedoch bei seiner Vertragsaufkündigung im Februar 1893 zur Einführung eines Systems nach der ägyptischen Werteskala und ließ die in Bild und Aufschrift national gestalteten Münzen in Paris prägen (1894–1928). Obwohl deren Wert dem des Maria-Theresien-Talers entsprach, konnte dieser durch die neue Großsilbermünze (*Birr*) nicht verdrängt werden. Nur die Teilungsmünzen (nämlich *Alad* = 1/2, *Rub* = ¼, *Tamun* = $^1/_8$ und *Gersh* = $^1/_{20}$, später $^1/_{16}$) kamen auf den städtischen Märkten zum Einsatz, während die Centime (*Matonya*), weil aus Kupfer und daher ohne Metallwert, kaum Anklang fand.

20. Jh. Aus Geldern der italienischen Kriegsentschädigung von 1897 ließ Menilek II. im Jahre 1904 im *Gebbi* durch eine Wiener Firma eine eigene Münzstätte errichten, damals die einzige auf dem afrikanischen Kontinent. Die hier eingesetzten Prägestempel, welche sich von den Pariser Modellen nur in Details unterschieden, kamen ebenfalls aus Wien. In Addis Abeba wurden mit längeren – durch technische Probleme bedingten – Unterbrechungen bis 1936 Münzen geprägt, in geringer Zahl auch repräsentative Goldstücke, und zwar mit Vorderseiten von Menilek II., Zawditu und Hayla Sellase.

Äthiopische Münzen (Originalgröße)

1 Aksumitische Goldmünze des Königs Ezana (heidnisch); **2** Aksumitische Silbermünze (partiell vergoldet), anonym (um 400); **3** Aksumitische Kupfermünze des Königs Htz (Hethasas, ca. 610/620); **4** *Mahallaq* des Emirs Muhammad ibn Ali von Harar AH 1279 (1862/1863), Messing; **5** Menilek II., Vierteltaler (*Rub*), geprägt in Addis Abeba nach 1904; **6** Hayla Sellase, *Warq* (1930/1936); **7** Hayla Sellase, 25 *Santime* (1944–1975), © Wolfgang Hahn

Eine im Jahre 1931 (im Zuge der Weltwirtschaftskrise) durchgeführte Münzreform ersetzte die silbernen Taler-Teilstücke durch solche aus Nickel, d.h. ohne „inneren Wert". Dazu kamen Banknoten der (bereits 1905 gegründeten) Staatsbank für die höheren Nominalstufen (2 bis 500 Taler). Das italienische Regime von 1936–1941 schloss die Münzstätte von Addis Ababa und versuchte – mit geringem Erfolg –, die Taler durch Kreditgeld, d.h. Geld mit gesetzlich (ohne Bezug auf den Metallwert) festgesetztem Kurs, in Gestalt von italienischen Münzen und speziellen Banknoten zu ersetzen. Erst nach der Rückkehr Hayla Sellases gelang 1944 mit amerikanischer Finanzhilfe eine Währungsreform, dies auf der Basis eines (zur Verrechnung in Gold normierten) Papierdollars bei endgültiger Aufhebung des Maria-Theresien-Talers als Zahlungsmittel (1945/1947). Seither wurde die Prägung der Münzen für den normalen Geldverkehr an verschiedene fremde Münzstätten in Auftrag gegeben. Silberne und goldene Gedenkprägungen, die unter Hayla Sellase und auch nach der Revolution ausgegeben wurden, sind trotz der darauf angegebenen (fiktiven) Nominalwerte devisenbringende Sammleranfertigungen.

Literatur: STUART MUNRO-HAY, BENT JUEL-JENSEN, *Aksumite Coinage*, London 1995; WOLFGANG HAHN, *Numismatische Betrachtungen zur Geschichte von Akßum*, Wien 2015; DENNIS GILL, *The Coinage of Ethiopia, Eritrea and Italian Somaliland*, New York 1991.

Wolfgang Hahn, Universität Wien

Kleidung

Textil versus Tierhäute. Lange Zeit bestimmte die Verfügbarkeit von Leder, Häuten, Baumwolle, auch von Wolle in einigen Hochlandregionen, das Material für die Bekleidung der Äthiopier. Importierte Seide dagegen war Hof und Adel vorbehalten. Vor dem 12. oder 13. Jh. gibt es weder Anzeichen für einen weit verbreiteten Anbau von Baumwolle noch für das Weben von Textilien, was überwiegend der Oberschicht vorbehalten war. Das Volk deckte seinen Bedarf in erster Linie durch die Verwendung von Leder und Häuten. Es gibt gute Gründe anzunehmen, dass im ersten Jahrtausend feines Leder auch in den oberen Gesellschaftsschichten getragen wurde. Mehr als 800 Jahre später schreibt Pater Manoel de Almeida, dass „die ärmsten (Frauen) keine anderen Kleidungsstücke haben als gegerbte Ochsenhäute", wobei viele Hochlandbewohner mit bloßem Oberkörper gingen und nur ein Schaffell trugen. Unter den Gujji, die keine einheimischen Weber kennen, trugen die Frauen noch im späten 20. Jh. das traditionelle Lederkleid. Das trifft generell auch auf die ärmeren Landesteile zu. Im Laufe der Jahrhunderte allerdings traten Textilien an die Stelle von Leder und Häuten.

Baumwolle. Hier ist der Einfluss Arabiens und des Indischen Ozeans zu beobachten. Baumwolle wurde bis vor kurzem nur auf einem Trittwebstuhl mit Gewichten gewebt. Dieser ist in seiner Besonderheit außerhalb Äthiopiens in Afrika unbekannt, war hingegen in Arabien und auf dem indischen Subkontinent gebräuchlich und kam sehr wahrscheinlich mit der Einführung von Baumwolle ins Land. Wann dies geschah, ist unbekannt, aber im späten 13. Jh. berichtete Marco Polo davon, dass in Äthiopien guter Baumwollstoff hergestellt wird.

Der amharische Begriff *Shamma* für den Stoff könnte sich vom persischen *Jamah* herleiten (daher auch das englische „Pyjama" oder Beinkleid). *Shamma kuta* dürfte verwandt sein entweder mit dem arabischen *Qita*, „Kleidungsstück" oder *Qutn*, „Baumwolle", und *Shamma gabi* mit arabisch *Jubbah*, einem weiten Gewand. Die Hochlandäthiopier verwenden den Begriff *Shamma* für Stoff und Kleidung: er bezeichnet sowohl eine Länge Stoffbahn, wie sie vom Webstuhl kommt, als auch das daraus gefertigte traditionelle Kleidungsstück, das einem Schal ähnelt. Es gibt viele *Shamma*-Typen, die alle durch individuelle Abwandlungen je nach Aussehen unterschieden werden. Weitere Begriffe für Gewänder weisen ebenfalls die Verbindung zu Arabien nach. Das übliche Frauengewand, *Qamis*, entspricht genau dem Arabischen (*Qamis*) und bedeutet „Bluse" oder „Hemd" (lateinisch *camisia*, italienisch *Camicia*, französisch *Chemise*). Ein seidenes *Qamis* wird *Qeftan* (arabisch *Quftan*) genannt. Ein anderes Wort für *Qamis* ist *Qas* (arabisch *Qassa*, ein Stück weißer Baumwolle). Das Gewand aus importierter Seide, das die Muslime der Harar-Region tragen und das *Atlas* genannt wird, könnte vom arabischen Lehnwort *Taylas* abgeleitet sein, das ein orientalisches Gewand aus Atlasseide bezeichnet. Das amharische *Maqannat*, eine Schärpe, ähnelt dem arabischen *Miqna*, was „Kopftuch" oder „Schleier" bedeutet. *Shash* ist im Amharischen eine Kopfbedeckung aus Musselin, während *Shash* manchmal den Turban im Arabischen meint. *Shash chera*, im Arabischen *Al-sayra*, ist aus feiner Seide und wird überwiegend von der Priesterschaft benutzt. Der wollene Hochland-Umhang mit Kapuze, genannt *Barnos*, entspricht genau dem Arabischen, sowohl als Bezeichnung als auch als Kleidungsstück. Die Bewohner der Region von Dokko im Gamu-Hochland weben *Fota* (arabisch *Futa*), ein kariertes Wickelhemd. Die Annahme liegt also nahe, dass die Namen dieser verschiedenen Stoffe und Bekleidungsstücke in den äthiopischen Wortschatz eindrangen, als diese durch arabische Händler aus Arabien, Persien oder Indien an die ostafrikanische Küste gebracht wurden.

Noch um 1900 sind große Mengen des *Shamma*-Stoffes nach Äthiopien importiert worden, nicht nur aus Indien, sondern auch aus Amerika, England und Frankreich. Kurz danach führte jedoch die Verfügbarkeit von billig importiertem Spinngarn zu einem Importrückgang und einem damit verbundenen Anstieg der lokalen Produktion. Es kann gut sein, dass sich die Weberei außerhalb der Marktorte des Hochlands und der Gebiete mit Baumwollerzeugung erst im Laufe des 20. Jh. ausbreitete.

Typen, Verwendung und Bezeichnungen der *Shamma*. Gewebt auf dem Trittwebstuhl, bezeichnet *Shamma* ein Baumwollgewebe von unterschiedlicher Qualität und ebenso eine breite Palette von Artikeln aus Baumwolle. Eines davon ist das traditionelle Wickelgewand, das von Männern, Frauen und Kindern aller Gesellschaftsschichten getragen wird. Jenes mit dem geringsten Gewicht ist das am meisten gefragte: Eine einzelne Lage von weißem Baumwoll-Musselin hat an beiden Enden einen farbenfrohen, gemusterten Brokatstreifen von unterschiedlicher Breite. Dieser Typ wird als Zeichen von Eleganz und Wohlstand getragen. Frauen tragen es über einem Kleid desselben Materials. Heute wird

Shawa-Frau, *Masqal* feiernd, © Christian Sefrin

der feinste *Shamma*-Musselin oft von Männern der Dorze in Addis Abeba gewebt. Diesen sehr beliebten Stoff bringen die Händler auf die großen Märkte im Lande, wobei der in der Hauptstadt bevorzugte modische Stil die regionale Kleidung verdrängt.

Eine eher praktische, schmucklose *Shamma* aus deutlich dickerer und schwererer Baumwolle (*Gabi*) wird ohne Verzierung gewebt; sie ist schon im 16. Jh. nachgewiesen. Die Länge variiert bei etwa 2–3m oder etwas mehr, die Breite beträgt 120–180cm. Der *Gabi* ist doppelt so dick wie normaler *Shamma*-Stoff. Man erhält die erforderliche Breite, indem man vier Stoffbahnen (Webstuhlbreiten) an den Webkanten zusammennäht und mittig aufklappt.

Die *Shamma* dient einer Vielzahl von Schutzfunktionen für den Körper. Sie ist Oberbekleidung für den Tag und Bettzeug für die Nacht, hierfür gerollt oder als Decke oder Laken benutzt. Wenn eine Frau auf einen Esel steigt, ist es nicht unüblich, dass ihre Familie oder Begleitung aus Gründen der Schicklichkeit das große Rechteck aus Stoff über sie und das Tier spannt. Bei der Taufe von Erwachsenen warten die Täuflinge, Männer wie Frauen, auf das heilige Wasser; sie hocken unbekleidet hinter *Shamma*-Vorhängen, die von ihren Paten oder Patinnen hochgehalten werden. Kleinkinder werden von ihrer Mutter in diesem Kleidungsstück auf dem Rücken getragen. Nach dem Empfang der Eucharistie in der Kommunion halten die Gläubigen ihre mit der *Shamma* bedeckte Hand vor den Mund. Die weiße Farbe des Materials kann als Zeichen für Reinheit oder als Ausdrucksmittel der Läuterung gedeutet werden. Die schwere Baumwolldecke, *Buluko shamma*, war einst als jährliche Abgabe von Pächtern für ein 23ha großes Landstück bekannt, welche „Spinners Land" genannt wurde.

Die Art, wie jemand die *Shamma* trägt, gibt Auskunft über die Gemütsverfassung oder den Rang ihres Trägers. Wenn sie um den Oberkörper geschlungen und über die Schultern gelegt ist, symbolisiert dies eine offene, optimistische Haltung, aber wenn ein Ende nach unten hängt und das andere über die entgegengesetzte Schulter geworfen ist, weist dies auf Traurigkeit hin. Um sich gegen *Buda*,

Traditionelle Kleidung, Südäthiopien, © Martina Drewes

eine durch den „bösen Blick" hervorgerufene Krankheit, zu schützen, bedeckt man seinen Mund mit dem Saum der *Shamma*. Als zusätzlichen Schutz oder als Ausdruck von Stolz kann der Saum noch höher gehoben werden und die Nase bedecken. Auf der anderen Seite wird Bescheidenheit oder Dienstbereitschaft angedeutet, wenn die *Shamma* nicht um den Oberkörper geschlungen ist und dieser nackt bleibt. In oder nahe einer Kirche oder in Gegenwart einer Respektsperson wird erwartet, dass man die Aufschläge des Gewandes kreuzförmig über die Brust drapiert und das Haupt unbedeckt lässt. Diese Kleidersprache, die noch zahlreiche weitere Formen hat, entwickelte sich wahrscheinlich deshalb, weil die *Shamma* das alltägliche Kleidungsstück von jedermann und für jede Gelegenheit war. Nur die sehr Vermögenden konnten ihren Gemütszustand, ihr Auftreten und ihren sozialen Rang durch unterschiedliche Bekleidungsmaterialien, wie z.B. Seide, zum Ausdruck bringen.

Hemden, Unterkleidung, Gewänder, Blusen und Schärpen. Unter der *Shamma* tragen Männer üblicherweise nur ein Hemd und Kniehosen, Kleriker und die Oberschichten knöchellange Hosen. Frauen sind mit einem *Qamis* genannten Gewand gekleidet, das gerade geschnitten ist und aus zwei Stücken *Shamma*-Stoff besteht, wobei die Zweilagigkeit dadurch entsteht, dass eine Hälfte der Länge nach hinten zurückgefaltet wird und sodann nochmals gefaltet die Form des Vorder- und Rückenteils des Kleides bildet, beide von doppelter Stärke. Die Teile werden entlang der Säume zusammengenäht, so dass eine Mittelnaht auf beiden Seiten entsteht. Ein kleiner Abschnitt auf der Vorderseite bleibt in der Mitte ohne Naht, und darüber wird für den Hals ein halbmondförmiger Ausschnitt durch den Saum gemacht. Beim Zusammennähen der Seiten werden oben für die Arme zwei 20 cm große Öffnungen frei gelassen, die als „Ärmel" über die Schultern zu ziehen sind, um die Bewegungsfreiheit bei der Arbeit zu schaffen. Die üppige Weite des *Qamis*-Gewandes wird in der Taille gerafft und von einer langen Schärpe (*Maqannat*) verdeckt, in die heute immer ein farbenfrohes 3,5 cm breites Band an beiden Enden eingearbeitet ist. Eine andere Schärpe, die von verheirateten Frauen getragen wird, heißt *Denqo*.

Es gibt eine Anzahl von Varianten der Grundform des *Qamis*. Bei einer üblichen Form sind Ärmel angefügt, was anscheinend von der arabischen Version des koptischen Hemdes abgeleitet ist. In diesem Fall wird eines der beiden *Shamma*-Stücke in der Mitte entzweigeschnitten, die eine Hälfte wird nochmals geteilt, der Länge nach gefaltet und an den Rändern zu zwei Ärmeln genäht. Die verbleibende Hälfte faltet man auch der Länge nach und legt sie dann zur vierfachen Stärke zusammen, je zwei für die Vorder- und die Rückseite des Gewandes. Die langen Ränder sind mit den entsprechenden Rändern des anderen *Shamma*-Stückes zusammengenäht, so dass vorne und hinten eine Naht außerhalb der Mitte entsteht und die Breite nur Dreiviertel der Grundform des *Qamis* ausmacht. Ein 25 cm langer Längsschnitt auf der Vorderseite bleibt als Öffnung für den Hals. Das typische *Qamis* dieser Art aus der Gondar-Region bestickt man an den Aufschlägen und in der Mitte der Vorderseite vom Hals bis zum unteren Saum, mit einem Kreuz am Ende. Das gleiche Kreuz befindet sich unter dem hinteren Halsausschnitt, und zwar mindestens 15 cm tiefer.

In der Vergangenheit hatte die Oberschicht eine große Vorliebe für seidene Gewänder aus importiertem Stoff, deren Gebrauch spätestens ab dem 16. Jh. durch Kleiderordnungen geregelt war. Seide wurde von Gesandten als unerlässliches Geschenk an den Hof gebracht und aus Arabien, China, Ägypten, Indien und dem Jemen importiert, wie dies häufig vom

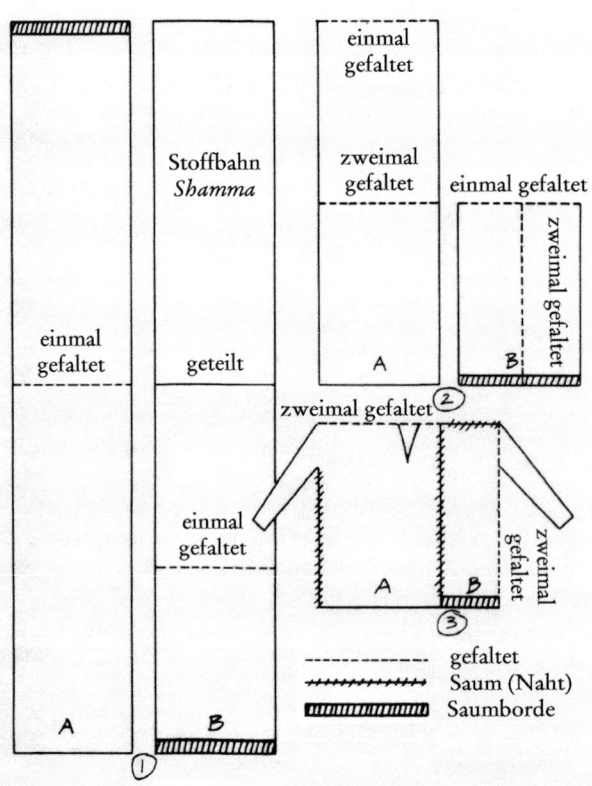

Anfertigung eines *Qamis* mit angesetzten Ärmeln, © Luisa Sernicola

16. Jh. an in den Berichten ausländischer Reisender zu lesen ist. Der Hof bevorzugte Gewänder im „türkischen Stil", aber über Samt und Seide im „äthiopischen Stil" wurde auch berichtet. Damals wie heute gibt das seidene Halsband, *Matab*, oftmals mit einer Kette aus Edelmetall verflochten, den Träger als Christen zu erkennen.

Literatur: MICHAEL GERVERS, „Clothing", *EAE* I, 757–76; MICHAEL GERVERS, „*Shamma*, Gabi, and Kamis", *Rotunda*, 16 (1983), 38–44.

Michael Gervers, Toronto

Küche

Wie überall auf der Welt ist das, was für charakteristische „Nationalgerichte" gehalten wird (wie chinesische, italienische, französische, deutsche u.a.), in Wirklichkeit eine Kombination verschiedener regionaler Küchen, die sich über die Zeit herausgebildet haben und stark durch Handelsverbindungen und Importe beeinflusst wurden. Historisch gesehen, wechselt der Speiseplan der Äthiopier abhängig von Klima, Geografie, von der Region, und ebenso von der Volkszugehörigkeit, der Religion und den Möglichkeiten der Nahrungsbeschaffung (Ackerbau, Viehzucht, Jagd). Als der Einflussbereich des neuäthiopischen Reiches im Verlaufe des 19. und insbesondere des 20. Jh. größer wurde, gerieten allerdings auch Elemente aus unterschiedlichen ethnischen oder regionalen Ernährungsformen in den äthiopischen Speiseplan. In jüngerer Zeit wurde ihre Küche, vor allem in städtischen Regionen, durch importierte Produkte ergänzt.

Brot. Das bekannteste äthiopische Nahrungsmittel ist ein leicht säuerliches Fladenbrot, *Enjara* (Amharisch) oder *Tayta* (Tigrinnya). Im Idealfall wird es aus *Tef* hergestellt, aber auch andere Getreidesorten, besonders Sorghumhirse, finden Verwendung. *Enjara* wird in einer Pfanne über offenem Feuer zubereitet und auf einer Speiseplatte oder einem (geflochtenen) Korbtisch (*Masob*) serviert. Dieses Brot verwendet man dazu, einen Eintopf (*Wat*) damit aufzutunken. Gegessen wird mit der rechten Hand, mit der man kleine Stücke des *Enjara* abreißt, zwischen den Fingern hält und damit die Soße herausschöpft und zum Mund führt. Gewöhnlich sitzen Freunde und noch häufiger Verwandte um eine einzige, große Servierplatte und essen gemeinsam. Ein besonderes Zeichen der Zuneigung wird mit *Gursha* zum Ausdruck gebracht; dabei pflegen Paare oder andere Vertraute einander mit herausgeschöpften Bissen gegenseitig zu füttern.

Angesichts seines Kultstatus ist es nicht verwunderlich, dass *Enjara* auch als Metapher für Lohn gebraucht wird (s. das deutsche „Lohn und Brot"). So ist ein Arbeitsuchender einer, „der *Enjara* sucht". Das ist ein Beispiel von vielen, bei denen die Auswahl, die Vorbereitung und der Verzehr von Speisen eine tiefe soziale und symbolische Bedeutung gewinnen.

Obwohl *Enjara* als das typisch äthiopische Grundnahrungsmittel angesehen wird, werden landesweit auch andere Formen von Brot gegessen. *Dabbo* ist ein dickes, festes Ofenbrot aus Weizen, das man üblicherweise in quadratischen Stücken nach Feierlichkeiten, z.B. religiösen Festen, anbietet. Im Gegensatz zu *Enjara* wird es neben dem Eintopf und anderen Speisen serviert, nicht als „Unterlage" dazu. In den südlichen und südwestlichen Hochlandregionen konzentrieren sich die meisten Speisen um *Qocho*, ein dichtes, gummiartiges Brot, das aus der fermentierten Pflanzenstärke der *Ensat* („falsche Banane"-Wurzel) gemacht und mit Getreide oder Fleischgerichten gegessen wird.

Wat **und Eintopf.** Wie *Enjara* das spezifische äthiopische Brot ist, ist seine klassische Begleitspeise ein stark gewürzter Eintopf (*Wat*), der mit Huhn (*Doro wat*), Lamm-

Vorbereitung von *Ensat*-Blättern für das *Qocho*-Brot, © Martina Drewes

oder Rindfleisch zubereitet sein kann, oder – insbesondere während der Fastenzeiten – aus Gemüse, Linsen, Erbsen, Kichererbsen u.a. besteht. Andere Beilagen für *Enjara* sind *Gomen* (verschiedene Kohlsorten) und *Tebs* (leicht geröstetes Fleisch).

Bohnen und Hülsenfrüchte, darunter Linsen und Kichererbsen, nehmen einen herausragenden Platz in der äthiopischen Küche ein. In den Monaten Maskaram und Teqemt (September–Oktober) werden sie roh, frisch vom Feld gegessen, und im restlichen Jahr dienen sie als Eintopfbasis. Sie sind ein wesentlicher Bestandteil jeder Mahlzeit, als Hauptgericht oder als Beilage. Während der langen Fastenzeiten, wie z.B. *Lent* (vor Ostern), bilden sie das Grundnahrungsmittel (*Shiro*). Bohnen und Getreidekörner können geröstet oder auch gekocht werden und geröstet als Imbiss dienen. Zwiebel und Knoblauch sind die wichtigsten Küchenpflanzen, wobei auch Tomaten und Kartoffeln (beide aus der Neuen Welt eingeführt) heutzutage überall verbreitet sind.

Gewürze. In Anbetracht der günstigen Lage am Roten Meer und den Handelsrouten nach Indien überrascht es nicht, dass Gewürze von alters her eine maßgebliche Rolle bei der Zubereitung und Konservierung von Nahrungsmitteln spielten. Das mit Abstand am meisten charakteristische und populäre Gewürz der äthiopischen Küche ist das *Barbare*-Pulver, dessen Hauptbestandteil roter Pfeffer ist (da Chili-Pfeffer ein Produkt der Neuen Welt ist und zu den seit Kolumbus ausgetauschten Pflanzen gehört, konnte es in Äthiopien nicht vor dem 16. Jh. verwendet werden). Der Pfeffer wird gemischt mit Knoblauch, Ingwer, *Bassobella* (Basilikumarten), *Korarima* (äthiopischer Kardamom), Weinraute (in Äthiopien *Tena Adam* = „Adam's Gesundheit"), *Ajwain* (Bischofskraut), *Nigella* (Schwarzkümmel) und Bockshornklee. *Barbare* ist besonders im nördlichen Hochland beliebt, wo es bei der Zubereitung verschiedener Arten von rotem (*Qayy*) *Wat* nicht fehlen darf; ebenso für einen scharfen Aufstrich (*Awaze*), auch für *Shiro* (eine scharfe Soße, die aus Öl, Zwiebel und Kichererbsen- oder Linsenmehl hergestellt wird) braucht man *Barbare*. Ein weiteres, viel verwendetes Gewürzpulver ist *Mitmitta*, das aus einer anderen Art von Chili-Pfeffer, Kardamom, Gewürznelken und Salz gemischt wird.

Fleisch. Nach mancher äthiopischen Tradition ist es üblich, fleischlose Gerichte zu essen. Tatsächlich beschränken sich Christen während eines Großteils des Jahres auf eine Art „Fastenessen", auf vegane Kost. Das hebt die Anlässe, bei denen Fleisch beim Essen die Hauptrolle spielt, umso deutlicher hervor. Dazu gehören christliche und muslimische Feste, Initiations- und andere Riten des Lebenslaufs, sowie die Besuche wichtiger Gäste. Häufig wird im Hochland ein Lammeintopf zubereitet, während Ziegenfleisch im Tiefland gebräuchlicher ist. Das Schlachten einer Kuh oder eines Ochsen hat Bedeutung in der nächsten Nachbarschaft, wobei das Fleisch in gleiche Teile portioniert und über eine Art Auslosung an die Nachbarn gegeben wird. Bei einigen nilotisch sprechenden Gruppen werden Ochsen rituell geopfert und nach einem bestimmten Schlüssel aufgeteilt, der die einzelnen Teile des Tieres nach festgesetzten Regeln den verschiedenen sozialen Gruppen – den Priestern, den Ältesten, den angeheirateten Verwandten – zuweist.

Ein häufig erwähntes Element der äthiopischen Kost ist der Verzehr von rohem Fleisch. In einigen Fällen, wie beim *Berendo*, handelt es sich um in Streifen geschnittenes Fleisch. *Ketfo*, ein leicht in Butter geschwenktes Hackfleisch, das mit Gemüse oder Salat und hausgemachtem Käse serviert wird, ist ein Beispiel für eine bei den Gurage heimische Speise, die einen festen Platz in der nationalen Speisekarte eingenommen hat.

Huhn, obwohl relativ kostengünstig und leicht zu haben, wird eher bei speziellen Gelegenheiten – wie der Bewirtung eines Gastes – geboten. Als übliches Gericht gehört es aber nicht zum alltäglichen Speiseplan. Geflügel wird auch an großen Festtagen gegessen, etwa bei besonderen Festen im Lebenszyklus. Wenn man einem Gast Huhn serviert, wird damit deutlich eine intensive Beziehung des Gastgebers unterstrichen.

Religion. Traditionellerweise wurden in Äthiopien viele Essentabus aus religiösen, ethnischen Gründen oder wegen des Geschlechts beachtet. So ist z.B. bei Christen, Muslimen und Juden die Enthaltung von Schweinefleisch weit verbreitet. Viele Kuschiten essen keinen Fisch. Sowohl Christen als auch Juden enthalten sich auch von „Fisch“, der weder Flossen noch Schuppen hat, begründet mit einem biblischen Verbot. Wenn Angehörige unterschiedlicher religiöser Gruppen gemeinsam an einer Feier teilnehmen, essen sie nicht Fleisch von demselben Tier, da es verschiedene religiöse Vorschriften gibt, die das rituelle Schlachten regeln. Muslime z.B. nehmen nur *Hallal*-Fleisch zu sich. Feiern Nachbarn verschiedener Religionen zusammen, geben die Gastgeber in der Regel ihren Gästen ein Tier, das diese selbst schlachten können.

Getränke. Getränke werden normalerweise nicht zur Mahlzeit gereicht; anders der Kaffee (s. „Kaffee“). Milch, Tee und in jüngerer Zeit auch Limonaden sind die wichtigsten nichtalkoholischen Getränke. *Tajj* (auch als *Boke* oder *Daadhii* bekannt) ist eine weit verbreitete Art von Honigwein. Das *Talla*-Bier wird aus Gerste, Mais, Weizen, Sorghumhirse oder einer Mischung davon hergestellt und muss am selben Tag getrunken weerden. Für gewöhnlich erzeugen und verkaufen Frauen die nicht importierten alkoholischen Getränke.

Literatur: James C. McCann, „Stirring the National Stew: Food and National Identity in Ethiopia“, in James C. McCann, *Stirring the Pot: A History of African Cuisine*, Athens, OH, 2009, 63–106; Abbebe Kifleyesus, „Food“, *EAE* II, 560–565.

Steven Kaplan, The Hebrew University of Jerusalem

Kaffee

Ein ganz besonderes Symbol der heutigen nationalen Kultur und Wirtschaft Äthiopiens ist der Kaffee. Die Sorten werden nach ihrer geografischen Herkunft aus Harar, Bale, Sidamo und anderen Gegenden benannt und von Kaffeeliebhabern in aller Welt geschätzt. Der rituelle Ablauf der äthiopischen Kaffeezeremonie ist heute Teil des typisch äthiopischen Lebensstils und wird auf Postkarten angepriesen und in Restaurants inszeniert. Diese Klischees sagen etwas aus über die Bedeutung des Kaffees für die Äthiopier, doch ist die Geschichte dieses Genussmittels über die Grenzen seines Ursprungslandes hinaus zu betrachten.

Nachweise und Legenden über die Anfänge. Die Varianten des Wortes Kaffee in den europäischen Sprachen sind etymologisch vom türkischen *Kahve* abzuleiten, einem Lehnwort aus dem arabischen *Qahwa*.

Die oftmals bemühte Ableitung vom südäthiopischen Land Kafa ist eine spätere Konstruktion bzw. Begriffsverwirrung, die zuerst von dem schottischen Entdeckungsreisenden James Bruce aufgebracht wurde – zunächst als Vermutung formuliert, die später zur „Tatsache" wurde. Während *Qahwa* das Getränk bezeichnet, hat das Arabische für die grüne Bohne, d.h. den Fruchtkern, ein anderes Wort, nämlich *Bunn*. Dieses findet sich in unterschiedlichen Formen auch im Äthiopischen (Amharisch *Bunna*, Oromiffaa *Buna*, Kafa *Buno*), während das Wort „Kaffa" in der Geschichte des Kaffees keine Rolle spielte.

Abgesehen von diesen linguistischen Nebenbemerkungen wird die Tatsache, dass Kaffee von den äthiopischen Völkern schon lange vor seiner weltweiten Kommerzialisierung genutzt wurde, durch die vielen verschiedenen Zubereitungsarten in den einzelnen Regionen des Landes erhärtet: als Buttercreme vermischt mit zerstoßenen (reifen oder gerösteten) Beeren, als Aufguss der Blätter, Rinden oder Zweige des Kaffee-Strauchs in Milch; oder es werden ganze Beeren in Butter gekocht. Letztere Zubereitung ist bei den Oromo ein Ritual, das *Buna qalaa* genannt wird, was „Kaffee-Opfer" bedeutet, weil die Beeren mit den Zähnen eingeschnitten werden (wie ein Ochse mit einem Messer geschlachtet wird), bevor sie in geschmolzener Butter gedünstet und in einem großen Tontopf serviert werden, um gemeinsam bei Zeremonien in Gemeinschaft gegessen zu werden.

Die Oromovölker haben alle Aspekte des Kaffees, vom Anbau bis zum Verzehr, mit einem reichhaltigen Fundus von Symbolen versehen. Gemäß einer alten Geschichte, die in ihrer Überlieferung bewahrt wird, wurde die Pflanze ursprünglich aus den Tränen von Waaqa (dem Himmelsgott) auf den Leichnam eines Mannes namens Buno gepflanzt, der, zum Tode verurteilt, versuchte, seinem Schicksal durch Flucht ins Hochland zu entgehen, aber dort sein Grab bereits ausgehoben vorfand und tot hineinfiel. Diese Geschichte könnte ein historisches Kräftespiel von Konfliktlösung und Kulturaustausch widerspiegeln, nämlich zwischen den Völkern des Regenwaldes, wo der Kaffee ursprünglich angebaut wurde, und den viehhütenden Oromo, die aus den Trockengebieten wegzogen und im Hochland siedelten. Diese Erzählung macht auch deutlich, dass die historischen Wurzeln des Kaffees eher im interkulturellen Austausch auf einer subregionalen Ebene zu suchen als einer bestimmten ethnischen Gruppe zuzuordnen sind.

Außerhalb der äthiopischen Tradition wurde die bekannteste Legende zu den Ursprüngen des Kaffees 1671 zuerst von dem christlich-libanesischen Autor Faustus Nairon veröffentlicht. Sie erzählt von einem Hirten im Jemen, dem auffiel, dass seine Ziegen (oder Kamele) während der Nacht außergewöhnlich unruhig waren. Er berichtete dies dem Abt eines nahegelegenen Klosters (was dem *Shaykh* eines islamischen Sufi-Heiligtums in anderen Geschichten entspricht), und dieser fand heraus, dass die Erregung der Ziegen durch die roten Beeren eines immergrünen Strauches verursacht worden war. Als dieser selbst die Beeren kochte, entdeckte er, dass der Sud eine stimulierende Wirkung hatte und am Schlafen hinderte. Daraufhin riet er seinen klösterlichen Mitbrüdern, diesen Trank zu nutzen, um während des Gottesdienstes wach zu bleiben. In Äthiopien sind es andere Legenden, die aber wahrscheinlich mit diesen frühen Traditionen in Verbindung stehen: sie schreiben die Entdeckung des Kaffees christlichen (oder muslimischen) Asketen zu, die abgeschieden in der Wildnis lebten und das Zeichen Gottes erhielten, dass sie die Kaffeebeeren rösten und kochen sollten, um während ihrer mystischen Übungen den Hunger zu ertragen.

Entwicklung zu einem weltweiten Getränk. Auch wenn der gute Geschmack des Kaffees und seine stimulierende Wirkung ursprünglich eine Erfahrung äthiopischer Völker gewesen ist, wurde das Kaffeeprodukt vom frühen 17. Jh. an vom Jemen aus auf den Markt gebracht und global verbreitet. (Bemerkenswerterweise wurde auch *Khat* in eben dieser Zeit von Äthiopien in den Jemen gebracht, dieses andere Stimulans, das über einen Aufguss trockener Blätter genossen wird.)

Die ersten Abhandlungen über die Geschichte des Kaffees, im 16. und 17. Jh. von arabischen und türkischen Verfassern publiziert, schrieben die „Entdeckung" des Kaffees, d.h. seine Verbreitung außerhalb Äthiopiens und die Ritualisierung seiner Zubereitung den islamischen Sufi-Netzwerken zu, die den Jemen mit Äthiopien verbanden. Die bekanntesten Persönlichkeiten dieser religiösen Verbreitung des Kaffees sind Ali ibn Umar al-Shadhili (gest. um 1420), bekannt als Stadthei-

Kaffee-Strauch, © Serge Dewel-Mouton

liger von Mokha, und Abu Bakr al Aydarus (gest.1508). Auch wenn deren tatsächliche Rolle als Förderer der Ausdehnung des Kaffees etwas unklar ist, so sind ihnen historisch bedeutsame Züge gemeinsam: beide gehörten dem Shadhiliyya-Orden an, und beide bereisten Äthiopien. Im frühen 16. Jh. verbreitete sich der Handel mit dem aus Äthiopien importierten Kaffee über die religiösen Zentren der Sufi in der Gegend des südlichen Roten Meeres und drang dann in kosmopolitisch ausgerichtete Städte vor, zuerst nach Mekka über die Pilger und dann nach Kairo durch die Studenten von al-Azhar. Zwar wollten einige mit puritanischen Reaktionen und dem Schließen von Kaffeehäusern das neue Getränk aufgrund seiner erregenden Wirkung verdammen, aber es entwickelte sich schnell zu einer Modeerscheinung und eroberte Istanbul, wo es offiziell genehmigt und zu einem wesentlichen Bestandteil der osmanischen Lebensart wurde. Die Ernten von Wildkaffee in den Ländern südlich des christlichen Äthiopien waren aber nicht ausreichend, um der steigenden Nachfrage zu genügen, und so wurden Kaffeeplantagen in großem Stil im Jemen angelegt.

Am Ende des 17. Jh., als der Kaffee Europa erobert hatte, konnte sich nur die Oberschicht diese kostspielige exotische Mode leisten. Es entstand eine gesellschaftliche und kulturelle Sitte, bei der die Philosophen der europäischen Aufklärung die Eigenschaften des Kaffees priesen und so die Kaffeehäuser populär wurden. Damit wurde das Getränk ein fester Bestandteil der heraufziehenden Globalisierung der Moderne. In allen Regionen des Mittelmeerraumes spielten die Kaffeehäuser eine anregende Rolle in der Sozial- und Geistesgeschichte, denn sie hatten Anteil am Entstehen neuer autonomer Räume in der Öffentlichkeit. Bis zum 18. Jh. war die Kaffeeerzeugung im Wesentlichen auf die Terrassengärten von Südarabien beschränkt, wo auch die von Linnaeus 1753 gegebene Bezeichnung *Arabica* herrührt. Dazu kam eine beschränkte Produktion in Äthiopien, hauptsächlich in Harar, Kafa und den Gebieten um den Tanasee. Die hohen, inflationären Preise des ausschließlich vom jemenitischen Hafen Mokha aus exportierten Kaffees veranlassten europäische Handelskompanien, dieses

Monopol zu brechen und Kaffeesetzlinge in tropischen Ländern anzupflanzen, um Plantagen in den Kolonien anzulegen. Die Niederländer waren die ersten, die den Kaffeeanbau in Java einführten. Dann verbreitete sich der Kaffee über Surinam in die Karibik und nach Brasilien. Arabica-Kaffee erfordert tropisches Klima, eine erhebliche Höhenlage, Schatten und ständige Pflege.

Später, im 19. Jh. entdeckte man die *Robusta*-Sorte (*Canephora*) in den Regenwäldern von Zentralafrika. Obwohl von geringerem Geschmack, hat diese Art einen dreifachen Vorteil: sie ist gegen Rostpilz resistent, kann in niedriger Höhenlage angebaut werden und verfügt über einen hohen Koffeingehalt, der für die Industrie wichtig ist (z.B. für die Herstellung von Erfrischungsgetränken mit Pflanzenextrakten).

Heute kann man in der modernen Gesellschaft auf Koffein nicht mehr verzichten, um vor allem im Berufsleben wach und aktiv zu bleiben. Auf globaler Ebene ist Kaffee einer der wichtigsten kommerziellen Kulturpflanzen; angeblich ist er, nach Öl, das zweithäufigste internationale Handelsgut, mit rund einer Billion (10^{12}) Tassen, die jährlich getrunken werden.

Im Jahre 2014 exportierte Äthiopien Kaffee im Wert von 350 Mio $, was 34% des Gesamtexportes ausmacht; allerdings liefert das Land damit nur 4% der Weltproduktion und liegt damit an fünfter Stelle.

Moderne Verbreitung des Kaffees in Äthiopien. Heute wird fast die Hälfte der äthiopischen Kaffeeproduktion auf dem inländischen Markt verkauft. Das ist eine Ausnahme unter den Kaffee-produzierenden Ländern, wo man den Großteil der Ernte exportiert. Die Äthiopier sind starke Kaffeetrinker. Bis ins frühe 20. Jh. war der Kaffee allerdings durch die äthiopische orthodoxe Kirche verboten und den Muslimen vorbehalten. Kaffeetrinken konnte sogar als Zeichen des Übertritts zum Islam gewertet werden. Äthiopische Christen begannen in der zweiten Hälfte des 19. Jh. Kaffee zu genießen. Zwei historische Faktoren trugen zu dieser Entwicklung bei. Zuerst begann der Anbau von Kaffee als Exportgut in Regionen südlich des historischen Staates Äthiopien, die kurz davor durch christliche Armeen unterworfen worden waren. Die Produktion wurde rasch zur Haupteinnahmequelle des Landes. Zudem benötigte die Integration muslimischer Gesellschaften in einen von Christen dominierten Staat einen Weg der Beilegung lang anhaltender Konflikte. Kaffee war für den Prozess der Aussöhnung besonders geeignet, weil Zubereitung und Verzehr eine Gemeinschaftsatmosphäre schafft und gut nachbarliche Beziehungen fördert. Die am häufigsten erzählte Überlieferung zur Übernahme des Kaffees durch die äthiopischen Christen berichtet, dass die Christen während der großen Hungersnot von 1888 bis 1892 in Nordäthiopien begannen, Kaffee zu trinken. Sie fanden, dass die Muslime besser gegen Hunger und Epidemien gewappnet waren. Für Jacques Mercier (1980) bringt diese Erzählung die Gefühlslage der Christen zum Ausdruck: „Ein großes Unglück zog sie so weit in die Tiefe, dass sie unreine Speisen wie Esel- oder Pferdefleisch aßen, bis sie sogar so weit waren, in Gesellschaft von Muslimen Kaffee zu trinken." Allerdings kann man auch eine etwas abweichende Auslegung vorschlagen: Diese schlimme Hungersnot verstand man in der Region als Fluch, als Strafe für die Exzesse der religiösen Vereinheitlichungspolitik, die Kaiser Yohannes IV. nach der Synode von Boru Meda 1878 verfolgt hatte, als er Muslime in Tauf-Kampagnen zur Konversion zwang. Als sich später eine friedlichere Situation der Koexistenz eingestellt hatte, wurde das gemeinsame Kaffeetrinken als Mittel der Versöhnung angenommen, um die gesellschaftlichen Bande neu zu knüpfen, die zwischen diesen beiden Gesellschaften zerstört waren. Dies lässt sich durch die Haltung Kaiser Menileks II., des Nachfolgers von Yohannes IV., bestätigen, der ein leidenschaftlicher Förderer des Kaffees war. Er bekundete seine Vorliebe für das Getränk offen bei Hofe, wo er es zu kaiserlichen Banketten servieren ließ und die hochrangigen Amtsträger sowie den Klerus nötigte, es ihm gleichzutun. Der Kaiser ermutigte seine christlichen Untertanen, Kaffee zu trinken und damit aufzuhören, es heimlich zu tun. Er engagierte sich bei der Überwindung religiöser Differenzen, um die gemeinsame politische Identität zu stärken, die auf Modernität und internationalen Handel ausgerichtet war.

Die Kaffeezeremonie. Das typisch Äthiopische am Kaffee ist das Ergebnis eines langen und komplexen Prozesses, bei dem religiöse Verflechtungen, interreligiöse Belange, internationale Handelskreise, politische Strategien und kulturelle Anpassungen eine Rolle spielten. Heute wird das Ritual der Kaffeezubereitung als prägender Bestandteil der äthiopischen Lebensart propagiert und ist zwischen den religiösen Gemeinschaften weit verbreitet.

Die Zeremonie besteht aus drei Hauptteilen:

1. Die Vorbereitung: Kaffee kann mehrfach am Tage zubereitet werden. Die komplette Zeremonie wird an Feiertagen zelebriert oder beim Empfang von Besuchern. Frische Kräuter, im Idealfall Binsen, werden auf dem Fußboden ausgebreitet. Sie können durch einen grünen Teppich aus Plastikstroh in städtischer Umgebung ersetzt werden. Man stellt die Utensilien auf. Die henkellosen Porzellantassen stehen auf einem Serviertischchen. Einige Messerspitzen Weihrauchkörner brennen in einem tönernen Räuchergefäß. Während dieser Zeit gibt man den Gästen geröstetes Getreide oder Puffmais zum Knabbern.

2. Die Zubereitung: Nach dem Waschen der grünen Bohnen werden sie in einer eisernen Pfanne geröstet. Sind sie goldbraun, steigt ein angenehmer Geruch auf, der sich mit dem Duft

des Weihrauchs mischt. Die Pfanne schwenkt man vor den Gästen, und diese riechen den Duft, indem sie mit einer Handbewegung den Rauch an ihre Nase fächeln. Wenn die Kaffeebohnen als richtig geröstet angesehen werden, schüttet man sie zum Zerstampfen in einen Mörser. Inzwischen steht eine schmalhalsige Tonkanne (*Jabana*) auf dem Feuer, bis das Wasser kocht. Das Kaffeepulver kommt in die Kanne und wird einige Minuten lang gekocht. Der Kaffee ist zum Servieren fertig. Das letzte Stadium der Zubereitung ist das des Würzens mit verschiedenen Arten von Zutaten: Möglich sind Salz, Zucker, Honig, Butter, Pfeffer, Raute (in Form von Blättern oder Samenkörnern), Kardamom, Ingwer, Zimt oder Nelken. Am häufigsten wird Zucker benutzt, den die Lebensmittelgeschäfte in kleinen Tüten aus Zeitungspapier verkaufen.

Kaffeezeremonie, © Maija Priess

3. Der dreimalige Service: Die erste Tasse erhält der Haushaltsvorstand oder der Ehrengast (üblicherweise der am meisten respektierte Mann), danach die Anwesenden in mehr oder weniger deutlicher Rangfolge nach dem Ansehen. Sobald die Kaffeekanne leer ist, wird sie wiederum mit Wasser gefüllt, aber ohne weitere Zugabe von Kaffee. Diese zweite Runde Kaffee ist leichter; Gäste können die zweite Tasse höflich ablehnen, und der Rest des Kaffees wird denjenigen serviert, die möglicherweise nichts von der ersten Runde erhalten haben. Ein dritter, letzter Service schließt die Zeremonie. Dieser dreimalige Service wird im Amharischen und anderen äthiopischen Sprachen mit arabischen Lehnwörtern bezeichnet: 1. *Abol* (von *Awwal* = „erster"), 2. *Tona* (von *Thanwa* = „zweiter"), 3. *Baraka* („Segenskraft"). Diese Begriffe sind Hinweise auf Verbreitungsprozesse und die Säkularisierung von islamischen Sufi-Ritualen, vermischt mit einheimischen Geistervorstellungen, die sich in dieser Zeremonie zu einem nationalen Symbol und zum Markenzeichen echter äthiopischer Kaffeekultur entwickelt haben.

Literatur: RALPH S. HATTOX, *Coffee and Cofeehouses: The Origins of a Social Beverage in the Medieval Near East*, Seattle 1988; JACQUES MERCIER, „Un mythe éthiopien d'origine du café et du khat", *Abbay*, 11 (1988), 143–180; MICHEL TUCHSCHERER, „Coffee in the Red Sea Area from the Sixteenth to the Nineteenth Century", in WILLAM GERVASE CLARENCE-SMITH, STEVEN TOPIK (Hrsg.), *The Global Coffee Economy in Africa, Asia, and Latin America, 1500–1989*, Cambridge 2003, 50–66.

Éloi Ficquet, École des hautes études en sciences sociales, Paris

Salz

Salz ist ein altes Handelsprodukt des christlichen Äthiopien und seiner direkten historischen Nachbarn. In den Quellen findet es bereits in aksumitischer Zeit Erwähnung. Salz ist nicht nur von Bedeutung wegen seiner grundlegenden Funktion für die Ernährung von Mensch und Vieh, sondern spielt auch eine zentrale Rolle in der kulturellen und ökonomischen Tradition aller Gesellschaften am Horn von Afrika. Besonders wichtig in der Geschichte der Region war Salz als regionale Währung, die weithin als universelles Tauschmittel genutzt wurde, teilweise sogar häufiger als das nur partiell akzeptierte internationale Silbergeld. In manchen Regionen, wie im östlichen Tigray, war Salz das wichtigste Handelsprodukt, das politischen Führern über die Salzsteuer zum Großteil ihrer Einnahmen verhalf. Außerdem ist Salz relevant in jenen kulturellen Traditionen, die sich auf Ernährung und Medizin beziehen. In der politischen Entwicklung stellten Salzvorkommen einen Faktor bei historischen Landansprüchen von Staaten und anderen politischen Gruppen dar und entschieden später auch mit bei der Schaffung moderner Grenzen. In soziologischer Hinsicht spielte Salz eine Rolle bei der Entwicklung bestimmter kultureller Untergruppen und traditioneller Berufsgruppen.

Die wichtigste Bezugsquelle für Salz im christlichen Äthiopien lag in der Afar-Tiefebene, insbesondere in Dallol und Arho, wo seit der Antike Steinsalz gefördert wird. Im Süden und Osten des Landes gab es weitere Stätten der Salzförderung, so bei den entlegenen Salzseen in der östlichen Afar-Wüste, von wo aus man die östlichen Regionen Äthiopiens und das Königreich Shawa belieferte, desgleichen beim Kratersee von Booqee in Boorana, von wo aus die südlichen Oromo-Regionen versorgt wurden. Durch die Schaffung moderner Salinen in Metsewa entstand in Eritrea eine Versorgungsquelle für die regionalen Salzexporteure, ähnlich wie auch in Dschibuti. Damit wurde Salz zu einem preiswerten täglichen Konsumprodukt.

Salz als Währung. Im historischen Äthiopien sowie in den südlichen Königreichen wie Jimma und Kafa setzte man bis zum frühen 20. Jh. Barren von Steinsalz (*Amole*, von einem Afar-Begriff) als Geldwährung ein. Davon berichtet bereits Cosmas Indicopleustes im 6. Jh. Größe und Form dieser Barren waren genormt; sie werden bis heute im selben traditionellen Format gehandelt. Den höchsten Wert erzielte man – bedingt durch die Transportkosten und Steuern – weit entfernt von den Fördergebieten. So entsprachen im späten 19. Jh. auf dem Markt von Anderacha in Kafa vier *Amole* einem Maria-Theresien-Taler; 1840 war ein Silberthaler in Ennarya 10–12 *Amole* wert, aber 100–110 *Amole* in Atsbi in Osttigray.

Nach der herkömmlichen Meinung von Wissenschaftlern galten Salzbarren als „Primitivgeld", im Gegensatz zum internationalen Münzgeld. Sie wurden als „geldähnlich" eingestuft, erfüllten aber, so meinte man, nicht alle Funktionen üblichen Geldes. Diese Auffassung rührte u.a. daher, dass Salzbarren weniger stabil als Metall sind und insbesondere während der Regenzeiten unbrauchbar wurden, weshalb eine Kapitalanhäufung nur sehr bedingt möglich war. Seit kurzem aber wird aufgrund der Dokumentation lokaler Praktiken darauf verwiesen, dass Salzbarren alle Kriterien üblichen Geldes erfüllten.

Noch im 20. Jh. akzeptierte man Salzbarren in weiten Regionen des Landes als Zahlungsmittel, während Silbergeld auf manchen Märkten nicht angenommen wurde. In einigen entlegenen Gegenden hielt sich Salzgeld sogar bis in die 1970er Jahre als Währung, also gut 100 Jahre, nach der massiven Einführung von Silbermünzen in den Nah- und Fernhandel Äthiopiens. Das unterstreicht, dass die Salzwährung innerhalb des lokalen Wirtschaftssystems die Voraussetzung erfüllte, um als Geld zu gelten, d.h. es war ein universelles Tauschmittel. Für den Einsatz als „Kleingeld" teilte man *Amole*-Barren auch in kleinere Währungseinheiten, womit es für differenzierte Preise einzusetzen war: ein halbes *Amole* (*Gemmash*), ein Viertel (*Kurman*, in Oromo: *Kurmana*), und niedriger bis zu 1/16. Dies entspricht alten mathematischen Teilungssystemen, wie sie in Indien (z.B. in der Währung) und Mesopotamien üblich waren, im Gegensatz zum später in Europa üblichen Dezimalsystem.

Die soziopolitische und kulturelle Bedeutung des Salzes. Arbeiter und Händler, die Salzbarren in der Afar-Tiefebene förderten und transportierten, bildeten bei den Tigray und Afar besondere Gruppen, genannt Arhotay (nach der Region Arho in Afar). Der Gouverneur von Endarta (Osttigray, mit Sitz in Kwiha) kontrollierte die Salzrouten und die hohen Steuerabgaben. Sein Titel war *Baalgada* („Herr des Salzes"). Bis heute kommt dem nahegelegenen Meqele die Rolle eines überregionalen Salzmarktes zu. Dies war auch einer der Gründe dafür, dass Yohannes IV. diesen Markt in der wenig besiedelten Gambella-Ebene in den 1880er Jahren für die Errichtung seiner Hauptstadt wählte. Die Salzarbeiter in Afar (genannt *Fanawti*) setzten sich sowohl aus Christen als auch Muslimen zusammen, während die christlichen *Arhotay* aus Tigray den Handel seit Mitte des 19. Jh. dominierten. Unter den Afar gab es eine besondere Untergruppe, genannt „Amole", die bis zum 19. Jh. in der Salzregion aktiv waren. Auch in anderen Regionen Äthiopiens kam dem Salz in den lokalen Gesellschaften eine wichtige soziopolitische Funktion zu. In Südwestäthiopien (z.B. in Beni Shangul) war der hohe Wert von Salz ein Faktor bei der Sklaverei und bei der Jagd auf Sklaven, da diese mit dem teuren Salz bezahlt wurden. Bei den Boorana im Oromo-Gebiet zog der salzhaltige Kratersee Booqee Arbeiter aus benachbarten Volksgruppen an, so einige Konso, die sich auf die Salzförderung spezialisierten und von den Boorana assimiliert wurden. Als das Gebiet der Boorana in den äthiopischen Staat einverleibt wurde, mussten die ersten Steuern mit Salz entrichtet werden. Bis heute bringt man schwarzen Salzlehm in einer kleinen Kultstätte oberhalb von Booqee dar, um einen guten Abstieg in den Kratersee zu sichern.

In traditionellen und modernen Gerichten und Getränken findet Salz vielfache Verwendung. Früher wurde Kaffee mit Salz getrunken, was als Zeichen von Wohlstand und Gastfreundschaft galt. Zucker fand dagegen relativ spät Eingang in die

Salzabbau, Danakil-Tiefebene, © Stefan Warwas

äthiopische Küche. Im Norden ist diese Tradition fast vergessen, aber im Süden noch immer weit verbreitet. In der traditionellen Medizin Nordäthiopiens nimmt rotes Steinsalz (*Ashaale*) einen festen Platz ein (es wird so genannt nach einem kleinen Gebiet nahe Arho, wo man es fördert). Bei Verdauungsproblemen, in warmem Wasser gelöst, mit rotem Honig versetzt, bewirkt es Durchfall, dem die Tradition eine reinigende Wirkung zuschreibt. Im Boorana-Gebiet, im südlichen Oromiyaa, wird als Stimulans eine Mixtur aus Soda mit Salz (aus dem Magadoo-Salzsee) und Tabak gekaut.

Salz in der Gebietspolitik. Die Versorgung mit Salz war auch relevant im Falle von Landansprüchen. Als in den 1870er Jahren Ägypten in die Grenzregionen Äthiopiens nahe der Küstengebiete sowie in die Afar-Königreiche eindrang, annektierte es u.a. die Dallol-Salzebene und errichtete dort einen ägyptischen Grenzposten (1874). Nach dem Bankrott Ägyptens übernahm der äthiopische Staat die Kontrolle über das Gebiet, das Kaiser Yohannes IV. in sein Reich eingliederte. Der Gouverneur von Endarta gebot damit auch über die Arho-Salzregion. Es scheint, dass das Interesse an den Salzgebieten auch die Expansion Äthiopiens nach Süden im 19. Jh. unter der Führung der Shawa-Herrscher mitbestimmte, da Salz im Hochland nicht vorkam.

Der Salzsee der Boorana, Booqee, der den Süden mit Salz versorgte, kam unter äthiopische Kontrolle; daneben auch Magaadoo und andere Salzseen. Der letzte See, der unter die Herrschaft der Amharen geriet, wurde wegen seines Brackwassers von diesen Chaw Baher ("Salzsee") genannt. Von europäischen Reisenden erhielt er den Namen Stephanie-See. Er war jedoch zu keiner Zeit eine nennenswerte Quelle für die Salzproduktion.

Äthiopien beanspruchte im östlichen Afar-Tiefland den bedeutenden Asal-Salzsee, eine wichtige Quelle der Salzgewinnung für die Händler Shawas. Als die Franzosen ihre Kolonie in Dschibuti errichteten, garantierte ein Grenzvertrag den Zugang Äthiopiens zum Asal-See und erkannte damit die Ansprüche der äthiopischen Hochländer an.

Literatur: Richard Pankhurst, „Amole", *EAE* I, 248–249; Wolbert Smidt, „Salt", *EAE* IV, 500–503; Wolbert Smidt, „Salz und Amolé in Tigray, Zur Geschichte und sozialen Funktion einer traditionellen Währung", *money-trend*, (2013), 166–170.

Wolbert G.C. Smidt, Mekelle, Erfurt

Khat

Khat (amharisch *Khat*, Oromo *Jimaa*, lateinisch *Catha edulis*) ist ein immergrüner Strauch, der in Äthiopien heimisch ist und als leichtes pflanzliches Aufputschmittel Verwendung findet. Sein Gebrauch geht mindestens bis ins 14. Jh. zurück, also weiter noch als der des Kaffees.

Anbau. Obwohl der *Khat*-Strauch höher wachsen kann, wird er normalerweise auf eine Höhe von 3–5 m gestutzt, um das Ernten zu erleichtern. Über Jahrhunderte war der Anbau von *Khat* auf die äthiopischen Regionen mit überwiegend muslimischer Bevölkerung, wie Yifat oder Hararghe, später auch Ostwallo und Gurage, beschränkt. Heutzutage wird es in verschiedenen Regionen des Landes als Marktprodukt angebaut. Erleichtert wurde der Handel mit *Khat* durch die moderne Infrastruktur, die man in den letzten Jahrzehnten des 20. Jh. stark ausgebaut hat. Dies führte zum Anwachsen und zur Ausdehnung des Anbaus in weiteren Regionen. Zurzeit liegen bedeutende *Khat*-produzierende Gebiete rund um Shashamane im Gebiet des Grabenbruchs, im Hochland um Harar und Galamso, sowie in der Gurage-Region und sogar bei Baher Dar.

Khat wächst auf Höhen zwischen 900 m und 2.000 m ü.d.M., wo es eine intensive Pflege, ausreichend Wasser und Dünger benötigt, um den gewünschten Ertrag zu erzielen. Unter günstigen Bedingungen kann ein Bauer mehrere Male im Jahr von einer Pflanze ernten. Dabei bricht er junge Zweige ab und entfernt die alten, lederartigen Blätter, bevor das *Khat* für den Transport zum Markt gebündelt wird. Da seine stimulierende Wirkung nach dem Ernten stetig abnimmt, muss es möglichst schnell zu den Konsumenten gebracht werden.

Handel. Es gibt drei verschiedene Typen von Märkten für *Khat*. Dazu gehören die lokalen Märkte in den einzelnen Regionen, wie beispielsweise in Wallo, wo *Khat* aus dem lokalen Anbau vor Ort verkauft wird. Normalerweise kann diese Sorte von *Khat* nicht über größere Entfernungen transportiert werden, weil sie rasch an Frische und damit ihre stimulierende Wirkung einbüßt. Der Markt in Addis Ababa ist der bedeutendste in Äthiopien. Die dauerhafteren Sorten sind *Awaday* und *Galamso* aus dem Osten, *Balache* und *Wando Gannat* aus der südlichen Region des Grabenbruchs, das Gurage-*Khat* und *Columbia* aus Baher Dar. Diese Sorten unterscheiden sich untereinander hinsichtlich der Länge und Form der Blätter, in Farbe, Geschmack und Wirkung. Da *Khat* normalerweise am Nachmittag konsumiert wird, bringen es Lastwagen jede Nacht in die Hauptstadt, so dass es die Märkte am Morgen erreicht.

Die Exporte von *Khat* spielen eine beträchtliche Rolle im Außenhandel. Ende der 1990er Jahre war es das wichtigste Exportprodukt nach Kaffee. Jetzt nimmt es mit 236 Mio. US $ pro Jahr den vierten Platz ein, nach Kaffee, Gold und Ölsaaten.

In den Städten wird *Khat* gewöhnlich in spezifischen Ladenzeilen, *Chat tara* genannt, verkauft. In Addis Ababa gibt es Geschäfte, die mit Plakaten dafür werben. Während in den *Chat tara* gefeilscht wird, kauft man das *Khat* in den Geschäften zu fixen Preisen, vorportioniert in Bündeln. In den meisten Regionen wird der Handel von Männern dominiert, aber in Ostäthiopien verkaufen fast ausschließlich Frauen *Khat*.

Exportiert wird in Nachbarländer wie Dschibuti und Somalia. Vor dem Verbot in Großbritannien und in den Niederlanden wurde *Khat* auch legal nach Europa ausgeführt.

Soziale und religiöse Bedeutung. Zum *Khat*-Kauen benötigt man Zeit. Die zarten jungen Blätter und die weichen Schösslinge werden von den Zweigen abgezwickt und gekaut, so dass sich in der Backe allmählich ein *Khat*-Brei bildet. Indem man fortwährend neue Blätter und Schösslinge hinzufügt, werden die löslichen Bestandteile mit dem Spei-

Khat-Verkäuferinnen in Awaday, Oromiyaa, © Philipp Hedemann

chel eingenommen. So dauert es einige Zeit, bis sich die gewünschte Wirkung einstellt.

Je nach Gelegenheit kann eine *Khat*-Sitzung, d.h. das gemeinsame *Khat*-Kauen, unterschiedlich lange dauern: von einer kürzeren Zeitspanne von ein bis zwei Stunden bis zu einem vollen Nachmittag oder sogar die ganze Nacht.

Gewöhnlich trinkt man dabei Wasser oder alkoholfreie Getränke, manchmal auch süßen Tee oder Kaffee, um den bitteren Geschmack des *Khat* zu mildern. Die Kaugewohnheiten können je nach den persönlichen Vorlieben und nach der *Khat*-Sorte differieren. Manche behalten den *Khat*-Brei im Mund bis zum Ende der Sitzung, während andere ihn schlucken.

Der pharmakologisch aktive Inhaltsstoff von *Khat* ist Kathinon. Die Menge an Kathinon, die ein Konsument tatsächlich zu sich nimmt, wird von mehreren Faktoren, wie der Sorte, der Menge und der Frische des *Khat* bestimmt.

Khat wird konsumiert, weil es Wohlbefinden und ein euphorisches Gefühl bewirkt. Auch Hunger und Müdigkeit werden unterdrückt. Obwohl es medizinisch gesehen keine Abhängigkeit hervorruft, können regelmäßige Konsumenten eine gewisse psychische Sucht entwickeln.

Ursprünglich war der Genuss von *Khat* auf das religiöse muslimische Umfeld beschränkt, wo es Gelehrten und Gläubigen half, während nächtlicher Textstudien oder bei religiösen Praktiken wie langen *Zikr*-Rezitationen wach zu bleiben. Im 20. Jh. dehnte sich sein Gebrauch auf andere soziale Gruppen aus, die es für verschiedene Zwecke nützen. *Khat*-Bauern sind gewohnt, es bei der täglichen Arbeit wegen seiner energiefördernden Wirkung über eine oder zwei Stunden zu kauen. Lastwagenfahrer verwenden es, um bei langen Fahrten wach und aufmerksam zu bleiben. *Khat* ist auch unter Universitätsstudenten als stimulierendes Mittel beliebt, um die Konzentrationsfähigkeit zu verstärken. Die gebräuchlichste Verwendung ist jedoch die für soziale und Erholungszwecke im städtischen Umfeld. Da *Khat* zumeist im Sitzen am Boden gekaut wird, bereitet man für die gemeinschaftliche Sitzung einen Raum mit Matratzen und Polstern vor und verbrennt etwas Weihrauch oder andere Duftstoffe.

Damit wird *Khat*-Kauen im Grunde zum Gemeinschaftserlebnis. Die Teilnehmer besprechen während des Kauens die unterschiedlichsten Angelegenheiten. Die Erholungsfunktion überwiegt bei nichtmuslimischen Konsumenten im urbanen Umfeld, in muslimischen Gemeinschaften wird *Khat* aber auch bei sozialen Anlässen wie z.B. Hochzeiten oder Trauerfeiern konsumiert.

Literatur: EZEKIEL GEBISSA, *Leaf of Allah. Khat & Agricultural Transformation in Harerge, Ethiopia 1875–1991*, Oxford 2004; DECHASSA LEMESSA, *Khat (Catha Edulis): Botany, Distribution, Cultivation, Usage and Economics in Ethiopia*, Addis Ababa 2001.

Andreas Wetter, Berlin

Kapitel 6 Geistige Kultur

Einführung

Die Geisteskultur des Horns von Afrika beginnt mit den ältesten Besiedlungen auf dem Kontinent. Nach der Zeitenwende formte dann die Begegnung von knapp 100 Völkern, von Wirtschaftsströmen und Religionen einen gewaltigen Schmelztiegel. Einflüsse Vorderasiens, Afrikas und des mediterranen Raumes verbanden sich in Aksum zu einer hohen Kultur mit einem militärisch erfolgreichen Königtum, einem Verwaltungssystem, mit urbanen Strukturen, einem Handelszentrum, mit unverwechselbarer Architektur, mit eigener Schriftkultur und Hochreligion, die sich über den neuen Herrschaftsbereich ausbreiteten. Die Völker assimilierten Kultur- und Sprachelemente aus dem semitischen Raum Arabiens, aus der griechisch-jüdischen Mittelmeerregion und aus Afrika. Sie befruchteten sich wechselseitig und schufen dabei neue Gesellschaftsstrukturen. Daneben bewahrte die zerklüftete Geografie des Afrikanischen Grabenbruchs archaische Gesellschaften, die bis in unsere Zeit von der sog. Zivilisation unberührt blieben.

Als konstitutiver Impuls für die Kulturentfaltung erwies sich der Sprach- und Schriftimport, den die Siedler aus Arabien auf die afrikanische Seite des Roten Meeres brachten und der sich zunächst in den Steininschriften dokumentierte und sich fortsetzte in den Lederhandschriften. Dies ist für das subsaharische Afrika singulär und als Fundament des äthiopisch-eritreischen Selbstverständnisses kaum hoch genug einzuschätzen. Kirche und Literatur haben dieses Medium umfassend genutzt. Im Laufe der Jahrhunderte entwickelten sich neben der Kult- und Literatursprache des Ge'ez das Amharische und viele regionale Sprachen. Daneben spiegelt, wie in allen orientalischen Gesellschaften, insbesondere die orale Kultur das alltägliche Leben wider; sie brachte eine Reihe spezifischer Gattungen hervor, die von hoher Kunstfertigkeit zeugen.

Die bildende Kunst hat ebenfalls Elemente aus den Nachbarregionen bezogen. So entlieh sie geometrische Figuren aus Arabien; Motive und Themen verarbeitete sie aus dem mediterranen Raum; Plastizität, Farbigkeit und Vitalität sind der afrikanische Beitrag – und sie hat dies bis in die Gegenwart hinein in unverwechselbaren Bildwerken gestaltet.

Großen Einfluss übte zu allen Zeiten das Christentum aus, das alle Bereiche des geistigen und materiellen Lebens bestimmte: Sprache, Schrift- und Handschriftenkultur, Literatur, Bildung, Musik, bildende Kunst. In weiten Gebieten vor allem des Ostens der Region übernahm die muslimische Religion diese Rolle und verhalf dem Islam im eritreisch-äthiopischen Raum zu seiner eigenen Ausprägung. Die traditionelle Koexistenz von Christen und Muslimen wirkte dabei befruchtend und bot den Rahmen, in dem sich beide entwickeln konnten. In der Vergangenheit bildete auch die jüdische Religion, vermittelt durch die Beta Esrael, innerhalb des christlichen Äthiopien abgeschlossene Kult- und Bevölkerungsinseln, bis diese Gruppen vor einigen Jahrzehnten in zwei Ausreisewellen nach Israel emigrierten.

Obgleich die christliche Dominanz auf weiten Strecken die Zeremonien des Lebenskreises und den Kultkalender bestimmt, bestehen nebeneinander je gesonderte Kalendersysteme, so beispielweise der christliche und der islamische Kalender.

Die Kultur des Horns hat Europa und die westliche Welt seit dem frühen Mittelalter fasziniert, sie hat phantastische Vorstellungen provoziert, sie hat über alle Zeiten der Kulturbegegnung die Sehnsucht nach einem afrikanischen Friedensreich, das beide Welten verbindet, wachgehalten und darüber eine umfangreiche Literatur geschaffen.

Schrift

In Äthiopien finden sich sabäische, griechische und altäthiopische Inschriften, die uns viel über die frühe Geschichte des Landes erzählen. Sie stehen für die Herkunft der Äthiosemiten (Sabäisch), den hellenistischen Einfluss (Griechisch) und für die neue eigene Kultur.

Altsüdarabische (sabäische) Inschriften. Die ersten südarabischen Inschriften wurden von Semiten verfasst, die vor 1000 v.Chr. aus Nordarabien nach Südarabien (dem heutigen Jemen) und benachbarte Gebiete Südarabiens eindrangen. Unter den verschiedenen altsüdarabischen Gruppen waren es vor allem die Sabäer, die im nördlichen jemenitischen Hochland und wenig später auch im nördlichen äthiopischen Hochland siedelten. Sie hinterließen in Äthiopien knapp 200 Inschriften, von denen die ältesten aus der ersten Hälfte des ersten vorchristlichen Jahrtausends stammen. Neben rein sabäischen Inschriften stehen solche, in denen sich lautliche Besonderheiten des späteren Altäthiopischen (Ge'ez) ankündigen. Historisch bedeutsam ist die Erwähnung des Reiches von Da'amat in der Region von Aksum und dem östlichen Tigray in sechs Inschriften (8.–7. Jh. v.Chr.). Bereits in voraksumitischen Inschriften erscheint der Volksname *Yg^ᶜd,* der in der viel späteren Bezeichnung Ge'ez für das Altäthiopische begegnet. Die Kenntnis des Sabäischen nimmt mit der Zeit ab.

Pseudosabäische Inschriften. Die Kenntnis des Sabäischen, das in Südarabien weiter gepflegt wird, findet bei einigen Ezana-Inschriften (4. Jh. n.Chr.) neue Belebung, die als pseudosabäisch gelten. Sie sind zwar in schöner sabäischer Schrift geschrieben, die Sprache ist aber Ge'ez. Das Sabäische war also in Vergessenheit geraten, man wollte aber noch durch die Verwendung der alten Schrift die Zugehörigkeit zur südarabischen Kultur zum Ausdruck bringen.

Sabäische Inschrift, Almaqah-Tempel, Addis Akaweh, Tigray 2008, © Deutsches Archäologisches Institut, Pawel Wolf

Griechische Inschriften. Griechische Inschriften, gut 30 an der Zahl, sind vom 3. vorchr. Jh. bis zum 6. nachchr. Jh. bezeugt, ebenso griechische aksumitische Münzen vom 3.–7. nachchr. Jh. Die beiden ältesten griechischen Inschriften wurden von Ptolemäus III. von Ägypten und von einem unbekannten äthiopischen Herrscher Mitte des 3. Jh. in Adulis errichtet und deshalb Monumentum Adulitanum genannt. Von größter Bedeutung sind die Inschriften von König Ezana, bezeugt auch in einer griechischen Version. Dies zeigt den hellenistischen Einfluss auch am Horn von Afrika. Daneben gibt es eine weitere griechische Ezana-Inschrift aus dem 4. Jh., die den Anfang eines Psalms zitiert und damit demonstriert, dass das Christentum bereits damals Eingang in Äthiopien gefunden hatte.

Ge'ez-Inschriften. Die Verschriftlichung der eigenen Sprache erfolgte mit der Ausbreitung des aksumitischen Reiches ab dem 3. Jh. Die ersten Inschriften waren noch ohne Vokale. Am bedeutendsten sind jene Ezana-Inschriften, die von Enno Littmann u.a. in der Deutschen Aksum-Expedition 1906 ausgenommen wurden. Nordäthiopien war damals sowohl Teil der griechischen als auch der altsüdarabischen Welt, aber war sich zugleich seiner eigenen kulturellen und sprachlichen Eigenheit bewusst geworden. Dementsprechend sind einige Inschriften in drei Schriften (Griechisch, Sabäisch, Ge'ez) und zwei Sprachen (Griechisch und Ge'ez) gehalten, dabei das Altäthiopische auch in Form des sog. Pseudosabäischen (d.h. Ge'ez in sabäischer Schrift).

Die Inschriften berichten von Feldzügen und Umsiedlungen von Völkern, wobei manche Orts- oder Völkernamen bis auf den heutigen Tag bekannt sind, wie Barya, Bedja und Habashat (Abessinien). Die Annahme des Christentums durch König Ezana lässt sich aus einer Inschrift erschließen, in der anstelle des (sabäischen) „unbesiegten [Gottes] *Mahrem*" bzw. des griechichen Gottes „*Ares*" der „Herr des Himmels" angerufen wird. In einer Inschrift um ca. 600, die in Südarabien entdeckt wurde, finden sich Zitate aus dem Psalter (*Mazmur*, so in der Inschrift genannt), was damit schon früh dessen besondere Bedeutung für die Äthiopische Kirche unterstreicht. Außerdem belegt dies, dass die Bibel schon früh, wenn vielleicht auch nicht vollständig, ins Ge'ez übersetzt wurde.

In der Folgezeit spielt das Griechische und Sabäische keine Rolle mehr, dafür gewinnt die Sprache des nördlichen zentralen Hochlandes immer mehr an Bedeutung.

Die Vokalisierung der sabäischen Schrift. Im Altsüdarabischen wie in anderen alten semitischen Inschriftensprachen werden die Vokale nicht geschrieben. Dies macht insofern Sinn, als sich die Vokalisierung aufgrund der Sprachstruktur in gewissem Umfang erschließen lässt. So wird das Perfekt *qtl* „er tötete" *qatala* gelesen, weil die meisten Perfektformen in dieser Person die Vokale .a.a.a aufweisen. Später wächst aber mit der Annahme des Christentums und der Missionierung der Wunsch, falsche Lesungen der heiligen Schriften zu vermeiden. Dieses Bestreben gilt im Orient für das Christentum sowie für das hebräische Alte Testament und den muslimischen Koran. So werden im Syrischen, Hebräischen und Arabischen Kringel, Punkte und Striche über und unter die Konsonantenzeichen gesetzt, um eine bestimmte Lesung festzumachen.

Für das Ge'ez dagegen ging man einen anderen, bemerkenswerten Weg, der sonst in der semitischen Welt nicht vorkommt. Man hatte engen Kontakt mit Indien. Der Seehandel lief über Soqotra, eine östlich von Somalia und südlich vom Jemen gelegene Insel, auf der man vor kurzem in einer Höhle indische Inschriften entdeckte. Vom indischen Schriftsystem übernahm man das Prinzip, das Grundzeichen mit *a* zu vokalisieren und andere Vokale durch Zusatzstriche und -kringel direkt am Schriftzeichen auszudrücken.

Auch wenn manche Zeichen nicht auf Anhieb erkennbar sind (wie ∧ *la*, s. die folgende Tafel xx), so sind die Änderungen aus der altsüdarabischen Schrift nicht so stark, dass eine Entzifferung des Altsüdarabischen nach dem Ge'ez im 19. Jh. nicht

leicht möglich gewesen wäre. So wird das sabäische Zeichen *b* im Ge'ez als **ቡ** *ba* gelesen, mit kleinem Strich in der Mitte rechts **ቡ** *bu*, mit kleinem Strich unten **ቢ** *bi*
und mit Verlängerung des rechten Strichs (oder Verkürzung des linken Strichs) **ባ** *ba*,
usw. gelesen. Ein anderes Beispiel: **ቀ** *qä*, **ቁ** *qu*, **ቂ** *qi* und **ቃ** *qa*, usw. Insgesamt gibt es
sieben Vokalzeichen. Die Konsonantenzeichen werden etwas modifiziert. So werden
einige Zeichen gegenüber dem Sabäischen auf den Kopf gestellt: **ሐ** *ḥa*, bzw. nach
links gekippt: **መ** *ma*, oder nach rechts gekippt: **ደ** *da*, **ሠ** *sa*. Nach dem Griechischen
und Indischen änderte man auch die Schriftrichtung und schreibt bis heute, im Unterschied zum Hebräischen, Arabischen und Syrischen, von links nach rechts.

Die folgende Tabelle geht vom äthiopischen Alphabet und seiner traditionellen
Reihenfolge aus. Vorangestellt sind die altsüdarabischen Zeichen, welche teilweise
einer anderen Ordnung folgen. Nicht berücksichtigt sind diejenigen Zeichen, die
wegen Lautwandels nicht ins Ge'ez übernommen wurden. Andererseits schuf man
neue Schriftzeichen für *p* und emphatisches *p* (*ṗ*), vor allem um Wörter aus dem
Griechischen wiedergeben zu können, z.B. *P'awlos* „Paul" und *P'et'ros* „Peter".

sabäische Buchstaben	Ge'ez-Alphabet	sabäische Buchstaben	Ge'ez-Alphabet
𐩠 *h*	**ሀ** *ha*	𐩫 *k*	**ከ** *ka*
𐩡 *l*	**ለ** *la*	𐩥 *w*	**ወ** *wa*
𐩤 *ḥ*	**ሐ** *ḥa* (stark geflüstertes *h*)	𐩲 *ᶜ*	**ዐ** *ᶜa* (starker Stimmab-satz)
𐩣 *m*	**መ** *ma*	𐩹 *ḏ*	**ዘ** *za* (stimmhaftes *s*)
𐩦 *ś*	**ሠ** *śa* (lateraler Laut)	𐩺 *y*	**የ** *ya*
𐩧 *r*	**ረ** *ra*	𐩵 *d*	**ደ** *da*
𐩪 *s*	**ሰ** *sa*	𐩴 *g*	**ገ** *ga*
𐩤 *q*	**ቀ** *qa* (emphatisches *k*)	𐩷 *ṭ*	**ጠ** *ṭa* (emphatisches *t*)
𐩨 *b*	** በ** *ba*	–	**ጰ** *ṗa* (emphatisches *p*) (nach äth. **ጸ**)
𐩩 *t*	**ተ** *ta*	𐩮 *ṣ*	**ጸ** *ṣa* (emphatisches *ts*)
𐩭 *ḫ*	**ኀ** *ḫa* (ch in dt. Bach)	𐩳 *ḍ*	**ፀ** *ṣ́a* (emphat. Lateral *ts*)
𐩬 *n*	**ነ** *na*	𐩰 *f*	**ፈ** *fa*
𐩱 *ʾ*	**አ** *ʾa* (Stimmabsatz)	–	**ፐ** *pa* (nach griech. *pi* π Π)

Tabelle 11: Übersicht sabäische Schrift und Ge'ez-Schrift

Schon in den Ezana-Inschriften sind die äthiopischen Zahlzeichen bezeugt, welche sich
leicht aus den griechischen Buchstaben ableiten lassen, die den Griechen ebenfalls als
Zahlzeichen dienten. Dabei werden die Zeichen gerne so verändert, dass sie einem
äthiopischen Schriftzeichen ähneln oder ihm gleich sind, z.B. **፬** ‚vier' = **ዐ** *ᶜa*, **፵** ‚40' =
መ *śa*, **፻** ‚100' = **የ** *ya*.

Einerzahlen	Zehnerzahlen	Hunderter
A > **፩** ‚1'	I > **፲** ‚10'	P > **፻** ‚100'
B > **፪** ‚2'	K > **፳** ‚20'	**፪፻** ‚200'
Γ > **፫** ‚3'	Λ > **፴** ‚30'	**፫፻** ‚300'
Δ > **፬** ‚4'	M > **፵** ‚40'	**፬፻** ‚400'
E > **፭** ‚5'	N > **፶** ‚50'	**፭፻** ‚500'

Tabelle 12: Äthiopische Zahlzeichen

Bis 100 werden die Werte addiert, z.B. ፳፭ 20 + 5 = 125. Über 100 werden die Werte miteinander multipliziert, z.B. ፪፻ 2 x 100 = 200, ፲፻ 10 x 100 = 1000

Schriftlichkeit und Literatursprache. Wir müssen annehmen, dass in dem großen aksumitischen Reich nur ein Teil der Bevölkerung der Sprache des Königshauses und damit wohl des Dialekts von Aksum mächtig war. Mit der nun möglichen leichteren Lesbarkeit von Texten konnte eine weitere Verbreitung der Sprache sichergestellt werden, so durch einen Einsatz der Schrift in der Verwaltung und vor allem in Kirche und Schule. Später lehrte man in den Klöstern neben kirchlichen Disziplinen auch Gesang, Grammatik, Poesie und literarische Fächer. Bis ins 19. Jh. oblag die Erziehung der Äthiopisch-Orthodoxen Kirche, die in ihren Schulen die Kenntnis des Ge'ez, der ins Ge'ez übersetzten Bibel und seiner reichen Literatur vermittelte. Erst durch protestantische und katholische Schulen wurde ab Mitte des 19. Jh. die jeweilige Landessprache und in gewissem Umfang der westliche Fächerkanon zugrunde gelegt. Die Bibel und religiöse Schriften – und allmählich auch andere Schriften, z.B. Werke zur Mathematik und zu den Volkstraditionen – wurden in Amharisch, Tigrinnya, Oromo und andere Sprachen am Horn von Afrika übersetzt und verbreitet. Durch diese Aktivitäten sind viele einheimische Sprachen zu Schriftsprachen geworden, obwohl bis zur Zeit Kaiser Hayla Sellases im öffentlichen Raum nur das Amharische präsent war.

Die semitischen Sprachen Tigre, Tigrinnya und Amharisch werden mit der Ge'ez-Schrift geschrieben, die kuschitischen Sprachen Oromo, Somali und Afar mit der lateinischen Schrift. Diese Regelung entspricht der offiziellen Sprachpolitik Äthiopiens und Eritreas. In Äthiopien beharrt man allerdings nicht so strikt darauf und steht einer Verwendung des äthiopischen Alphabets für kuschitische Sprachen nicht entgegen. So wird insbesondere das Oromo noch in seiner älteren Ge'ez-Orthografie gepflegt. Bei den großen äthiopischen Sprachen Sidamo (ca. 2 Mio.), Hadiyya (über 1 Mio.) und Walaytta (ca. 2 Mio.) steht die äthiopische Schrift teilweise in Konkurrenz zur Lateinschrift.

Von den kleineren Sprachen sind nur das Harari und einige Gurage-Idiome verschriftet worden. Das Harari wurde früher mit arabischen Buchstaben geschrieben, heute mit dem äthiopischen Alphabet. In der Stadt Harar sieht man an Schulen und öffentlichen Gebäuden Beschriftungen in Harari.

Literatur: ALESSANDRA AVANZINI, NORBERT NEBES, WALTER W. MÜLLER, GIANFRANCO FIACCADORI, SERGUEI A. FRANTSOUZOFF, ALESSANDRO GORI, „Inscriptions", *EAE* III, 152–167; ENNO LITTMANN, *Deutsche Aksum Expedition*, IV: *Sabaische, griechische und altabessinische Inschriften*, Berlin 1913; SERGUEI A. FRANTSOUZOFF, „Script, Ethiopic", *EAE* IV, 580–585.

Rainer Voigt, Berlin

Handschriften

In Äthiopien und am Horn von Afrika werden mit dem Begriff Handschriften handschriftliche Dokumente auf Pergament oder seltener auf Papier bezeichnet, die in Buchform oder als Schriftrolle vorkommen. Das kulturelle Erbe äthiopischer bzw. eritreischer Christen, Muslime und Juden hat sich vor allem durch die Herstellung und den Erhalt unzähliger Handschriften entwickelt. Die Texte behandeln religiöse Themen, befassen sich aber auch mit Geschichte und Literatur. Geschrieben wurden sie in Ge'ez, Arabisch und Amharisch, zum geringeren Teil in Harari, Tigrinnya und anderen Sprachen. Die Sonderstellung der Handschriften ergibt sich durch die verhältnismäßig späte Einführung des Buchdrucks gegen Ende des 19. Jh. Äthiopien und Eritrea gehören zu den wenigen Ländern der Welt, wo die Herstellung von

Handschriften auf Pergament bis heute lebendig ist. Diese Tradition ist tief in der ausgeprägten historischen Vergangenheit verwurzelt, weil anders als in den meisten subsaharischen Ländern eine sehr alte Schriftkultur vorhanden ist. In Äthiopien und Eritrea geht sie bis auf das 1. vorchristliche Jahrtausend zurück und hatte großen Einfluss auf die Entwicklung der Zivilisation.

Ge'ez-Handschriften. Die überwältigende Mehrzahl christlicher Handschriften aus Äthiopien und Eritrea ist in Ge'ez (Altäthiopisch) verfasst. Etliche, vorwiegend nicht-religiöse Werke in Amharisch, findet man ab Mitte des 19. Jh. Wie viele Ge'ez-Handschriften existieren, ist nicht bekannt. Mindestens 200.000 Buchhandschriften in Äthiopien und Eritrea scheinen realistisch, orientiert man sich an der Mindestanzahl von Schriften, die jede Kirche für die tägliche Praxis und Liturgie benötigt. Hinzu kommen teils umfangreiche Sammlungen, die sich in Klosterbibliotheken wie Dabra Hayq Estifanos, Dabra Bizan, Gunda Gunde und Aksum Tseyon befinden. Es bestehen auch weitere wertvolle Bestände, so in der Bibliothek des Institute of Ethiopian Studies in Addis Ababa und des Hanschriftenarchivs der Nationalbibliothek Äthiopiens (Addis Ababa). Auch im Ausland liegen Tausende von Handschriften, die meisten in nationalen oder öffentlichen Einrichtungen in Europa (wie im Vatikan, in Paris, London und Berlin) und darüber hinaus (darunter in Princeton und der UCLA-University in Los Angeles). Außerdem gibt es recht große Kollektionen in privater Hand.

Obwohl die Schriftkultur in Äthiopien und Eritrea schon vor der Annahme des Christentums im 4. Jh. eingeführt war, förderte gerade das Christentum die Anfertigung von Handschriften, weil die Werke im kirchlichen Alltag erforderlich waren. Die frühesten erhaltenen Zeugnisse stammen allerdings erst aus späterer Zeit. Abgesehen von zwei illuminierten Evangelien-Büchern, die man auf das 7. oder vielleicht 6. Jh. datiert, und einigen Handschriften aus dem 12./13. Jh. werden die ältesten Ge'ez-Handschriften dem 14. Jh. zugeordnet. Zu Beginn des 16. und 17. Jh. steigt ihre Zahl erheblich an. Es wird berichtet, dass viele durch die Unruhen Mitte des 16. Jh. vernichtet wurden. Aber zur Zerstörung der Handschriften trugen wohl auch andere Ereignisse der Zeit, wie solche in der Zeit der italienischen Besetzung 1935–1941, ebenso maßgeblich bei.

Ge'ez-Handschriften zu datieren, ist nicht selten mühsam, die Festlegung häufig nicht genau genug, weil es oft nur wenige formale Hinweise gibt, wie die Erwähnung eines Herrschers, einer bekannten Person oder eines großen Ereignisses. So müssen Datierungen anhand von Form und Stil des Schreibers (Paläographie) oder irgendwelcher Illustrationen vorgenommen werden, womit sich eine ungefähre Entstehungszeit ergibt. Auch wenn die äthiopische Kalligrafie und religiöse Kunst ihrer Natur nach konservativ sind, ändern sich mit der Zeit Buchstabenformen und prägnante Merkmale in Abbildungen, um eine ungefähre Datierung zu ermöglichen.

Handschriftenkunst und -gestaltung auf Pergament leben bis heute in Äthiopien fort. Handgeschriebene Bücher sind begehrter als gedruckte, insbesondere in kirchlichen Kreisen. An der Art und Weise, wie sie entstehen, hat sich seit Jahrhunderten kaum etwas geändert. Das Interesse an äthiopischen Handschriften und ihrer Kultur ist deshalb ungebrochen. Auch wenn der touristische Markt eine Rolle spielt, werden Handschriftenbücher auch weiter für ihren ursprünglichen Zweck hergestellt: als fester Bestandteil der äthiopisch-orthodoxen Alltagskultur. Trotz der gewaltigen Veränderungen, die Äthiopien im 20. Jh. erlebt hat, pflegt man diese Kunst nach wie vor an Orten, deren Umfeld einen ursprünglichen, quasi mittelalterlichen Kontext bietet und die Handschriften als heilige Kirchenobjekte verehrt, insbesondere im ländlichen Raum. Einige gängige Werke spiegeln den hohen Stellenwert im Leben frommer, äthiopischer Christen wider.

So sind der Psalter (Buch der
Psalmen und weitere Texte),
Bücher über Wundertaten
(so die Marienwunder) und
die Sammlungen von Gebe-
ten sehr populär.

Von ihrer Form her sind
die Werke gestaltet in Buch-
oder Kodexform (*Matshaf*),
die aus mehreren Bögen
oder Lagen verschiedener
Pergamentblätter bestehen,
die gefaltet, geheftet und
zusammengenäht werden.
Zum Schluss bindet man
den Block zwischen zwei
Holzdeckel, bezieht diese
mit feinem Leder und ver-
ziert den Einband reich mit
Ornamenten und Kreuzen.
Kleinere und mittelgroße
Handschriften sind oft mit
Ledertasche und Tragegurt
ausgestattet. Die Buchlagen
werden teilweise mit Zahlen
versehen, um das Binden zu
erleichtern, dagegen haben
einzelne Blätter oder Seiten
keine Zählung. Manchmal

Lukasevangelium, Gannata-Maryam-Kirche, Lalibala, © Michael
Gervers

werden einzelne Blätter oder Blattpaare an die Lagen genäht, um Illustrationen un-
terzubringen. Leere Seiten oder freie Flächen, vor allem zu Beginn oder am Schluss
der Werke, wurden traditionell genutzt, um Verträge, Schenkungen oder historische
Ereignisse festzuhalten, die für die Kirche, der das Manuskript gehörte, wichtig waren. Somit können die Handschriften eine wertvolle Quelle für die lokale Geschichte
sein. Vor dem Schreiben werden die leeren Blätter mit einem spitzen Griffel geritzt,
um Linien und Seitenränder vorzuprägen.

Üblicherweise weisen die meisten Kodizes je Seite zwei Textspalten auf, sehr kleine
Bücher mögen auch nur eine Spalte haben (was z.B. beim Psalmenbuch üblich ist;
im Psalter finden sich verschiedene Zeilenlängen, weil sie sich nach den Strophen der
Psalmen richten). Einige Handschriften, insbesondere großformatige, die Kirchen-
liturgie, sind häufig in drei Spalten gestaltet.

Der Text oder die Texte sind typischerweise in schwarzer Tinte gehalten, die aus
Ruß und pflanzlichen Stoffen besteht, aber die Eröffnungszeilen von Kapiteln oder
Textabschnitten, ebenso wichtige Passagen und vor allem Heiligennamen (Maria,
Jesus, Michael, Gabriel usw.) sind in roter Tinte, ebenfalls auf pflanzlicher Basis,
hervorgehoben. In den letzten Jahren sind auch handelsübliche Tinten und Farben
zum Einsatz gekommen (sehr selten werden seit Mitte oder Ende des 19. Jh. anders-
farbige Tinten zum Schreiben verwendet). Während des Schreibens der Texte ließen

die Schreiber Lücken, um später rote Passagen (Rubriken) einzufügen, die dann gelegentlich nicht eingetragen wurden.

Prestigeträchtige Handschriften enthalten Illustrationen auf gesonderten Blättern, die am Anfang oder am Ende des Kodex eingebunden sind. Bisweilen werden Blätter ohne Text gelassen, um Abbildungen einarbeiten zu können, manchmal auch, um halbseitige oder kleine Miniaturen in den Text einzufügen. Es gibt auch besondere Bücher mit umfangreichen Bilderzyklen und Miniaturen, so die Wunder Marias. Das Gestalten der Miniaturen wird meist Spezialisten anvertraut; einige ihrer herausragenden und prachtvollsten Werke sind in den großen Museen und Bibliotheken zu besichtigen. Wie man sich denken kann, ist für die Herstellung solcher Handschriften ein zeitaufwändiger Prozess nötig, besonders wenn man die Aufbereitung des Pergaments aus Ziegen- oder Schafleder mit bedenkt. Die Anfertigung besonders umfänglicher Werke dauert bis zu anderthalb Jahren, mittelgroße Kodizes wie Evangelienbücher oder Psalter brauchen bis zu sechs Monaten je Exemplar. Gebunden, geschrieben und gezeichnet wird unter freiem Himmel und bei Tageslicht, üblicherweise in den Kirchen- oder Klosteranlagen. Für die Handschriftenkunst sind innerhalb des äthiopischen Klerus die *Dabtara* zuständig.

Matthäusevangelium, Sawna-Maryam-Kirche, Tigray, © Ethio-SpaRe, Hiob-Ludolf-Zentrum für Äthiopistik, Hamburg

Nicht-Äthiopiern mag es seltsam erscheinen, dass das Kopieren und Schreiben als niedere Aufgaben gelten. Ebenso eigentümlich mag es anmuten, dass neu geschriebene Handschriften als wertvoller gelten im Verhältnis zu alten. Es kommt manchmal vor, dass ältere Abbildungen in moderne Texte integriert werden. Im Jahre 1911 richtete Kaiser Menilek II. ein königliches Skriptorium in Addis Ababa ein, um die Kirchen der neuen Hauptstadt mit den nötigen Büchern zu versorgen. Später wurde es von Hayla Sellase neu strukturiert, und es bestand bis zur Revolution.

Das Kodexformat wird hauptsächlich für religiöse Schriften verwendet; dazu zählen Teile des Alten Testaments, die Evangelien, die Schreiben des Paulus und der anderen

Apostel, die Offenbarung des Johannes, die Psalmen, Heiligenviten, die Wunder Marias, die Geschichten von Erzengeln und Heiligen, liturgische Bücher für den Gottesdienst, Gebetsbücher für den persönlichen Gebrauch sowie erbauliche, theologische und kanonische Werke. In diesem Format sind auch magische oder medizinische Werke gestaltet, auch Astrologie, Zahlenmystik, Orakel- und Weissagungstexte, sowie Anleitungen zur Herstellung von „Zauberrollen". Königschroniken und sonstige Geschichtswerke sind ebenfalls in Buchform abgefasst. Insgesamt gilt, dass viele Kodizes mehr als ein „Buch" enthalten und die Einzelwerke nicht immer einen offenkundigen Titel tragen.

Nicht alle Ge'ez-Schriften sind als Buch oder Kodex hergestellt. Es gibt auch Leporellos, die aus einer Pergamentbahn oder zwei bzw. drei vernähten Streifen bestehen, die ziehharmonikaartig zusammengelegt sind. Die Faltbücher werden *Sansul* („Kette") genannt und vor allem für Bilderserien verwendet, die von Heiligen handeln oder Märtyrergeschichten bieten, ebenso die Passionsgeschichte Jesu. Bisweilen enthalten sie einen längeren erläuternden Text. Ein drittes, gebräuchliches Format ist die sogenannte Zauberrolle (*Ketab*). Sie besteht aus einem Pergamentstück oder aus bis zu drei Bahnen, die zusammengenäht und zusammengerollt werden. Verwendet wird sie für „magische" Gebete oder Beschwörungen zur Abwehr von Krankheiten und anderen Übeln, welche weithin als das Werk böser Mächte gedeutet werden. Oben, in der Mitte und am unteren Ende der Zauberrollen befinden sich vielfach wie ein Talisman wirkende Bilder, manchmal auch Abwehrsymbole im Text. Selten sind sie in der Sorgfalt und Feinheit der Kodizes angefertigt. Sie dienen meist als Amulett und werden gerollt um den Hals getragen oder an einer Wand am Schlafplatz ihres Besitzers angebracht.

Arabische Handschriften. Die äthiopischen und eritreischen Handschriften in Arabisch, Harari, Amharisch oder anderen Sprachen, die in arabischer Schrift (*Ajami*) abgefasst sind, sind längst nicht so gut untersucht wie die Ge'ez-Handschriften. Wir können nicht sicher sagen, wie viele arabische und *Ajami*-Manuskripte in der Region aufbewahrt werden. In den äthiopischen Bibliotheken gibt es vielleicht einige hundert, doch existieren zweifellos mehr im Privatbesitz oder an Orten, wo sie dem Zerfall preisgegeben sind. Dies stellt sich für christliche Handschriften anders dar, weil es eine zentrale Aufgabe der Kirche ist, Handschriften herzustellen und diese aufzubewahren. Es mag die Vermutung nahe liegen, dass arabische Manuskripte islamische sein müssen. Dabei sollten wir nicht vergessen, dass Arabisch nicht nur unter Muslimen in Gebrauch ist und eine beträchtliche Menge christlicher Ge'ez-Literatur, vor allem aus ägyptisch-arabischen Quellen und ebenso arabische Handschriften in Äthiopien seit frühester Zeit kursierten, auch wenn kein Exemplar überlebt hat. Zusatznotizen wurden zeitweise in christlichen Handschriften auch häufig in Arabisch verfasst. Da Arabisch im Islam die Sprache von Religion und Bildung ist, sind arabische Texte in den muslimischen Gemeinschaften Äthiopiens und Eritreas und natürlich in Somalia und Dschibuti weit verbreitet. Zweifelsohne haben Wanderprediger und Händler arabische Handschriften in Umlauf gebracht. Dank der Gewohnheit, Texte vor Ort zu vervielfältigen und zu kommentieren, gibt es eine große Zahl arabischer Handschriften, die äthiopischen oder eritreischen Ursprungs sind.

Drei Regionen sind als Zentren für die Reproduktion und Verbreitung arabischer Manuskripte bekannt: Harar, Wallo und Jimma, wahrscheinlich auch die Gurage-Region.

Die meisten arabischen Handschriften in Äthiopien sind jüngeren Datums. Keine sicher datierte arabische Handschrift entstand vor dem 18. Jh., wenngleich es Quellen gibt, die sagen, etliche seien mit einem Kopierhinweis auf das 16. Jh. versehen. Einige könnten aus dem Jemen stammen. Alle arabischen Werke wurden auf Papier geschrieben und haben Eigenschaften, die für die islamische Handschriftenkultur typisch sind. Die Größe variiert von einigen Seiten bis zu voluminösen Bänden, die mehrere Literaturwerke enthalten. Mitunter liegen großen Arbeiten auch lose Seiten bei. Rein arabische Werke, einheimische wie ausländische, findet man gelegentlich in *einer* Handschrift mit Texten lokaler Sprachkulturen, die in *Ajami* verfasst wurden. So lagern in der Bibliothek des Institue of Ethiopian Studies in Addis Ababa drei Kodizes, die z.T. in Arabisch und z.T. in Harari geschrieben sind. Auch wenn bis jetzt keine vollständige Untersuchung zu den arabischen Manuskripten in Äthiopien vorliegt, erinnern manche Merkmale an arabische Handschriften, die aus dem Norden Somalias stammen. Ältere Werke aus der Harar-Region scheinen eine sorgfältigere Kalligraphie aufzuweisen, jüngere hingegen eine eher schwerfällige und grobe Hand, die man auch anderweitig findet. Bisher ist es nicht möglich, verschiedene Schreibstile am Horn von Afrika in Beziehung zu setzen. Einige äthiopisch-arabische, auch die somalischen, könnten aber durch jemenitische Stilrichtungen beeinflusst sein.

Literatur: Alessandro Bausi et al., *Comparative Oriental Manuscript Studies: an Introduction*, Hamburg 2015 (s. auch *http://www1.unihamburg.de/COMST/handbook.html*); Sergew Hable Selassie, *Bookmaking in Ethiopia*, Leiden 1981; Siegbert Uhlig, Alessandro Bausi, „Manuscripts", *EAE* III, 2007, 738–744; Ewald Wagner, *Afrikanische Handschriften*, Teil 2: *Islamische Handschriften aus Äthiopien*, Stuttgart 1997.

David Appleyard, SOAS, London

Klassisch-Äthiopische Literatur

Ge'ez, auch Klassisch-Äthiopisch oder Äthiopisch genannt, war die Sprache im Reich von Aksum. Die ältesten erhaltenen Inschriften stammen aus dem frühen 3. Jh. n.Chr., aber den entscheidenden Impuls bot die Einführung des Christentums in der ersten Hälfte des 4. Jh. für die Entfaltung der eigenständigen Ge'ez-Literatur, und sie drückte ihr den Stempel auf. Wahrscheinlich gab es bereits eine mündlich tradierte Literatur, ob daraus aber auch Werke verschriftlicht wurden, ist nicht bekannt. Die Literatur im Ge'ez ist überwiegend eine christlich-religiöse. Andererseits umfasst sie keinesfalls nur die Bibel und viele Texte für den kirchlichen Einsatz, also liturgische Schriften, Hymnen und Festrituale, sondern auch Werke von Kirchenvätern, Texte für Theologie und Spiritualität, die Lebensgeschichten von Heiligen und die religiöse Dichtung. Neben der geistlichen Ge'ez-Literatur finden sich Königschroniken und sonstige Geschichtswerke. Und zu erwähnen ist eine weitere Ausnahme gegenüber den christlichen Werken: die deutlich kleinere, religiöse Literatur der Beta Esrael.

Zwei Dinge fallen auf, vergleicht man beispielsweise die Ge'ez-Literatur mit der westlich-europäischen Literatur. Erstens ist sie in weiten Teilen eine Literatur der Übersetzung, sieht man von äthiopischen Originalwerken wie Chroniken, religiösen Traktaten und Homilien, Geschichten äthiopischer Heiliger sowie der kirchlichen Dichtung ab. Zweitens ist ein Großteil der Texte – natürlich auch die späteren Texte – entstanden, als Ge'ez längst nicht mehr als Umgangssprache in Gebrauch war. In diesem Punkt ähnelt es in gewisser Weise dem Latein im mittelalterlichen Westeuropa. Wann Ge'ez oder eine Variante davon ausstarb, ist nicht sicher, wahrscheinlich aber nicht später als im 10. oder 11. Jh. Natürlich entwickelte sich die Sprache kontinuierlich weiter, und so unterscheiden sich in der Tat das Ge'ez der aksumitischen Inschriften und das der späteren christlichen Literatur in einigen Details.

Sobald Ge'ez als Literatursprache etabliert war, erhielt es allmählich eine standardisierte und feste Form. Dies geschah vermutlich zwischen dem 4. und 6. Jh., als die Heilige

Schrift und die ersten Werke übersetzt wurden. Diese Sprachnorm ist in ihrer gesamten späteren Literatur zu finden, abgesehen von geringfügigen Einflüssen der gesprochenen Sprachen (Amharisch und Tigrinnya) der Übersetzer, Autoren und Schreiber.

Frühe Periode. Üblicherweise gliedert man die Ge'ez-Literatur in zwei Abschnitte: eine aksumitische oder frühe Periode und eine nachaksumitische oder spätere Periode. Die frühe beginnt mit der Christianisierung Äthiopiens um 330 n.Chr. und endet mit dem politischen und institutionellen Niedergang des aksumitischen Reiches, nicht viel später als zum Ende des 7. Jh. In jener Zeit umfasst die Ge'ez-Literatur Übersetzungen, überwiegend aus dem Griechischen, und wohl auch Originalschriften, die zwar nicht überliefert sind, aber in spätere Texte Eingang fanden. Damals gebrauchte man im Christlichen Osten fast durchgängig Griechisch als Schriftsprache, dies ebenso wie die koptische Kirche Ägyptens, mit der Äthiopien ein enges Verhältnis unterhielt. Das wichtigste und zuerst übersetzte Werk war ohne Zweifel die Bibel. Die Bibelübersetzung war gewiss ein langwieriger und bruchstückhafter Prozess, der im späten 4. oder frühen 5. Jh. mit den Evangelien einsetzte. Gegen Ende des 6. Jh. war die Übersetzung eines Großteils der Bibel abgeschlossen, und es ist unstrittig, dass der letzte Text zu Beginn des 7. Jh. vollendet war.

Äthiopische Überlieferungen berichten von missionierenden Mönchen aus der östlichen mediterranen Welt, die mit ihren vermutlich in griechischer Sprache verfassten Büchern nach Äthiopien kamen. Sie müssen dem Übersetzungsprozess einen erheblichen Schub verliehen haben. Zu den früh ins Ge'ez übertragenen christlichen Texten gehören die Kirchenväterschriften des *Qerellos* von Alexandria, die Mönchsregeln des ägyptischen Abtes Pachomius und interessanterweise eine Handvoll nicht in den biblischen Kanon aufgenommener Schriften, die als komplette Werke nur in einer Ge'ez-Fassung überlebt haben, wie das Henochbuch und das Buch der Jubiläen. Nach der Tradition geht auch die äthiopische Liturgie, *Deggwa* genannt, auf diese Epoche, genauer auf den Hl. Yared, zurück, der offenbar in der ersten Hälfte des 6. Jh. wirkte, selbst wenn die frühesten Nachweise auf ihn aus dem 15. Jh. stammen.

Spätere Periode. Der große Teil des Schrifttums – und zwar Übersetzungen wie Originalwerke – ist im zweiten Abschnitt entstanden, und insbesondere ab 1270 mit der aufstrebenden Salomonischen Dynastie verbunden. Ein Literaturwerk, das auch außerhalb Äthiopiens Bekanntheit erlangte und das Land schon zu Zeiten der *Zagwe*-Dynastie erreicht zu haben scheint, ist das *Kebra Nagast* („Die Herrlichkeit der Könige"). Es erzählt die Geschichte, wie die Äthiopier anstelle Israels das auserwählte Volk Gottes wurden, und betont die Herkunft und Legitimität der Salomonischen Dynastie. Das bedeutet: Das Original wurde unmittelbar nach 1270 nach einer arabischen Vorlage ins Ge'ez übertragen. Über die gesamte späte Periode war das Arabische – besser das Christlich-Arabische – die Sprachbasis für die Ge'ez-Übersetzungen. Zur selben Zeit begann man auch, eigene Werke in Ge'ez zu schaffen, und zwar religiöse wie auch seit Mitte des 14. Jh. historiographische Texte in der Form von Königschroniken. Einiges an christlich-arabischer Literatur aus Alexandria scheint Äthiopien schon ein Jahrhundert zuvor erreicht zu haben, aber eine Blütezeit der Ge'ez-Literatur ist vor allem mit dem Eintreffen von *Abuna* Salama als Oberhaupt der Äthiopischen Kirche (1348–1388) verbunden, die zwei Jahrhunderte dauerte. Der Patriarch erhielt den Beinamen „der Übersetzer", weil er direkt oder indirekt die Übertragung vieler Kirchentexte voranbrachte. Aus dieser Zeit stammen bedeutende Schriften wie das Lektionar der Karwoche, zahlreiche Heiligengeschichten, Geschichten von Eremiten und Märtyrern. Erwähnt werden müssen auch *Filkesyos* (ein Hauptwerk der Mönchsliteratur), das Begräbnisritual sowie zwei Basiswerke äthiopischen Kirchenrechts (*Senodos* und *Didesqelya*). Das Synaxarion (*Senkessar*), das Buch der Heiligen, das Gedenkschriften und Kurzviten für den Jahresablauf verzeichnet, entstand einige Jahrzehnte später.

Während des 14. und 15. Jh. erweiterten äthiopische Gelehrte die Ge'ez-Literatur um Themen, die über die bisherigen hinausgingen, übersetzten aber ungeachtet dessen weiter. Erwähnt sei das erste (pseudo)historische Werk, das einen eher epischen Charakter hat, die sog. Chronik von Amda Tseyon I. Am berühmtesten sind die Schriften des Herrschers Zara Yaeqob (reg. 1434–1468). Er soll das Buch der Marienwunder vollendet haben, mit dessen Übersetzung schon während der Herrschaft seines Vaters begonnen worden war. Auch eine Reihe theologischer und christologischer Streitschriften geht offenbar auf Zara Yaeqob zurück, und seine Regierungszeit war

Klosterschüler, die Ge'ez-Psalmen memorieren, Koholo Maryam, Tigray, © Ethio-SpaRe, Hiob-Ludolf-Zentrum für Äthiopistik, Hamburg

durch Kontroversen und Meinungsstreit geprägt. Etwa zu jener Zeit wurde eine neue Form von Hymnen, *Malke* (wörtlich „Gestalt") gedichtet, die die Körperteile eines Heiligen nacheinander pries, aber auch eine unverwechselbare, religiöse Poesie, bekannt als *Qene*, die mit Sprachbildern und unterschiedlichen Wortbedeutungen spielt. Auf diese Zeit geht auch die Übersetzung des *Fetha Nagast* („Das Gesetz der Könige") zurück, eine Sammlung kirchlichen und bürgerlichen Rechts, die bis in die erste Hälfte des 20. Jh. in Äthiopien befolgt wurde und bis heute in der Kirche gilt. Ungeachtet der Zertsörungen im 16. und frühen 17. Jh., welche die muslimischen Truppen unter Ahmad Grany anrichteten und ebenso die Wanderung der Oromo, war diese Periode gekennzeichnet durch ein Aufblühen der Literatur, durch Übersetzungen und Originalwerke wie die Königschroniken von Galawdewos, Minas, Sartsa Dengel und Susenyos. Eine weitere bedeutende Arbeit ist „Die Geschichte der Galla" von Abba Bahrey, eine kurze Ethnografie der Oromo und die Schilderung ihrer Einwanderung nach Äthiopien.

Mit dem Aufkommen von Texten in Amharisch, und ab dem 19. Jh. auch in Tigrinnya, ging die Schaffung neuer Ge'ez-Übersetzungen zurück. Vorhandene Texte wurden abgeschrieben, und auch religiöse Dichtung entstand weiterhin; neuartige Schöpfungen (unter Umständen aus älteren Quellen kopiert) kommen jedoch aus dem Bereich der Zaubersprüche, Verwünschungsformeln und Amulette.

Literatur: ENRICO CERULLI, *La letteratura etiopica*: *L'Oriente cristiano nell'unità delle sue tradizioni*, Milano 1968; GETATCHEW HAILE, „Gə'əz literature", *EAE* II, 736–741.

David Appleyard, SOAS, London

Tigrinnya-Literatur

Mittelalterliche Handschriften, deren Schreiber in den altäthiopischen Text unbeabsichtigt einzelne Wörter der eigenen Sprache einfließen ließen, gelten als Quelle für die ersten bezeugten tigrinischen Wörter. Die ersten selbständigen Texte dürften Muslime in Tigray mit arabischen Buchstaben geschrieben haben. Doch ist bisher kein Manuskript bekannt geworden, das älter als das 19. Jh. ist.

Älter sind die Märchen, Legenden und Rätsel, die seit der Emanzipation vom Altäthiopischen (Ge'ez), aus dem das Tigrinnya entstanden ist, erzählt werden. Doch ist diese reiche Literatur erst durch das Interesse westlicher Forscher etwas erschlossen worden. Ältere Manuskripte fehlen. Auch das regional vielfältige Gewohnheitsrecht dürfte zu den ältesten Texten gehören, die auf Tigrinnya verfasst sind. Doch sind diese erst durch die Initiative der Italiener in der *Colonia Eritrea* aufgezeichnet worden. Leider ist auch hier kein älteres Manuskript auf uns gekommen.

Von daher kommt den protestantischen (darunter vor allem den schwedischen) und auch katholischen Missionen das Verdienst zu, die ersten Tigrinnya-Hefte und Bücher veröffentlicht zu haben, die ein größeres Publikum erreicht haben. Die erste Übersetzung der Evangelien erschien 1867 in Basel. Von Bedeutung ist vor allem die von der schwedischen Mission herausgegebene erste vollständige Übersetzung der Bibel (Asmara 1909).

Als Beginn der nichtreligiösen Literatur gilt der 1895 in Rom veröffentlichte Bericht des Tigrayers Fesseha Giyorgis (1868–1931) über seine Reise nach Italien: *Bezaba enkab Tobbya ne-Italya mangaddun … toblahtan* = „Über eine Reise von Äthiopien nach Italien und die … Eindrücke davon". Er hat auch eine „Geschichte Äthiopiens" (*Tarik Ityopya*, bis 1890 reichend) geschrieben, die 1987 mit italienischer Übersetzung und später in Äthiopien veröffentlicht wurde. Über viele weltliche Dinge berichtet auch die ab 1909 für einige Jahre herausgegebene Zeitschrift *Malekti Salam* = *„Friedensbriefe"*. Während der Kolonialzeit (ab 1890) erschienen zweisprachige italienisch-tigrinische Handbücher.

Entfaltung als Literatursprache. Ein großer Fortschritt in der Entwicklung der Literatursprache begann mit der britischen Kolonialverwaltung ab 1941. Seit 1942 gab es eine Eritreische Wochenzeitung (*Nay Eretra samunawi gazetta*), die später mehrfach umbenannt wurde. Es begann die erste Blütezeit der Tigrinnya-Literatur. Sie wird mit Walda-Ab Walda-Maryam („Wolde-Ab Wolde-Maryam", 1905–1995) in Verbindung gebracht, der als Vater der modernen tigrinischen Sprache gilt. Er war ein führender Politiker, der sich in den 1950ern für eine bedingte Union mit Äthiopien einsetzte und als Herausgeber der genannten Wochenzeitung für die Popularisierung und Modernisierung der Sprache wirkte.

Damals wurden viele Werke übersetzt, wie *Robinson Crusoe* und Shakespeares *Romeo und Julia*. Eine besondere literarische Adaption des italienischen Romans *Marcellino pane e vino* wurde von Yeshaq Gabra-Iyasus unter dem Titel *Marqosay wayni mes hembashay* = „Mein Marqos – Wein mit meinem Brot" 1973 veröffentlicht.

Viele Werke behandeln Probleme des modernen Lebens in den Städten. Der Stil ist belehrend und moralisierend, so *Man-eyyu badalanya* = „Wer ist der Schuldige?" (1963) von Araya Balay („Belay") und *Meshat meshat mara* = „Jeden Abend Hochzeit" (1968), gemeint ist der Abend in einer Bar, von Abreha Gabra-Heywat. Es wurden aber auch politische und historische Themen behandelt. 1950 erscheint, obwohl viel früher verfasst, die Geschichte eines Eritreers, der in der italienischen Kolonialarmee in Libyen gedient hatte. Diese Kurzgeschichte mit dem Titel *Hada zanta* = „Eine

Geschichte" (1949) von Gabrayasus („Gebreyesus") Haylu gilt als erste Novelle der
tigrinischen Literatur. Es erscheinen weitere politische Novellen, wie *Way ana daqqay*
= „O meine Kinder" (1974) von Ababa Tasfa-Giyorgis („Abebe Tesfa-Giyorgis").

Berühmt ist der „(evangelische) Pfarrer und Lehrer" Musa Aron (1930–2011),
der großen Einfluss ausübte. Seine beiden nach Frauennamen benannten Romane
Warqeha (1965) und *Ambafrash* (1966) sind weithin bekannt und machten ihn zum
bedeutendsten tigrinischen Schriftsteller. Musa Aron arbeitete auch als Wissenschaftler
über das Tigrinnya und das Tigre, die zweitgrößte semitische Sprache Eritreas. Wichtig ist sein tigrinisches Bibelwörterbuch (*Nay Matshaf Qeddus mazgaba-qalat*, 1996).

Die reichen Volkstraditionen wurden verschiedentlich herausgegeben, so die Sammlungen von Yaeqob Gabra-Iyasus *Zennan taraten messelan nay qaddamot* = „Sagen,
Geschichten und Sprichwörter der Vorfahren" (1949) und Taklay Zawaldis *Wagi
qaddamot* = „Geschichten der Vorväter" (1967), u.a.

Mit der Aufhebung der Autonomie durch Äthiopien 1962 und die kommunistische Machtübernahme 1974 gewinnt das Amharische wieder stärker an Einfluss.

Unabhängigkeit. Die später siegreichen Befreiungsfronten in Eritrea und Tigray setzen sich für die Förderung des Tigrinnya ein, was zur Produktion von Literatur im
Untergrund führte. Eine neue Epoche beginnt dann mit der staatlichen Unabhängigkeit 1991 (offiziell 1993) von Eritrea und der regionalen Autonomie von Tigray
innerhalb Äthiopiens. Ab sofort erschienen in Asmara, der Hauptstadt Eritreas, zahlreiche Publikationen. Thematisiert wird vor allem der Freiheitskampf, sei es mit persönlicher Initiative oder vom Staat gefördert, s. z.B. in dem offiziellen Sammelband
Fangel (2015) mit persönlichen Kriegserfahrungen bei der Fenqil genannten Schlacht
um Metsewa 1990 und dem Sammelband mit den Kriegserfahrungen der weiblichen Kämpfer (2016). Noch bekannter ist Alam-Saggad Tasfay mit seinen Berichten:
Keletta qena ab defaat – zekrerat tawaseotat hatssarti zantatat = „Zwei Wochen im Graben – Erinnerungen, Schauspiele, kurze Geschichten" (1997, ²2005), die auch ins
Englische übersetzt wurden („Two Weeks in the Trenches", 2002). Darüber hinaus
beschäftigte er sich mit der Geschichte des Landes, wie zwei umfangreiche Werke
dokumentieren: *Ayneffalala* = „Wir trennen uns nicht! Eritrea 1941–1950" (2007)
und die Fortsetzung: *Fadarashen Eretra mes Ityopya …* = „Die Föderation Eritreas mit
Äthiopien – von Matienzo bis Tedla 1951–1955" (2005). Beide Werke wurden auch
ins Arabische, der zweiten halboffiziellen Landessprache, und das letztgenannte Werk
auch ins Tigre, zweitgrößte Sprache in Eritrea, übersetzt. Eine Fülle von Publikationen, die auf Tigrinnya und teilweise auf Englisch verfasst sind, ergeben sich aus den
staatlichen Funktionen des Staates Eritrea, so z.B. den „Zivilcode des Staates Eritrea"
(*Sivilawi heggi hagara Eretra*, 2015). Die Sammlung lokaler Traditionen, die verloren
zu gehen drohen, stehen immer wieder im Mittelpunkt des Interesses, so die wichtige
Sammlung von Gedichten und Liedern, die anlässlich von Hochzeiten und Begräbnissen vorgetragen werden (s. *Masan malqasen qaddamot* = „Hochzeitslieder und Kla-
gelieder der Vorfahren" 2012, von Salomon Tsahay).

In Tigray mit der Hauptstadt Meqele erlangt im Unterschied zu Eritrea die tigri-
nische Muttersprache zum ersten Mal in der Geschichte der Region gesellschaftliche
Anerkennung. Das Tigrinnya wird Schulsprache, was auf dem Buchmarkt zur Veröffentlichung von Kinderbüchern führt. Viele Schriftsteller fühlen sich ermutigt, literarische Arbeiten vorzulegen, darunter auch solche, die aus ihren Erfahrungen während
des Krieges berichten, wie Walda-Gabreel Taddeses *Maqarat gadli* = „Der Geschmack
des Kampfes" (2007), den Befreiungskampf in Tigray betreffend.

Es besteht Nachholbedarf für eine Darstellung der Geschichte Tigrays aus Sicht der Tigrayer. Im Mittelpunkt steht dabei der tigrayische Kaiser Yohannes IV. von Äthiopien, der von Gabra-Kidan („Gebre-Kidan") Dasta in *Embita antsar wararti =* „Widerstand gegen die Agressoren" (2013) ausführlich dargestellt wird. Außerdem wird der äthiopische General und Politiker Ras Alula in *Mawael rasi Alula Engeda* (1996) in dem Werk von Mulu-Warq Kidana-Maryam gewürdigt.

Die äthiopische Sprachakademie in Addis Ababa gab 1997 ein einsprachiges Tigrinnya-Wörterbuch (*Mazgaba-qalat Tegrennya be-Tegrennya*) heraus, das zwar nicht den Umfang des 1999 in Asmara veröffentlichten Wörterbuchs von Takkia Tasfay („Tekkie Tesfay"; *Zamanawi mazgaba qalat Tegrennya*) erreicht, dafür aber regionale Besonderheiten verzeichnet.

Für die Literatur in beiden Ländern charakteristisch ist die hohe Wertschätzung der Lyrik. Entsprechend hoch ist der Anteil von Gedichtbänden an der literarischen Produktion.

Im Unterschied zu Tigray gibt es in Eritrea eine gewisse Theatertradition, die auch während des Krieges im Untergrund gepflegt wurde. Theaterstücke dreier Autoren aus dieser Zeit, darunter der namhafte Schriftsteller Solomon Dirar, wurden ins Englische übersetzt: *Three Eritrean Plays* (2006).

Literatur: GHIRMAI NEGASH, *A History of Tigrinya Literature in Eritrea*, Leiden 1999, Trenton, Asmara ²2010; RAINER VOIGT, „Təgrəñña literature", *EAE* IV, 905–908.

Rainer Voigt, Berlin

Amharische Literatur

Der Beginn. Viele Jahrhunderte lang wurde äthiopische Literatur fast ausschließlich auf Ge'ez verfasst. Amharisch spielte eine wichtige Rolle als Kommunikationsmittel am königlichen Hof und fungierte als *Lingua franca* des äthiopischen Hochlands, schriftlich aber wurde es nur sporadisch eingesetzt. Die wenigen amharischen Texte, die zwischen dem 14. und der Mitte des 19. Jh. verfasst wurden, enthalten Lobgedichte auf den Kaiser, religiöse Abhandlungen, biblische Kommentare, aus dem Ge'ez übersetzte Gebete und historische Berichte. Die archaische Form des Amharischen, die in diesen Texten bezeugt wird und sich von der modernen Sprachform unterscheidet, wird Altamharisch genannt.

Das moderne Amharisch setzte sich in der zweiten Hälfte des 19. Jh. als literarische Sprache und schließlich als Vehikel der äthiopischen Literatur durch, als sich der Sekretär des Kaisers Tewodros II., *Alaqa* Zannab, des Amharischen anstelle des Ge'ez bediente, um die Königschronik von Tewodros abzufassen. Allmählich ersetzte Amharisch das Ge'ez auch in religiösen Werken und übernahm fast alle traditionellen Gattungen der ursprünglich auf Ge'ez geschriebenen Literatur. Später übernahmen äthiopische Schriftsteller die Gattungen Roman und Schauspiel aus der europäischen Literatur und führten damit neue, „weltliche" Themen ein. *Lebb wallad tarik* (wörtl. „Eine aus dem Herzen geborene Geschichte", d.h. „Imaginäre Geschichte") von Afawarq Gabra Iyasus, veröffentlicht 1908 in Rom, gilt als der erste amharische Roman und als Vorläufer der modernen amharischen Literatur.

Der eigentliche Begründer der amharisch-literarischen Fiktion war Heruy Walda Sellase, der u.a. die allegorische Erzählung *Wadaje lebbe* („Mein Herz ist mein Freund", 1922/1923) und den Roman *Addis Alam* („Die Neue Welt", 1932/1933) verfasste.

Letzteres Werk entwickelt ein wiederkehrendes Thema der modernen afrikanischen Prosa: ein junger Mann, der das Studium im Ausland beendet hat und an den rückständigen Ort seiner Vorfahren zurückkehrt. Das zentrale Anliegen der literarischen Tätigkeit von Heruy und vielen anderen äthiopischen Schriftstellern, insbesondere der frühen Periode, hatte eine moralische und didaktische Stoßrichtung. Die Idee der Literatur als Unterhaltungsform setzte sich erst gegen Ende des 20. Jh. durch. Die Kunst des Schauspiels begründete Takla Hawaryat mit *Fabula Ya-awrewoch komediya* („Fabel: die Komödie der Tiere", 1921), aber sie wurde vor allem in den 1930er Jahren durch Yoftahe Neguse verbreitet, der allegorische Stücke wie *Teqem yallabbat chawata* („Spiel mit etwas Nützlichem", 1930/31) schrieb.

Wiederbelebung: die Literatur nach 1941. Die literarische Produktion im Amharischen nahm nach dem Ende der italienischen Besetzung 1941 deutlich und breit gefächert zu. Schriftsteller verbesserten die künstlerische Raffinesse ihrer Werke und konzentrierten sich auf die Darstellung von Einzelpersonen, aber auch der Gesellschaft insgesamt. Die didaktische Absicht war noch vorhanden, nahm aber deutlich subtilere Formen an. So stellt Germachaw Takla Hawaryat in seinem Roman *Araya* („Gutes Beispiel", 1948/1949) den Generationenkonflikt in den Mittelpunkt und befürwortet gleichzeitig eine weitgehende Modernisierung Äthiopiens. Im Gegensatz dazu war Makwannen Endalkachaw, ein Anhänger traditioneller Privilegien für die Feudalschicht, mit dem Leben als Leidensquelle und der Eitelkeit der Welt beschäftigt (*Alam waratannya*, „Die unbeständige Welt", 1947/1948), ebenso in *Ya-dehoch katama*, „Die Stadt der Armen", 1956/1957).

Durch Kabbada Mikael mit seinem allegorischen Werk *Yatenbit qataro* („Verabredung mit der Prophezeiung", 1945/1946) und historischen Stücken wie *Anibal* („Hannibal", 1955/1956), wurde das äthiopische Drama wiederbelebt und fest etabliert. Alle diese Schauspiele folgen dem Modell der griechischen und klassischen französischen Tragödie. Tsaggaye Gabra Madhen, ein herausragender Dramatiker, führte aktuelle soziale Themen in das Drama ein. In *Ya-karmo saw* („Mann der Zukunft", 1965/1966) stellt er das Leben eines konformistischen Angestellten den rebellischen Handlungen seines Bruders gegenüber. *Ha hu baseddest war* („ABC in sechs Monaten", 1973) und seine drei anderen Stücke beschäftigen sich mit den chaotischen Jahren vor und während der Revolution von 1974. Eine Fortsetzung dieses Dramas, *Ha hu waym pa pu* („ABC oder XYZ", 1990), behandelt die politische Situation nach dem Fall des *Darg*-Regimes. Mangestu Lamma schrieb zwei Komödien, die er selbst ins Englische übersetzte: *Talfo bakise* („Greif zu und lauf oder Ehe durch Entführung", 1968/1969) und *Yalacha gabbecha* („Heirat der Ungleichen", 1964/1965). Ayyalnah Mulatu verfasste und inszenierte eine Reihe musikalischer Stücke.

Tsaggaye Gabra Madhen, © Chester Higgins Jr.

1949 veröffentlichte Taddasa Liban die erste Sammlung amharischer Kurzgeschichten: *Maskaram* („September"). Dieses Genre wurde von Schriftstellern wie Pawlos Nyonyo (*Debleqleq*, „Durcheinander", 1964/1965), Sebhat Gabra Egziabher (*Ammest seddest sabatt enna …*, „Fünf, sechs, sieben und …", 1988, in englischer Übersetzung: „Seeds and other stories" von Wendy Kindred, 2004), Adam Ratta (*Mahlet*, 1988/1989) und Asammenaw Baragga (*Ya Troya faras enna leloch achacher tarikoch*, „Das trojanische Pferd und andere Kurzgeschichten", 2001/2002) weiterentwickelt.

Bittere Unzufriedenheit mit einer von Korruption durchdrungenen Gesellschaft bestimmt den politischen Roman *Alewwalladem* („Ich möchte nicht geboren werden", 1962/1963) von Abbe Gubannya. 1966 veröffentlichte Haddis Alamayyahu einen der besten realistischen amharischen Romane, *Feqer eska maqaber* („Liebe bis ins Grab"), eine Liebesgeschichte im feudalen Gojjam um 1900. Eine Reihe von erfolgreichen Romanen erschien in den 1970er Jahren. Baalu Germas Erstlingswerk *Kadmas bashaggar* („Jenseits des Horizonts", 1969/1970) ist die psychologische Studie eines entmutigten Künstlers, der für viele junge Äthiopier jener Zeit steht. In seinen späteren Romanen *Yaqayy kokab terri* („Der Ruf des Roten Sterns", 1979/1980), *Haddis* (1983/1984) und *Darasiw* („Der Schriftsteller", 1980) beschäftigt er sich mit der Revolution, wobei er zunächst mit der kommunistischen Regierung ausdrücklich sympathisiert; später aber übt er heftige Kritik in seinem letzten Werk *Oromay* („Es ist vorbei", 1983). Das Thema der Revolution, dargestellt aus der Perspektive von zwei Familien, taucht auch in der Trilogie *Maebal* („Die Flut", 1979/80) von Berhanu Zaryehun auf. Dannyachaw Warqu in *Adafres* (1970) behandelt den Konflikt zwischen traditioneller und moderner Lebensweise und kritisiert den oberflächlichen Zeitgenossen der Revolutionsperiode.

Der unkonventionellste äthiopische Schriftsteller ist Sebhat Gabra Egziabher, dessen Romane obszöne Szenen enthalten, bzw. in einigen seiner Geschichten kommen Absurditäten vor. In seinen in den 1960er Jahren verfassten, aber wegen der Zensur erst sehr viel später erschienenen drei Werken, nutzt Sebhat einen naturalistischen Ansatz: *Letum aynagallenny* („Ich werde das Ende der Nacht nicht sehen", 2004, französische Übersetzung 2004 von Francis Falceto: „Les Nuits d'Addis Abeba"), das im Rotlichtviertel von Addis Ababa spielt. Zu erwähnen ist auch *Tekkusat* („Fieber", 1997) und *Sabattannyaw malak* („Der siebte Engel", 1999/2000). Mammo Weddenah schrieb eine beträchtliche Anzahl von Werken, darunter Romane wie *Mahbartannyochu*, („Mitglieder des Vereins", 1989/1990), und auch Spionagegeschichten. Die Völker des südwestlichen Äthiopien sind das Thema in der Trilogie von Feqramarqos Dasta: *KaBuska bastajarba* („Hinter den Buska-Hügeln", 1994/1995), *Ivangadi* (1997/1998) und *Yazarsiwoch feqer* („Die Liebe der Menschen", 1999; englische Übersetzung der Trilogie: „Land of the Yellow Bull", 2003). Neben Kurzgeschichten verfasste Adam Ratta drei Romane, darunter *Gracha qacheloch* („Graue Glocken", 2004/2005). Der Schriftsteller setzte die Erzähltechnik des Bewusstseinsstroms ein, um das psychologisch detaillierte Bild eines von seiner Familie misshandelten Jugendlichen zu schildern.

Lyrik. Die frühe amharische Poesie wurde in Form und Inhalt sowohl durch die mündliche Volksdichtung als auch durch das als *Qene* bekannte Genre des Ge'ez stark beeinflusst. Eine neue Literaturrichtung wurde von Mangestu Lamma begründet, der in seiner gut angenommenen Sammlung *Yagetem gubae* („Poetische Versammlung", 1957/1958) innere Gefühle beschrieb und stark betonte. Dichter, die neue poetische Formen und Ausdrucksmittel suchten, waren Solomon Deressa mit *Lejennat* („Kindheit", 1970) und Sayfu Mattaferya mit *Yatasfa eger berat* („Fesseln der Hoffnung", 1976). Gabra Krestos Dasta experimentierte mit einer visuellen Darstellung seiner 1955–1973

geschriebenen Gedichte: *Mangad setunny saffi, Expansive Pathway … Lifetime Traveler*
(„Gib mir einen weiten Weg, Ausgedehnter Weg … Lebenslanger Reisender", 2006,
englische Übersetzung und Übertragung im selben Band von Heran Sereke-Brhan).
In dem berühmten Poesie-Band *Esat way ababa* („Feuer oder Blume", 1973/1974)
veröffentlichte Tsaggaye Gabra Madhen Gedichte, die Themen wie uneingestandene
Liebe, Tod, die Kluft zwischen städtischem und ländlichem Leben, historische Ereignisse und die Natur behandeln. Andere berühmte amharische Dichter sind: Yohannes
Admasu (*Eski tatayyaqu*, „Lasst euch fragen", 1997/1998), Dabbaba Sayfu (*Yaberhan
feqre*, „Meine Liebe zum Licht", 1987/1988) und Faqada Azzaza (*Chuhat*, „Aufschrei",
1993). Ein vielversprechender junger Dichter ist Bawqatu Seyyum, dessen Gedicht-
sammlung ins Englische übersetzt wurde (*Hesasa sega*, „Die Suche nach Fett", 2012).

In jüngerer Zeit erschienen die Memoiren zahlreicher Persönlichkeiten des öffentlichen
Lebens (so z.B. *Dersana heywate*, „Die Geschichte meines Lebens" von Abarra Jambare,
2009/2010). Darüber hinaus kommt eine größere Zahl von Kinderbüchern heraus.

Alle hier genannten Titel stellen Werke von hohem künstlerischem Wert dar. Abgesehen davon gibt es eine große Anzahl von populärer Literatur für die breite Öffentlichkeit.

Im Gegensatz zu anderen Literaturen des subsaharischen Afrika, die sowohl in
den lokalen Sprachen als auch in den häufig als prestigeträchtiger geltenden europäischen Sprachen verfasst sind, wird die äthiopische Literaturszene vom Amharischen
dominiert. Englischsprachige Literatur spielt keine große Rolle. Die einander ab-
wechselnden Regierungen, einschließlich der gegenwärtigen, haben die literarische
Produktion in Äthiopien mehr oder weniger offen und strikt der Zensur unterworfen. Einige Werke wurden beschlagnahmt (*Oromay*), einige Stücke erhielten ein Auf-
führungsverbot (*Ha hu waym pa pu*), und einige schöpferische Arbeiten wurden wohl
im Keim erstickt.

Literatur: THOMAS LEIPER KANE, *Ethiopian Literature in Amharic*, Wiesbaden 1975; THOMAS LEI-
PER KANE, DENIS NOSNITSIN, GALINA BALASHOVA, „Amharic literature", *EAE* I, 238–246; RENATE
RICHTER, DENIS NOSNITSIN, MAGDALENA KRZYŻANOWSKA, „Poetry, Amharic", *EAE* V, 481–485.
(Nur für ganz wenige Werke liegen deutsche oder englische Übersetzungen vor; die deutsche Über-
setzung der amharischen Titel stammt von der Autorin des Artikels.)

Magdalena Krzyżanowska, Hiob-Ludolf-Zentrum für Äthiopistik, Hamburg

Oromo-Literatur

Bis vor wenigen Jahrzehnten existierte die Literatur der Oromo vor allem mündlich.
Ihre frühesten gedruckten Belege stammen aus der Mitte des 19. Jh.; es handelt sich
bei ihnen um einige kurze Gedichte über Weisheit, Liebe, gesellschaftliche Satire und
andere Themen, ferner um ein Gebet und drei Volkssagen. Das ausgedehnte Territorium, das die Oromo sprechenden Gemeinschaften besiedeln, die unterschiedlichen
sozialen Milieus, in denen sie während der vergangenen zwei Jahrhunderte lebten (die
traditionelle ländliche Lage, die vom *Gadaa*-Altersklassensystem geprägt war, regionale
Königtümer, städtische Gegebenheiten, Eingliederung in den äthiopischen Staat, etc.)
sowie ihre unterschiedlichen Religionen (traditionell, verschiedene Ausprägungen des
Islam, verschiedene christliche Konfessionen) haben ein erhebliches Maß an Unterschieden in zahlreichen Genres der oralen Oromo-Literatur hervorgebracht. Von 1844
und 1845 finden sich einige kurze Weisheitsgedichte, die Tutschek als *Makmaaka* und
Weedduu („Lied") bezeichnet. Der erstere Begriff wird heute eher im Sinn von „Sprichwort" verwendet, während der zweitgenannte heute kurze Gedichte über Liebe, gesell-

schaftliche Satire und andere Gegenstände bezeichnet, wie etwa auch die nachfolgende im Jahr 1844 veröffentlichte Klage eines zurückkehrenden Kriegers:

Silaa simalan yaaba	Soll ich ein Bambusrohr hochklettern?
Simalli dameen qabu	Bambusrohre haben keine Äste.
Silaa gandarran gala	Soll ich in's Dorf zurückkehren?
Gandatu wareen qabu.	Das Dorf hat keinen Respekt vor Ruhm.

An diesem *Weedduu* lassen sich einige formale Hauptmerkmale der Oromo-Dichtkunst ablesen:

– das Vorliegen eines Endreims, der in diesem Lied das Muster A-B-A-B hat;
– Zeilen haben dieselbe Silbenzahl, im vorliegenden Fall je sieben pro Zeile;
– Vokalparallelismus wirkt als wichtiges Stilmittel: *i-aa-(x-)a-a-a(a)-a* in den Zeilen eins und drei, versus *(x-)a-(x-)a-ee-a-u* in den Zeilen zwei und vier;
– Vorzug für gleiche Silbenzahlen in jedem Wort der sich reimenden Zeilen: zwei Silben – drei Silben – zwei Silben in den Zeilen eins und drei, versus drei Silben – zwei Silben – zwei Silben in den Zeilen zwei und vier;

Wortwiederholungen und syntaktische Parallelisierungen sind beliebte Stilmittel; vgl. *silaa* „soll ich" zu Beginn der Zeilen eins und drei; *-n qabu* „hat nicht" am Ende von Zeilen zwei und vier; *simala-* „Bambusrohr(e)" (im Objektskasus) und *simalli* „Bambusrohr(e)" (im Subjektskasus) in Zeilen eins und zwei; die Abfolge Subjekt – Objekt – *-n* „nicht" – Verb in Zeilen zwei und vier, etc.

Eines der hauptsächlichen poetischen Genres der Oromo ist der *Geerarsa*, traditionell das Triumphgedicht eines Kriegers über seine Heldentaten. Bei verschiedenen Oromo-Gruppen wurden Gedichte dieses Genres üblicherweise lautstark vorgetragen. Sie können die Tötung eines großen Wildtieres oder eines Feindes, aber auch Raubzüge zum Gegenstand haben, oder aber Herausforderungen durch einen Kriegsführer, Klagen über tote Helden, an Sieger gerichtete Bitten um Gnade, Darlegungen und den Lobpreis der eigenen Herkunft, Erklärungen bestimmter einzelner Ereignisse, oder Reflexionen über sich selbst. In den letzten Jahrzehnten haben längere *Geerarsa* auch politische Verhältnisse in den Ländern der jeweiligen Dichter zum Thema gehabt, insgesamt mit ausgeprägt politischen und nationalistischen Untertönen.

Religiöse Texte reagieren in besonderer Weise auf kulturelle Veränderungen in den Gemeinschaften, innerhalb derer sie vorgetragen wurden. Im Rahmen traditioneller Zeremonien, Feste und Opferungen werden üblicherweise nicht nur Gebete und Segenswünsche (sowohl in Prosa wie in Versform) mündlich vorgetragen, sondern ebenso Hymnen und Gesänge, beispielsweise die von vielen Autoren beschriebenen *Gadaa*-Lieder, *Ateetee*-Hymnen oder solche, die Regen herbeirufen sollen, etc. Auch Geisterkulte haben ihre je eigenen Gesänge, ebenso wie unterschiedliche Ausrichtungen des Christentums bei den Oromo ihre je eigenen geistlichen Lieder hervorgebracht haben; so etwa die Sabbat- und *Masqala*-Hymnen der westlichen Oromo oder die Pente-Lieder der Gujii-Pentekostalisten. Bei allen muslimischen Oromo sind *Manzuuma* zum Lobpreis wichtiger lokaler Heiliger oder des Propheten Mohammed sowie *Mawlid*-Lieder bekannt und verbreitet. Von mehreren Autoren intensiv untersucht wurden die besonderen *Baahroo*-Hymnen, die im Zusammenhang mit der kultischen Verehrung *Shaykh* Husseins in Bale gesungen werden.

Bei den westlichen Oromo ist *Weedduu jaalalaa* eine Gattung von Liebesliedern. Derartige Lieder können von erheblicher Länge sein, gestaltet unter Rückgriff auf einen reichen und entwickelten Wortschatz sowie komplexen literarischen Stilfiguren und Stilmitteln. Eine andere poetische Gattung sind die *Asmaarii*-Gedichte, die in der Region von Naqamte bei Hochzeiten und Festen zur Unterhaltung der Gäste gesungen werden. Die meisten Oromo-Gruppen kennen daneben weitere, weniger stark verbreitete dichterische Gattungen, die häufig auch als Männer- oder Frauenlieder bezeichnet werden. So singen zum Beispiel bei den Arsii ausschließlich junge Männer die kurzen *Weelluu*-Liebeslieder, die Baxter beschrieben hat; aufgrund ihrer sehr persönlichen und amüsant-vulgären Sprache werden sie nie in der Gegenwart von Älteren vorgetragen. Bei den kenianischen Gabra-Oromo heißen die Liebeslieder der jungen Männer *Faaruu*, und *Qarillee* die der jungen Frauen. Andere kleinere poetische Genres sind zum Beispiel Abschiedslieder, Arbeitslieder (wie etwa Lieder der Imker, Frauenarbeitslieder, Lieder der Männer beim Pflügen oder beim gemeinsamen Dreschen, etc.) und verschiedene Arten von Kinderliedern.

Eine Besonderheit der Oromo-Poesie besteht darin, dass ältere Quellen zwar die Namen versierter Sänger-Rezitatoren der oralen Dichtungen überliefern, jedoch keine Namen von bedeutenden individuellen Dichtern. Es gibt nur einige wenige Beispiele älterer Gedichte, bei denen auch die Urheber bekannt sind. Dies änderte sich jedoch in der zweiten Hälfte des 20. Jh. In dieser Zeit übten bekannte *Asmarii*-Dichter wie etwa *Abbaa* Qashuumee ihre Kunst unter den westlichen Oromo aus, während im Osten und Süden prominente Poeten wie *Sheek* Xaha Umar und Jaarsoo Waaqoo Qooxoo umfangreiche Dichtungen sozial- und zeitkritischen Inhalts schufen.

Weissager, die Künftiges prophezeien, kennt man in mehreren Oromo-Regionen. Ihre bedeutendsten Vertreter – wie zum Beispiel den Anfang des 20. Jh. verstorbenen Areeroo Boosaaro – bezeichnet man bei den Boorana als *Raaga*. Diese Weissager trugen ihre Prophezeiungen sowohl in Prosa als auch in Versen vor. Dank des italienischen Äthiopisten Cerulli verfügen wir über Proben älterer prophetischer Prosatexte von Jijjoo Bachoo, der unter den westlichen Oromo wirkte und auch als *Abbaa* Rajjii bekannt war.

Im 19. und im frühen 20. Jh. wurden die Gesetze und Entscheidungen traditioneller *Caffee* der Oromo häufig in Versen formuliert.

Über die Gedichte, die an den Höfen der westlichen Oromo-Herrscher vorgetragen wurden, ist nur sehr wenig bekannt. Man darf jedoch vermuten, dass diese Poesie in erheblichem Umfang aus politischen Dichtungen sowie Herrscher-Preisliedern bestand. Diese Höfe waren jedoch auch Schauplätze für den Vortrag von mündlichen Prosatexten, etwa von Narrengeschichten oder historischen Überlieferungen. Orale Geschichtschroniken wurden an den westlichen Höfen zum Lobpreis der edlen Herkunft und der großen Taten der Herrscher vorgetragen. Bereits zu Beginn des 20. Jh. waren sie jedoch nur noch den Ältesten bekannt. Doch auch andere als die westlichen Oromo-Gruppen besaßen mündlich tradierte Chroniken über die Taten ihrer Vorfahren. Unter den Boorana von Südwestäthiopien und Nordkenia überliefert man sie allem Anschein nach bis heute. Cerulli erwähnt auch „berufsmäßige Narren" wie zum Beispiel *Abbaa* Wadaajoo und gibt einige Proben von deren spaßhaften *Haasaa*-Geschichten. Derartige Narren – vergleichbar den *Achchawach* der Amharen – hatten ihren festen Platz an den Höfen der westlichen Oromo.

Seit dem 19. Jh. sind ursprünglich orale Oromo-Erzählungen auch im Druck erschienen, so dass heute umfangreiche entsprechende Sammlungen vorliegen. Man hat diese Erzählungen in mehrere Genres untergliedert. So gliedert sie beispielsweise eine 1963 erschienene Veröffentlichung als (1.) Geschichten über die Erschaffung der Welt und der Menschen; (2.) Geschichten über Rinder; (3.) fromme und moralisierende Geschichten, einschließlich solchen über alttestamentarische Motive; (4.) Geschichten über Dämonen; (5.) Tiergeschichten; (6.) Märchen, Abenteuergeschichten und Stammessagen.

Zu den kleineren Formen mündlicher Prosaliteratur zählen beispielsweise Sprichworte und Rätsel. Dabei zeigen erstere (die als *Makmaaka* oder *Mammaaksa* bezeichnet werden, wobei der zweite Begriff auch für kurze Weisheitsgedichte sowie belehrende Geschichten verwendet wird) eine Vielzahl von Typen und können z.B. als kurze Einzelsätze, aber auch als Folgen von zwei oder drei Einzelsätzen auftreten, und weiteres mehr. Wo Sprichworte zwei oder mehr Bestandteile aufweisen, haben diese Bestandteile üblicherweise die gleiche Silbenzahl und zeigen darüber hinaus strukturelle sowie lexikalische Parallelismen, mitunter sogar Alliteration. Wir finden in ihnen also mehrere der schon eingangs geschilderten formalen Merkmale wieder, die auch die Oromo-Dichtkunst kennzeichnen.

Ebenso wie Sprichworte weisen auch Rätsel (*Hiibboo*) eine formal organisierte Struktur auf. Darüber hinaus werden auch das Stellen von Rätseln selbst sowie der Versuch ihrer Beantwortung ritualisiert. Bei den westlichen und zentralen Oromo muss man eine Rätselfrage mit dem Ausruf „*Hiibboo!*" einleiten; darauf muss derjenige, der sie zu beantworten versucht, mit dem Ausruf „*Hiibbakka!*" antworten.

Schriftliche Literatur. Die früheste schriftlich verfasste Oromo-Literatur hatte überwiegend religiösen Charakter. So sind einerseits islamische Preislieder in *Ajami*, d.h. in für das Oromo angepasster arabischer Schrift, aus Wallo sowie dem Gebiet von Harar bekannt. Andererseits sind – etwa durch das Wirken von Krapf und Ruufoo, oder Onesimos Nasib – seit dem 19. Jh. Übersetzungen der Bibel oder von Teilen von ihr sowohl in lateinischer wie in äthiopischer Schrift entstanden. In jüngerer Zeit sind Übersetzungen der Bibel in das Oromo sowohl in Äthiopien als auch in Kenia erschienen.

Ein literarisches Hauptwerk ist das *Galla spelling-book* – *Jalqaba barsiisaa* von Onesimos Nasib und Ganon Aster, das 1894 in äthiopischer Schrift erschien. Es bietet u.a. Übersetzungen christlicher Heiligenlegenden aus der Zeit der Christenverfolgungen im Römischen Reich sowie Sammlungen traditioneller Volkserzählungen, Sprichwörter, Gedichte und Lieder (verschiedener Genres) der Oromo. Cerulli hat zahlreiche der *Jalqaba barsiisaa*-Texte nachgedruckt. In späteren Jahrzehnten wurden einige weitere Sammlungen von Sprichwörtern, Geschichten und traditioneller Dichtkunst veröffentlicht, insbesondere nachdem der *Darg* auch das Erscheinen von Büchern in anderen äthiopischen Sprachen als dem Amharischen erlaubt hatte, solange sie nur in äthiopischer Schrift geschrieben waren. Nun erschienen neue fiktionale Texte, insbesondere in der einflussreichen Oromo-Zeitschrift *Bariisaa*, die in Addis Abeba zu erscheinen begonnen hatte. Dazu zählen etwa die Revolutionsgedichte von Mahdi Hamid Muudee. In den 1970er und 1980er Jahren veröffentlichten auch mehrere Oromo im Exil sowohl Gedichte als auch fiktio-

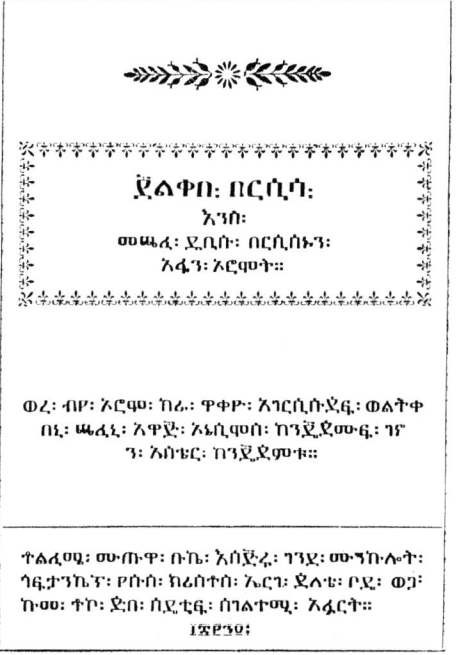

Jalqaba barsiisaa – innis macaafa dubbisuu barsiisanuun afaan Oromooti (Anfangseite des *Galla spelling-book*, Moncullo 1894

nale Prosa in ihrer Muttersprache, jeweils in lateinischer Schrift, allerdings nach unterschiedlichen orthographischen Regeln. Zu den bekanntesten unter ihnen zählt Tamene Bitima (Tammanaa Bitimaa), der in Deutschland im Exil lebte. Doch erst nach dem Sturz der Mengistu-Regierung 1991 und der offiziellen Anerkennung der als *Qubee* bezeichneten Oromo-Lateinschrift konnte sich, innerhalb des neuen föderalen politischen Systems in Äthiopien, eine Oromo-Schriftkultur fest durchsetzen. So erschienen in den Jahren 1995 und 1996 nahezu 30 Oromo-Schulbücher, und zugleich begann die Oromo-Regionalregierung damit, umfangreiche Sammlungen oraler Literatur aus dem gesamten Oromo-Bundesstaat zu veröffentlichen. Weiterhin wurden zahlreiche Oromo-Zeitschriften ins Leben gerufen, von denen viele sich jedoch nur kurze Zeit hielten. In Äthiopien erschienen *Biiftuu*, *Gadaa*, *Madda Walaabuu* und andere, und auch besonders in der europäischen und der nordamerikanischen Diaspora wurden zusätzlich zu den bereits existierenden Zeitschriften solche wie *Qunnamtii Oromiyaa* veröffentlicht.

Im Fernsehen sah man nun häufig zeitgenössische Spielfilme in Oromo, sogar Oromo-Theaterstücke brachte man heraus. So wurde beispielsweise 1991 *Dukanaan Duuba* von Dhaabaa Wayeessaa – einem der produktivsten und am meisten anerkannten Oromo-Autoren – am Nationaltheater aufgeführt. Obwohl er von Seiten der Regierung unter Druck stand und schließlich ins Ausland gehen musste, konnte Dhaabaa Wayeessaa zuvor auch noch andere Stücke im Radio oder auf der Bühne zur Aufführung bringen sowie darüber hinaus zwei Romane veröffentlichen. *Godaannisa* erzählt die Geschichte von den Schwierigkeiten eines Studenten, der danach strebt, seine Talente zu entfalten, und zugleich eine schwierige, doch schließlich glücklich endende Liebesgeschichte durchlebt. Demgegenüber erzählt *Gurraacha Abbayaa*, das zunächst in Episoden im staatlichen Radio ausgestrahlt wurde, die tragische Geschichte des Liebespaares Teetoo und Yenche aus dem Volk der Gumuz, also einer anderen äthiopischen Volksgruppe als den Oromo. Aufgrund der Gumuz-Tradition der Schwestertauschehe dürfen Teetoo und Yenche einander nicht heiraten. Daher wird die Schlüsselfigur Yenche von ihren Verwandten dazu gezwungen, einen anderen Mann zu heiraten – einen Mann, der schließlich sogar ihren geliebten Teetoo ermordet, woraufhin Yenche sich im Blauen Nil ertränkt. Andere bekannte Romane sind: *Kuusaa Gadoo* von Gaaddisaaa Birruu, wo korrupte Funktionäre, die sich bestechen lassen, mittellose Männer dagegen an die Front schicken und anschließend ihre Macht sogar dazu missbrauchen, die Frauen ihrer Opfer zu verführen; *Suuraa Abdii* von Kumsaa Buraayyuu, das die Geschichte eines Abiturienten erzählt, der nach der Schule auf der Suche nach einem besseren Leben nach Addis Ababa kommt; *Hawii* von Isaayyaas Hordofaa, *Imimmaan hadhaa* von Toleeraa Fiqiruu, usw.

Nachdem unterdessen etliche Sammlungen traditoneller oraler Poesie vorliegen und in erheblichem Umfang Lieder und Gedichte aus dem Bereich der politischen Aktivitäten oder auch des bewaffneten Kampfs erschienen sind, haben in jüngster Zeit einige eher selbstbezogene Dichter damit begonnen – sowohl in Äthiopien als auch in der Diaspora –, ihren persönlichen Empfindungswelten nachzuspüren und sich Themen zu erschließen, die ihnen näherstehen, worüber heute auch andernorts international in der Poesie geschrieben wird. Diesen Trend vertreten beispielsweise Autoren wie Asafaa Tafarraa Dibaabaa, Taha Abdi und Zalaalam Abarra.

Literatur: GIORGIO BANTI, „Folktales in Oromiffaa", *EAE* II, 559–560; GIORGIO BANTI, „Oromo oral literature", *EAE* IV, 65–69; PAUL T.W. BAXTER, GADDISA BIRRU, „Contemporary writing in Oromiffaa", *EAE* IV, 70–73.

Giorgio Banti, Università degli Studi di Napoli „L'Orientale"

Orale Literatur

Der Begriff orale Literatur ist in den letzten Jahrzehnten heftig diskutiert und häufig neu definiert worden. Er kann allgemein als jede Art mündlich erzählter Ausdruckskunst beschrieben werden. Dazu gehört eine breite Palette von Formen wie Ritualtexte, Heilgesänge, epische Gedichte, Volksmärchen, Schöpfungsgeschichten, Lieder, Mythen, Zaubersprüche, Legenden, Sprichwörter, Rätsel, Zungenbrecher, historische Erzählungen und so weiter. Die orale Literatur ändert sich ständig durch sich selbst. Darüber hinaus haben die Verbreitung der Alphabetisierung und die Verfügbarkeit neuer Kommunikationstechnologien erhebliche Änderungen bewirkt. So führen die jüngsten rasanten sozioökonomischen Veränderungen und vereinheitlichenden Effekte der Globalisierung zu Herausforderungen für den Erhalt der kulturellen Vielfalt, insbesondere für kleinere Kultur- und Sprachgruppen.

Die erste systematische Studie zur oralen Literatur in Afrika wurde von Ruth Finnegan verfasst (veröffentlicht 1970). Sie verfolgt allgemeine Merkmale des historischen Hintergrunds und Besonderheiten der oralen Literaturen am Horn von Afrika. Doch während wir jetzt über detaillierte Studien über die größten Sprachgemeinschaften am Horn von Afrika verfügen – wie beispielsweise die Amhara, Tigrinnya-Sprecher, die Oromo, Somali und Afar –, kennen wir nur bestimmte Aspekte über weitere Gruppen und verfügen über sehr wenige Informationen über noch andere.

In Äthiopien finden wir eine weit zurückreichende Tradition der schriftlichen Literatur, die mit Christentum und Islam verbunden ist. Nichtsdestoweniger gedeiht besonders bei vielen Gruppen ohne Schrift eine reiche Vielfalt oraler Literaturen in zahlreichen äthiopischen Kulturen und im weiten Horn von Afrika. Diese wurden vor allem unter den Aspekten der Sprachwissenschaft, Anthropologie, Ethnomusikologie, der Performance-Studien und der Kulturstudien analysiert, kaum jedoch als Objekt literarischer Studien.

Gattungen der oralen Literatur. Die orale Literatur am Horn von Afrika kann in größere und kleinere Dichtung und weitere andere Gattungen gegliedert werden. Innerhalb der Kategorie der größeren oralen Poesie unterscheiden wir zwischen religiösen und weltlichen Genres.

Beispiele religiöser Genres umfassen *Qene*, Hymnen zum Gotteslob und zum Lob der Heiligen, improvisiert von den *Dabtara* in Ge'ez und Amharisch in der Äthiopisch-Orthodoxen Kirche. Diese sind nach strengen Regeln in Form und Inhalt komponiert und ergeben einerseits eine unmittelbare und daneben eine tiefere und dennoch aufzudeckende Deutung. Im islamischen Ritual gibt es eine reiche Vielfalt von Hymnen, die sich oft in einer geschriebenen Form und einer oralen Darbietung präsentieren und auf Arabisch und/oder in mehreren lokalen Sprachen komponiert sind. Wichtige Beispiele sind die *Manzuma*-Poesie auf Amharisch, Oromo und in anderen Sprachen, *Zikri* im Harari, Oromo und anderen Sprachen, sowie *Mablud* im Afar und *Nazme* im Saho.

Im Bereich der säkularen Poesie sind Preisgedichte weit verbreitet wie zum Beispiel *Fukkara* und *Qararto* im Amharischen und *Geerarsa* im Oromo. *Maanso* ist ein somalischer Begriff, der Poesie im Allgemeinen bezeichnen kann, oder genauer Genres von höherem Status, die meist Stellungnahmen bieten und von einem bekannten Autor stammen. Die somalische Dichtkunst ist durch Alliteration gekennzeichnet, sie basiert auf Silbenlänge und Silbenzählung sowie auf einer anspruchsvollen poetischen Diktion, häufig mit selten benutzen Wörtern.

In der kleineren oralen Poesie und den Liedern gibt es ein weitverbreitetes Repertoire an Hochzeits- und Arbeitsliedern. Unter den zahlreichen regionalen Traditionen hat sich in Harar ein Repertoire der Hochzeitslieder (*Gey faqar*) entwickelt, das seit Jahrhunderten praktiziert wird. Normalerweise wird es von einer oder zwei Frauen, begleitet von einer kleinen Trommel (*Karabu*) dargeboten. Die Lieder enthalten formelhafte und improvisierte Elemente. Die Themen, die früher von Religion, Patriotismus und Freundschaft handelten, konzentrieren sich jetzt auf Liebe und Ehe. Als Beispiel nennen wir aus der kleineren oralen Poesie auch das somalische *Hees*, eine Kategorie eher kurzer Gedichte ohne namentliche Autoren, die mit Arbeit und Tanz verbunden sind und einen niedrigeren Status als die *Maanso*-Genres haben. Die Arbeitslieder der Männer behandeln Kamele-Tränken und Kamele-Beladen, Arbeitslieder der Frauen behandeln Routinearbeit im Haushalt.

Performance. Die Darbietung der oralen Literatur in Äthiopien zeigt sich in einer breiten Vielfalt der Gattungen, die in ihrem speziellen Darstellungs- und kulturellen Zusammenhang beschrieben werden sollen. Das gewöhnliche Szenario ist das eines Darstellers, der vor dem Publikum einen mündlichen Text vorträgt. Die Darsteller sind häufig Solisten, aber es gibt auch Fälle von Duos (z.B. *Jaliyei* und *Kotankot* in Harar), und auch angegliederte Gruppenvorführungen (z.B. Gruppengesänge in den Heldenliedern *Geerarsa* und den Viehlobliedern *Faaruu loonii* der Arsi-Oromo). Das Zusammenspiel zwischen Darsteller(n) und Publikum spielt eine außerordentlich bedeutende Rolle, da sie oft dazu dient, soziale Normen und Ideologien zu stärken, dokumentiert z.B. beim Geschichtenvortrag bei den Gujji-Oromo in Südäthiopien.

Die Beobachtung der akustischen Dimension der Darbietungen zeigt, dass es eine Entwicklung von der Alltagssprache zum ausdrücklichen Singen gibt, von den prophetischen Prosatexten der Wahrsager (z.B. *Raaga* unter den Boorana) zu den reichlich geschmückten Liedern, präsentiert von Sängern (z.B. *Wali* bei den Harari). Der dargebotene orale Text kann von anderen Stimmen, Musikinstrumenten oder von Tanz begleitet werden.

Darsteller. Die Darsteller der oralen Literatur können von Spezialisten bis zu Laien der gesellschaftlichen Gruppen reichen, die an alltäglichen Darbietungen von Wiegenliedern, Sprichwörtern, Rätseln und Kinderliedern teilnehmen.

Azmari sind Wandermusiker oder Balladensäger, die, begleitet von der einsaitigen

Religiös-islamischer Gesangsvortrag, Harar, © Accademia Nazionale di Santa Cecilia, Roma, Foto Simone Tarsitani

Geige *Masenqo* über Leben, Nachrichten, die äthiopische Heimat sowie über persönliche Dinge wie Liebe, Konflikt und Arbeit singen. In der Vergangenheit wurden die *Azmari* von Adeligen eingestellt, um ihre Taten zu preisen. Diese traditionelle Rolle als Lobsänger von erheblichem Status ist allmählich verloren gegangen; heute genießen sie den Ruf als Darsteller, die nicht selten Kritik austeilen.

Eine andere Gattung von Wanderdarstellern ist der *Lalibala* (pl. *Lalibaloch*), der traditionale Sänger in Nordäthiopien. Die Sänger gehen von Tür zu Tür, singen und betteln um Almosen und verheißen Segen. Sie präsentieren sich meist paarweise und tragen ein Duett oder ein Solo nach einem bestimmten Schema vor. Wenn sie in die Häuser eingeladen werden, stützen sie sich auf eine Mischung von vorliegenden Schemata und von Improvisationen über die Leute, bei denen sie sind. *Azmari* und *Lalibaloch* sind über lange Zeit ererbten Rollen mit unterschiedlichem Geschick gefolgt. Heute häufig von niedrigem Status gekennzeichnet: die *Lalibaloch* sind insbesondere mit der weitverbreiteten Ansicht stigmatisiert, sollten sie aufhören zu singen und betteln, würden sie an Lepra erkranken.

Orale Literaturtraditionen können auch in einer Reihe anderer Zusammenhänge beobachtet werden: von den einsamen Darbietungen der Amhara-Hirten auf dem Lande in Westgojjam bis hin zum fröhlichen Gruppengesang während der christlichen Feier des Verklärungsfestes oder bei *Buhe*, wenn Kindergruppen herumgehen und „Hoya-Hoye" singen, ein Loblied auf die Hausherren, die ihnen Süßigkeiten, Geld oder Snacks (*Buhe*) für ihre Vorführung geben mögen. Eine der sehr weitverbreiteten Gelegenheiten für die Darbietung oraler Literatur sind Hochzeiten, in vielen äthiopischen Kulturen von Poesie mit einer Mischung von Unterhaltung und Feier der Veranstaltung begleitet. Live-Tanz und Gesangsdarbietungen von *Azmari* kann man in Bars namens *Azmari bet* im Kazanchis-Viertel in Addis Ababa finden. Dies ist eine allgemeine Möglichkeit, um erstmals persönlich in die weitverbreitete Gattung der traditionellen gesungenen Poesie und den Tanz Äthiopiens eingeführt zu werden.

Literatur: GIORGIO BANTI, „Maanso", *EAE* III, 610–612; ID., „Oral literature", *EAE* IV, 38–42; ID., „Oromo oral literature", *EAE* IV, 65–69; ELIZABETH LAIRD, *When the World Began: Stories Collected in Ethiopia*, Oxford 2000; *http://www.ethiopianfolktales.com.*

Simone Tarsitani, Durham University

Christlicher Kalender

Der alexandrinische Kalender. Der Kalender der Äthiopisch-Orthodoxen Kirche folgt dem alexandrinischen Jahr und übernimmt die antike Gliederung des Jahres zu 12 Monaten je 30 Tage, und fügt einen „kleinen Monat" von fünf Tagen (sechs Tage im Schaltjahr) hinzu. Das Jahr beginnt am 29. August julianischen Kalenders (11. September unseres gregorianischen Kalenders); abweichend davon das Johannesjahr, das einen Tag später beginnt, weil das Lukasjahr ein Schaltjahr von 366 Tagen ist. Die Jahre sind in Vierergruppen gegliedert; jedes Jahr ist nach einem Evangelisten benannt (Matthäus, Markus, Lukas und Johannes).

Die Monate werden hier aufgeführt. Den äthiopischen Namen folgen die griechisch-koptischen und arabischen Bezeichnungen, danach die entsprechenden Daten im julianischen Kalender, gefolgt vom gregorianischen Kalender, der sich bis zum Jahr 2100 um 13 Tage verschiebt; im Johannesjahr wird ein Tag vom 1. Maskaram bis zum 4. Maggabit angefügt.

Äthiopisch	Griechisch-koptisch/Arabisch	Julianisch	Gregorianisch
1) Maskaram	Thoout, Tut	29. August	11. September
2) Teqemt	Phaophi, Babah	28. September	11. Oktober
3) Hedar	Athyr, Hatur	28. Oktober	10. November
4) Tahsas	Khoiak, Kihak	27. November	10 Dezember
5) Terr	Tybi, Tubah	27. Dezember	9. Januar
6) Yakkatit	Mekheir, Amshir	26. Januar	8. Februar
7) Maggabit	Phamenoth, Baramhat	25. Februar	10. März
8) Miyazya	Pharmouthi, Barmudah	27. März	9. April
9) Genbot	Pakhon, Bashans	26. April	9. Mai
10) Sane	Pauni, Baunah	26. Mai	8. Juni
11) Hamle	Epiphi, Abib	25. Juni	8. Juli
12) Nahase	Mesore, Misra	25. Juli	7. August
13) Pagwemen	Epagomenai, Ayyam al-nasy	24. August	6. September

Tabelle 13: Synopse von äthiopischem, griechisch/koptisch-arabischem, julianischem und gregoriani-
schem Kalender

Diese Zeitrechnung wird vielfach „Jahr der Gnade" oder *Anno Misericordiae* oder *Amata Mehrat* (= AM) genannt. Sie setzt 7 2/3 Jahre später als die christliche Ära (Common era = CE) ein. So entspricht z.B. der 1. Maskaram 2000 AM dem 12. September 2007 CE. Die Differenz zwischen beiden Zeitrechnungen ergibt sich aus einer unterschiedlichen Berechnung des Geburtsjahres Christi. Es wurde in Alexandria im frühen 5. Jh. über bestimmte Aussagen in der Bibel ermittelt, die man mit dem auf den Osterzyklus abgestimmten Zeitpunkt der Erschaffung der Welt in Einklang brachte.

Das Kirchenjahr: die Zeitabschnitte. Das ganze Jahr ist in eine drei- oder vierfache Struktur gegliedert, worin sich die liturgischen Zeiten einfügen:

(a) Vier-Perioden-Struktur mit (1) Zeit des Windes: *Masaw* (6. Oktober–3. Januar); (2) Trockenzeit: *Hagay* (4. Januar–3. April); (3) Saatzeit bzw. kleine Regenzeit: *Balg* (4. April–2. Juli); (4) Regenzeit: *Keramt* (3. Juli–5. Oktober).

(b) Drei-Perioden-Struktur, mit Einfluss auf die Liturgie des Gottesdienstes mit (1) *Yohannes* (11. September–9. Dezember), umfasst den Anfang des Jahres; (2) *Astamhero* („Flehen um Gnade", 10. Dezember–8. April); (3) *Fasika* (Ostern bis Jahresende, Periode mit zwei Zyklen von Auferstehung und Regenzeit [*Keramt*]).

Darüber hinaus ist das liturgische Jahr in 20 feststehende Perioden sowie zehn bewegliche Perioden gegliedert, die zum Zyklus der Auferstehung gehören.

Fasten. Die Fastenzeiten üben großen Einfluss auf das Leben der äthiopischen Christen aus. Man fastet bis zum Mittag oder Nachmittag, üblicherweise bis 15 Uhr, ohne zu essen oder zu trinken, und enthält sich tierischer Nahrungsmittel. Fasten bedeutet auch, dass Eheleute sexuell enthaltsam bleiben. Die Liturgie folgt einem besonderen Ablauf, spezielle liturgische Bücher finden Einsatz. Die Liturgie (*Qeddase*) wird jeden Tag gefeiert, sofern die Gemeinde die Voraussetzungen für den Gottesdienst gewährleisten kann. An den Wochentagen feiert man die Liturgie nach 12 Uhr, samstags und sonntags am Morgen, sofern die Abstinenz eingehalten wird. Der eingesetzte Hymnus ist üblicherweise der des „Ge'ez".

Die Äthiopische Kirche kennt sieben Fastenzeiten, wobei einige nur für Mönche und Priester gelten: das Fasten von (Berg) *Qwesqwam* (40 Tage, 6. Oktober–15. November);

Temqat-Prozession, © Serge Dewel-Mouton

Fasten der Propheten (43 Tage, 25. November–7. Januar, es umfasst Weihnachten, wobei Heiligabend und Epiphanie *Gahad* genannt werden – alle Gläubigen fasten); Fasten von Nineveh (3 Tage, am Montag, Dienstag und Mittwoch der 10. Woche vor Ostern); Großes Fasten (mit 55 Tagen Dauer, auch samstags und sonntags, da wenn Abstinenz geboten ist, dieses besteht aus drei Partien: das Fasten von Heraclius [1 Woche]; das Fasten Christi [40 Tage] und die Passion oder die Karwoche, 8 Tage, beginnend am Freitagabend vor Palmsonntag bis Ostersonntag); Fasten der Apostel (unterschiedliche Länge: 7 bis 42 Tage, beginnt am Montag nach Pfingsten und dauert bis 12. Juli, Fest der Hl. Petrus und Paulus); Fasten der Erlösung, jeden Mittwoch und Freitag im Jahr, außer von Ostern bis Pfingsten und von Weihnachten bis Epiphanie, sollten sie auf diese Wochentage fallen; das Fasten Mariä Himmelfahrt (15 Tage, 7.–21.August).

Hauptfeste und Heiligenkalender. Die Heiligentage sind Gedenkfeiern an festen Monatstagen, die sich durch das gesamte liturgische Jahr ziehen, sowie ein monatlicher Zyklus, der parallel läuft. Es gibt Feste des Herrn, Feste Unserer Jungfrau und der Heiligen.

Zum Vergleich ist hier, wenn der äthiopische Name von der Übersetzung abweicht, der übliche westliche Name in Klammern hinzugefügt, gefolgt vom entsprechenden Datum julianischen Kalenders, gefolgt vom entsprechenden Datum des gregorianischen Kalenders, nach dem Symbol „=" (ohne Berücksichtigung des Schaltjahres).

Feste Unseres Herrn Jesus Christus

1. Menschwerdung (*Tesbe'et*), 29. Maggabit (Mariä Verkündigung, 25. März = 7. April)

2. Geburt (*Ledat*), 29. Tahsas (25. Dezember = 7. Januar)

3. Taufe (*Temqat*), 11. Terr (6. Januar = 19. Januar) und das Wunder von Kana in Galiläa (*Qana za-galila*), 12. Terr (zugleich Gedenken an die Rückkehr Kaiser Hayla Sellases am 12. Terr 1933 AM = 20. Januar 1941 CE)

4. Verklärung, das ist Berg Tabor (*Dabra tabor*), 13. Nahase (6. August–19. August)

5. Erhöhung des Kreuzes (*Masqal*), 17. Maskaram (14. September = 27. September) – dieses Fest ist den großen Festen unseres Herrn gleichgeachtet und wird daher überall in ähnlicher Weise gefeiert

6. Beschneidung des Herrn (*Gezrat*), 6. Terr (1. Januar = 14. Januar)

7. Darstellung des Herrn im Tempel (*Semon*), 8. Yakkatit (2. Februar = 15. Februar)

8. das Kreuz (*Masqal*), 10. Maggabit (6. März = 19. März)

Feste Unserer Herrin Maria

Kaiser Zara Yaeqob (reg.1434–1468) etablierte insgesamt 33 Feste zu Ehren der Jungfrau, „zu beachten wie Sonntage". Gleichwohl bestehen fünf Hauptfeste, wobei Mariä Himmelfahrt in allen Kirchen gefeiert wird, das letzte hat Vorrang gegenüber dem Sonntag:

1. Entschlafen (*Erafta*), 21. Terr (16. Januar = 29. Januar)

2. Bund der Barmherzigkeit (*Kidana mehrat*), 16. Yakkatit (10. Februar = 23. Februar)

3. Geburt (*Ledata*), 1. Genbot (26. April = 9. Mai)

4. Weihe ihrer Kirche in Philippi (*Qeddase beta*), 21. Sane (15. Juni = 28. Juni)

5. Mariä Himmelfahrt (*Felsata*), 16. Nahase (9. August = 22. August)

Gedenktage der Heiligen

Der Heiligen wird gedacht in den Werken *Getsawe* und *Senkessar*, zwei Büchern, die sich in Wesen, Inhalt und Geschichte unterscheiden. Zusätzlich zu den Heiligen, die die gesamte Christenheit gemeinsam beachtet (Propheten des Alten Testaments, Apostel, Engel, Hl. Georg, usw.), und den koptischen Heiligen (z.B. Petrus von Alexandria), gibt es eine Anzahl besonderer äthiopischer Heiliger (z.B. die Könige Abreha und Atsbeha, Gabra Manfas Qeddus, Yared der Hymnenschreiber, usw.).

Der monatliche Zyklus der Heiligenverehrung

Der äthiopische monatliche Zyklus gruppiert die Gedenktage, die von den Gläubigen verehrt werden. Weil ein praktischer Kalender, ist er im weiten Gebrauch, auch wenn er keinen besonderen religiösen Zweck verfolgt.

Hier folgen einige der populären Gedenktage mit dem Hauptdatum des Gedenkens.

1) *Ledata*: Geburt Unserer Herrin Maria (1. Genbot)

3) *Baata*: Marias Tempelgang (3. Tahsas)

7) *Sellase*: die Heilige Dreifaltigkeit (7. Hamle und 7. Terr)

12) *Mikael*: Erzengel Michael (12. Hedar und 12. Sane)

16) *Kidana mehrat*: der Bund Marias (16. Yekkatit)

21) *Egzeetena Maryam*: Unsere Herrin Maria (21. Terr)

23) *Giyorgis*: der Hl. Georg von Lydda (23. Miyazya)

27) *Madhane alam*: der Erlöser der Welt (27. Maggabit und 27. Teqemt).

Literatur: Emmanuel Fritsch, Ugo Zanetti, „Calendar, Christian", *EAE* I, 668–672; Emmanuel Fritsch, *The Liturgical Year and the Lectionary of the Ethiopian Church. The Temporal: Seasons and Sundays* (= *Ethiopian Review of Cultures*, Special Issue, 9–10), Addis Ababa 2001.

Emmanuel Fritsch, Lyon, Ugo Zanetti, Chevetogne

Islamischer Kalender

Die Grundstruktur des islamischen Mondkalenders geht auf zwei Koranverse zurück. Danach gliedert sich das Jahr in 12 Monate von abwechselnd 30 und 29 Tagen (Koran 9,36), wobei nur die tatsächliche Beobachtung der Mondphasen den Lauf der Zeit anzeigt (Koran 9,37). Dieser Vers beendet die vorislamische Praxis der Zwischenschaltung eines Monats, die dazu diente, die Distanz zwischen der festgelegten Zahl der jährlichen Tage und dem alljährlichen Mondzyklus zu überbrücken, der 354 Tage, 8 Stunden, 48 Minuten und 36 Sekunden umfasst. Das aber steht in keiner festen Beziehung zu den jahreszeitlichen Veränderungen, und so durchwandert innerhalb von 32 Sonnenjahren jeder islamische Mondmonat alle Jahreszeiten. Die islamisch-lunare Zeitrechnung beginnt traditionsgemäß mit der sog. (ersten) *Hijra*, dem Auszug des Propheten Mohammed und seiner Gefolgsleute aus Mekka und ihrer Übersiedlung nach Yathrib (Medina) am 16. Juli 622 A.D. (Im Lauf der Zeit wurden Umrechnungstafeln sowie mathematische Formeln erstellt und in jüngerer Zeit Computerprogramme entwickelt, um Daten des christlichen Sonnenkalenders in solche des islamischen Mondkalenders umzurechnen, und umgekehrt.)

Die Monatsnamen des islamischen Kalenders sind ursprünglich arabisch: *Muharram* (30 Tage); *Safar* (29 Tage); *Rabi al-awwal* (30 Tage); *Rabi al-thani* (29 Tage); *Jumada al-ula* (30 Tage); *Jumada al-akhira* (29 Tage); *Rajab* (30 Tage); *Shaban* (29 Tage); *Ramadan* (30 Tage); *Shawwal* (29 Tage); *Dhu al-qada* (30 Tage); *Dhu al-hijja* (29 Tage).

Die Daten der muslimischen Feste werden nach der Beobachtung der Mondphasen und der Abfolge der Monate im islamischen Kalender festgelegt. Dies betrifft z.B. den Beginn des Fastenbrechens während des Monats Ramadan, dem neunten Monat des Mondkalenders; das Opferfest (*Id al-adha* oder *Al-id al-kabir* auf Arabisch, *Arafo* bei äthiopischen Muslimen – gewidmet dem Gedenken an Abrahams Opfer) am 10. *Dhu al-hijja*, dem 12. Monat des Kalenders; den Geburtstag des Propheten Mohammed (*Mawlid*) am 12. *Rabi al-awwal*, dem dritten Monat des Kalenders; das Fest von *Ashura*

Gemeinschaftsgebet am Ende des Ramadan, © Ethiopian Tourism Organization

am 10. *Muharram*, dem ersten Monat des Kalenders; das Ende des Fastens im *Ramadan* (*Id al-fitr* oder *Al-id al-saghir*) am 1. *Shawwal*, dem zehnten Monat des Kalenders.

In Gebieten, in denen der Heiligenkult besonders gepflegt wird, organisiert man jährliche Pilgerfahrten zu den Schreinen (*Ziyara*).

Die Tage beginnen stets bei Sonnenuntergang. Die Wochen bestehen aus sieben Tagen, deren arabische Namen sind diese: *Al-sabt, Al-ahad, Al-ithnayn, Al-thulatha, Al-arba'a, Al-khamis, Al-juma*. Freitag ist der wöchentliche Feiertag, es ist der Tag des Gemeinschaftsgebets (*Salat al-juma*), dem eine Predigt (*Khutba*) vorausgeht und mittags in der Moschee stattfindet.

In Äthiopien (wie in vielen anderen nichtarabischen islamischen Ländern) finden auch lokale Bezeichnungen für die Monate Anwendung, die sich manchmal aus dem Hauptfest im Laufe des Monats ergeben. In Harar sind z. B. die folgenden Namen üblich: *Ashura* (= *Muharram*); *Nadi mawlud* (= *Rabi al-awwal*); *Kuottan mawlud* (= *Rabi al-thani*); *Shishtan mawlud* (= *Jumada al-ula*); *Raga soman* (= *Rajab*); *Suti wahri* (= *Shaban*); *Arafa* (= *Dhu al-hijja*). Bei den Somali werden verschiedene Namen verwendet, die am weitesten verbreiteten sind diese: *Cashuro* (= *Muharram*); *Sako* (= *Safar*) *Mawlid* (*Rabi al-awwal*); *Rajal* oder *Malmadoon* (= *Rabi al-thani*); *Sabbuux* (= *Rajab*); *Soondheere* (= *Shaban*); *Soonqaad* (= *Ramadan*); *Soonfur* (= *Shawwal*); *Sidataal* (= *Dhu al-qada*); *Carrafo* (= *Dhu al-hijja*).

Seit Beginn der islamischen Präsenz in Äthiopien haben sich die Muslime in der Region des islamischen Kalenders bedient, sowohl im öffentlichen als auch im privaten Leben. Islamische Begräbnis- und Gedächtnisinschriften, historische Texte und Privatbriefe sind sämtlich nach dem islamischen Kalender datiert.

Der früheste Beleg für den Einsatz des islamischen Kalenders in Äthiopien ist verzeichnet in einer in Endarta gefundenen Grabinschrift: 8. *Dhu al-qada* 396 (= 6. August 1006 A.D.). Chronologische Herrscherlisten, historische Texte und Notizen sowie offizielle Aufzeichnungen in den islamisch geprägten Regionen Äthiopiens, insbesondere in der Stadt Harar, wurden stets nach dem islamischen Kalender datiert. Das älteste aufgenommene Datum dieser Art des Schrifttums ist das Jahr 283 A.H. (= 896–897 A.D.). Desgleichen verwenden Kolophone (Schlussformeln) islamischer Manuskripte Äthiopiens den islamischen Kalender (das früheste bisher bekannte äthiopisch-islamische Kolophonium trägt das Datum 1104 A.H. = 1693 A.D.).

In Äthiopien ist es inzwischen nicht ungewöhnlich, Daten nach dem islamischen Kalender zusammen mit den christlich-äthiopischen Entsprechungen einzusetzen. In der Vergangenheit war dies insbesondere bei Briefen üblich, die christlich-äthiopische Amtsträger an muslimische Herrscher innerhalb und außerhalb Äthiopiens richteten. Heute werden islamische Presseerzeugnisse und literarische Werke auf Amharisch sowie in anderen lokalen Sprachen fast ausnahmslos mit Datierungen beider Kalender versehen. Einige muslimische Völker Äthiopiens (vor allem die Oromo und Somali) verwenden noch vorislamische Methoden der Zeitmessung neben dem muslimischen Kalender.

Literatur: ALESSANDRO GORI, „Islamic calendar", *EAE* I, 673–675.

Alessandro Gori, University of Copenhagen

Oromo-Kalender

Trotz des ausgedehnten Territoriums, das die Oromo besiedeln, haben sie, mit nur geringfügigen regionalen Abweichungen, ein gemeinsames Kalendersystem. Dessen

Grundelemente bilden einen Zyklus von zwölf Mondmonaten – *Ji'a* (= „Mond") – sowie einen Zyklus von 27 eigens benannten Tagen, den *Ayyaana*. Nur die Gabra-Oromo in Nordkenia kennen daneben auch die Woche als kalendarische Größe. Das Ende des einen und der Beginn eines neuen Mondmonats wird durch das Sichtbarwerden des Neumonds am Himmel markiert.

Bei den Oromo ist *Ayyaana* ein komplexes Konzept. Der Begriff hat verschiedene Bedeutungen, die sich auf *Waaqa*, den Himmelsgott, beziehen. Zugleich hat er weitere Bedeutungen, die mit Zeit, Schicksal und einem allgemeinen, den gesamten Kosmos strukturierendes Grundprinzip in Beziehung stehen. In ähnlicher Weise bringt auch jeder *Ayyaana*-Tagesname Vorstellungen und Assoziationen hervor, die ihn als geeignet oder ungeeignet für die Durchführung von Ritualen erscheinen lassen. Über das bisher Geschilderte hinaus gliedern die Oromo die Zeit auch noch in verschiedene Arten längerer Zyklen, die zu ihrem *Gadaa*-Altersklassensystem in Beziehung stehen. Diese längeren Zyklen erlauben es ihrer mündlichen Geschichtstradition, Geschehnisse der Vergangenheit mit erstaunlicher Genauigkeit und zugleich erheblicher zeitlicher Tiefe zu bewahren.

Die Monatsnamen

Ayyaana (Name des Tages)	*Ji'a*-Beginn (Mondmonat)	Neumond in Konjunktion mit
Gardaduma		
Sonsa	Birra	
Rurruma		
Lumasa	Chiqa	
Gidada		
Ruuda	Sadaasa	
Areeri duraa		
Areeri ballo	Abraasa	
Adula duraa	Ammajjii	
Adula ballo		
Garba duraa		
Garba balla	Guraandala	
Garba dullacha		
Bita qaraa	Bitotessa	Lami (Triangulum)
Bita balla		
Sorsa	Caamsa	Busan (Plejaden)
Algajima		
Arba	Buufaa	Bakkalch (Aldebaran)
Walla		
Basa qaraa	Wacabajjii	Algajima (Bellatrix)
Basa balla		
Chaaraa		
Maganatti jaaraa	Obora guddaa	Arb Gaddu (Central-Orion)
Maganatti Britii		
Salbaani duraa		
Salbaani balla	Obora diqaa	Urji Walla und Basa (Saiph und Sirius)
Salbaana dullacha		

Tabelle 14: Monatsnamen des Boorana-Kalenders, © Marco Bassi

Auf allen Kontinenten sind Mondkalender das am weitesten verbreitete alte System der Zeitrechnung. Da jedoch die 354 Tage der zwölf Mondperioden nicht dem Sonnenjahr entsprechen, geht der Mondkalender nicht mit den Jahreszeiten konform. Ein vielbeschrittener Weg, um die Korrespondenz zu bewahren, bestand darin, zusätzliche Mondmonate gemäß dem Gang des Sonnenjahres einzuschalten. Dies wurde im Wesentlichen mittels dreier Wege erreicht.

(1) Der erste bestand darin, die die Position der Sonne in Bezug entweder auf natürliche oder auf von Menschen geschaffene Landmarken zu überprüfen. Als Neigung von Himmelskörpern bezeichnet man ihren Winkelabstand nach Norden oder Süden vom Himmelsäquator. Die Neigung der Sonne schwankt im Jahresverlauf zwischen 23,5° Nord (zum Zeitpunkt der Sommersonnenwende) und 23,5° Süd (zum Zeitpunkt der Wintersonnenwende). (2) Der zweite Weg besteht darin, dem heliakalen Aufgang (= die Umdrehung der Erde um die Sonne betreffend) der Sternbilder zu folgen, also den Zeitpunkt des Jahres zu ermitteln, zu dem ein gegebenes Sternbild bei Sonnenaufgang gerade oberhalb des östlichen Horizontes erscheint. (3) Das letzte der drei möglichen Verfahren war es, den Zeitpunkt regelmäßig wiederkehrender natürlicher Geschehnisse auf der Erde zu ermitteln.

Kalender, die bei Bedarf zusätzliche Mondmonate dazwischenschalten, werden als „lunisolar" bezeichnet. Historisch fand dort, wo sich in Verbindung mit zentralisierten Staatswesen auch weiter fortgeschrittene mathematische und astronomische Kenntnisse entwickelten, häufig auch der Übergang vom Mond- zum Sonnenkalender statt. In einigen Kulturen hat sich ein Mondkalender erhalten, während bei anderen Gruppen (so z.B. bei den Juden oder den islamischen Arabern) ein lunarer oder lunisolarer Kalender speziell in religösen Dingen Anwendung findet.

Der Mondkalender der Oromo bewahrt seinen Einklang mit den Jahreszeiten. Den *Ayyaantu*, den traditionellen Spezialisten der Oromo für astronomische Beobachtungen und Kalenderfragen, gelang es, diesen Einklang zu erhalten, indem sie die rechtsseitige Aszendenten-Position des Mondes im Verhältnis zu acht Sternen bzw. Sterngruppen beobachten. (Der rechtsseitige Aszendent ist der nach Osten hin gemessene Winkelabstand entlang des Himmeläquators.) Wie dem Autor 1986 erläutert wurde, entspricht der 27-Tage-Zyklus im Grunde dem siderischen Mondmonat (= Zeitraum, den der Mond für eine Erdumrundung benötigt = 27,3 Tage), also der Zeit, die der Mond benötigt, um zu derselben rechtsseitigen Aszendenten-Position zurückzukehren. Die Differenz von 0,3 Tagen wird sodann umgehend ausgeglichen, auf der Grundlage der Beobachtung der Mond-Konjunktion mit den *Urji dahaa* während acht aufeinanderfolgender Nächte. Das bedeutet, dass jede *Ayyaana*-Wiederkehr genau ein und derselben astronomischen Mondposition im Verhältnis zu den Sternen entspricht. Auch der Ausgleich der elf Tage Abweichung zwischen lunarem und solarem Jahr erfolgt auf empirischer Grundlage. Jeder Monat beginnt mit einer anderen kurzen Folge von Tagnamen. Die meisten Monate beginnen mit einer Folge von nur zwei Tagnamen, aber zwei Monate können mit einer Folge von drei Tagnamen beginnen (s. die Tabelle). Mit ihren Interventionen halten die *Ayyaantu* diese Wechselbeziehung stabil, so dass alle Monate jeweils mit denselben zwei bis drei *Ayyaana* beginnen. Falls die *Ayyaantu* feststellen, dass die Entsprechung verloren gegangen ist, schalten sie einen Zusatzmonat ein, mit denselben Namen eines anderen des Jahres. Konkret dürfen aber nur die Monate *Guraandala* und *Obora diqaa* wiederholt werden.

Nach heutigem Wissensstand sind die Oromo das einzige Volk auf Erden mit einem reinen siderischen Mondkalender. Sie bewahren die Anbindung an das Sonnenjahr ausschließlich durch die Beobachtung der rechtsseitigen Aszendenten-Position und des synodischen Umlaufs des Mondes im Verhältnis zu den Sternen, ohne jede Bezugnahme auf die Sonne, den heliakalen Sternenaufgang oder regelmäßig wieder-kehrende Naturphänomene.

Abba Gadaa feiern *Ireecha* (Oromo „Erntedank"), © Ezekiel Gebissa

Literatur: MARCO BASSI, „On the Borana Calendrical System: a Preliminary Field Report", *Current Anthropology*, 29/4 (1988), 619–624; GEMETCHU MEGERSSA, ANEESA KASSAM, „The 'Rounds' of Time: Time, History and Society in Borana Oromo", in WENDY JAMES, DAVID MILLS (Hrsg.), *The Qualities of Time: Anthropological Approaches*, Oxford, New York 2005, 251–265.

Marco Bassi, Università degli Studi di Trento

Traditionelle Malerei

Aksumitisches Christentum und visuelle Kultur des östlichen Mittelmeerraums. Die visuelle Kultur im antiken Reich von Aksum in Nordäthiopien umfasst neben Bauwerken, Keramiken und dekorativen Objekten auch die Abbildung königlicher Porträts auf Münzen, die vom 3. Jh. n.Chr. bis zum Niedergang der aksumitischen Macht in der Folge der arabischen Vorherrschaft am Roten Meer ab dem 7. Jh. in Umlauf waren. König Ezanas Annahme des Christentums im 4. Jh., nur wenige Jahr-zehnte, nachdem Konstantin der Große das Christentum offiziell als Religion im Römischen Reich anerkannt hatte, brachte Aksums Kultur unter den Einfluss der ägyptischen Kirche, und legte den Grundstein für die Verflechtung von Christentum und Staat, die bis zum Sturz des letzten Kaisers 1974 bestehen blieb. Mit Ezanas Religionswechsel entstand, inspiriert durch die Evangelien und die christliche Ikono-graphie, eine eigene Tradition der Literatur und Ikonenmalerei.

Die systematische Zerstörung durch die Kriegszüge des muslimischen Heerfüh-rers Ahmad ibn Ibrahim al-Ghazi (Ahmad Grany) im 16. Jh. beschränkt unser Wis-sen über dieses frühe malerische Schaffen. Die jüngste Radiokarbondatierung zweier auf Pergament geschriebenen und als Garima-Evangelien bekannten Texte datiert

Garima 2 auf 390 bis 570 n.Chr. und Garima 1 auf 530–630 n.Chr., wobei das
Mittel bei 530 n.Chr. liegt.

Aus dieser Zeit sind diplomatische Kontakte zwischen den Höfen Aksums und Kon-
stantinopels bekannt. Es ist daher naheliegend, dass diese Kommunikation auch zur
Übersetzung der griechischen Bibel ins Ge'ez und zur Einführung spätantiker Techniken der Buchherstellung und Illustration in Nordäthiopien führte. Stilistisch und
ikonographisch legen die Miniaturen der Garima-Evangelien einen kulturellen und
künstlerischen Austausch nahe. Sie umfassen spätantike Themen wie die Porträts der
vier Evangelisten (Garima 2) und die Kanontafeln für die sog. Evangelienharmonie
(Garima 1 und 2), die in einer deutlich lokalen visuellen Art ausgeführt sind. In den
folgenden Jahrhunderten verbreiteten Missionare aus dem oströmischen Reich strenge,
asketische und monastische Praktiken, die ägyptischen und syrischen Ursprungs waren:
Eremiten begannen sich an den von der Natur geschaffenen Stätten der Gebirgsland-
schaft Nordäthiopiens niederzulassen, von denen viele davor für einheimische Kulte genutzt worden waren. An Felsvorsprüngen und Höhlen wurden Kirchen aus dem Stein
herausgearbeitet, und einige davon versah man später mit Wandmalereien.

Malerei des Mittelalters in Äthiopien. Der Niedergang des aksumitischen Reiches
und seiner Münzen nach dem 7. Jh. schloss das Verschwinden dieses archäologisch
bedeutsamen, politisch-kulturellen Zentrums ein. Etwaige „Nachfolger" wie das Fürstentum von Degum im Garalta-Massiv (Tigray) mit seinem komplexen, unterirdischen
Tunnelsystem sind Gegenstand der Forschung. Sie erinnern den Betrachter an die Be-
stattungsarchitektur Aksums. Zeugnisse für die Kirchenmalerei scheinen erst später im
Zusammenhang mit der Machtverschiebung nach Lasta wieder aufzutauchen. Dort
residierten Agaw sprechende Fürsten vom 9. Jh. an, bis sie 1270 durch die Salomoniden-Herrscher der Amhara verdrängt wurden. Die Periode des Übergangs von der
aksumitischen und nach-aksumitischen Kultur zur mittelalterlichen Gesellschaft des
christlichen Reiches ist durch herausragende Wandmalereien gekennzeichnet. Die Zyklen schmücken Felsenkirchen in allen Zentren der Zagwe-Dynastie.

David Phillipson datiert die ältesten Abschnitte der Felsenkirchen Lalibalas ins 7.
oder 8. Jh. Er ordnet sie damit 500 Jahre früher ein als die bisherige Zuschreibung
auf König Lalibala im späten 12. Jh. Französische Archäologen, die vor Ort forschen,
tragen seine Hypothese weitgehend mit. Schwierig ist es, die sakralen Wandmalerei-
en sicher zu bestimmen und zu datieren, sie können jedoch viel jünger sein als die
Bausubstanz selbst.

Politische und kulturelle Verbindungen nach Ägypten scheinen in der Zagwe-Periode
und der frühen salomonischen Zeit alltäglich gewesen zu sein, denn es existiert wertvol-
les stilistisches und ikonographisches Vergleichsmaterial. So weisen die acht Gemälde
in der Yemrehanna-Krestos-Kirche (19 km nördlich von Lalibala), die Episoden aus
dem Neuen Testament sowie Reiterheilige zeigen, Elemente auf, die mit byzantinischen
Werken vergleichbar sind, die zwischen dem 10. und 13. Jh. entstanden sind. Für die
traditionelle Malerei Äthiopiens sind sie untypisch. Die auffälligen Ähnlichkeiten mit
der koptischen Kunst des frühen 13. Jh. rufen Bilder auf Backsteinwänden an Gebäuden oder Porträts von Reiterheiligen ins Gedächtnis, wie man sie im Kloster des Hl.
Antonius am Roten Meer findet. Einige davon sind auf die Jahre 1232/1233 datiert.

Die rege Klostergemeinschaft von Dabra Hayq Estifanos, gegründet auf einer Insel
im Hayq-See (Wallo) am Südrand des von Abt Iyasus Moa 1248 christianisierten
Gebiets, scheint ebenfalls enge Beziehungen zum koptischen Ägypten unterhalten zu
haben. Das große Skriptorium schuf Abschriften aksumitischer Werke, viele Überset-

zungen, Überarbeitungen und Nachdichtungen arabischer Texte aus Ägypten sowie reich illuminierte Manuskripte im Verlauf der „Kopto-Arabisierung". Sie brachte das griechische Erbe Aksums mit dem arabischen Erbe der ägyptischen Christen zusammen. Dieser Prozess prägte das kulturelle Umfeld, das den Erfolg der Salomoniden-Herrschaft in Nordäthiopien bis ins 15. Jh. begleitete, unterstützt durch ein expandierendes Netzwerk der Klöster, welches Schulen und Lehrstätten für den künstlerischen Nachwuchs hervorbrachte. Dieser wurde im Schreiben und Malen ausgebildet. Die Tatsache, dass der erste Herrscher der neu begründeten Dynastie, Yekunno Amlak, in der Obhut des Klosters Dabra Hayq Estifanos aufwuchs, legt nahe, dass er mit der dortigen Literatur und den Miniaturtechniken vertraut war. Dieses Wissen kann die Gestaltung der Wandgemälde beeinflusst haben, die im späten 13. Jh. entstanden und mit diesem König verbunden sind. Sie schmücken die Felsen- und Höhlen-kirchen in Lasta, darunter die in Belbala Charqos, Emakina Madhane Alam und Gannata Maryam, wo ein berühmtes Stifterporträt den Namen Yekunno Amlaks nennt. Die bewusste kulturelle Hinwendung ist aber nicht nur an stilistischen und ikonographischen Merkmalen festzumachen, die sich an ägyptische Quellen anlehnen, sondern auch an der unverwechselbaren Originalität der Gestaltung. Diese Gemeinsamkeit findet sich zum Beispiel im Bilderzyklus der Washa-Mikael-Kirche in Wadla, einem Ort, der nach mündlichen Überlieferungen eine Machtbasis der Amhara-Könige in der damaligen Region war.

Theologie, Politik und Marienkult. Auch wenn es Amda Tseyon I. und Sayfa Arad im 14. Jh. gelang, die nördlichen Gebiete Äthiopiens unter die Herrschaft der Amharen zu bringen, waren ihre Nachfolger Dawit I. und seine Söhne Yeshaq und Zara Yaeqob erneuter Bedrohung durch muslimische und nichtchristliche Nachbarn ausgesetzt. Insbesondere Zara Yaeqob – dessen Thronname Konstantin war, weil er

Maria mit dem Jesuskind, Wandmalerei, Washa-Mikael-Kirche, zweite Hälfte 13. Jh., © Solomonic-Zagwe Encounters Project

wie Konstatin der Große im 4. Jh. die Einigung von Kirche und Staat anstrebte –, war ein energischer Herrscher und Theologe, der eine Politik der Zentralisierung und ethnischen Assimilierung nicht-amharischer Gruppen verfolgte. Sein Ziel war es, heidnische Praktiken und Traditionen auszumerzen, die sich mit natürlichen Phänomenen wie Regen, Trockenheit, Hunger und Krankheit auseinandersetzten. Seine brutalen Feldzüge legten auch den Grundstein für die Dominanz der amharischen Kaiser über die Kirche, in der die radikalen Neuerungen des Herrschers in Theologie, Kirchenalltag und -politik anerkannt wurden. Sowohl Dawit I. als auch Zara Yaeqob verstanden es, die visuelle Kunst als Mittel für den Zusammenhalt des Reiches auf Basis ihrer politischen Ziele und religiösen Positionen zu nutzen, und etablierten eine dauerhafte königliche Schirmherrschaft über die Malerei. Unter Dawit wurden die Marienlegenden (*Ta'ammera Maryam*) aus dem Arabischen ins Ge'ez übersetzt, und sein Skriptorium schuf einen unverwechselbaren höfischen Stil der Buchillustration, der die Verehrung des Königs für die Gottesmutter zum Ausdruck brachte. Der Stil der Buchmalerei belegt auch die Vertrautheit mit der neueren byzantinischen Ikonographie, inklusive der Nutzung der Goldfarbe für Details. Zara Yaeqob ordnete an, dass in allen Gottesdiensten drei Marienwunder vorzulesen seien, und dass jede Kirche über ein Marienbild verfügen müsse, was zu immer komplexeren kirchlichen Ritualen und zu einem großen Bedarf an tragbaren Bildnissen, zumeist Holztafeln, führte. Das höfische Patronat förderte die Entwicklung lokaler Talente. Hier ist insbesondere der Mönch Fere Tseyon zu nennen, dessen Temperabilder auf grundiertem Holz einen originären Stil erkennen lassen, der durch sanfte, runde Gesichter, mandelförmige Augen und üppige Rot- und Gelbtöne geprägt ist. Zum einen wurden neue ikonographische Themen von syrischen, ägyptischen und byzantinischen Werkstätten in Äthiopien übernommen, zum anderen bereicherten Künstler aus Venedig und dem Königreich von Aragon die Ikonenmalerei mit neuen Motiven, wie die Jungfrau Maria mit Blume oder das Christuskind mit einem Vogel. Der Heilige Georg wurde zum populärsten Kriegsheiligen Äthiopiens, nachdem Kaiser Zara Yaeqob seinen Sieg über einen muslimischen Feind der vereinten Hilfe des Hl. Georgs und der Jungfrau Maria zugeschrieben hatte.

Auch eigenwillige äthiopische Asketen, die den Einfluss der Herrscher mehrten oder sie herausforderten, hatten ihre Blütezeit. In der Abuna-Abreham-Dabra-Tseyon-Kirche in Garalta – in der Zeit Dawits I. und Yeshaqs aus dem Felsen gehauen – stellten wenig geübte Künstler lokale Heilige dar, darunter *Abuna* Abreham selbst, wie er gemeinsam mit ägyptischen Heiligen auf wundersame Weise das Wasser des Geba-Flusses teilt. Das Kloster Gunda Gunde, an der Grenze von Tigray und Eritrea, folgte den Regeln der Mönche Ewostatewos and Estifanos, die mit der Orthodoxie der amharischen Könige in erbittertem Streit lagen, so dass Zara Yaeqob sie als Abtrünnige betrachtete. Die beiden Mönche waren mit der Kultur Ägyptens und anderer Ostkirchen vertraut und förderten ein kulturelles Umfeld, in dem sich ein eigener kultivierter Stil der Miniaturmalerei entwickeln konnte. Typische Merkmale waren lebhafte Farbflächen, detaillierte lineare Motive und stark stilisierte ausdrucksvolle Figuren.

Einige Arbeiten aus dem 15. Jh. scheinen auf Werke europäischer Künstler Bezug zu nehmen, die in Äthiopien tätig waren, darunter der Venetianer Nicolò Brancaleone. Seine Ikonen, Buchillustrationen und Kirchenmalereien weisen auf eine Auseinandersetzung mit Struktur und Volumen hin, die an die italienische Renaissance erinnert und bis ins 18. Jh. Einfluss hatte.

Diptychon: Maria und ihr Sohn, umgeben von Erzengeln, Aposteln und dem Hl. Georg, Nachfolger von Fere Tseyon, spätes 15. Jh., © The Walters Art Museum, Baltimore

Orthodoxe Kirche in Gefahr. Im 16. und 17. Jh. wurde ein breites Spektrum von Malstilen sichtbar. Sie orientierten sich mehr oder weniger direkt an fremden Vorbildern. Sie nahmen sich auch neuer Themen an, so Szenen der Passion Christi und die Auferstehung von Adam und Eva. In Tigray begann man die Verwendung paralleler Linien, gerade und geschwungen, und starrer, schematischer Figuren (dem Parallellinien-Stil) zu perfektionieren, was die besondere Bedeutung regionaler Werkstätten unterstreicht.

Die Eroberungszüge des muslimischen Feldherrn Ahmad Grany im 16. Jh. zerstörten viele Kirchen und Klöster und brachten große Gebiete Äthiopiens unter die Macht des Sultanats von Adal. 1541 leisteten die Portugiesen dem äthiopischen Kaiser Galawdewos mit 400 Musketieren und einer Anzahl von Zivilisten Beistand, darunter auch Handwerker. Zwei Jahre später wurde Grany im Gefecht getötet. Vom Jahr 1555 an, als die Jesuiten katholische Missionare ins äthiopische Reich sandten, um dort selbst eine Provinz unter ihrer kirchlichen Hoheit zu gründen, verstärkte sich der Kontakt mit portugiesischer Kultur und europäischen Kunstformen weiter.

Die Einführung von Kopien der historisch bedeutenden Marienikone, der *Salus Populi Romani* aus dem 5. Jh. in der Basilika Santa Maria Maggiore in Rom, in der Maria das Jesuskind und das Evangelium sowie ein Taschentuch hält, verdrängt um 1603 alle anderen Darstellungen von Maria mit dem Kinde in Äthiopien. Dabei werden häufig lokale Elemente hinzugefügt, wie die Begleitung durch die Erzengel Michael und Gabriel. Mit dem Bau von Schlössern im Stil der indo-portugiesischen Architektur begann auch eine fundamentale Neuordnung des äthiopischen Raumes.

Die Abdankung des katholischen Kaisers Susenyos 1632 und die Wiedereinführung des orthodoxen Glaubens durch seinen Sohn Fasiladas beendete den jesuitischen Einfluss. Es folgte eine Periode der Stabilität, in der Wirtschaft und Landwirtschaft einen Aufschwung erlebten, der Warenaustausch und Handel mit der umliegenden, ländlichen Bevölkerung florierte. Die Gründung Gondars als permanenter Haupt-

Diptychon: Maria und ihr Sohn, umgeben von Erzengeln, Themen aus dem Leben Jesu, der Jungfrau Maria und Heiliger, Erster Gondar-Stil, 17. Jh., © The Walters Art Museum, Baltimore

stadt Ende der 1630er Jahre definierte das traditionelle Hoflager der Salomoniden-Herrscher von Grund auf neu, und machte die hierarchische, aber friedliche und von bürokratischen Ämtern und aufwändigen religiösen und höfischen Zeremonien geprägte Gesellschaft auf Dauer sichtbar. Gondar wurde zum Zentrum von Kunst und Kultur, das traditionell anerkannte theologische Werte erneuerte, eine angesehene Schule religöser Kommentare und biblischer Exegese hervorbrachte und das eine Blüte der liturgischen Musik und des künstlerischen Schaffens erlebte. Als Anhänger der Orthodoxie gab Kaiser Fasiladas reich verzierte Evangelienbücher und insbesondere das Buch der Marienwunder in Auftrag. Diese bedienten sich ikonographischer Motive, die sowohl auf das Erbe Brancaleones als auch auf die illuminierten arabischen Evangelien-Bücher, die 1591 in Rom gedruckt wurden, zurückgingen, die der Italiener Antonio Tempesta illuminiert hatte. Dank des königlichen Patronats wurden die visuellen Ausdrucksformen immer kunstvoller. Sie wurden als Erster Gondar-Stil bekannt. Traditionen des 15. Jh. aufgreifend, zeichnet er sich durch sanfte, warme Töne aus. Charakteristisch ist auch die klar umrissene, flächige Farbgebung, wobei jede Figur eine separate Einheit bildet. Die Falten von Marias Gewand sind in vielen parallelen Linien ausgeführt, ein Erbe des frühen 16. Jh.

Zweiter Gondar-Stil und später. Unter Kaiser Iyasu I. (reg. 1682–1706) waren westliche Missionare nicht mehr willkommen, orientalische Christen – Ägypter, Syrer, Armenier und Griechen – konnten hingegen Handel treiben und ihre Künste ausüben. Der Zweite Gondar-Stil, der zu dieser Zeit entstand, zeichnet sich durch dichte Komposition, üppige Ornamentik und leuchtende Farben aus, die fließender und nuancierter sind als zuvor. Schattierungen und die Modellierung der Gesichtszüge werden verfeinert, und die flachen Hintergründe, die die frühere äthiopische Malerei prägten, wurden durch eine größere Beachtung der räumlichen Gegebenheiten einer Szene abgelöst. Das schloss die malerische Umsetzung der Gewänder mit ein, die detaillierter und prächtiger wurden. Auch griff man neue ikonografische Themen auf, wie die *Kwerata-Re'esu*-Ikone, eine Christusdarstellung mit Dornenkrone, auf die man die Treue zum Herrscher schwor. Kirchenwände wurden mit Heiligenbildern und Bibelszenen verziert. Auf der Innenseite der Türen zum Allerheiligsten der Kirchen finden sich eindrucksvolle, Unheil abwendende Erzengel, deren Kleidung Einflüsse indisch-persischer, türkischer und westlicher Herkunft belegen; und in der Kreuzigungsszene erscheint gelegentlich auch der Teufel. Königin Mentewwab, die Gemahlin Kaiser Bakaffas (reg. 1721–1730), war in der Regierungszeit ihres Sohnes Iyasu II. und ihres Enkels Iyoas I. eine bedeutende Persönlichkeit. Ihr gelang es, die Aussöhnung der zerstrittenen Klöster und Orden zu fördern. Um die Mitte des 18. Jh. wirkte sie als großzügige Mäzenin der Künste und nutzte Gemälde, um ihr Prestige zu erhöhen. Damit nahm sie auch Einfluss auf den Zweiten Gondar-Stil. In jener Zeit besaßen Angehörige der herrschenden Klasse wertvolle, illuminierte Manuskripte, die die Marienwunder und Geschichten der Hl. Jungfrau (*Dersana Maryam*) darstellten. Stilrichtung und Ikonographie der Zweiten Gondar-Periode beeinflussen die religiöse und populäre Malerei Äthiopiens bis heute.

Literatur: MARILYN E. HELDMAN, *The Marian Icons of the Painter Frē Şeyon: A Study in Fifteenth-Century Ethiopian Art, Patronage, and Spirituality*, Wiesbaden 1994; ANNEGRET MARX, EWA BALICKA WITAKOWSKA, MARILYN E. HELDMAN, „Painting", *EAE* IV, 90–101; TANIA C. TRIBE, „Place, Space and Representation in 18th-Century Gondarine Painting", in MANUEL JOÃO RAMOS, ISABEL BOAVIDA (Hrsg.), *The Indigenous and the Foreign in Christian Ethiopian Art: On Portuguese-Ethiopian Contacts in the 16th–17th Centuries*, Farnham 2004, 61–72.

Marilyn E. Heldman, American University, Washington, DC; Tania C. Tribe, SOAS, London

Zeitgenössische Kunst

Zeitgenössische Malerei im traditionellen Stil. Kaiser Menilek II. legte – noch als König von Shawa – 1886 den Grundstein für die Hauptstadt Addis Abeba. Wie seine Vorgänger ließen er und seine Frau, Kaiserin Taytu, Kirchen errichten und sie mit Bildern schmücken, und ähnlich wie vormals Gondar wurde nun die neue Hauptstadt ein Anziehungspunkt für Maler. Da sich aufgrund des von Menilek initiierten Modernisierungsprozesses immer mehr ausländische Gesandtschaften und Fremde in der Stadt niederließen, stieg die Nachfrage nach äthiopischen Souvenirs, und Kirchenmaler begannen, neben ihrer Tätigkeit für Kirchen und Adel, auch für diese neue Klientel zu malen. So entstand erstmals eine Malerei außerhalb des kirchlichen Kontexts. Die traditionellen Themen der Kirchenmalerei wie religiöse Bilder, Reiterheilige, Portraits von Herrschern, Schlacht- und Jagdszenen wurden noch immer produziert, doch sie wurden durch eine Vielfalt neuer Themen erweitert wie Alltagsleben, kirchliche Rituale, Bankette, Gerichtsszenen oder Legenden; allen voran die Legende der Königin von Saba. Später kamen aktuelle Ereignisse hinzu wie die Landung des ersten Flugzeuges in Addis Abeba oder die äthiopische Eisenbahn. Die neuen Sujets entstammten der Inspiration der Maler oder den Wünschen der Klientel; wenn sie Anklang fanden, integrierten die Künstler sie in ihr Repertoire.

Diese neue Kategorie von Malereien erhielt unterschiedliche Bezeichnungen. In der Literatur ist sie bekannt geworden als „säkulare Malerei", „traditionelle Malerei", „Volksmalerei", „populäre Malerei" oder „zeitgenössische Malerei im traditionellen Stil". Während also neue Themen entstanden, wurde der traditionelle Stil der Kirchenmalerei beibehalten. So wird beispielsweise die Zentralperspektive vernachlässigt, und wichtige Persönlichkeiten werden groß und unwichtige klein wie-

„Die Legende vom Drachentöter und von der Königin von Saba", Maler unbekannt, Öl auf Leinwand, © Völkerkundemuseum, Universität Zürich (Inv. Nr. 16856), Foto: Kathrin Leuenberger und Silvia Luckner

dergegeben. Alle Szenen oder Hauptfiguren sind mit Schrift erklärt. Stellt ein Maler verschiedene Szenen beispielsweise einer Legende dar, reiht er sie wie in den „Comic Strips" aneinander.

Einer der ersten Maler, der für Ausländer arbeitete, war Balachaw Yemar (1894? –1957); nach Aussage seines Sohnes, Solomon Balachaw (1919–1997), hat sein Vater für die amerikanische Legation erstmals die Legende der Königin von Saba in 44 Szenen gemalt. Bereits seit den 1920er Jahren wurden die Bilder in kommerziellen Studios in Serien angefertigt und seit 1931 in der neu gegründeten Empress Manan Handicraft School. Als die Nachfrage nach Gemälden anstieg, vor allem während des Touristenbooms der 1950er und 1960er Jahre, produzierte man die Bilder in Werkstätten in Massen, und auch Autodidakten versuchten ihr Glück. Damit ging ein Verlust an Qualität einher. Mit der Zeit wurden diese großformatigen Gemälde, die nicht selten 90 cm x 170 cm messen, durch kleinformatige Pergamentbilder verdrängt. Pergament erinnert an kostbare Manuskripte, hat das Flair der Völker, das Fremde schätzen, und die Bilder finden im Gepäck der Reisenden und in der guten Stube ohne weiteres Platz.

Während der Zeit des sozialistischen Regimes (1974–1991) kamen kaum noch Touristen ins Land, und der Markt für die Malerei brach ein. Konkurrenz erhielten die traditionellen Maler auch von Institutionen wie Handicrafts of Ethiopia und der Ethiopian Tourist Trading Corporation. Diese Organisationen konnten sich dem wandelnden Geschmack eines heterogenen Publikums rasch anpassen, hatten ein größeres Netzwerk in Bezug auf die Vermarktung ihrer Erzeugnisse und zugleich Zugang zu internationalen Märkten. Ältere Künstler, die relativ isoliert in ihrem Atelier die großen Leinwandbilder malten, konnten sich nur bedingt dem gewandelten Geschmack der Konsumenten anpassen. Zu diesen Künstlern, die alle noch eine traditionelle Ausbildung genossen haben, gehörten beispielsweise Berhanu Yemanu (1908–1991), Qanygeta Jambare Haylu (1913–1994), Wandemmu Wand (1917–2002) und Alamu Hayla Maryam (1918–1991). Sehr gefragt sind auch die Bilder von Qanna Sambata (1945–1991), der bei Berhanu Yemanu lernte. Von all diesen Malern werden auch heute noch Bilder in Souvenir Shops verkauft. Ein bis vor kurzem noch aktiver Kirchenmaler, der auch für den Touristenmarkt arbeitete, ist der Priester Adamu Tasfaw (geb. 1930).

Moderne Kunst. Akademische und moderne Kunst begannen sich in Addis Ababa in den 1930er Jahren zu entwickeln. Das westliche Schulsystem, von Kaiser Hayla Sellase übernommen, machte es Äthiopiern möglich, im Ausland zu studieren, und so konnten sich auch Maler an ausländischen Kunstschulen ausbilden lassen. Später gab die 1958 in Addis Ababa gegründete Fine Arts School (FAS) der Kunstausbildung in Äthiopien neue Impulse. Vorerst kamen die Lehrkräfte aus dem Ausland, doch Ende der 1960er Jahre wurden diese zunehmend durch einheimische Fachleute ersetzt. Mit der Integration der FAS in die Addis Ababa University 1998 erhielt sie den neuen Namen School of Fine Arts and Design (SFAD), und seit Juni 2010 wird sie Alle School of Fine Arts and Design genannt, zu Ehren des Gründers und ersten Direktors der FAS, Alle Felege Selam (Alla Falaga Salam, geb. 1929).

Bis in die 1950er Jahre schufen die Maler und Bildhauer vor allem ihre religiösen und säkularen Werke in konventionell akademischem Stil, die von Kirche und Staat in Auftrag gegeben wurden. Tendenzen zur Stilisierung und Abstraktion hingegen zeigen bereits die Arbeiten von Afewerk Tekle (Afawarq Takle) (1932–2012). Zu seinen bedeutendsten Werken gehören die international bekannten bemalten Fenster im Foyer der 1961 erbauten Africa Hall. 1968 schuf er in Harar die Reiterstatue von

Ras Makwannen (gest. 1906), dem Vater von Kaiser Hayla Sellase und Gouverneur von Harar.

Neue künstlerische Ausdrucksformen entwickelten sich in den 1960er Jahren in Addis Ababa, als sich eine finanzkräftige Mittelschicht bildete und sich vermehrt Ausländer in der Stadt niederließen, die als Auftraggeber für Künstler in Frage kamen.

„Research from the Art of Magic", Zerihun Yetmgeta, 1988, Mischtechnik auf Bambus,
© Völkerkundemuseum, Universität Zürich (Inv. Nr. 20999), Foto: Kathrin Leuenberger

Ausländische Kulturinstitute und Galerien organisierten Ausstellungen, die regen Zulauf fanden. Der neue malerische Impetus kam zuerst von Gebre Kristos Desta (Gabra Krestos Dasta) (1932–1981). Er studierte in Köln (1958–1961), wurde vom deutschen Expressionismus inspiriert und schuf abstrakte Werke in Öl und Mischtechnik. Ein weiterer Künstler, der die Kunst entscheidend prägte, war Alexander Boghossian, der sich selber Skunder (Eskender) nannte (1937–2003) und von 1969 bis 2003 in Washington DC lebte. In Paris (1957–1966) wurde er von der Kunst und Philosophie der Négritude inspiriert. Seine abstrakten Kompositionen assimilieren die Motive von magischen Rollen, Manuskript-Illuminationen, Legenden und von afrikanischer Kunst. Beide Maler unterrichteten an der FAS, Gebre Kristos Desta von 1962–1974 und Skunder von 1966–1969, wo sie einen nachhaltigen Einfluss auf ihre Studenten ausübten. Zwei Künstler, die speziell von Skunder geprägt wurden, sind Wosene Worke Kosrof (Wassene Warqe Kosrof, geb. 1950), der heute in den USA lebt, und Zerihun Yetmgeta (Zaryehun Yatemgeta, geb. 1941). Sein Werk „Research from the Art of Magic" bezieht sich in Stil und Motiven speziell auf magische Rollen.

Auf die politische Revolution von 1974 folgte eine kulturelle: Die bildende Kunst sollte wie Literatur, Theater und Musik antifeudal und antiimperialistisch ausgerichtet sein, d.h. als Waffe im Kampf gegen die Unterdrückung durch Feudalismus und Imperialismus und zur Erziehung der Massen im Geiste des Sozialismus dienen. Die FAS lehrte nun vor allem sozialistischen Realismus, und die Künstler gingen zur Weiterbildung in die Ostblockstaaten. Zu den bekanntesten Künstlern, die vor allem in realistischem Stil das Leben der Arbeiter, Bauern und Soldaten darstellten, gehören, neben dem schon erwähnten Afewerk Tekle, Worku Mammo (Warqu Mammo, geb. 1936), Tadesse Mesfin (Taddasa Masfen, geb. 1952) und Eshetu Tiruneh (Eshatu Terunah, geb. 1953). Daneben existierte jedoch eine breite Palette an Ausdrucksformen, wenn auch verschiedentlich Gemälde der Zensur zum Opfer fielen. Zu Künstlern jener Arbeiten gehören der schon erwähnte Zerihun Yetmgeta, Desta Hagos (Dasta Hagos, geb. 1952), eine Malerin, die häufig die Bürde der Frauen thematisiert, außerdem Tibebe Terffa (Tebaba Tarfa, geb. 1948) mit seinen abstrakten Kompositionen von Formen und Farben oder Getachew Yossef (Getachaw Yosef, geb. 1957), der, von der Rastafari-Philosophie und -Religion beeinflusst, Bilder gegen Krieg und Hunger malt. Er ist auch der Schöpfer der Monumente am Bole-Flughafen in Addis Abeba: „African Union" und „China-Africa Forum" (2003), beides Staatsaufträge.

Nach dem Sturz des Militärregimes 1991 entwickelte sich in Addis Abeba von neuem eine lebendige Kunstszene. Zahlreiche Galerien öffneten ihre Tore, wie beispielsweise die Asni Art Gallery, die Lela Art Gallery oder die Laphto Art Gallery, und die ausländischen Kulturinstitute, wie die Alliance Ethio-Française oder das Goethe-Institut führten ihre Ausstellungtätigkeit weiter. Junge Künstler experimentierten mit neuen Ausdrucksformen wie z.B. Abstraktionen, und mit neuen Medien und Techniken wie Mischtechniken, Recycling von Objekten, digitalen Kompositionen, Fotografie, Installationen und Performance. Zu diesen Künstlern gehören Elias Sime (Elyas Seme, geb. 1968) und Assefa Gebrekidan (Assafa Gabra Kidan, geb. 1973). Sie bekommen internationale Aufmerksamkeit für ihre Installationen und Mischtechnik-Arbeiten, für die sie u.a. Knöpfe, Karton, Haushaltbehältnisse- und Utensilien oder Schnur verwenden. Diese beiden Künstler konnten unter 28 Afrikanern an der Dak'Art von 2004, der Biennale Zeitgenössischer Afrikanischer Kunst in Dakar (Senegal) ausstellen. Skulpturen aus farbenfrohem Papiermache schuf Mickael Bethe-Selassie (Mikael Beta Sellase, geb. 1951), der in Paris lebt und arbeitet und beispiels-

„Ohne Titel", Tibebe Terffa, 1993, Öl auf Leinwand, © Völkerkundemuseum, Universität Zürich (Inv. Nr. 21387), Foto: Kathrin Leuenberger

weise 1994 im Haus der Kulturen der Welt in Berlin ausstellen konnte. Ebenfalls für seine Skulpturen ist Tesfahun Kibru (Tasfahun Kebru, geb. 1978) bekannt, für die er Material wie Körbe, Kürbisse, Metall, Gummi, Leder, Holz und Ton wiederverwertet. Da Künstler vom Staat nicht unterstützt werden, bilden vor allem die neu von der SFAD graduierten Absolventen Gruppenateliers, in denen sie arbeiten und ausstellen können. Den meisten fehlen auch die finanziellen Mittel, um ins Ausland zu reisen, und so sind sie häufig von den neuen künstlerischen Trends und Entwicklungen im Westen abgeschnitten.

Eritrea. Zu Beginn des 20. Jh. war vor allem Asmara ein Ort dynamischer Entwicklung unter Einfluss von Europa und Äthiopien. Während der italienischen Kolonialzeit (1890–1941) waren hauptsächlich italienische Künstler aktiv. Insbesondere in den 1920er Jahren, als Eritrea einen raschen Urbanisierungsprozess durchlief, stieg die Nachfrage nach Kunstwerken. Populär wurden Reliefs und Wandmalereien mit klassizistischen und pseudoantiken Motiven. Zur selben Zeit wie in Äthiopien entwickelte sich die zeitgenössische Malerei im traditionellen Stil für einen kleinen Touristenmarkt. In der Zeit der Föderation (1952–1962) und der späteren Union (1962–1991) mit Äthiopien studierten eritreische Kunststudenten an der FAS in Addis Ababa, aber auch an Kunstschulen in Indien. Während der kriegerischen Auseinandersetzung mit Äthiopien gründete die Eritrean People's Liberation Front im Jahre 1978 eine Künstlergruppe von Kämpfern mit der Absicht, eine „Kunst für die Massen" zu schaffen. So entwickelte sich ein dem sozialistischen Realismus verhafteter Stil, und die Kunst glorifizierte den Kampf und das volkstümliche Leben. Nach 1991 erhielt die Kunst neue Impulse aus verschiedenen Formen moderner Kunst, und Künstler organisierten vornehmlich in Asmara Ausstellungen. Neben freien Kunstformen, die auch von Kunstlehrern aus Indien und China gefördert wurden, herrschte die realistische Malerei vor. Nach dem Krieg mit Äthiopien (1998–2000) malten ehemalige Soldaten wieder vermehrt Kriegsszenen.

Künstler finden ein Auskommen als Illustratoren von Büchern und Zeitungen, als Designer für das Theater, oder sie arbeiten für die Regierung. Sie malen vor allem idealisierte Szenen aus dem Befreiungskrieg wie tanzende Soldaten, gemeinsame Mahlzeiten im Busch oder andere gemeinsame Aktivitäten. Doch es gibt auch Künstler, die neben den politisch inspirierten Ausdrucksformen abstrakte Formen und volkstümliche Motive mit menschlichen Figuren kombinieren. Dazu gehört beispielsweise Mikael Adonay (geb. 1962), der moderne dekorative Elemente und Motive aus der Kirchenmalerei zu einem farbenfrohen Werk kombiniert und mit Themen aus Kampfhandlungen verbindet.

Literatur: ELISABETH BIASIO, „Contemporary Painting in Traditional Style", *EAE* V, 260–261; LEAH NIEDERSTADT, „Modern and Contemporary Art", *EAE* V, 257–260; WOLBERT G.C. SMIDT, „Modern and Contemporary Art in Eritrea", *EAE* V, 262–264.

Elisabeth Biasio, Zürich

Musik

Als Folge ausgedehnter Migration der Völker sowie der Verbreitung ihrer Musik über sich schnell ausbreitende virtuelle Netzwerke hat die Musik Äthiopiens, Eritreas und anderer Länder am Horn von Afrika begonnen, weltweit Hörer zu erreichen. Äthiopische Musiker treten in Clubs und Restaurants in ganz Nordamerika, Europa, Australien, Afrika und dem Nahen Osten auf. Musikaufnahmen, insbesondere jene der in Paris ansässigen *Buda Music,* Serie Éthiopiques, die nun fast 30 CDs umfasst, sind über das Internet verfügbar und bieten eine Auswahl äthiopischer und eritreischer Musik in populären und traditionellen Stilarten. So wie Äthiopien und Eritrea in den letzten Jahrzehnten für ihre unverwechselbare Küche, die heutzutage international angeboten wird, berühmt geworden sind, ist auch die Musik des Horns von Afrika dabei, im Ausland ein neues Publikum zu gewinnen.

Musik im religiösen Leben Äthiopiens. Äthiopien ist Quelle wichtiger historischer Traditionen in Literatur, Religion und Kunst. Keine von diesen war in der Vergangenheit fruchtbarer als die Kirchenmusik, die mit der Christlich-Orthodoxen Kirche, die im frühen 4. Jh. begründet wurde, verbunden ist. Dieses Korpus sakraler Gesänge, *Zema* genannt, wird gemäß der Tradition auf die göttliche Inspiration des Hl. Yared aus dem 6. Jh. zurückgeführt. Die Kirchengesänge sind in drei Melodie-Kategorien mit jeweils verschiedenen Bedeutungsebenen eingeteilt: eine Kategorie repräsentiert Gott den Vater, die zweite den Sohn und eine dritte den Heiligen Geist.

Qabaro (Kirchentrommel), Lalibala, © Serge Dewel-Mouton

Während die äthiopische Musiktradition die einzige in Afrika ist, die über ein System musikalischer Notenschrift verfügt, das von äthiopischen Kirchenmusikern im 16. Jh. erfunden wurde, wird der Gesang von hoch gebildeten, „nichtordinierten" Kirchenmusikern (*Dabtara*) in erster Linie mittels mündlicher Überlieferung weitertradiert. Diese Musiker begleiten den Kirchengesang an Feiertagen mit Trommeln und kleinen metallenen Rasseln, sowie durch liturgischen Tanz; und sie führen kirchliche Rituale durch, die die Nacht andauern. Die meisten Kirchenmusiker spezialisieren sich auf einen Bereich sakraler Musik: einige werden Spezialisten für Gesang, andere für den Einsatz der Instrumente und für Tanz. Durch ihre Lese- und Schreib-Kompetenz erwerben einige *Dabtara* auch Fähigkeiten als Heiler und Magier, die Amulette schreiben und mündliche Therapien durchführen, um Krankheiten zu heilen. Der Einzug protestantischer Missionen im Lande im 19. Jh. und das Aufblühen evangelischer Kirchen des 20. Jh. haben starken Einfluss auf die Innovationen in der christlichen Musik in Äthiopien und der Diaspora genommen.

Äthiopien-Eritrea ist auch die Heimat vieler Muslime, die ihre Religion mittels der Rezitation des Korans vor Ort in den Moscheen ausüben. Besonders bekannt sind die Aufführungen der islamischen *Zikri*-Rituale in der Stadt Harar, die sowohl die Geburt des Propheten feiern als auch verschiedene Anlässe im Lebenszyklus behandeln. Andere Völker der Region bringen ihre eigenen unverwechselbaren sakralen Musikstile zur Aufführung, wie etwa die Oromo in den zentralen und westlichen

Gebieten des Landes, für die die musikalischen Darbietungen integraler Bestandteil ihrer einheimischen *Qaalluu*-Religion und der Anbetung ihres Himmelsgottes sind.

Ethnisch und regional unterschiedliche Musikstile. Neben solchen Musiktraditionen, die mit dem religiösen Leben der Bevölkerung verbunden sind, weisen Äthiopien und Eritrea viele Musiktraditionen auf, die mit den verschiedenen Regionen und den jeweiligen ethnischen Gruppen, die dort leben, im Zusammenhang stehen. Diese säkularen Musiktraditionen, allgemein als *Zafan* bezeichnet, unterscheiden sich stark in musikalischer Struktur und Darbietungsform. Die Musik Eritreas, Hochlandäthiopiens und der islamischen Gebiete an den östlichen Grenzen beider Länder ist eng verwandt mit der Musik des Nahen Ostens. Am markantesten ist das Verhältnis von Stimmen und Instrumenten, die in einem charakteristischen Klanggefüge, genannt Heterophonie, zusammenklingen, in dem die Darbietenden zusammen singen oder dieselbe Melodie spielen, aber jeweils mit leicht unterschiedlichen Ausprägungen. Die gesanglichen und instrumentalen Stile der Hochlandplateau-Region des Horns von Afrika weisen oftmals einen nasalen Klang und in der Regel stark verzierte Melodien auf. In Bezug auf den Rhythmus verfügen Musik und Tanz vieler Regionen des Horns von Afrika über ausgeprägte rhythmische Muster, wenngleich die äthiopische Rhythmik in der Regel nicht die mehrteilige Komplexität aufweist, die etwa in Westafrika zu hören ist. Zusätzlich zu ihren charakteristischen Rhythmen haben säkulare Tänze oft Stile und Bewegungsmuster, die mit verschiedenen Regionen und bestimmten ethnischen Gemeinschaften in Verbindung zu bringen sind. Einige Tanzstile, wie der Tanz *Eskesta*, der eine breite Palette von Schulterbewegungen einsetzt, sind eng mit der Amhara-Kultur verbunden, während eine Vielzahl von Fußmotiven und andere Bewegungsformen für die Kreis- und Linientänze der Oromo typisch ist.

Es gibt viele spezielle Arten weltlichen Gesangs und besonderer instrumentaler Ausführung der Hochlandregionen Äthiopiens, die als kulturell-folkloristische Musik (*Bahelawi*) bezeichnet werden können. Diese Musikstile weisen Beziehungen auf sowohl zu ethnischen Gruppen – wie den Amhara, den Oromo, den Gurage und anderen Volksgruppen – als auch zu den Regionen, in denen diese Bevölkerungsgruppen leben, wie etwa Gojjam, Wallaga und Shawa.

Die säkulare Musik der Volksgruppen entlang der westlichen und südlichen Grenzen Äthiopiens unterscheidet sich von denen des Hochlandes insofern, als diese sich durch verschiedenartige mehrteilige Musikstile auszeichnet. In der Volksgruppe der Dorze in der Gamu-Gofa-Region gilt die Polyphonie (*Edo*) als besonders prominent in Preisliedern für bestimmte Personen (*Halaqa*), und ebenso bei der Feier des jährlichen *Masqal*-Festes. Die komplexen Strukturen der Dorze-Musik bieten eine Ästhetik aufwändiger Muster, ähnlich jenen, die bei der Tuchherstellung der Dorze-Weber zu beobachten sind.

Musiker. Ein erheblicher Teil der weltlichen Musik am Horn von Afrika wird von professionellen Musikern aufgeführt und überliefert, wobei einige ihre Profession von ihren Eltern „erben". Am außergewöhnlichsten sind vielleicht die reisenden Musikanten der Hochlandregionen, *Azmari* genannt. In der Vergangenheit waren die *Azmari* umherziehende Wandermusiker und spielten eine Rolle als Gesellschaftskritiker; sie improvisierten anspruchsvolle lobpreisende oder kritische Liedtexte. Sie führen auch heute ihre Kunst in verschiedenen Umgebungen fort, angefangen bei den Trinkhallen in Dörfern, über kirchliche Prozessionen bis hin zu Hochzeitsfesten, sowie in ihren eigenen Clubs mancher städtischer Bereiche. Die *Azmari* tragen viele Liedgattungen vor, einschließlich der *Shellala*, die den Patriotismus und den Kampfeseifer betont, und der *Fukkara*, die hervorragende Krieger preist oder ihrer gedenkt.

Konso bei einer musikalischen Darbietung, © Serge Dewel-Mouton

Eine weitere Gruppe von außergewöhnlichen Sängern im Hochland Äthiopiens sind
die *Lalibaloch*, die nicht selten als Paare (Ehemann und Ehefrau) auftreten und die von
Personen abstammen mögen, die an Lepra litten. Früh am Morgen gehen die *Lalibaloch*
Loblieder singend von Haus zu Haus, um Almosen zu erbitten. Wenn sie hierfür nicht
mit Lebensmitteln oder Geld belohnt werden, improvisieren sie Lieder, die die Haus-
bewohner kritisieren. Die *Lalibaloch* sind bekannt durch die Strophenlieder, die sie auf
Hochzeiten aufführen, sowie durch Lieder, die sie bei Gedenkfeiern improvisieren.

Jede Gemeinde hat ihre eigenen Sänger, die lokale Traditionen und ihre mündlich
überlieferte Geschichte erzählen. Bei den Arbore und Hamar im Südwesten werden
Lieder zur Erholung und Arbeitslieder gesungen. Hamar-Musiker singen Lieder über
ihre Vorfahren (*Aeke gadi*), die an Ereignisse von historischer Bedeutung erinnern
und aus der Vergangenheit erzählen.

Musikensembles. Vom Beginn des 20. Jh. an traten neue Musikensembles auf. Einige
von ihnen organisierte der Staat, um ihn zu repräsentieren und seine multiethnische
Bevölkerung zu einen. Diese Ensembles halfen dabei, westliche Instrumente und westliche Musik am Horn von Afrika einzuführen. Das Orchester der kaiserlichen Leibgarde (Ethiopian Imperial Bodyguard Orchestra), gegründet 1929, spielte bei staatlichen Ereignissen und bei der Begrüßung ausländischer Würdenträger westliche Musik.
Ab den 1950er Jahren schuf das Haile Selassie Theatre Orchestra eine Mischung von
kosmopolitischen und äthiopischen Klängen und kreierte einen neuen Stil „moderner
Kultur" (*Bahel zamanawi*). Im Jahre 1963 wurde das Orchestra Ethiopia gegründet,
das Musiker aus allen Regionen und vielen ethnischen Gruppen zusammenführte, um
bei offiziellen Regierungsveranstaltungen sowie im äthiopischen Radio und Fernsehen
aufzutreten. Das Orchestra Ethiopia inspirierte weitere Gruppen von Musikern in
Äthiopien und in der äthiopischen Diaspora, von denen einige dieses Modell aufgrei-
fen und mit Tänzern auftreten, gekleidet in der Mode bestimmter ethnischer Gemeinschaften oder Regionen, verbunden mit musikalischer Aufführung, die die charakteris-

tischen Melodien, den Rhythmus und die Liedtexte bieten, die mit den verschiedenen Gruppen und Regionen verknüpft sind. Diese Ensembles spielen heute in äthiopischen Städten in Hotels und Restaurants für Touristen und für die Städter des Landes, die sich für eine große Bandbreite der Musik aus dem gesamten Land interessieren. Einige dieser Musiker sind an der Yared Music School ausgebildet worden, die 1967 in Addis Ababa gegründet wurde und die eine Ausbildung sowohl in äthiopischen wie auch in westlichen Musikstilen anbietet.

Globale Musikstile. Viele äthiopische Musiker ließen sich von der Mitte des 20. Jh. an von populären Musikstilen wie Jazz, Rock und einer Reihe von afro-amerikanischen Musikgenres anziehen und prägen. Mulatu Astatke ging in den 1950er Jahren zum Studium ins Ausland, erwarb Fähigkeiten auf dem Vibraphon und trat in Kontakt mit der weiten Welt der afro-karibischen Musik und des Jazz, zunächst in England und später in den Vereinigten Staaten.

Sein „Ethio-Jazz" konnte zuvor außenstehende Hörer in den Kreis der äthiopischen Popmusik hineinziehen, wie etwa die Aufnahme seiner Musik in den Soundtrack des Films „Broken Flowers" von Jim Jarmusch aus dem Jahre 2005 gezeigt hat. Mulatus Musik ist kosmopolitisch, allerdings spricht sein „Ethio-Jazz" auch Äthiopier an, vor allem jene, die seine soziale (kosmopolitisch, urban), regionale (Hochland-äthiopisch) und ethnische (Amhara-) Zugehörigkeit teilen.

Popmusik und Jazz blühten in Addis Ababa im Jahrzehnt vor der äthiopischen Revolution, die im Jahre 1974 einsetzte, auf. Neben Mulatu Astatke begannen andere vorrevolutionäre äthiopische Musiker wie Tilahun Gessesse (1940–2009), Alemayehu Eshete (geb. ca. 1940), Mahmoud Ahmed (geb. 1941) und Aster Aweke (geb. 1959) ihre Karriere zu begründen und spielten mit bedeutenden Ensembles in der äthiopischen Hauptstadt. Alle diese Musiker verbrachten während und nach der Revolution längere Zeit im Ausland. Tilahun Gessesse arbeitete mit mindestens drei Institutionen, darunter dem Patriotic Association Theatre, der Imperial Bodyguard Band und dem National Theatre, was nahezu eine Berufskarriere bot und sich dem äthiopischen Publikum sowohl zu Hause als auch in der Diaspora widmete. Mahmoud Ahmed begann seine Karriere mit dem Ethiopian Imperial Bodyguard Orchestra, kam jedoch erst zu internationaler Anerkennung nach der Veröffentlichung seiner Einspielung von *„Era Mela Mela"* auf dem Label Crammed Discs (Belgien 1986). Alemayehu Eshete startete 1960 als Sänger zusammen mit dem Polizeiorchester und konzentrierte sich auf Rock- und Soul-Musik in einem solchen Maße, dass er „der äthiopische Elvis" genannt wurde. Aster Aweke begann bereits in ihren Teenagerjahren im Theater des Patriotic Association Theatre aufzutreten und sang mit mehreren verschiedenen Bands, bis sie im Jahre 1981 Äthiopien verließ und danach in der Diaspora lebte. Auch wenn sie 1989 ein breites Publikum mit ihrer Einspielung von *„Aster"* auf Columbia Records erreichte, teilte sie später ihre Karriere zwischen Äthiopien und der Diaspora. Diese vier Musiker überschreiten mit ihrer Popularität die Grenzen zwischen verschiedenen Musikstilen, genauso wie sie ihr ethnisches Erbe übersteigen: Tilahun Gessesse war ein Oromo, Mahmoud Ahmed ist ein Gurage und Alemayehu Eshete und Aster Aweke sind Amhara. Dass diese äthiopischen Musiker aus der populären Musikszene sich sowohl auf Aspekte äthiopischer Musik als auch auf die Musikwelt jenseits des Horns von Afrika stützten, war entscheidend dafür, dass sie ihre musikalische Karriere während und nach den Revolutionsjahren auch in der äthiopischen Diaspora entfalten und fortsetzen konnten, bis hin zu einer Rückkehr in ihre Heimat.

Literatur: KAY KAUFMAN SHELEMAY, „Music in the Ethiopian American Diaspora: A Preliminary Overview", in SVEIN EGE, HARALD ASPEN, BIRHANU TEFERRA, SHIFERAW BEKELE (Hrsg.), *Proceedings of the 16th International Conference of Ethiopian Studies*, Wiesbaden 2009, 1153–1164; KAY KAUFMAN SHELEMAY, „Music", *EAE* III, 1082–1086.

Kay Kaufman Shelemay, Harvard University

Musikinstrumente

In einem Land so vielgestaltig wie Äthiopien überrascht es nicht, dass auch die Musik reich und unterschiedlich ist. Die Musikinstrumente in Äthiopien variieren nach Region, Anlass, ethnischer Gruppe und manchmal nach Verfügbarkeit der benutzten Materien, um sie herzustellen.

Blasinstrumente. Blasinstrumente Äthiopiens sind zunächst vor allem Flöten und Hörner. Die Flöten werden gewöhnlich aus Bambus oder Schilf (und heutzutage aus Plastik) gefertigt; es sind die sog. offenen Längsflöten mit Grifflöchern. Die solo gespielten Flöten (*Washent* auf den Hochebenen; *Ululle*, *Gari* oder *Faga* in Oromo) haben zwei bis vier Grifflöcher. Die Flöten, gespielt in einem Ensemble (wie *Embilta* auf den Hochebenen, *Weyssa* bei der Aari oder *Bol* bei den Berta), haben keine Grifflöcher: die gewöhnlich kurzen Melodiephrasen werden durch die Kombination jeder Tonlage von individuellen Instrumenten hergestellt (die Hoketus-Technik). In einigen Regionen werden Panflöten (*Fanfa* bei den Konso) und Kugelflöten oder Gefäßflöten (Maale: *Umburko*) gespielt.

Die Hörner oder Trompeten sind Instrumente, die gespielt werden mittels der Vibration der Lippen des Musikers, platziert an einem Ende des Instruments (endgeblasene Trompete) oder an einem seitlichen Loch (quergeblasene oder laterale Trompete). Sie sind aus verschiedenen Materialien gemacht: Kalebasse, Holz, Metall, Bambus oder Horn tierischer Herkunft. Obwohl sie ohne Grifflöcher sind, können Musiker mehr als einen Ton spielen, entweder durch Überblasen oder durch Zudecken eines Endes des Instruments, ganz oder teilweise, mit der Hand. In vielen Fällen sind Trompeten Symbole von Macht, jene wie *Malakkat* in den Amhara- und Tigray-Regionen, die für die Weitergabe von Informationen eingesetzt werden – beispielsweise zum Zusammenrufen einer Versammlung, oder, um während der Beerdigungszeremonien zu spielen (z.B. *Rango*-Trompete in Tigray). Die Berta in der Nähe der sudanesischen Grenze spielen Trompeten (die teleskopisch ineinander geschoben werden) in eindrucksvollen Ensembles (*Waza*) von 10–12 Instrumenten (50 cm bis über 1,80 m Länge). Schließlich ist festzuhalten, dass es eine kleine gebogene Trompete, *Turumba*, gibt, die vermutlich westlichen Ursprungs ist; sie wird aus Messing oder Kupfer hergestellt und ist in einigen Regionen Äthiopiens zu finden.

Saiteninstrumente. Die Schalenleier ist eins der wichtigsten Instrumente des Landes. Bei ihr werden entweder alle Saiten mit einem Plektron angeschlagen oder es können die Saiten einzeln mit den Fingern gezupft werden. Schalenleiern wie etwa die 5- oder 6-saitige *Krar* werden überwiegend für weltliche Zwecke genutzt. Selten ertönen sie als Begleitung bei religiösen Anlässen; allerdings begleitet die *Krar* auch religiöse Gesänge der Äthiopisch-Orthodoxen Kirche. Im Gegensatz dazu wird die 10-saitige brummende Kastenleier *Bagana* ausschließlich im religiösen Zusammenhang gespielt (zur Begleitung von Preisgesängen, insbesondere zu Fastenzeiten). Beide Leiertypen kann man mit einem Plektron oder einzeln durch Zupfen mit den Fingern spielen.

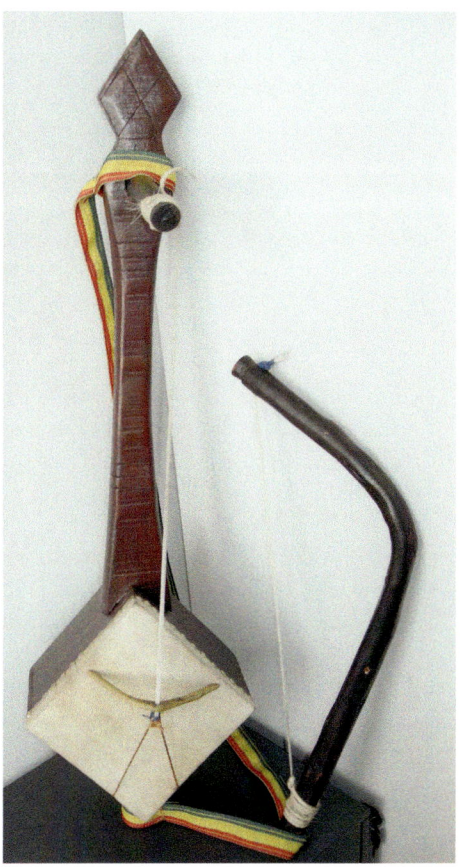

Alamu Aga beim *Bagana*-Spiel, © Stéphanie Weisser   *Masenqo*, © Stéphanie Weisser

Die 1-saitige Kastenspießlaute *Masenqo*, gespielt in den äthiopischen Hochebenen, ist ebenfalls typisch für das Land, da sie eng mit den *Azmari,* jenen Dichter-Musiker-Komödianten-Unterhaltern, in Beziehung steht. Obwohl die *Masenqo* nur eine Pferde-haarsaite hat, die mit einem Pferdehaarbogen gespielt wird, beweisen die Musiker eine beeindruckende Spielfertigkeit. Meist von traditionellen Musikern (*Azmari*) gespielt, wird sie hauptsächlich in den Hochebenen, privat oder öffentlich, beispielsweise auf Hochzeiten, Taufen, *Zar*-Besessenheitsritualen, usw., verwendet. Die *Masenqo* begleitet viele kirchliche Feste der Äthiopisch-Orthodoxen Kirche auch außerhalb der Liturgie.

Interessant ist *Tingle*, ein Mundbogen, der benutzt wird in den südlichen Regionen von jungen Kara-Männern für ihre persönliche Meditation. Er umfasst drei Saiten und wird gespielt, indem ein Ende im Mund des Musikers steckt.

Trommeln und Perkussionsinstrumente. In Äthiopien gibt es Trommeln verschiedener Art und Größe. In vielen Gesellschaften ist der Besitz einer Trommel mit einem speziellen, sozialen Status (der politischen Macht oder der Zugehörigkeit zu einer Gesellschaftsklasse) verbunden. Glocken aus Metall oder Stein sind häufig in den Kirchenhöfen auf den Hochebenen zu finden; sie dienen der Einladung zum Gottesdienst. Holzblöcke gibt es überall in Äthiopien sowohl als Rasseln aus Kalebassen, Schildkrötenpanzer und anderen Materialien. Sie werden für die rhythmische Begleitung eingesetzt. Von den Rasseln dient das in der Hand gehaltene Sistrum (*Tsanatsel*) zusammen mit dem Gebetsstock (*Maqqwamiya*) und der großen doppelseitigen Trommel (*Kabaro*) in der Orthodoxen Kirche der Begleitung von Gesang und Tanz. Schließlich müssen die Xylophone unter den Aari und die „Lippenklaviere" im Südwesten Erwähnung finden.

Gesang und menschlicher Körper. Es ist bekannt, dass Töne nicht zuletzt mit dem menschlichen Körper hervorgebracht werden können: Singen, Klatschen, Ululieren und das klingende Atmen („sonourous breathing") gehören dazu.

Globale Instrumente. Westliche Instrumente wurden nach Äthiopien sporadisch seit Ende des 15. Jh. von Kaufleuten, Reisenden, Diplomaten und Missionaren mitgebracht. Andererseits fanden sie den Weg in die äthiopische Musik nicht vor dem Ende des 19. Jh., als Blechblasinstrumente, zunächst in die Militärkapellen, aufgenommen wurden. Andere ausländische Musikstile hatten großen Einfluss auf das äthiopische Musikleben und seine Instrumente. Nach dem zweiten Weltkrieg wurde populäre amerikanische Musik, wie Jazz, Rhythm & Blues, Soul, Rock und Pop – und zwar durch den Kagnew-Armee-Stützpunkt und die Radiostation (Asmara, 1943–1977) – bekanntgemacht. Die der amerikanischen Regierung gehörende Radiostation sendete die aktuelle Musik der USA. Dies führte in den 1950ern zur Errichtung vieler Theater und Orchester und von den 1960ern an zu privaten Musikgruppen. Westliche Instrumente wie Saxophon, Klavier, Cello, Kontrabass, Trompete, Posaune, Schlagzeug usw. fanden Eingang in die sich ausdehnende äthiopische urbane Musikszene und das Nachtleben während der sog. „goldenen Zeit". Dabei muss der Einfluss von Mulatu Astatke (geb. 1943) erwähnt werden. Er integrierte Vibrafon, Konga-Trommel und Keyboardorgel in die äthiopische Musik und hat an der Entfaltung des inzwischen weltbekannten „Ethio-Jazz" mitgewirkt.

In der Musik gibt es ständig Veränderungen. In Äthiopien, wie sonst in der Welt, hat die Globalisierung – und hier besonders in den urbanen Regionen – zu schnellen Wandlungen beigetragen. Städtische Popmusiker benutzen häufig Elektrogitarren und Synthesizer; man trifft auf verstärkte oder elektrische *Krar*-Leiern. Seit dem letzten Jahrzehnt werden auch zunehmend Computer für die musikalische Produktion benutzt, sie bringen virtuelle Instrumente und Toneffekte hervor. Musikalische Ausdrucksformen, ob „modern" oder „traditionell", bereichern sich wechselseitig, wie dies auch für den Klang der vielen unterschiedlichen und faszinierenden Musikinstrumente gilt, die heute in Äthiopien gespielt werden.

Literatur: ANNE DAMON et al., „Instruments, musical", *EAE* III, 169–174; TIMKEHET TEFFERA, „Western Wind Instruments and the Development of Ethiopian Popular Music", *Studia Instrumentorum Musicae Popularis* III, *New Series*, III 2013, 349–376; TIMKEHET TEFFERA, „Tradition and Modernism: Emergence and Development of Popular Music in Addis Ababa: The Golden Years", in *Beiträge zur Jahrestagung des Nationalkomitees der Bundesrepublik Deutschland im International Council for Traditional Music (ICTM/UNESCO) am 15. und 16. Februar 2008*, Münster 2010.

Stéphanie Weisser, Université Libre de Bruxelles

Äthiopien und Eritrea in der Literatur

Das Horn von Afrika ist ausgiebig von Schriftstellern, Reisenden, Historikern und Geografen verschiedener Länder behandelt worden. Das Ergebnis sind bleibende Vorstellungen und Geschichten von einem mythischen alten Land, das reich ist an einem religiösen und kulturellen Erbe. Die Werke renommierter Schriftsteller und Intellektueller sind voll von Hinweisen auf Äthiopien und Äthiopier: von Marco Polo bis zu Immanuel Kant, von John Milton bis zu Ludovico Ariosto, von John

Mandevilles Bericht über den Priester Johannes bis zu Samuel Johnsons „Rasselas", von Samuel T. Coleridges „Abyssinian maid" bis zu Derek A. Walcotts „Lion of Judah" in seinem postkolonialen Karibik-Drama „O Babylon!"

Im Laufe der Jahrhunderte haben Darbietungen und Auslegungen über Äthiopien und Eritrea lebendige Kulturbilder hervorgebracht, die zu so unterschiedlichen Ergebnissen wie Johnsons Moralgeschichten einerseits und die Rastafari-Bewegung andererseits führten, die mit Äthiopien das Gelobte Land verbanden und den Anfang der Diasporakultur schufen. Obwohl die Schriftsteller das Horn von Afrika meist als eine Art Garten Eden beschrieben, rückt in jüngster Zeit ein anderer Aspekt neben dieses Bild ins Zentrum: eine Region, geprägt von Armut und Hunger, ist Ausgangsort vieler Migranten, jeweils mit ihren eigenen Erinnerungen und Geschichten.

Mittelalter. Die Regionen jenseits von Ägypten – sie wurden als „Äthiopien" bezeichnet – übten eine besondere Faszination auf europäische Schriftsteller aus, da man die Region als christlich geprägt und zugleich „exotisch" betrachtete. Ausschlaggebend für die literarische Präsentation Äthiopiens waren folgende Elemente: die utopische Faszination der Königin von Saba und das *Kebra Nagast*, literarisch und religiös grundlegend als salomonidische Nationalsaga; hinzu kommt die Legende vom Priester Johannes. Beide Werke erfreuten sich in Europa während der Zeit 12.–17. Jh. großer Beliebtheit, vor allem, da dieser „Johannes" vom 14. Jh. an häufig mit dem äthiopischen Herrscher identifiziert wurde.

Aithiopia (nicht näher bestimmt als „Land der schwarzen Leute") war bereits Gegenstand literarischer Kompositionen im pharaonischen Ägypten. Vom alten Griechenland über die hellenistische, römische und spätantike Periode schrieben nicht nur Historiker und Geografen über Äthiopien und Eritrea, auch Dichter und Literaten (so z.B. Helidorus in *Aithiopika*) haben nicht selten *Aithiopia* als fruchtbaren, phantasievollen Hintergrund gewählt. Das ging so weit, dass die Äthiopier (*Aithiopes*) zum obligatorischen Topos im epischen Genre wurden, von Homer bis zum letzten epischen Dichter Nonnus von Panopolis im 4. Jh. n.Chr.

Von der römischen Zeit bis zum Mittelalter konnte man die Begriffe „Indien" und „Äthiopien" nahezu austauschen. Dies umfasste die Regionen des Kontinents von der ostafrikanischen Küste des Roten Meeres bis zum Indischen Ozean. Eine der ersten Erwähnungen von „Äthiopien" im westlichen Europa findet sich in dem anonymen französischen Gedicht *La Chanson de Roland* (1075–1110). Um 1200 erzählt Wolfram von Eschenbach in Deutschland in seinem monumentalen Epos *Parzival* von einer legendären schwarzen „orientalen Königin" Belacane, die einen „Mischlingssohn", Faireviz, gebar, welchen sie mit einem französischen Kreuzfahrer hatte. Geografische Werke, fiktionale Literatur und sogar Karten wurden veröffentlicht und dabei Äthiopien mit „Abassia", „Habassia" (nach dem Arabischen *al-Habash*) identifiziert. Gegen Ende des 13. Jh. erwähnt der vielbeachtete Reisebericht *Il Milione* von Marco Polo mehr als einmal „Abasce" (Abyssinia) und nennt seinen König *Lo re d'Abasce*. Im 14. Jh. boten die Verortung der Legende vom Priester Johannes in Afrika und die Beziehungen, die die äthiopischen Gruppen außerhalb von Äthiopien knüpften (Jerusalem, Sinai und später Rom), den europäischen Schriftstellern weiteren Stoff für Phantasie und Literatur.

Die erste bekannte Referenz zu Äthiopien in englischen Texten lässt sich 1387 in John of Trevisas Übersetzung aus dem Lateinischen in der Chronik *Polychronicon* von Ranulf Higden nachweisen. „The Three Kings of Cologne" (eine Übersetzung der *Historia Trium Regum*) ist ein anderer bekannter Text aus den späten 1300er Jahren, der Informationen über den Priester Johannes, die Königin von Saba und die „Ethiopes" vermittelt. Viele Geschichten und Geografien, übersetzt im 15. und 16. Jh. aus dem Lateinischen ins Englische, befassen sich mit Äthiopien. In Spanien wird *Aithiopika* von Heliodor auf Kastilisch von Fernando de Mena herausgebracht als *Historia etiópica de los amores de Teágenes y Cariclea* (1554). Aber auch verlässlichere Untersuchungen zu Äthiopien erschienen im 16. Jh. Insbesondere der erste Augenzeugenbericht des portugiesischen Missionars und Entdeckungsreisenden Francisco Álvares über das Land ist zu erwähnen (1550 von Giovanni Battista Ramusio ins Italienische übersetzt). Genannt werden müssen auch der erste historiographische Entwurf von Mariano Vittori und der erste gedruckte Ge'ez-Text, herausgebracht 1513 von Johannes Potken. Die Reformation hatte besonderen Einfluss auf das europäische Bild eines christlichen Äthiopien, da die Reformatoren die von den Humanisten begonnene Suche nach dem verlorengegangenen Wissen und den verlorenen Handschriften pflegten, wobei sie hofften, das biblische Wort Gottes besser verstehen zu können.

16.–18. Jh. Im 16. und 17. Jh. förderten die missionierenden Jesuiten auf der einen Seite und die grundlegenden linguistischen, historischen und ethnografischen Werke des großen deutschen Gelehrten Hiob Ludolf auf der anderen die wachsende Beachtung Äthiopiens und Eritreas, die häufig religiös angetrieben waren. Im Italien des 16. Jh. machten die beiden Meisterwerke von Ludovico Ariosto und Torquato Tasso *Orlando Furioso* und *Gerusalemme liberata* in unterschiedlicher Weise auf Äthiopien und seinen christlichen König aufmerksam. Um 1640 berichtete der portugiesische Jesuit Jerónimo Lobo in seinem *Itinerario* über Äthiopien. Das Werk zirkulierte unter den europäischen Lesern meist dank französischer Übersetzungen. Später übersetzte Samuel Johnson den bedeutenden Bericht Lobos ins Englische: *A Voyage to Abyssinia*. Die Auseinandersetzung damit hinterließ tiefe Spuren in Johnsons Werk. Der portugiesische Jesuit Manoel de Almeida schrieb eine Äthiopiengeschichte auf der Basis des unveröffentlichten Werkes von Pedro Páez, *Historia de Etiopía,* das posthum 1660 erschien und gewisse Einblicke in das *Kebra Nagast* enthielt.

Im 17. Jh. spiegelt sich in den englischen literarischen Texten bereits ein spezifisches Äthiopienbild. Das Gedicht von Thomas Peyton über das Paradies *The Glasse of Time* war vermutlich Vorbild für das bekannte Werk John Miltons, *Paradise Lost*. Dabei erwähnt Milton „Abassin kings", die auf dem „Mount Amara" lebten, „den einige für das wahre Paradies halten". Im darauf folgenden Jahrhundert erscheint Äthiopien noch häufiger in der englischen Literatur, und zwar nicht selten als eine Art Garten Eden (z.B. in den Werken von Samuel T. Coleridge, Ellis C. Knight, Archibald Campbell und George Colman). Geografische Werke, die in der gleichen Periode das Horn von Afrika beschreiben, erweisen sich als detailreich, tendieren aber dazu, belegbare Fakten mit Legenden und Fehlinterpretationen (z.B. *De Nili et aliorum fluminum origine* des Holländers Isaac Vossius) zu mischen. Im 18. Jh. beschreibt der deutsche Philosoph Immanuel Kant in seinem Buch *Sämtliche Werke*: *In Chronologischer Reihenfolge* Äthiopien als Land des Überflusses. Der Roman *The Prince of Abyssinia* (*Rasselas*) von Samuel Johnson, veröffentlicht 1759 und umgehend übersetzt ins Französische, war das erste Werk der englischen Literatur, das sich ausführlich mit Äthiopien befasste. Der nächste Äthiopienroman sollte erst fast ein Jahrhundert später erscheinen: William Dalton's Abenteuergeschichte für Kinder *Tiger Prince*. Reiseberichte waren typisch für die englische Äthiopienliteratur gegen Ende des 18. Jh., von denen James Bruces *Travel to Discover the Source of the Nile* die größte Wirkung erzielte. Lange Zeit meinte man, in Äthiopien wäre der bekannte russische Sklave Abraham Ganibal, der Urgroßvater von Alexander Pushkin, geboren worden.

Der russische Dichter spricht in seinem Werk häufig über seine afrikanischen Wurzeln und widmet seinem afrikanischen Urahn sogar einen unvollendeten Roman mit sieben Kapiteln *Arap Petra velikogo*, meist übersetzt als *Der Mohr Peter des Großen*.

19. Jh. Als Ergebnis der Aufklärung und ihrer Annäherung an die Wissenschaft, die schnell wuchs, vom Positivismus beeinflusst und schließlich im Kolonialismus mündend, wurde das Horn von Afrika im 19. Jh., wie der Großteil des Kontinents, Gegenstand geografischer Forschung und ethnografischer Entdeckungsreisen. Von den zahlreichen Forschungsreisenden des 19. Jh. nennen wir hier Carlo Piagga, Henry Salt, Nathaniel Pearce, Antonio Cecchi, Gustavo Bianchi, Guiseppe Sapeto und Mansfield Parkyns.

Die britische Napier-Expedition nach Maqdala 1867–1868 und der Widerstand von Kaiser Tewodros II. gegen sie erwies sich als fruchtbare Quelle für europäische Schriftsteller; aufgegriffen u.a. von Georg MacDonald Fraser in seinem englischen Roman *Flashman on the March* und von Emil Jonveaux in seinem französischen Reisebericht *Deux ans dans l'Afrique Orientale*. Zu derselben Zeit entfalteten deutsche protestantische Missionare große Aktivitäten in Äthiopien und schufen Werke von erheblicher Bedeutung über das Land. Insbesondere Johann Ludwig Krapfs Aufzeichnungen über die Oromo hatten bleibenden Einfluss. In den 1880er Jahren begann Ernest Alfred Wallis Budge, das *Kebra Nagast* ins Englische zu übersetzen. Henry Rider Haggard, ein Freund von Budge, wurde von diesem beeinflusst, was man in Haggards berühmtem Werk *King Solomon's Mines* belegt findet. Im *fin-de-siècle* Deutschlands schrieb Karl May den Abenteuerroman *Der Scheik von Harrar*, mit dem er der Popularität der Reiseberichte folgte.

Mittlerweile hatten Missionare, Reisende, Forscher, Historiker, Anthropologen und Geografen nicht nur mehrjährige Berichte, bedeutende Reiseberichte und literarische Werke geschrieben, sondern unbeabsichtigt den Weg für die europäische Kolonisierung der Region am Ende des 19. Jh. geebnet. Der Kolonialismus hatte große Auswirkungen auf die Literatur und hinterließ eine starke Betonung des Horns in den europäischen Literaturen, insbesondere in der italienischen Literatur. Die italienische Kolonialisierung Nordostafrikas begann in den 1880er Jahren. In den 1890ern schrieb Ferdinando Martini, Schriftsteller und Gouverneur von Eritrea 1897–1907, Berichte, die literarische, dokumentarische und administrative Themen miteinander verknüpften. Er beschrieb „Affrika" nicht nur als elende Region, sondern auch als rein und ursprünglich, wo sich der menschliche Geist erheben und wo er Gott begegnen kann. Die Italiener bemühten sich erfolglos, die Kontrolle über das Land zu gewinnen; sie wurden von den Äthiopiern mehr als einmal besiegt: in Dogali 1887 und vor allem in Adwa 1896. Der unerwartete Sieg Menileks II. in Adwa hatte eine starke, symbolische Bedeutung – national wie international –, wie das Beispiel des Theaterstücks von François Courel *La fille sauvage*: *Pièce en six actes* belegt. Dies inspirierte auch die Rastafari-Bewegung und den Panafrikanismus.

Moderne Zeit. „Adwa" hinterließ ein starkes Signal in der italienischen Kultur, zumindest bis zur italienischen Besetzung Äthiopiens 1935–1936. Dies belegt u.a. das Werk von Gabriele d'Annunzio. Während des Faschismus bestimmte die Faszination des Körpers der Äthiopierin und die Sexualität nicht unwesentlich die italienische Popularkultur (und Literatur), und dies trotz aller Bemühungen der Faschisten, „gemischte" Beziehungen und „Mischehen" zu unterbinden. Die italienische Invasion in Äthiopien provozierte starke negative Reaktionen unter afroamerikanischen Autoren wie z.B. Theodore J. Ward, Joseph Harvey Lowell Baxter und Pauline Hopkins.

An Kaiser Hayla Sellases Krönung 1930 nahmen viele internationale Beobachter teil, die über das Ereignis berichteten. So Evelyn Waugh, der während des italienischen Besatzungskrieges wieder nach Äthiopien reiste und den viel beachteten Reisebericht *Waugh in Abyssinia* verfasste. Eine erhebliche Anzahl literarischer und halbliterarischer Werke über Äthiopien und Eritrea entstand im Italien der faschistischen Zeit, so beispielsweise die Werke von Alberto Pollera, wobei der profilierteste Autor dieser Zeit der Franzose Henry de Monfreid war.

Für den Rest des 20. Jh. gilt, dass es wegen der Flut westlicher Literatur über Äthiopien und Eritrea unmöglich ist, sie hier auch nur zu skizzieren. In der italienischen Literatur kann man Werke wie Ennio Flaianos *Tempo di uccidere* nicht übergehen, und ebenso Pier Paolo Pasolinis verschiedene Werke der 1960er und 1970er Jahre. Sie hielten die Erinnerung an den Kolonialismus, die erotische Faszination und die Vorstellung von einem mythischen alten Land fest. Französische Autoren legten mehrere halbliterarische und historische Romane über die Region vor, darunter Werke Arthur Rimbauds, die sich auf seine Jahre in Harar beziehen.

Im 21. Jh. hat das starke Interesse der Literatur am Horn von Afrika nicht nachgelassen. Das beweist der amerikanische Roman Abraham Vergheses *Cutting for Stone* und eine wachsende Anzahl von Werken von Autoren äthiopischer und eritreischer Abstammung; sie sind häufig autobiographisch angelegt, und dies in vielen Sprachen, insbesondere auf Deutsch, Englisch und Italienisch.

Literatur: GIOVANNA TRENTO, WOLBERT G.C. SMIDT, RICHARD PANKHURST, WENDY LAURA BELCHER, „Literature: Ethiopia and Eritrea in Literature", *EAE* V, 390–405.

Giovanna Trento, University of Cape Town

Kapitel 7 Religion

Einführung

Kein Bereich des äthiopischen Geisteslebens fasziniert uns so wie seine Religionen. Die Vielgestaltigkeit der traditionellen Religionen wird hier vor allem im Zusammenhang mit den Völkern (Kapitel 3) beschrieben. Im Blick auf die Gesamtgesellschaft spielen die Dominanz des orthodoxen Christentums und des Islam die entscheidende Rolle. Beide Religionen prägen das Land vom Beginn ihres Siegeszuges an. Allerdings unterscheiden sich Geschichte und Wechselwirkungen zwischen beiden von denen in den Nachbarländern, wo der Islam innerhalb von wenigen Jahrzehnten zur alles beherrschenden geistigen Macht aufstieg.

In Äthiopien waren von Beginn an Christentum und Staat, symbolisiert in seinen Herrscherpersönlichkeiten, verbunden. Von der Annahme des Christentums durch König Ezana im 4. Jh. an, über die Zagwe-Periode, die „Wiederherstellung" der Salomonischen Dynastie im 13. Jh., die „Zeit der Fürsten", die Errichtung des neuäthiopischen Kaiserreichs bis zum Sturz Kaiser Hayla Sellases – immer standen Kirche und Thron in enger Beziehung. Dabei blieb der Einfluss des Christentums nicht auf Herrscher und Geistlichkeit beschränkt; er bestimmte und bestimmt das Alltagsleben der Gläubigen: mit Sakramenten und kirchlichen Fest- und Gedenktagen, mit Fastenpraxis und Regelungen für alle Lebensabschnitte. Mittels Beschneidung, Ernährungstabus und der Samstag-Sabbat-Heiligung wurde das Selbstverständnis der Äthiopier, ein alttestamentarisch-auserwähltes Volk zu sein, untermauert.

Die Geschichte des Islam in Äthiopien-Eritrea nahm in den frühen Tagen Mohammeds ihren Anfang, als seine Getreuen nach Äthiopien flohen, um am Hof des christlichen äthiopischen Königs Zuflucht vor der Verfolgung in Arabien zu finden. Was auch immer die historische Nachprüfbarkeit dieses Ereignisses anbetrifft – Äthiopien wurde nicht massiv und bis in die letzten gesellschaftlichen Winkel wie die Regionen des Nil- und Rote-Meer-Beckens islamisiert. Die Muslime traten als Händler, Gelehrte und Nomaden in Erscheinung und verbreiteten ihre Religion gewaltlos im Osten und Süden des Landes. Bedeutende historische Gestalten des äthiopischen Islam werden bis heute bei Pilgerfahrten zu ihren Gräbern und Schreinen gefeiert, und diese repräsentieren mehr als andere Zeichen die Landmarken des Islam im Lande. Bis in die jüngste Vergangenheit waren die Beziehungen zwischen Muslimen und Christen – wenn auch mit erheblichen Schwankungen – von Koexistenz bestimmt. Zwar kämpften Führer beider Gesellschaften im Laufe der Jahrhunderte wiederholt gegeneinander, und gelegentlich führte dies zu massenhaftem Blutvergießen, aber das tägliche Miteinander der beiden Glaubensgemeinschaften glich Aggressionen, die auf höherer Ebene ausgetragen wurden, in der Regel aus. In den letzten Jahren sind jedoch einschneidende Veränderungen zu beobachten. Das geht mit dem Aufstieg islamistischer Bewegungen einher, die, wie in anderen Regionen der Welt zu beobachten, das muslimische Selbstbewusstsein stärken und Kompromisschancen einschränken.

Das Engagement der christlichen Missionen – katholischer wie protestantischer – entfaltete große Wirkung. Ihre Akteure traten mitunter kaum zurückhaltender auf als die dominante christliche Orthodoxie. Während die frühen christlichen Missionen und insbesondere die Jesuiten nur kurz mit Land, Kultur und Religion in Berührung kamen und nur geringe Spuren hinterließen, strömten im 19. und insbesondere im 20. Jh. Protestanten wie Katholiken in großer Zahl ins Land. Ihre offiziell geförderten Bemühungen um ethnische Gruppen, die sich der christliche Staat zwangsweise einverleibt hatte, trugen Früchte. Neben der religiösen Botschaft, die westliche Missionen anboten, erwiesen sich ihre Vertreter aber auch als Vorreiter für Technologie und Fortschritt, vor allem in Bildung und Medizin.

Eine Sonderrolle kommt den Rastafari zu. Als Vertreter einer politisch-religiösen Bewegung mit symbolträchtigen Bindungen an Äthiopien (als „Zion") und Hayla Sellase („*Ras* Tafari") haben sie Äthiopiens Glanz gemehrt und führen dennoch in ihrem symbolischen Heimatland ein Inseldasein.

Geschichte und Glaube der Äthiopisch-Orthodoxen Kirche

Einführung. Ursprünglich als „Tochter" und seit 1950 als „Schwester" der Koptischen Kirche, gehört die Äthiopische *Tawahedo*-Kirche zu den orientalisch-orthodoxen Kirchen. Sie gilt als nicht-chalkedonisch, weil sie die Beschlüsse des Konzils von Chalkedon über die Frage der Christologie im Jahr 451 ablehnte. Die Anfänge der Kirche liegen im aksumitischen Reich, als ein bedeutendes Herrscherhaus zum Christentum übertrat.

Anfänge während des aksumitischen Reiches. Äthiopien befindet sich dank seiner geografischen Nähe zum Nahen Osten in einer idealen Lage und kam schon innerhalb der ersten Jahrhunderte mit dem Christentum in Berührung. Zudem bildete das Rote Meer, das seine Anrainer regelmäßig überquerten, den Hauptteil der östlichen Landesgrenze. In der byzantinischen Zeit besuchten Reisende offenbar die Hafenstadt Adulis, Äthiopiens Seehafen, das von vielen als Handelszentrum gerühmt wurde.

Eine bemerkenswerte Episode des 4. Jh. erzählt, dass der Philosoph Meropius im legendären, syrischen Seehafen Tyrus (heute Südlibanon) ein Schiff bestieg, um nach „Indien" zu gelangen. Seine Schüler Frumentius und Aedesius begleiteten ihn. Die Besatzung nahm Kurs auf einen Hafen am Roten Meer, möglicherweise Adulis. Da die Erlaubnis fehlte, dort zu ankern, wurde das Schiff ausgeraubt und alle an Bord getötet, mit Ausnahme der zwei Jungen. Man entdeckte sie „unter einem Baum, wo sie ihre Übungslektionen vorbereiteten".

Aedesius und Frumentius wurden zum König gebracht, der die Knaben gegen ihren Willen am Hof behielt. Aedesius machte er zum Mundschenk, Frumentius zu seinem Schatzmeister und Sekretär. Auf dem Sterbebett schenkte er beiden die Freiheit. Da die jungen Männer bereits enge Vertraute des Herrschers waren, bat die Königinwitwe sie, so lange zu bleiben, bis der Kronprinz alt genug wäre, das Land zu regieren. Sie willigten ein, und die Königsfamilie behielt die Macht über den Thron.

Frumentius, der nach dem Tod des Königs hohe Autorität genoss, nutzte seinen Einfluss, um das Christentum in Äthiopien zu etablieren. Er besuchte die Kaufleute und Geschäftsmänner von Aksum, um Christen unter ihnen zu finden. Er ermutigte sie, Kirchen und Schulen zu bauen. So begründete Frumentius die ersten christlichen Kirchen Äthiopiens. Aedesius kehrte nach Tyrus zurück und wurde Priester einer Gemeindekirche. Frumentius aber sah, dass der Samen, den er gesät hatte, gepflegt werden müsse. Er ging nach Alexandria, dem nächstgelegenen Zentrum der Christenheit, und bat Patriarch Athanasius, sich um die junge, wachsende Christengemeinschaft zu kümmern, indem er ihnen einen „würdigen Mann" als Bischof sandte. Athanasius fand keinen würdigeren als Frumentius selbst. Als Frumentius, zum ersten Bischof und Apostel des Landes geweiht, nach Aksum zurückkehrte, war er erfüllt von Gnade und göttlicher Kraft, um Wunder zu vollbringen.

Diese Erzählung erscheint glaubhaft. Neben Münzen und Inschriften, die Archäologen fanden, belegt ein Brief des arianischen Kaisers Konstantin II. an die aksumitischen Herrscher Ezana und Shaizana den Gehalt der Geschehnisse. Der römische Kaiser forderte die äthiopischen Herrscher darin, wenn auch vergeblich, auf, Frumentius nach Alexandria zurückzuschicken. Dort sollte er in der Lehre des Arianismus unterwiesen und von Erzbischof Georg von Kappadokien (der den Thron des Athanasius unrechtmäßigerweise eingenommen hatte) noch einmal geweiht werden.

Nicht überliefert ist, wer an der Seite von Bischof Frumentius nach Aksum kam und welche religiösen Schriften die Gruppe aus Ägypten mit sich führte. Eine christliche Gemeinschaft, die einen Bischof hat, braucht für den kirchlichen Ritus sowohl Priester, die mit ihm wirken, als auch liturgische Bücher. Die Bibel musste ins Äthiopische übersetzt werden, was nach und nach geschah. Es verging nicht viel Zeit, bis Mönche folgten und dauerhaft Fuß fassten. Sie kamen aus der mediterranen Welt und ließen sich schon bald nach Einführung des Christentums nieder, sie wurden zu Gründervätern des Mönchtums im Lande. Die Klosterregeln gehörten zu den ersten Texten, die vor Ort ins Äthiopische (Ge'ez) übersetzt wurden. Ihre Lehre machte das Mönchtum zur höchsten Form des Christentums. Mit der Zeit entwickelten sich die Klöster zu Zentren der höheren Bildung. Übersetzungen der christlich-mediterranen Literatur sowie die Schaffung anderer Werke vor Ort werden ihnen zugeschrieben.

Die Zagwe-Dynastie. Aksums Bedeutung als Zentrum des Königreichs endete spätestens im 10. Jh. Ein Grund des Niedergangs war offenbar das Aufbegehren einer nichtchristlichen Volksgruppe gegen die Macht der Kirche. Die Heftigkeit dieser Unruhen schlug die königliche Familie in die Flucht und fügte den kirchlichen Einrichtungen großen Schaden zu; auch die Kirchen Aksums wurden zerstört. Lange hielten die Rebellen die Macht in ihrer Hand. Um 1137 übernahm wieder eine christliche Dynastie die Macht. Sie ist unter verschiedenen Namen bekannt, am geläufigsten ist der Begriff Zagwe. Sie machte Adafa bzw. Roha (später „Lalibala") zu ihrem Zentrum. Ihre Vertreter bemühten sich mehr um spirituelle Belange als um Staatsangelegenheiten. So ließen die Könige in ihrer Heimatprovinz Lasta etliche Felsenkirchen bauen, die zu ihrem bleibenden und monumentalen Erbe wurden. Einige Könige, die zugleich Priester waren, gingen als Heilige in die Kirchengeschichte ein. Ungeachtet dessen sind die Zagwe nicht dafür bekannt, die Lehre der Kirche bereichert zu haben. Bisher kann diese Periode mit keinem bedeutenden Werk, weder im Original noch in Übersetzung, in Verbindung gebracht werden. Im Gegenteil: Während der Zagwe-Periode gingen sogar Schriften, die während der Aksum-Zeit kopiert worden waren, verloren.

Die Amhara-Dynastie. Die Dynastie der Amhara-Herrscher, die später die salomonische genannt wird, begründete 1270 der mächtige Yekunno Amlak, der für sich reklamierte, direkter Nachfahre und legitimer Erbe des untergegangenen Reiches von Aksum zu sein. Die Herrscher jener Dynastie unterstützten die Mönche in jeder Hinsicht, wenn es darum ging, heidnische Gebiete zu christianisieren. Sie machten die Kirche zur starken Institution, um sich andererseits deren Unterstützung beim Sturz der Zagwe zu sichern. Führende Geistliche waren Yohanni im Norden (Dabra Damo in Tigray), Iyasus Moa und Batsalota Mikael (Dabra Hayq Estifanos bzw. Dabra Bahrey) im zentralen Hochland (Amhara) sowie Takla Haymanot (Dabra Asbo/Libanos) im Süden Shawas, u.a. Eine Herausforderung damals und danach für lange Zeit war, dass die Kirche und ihr motivierter Klerus nur *einen* Erzbischof hatten, der Priester und Diakone weihen und einen *Tabot* (die geweihte Altartafel) segnen durfte. Alle, die um die Weihe für den Klerus oder einen *Tabot* nachsuchten, mussten den Weg von nah und fern auf sich nehmen. Verstarb der Erzbischof, musste ein Gesandter die gefährliche Reise nach Alexandria oder Kairo antreten, um einen Nachfolger nach Äthiopien zu bringen. Diese Lage blieb unverändert von Frumentius bis zur Mitte des 20. Jh. Erst dann wurde die Äthiopisch-Orthodoxe Kirche unabhängig und ernannte einen Patriarchen sowie Erzbischöfe und Bischöfe, wie sie im Land und in der Diaspora gebraucht wurden.

Glaubensgrundsätze. In Anlehnung an die Koptisch-Orthodoxe Kirche Alexandrias erkennt die Äthiopische Kirche die Beschlüsse der ersten drei ökumenischen Konzilien von Nicäa (325), Ephesos (341) und Konstantinopel (381) an. Das Konzil von Chalkedon (451), das die zwei Naturen in Jesus Christus – und zwar „unvermischt und unverändert" – nach seiner Menschwerdung anerkennt und damit zwischen seiner menschlichen und göttlichen Gestalt unterscheidet, verwirft die äthiopische *Tawahedo*-Kirche –, ebenso alle nachfolgenden Konzilien. Ihre geistigen Väter sind die Hl. Kyrill und Dioskoros von Alexandria, die die Ein-Naturenlehre Christi vertraten, im Unterschied zum chalkedonischen Christus in zwei Gestalten. Mit der Bezeichnung *Tawahedo* (vom Verb *tawahada* = „eins sein durch Vereinigung") hebt die Äthiopische Kirche die Einheit der göttlichen und menschlichen Natur in der Person Jesu hervor. Alles Handeln des einen Christus geschieht durch ihn, ohne Unterscheidung seines Wirkens in Göttlichkeit und Menschlichkeit. Für die Kirche ist Jesus Christus eine Person, das Fleisch gewordene Wort Gottes. Er ist vollkommen Mensch und vollkommen Gott.

Zweimal in der äthiopischen Kirchengeschichte musste der Klerus den Glauben der Väter zur Diskussion stellen: als Kaiser Zara Yaeqob (1434–1468) die Kirchenordnung reformierte und als die Jesuiten im 16. Jh. versuchten, die Äthiopische Kirche Rom unterzuordnen. Die Quellen, auf die sich der Kaiser für seine Interpretation bezog, wurden von den Za-Mikaeliten angefochten, eine Gruppe ausgezeichneter und gut informierter Theologen, wie sie das Land nicht gekannt hatte. Sie bezweifelten seine Überzeugung, das Gott *eine* Gestalt habe, und verwarfen ebenso seine trinitarische Theologie: drei Sonnen (die Personen) und ein Licht (die Göttlichkeit). Desgleichen lehnten sie seine Forderung nach übertriebener Verehrung der Jungfrau Maria ab. Unter den anderen Gegnern dieses Kaisers befanden sich auch die Mönche um *Abba* Estifanos (die Stephaniten), die sich weigerten, sich vor dem Herrscher zu verneigen, sondern sich allein vor Gott-Vater, dem Sohn und dem Heiligen Geist verneigen würden, und die sich weigerten, Maria mit dem Kinde und das Kreuz als Ausdruck der religiösen Hochachtung zu verehren, und die, wie die Ewostatewos-Anhänger, auf der Sabbatheiligung bestanden, wie dies in den Zehn Geboten vorgeschrieben sei.

Die Jesuitenmission und ihre Folgen. Von 1527 an erlebte die *Tawahedo*-Kirche eine Reihe von Zerreißproben, die ihre Existenz, zumindest als orthodoxe Institution, gefährdeten. Zunächst führten die Muslime aus dem Osten einen 15 Jahre andauernden *Jihad*, der dem christlichen Reich unermesslichen Schaden zufügte. Mit militärischer Unterstützung aus Portugal wurden die Muslime schließlich 1543 besiegt. Doch mit den Portugiesen kam eine neue Gefahr: Sie behaupteten, ihre Hilfe unter der Bedingung gewährt zu haben, dass sich die Äthiopisch-Orthodoxe Kirche dem Papst in Rom unterstellt. Dieser Forderung kamen die Äthiopier nicht nach. Die meisten Portugiesen fühlten sich betrogen und verließen das Land, um später einen weiteren Versuch zu

Nächtliche *Temqat*-Prozession, Lalibala, © Ethiopian Tourisms Oganization

unternehmen, der ein unglückliches Ende hatte. Eine weitere Herausforderung traf das Land durch eine Volksgruppe, die sich ausbreitete: Kurz nach der Niederlage der Jihadisten wurde Äthiopien von Oromo-Gruppen überschwemmt. Ihr Vordringen war nicht weniger als eine Massenmigration. Sie zerstörten viele Kirchen und bedrohten einen erheblichen Teil des Kulturerbes, das den Krieg der Muslime überstanden hatte. Diese Situation und die neuerlichen islamischen Überfälle aus dem Osten und Nordosten zwangen die Monarchie, ihr Zentrum nach Westen zu verlagern – mit dem Resultat der Gründung der Gondar-Dynastie – und sich schließlich dem katholischen Druck zu ergeben, in der – vergeblichen – Hoffnung auf Hilfe.

Der Widerstand gegen das Bestreben von Kaiser Susenyos (1606–1632), das Volk möge den Katholizismus annehmen, war groß. Das Land erlebte zum ersten Mal eine erfolgreiche Auflehnung gegen den Monarchen. Der Kaiser musste abdanken, und die Katholiken wurden aus dem Land vertrieben. Ihre Lehre blieb jedoch in lokaler Form erhalten und verursachte eine lang anhaltende Spaltung im Klerus. Der Grund war die Frage, was bei der Salbung Christi geschah (s. Apg. 10, 38; Ps. 44 [45], 7): Musste er als Gottes Sohn – so wie ein Mensch – gesalbt werden, um die spirituelle Würde der Priesterschaft, des Königtums und der Prophetie zu erlangen? Die Frage um die Salbung des Sohnes Gottes war zweifellos ein durchschaubarer Versuch, die orthodoxen Theologen von der Lehre der *zwei Naturen in Christus* zu überzeugen. Sie war seit dem Konzil von Chalkedon zwar anerkannt, aber die *Tawahedo*-Kirche hatte sich davon distanziert.

Weitere Debatten in den folgenden Jahrzehnten teilten die Gelehrten in drei Gruppen: 1) Die *Qebat* („die Salber“), welche glaubten, dass Jesus Christus Gottes Sohn wurde durch die Salbung des Heiligen Geistes bei der Empfängnis. 2) Die *Tsagga* („Gnade“), die von *Sost ledat* („drei Geburten“) ausgingen und glaubten, Christus sei durch Gnade (durch Adoption) bei seiner Taufe Gottes Sohn geworden (die Taufe bezeichneten sie als „dritte Geburt“). 3) die *Tawahedo*- oder *Karra*-Unionisten, die lehrten, dass Christus die Natur des Sohnes Gottes erhielt, als seine Göttlichkeit mit seiner

Menschlichkeit bei seiner Empfängnis vereint wurde. Das vom Kaiser einberufene Konzil von Boru Meda erklärte die Formel der *Sost ledat* 1878 offiziell als Ketzerei.

Herausforderungen der Moderne. Das 19. und 20. Jh. konfrontierten die Kirche mit Herausforderungen, die von äußeren Einflüssen und von Modernisierung geprägt waren. Katholische und protestantische Missionen, wenn auch eingeschränkt in ihren Aktivitäten, boten alternative Lehrmeinungen des christlichen Glaubens an. Mehr noch, die überwiegend konservative Führung der Kirche war nicht darauf vorbereitet, die Herausforderungen einer Modernisierung von Bildung, wirtschaftlicher Entwicklung, Diplomatie, Gesundheitswesen und Politik zu bewältigen.

Ob man die Frage der Thronfolge nach Menileks Tod (1913–1916) oder die Zeit der faschistischen Besatzung (1936–1941) betrachtet: immer war das Fehlen der kirchlichen Eigenständigkeit ein großes Hindernis. Erst 1951 wurde ein äthiopischer Geistlicher das Oberhaupt der Kirche, und es dauerte noch weitere acht Jahre, bis der Status der Autokephalie vollständig erreicht war.

Auch wenn die Trennung von Kirche und Staat und der enorme Verlust kirchlichen Eigentums beim Sturz des Kaisers (1974) von vielen als Totengeläut vorhergesagt wurde, gewann die Kirche durch den Rückhalt der Menschen und eine gewisse Selbsterneuerung wieder an Ansehen. Trotz oder wegen der repressiven Politik des *Darg* wuchs der Beistand durch die Bevölkerung in einem nie dagewesenen Maße. Zwangsläufig wurde die Kirchenhierarchie in innen- und regionalpolitische Konflikte verstrickt. Es entstanden rivalisierende Lager, die sich weniger wegen theologischer Differenzen entzweiten, wie in der Vergangenheit geschehen, als vielmehr in Loyalitätsfragen, so dass eine gefährliche Spaltung drohte. Außerdem sorgte die Flucht Hunderttausender Äthiopier ins Ausland für eine Diaspora, die vordem unvorstellbar gewesen wäre. Die Äthiopische Kirche hat die Schwelle ins 21. Jh. innerlich zerrissen überschritten und sieht sich fortwährenden Herausforderungen ausgesetzt, die sowohl die neuen Formen des Christentums als auch die lauter werdenden Stimmen muslimischer Gruppen provozieren.

Literatur: Sergew Hable Selassie, *Ancient and Medieval Ethiopian History to 1270*, Addis Ababa 1972; Taddesse Tamrat, *Church and State in Ethiopia 1270–1527*, Oxford 1972; Donald Crummey, *Priests and Politicians: Protestant and Catholic Missions in Orthodox Ethiopia 1830–1868*, Oxford 1972.

Getatchew Haile, Hill Museum & Manuscript Library, St. John's University, Collegeville, MN

Struktur und Aufbau der Äthiopischen Kirche

Von den Anfängen im 4. Jh. bis in die Mitte des 20. Jh. hatte die Äthiopisch-Orthodoxe Kirche eine ungewöhnliche Struktur. Offizielles Oberhaupt war ein koptischer Bischof, der vom Papst von Alexandrien ins Land entsandt wurde und es als Diözese der Koptischen Kirche betrachtete. Auch wenn die Ordination von Priestern und Diakonen zu seinen Aufgaben gehörte, hatte der Primas (*Abun* oder *Pappas*) nur begrenzte Macht über den äthiopischen Klerus. In der Praxis war die kirchliche Struktur extrem vielschichtig und außerordentlich dezentral angelegt, da klerikale und weltliche Autoritäten (Kaiser, Bischöfe, Äbte, Fürsten, usw.) über unterschiedliche kirchliche Befugnisse verfügten, die durch Vereinbarungen oder Traditionen festgeschrieben waren. Diese Autoritäten konkurrierten um die Kontrolle über Kirchen und Klöster. In der Theorie hatte der Kaiser zwar die Macht über Kirchen und Klöster des Reiches, in der Realität aber bestand eine solche „nationale" Autorität nicht. Denn die Klöster gehörten bestimmten „Schulen" an: ein Abt konnte mehrere Klöster kontrollieren, ein Gouverneur konnte sich die Kirchen in seinem Gebiet unterstellen, Mönche und lokale Bevölkerungsgruppen erhoben sich zu Führern religiöser Einrichtungen, und schließlich war die örtliche Geistlichkeit weitgehend autonom und konnte das religiöse Leben unabhängig von äußerer Einmischung gestalten.

Neuorganisation im 20. Jh. Im Laufe des 20. Jh. verschwand das komplexe System allmählich und wurde durch eine hierarchische Verwaltung ersetzt. Der Kaiser hatte genug Macht, um das kirchliche System nachhaltig zu reformieren und alle Bereiche der Äthiopisch-Orthodoxen Kirche zu kontrollieren. Durch aufeinanderfolgende Reformen wie die Bestellung äthiopischer Bischöfe 1929, 1948 und 1951, die Gründung eines zentralen Kirchenschatzes 1942, die Schaffung des Patriarchats im Jahr 1959 und die Reform der Gemeindestruktur 1972 gelang es Hayla Sellase nach und nach, eine völlig neue Verwaltung zu etablieren. Ihr zentrales Verwaltungsorgan, das Patriarchat, kontrollierte alle Kirchen und Klöster der Äthiopischen Kirche. Auch die Revolution von 1974 unterbrach diese Entwicklung nicht, im Gegenteil trug eine zweite Reform der Gemeindestruktur 1978 zu weiterer Zentralisierung bei.

Der Patriarch. Seit der Trennung von der koptischen Kirche und der Schaffung des äthiopischen Patriarchats (1951–1959) ist der Patriarch das offizielle Oberhaupt der Äthiopisch-Orthodoxen Kirche. Auch wenn der Patriarch beträchtlichen Einfluss hat, repräsentiert er nur einen Teil des Entscheidungsapparats. Er teilt sich die Verantwortung mit der Heiligen Synode (der Versammlung der Bischöfe) und der Generalversammlung der Pfarrgemeinden, die die örtliche Geistlichkeit und die Kirchgemeinden vertreten. Während der Amtszeit von Baselyos (äthiopischer Erzbischof 1951–1959 und erster äthiopischer Patriarch 1959–1970) bestand das oberste Gremium aus einem kirchlichen Konzil, dem der Patriarch, alle äthiopischen Bischöfe sowie acht vom Kaiser berufene Persönlichkeiten angehörten. Auch der Nachfolger von Baselyos, Patriarch Tewoflos (1971–1976) beließ es bis zum Sturz der Monarchie 1974 bei dieser Konstellation. Von 1975 bis zu seiner Festnahme und Amtsenthebung 1976 musste sich Tewoflos die Macht mit dem Provisorischen Rat der Kirche teilen, ein vom *Darg* eingerichtetes Organ zur Kontrolle und Reform der Kirche. Während der Amtszeit von Patriarch Takla Haymanot (1976–1988) wurden verschiedene Beschränkungen der Macht des Patriarchen durchgesetzt: die Generalversamm-

Patriarch *Abuna* Pawlos, © Siegbert Uhlig

lung der Gemeinderäte wurde per Verordnung von 1978 an der Entscheidungsfindung beteiligt, und ein Erlass aus dem Jahr 1979 verfügte, dass der Patriarch für die Heilige Synode verantwortlich sei. 1991 legte der amtierende Patriarch sein Amt nieder – man kann auch sagen: die neue Regierung zwang ihn abzudanken. Es folgten *Abuna* Pawlos (1992–2012) und seit 2013 Matiyas als sechster unabhängiger Patriarch der Äthiopisch-Orthodoxen Kirche.

Bischöfe und Diözesen. Bis zum 19. Jh. galt Äthiopien als Diözese der koptischen Kirche. Doch während der Herrschaft von Yohannes IV. (1872–1889) erhielt das Land mit Petros (1881–1917), Matewos (1881–1926) und Lukas (1881–1900) gleich drei koptische Bischöfe. Das Reich wurde in drei Diözesen unterteilt, deren Grenzen entlang der politischen Einflussgebiete der mächtigsten Fürsten verliefen (Yohannes IV., Menilek und Takla Haymanot). Nach dem Tod von Lukas und Petros wurde Äthiopien unter Matewos wieder zu *einer* Diözese vereint. Mit der Weihe der fünf ersten äthiopischen Bischöfe 1929 und 1930 wies Hayla Sellase jedem von ihnen eine Diözese zu. Auch hier stimmten die Grenzen mit den lokalen politischen Gegebenheiten überein. Während der italienischen Besatzung wurde diese Ordnung annulliert. Mit der Ernennung von Baselyos zum ersten Erzbischof Äthiopiens im Jahr 1951 wurde das Land in 14 Diözesen gegliedert, die den Provinzen entsprachen. Die Einführung der föderalen Gliederung in Äthiopien 1995 änderte nichts an dieser Regelung. Auch wenn die Zahl der Diözesen heute deutlich zunimmt, orientieren diese sich an der politisch-administrativen Gliederung des Landes. 2009 zählte die Äthiopische Kirche 39 Bischöfe in 44 Diözesen.

Kirchen, Gemeinderäte und lokale Geistlichkeit. Während der Kaiserzeit hatte der Patriarch, auch wenn er ein Äthiopier war, nur begrenzten Einfluss auf den örtlichen Klerus: er war nur für die Weihe von Priestern und Diakonen sowie der Kirchen zuständig. Nur selten konnte er Weisungen in Fragen des Kirchenrechtes oder des Kirchenbesitzes durchsetzen. *Abuna* Tewoflos beschloss das zu ändern, und begann 1972 eine große Reform der äthiopischen Gemeindeordnung. Sie zielte darauf ab, in jeder Gemeinde einen Rat einzurichten, der für Verwaltung, Finanzen und religiöses Leben verantwortlich ist. Priester und Laien wurden aus dem Kreis der Mitglieder gewählt und in den Rat entsandt. Der Patriarch unterstellte die Räte jedoch der Kontrolle der Diözese. Alle Wahlvorschläge über Ratsmitglieder und die Beschlüsse hatten der Diözese vorgelegt zu werden. Auf diese Weise überwachten die Bischöfe die religiöse und säkulare Verwaltung der Gemeinden. Doch die Bischöfe waren ebenfalls Teil der administrativen Kette, sie verbanden die Gemeinden mit der Patriarchalverwaltung. Das Patriarchat schuf drei weitere Räte, die Klerus und Laien auf Distrikt-, Bistums- und Patriarchatsebene (Generalversammlung der Gemeinden) vertraten. Jede Verwaltungsebene musste Repräsentanten für die nächsthöhere wählen und der übergeordneten Stelle Rechenschaft ablegen, so dass eine Hierarchie entstand. 1978 wurde die Reform unter der *Darg*-Regierung nochmals geringfügig verändert und als Demokratisierungsprozess der Äthiopischen Kirche gefeiert.

Lokale Organisation des Klerus. Es bestehen drei Arten von Kirchen: *Gatar* (ländliche Kirche), *Dabr* (Hauptkirche) und *Gadam* (Kloster). *Gatar* ist die kleine Landkirche, in der die Gemeinde nur einmal wöchentlich zur Liturgie zusammenkommt. Die meisten Kirchen entsprechen diesem Typ. Die Zahl der Kleriker ist meist klein, für die Feier der Liturgie sind zwei Priester und drei Diakone erforderlich. Zu einer *Dabr*-Kirche gehören mehr als 500 Haushalte, die Liturgie kann täglich gefeiert werden. Bis zur Bodenreform 1975 hatten *Dabr*-Kirchen anders als die *Gatar*-Kirchen auch

Grundbesitz. Bevor die Gemeinden 1972 neu geordnet wurden, durfte eine *Dabr*-Kirche die Aufsicht über mehrere *Gatar* führen. Unter *Gadam* versteht man die Kirche einer klösterlichen Gemeinschaft. Sie wird nur von ordinierten Mönchen geleitet, die im Kloster leben. Eine *Gadam*-Kirche kann sowohl *Dabr* als auch *Gatar* sein, je nach der örtlichen Gegebenheit. Die letztere der beiden sollte einen Gemeinderat haben, ein Kloster nicht zwangsläufig, sofern es keine Gemeinde mit Laien betreut. Manche sagen, dass es im Jahr 2000 mehr als 30.000 Pfarrkirchen gab. Vorsteher eines Gemeinderats ist stets der Leiter einer Kirchgemeinde, im Falle der *Dabr*-Kirche ein *Alaqa*, für die *Gatar*-Kirche ein *Marigeta* oder *Qes* und bei den *Gadam*-Kirchen der *Mamher*. Die Oberhäupter bedeutender Kirchen tragen Ehrentitel wie *Liqa seltanat* („Haupt der Autoritäten") für die berühmte Dreifaltigkeitskirche *Qeddest Sellase* in Addis Abeba. Innerhalb der Gemeinderäte bleibt es Geistlichen vorbehalten, das religiöse Leben zu überwachen und Priestern und Diakonen Aufgaben zuzuweisen. Eigentum und Finanzen der Kirche verwalten geistliche und Laienvertreter eines Rates gemeinsam. Alle Mitglieder der Kirchgemeinden sind angehalten, jährlich einen Beitrag an die Pfarrkirche zu zahlen. Seit der Landreform von 1975 ist diese Gebühr im Grunde die einzige Einnahmequelle der Äthiopischen Kirche. Wer die Abgabe entrichtet, darf Kandidaten für den Rat vorschlagen oder gewählt werden sowie kirchliche Dienstleistungen (wie Taufe oder Begräbnis) ohne weitere Bezahlung in Anspruch nehmen.

Kirche und Staat. Gemäß der Verfassungen von 1933 und 1955 war die Äthiopisch-Orthodoxe Kirche Teil des Staates. Der Monarch wurde als Schutzherr der Kirche und Hüter des orthodoxen Glaubens anerkannt. Das orthodoxe Christentum als Bekenntnis der Äthiopischen Kirche galt im Kaiserreich als Staatsreligion. Andere religiöse Institutionen wie die der Muslime, Katholiken oder Protestanten wurden mit diskriminierenden Verordnungen belegt. Theoretisch setzte die Revolution von 1974 aller religiösen Diskriminierung ein Ende. Doch der Stellenwert und die Rolle der Religionsgemeinschaften waren innerhalb der politischen und sozialen Gesellschaft nicht klar definiert, und die marxistische Militärjunta mischte sich in interne Angelegenheiten der Kirche und der anderen religiösen Glaubensgemeinschaften ein. Nach dem Fall der Militärjunta versuchte die neue äthiopische Verfassung von 1995, den Platz und die Funktion religiöser Institutionen klarer zu bestimmen. Sie regelt: „Staat und Religion sind getrennt, es soll keine Staatsreligion geben; weder darf sich der Staat in religiöse Angelegenheiten einmischen, noch die Religion in staatliche Belange." Ziel war es, die Diskriminierung als Erbe der Revolution zu beenden und Konflikten zwischen Staat und Kirche vorzubeugen. Doch alte Gebräuche lassen sich nur schwer überwinden. Die Äthiopische Kirche ist heute die einflussreichste religiöse Institution des Landes. Sie nimmt eine dominierende gesellschaftliche und wirtschaftliche Stellung ein und ist nach wie vor unerlässlicher Verbündeter der politischen Führung. Ungeachtet offizieller Prinzipien zum Umgang mit der Religion, die die äthiopische Regierung proklamiert hat, und einer wohlbedachten öffentlichen Distanz zu kirchlichen Belangen, die Premierminister Mallas Zenawi (1991–2012) aufrecht erhielt, erweist sich die Trennung von Kirche und Staat zuweilen als trügerisch wegen der Abhängigkeit des Staates von der Kirche als einem einenden patriotischen Symbol, insbesondere in Krisenzeiten wie dem Krieg mit Eritrea (1998–2000).

Literatur: Denis Nosnitsin, Emmanuel Fritsch, Dimetros Weldu, „Churches and church administration", *EAE* I, 740–742; Getatchew Haile, „Ethiopian Orthodox Church", *EAE* II, 421–432; Stephane Ancel, „The Centralization Process of the Ethiopian Orthodox Church", *Revue d'Histoire Ecclésiastique,* 106/3–4 (2011), 497–520.

Stéphane Ancel, Institut des Mondes Africains, Paris

Brauchtum der äthiopisch-orthodoxen Christen

Wie bei anderen Religionen findet der Glaube der Äthiopisch-Orthodoxen Kirche nicht nur in Theologie und kirchlicher Literatur seinen Ausdruck, sondern ebenso in Ritualen und Gebräuchen, die das Leben der Gläubigen regeln und ihren Lebensrhythmus bestimmen. Dazu gehören die Feier der Sakramente sowie die jährlichen, monatlichen und wöchentlichen Zyklen aus Festen und Fastenzeiten.

Sakramente. Der biblisch-hebräischen Prägung des äthiopischen Christentums gemäß werden Jungen am achten Tag nach der Geburt beschnitten. Das Ritual ist aber weder zwingend geboten, noch wird es als Mysterium (*Mestir*) verstanden. Das Sakrament der Taufe (*Temqat*) eines Knaben findet 40 Tage nach seiner Geburt statt, die Taufe eines Mädchens 80 Tage nach der Geburt (nach Lev. 12,1–7; Luk. 2,21–24). Dabei erhält das Kind einen Taufnamen, der sich vom Rufnamen unterscheidet und nur einem kleinen Kreis von Vertrauten, Familienmitgliedern, engen Freunden und dem Beichtvater (*Nafs abbat*) bekannt ist. Es ist üblich, die Säuglinge in einem Becken außerhalb der Kirche zu taufen und unmittelbar danach mit Öl zu salben, dem sog. Sakrament der Salbung (*Meron*). Das Kind wird anschließend in die Kirche getragen, um die Heilige Kommunion (*Qwerban*) zu empfangen.

In Äthiopien gibt es auch unter Christen verschiedene Formen der Eheschließung. Traditionell wird innerhalb der ethnischen Gruppe, der Religion und Gesellschaftsschicht (Adel, Geistlichkeit, Bauern) geheiratet. Der Brauch schreibt vor, dass eine Ehe nicht eingehen darf, wer bis zur sechsten Generation zurück einen gemeinsamen Vorfahren hat. Die Familie und nahe Verwandte spielten beim Arrangieren der Ehe für junge Leute eine erhebliche Rolle. In der Vergangenheit entschied sich nur ein kleiner Teil der Christen für eine sakramental geweihte Ehe, bekannt als *Qwerban* („Eucharistie"[-Ehe]). Dabei wird das Brautpaar in ein großes Gewand gehüllt, das ihre Vereinigung symbolisiert. Diese Form der Ehezeremonie wird auch als *Taklil* („Krönung") bezeichnet, weil Mann und Frau im Falle ihrer Jungfräulichkeit Kronen tragen. Vor allem Priester, die im Leben nur einmal heiraten können, und ältere Paare wählen die Form des Ehesakraments, das unlösbar ist. Im Gegensatz dazu sind Hochzeiten mit Ehevertrag viel gebräuchlicher. In der äthiopischen Tradition bekannt als *Samanya* („Achtzig"), bezieht sie sich dabei auf den 80. Lebenstag Evas, an dem sie mit Adam vermählt wurde. Diese Form der Ehe kann durch einen Priester gesegnet werden, sie gilt aber nicht als Sakrament.

Äthiopische Christen legen die Beichte ab und halten sich an das Sakrament der Buße (*Nesseha*). Obwohl die Gläubigen vor ihrem geistlichen Vater stets um Vergebung ihrer Sünden bitten, besteht auch ein formaler Weg. Nach Gesprächen mit dem Beichtvater begegnet man sich unter vier Augen, und der Gläubige bekennt seine Sünden. Der Beichtvater erlegt eine Buße auf, wie Fasten, Pilgerreisen, Almosen. Ist die Buße geleistet, treffen sie sich wieder, und nach einem Gebet wird die Absolution (*Fethat*) erteilt. Beichte und Buße sind Voraussetzung für den Empfang der Heiligen Kommunion und daher besonders an Fastentagen und in der Karwoche vor Ostern von Bedeutung.

Während bei seelischer „Krankheit" eine Buße auferlegt wird, soll die Salbung eines Kranken (*Qandil*) geistige und körperliche Krankheiten heilen. Dabei ist zu betonen, dass die Äthiopische Kirche an der Vorstellung festhält, dass nicht die Salbung mit Öl den Leidenden „auf magische Weise" von seinen Leiden befreit, sondern das Gebet und der Glaube an Gott. Die Krankensalbung wird von einem Priester durchgeführt und keineswegs als „Letzte Ölung" verstanden, die nur Sterbenden gewährt wird. Generell wird die Salbung mit Öl bei der Myronsalbung (s.o.), bei der Weihe des *Tabot* (Altartafel) und von liturgischen Geräten, bei Hochzeiten und (in der Vergangenheit) bei Herrscherkrönungen eingesetzt.

Begräbnisse und Bestattungszeremonien sind aufwändige Rituale und haben meist große soziale Bedeutung. Nach dem Kanon der Kirche soll des Verstorbenen täglich in der Kirche gedacht werden, dies bis zum 40. Tag nach seinem Tod (*Tazkar*). Besondere Aufmerksamkeit gilt dabei dem dritten Tag nach der Bestattung – im Gedächtnis an die Auferstehung Jesu –, ebenso dem siebenten Tag, an dem die Seele in den siebenten Himmel aufsteigen soll. Am 40. Tag erscheint die Seele des Menschen vor Gott, und das Schicksal bis zur Zweiten Wiederkunft Jesu wird entschieden. Die Hinterbliebenen richten ein aufwändiges Festessen aus, und die Priester beten für die Seele des Verstorbenen. Daran nehmen lokale Geistliche, Würdenträger, Nachbarn und auch Bedürftige teil. Die Unkosten sind oft so hoch, dass sie eine erhebliche finanzielle Belastung für die Trauerfamilie darstellen. Eine Möglichkeit, diese Not zu mildern, ist die Teilnahme an *Edder,* einer Bestattungsgemeinschaft. Jedes Mitglied zahlt monatlich einen bestimmten Betrag ein, der wie eine Versicherung wirkt und im Todesfall durch eine zusätzliche Abgabe der Mitglieder aufgestockt wird. Dies dient dazu, die hohen Kosten der Beerdigung zu finanzieren. Im Laufe der Zeit wurde *Edder* allerdings zu einer breiten Organisation und springt auch bei vielen Schicksalsschlägen wie Unfall, Brand und anderen Notlagen ein.

Das Weihesakrament steht als einziges nicht allen Mitgliedern der Kirche offen. Nur Männern ist es erlaubt, Diakon zu werden und im Lauf der Zeit auch Priester. Ein Priester muss vor Erlangung der Priesterwürde heiraten, danach ist es untersagt, und er wird Mönch. Die klösterliche Laufbahn zieht sich über Jahre hin. Einen Novizen erkennt man an seinem einfachen Gewand, weitere Teile des Mönchsgewands erwirbt er sich erst durch seine fortschreitende spirituelle Ausbildung.

Feste und Fasten. Das Fasten zählt zu den zentralen Ritualen, durch die die Zugehörigkeit zur Äthiopisch-Orthodoxen Kirche ihren Ausdruck findet. An Fastentagen nehmen Gläubige nur eine Mahlzeit zu sich (meist nachmittags) und essen vegan, d.h., sie entsagen Fleisch, tierischen Fetten, Eiern, Milch, Butter oder Käse. Insgesamt gibt es 250 Fastentage, 180 davon sind für alle Christen obligatorisch. Den übrigen Fastenzeiten unterziehen sich nur Geistliche und besonders spirituelle Menschen. Äthiopische Christen fasten zwei Tage pro Woche, jeden Mittwoch und Freitag. Es gibt aber auch verschiedene lange Fastenzeiten, wie insbesondere *Abiyy tsom* vor Ostern, das 56 Tage dauert und streng eingehalten wird, das Fasten der Apostel (*Tsoma hawaryat*), das unmittelbar nach Pfingsten einsetzt, mit bis zu 40 Tagen. Dazu kommt das Adventsfasten (*Tsoma ledat*), es beginnt 40 Tage vor Weihnachten und wird hauptsächlich vom Klerus befolgt.

Obwohl das Fasten in manchen Bereichen der moderner werdenden Gesellschaft zurückgeht, bleibt es eines der wichtigsten kirchlichen Rituale. Selbst unter dem *Darg*, der die freie Religionsausübung beschnitt, kam es zu einer Renaissance des Fastens – man konnte Menschen nicht verbieten, auf Essen zu verzichten.

Neben den Fastenvorschriften gibt es bestimmte Ernährungstabus. Christliche Äthiopier lehnen (wie Muslime und Juden) Schweinefleisch und ebenso Fleisch ab, das Angehörige einer anderen Religionsgruppe geschlachtet haben.

Der Zyklus der Feste bestimmt den Rhythmus des Kirchenjahres. Meist liegen die Feste nach langen Fastenzeiten oder in ihrer Mitte und schaffen den Gläubigen eine gewisse Entlastung. Es ist auch zu beachten, dass die jährlichen Feste durch monatlich wiederkehrende Gedenktage am selben Monatstag wiederholt werden. So gedenkt man am 1. jeden Monats der Geburt Marias, am 3. ihrer Darstellung im Tempel, am

Diakone mit Prozessionskreuzen, © Philipp Hedemann

16. der Errichtung des Bundes der Barmherzigkeit, etc. Diese monatlichen Gedenktage verankern die Feste im Leben der Gläubigen (s. „Christlicher Kalender").

Aus soziologischer Perspektive lassen sich die Feste als Ereignisse betrachten, die das gesellschaftliche Leben auf vielen Ebenen definieren. Große Feste wie Ostern, Epiphanias und Weihnachten werden in allen Kirchen des Landes gefeiert und grenzen die Gemeinschaft der Christen von der der Nichtchristen ab. Daneben gibt es zahlreiche Festtage, die nur in einer Kirche begangen werden, deren *Tabot* einer bestimmten Person wie Maria, einem Heiligen oder einem Erzengel gewidmet ist. Eine örtliche Gemeinde oder eine religiöse Vereinigung (*Mahbar*) bekundet damit ihre Verbundenheit und kehrt die eigene Tradition gegenüber der ihrer christlichen Nachbarn heraus.

Mahbar-Organisationen bestehen, um die monatlichen Gedenktage zu Ehren bestimmter Schutzheiliger sowohl sozial als auch finanziell zu unterstützen. *Mahbar* wird von Gläubigen gegründet, die eine besondere Beziehung zu einem Heiligen hervorheben und in der Regel eine Untergruppe innerhalb einer größeren Pfarrgemeinde bilden. Da sich die Mitgliedschaft in erster Linie nach dem verehrten Heiligen richtet und nicht nach dem Wohnort, kommen die *Mahbar*-Mitglieder häufig aus mehreren Kirchgemeinden. Dies schafft soziale Beziehungen, die sich über ein größeres Gebiet erstrecken. Am monatlichen Gedenktag treffen sich die Mitglieder im Haus eines Gastgebers, jeweils abwechselnd in der Gruppe. Auch wenn normalerweise ein Priester zugegen ist, spielt er keine Rolle als Verwalter der Sakramente. *Mahbar* bilden neben der rituell-zeremoniellen Funktion soziale Netzwerke, die den Mitgliedern in Notlagen beistehen, etwa wenn Waisenkinder zu versorgen sind.

Kirchenfeste sind auch wichtige Gelegenheiten, um die Kirche zu unterstützen und Almosen an die Armen zu verteilen. Enthaltsamkeit, selbstgewählte Armut und Mildtätigkeit haben einen hohen Stellenwert in der christlichen Kultur der Äthiopier. Von Gläubigen, von der Geistlichkeit und von Herrschern wurden stets großzügige Spenden für die Bedürftigen erwartet. Die Nächstenliebe wird vor allem an Festtagen praktiziert, wenn die Gläubigen die Feste des Lebenskreises feiern. Die Gaben umfassen unterschiedliche Geldsummen, zubereitete Speisen, Nutztiere und Kirchenutensilien (Öl, Weihrauch). An Heiligen-Gedenktagen gibt man Almosen zu Ehren des Schutzpatrons. Das gilt als religiöses Verdienst, und die Spender erhalten Sühne für ihre Sünden.

An dieser Stelle können nicht alle Kirchenfeste beschrieben werden. Deshalb seien nur die wichtigsten erwähnt.

Ledat (Christi Geburt = Weihnachten) fällt auf den 29. Tahsas (7. Januar). Christliche Familien besuchen zunächst den Gottesdienst und genießen dann gemeinsam ein festliches Mahl. (Wenn das Fest auf einen Mittwoch oder Freitag fällt, wird nicht gefastet.) Geschenke sind nicht üblich, Kinder überreichen ihren Eltern aber manchmal Brot und erhalten dafür den Segen oder ein Geschenk. Nachmittags spielt man *Ganna* (ein Hockey ähnliches Spiel), wonach der Feiertag häufig so genannt wird.

Temqat (Epiphanias, 11. Terr = 19. Januar) ist der Gedenktag an die Taufe Jesu durch Johannes den Täufer im Jordan. Am Vorabend des Festes macht sich aus jeder Kirchgemeinde eine feierliche Prozession auf den Weg. Priester tragen den *Tabot,* Diakone die Kreuze, den Weihrauch und die Glocken. Haben sie ein Gewässer erreicht (es symbolisiert den Jordan), verbringen sie dort die Nacht im Gebet. Viele Kirchen befinden sich unweit von Quellen, Seen oder Wasserläufen, denen heilige und heilende Kräfte zugeschrieben werden. In größeren Städten und historisch wichtigen Orten (Addis Ababa, Gondar, Aksum, Lalibala) wurden extra Becken geschaffen, um auf viele Teilnehmer vorbereitet zu sein. Am Festtag tauchen die Gläubigen ins Wasser ein oder werden mit Wasser benetzt. Obgleich das Eintauchen oder Besprengen mit Wasser ein zentraler Teil der Zeremonie ist, wird damit nicht das Sakrament der Taufe des Gläubigen wiederholt.

Fasika („Ostern"), auch *Tensae* („Auferstehung"), gilt als höchstes Fest im äthiopisch-orthodoxen Kalender. Ihm voraus geht eine 56-tägige Fastenzeit. Da es ein bewegliches Fest ist, das sich nach dem Mondkalender richtet, variiert das Datum. Während dieser gesamten Fastenzeit schweigen die Trommeln in der Kirche. In den Wochen vor Ostern gibt es bewegliche Festtage, die ihren Höhepunkt in der Karwoche finden. Diese beginnt mit Palmsonntag (*Hosaena*). Die abschließenden 48 Stunden des „Osterwochenendes" werden mit intensivem Fasten und Gebet verbracht. Dies endet erst um Mitternacht am „Ostersonntag", nachdem die Auferstehung Jesu verkündet wurde.

Das Symbol des Kreuzes verbindet die Äthiopische Kirche mit den Christen in aller Welt. Priester tragen ein Handkreuz, und Gläubige tragen Kreuze. Kreuze schmücken Kirchen, ihre Einrichtung, ihre Gefäße und Gewänder. Kaiser Zara Yaeqob ordnete im 15. Jh. an, dass das Kreuz überall anzubringen und an der Stirn sichtbar zu tragen sei (s. „Das Kreuz in der äthiopisch-eritreischen Kultur").

Mit *Masqal* („Erhöhung des Kreuzes", 17. Maskaram = 27. September), wird an die Auffindung des Wahren Kreuzes durch die Kaiserin Helena, Mutter des römischen Kaisers Konstantin, erinnert. Dieser gesamtchristliche Gedenktag erhielt in der äthiopischen Kultur eine besondere Bedeutung, denn Kaiser Dawit II. (1380–1412) soll eine Reliquie des Wahren Kreuzes vom koptischen Patriarchen erhalten haben. Auch wenn dieses Fest offiziell als „kleiner Festtag" gilt, ist *Masqal* in Äthiopien einer der populärsten Feiertage. Es fällt ungefähr mit dem Ende der Regenzeit (*Keramt*) zusammen und wird nur wenige Tage nach dem Neujahrsfest (11. September) gefeiert. Symbolisiert wird es insbesondere durch die gelben *Masqal*-Blumen, die dann im Überfluss blühen und von den Gläubigen gepflückt werden. Am Vorabend bringen sie Zweige und Sträuße zu einem zentralen Platz, wo alles für ein großes Freudenfeuer (*Damara*) aufgestapelt wird. Riesige Prozessionen setzen sich von den Kirchgemeinden aus in Bewegung, um sich zu versammeln. Das Feuer wird entzündet und von Würdenträgern dreimal umrundet (an der Reihenfolge in der Prozession lässt sich die gesellschaftliche Stellung ablesen).

Marienverehrung. Ein Kapitel über die Bräuche des äthiopischen Christentums wäre unvollständig, erwähnte man nicht die Marienverehrung der Äthiopier. Die Heilige Jungfrau, die Mutter Gottes, ist die meistverehrte Heilige der Kirche. Zahllose Kirchen widmen sich einzelnen Elementen ihrer Heiligkeit; im liturgischen Kalender gibt es nicht weniger als 32 Feste zu Ehren „Unserer Herrin", selbst wenn vielen nur eine geringe Aufmerksamkeit zuteil wird. Von besonderer Bedeutung sind *Erafta* („Ihr Entschlafen") und *Felsata* („Ihre Himmelfahrt"), die auf den 29. Januar beziehungsweise den 22. August fallen. Obwohl die „exzessive Hingabe" innerhalb und außerhalb der Kirche wiederholt kritisiert wurde, tut das der Ehrfurcht ihrer Anhänger keinen Abbruch. Marias Wundertaten werden wie eh und je rezitiert, und ihre Ikonen verehrt. Unbeirrt wird Maria in Fürbitten und Gebeten angefleht, sich für die Gläubigen zu verwenden.

Literatur: CHRISTINE CHAILLOT, *The Ethiopian Tewahedo Church Tradition: A Brief Introduction to its Life and Spirituality*, Paris 2002; STEVEN KAPLAN, „Feasts, Christian", *EAE* II, 510–514.

Steven Kaplan, The Hebrew University of Jerusalem

Heiligenliteratur und Mönchtum

Hagiografie

Die Hagiografie (Heiligenliteratur) ist ein weit verbreitetes Genre in der christlich-äthiopischen Literatur. Sie wurde in verschiedenen Literaturkategorien überliefert, die sich in Struktur und Erzählstil voneinander unterscheiden. Das wichtigste Ziel, das sie verfolgt, ist die Verehrung eines Heiligen. Neben der Schaffung der literarischen Texte spielen andere Elemente bei der offiziellen Anerkennung und anbetender Verehrung eines Heiligen eine Rolle, wie die Bewahrung und Vertiefung seiner Erinnerung und die Verehrung sowie rituelle Hingabe durch ein vielschichtiges System religiöser Praxis. Gestaltet wird dies durch Liturgie, Ikonographie, Reliquienverehrung, die Grabstätte, die Kirche oder das Kloster, die seiner (in seltenen Fällen ihrer) Erinnerung gewidmet sind.

Wegen ihrer herausragenden Rolle in der Liturgie trägt die Hagiografie – mehr als materielle Belege – dazu bei, das Charisma des Heiligen in der gemeinsamen Erinnerung zu erhalten. Die aktive Wiederholung in der kultischen Praxis gibt den Gläubigen einen *Modus vivendi* zur Seite, den sie konkret befolgen können, so dass die Spiritualität des Gläubigen deutlich unterstützt wird. Populäre hagiographische Texte in Ge'ez sind der *Gadl* („spiritueller Kampf", hier meist in der Bedeutung „Taten" oder „Leben"), der *Dersan* („Homilie", „Predigt"), *Ta'ammer* („Wunder") sowie eine Reihe von Hymnen und Versdichtungen, speziell der *Salam* (hier „Gruß") und *Malke* („Bildnis", „Porträt").

Hagiographische Literatur und Kanonisierung: die Bedeutung der Schriften. Die hagiographische Literatur wird im Wesentlichen durch Ge'ez-Handschriften überliefert, die im 13. Jh. und später entstanden. Aber einige Texte müssen bereits früher in Umlauf gewesen sein. Ihre ersten Nachweise in Äthiopien (wie Phileas, Arsenofis, Tewoflos, Patroqya und Damalis) bieten einige sprachliche Besonderheiten und seltene materielle Eigenschaften, die darauf hindeuten, dass man sie in der aksumitischen Periode aus dem Griechischen ins Ge'ez übertrug. Bedauerlicherweise sind aus dieser Zeit keine Manuskripte erhalten. Die Übersetzung nichtäthiopischer hagiographischer Texte setzte sich später fort, insbesondere im 13. und 14. Jh. solche aus dem Arabischen. Diese Phase war entscheidend, weil neben der Vervielfältigung alter Texte und der Übersetzung neuer eine einheimische Literatur heranwuchs, in der äthiopische Heilige die Protagonisten bilden. Anfangs wurden die Viten (Lebensgeschichten) dieser Heiligen in Texte eingebettet, die für nichtäthiopische Heilige verfasst waren. Mit dieser Mischung wollte man vermutlich ihre Akzeptanz und den liturgischen Einsatz erleichtern. Die Folge davon ist aber auch, dass die fremden Viten einen großen Einfluss auf die einheimische Heiligenliteratur erhielten.

Parallel zum Umlauf der Texte in Anthologien (Sammelbänden) ist auch die Schaffung von Werken mit nur *einem* Text bezeugt, und dies sowohl für lokale wie für nichtäthiopische Viten. Sie weisen andere Eigenschaften auf als Anthologien. In der Regel sind sie reich ausgestattet mit Wundern, mit *Salam*, *Malke*, mit klösterlichen Genealogien u.a. Nichtäthiopischen Heiligen werden Taten in Äthiopien zugeschrieben, obgleich sie nie im Lande gelebt haben. Dies ist typisch für den vielschichtigen Prozess der kulturellen Anpassung fremder Inhalte an das lokale Umfeld in Äthiopien.

Texte und Handschriften spielten in Äthiopien bei der offiziellen Anerkennung der Heiligkeit und Begründung für die Verehrung von Heiligen eine große Rolle. Das hängt damit zusammen, dass der Prozess der Anerkennung als Heiliger nicht in einem formalen, zentralen und institutionalisierten Vorgang geschah und daher die Handschrift durch ihren quasi offiziellen Charakter oft das einzige Zeugnis für die Heiligkeit der geschilderten

Kloster Dabra Dammo, © Wolbert G.C. Smidt

Person darstellte. Kopien des Synaxarium (des Sammelwerks der Heiligenviten), der Märtyrerakten, der Heiligen-Homilien waren in allen bedeutenden Klöstern verbreitet und wurden in der Liturgie eingesetzt. Der freilich begrenzte Umlauf, in der manche Texte kursierten, könnte ein Hauptgrund dafür sein, dass die Heiligen in Äthiopien eher lokal oder regional bekannt waren und verehrt wurden. Es gibt nur wenige Nationalheilige, und von Ausnahmen abgesehen, sind es die Viten nichtäthiopischer Heiliger, die größere Sammelbände füllten und in aller Munde waren. Das Verfassen, Zusammenkomponieren, Strukturieren und Übertragen hagiographischer Texte in eine Handschrift führt vor Augen, wie unabdingbar ein wirksames institutionalisiertes Instrumentarium war, das den Mitgliedern einer Glaubensgemeinschaft ein perfektes Lebensmodell schuf, das sie durch Opfer und Geduld erreichen konnten.

Auswärtige Modelle in der lokalen Heiligenliteratur. Byzantinische und (später) ägyptische Vorbilder der Ge'ez-Manuskripte hatten starken Einfluss auf Entstehung und Weiterentwicklung der lokalen Hagiografie. Dies betraf insbesondere die Kriterien und Regeln, nach denen die Verfasser die erzählten Ereignisse auswählten und einordneten. Sie lassen sich je nach Gesichtspunkt unterschiedlich betrachten: stilistisch, ideologisch und erzählerisch.

1) Die stilistische Ebene befasst sich mit den Merkmalen, die für das hagiographische Genre typisch sind. Zur Beschreibung eines Heiligen konnte der Autor aus dem Gesamtstoff der Lebensgeschichte die Gründe für die Heiligkeit eines Heiligen (s. beispielsweise Liqanos und auch einige *Tsadqan*-Texte) auswählen. Man nutzte mündliche Überlieferungen, sofern vorhanden, kopierte die bekannte Lebensgeschichte eines Heiligen ganz oder auszugsweise und veränderte nur einige Elemente wie Namen, Eltern, Geburtsort und so weiter. Bei der Beschreibung des Heiligen als Mittler zu Gott machten die Verfasser oft Anleihen bei tugendhaften Charakteren der Bibel. Außerdem bediente man sich stereotyper Wendungen und Motive, die so oder ähnlich immer wieder vorkommen: die Herkunft des Heiligen, die Abstammung von edlen und gläubigen Eltern, die bis zu seiner Geburt kinderlos waren, das Element des *Puer-senex* (wörtlich „alter Knabe"), wonach sich der Heilige als Kind oder Säugling schon wie ein Erwachsener verhielt.

2) Die ideologische Ebene setzt sich mit der Legitimation verschiedener Traditionen auseinander. Ein klassisches Beispiel ist die Rolle der geistlichen Väter aus der ägyptischen Wüste bei der Weihe der frühen aksumitischen Mönche, die als die Neun Heiligen bekannt sind. Die Tradition findet sich im Mönchtum von Shawa (bei Takla Haymanot und Iyasus Moa) und in Tigray (z.B. bei Garima, Guba, Alef u.a.) und ist ein anachronistischer Versuch, dem äthiopischen Mönchtum eine prestigeträchtige Herkunft zu verschaffen. Die Heiligengeschichte des Antonius und die Mönchsregeln des Pachomius zählen zu den ersten hagiographischen Ge'ez-Übersetzungen, ihr Ruhm erreichte Äthiopien frühzeitig. Die Bedeutung des ägyptischen Mönchtums für die äthiopische Hagiografie zeigt sich auch in den Legenden der sog. Ägyptischen Heiligen in der abessinischen Hagiografie (Bula/Abib, Gabra Krestos/Alexis, Latsun, Gabra Manfas Qeddus, Johannes der Orientale u.a.).

3) Die erzählerische Ebene wird häufig durch Episoden beeinflusst, die zuerst in nicht-äthiopischen Legenden vorkommen und später in die lokalen Lebensgeschichten eingewoben werden. Ein Paradebeispiel ist die militärische Expedition der Äthiopier nach Nagran, die in manchen Lebensgeschichten der altäthiopischen Texte, also in frühen, einheimischen Hagiografien auftaucht (z.B. bei *Gadla Pantalewon* und *Gadla Kaleb*). Natürlich können sich einige dieser Ebenen sowie auch ihre einzelnen Modelle überschneiden oder können in unendlichen Assoziationsketten miteinander kombiniert sein.

Zwei Hauptelemente äthiopischer Hagiografie sind *Kidan* („Testament, Vertrag") und *Tazkar* („Gedenken"). *Kidan* ist ein offizielles Versprechen, das Jesus Christus einem Heiligen gegeben hat, in dem er zusagt, jeden zu beschützen, der sich den Gebeten des Heiligen anvertraut und dessen *Tazkar* feiert.

Heutige Wissenschaftler bewerten die Heiligentexte als Ausdruck bestimmter kultureller Rahmenbedingungen im Kontext der Situation und Zeit, in der sie komponiert wurden. Äthiopische Hagiografien bieten sich als eine unerschöpfliche Quelle an und geben eine Fülle von Einblicken in die Gesellschaft und Mentalität von der spätantiken Periode bis zur Gegenwart.

Mönchtum

Das äthiopische Klosterwesen war von fundamentaler Bedeutung bei Übersetzung, Schaffung und Verbreitung hagiographischer Literatur; nicht zufällig waren die überwältigende Mehrzahl der Heiligen Mönche. Das monastische Leben muss sehr früh Äthiopien erreicht haben, es war eng mit der Einführung des Christentums verknüpft. Die lokale Tradition betrachtet die Neun Heiligen, die *Tsadqan* („die Gerechten") und den Hl. Libanos als geistliche Väter. Dies waren eingewanderte Mönche, die nach heutiger Ansicht das Evangelium zwischen dem 5. und 6. Jh. im äthiopischen und eritreischen Hochland verbreitet haben. Obwohl jene Mönchgemeinschaften schwer nachweisbar sind, weil archäologische Untersuchungen fehlen, findet man ihnen gewidmete Klöster an Orten mit alter Tradition. Auch die in aksumitischer Zeit aus dem Griechischen ins Ge'ez übersetzte Mönchsliteratur verweist darauf, dass damals Mönchgemeinschaften bestanden, auch wenn es heute nicht einfach ist, sie sicher zu bestimmen.

Klosterwesen und Zentralmacht. Seit Anfang des 13. Jh. entwickelte sich das Klosterwesen unter den salomonischen Herrschern zu einer bestimmenden Kraft in Äthiopien. Dadurch erhielt auch die Entwicklung der Heiligenliteratur einen entscheidenden Schub. Zwischen dem 13. und dem 15. Jh. entstanden mehrere monastische Bewegungen (Schulen), die sich verbreiteten. Sie waren mit den Großklöstern verbunden und wurden von charismatischen Köpfen wie Takla Haymanot (Shawa), Ewostatewos (Shire, Saraye, Hamasen und Bur, etc.) und Estifanos (Agama) angeführt. Auch wenn sie in einer gemeinsamen Tradition verwurzelt waren, bildeten sie sich in unterschiedlichen sozialen und kulturellen Zusammenhängen. Die Literatur dieser Klostergemeinschaften belegt, dass ihnen nicht selten ein gemeinsames Verständnis theologischer Fragen und eine gemeinsame Struktur der klösterlichen Organisation fehlten. Ihre Schüler gründeten weitere Klöster, wo sie die Grundsätze und Regeln ihrer Meister in einem System klösterlicher Netzwerke weiterführten. Ihre Beziehungen zu den zentralen Mächten, zu Kaiser und Patriarch, waren häufig von Konflikten bestimmt. Ein Beispiel findet sich in dem fünfteiligen hagiographischen Zyklus aus dem „Hause Takla Haymanots", wonach die Mönche mit Kaiser Amda Tseyon I. im Dauerstreit lagen. Andere Schriften der Stephaniten- und Ewostatewos-Bewegungen berichten über Auseinandersetzungen zwischen den Klöstern und Kaiser Zara Yaeqob. Diese Spaltungen wurden durch die christologischen Kontroversen während der Zeit des 17. und 19. Jh. immer erbitterter und erst im 20. Jh. beigelegt.

Mönchswesen und Hagiografie. Im Allgemeinen, wenn auch nicht durchweg, standen die Umstände, unter denen Heiligenschriften geschaffen wurden, in enger Beziehung mit der Förderung bestimmter Klosterzentren, der Legitimation alter Mönchstraditionen, der Machtausübung und der Durchsetzungsfähigkeit feudaler Machtzentren, etc. In einigen Fällen finanzierten Herrscher das Kopieren oder Komponieren hagiographischer Texte als Instrument eines bewussten politischen Vorhabens, um lokale Persönlichkeiten zu stärken.

Heiligenliteratur und normative Klosterschriften geben Auskunft über verschiedene Strukturen des klösterlichen Lebens in abgelegenen religiösen Gemeinschaften, die sich vor langer Zeit entwickelten und die teilweise bis heute lebendig sind. Es überwiegen könobitische (gemeinschaftliche, besitzlose) und semi-könobitische Formen des mönchischen Lebens, aber auch das Eremitentum (Einsiedlerwesen) wird intensiv gepflegt. Das System der Mönchsregeln ist in Äthiopien äußerst flexibel, und die einzelnen Klöster verfügen über ein hohes Maß an Autonomie, was ihre soziale Struktur und die alltäglichen Gestaltungsfragen angeht. Eine uralte Tradition ist die Askese, die unter äthiopischen Mönchen zuweilen sehr strenge und extreme Praktiken kennt. Einige sind seit der Antike aus den östlichen Provinzen des römischen Reiches bekannt.

Literatur: STEVEN KAPLAN, „Monasticism", *EAE* V, 443–447; ANTONELLA BRITA, *I racconti tradizionali sulla «seconda cristianizzazione» dell'Etiopia. Il ciclo agiografico dei Nove Santi,* Napoli 2010.

Antonella Brita, Universität Hamburg

Islam in Äthiopien

Die Anfänge. Nach den Berichten der islamischen Tradition kamen die ersten Muslime im Jahr 615 an den aksumitischen Hof, nachdem der Prophet Mohammed eine Gruppe von Anhängern aufgerufen hatte, nach Äthiopien (al-Habasha) zu fliehen, um der Verfolgung durch heidnische Bewohner Mekkas zu entgehen. Das Ereignis ist allgemein als „erste *Hijra*" bekannt. Die Geflohenen wurden durch den äthiopischen König – die arabischen Quellen nennen ihn al-Najashi Ashama b. Abja –, freundlich aufgenommen. Er schützte sie vor den mekkanischen Polytheisten, die den König aufgefordert hatten, sie nach Arabien zurückzuschicken, und versprachen, ihnen die Freiheit des islamischen Glaubens zu gewähren. Die islamische Geschichtsschreibung schildert, wie sich der *Najashi* (der Herrscher von Aksum) die neue Religion zu Eigen gemacht und Briefe und Geschenke mit dem Propheten ausgetauscht habe. Dieser habe für ihn gebetet, als er vom Tod des Königs Kunde erhalten hatte. Es ist nicht einfach, den Wahrheitsgehalt dieser Episode zu klären.

Die Vorstellung, dass der Islam durch jene Gruppe am Hof des *Najashi* Fuß zu fassen begann und der äthiopische König einer der ersten lokalen Konvertiten war, wird bei den äthiopischen Muslimen sehr geschätzt, lässt sich aber kaum verifizieren. Die These kann als Teil des Gründungsmythos des Islam in Äthiopien betrachtet werden, weil sie der Ausgangspunkt für die Wahrnehmung des Landes in der muslimischen Welt ist.

Die Wissenschaft ist sich einig, dass der Islam in Äthiopien durch drei große Gruppen von Akteuren Verbreitung fand: Kaufleute, Gelehrte und Sufi-Meister. Zweifellos waren die Handelsrouten, die das Rote Meer und den Indischen Ozean mit dem äthiopischen Hochland verbanden, wichtig. Entlang dieser Pfade breitete sich der Islam aus. Die erste muslimische Hochburg in der Region war der Dahlak-Archipel, wo inschriftliche Zeugnisse das Bestehen einer muslimischen Gemeinde seit dem 10. Jh. und eines unabhängigen Sultanats seit dem 12. Jh. dokumentieren. Von dort erfasste der Islam die eritreischen Küstenregionen und das Hinterland. Grabinschriften in Tigray zeigen, dass Muslime bereits 1006 dort ansässig waren. In Ost- und Zentraläthiopien bewegte sich der Islam von der Hafenstadt Zayla entlang der Handelsrouten nach Shawa. Auch dort belegen Inschriften die frühe Existenz muslimischer Gemeinschaften nahe Harar und in Südshawa.

Die Sultanate. Die Ausbreitung des Islam ins Binnenland brachte kleinere Staaten hervor, die von lokalen Familiendynastien dominiert wurden. Sie reklamierten eine arabische Herkunft für sich und konkurrierten um die regionale Vorherrschaft. Als ältestes islamisches Sultanat kontrollierte Shawa Teile Südäthiopiens schon 896/897. Es wurde von einer Familie gegründet, die vom Makhzumi-Klan aus Mekka abstammte. Das Sultanat Shawa fiel Ende des 13. Jh., als die im Ifat-Gebiet herrschende Walasma-Dynastie (auch von einem gewissen altarabischen Ursprung) sich gen Osten und Süden ausdehnte. Arabischen Historikern und Geografen zufolge gab es in der ersten Hälfte des 14. Jh. sieben muslimische Staaten in Äthiopien: Ifat, Dawaro, Arababni, Hadiyya, Sharkha, Bale und Dara. Andere Quellen deuten auf die Existenz von mehr oder weniger islamisierten Gemeinwesen auch in Fatagar, Gidaya und Mora hin. Sie lagen in territorialem Dauerstreit, Zwischenfälle und Konflikte waren die Regel. Die muslimischen Staaten scheinen anfangs den christlichen Herrschern tributpflichtig gewesen zu sein. Als 1299 eine Rebellion der Muslime gegen den *Negus* (König) ausbrach, begann eine Serie von Schlachten und Kriegen zwischen den christlichen Herrschern, die versuchten, ihr Territorium in Richtung Süden auszuweiten und den muslimischen Sultanen und deren Religionsführern, die sich bemühten, ihr Gebiet und ihren Einfluss zu erweitern. Zeiten der Koexistenz, in denen Christen und Muslime ohne Zwist friedlich kooperierten, wurden von Spannungen und wiederkehrenden Auseinandersetzungen überschattet.

Ahmad Grany, der *Jihad* und die Folgen. Der christlich-islamische Konflikt erreichte seinen Höhepunkt in der ersten Hälfte des 16. Jh., als *Imam* Ahmad b. Ibrahim al-Ghazi (die Christen nannten ihn Grany = „Linkshänder") die Herrschaft in Adal, dem wichtigsten muslimischen Staat jener Zeit mit Zentrum in Harar, übernahm. Der *Imam* stürzte den Sultan, versammelte um sich ein heterogenes Heer und erklärte einen heiligen Krieg gegen das Christenreich. 1540 hatte Ahmad b. Ibrahim das christliche Königreich völlig überrannt. Mit der Intervention portugiesischer Truppen, die die Christen zu Hilfe riefen, und der Unterstützung des *Imam* durch osmanische Soldaten wurde in Äthiopien ein internationaler Konflikt ausgetragen, der geopolitische und strategische

Dimensionen hatte. Der *Imam* starb 1543 im Gefecht durch einen portugiesischen Soldaten. Seine Armee wurde vernichtet und durch die äthiopisch-portugiesischen Streitkräfte besiegt. Ein späterer Versuch unter Führung von Nur b. Mujahid (früherer Offizier im Heer des *Imam*), den *Jihad* wieder aufzunehmen, war kurzzeitig von Erfolg gekrönt, als die muslimischen Streitkräfte 1559 Kaiser Galawdewos besiegten und töteten. Der lange, blutige Krieg zermürbte beide Seiten und hinterließ Elend und Zerstörung. Die Schwäche der lokalen christlichen und der muslimischen Staaten ebnete den Weg für die Expansion der Oromo nach Norden und Osten sowie für die osmanische Besetzung der Küsten des Roten Meers. Erst als die lähmende Krise überwunden war, entstand Mitte des 17. Jh. ein islamisches Emirat in Harar. Die christlichen Herrscher verlegten ihr Zentrum nach Gondar, unerreichbar für die vorrückenden Oromo. Von der zweiten Hälfte des 17. Jh. bis Anfang des 19. Jh. verbreitete sich der Islam unter den Oromo, insbesondere in den Regionen Harar, Arsi, Wallo (mit lokalen muslimischen Dynastien) und Gibe, wo sich um Jimma muslimische Staaten bildeten.

Erneute Herausforderung. Die zweite Hälfte des 19. Jh. war wahrscheinlich die am meisten schicksalhafte Periode in der Geschichte der äthiopischen Muslime. Unter dem Druck der Expansionspolitik der christlichen Kaiser Tewodros II., Yohannes IV. und Menilek II. wurden die unabhängigen, muslimischen Staaten zunehmend unterworfen und dem Kaiserreich einverleibt. Viele muslimische Führer zwang man, zum Christentum überzutreten oder ihre Heimat zu verlassen. Muslime wurden gesellschaftlich ins Abseits gedrängt und als minderwertige Gruppe behandelt, die öffentliche Ausübung islamischen Lebens und des Kultus war streng reglementiert oder verboten.

Wachsende Anerkennung. Von der ersten Hälfte des 20. Jh. an führte die Modernisierung der äthiopischen Gesellschaft und Kultur, ausgehend von Menilek II. und konsequenter durch Hayla Sellase, zu einer gewissen Liberalisierung des Staates gegenüber dem Islam und den Muslimen. Vor allem nach der italienischen Besetzung (1936–1941) wurden Muslimen größere Freiheiten gewährt, z.B. die Gründung von *Sharia*-Gerichten und ein erleichterter Zugang zu Landbesitz. Doch erst mit der Revolution von 1974 erfuhren sie volle Anerkennung als Bürger Äthiopiens mit den gleichen Rechten wie die Christen. Der *Darg* verfolgte jedoch eine dogmatische, marxistisch-leninistische Ideologie und verlor schnell die Sympathie der muslimischen Bevölkerung, zumal die Verstaatlichung der wohltätigen Stiftung *Waqf* die Muslime ökonomisch schwer traf und der Außenhandel durch die kommunistische Regierung starken Beschränkungen unterworfen war.

1991 wurde der *Darg* gestürzt. Die Bundesrepublik Äthiopien verfolgte eine Politik der kulturellen, religiösen und sprachlichen Liberalisierung, von der die Muslime profitierten. Zum ersten Mal in der Geschichte des Landes waren ihre Vereinigungen, Schulen, Hochschulen, Verlagshäuser und ihre Literatur legal und nahezu frei von Zensur und Auflagen. Überall in Äthiopien wurden neue, teils imposante Moscheen errichtet. Die muslimische Tradition wurde an vielen Orten sichtbar. Im urbanen und im ländlichen Raum gewann sie zunehmend an Popularität. Darüber hinaus erneuerte der äthiopische Islam seine internationalen Verbindungen zur muslimischen Welt: Muslimische Bücher wurden importiert, Pilgerreisen nach Mekka erleichtert, ausländische Gelehrte durften einreisen und im Land unterrichten. Der Einfluss oft gegensätzlicher Interpretationen des Islam, wie sie in Saudi Arabien, dem Iran, Libanon, Ägypten und Pakistan vorhanden waren, erreichten die äthiopischen Muslime. Das schürte Spannungen innerhalb ihrer Gemeinschaft, aber auch zwischen ihnen und den Christen. Der Prozess der Globalisierung im äthiopischen Islam schreitet in rasantem Tempo voran. Wohin er sich entwickelt, kann künftig nur im Kontext des regionalen und internationalen Umfelds beurteilt werden.

Demografie. Nach den Zahlen der letzten offiziellen Volkszählung 2007, von vielen als unzutreffend eingeschätzt, machen die Muslime 33,9 % der äthiopischen Bevölkerung aus, nach dem Zensus 1994 waren es 32,8 %. Muslime leben in allen Verwaltungsregionen. In den östlichen und südlichen Landesteilen repräsentieren sie die überwältigende Mehrheit: Somali-Region 98,4 %, Afar-Region 95,3 %, Dire Dawa 70,9 % und Region Harar 69 %. Muslime stellen fast die Hälfte der Bevölkerung in Oromiyaa (47,5 %) und Beni Shangul (45,4 %). In der Minderheit sind sie im Hochland: Region Amhara (17,2 %), Region Tigray (4,0 %), Gambela (4,9 %), in der Region der südlichen Nationen, Nationalitäten und Völker (14,1 %). Im Umland der Hauptstadt schätzt man, dass die Muslime etwa 16,2 % der Bevölkerung ausmachen.

Aktuelle Aussagen zur Religionszugehörigkeit lassen sich momentan nicht machen, da es seit 2007 keine offizielle Datenerhebung gibt. Seit dem Sturz des *Darg* scheinen nach der öffentlichen Wahrnehmung im Lande die Übertritte zum Islam begünstigt zu werden. Ungeachtet dessen zielen die meisten sozialen und kulturellen Aktivitäten der Muslime darauf, die islamische Identität und das Selbstbewusstsein der äthiopischen Muslime zu stärken bzw. neu zu definieren, um eine strengere Einhaltung der Glaubensgrundsätze zu erreichen.

Weites Spektrum. Der Islam wird traditionell unter verschiedenen Völkern und ethnischen Gruppen praktiziert, darunter sind Oromo, Somali, Harari, Berta, Hadiyya und Selte. Im Hochland (Wallo und Gondar) leben muslimische Amharisch und Tigrinnya sprechende Muslime an der Seite der Argobba. Der äthiopische Islam ist reich an Facetten. Gerade deshalb, weil ihn Menschen praktizieren, die in unterschiedlichen geografischen und sozialen Zusammenhängen zuhause sind und diverse Strukturen und Kulturen verkörpern.

Grundlegende gemeinsame Merkmale lassen sich wie folgt skizzieren. Charakteristisch für Äthiopiens Muslime ist die tiefe Verehrung heiliger Väter. Sie pilgern zu den heiligen Schreinen, machen Bittgänge zu den Grabstätten und feiern Feste zu Ehren verstorbener Heiliger. Sie stimmen Gesänge an, tanzen und konsumieren *Khat*. Der Heiligenkult im äthiopischen Islam wurzelt in zwei kulturellen Elementen: lokalen vorislamischen Traditionen und Ritualen (Geisterglaube, Zarkult, Exorzismus, Wahrsagerei, Heilerkunst, u.a.) sowie Elementen des muslimischen Mainstream-Mystizismus wie Hingabe, Frömmigkeit, Pathos; außerdem prägt sie der Glaube an übernatürliche Kräfte heiliger Männer, desgleichen organisierte Aktivitäten und der Wille zur Bekehrung.

Muslimische Heiligtümer. Wallfahrtsorte zur Heiligenverehrung sind ein typisches Element in der Welt des äthiopischen Islam. Die Stätten beherbergen sterbliche Überreste (und manchmal auch andere Reliquien) unterschiedlicher Persönlichkeiten, die als heilige Männer gelten. Dazu zählen die Namen gebenden Ahnherren von Geschlechtern und Familien, vor allem solche, die für Nachkommen des Propheten Mohammed gelten, neue und alte Herrscher wie die *Najashi* in Nagash (Tigray) und *Amir* Nur in Harar; ebenso wie berühmte Vertreter des muslimischen Glaubens (z.B. Feldherren im Eroberungszug von *Imam* Ahmad im 16. Jh.), Gelehrte wie *Shaykh* Husayn in Bale sowie Sufi-Meister, die zu einer religiösen Bruderschaft gehörten wie *Shaykh* Jawhar in Shonke (Wallo) und Ahmad ibn Umar in Yaa (Beni Shangul). Schreine können aber auch sog. Kenotaphe („leere Gräber") sein, die dazu dienen, die Erinnerung an eine Persönlichkeit in der Ferne zu bewahren wie z.B. an Abd al-Qadir al-Jilani, der in Bagdad begraben ist und in Harar einen Schrein hat. Heilige Stätten können sich in städtischen Zentren (z.B. Harar) befinden, häufiger sind sie aber in ländlichen Gegenden anzutreffen und weit abgelegen, wie das Grabmal des Muhammad Shafi in Jama Negush (Wallo).

Architektonisch weisen muslimische Heiligengräber vielfältige Formen (rund oder quadratisch) und Grundrisse auf (vom einfachen Raum bis zu komplexen Bauten mit Haupthalle und Seitengelassen). Sie bestehen aus verschiedenen Materialien (Holz, Stein) und besitzen in der Regel kuppelförmige Dächer (oft grün bemalt), so dass sie von weitem auszumachen sind. Die Gräber können von einem Zaun oder einer Mauer umgeben sein und befinden sich normalerweise in der Nähe natürlicher Wahrzeichen wie Bäume, Felsen, Quellen oder Bäche, die dem Ort Heiligkeit verleihen oder Bestandteil des Heiligenkults und unmittelbar mit der im Schrein begrabenen Person verbunden sind.

Eine systematische Erfassung muslimischer Pilgerorte Äthiopiens gibt es nicht. Man kann daher die Entwicklung ihrer Architektur nicht zurückverfolgen und den historischen Hintergrund der Bauten einordnen. Die meisten Pilgerorte, auch jene, die historischen Persönlichkeiten gewidmet sind, sind nicht alt, sondern neueren oder jüngsten Datums und taugen nicht als Beleg für eine alte Tradition des Schreins in der islamischen Gemeinschaft Äthiopiens. Die erste verlässliche Referenz auf ein islamisches Heiligtum in Äthiopien findet sich in der Schrift „Futuh al-Habasha" (Mitte 16. Jh.). Hier wird das Ahmad-al-Najashi-Grabmal erwähnt.

Schreine sind die Ziele von Pilgerreisen, weil die Bestatteten über übernatürliche Kräfte (*Baraka*) verfügen, mit der Fähigkeit, für die Sünden und Vergehen der Gläubigen einzutreten. Muslime besuchen die Grabstätten der Heiligen zur Wiederkehr eines Todestages und anlässlich öffentlicher oder privater Feste und Feiertage. Sie pilgern zu heiligen Orten, um von Krankheiten und Alltagssorgen befreit zu werden. Gebete und Bittgänge zum Heiligtum sollen durch mystische Kräfte, die dem Heiligen innewohnen, verstärkt werden und Gott gewogen machen.

Folgende Merkmale sind weiterhin typisch für muslimische Heiligengräber: 1) Ein Nachfahre des Verstorbenen gilt als Hüter des Ortes. Ihm wird nachgesagt, die unsichtbaren Kräfte seiner Vorfahren ererbt zu haben und als Mittler in Konflikten zwischen Glaubensgenossen bzw. Herrschern und Untergebenen wirken zu können. 2) Beher-

Grabstätte von *Emir* Nur, Harar, © Serge Dewel-Mouton

bergt ein Heiligtum die sterblichen Überreste eines Gelehrten (insbesondere, wenn er Mitglied einer mystischen Bruderschaft war), errichtet man häufig eine Bildungseinrichtung (*Madrasa*) in der Nähe, um die Lehren des Meisters zu verbreiten. Die Schule dient als Zufluchtsort, als Stätte spiritueller Gespräche und zur Unterweisung von Schülern und Gläubigen.

Um Pilger und Schüler der *Madrasa* zu beherbergen und zu versorgen, können sich am Schrein Bibliotheken, Lehrräume, Schlafsäle, Küchen, Moscheen, Depots und Vorratsspeicher befinden. Um das Heiligtum entsteht meist ein Friedhof, denn viele glauben, dass der Heilige den Toten beisteht und sie auf dem Weg ins Paradies begleitet. Schließlich kann der Wallfahrtsort zum Lebensmittelpunkt der dörflichen Gemeinschaft werden.

Meditation und andächtiges Verweilen an Schreinen haben entscheidend dazu beigetragen, dass sich der islamische Glaube und die religiöse Praxis unter der gebildeten Elite ausgebreitet und verankert haben.

Theologie und Recht. Äthiopische Muslime messen Theologie und Rechtsprechung erhebliche Bedeutung bei. Die Erörterung von Glaubensgrundsätzen und rechtlichen Gesichtspunkten in der täglichen Religionsausübung tauchen häufig in den Lehrplänen muslimischer Bildungseinrichtungen auf. Das gilt auch für die Literatur, die in Äthiopien unter islamischen Gelehrten und Gläubigen kursiert, und zwar in Form von theologischen und juristischen Aufsätzen, Sammlungen von Rechtsgutachten und Urteilen der *Qadi*-Gerichte. Dabei werden Zeremonien, die wichtige Phasen im Leben der Muslime oder ihrer Familie betreffen – wie Geburt, Beschneidung, Verlobung, Hochzeit, Tod und Fastenregeln (erlaubte und verbotene Nahrung, Vorschriften zum Schlachten) sowie den Gebrauch von Alkohol (*Tajj, Talla/Faarso*) und *Khat* – behandelt. Dies wurde in der Vergangenheit wiederholt geändert und noch heute geregelt unter dem Einfluss vorislamischer, lokaler Bräuche (*Adat*). Dieser Einfluss gilt als gefährlich für die Gläubigen. Deshalb werden weit verbreitete Religionspraktiken äthiopischer Muslime auf der Grundlage des islamischen Rechts unter den Gelehrten, aber auch von den Gläubigen diskutiert. Die Vielgestaltigkeit des äthiopischen Islam spiegelt sich selbst in den Auffassungen der hohen Kultur wider, z.B. der theologischen und juristischen Schulen sowie in den mystischen Bruderschaften.

Drei der vier großen Schulen des islamischen Rechts (*Hanafi, Shafii* und *Maliki*) findet man in Äthiopien, wo sie friedlich nebeneinander bestehen. Wie sich das islamische Recht ausbreiten und durchsetzen konnte, muss noch näher untersucht werden. Ein langer, intensiver Kontakt äthiopischer Gelehrter mit Zentren islamischer Gelehrsamkeit in Jemen (Zabid und Hadramaut) ist gewiss, unbeantwortet bleibt aber noch die Frage, inwieweit diese Beziehungen das Recht und die Theologie des Islam in Äthiopien beeinflussten. Nach den historischen Quellen über das Sultanat von Shawa gab es bereits seit Mitte des 13. Jh. Belege für eine *Qadi*-Gerichtsbarkeit. *Sharia*-Gerichte bestanden während des Emirats in Harar. Sie wurden geschlossen, als die Stadt unter die Herrschaft des christlichen Reiches kam. Teilweise ließ sie Hayla Sellase 1960 wieder zu, inwieweit sie aber Recht sprechen durften, wird bis heute intensiv diskutiert.

Alle großen mystischen Bruderschaften (*Tariqa*, plur. *Turuq*) fanden unter äthiopischen Muslimen Verbreitung. Die Mystik wird aber auch ohne klares Bekenntnis zu einer der Gruppen sehr gepflegt. Der mystische Islam spielte sowohl bei der einheimischen Aufnahme islamischer Glaubensprinzipien und Rituale als auch bei der Vermittlung zwischen Glaube und vorislamischer Religion und Brauchtum eine erhebliche Rolle. Der Mystizismus trug in Äthiopien sehr effektiv zur Islamisierung bei und ist noch heute eines der stärksten Bande innerhalb der Gemeinschaft (*Umma*). Dessen

ungeachtet richtet sich gegen die mystischen Bruderschaften und ihre Ideologie – im heutigen Äthiopien wie anderswo in der islamischen Welt – zunehmend heftige Kritik.
Literatur: Hussein Ahmed, Alessandro Gori, „Islam", *EAE* III, 198–202; Hussein Ahmed, „History of Islam in Ethiopia", *EAE* III, 202–208; Alessandro Gori, „Zawiya", *EAE* V, 159–160.

Alessandro Gori, University of Copenhagen

Der Islam und seine Reformbewegung

Äthiopien wird allgemein als christliches Land angesehen, dies unter Hinweis auf die lange Geschichte der orthodoxen Kirche und die zentrale Stellung, den das Christentum im kulturellen Leben einnimmt. Diese Sichtweise verkennt aber, dass es im Lande viele Muslime gibt. Immerhin beträgt ihr Anteil rund 34% an der Gesamtbevölkerung (43% Orthodoxe, 18% Protestanten). Wie das Christentum blickt der Islam auf eine lange Geschichte zurück und repräsentiert sich durch eine Vielfalt von Bevölkerungsgruppen und Kulturen. Gerade in den vergangenen Jahrzehnten hat der Islam bedeutende Veränderungen durchgemacht und entwickelte sich von einer Randgruppe zum integralen Bestandteil der äthiopischen Gesellschaft.

Sufismus und einheimische Traditionen. Der äthiopische Islam ist geprägt durch verschiedene Ethnien, in denen er verankert ist. Er passte sich an die verschiedenen lokalen Bräuche an mit der Folge einer faszinierenden Fülle islamischer Kulturen. Frühe vorislamische Stätten wurden zu Kultorten des Islam, und alte religiöse Rituale, wie der Glaube an Geister und Mächte, wurden integriert.

Ein Beispiel ist die vorislamische Vorstellung muslimischer Oromo, die die Ahnen (*Ayyaana*) betrifft. Als *Dschinn* oder *Baraka* („Segenskraft") besteht sie bis heute fort. Viele ethnische Gruppen bewahrten ihre Traditionen, und der äthiopische Islam bildete damit einen umfassenden Rahmen und berücksichtigt zugleich örtliche Besonderheiten.

Seit dem 16. Jh. ist der Sufismus in Äthiopien bekannt, seit dem 19. Jh. gilt er als erhebliche Kraft. Er entwickelte sich zum bedeutenden Faktor bei der Ausbreitung des Islam und spielte eine prägende Rolle bei der Reform bestehender religiöser Bräuche. Eine Besonderheit des äthiopischen Sufismus zeigt sich darin, dass es nie zur Bildung populärer *Sufi*-Bruderschaften gekommen ist. Der organisierte Sufismus war eher ein elitäres Phänomen; die Aufnahme in Bruderschaften war den *Ulama* (islamischen Gelehrten) vorbehalten, die nicht die breite Bevölkerung dafür gewinnen wollten. Sufismus war eng mit Studium und Gelehrsamkeit verbunden. Orte, wo Sufi-*Ulama* tätig waren, stellten deshalb bedeutende Stätten religiöser Unterweisung dar. D.h. aber nicht, dass der Sufismus in der muslimischen Bevölkerung keine Rolle spielte. Symbolik und Religionsausübung enthielten Elemente der Sufi-Tradition. Sie ebneten den Weg für eine Religiosität, die von islamischer Gelehrsamkeit, lokalen Bräuchen und Elementen der Sufi-Traditionen beeinflusst war. Im 19. Jh. wuchs insbesondere die Bedeutung der überall entstehenden Sufi-Schreine. Als Orte islamischer Lehre waren sie stets mit berühmten Meistern assoziiert. Ihre Popularität stieg, wenn der Gelehrte starb und ihm zu Ehren ein Grabmal errichtet wurde. Die meisten dieser Schreine hatten lokalen Charakter, einige zogen aber auch Pilger von weit her an.

Islam und politischer Wandel. Die Erweiterung des äthiopischen Territoriums Ende des 19. Jh. führte dazu, dass eine Reihe muslimischer Gruppen hinzukamen. Die Machthaber sahen sich gezwungen, Strategien zu entwickeln, um dem wachsenden religiösen Pluralismus Rechnung zu tragen. Ihre Politik der „vorsichtigen Toleranz" bedeutete jedoch nicht, dass Muslime höhere Ämter bekleiden durften. Auch ihre religiösen Aktivitäten unterlagen Restriktionen. Nach der Revolution in 1974 versprach der *Darg* den Muslimen zunächst eine Besserung ihrer Lage, zumal er die Macht und den Status der Orthodoxen Kirche beschnitt und die religiöse Gleichberechtigung erklärte. Aber die dann verfolgte repressive Politik des *Darg* generell gegenüber der Religion, insbesondere, wenn es um internationale Kontakte ging, führte dazu, dass die Religionsausübung der Muslime bald strengen Reglementierungen unterworfen wurde.

Der Regierungswechsel 1991 veränderte die Situation der Muslime von Grund auf. Die Ethiopian People's Revolutionary Democratic Front (EPRDF) hob die bisherigen Beschränkungen der Religionsfreiheit auf und erkannte die ethnische und religiöse Vielfalt des Landes an. In diesem Klima wurde das Recht auf freie Religionsausübung in der Verfassung verankert. Die Muslime reagierten enthusiastisch; ihre öffentlichen Wirkungsmöglichkeiten wuchsen im ganzen Land spürbar: die Bandbreite ihrer Organisationen wuchs, Schriftgut kam in großer Menge von außerhalb ins Land, Moscheen schossen aus dem Boden. Der Islam begann, sich vom Rand der Gesellschaft in ihre Mitte zu bewegen und zu einem sichtbaren Faktor zu werden. Die Muslime waren aktiv im öffentlichen Raum und waren bestrebt, ihren Anspruch als wichtiger Bestandteil innerhalb der Nation durchzusetzen.

Islamische Reformbewegungen. In den 1990er Jahren traten verschiedene islamische Reformbewegungen in Erscheinung. Sie spielten eine entscheidende Rolle bei der Veränderung der religiösen Landschaft, sie wurden zum Katalysator für die Bildung einer eigenen Identität, der religiösen Erkenntnis und einer selbstbewussten muslimischen Gemeinschaft. Dabei führend war die *Salafi*-Bewegung, die bereits in den 1940er Jahren nach Äthiopien gekommen war und während der 1960er im Südosten des Landes an Bedeutung gewonnen hatte. Seit Anfang der 1990er haben die Salafisten regen Zulauf und sind heute einer der Grundpfeiler muslimischer Orientierung in Äthiopien. Die Salafisten betonen die religiöse Reinheit und setzen sich sehr für die Reform der religiösen Praktiken ein. Lokale Interpretationen und Auslegungen der Religionsausübung verurteilen sie, weil diese damit unvermeidlich eine religiöse Zersplitterung begünstigen würden. Weitere Reformbewegungen sind die *Jama'a al-tabligh* und die sog. Intellektuellen-Bewegung. Letztere sind von den Ideen der Muslim-Bruderschaften und modernistischen Strömungen inspiriert.

Die EPRDF-Regierung behauptete – und dies insbesondere seit Mitte der 1990er Jahre –, dass sich der Islam in Äthiopien radikalisiere. Als Konsequenz trat sie energischer gegen den Islam auf und engte dessen Handlungsspielräume ein: religiöse Führer wurden überwacht und dort, wo möglich, durch eher konforme ersetzt. 2011 nahm die Entwicklung dramatische Formen an, als die Regierung die libanesische *Al-Ahbash*-Bewegung nach Äthiopien holte. Die selbsternannte, gemäßigte Organisation kämpft gegen jede Form eines „extremistischen" Islam. *Al-Ahbash* wurde zum Instrument einer erzwungenen Kampagne, die Muslime vom moderaten Islam zu überzeugen. Ihr Vorgehen löste immer wieder Demonstrationen (bis August 2013) gegen das als unberechtigt empfundene Eingreifen der Regierung in religiöse Angelegenheiten aus. Die Demonstrationen verliefen bemerkenswert diszipliniert und friedlich, wurden aber durch die Behörden mit Gewalt beendet. Man inhaftierte die Organisatoren und beschuldigte sie, zum Terrorismus aufzurufen.

Trotz der Vorwürfe der äthiopischen Regierung gibt es kaum Anzeichen einer Radikalisierung des Islam – im dem Sinne, dass die Muslime versuchen, selbst die politische Macht zu ergreifen und eine islamische Ordnung zu errichten. Unverkennbar ist dagegen, dass die Reformbewegung den Glauben und die muslimische Identität neu belebt und gestärkt hat. Man sollte sorgfältig abwägen, ob dies mit militanten Bestrebungen und eindeutigen politischen Zielen gleichzusetzen ist. Tatsächlich scheint es eine Tendenz hin zu einer gemäßigten Form des Islam zu geben, wie dies in den aktuellen Protesten zu beobachten war. Die öffentlichen Parolen, Reden und Botschaften der Muslim-Sprecher und die Artikel in den sozialen Medien führen eine Sprache, die Verfassung, Demokratie und Menschenrechte akzeptiert. Die Proteste verstanden sich als Kommunikationsinstrument, um Demokratie und humanistische Werte in die muslimische Gemeinschaft zu tragen und ihr eine neue Bedeutung zu geben und den säkularen Staat zu unterstützen.

Zusammengefasst: Der Islam verkörpert einen wichtigen Teil der Geschichte und des kulturellen Lebens in Äthiopien. Seit einigen Jahrzehnten leben die Muslime nicht mehr unscheinbar und zurückgezogen. Sie sind stärker in die Mitte der Gesellschaft gerückt und streben nach religiöser Gleichbehandlung und aktiver Einbeziehung in die äthiopische Nation, sowohl als Muslime als auch als Äthiopier. Zu beobachten sind aber zunehmend inner- und interreligiöse Spannungen im Land, die darauf hindeuten, dass der Religion in Zukunft eine entscheidende Rolle zukommen könnte.

Literatur: Hussein Ahmed, *Islam in Nineteenth-Century Wallo, Ethiopia*, Leiden 2001; Terje Østebø, *Localising Salafism: Religious Change among Oromo Muslims in Bale, Ethiopia*, Leiden, Boston, MA, 2012.

Terje Østebø, University of Florida

Interreligiöse Beziehungen zwischen Christen und Muslimen

Bewährtes Miteinander. Im Unterschied zu anderen antiken christlichen Gemeinschaften in Afrika (in Ägypten, im Maghreb oder in Nubien), die durch arabische Eroberer zu einer politischen Minderheit herabgestuft wurden und schließlich vielfach zum Islam konvertierten, etablierte das christliche Königreich von Aksum in Äthiopien frühe Beziehungen mit dem aufstrebenden muslimischen Reich und hielt gleichzeitig den Islam weitgehend außerhalb seiner Grenzen. Diese Art des gegenseitigen Umgangs wird bereits sichtbar im Fall der berühmten ersten *Hijra* (Auswanderung), als frühe Anhänger

des Propheten Mohammed am Hof des aksumitischen Herrschers (der *Najashi* der muslimischen Tradition, also der *Negus*) vorübergehend Schutz fanden. Trotz konträrer Meinungen, besonders zur Frage, ob der *Najashi* zum Islam übertrat oder nicht, zeigt sich an dieser Episode, wie ein gewisses Maß an gegenseitigem Respekt und Verständnis zwischen Christen und Muslimen über Jahrhunderte existierte.

Segenszeremonie mit einem orthodoxen Priester und einem muslimischen *Shaykh*, Jimma, © Wolbert G.C. Smidt

Da sich beide Religionen auf zahlreiche gemeinsame Quellen, Grundsätze und Normen beziehen, wurden die Beziehungen zwischen dem christlichen Hochland und seinen regionalen Nachbarn am Nil und Roten Meer wechselseitig in der Form eines ideologischen Dualismus organisiert, der vielfältigen Austausch durch klare sozioökonomische Rollenverteilungen erleichterte. Das verlief nicht ohne Reibungen. Friedliche Verständigung im Kleinen wurde in der Geschichte durch größere Zusammenstöße überschattet, wie der Feldzug des *Imam* Grany im 16. Jh., die sich als archetypische Konflikte ins kollektive Gedächtnis beider Gemeinschaften einprägten.

Die Muslimische Minderheit wird gleichberechtigt. In der zweiten Hälfte des 19. Jh. wurden die Fundamente für den heutigen Staat gelegt, und zwar während der Ausdehnung des christlichen Reichs und dem Aufzwingen seiner Werte über weite Gebiete, in denen Muslime beheimatet waren. Die Obrigkeit betrachtete diese neu eingegliederten und unterworfenen Andersgläubigen mit Argwohn, da sie seit Jahrhunderten Kontrahenten waren. Muslimische Händler und Kaufleute bildeten aber dank ihrer Kontakte in die Nachbarländer das wirtschaftliche Rückgrat Äthiopiens. Deren abgesonderte Stellung nahm man daher so lange hin, wie die Muslime ihren Glauben im Stillen ausübten und die politische Hegemonie der Christen nicht anfochten. Nach dem Ende der Monarchie wandten sich die Regierungen einer stärker laizistischen Orientierung zu, und Muslime wurden nach und nach als ebenbürtige Mitglieder der pluralistischen Gesellschaft anerkannt.

Äthiopien ist entsprechend seiner Verfassung ein föderaler, säkularer Staat. Grundpfeiler für den Erhalt des im allgemeinen friedlichen Austauschs ist der Konsens der Bevölkerungsmehrheit, die alte Tradition des interreligiösen Dialogs zwischen Christen und Muslimen als einen hohen Wert zu erhalten, der die gesamte Nation stärkt. In der Öffentlichkeit wird gern das Bild von harmonischen, gewaltfreien Beziehungen beschworen, und ausländische Beobachter beurteilen das positiv. Die Alltagspraxis schwankt aber zwischen verschiedenen Formen der Koexistenz, von der andauernden Betonung konfessioneller Unterschiede bis zum gelegentlichen Verschwinden der Unterschiede.

Abgrenzung und Toleranz. Insbesondere Kleidung und Ernährungsvorschriften markieren die Grenzen der unterschiedlichen Religionen. Streng befolgt wird vor allem das Gebot, nur Fleisch von Tieren zu essen, die nach den Regeln des jeweils eigenen Glaubens geschlachtet wurden. Diese religiöse Grenzziehung geht mit einer Abwertung der anderen Gemeinschaft einher, in abgeschwächter Form zum Beispiel in Form von Witzen oder auch durch die Erinnerung an frühere Konflikte, was jedoch durch persönliche Freundschaften abgemildert werden kann. Ausbalanciert wird das andererseits durch gelegentliche Überlappungen in der religiösen Sphäre, wie zum Beispiel durch Pilgerreisen zu Kultstätten, wo sowohl orthodoxe Christen als auch Muslime aufeinandertreffen, wobei sie das Charisma und die spirituellen Fähigkeiten desselben Schutzheiligen verehren. Die Eheschließung zwischen Angehörigen verschiedener Konfessionen, bei denen ein Partner den Glauben des anderen annimmt, ist nicht üblich, aber möglich. Glaubensübertritte können – als ein marginales Phänomen – akzeptiert werden im Rahmen einer individuellen Umstellung persönlicher Lebenspläne.

Im sozialen Leben sind auch gemeinsame kulturelle Praktiken verbreitet, die nicht als religiös begründet wahrgenommen werden. Diese „säkularen Räume" des sozialen Zusammenlebens spielen eine erhebliche Rolle in der Bewegungsfreiheit einzelner, um über die konfessionelle Zugehörigkeit hinaus sozial und beruflich flexibel zu sein. Die religiöse Radikalisierung allerdings hat sich zum Nachteil dieser „Grauzonen" ausgewirkt, indem letzte Elemente „weltlicher Kultur" ausgelöscht werden, verbunden mit dem Kampf gegen moderne, areligiöse Standards. Sie predigen neue, alternative Verhaltensmodelle auf der Grundlage neuerklärter religiöser Normen und von Identitäten, die von der Abgrenzung leben. In der Tat ist eine angebliche Bedrohung durch die rivalisierenden Andersgläubigen, die oft als „fanatisch" und „aggressiv" bezeichnet werden, in Reden dieser Reformer eine verbreitete Metapher. Ähnliche Begriffe setzt man für Reformer im eigenen Lager ein, wenn man sie für interne Rivalen hält.

Konkurrenz und Kontroversen. Neben wechselseitigen Schmähungen, veröffentlicht in umstrittenen Schriften, ist der am stärksten verbreitete Ausdruck existierender Spannungen zwischen den Religionen die Konkurrenz im Kampf um die Vorherrschaft im öffentlichen Raum. Dies wirkt sich aus im gesteigerten Gebrauch von Lautsprechern, über die Predigten und geistliche Musik öffentlich zu hören sind. Die Errichtung von Kultstätten, insbesondere von Moscheen, ist ein häufiger Auslöser von Konflikten. In Addis Abeba und den meisten größeren Städten des Landes hat das 1991 eingeführte Recht der Muslime, markante und architektonisch ambitionierte Moscheen zu bauen, die urbane Landschaft verändert. Orthodoxe Christen in den jeweiligen Vierteln haben wiederholt versucht, den Bau von Moscheen zu verhindern, so dass die Arbeit erst nach langen Prozessen zu Eigentumsfragen beginnen konnte. Dass Unbekannte im Schutz der Dunkelheit Steine auf Moscheen warfen, ist ein weiterer Ausdruck dieser Feindseligkeit. In Aksum, der heiligen Stadt der Christen, wurden Versuche, eine erste Moschee zu errichten, durch die wütenden Reaktionen von Mitgliedern der orthodoxen Kirche vereitelt. Einige Auseinandersetzungen endeten mit Blutvergießen. In den letzten zehn Jahren wurden aus Südwestäthiopien, insbesondere der Region Oromiyaa, von sporadischen interreligiösen Auseinandersetzungen berichtet, wo christliche Gemeinden (vor allem evangelikale Protestanten, weniger Orthodoxe) belästigt oder angegriffen wurden. Kirchen waren das Ziel solcher Angriffe aus der numerisch größeren muslimischen Bevölkerung, die wiederum durch Schmähreden von Christen oder Schändungen des Korans provoziert worden waren.

Diese aktuelle Verhärtung der Fronten und Spannungen in Äthiopien zwischen den Religionsgemeinschaften (wie auch innerhalb dieser), hängt auch mit einer globalen Verschlechterung der interreligiösen Beziehungen zusammen. Die historisch gewachsene Tiefe von vielfachen Interaktionen, gemeinsamen Schnittmengen, von Auseinandersetzung und Dialog zwischen äthiopischen Christen und Muslimen hat allerdings bis heute eine abmildernde Wirkung – sie beruht auf der Grunderkenntnis, dass eine gemeinsame Identität vorherrschen sollte. Die Möglichkeit, sich weiter zwischen den diffusen Bereichen religiöser Grenzen zu bewegen, wird von vielen Bürgern als sicherer empfunden als einseitige Haltungen, die von Hass und Ignoranz inspiriert sind.

Literatur: JON ABBINK, „Religion in Public Spaces: Emerging Muslim–Christian Polemics in Ethiopia", *African Affairs*, 110/439 (2011), 253–274; JÖRG HAUSTEIN, TERJE ØSTEBØ, „EPRDF's Revolutionary Democracy and Religious Plurality: Islam and Christianity in post-Derg Ethiopia", *Journal of Eastern African Studies*, 5/4 (2011), 722–755; HUSSEIN AHMED, „Coexistence and/or Confrontation? Towards a Reappraisal of Christian-Muslim Encounter in Contemporary Ethiopia", *Journal of Religion in Africa*, 36/1 (2006), 4–22.

Éloi Fiquet, École des hautes études en sciences sociales, Paris

Mission

Frühe Mission. Die erste Mission am Horn von Afrika war offenbar die von Salama Kasate Berhan (Frumentius) in Aksum. Sie führte zu der weitreichenden Entscheidung König Ezanas, der um 340 n.Chr. zum Christentum konvertierte. Hagiographische Überlieferungen sprechen von mehreren Phasen, in denen christliche Missionare im Lauf der folgenden Jahrhunderte das äthiopische Hochland erreichten. Zu den bekanntesten Missionen zählt die der Neun Heiligen, die Ende des 5. oder Anfang des 6. Jh. in Äthiopien eingetroffen sein sollen. Auch wenn dies historisch nicht belegt ist, ging ihr Wirken wohl mit einer anderen Christianisierungswelle einher, die zur selben Zeit das sudanesische Nubien erreichte.

Mittelalterliche Mission. Mönche des Bettelordens unternahmen im Mittelalter verschiedene Missionsreisen, in Gruppen oder als einzelne Mönche. Um 1237 nahm Ignatius II., jakobitischer Patriarch von Antiochien, Kontakt mit Prior Philip des Dominikanerkonvents von Jerusalem auf. Angespornt von Rivalität zu Alexandria, ernannte er einen gewissen Thomas zum Metropoliten der Äthiopischen Kirche. Es ist möglich, dass die Dominikaner das Land schon in der zweiten Hälfte des 13. Jh. erreichten, wenngleich sie keine dauerhafte Mission gründeten. Im 14. Jh. gewannen ihre Bemühungen an Dynamik, insbesondere durch wichtige Bistümer in den östlichen Provinzen, so z.B. das dominikanische Erzbistum in Sultaniyyah (in Persien) und jenes in Khanbaliq (heute Peking). Etwa 1315/1316 erreichten die Prediger Guillaume Adam, Erzbischof von Sultaniyyah, und Raymond Etienne die Insel Sokotra, die Jahrhunderte zuvor eine nestorianische Gemeinschaft beherbergt hatte. Später wurde der Ordensbruder Jordanus Catalani mit der Missionierung des äthiopischen Herrschers beauftragt, dies aber wurde nie umgesetzt. Zu Beginn des 15. Jh. unternahm ein anderer Mönch, Johann von Sultaniyyah, einen ähnlichen Versuch. Im selben Jahrhundert vermittelte die neue Unionsbewegung von Ost- und Westkirche Impulse, religiöse Missionen zu beginnen. Der Franziskaner Alberto da Sarteano spielte dabei beim Konzil von Florenz (1438–1445) eine prägende Rolle. Er führte eine koptisch-äthiopische Delegation nach Italien, zu der auch Mönche der äthiopischen Gemeinde von Jerusalem gehörten. Die Päpste Nikolaus V. und Calixtus III. entsandten um 1455 Bruder Ludovico da Bologna nach Äthiopien zu Kaiser Zara Yaeqob, aber ihre Mission scheiterte. In den 1470er Jahren freilich gelang es dem Mönch Nicola da Oliveto ins Land zu kommen.

Der jesuitische Durchbruch. Mit der portugiesischen Expansion im Orient erreichte die religiöse Missionierung im 16. Jh. einen neuen Stand. Unter der königlich-portugiesischen Schirmherrschaft gelang es, eine Jesuitenmission in Äthiopien zu etablieren. Sie wurde zunächst vom Ordensgründer Ignacio de Loyola, von Papst Paul III. und dem portugiesischen Herrscher Dom João III. gefördert. Ein Bischof, Andrés de Oviedo, und ein „Patriarch von Äthiopien", João Nunes Barreto, wurden mit dem Ziel berufen, die neue katholische Kirche zu leiten. 1557 erreichten die ersten Missionare das Land. Aber sie scheiterten, da Kaiser Galawdewos sich weigerte, die römische Autorität anzuerkennen. Ein halbes Jahrhundert später entsandte man eine neue Gruppe mit besser vorbereiteten Mönchen. Unter ihnen Pedro Páez, António Fernandes, Francesco Antonio de Angelis und Luis de Azevedo; sie waren schon im Orient tätig gewesen. Nach und nach gewannen sie das Vertrauen eines Großteils der äthiopischen Elite, einschließlich des Kaisers Susenyos und seines Halbbruders Se'ela Krestos. In den 1610er Jahren führten sie theologische Streitgespräche am Hof, und zum Ende des Jahrzehnts bauten sie die erste katholische Kirche. Den Höhepunkt erreichte diese Mission in den 1620er Jahren mit der Ankündigung, dass der Kaiser konvertieren würde, zugleich mit der Ankunft des portugiesischen katholischen Patriarchen Afonso Mendes und mit der Gründung von etwa zehn Missionsresidenzen nördlich und südlich des Tanasees. Ihr Erfolg war jedoch nur von kurzer Dauer. 1632 musste Susenyos abdanken, weil sich eine starke orthodoxe Opposition gegen seine Politik erhob. Sein Sohn und Nachfolger Fasiladas beendete unverzüglich die Pläne der Katholiken: Die Missionare wurden des Landes verwiesen und der alexandrinisch-orthodoxe Glaube wiederhergestellt.

Missionsbemühungen in der Gondar-Zeit und danach. Die jesuitische Erfahrung hinterließ einen tiefen Eindruck und wirkte sich z.B. auf die religiöse Malerei aus, ebenso auf den theologischen Diskurs und die Architektur des Hofes. Ungeachtet dessen führte sie zu einem großen gesellschaftlichen Trauma, so dass sich während der Gondar-Periode keine nennenswerten Missionen in Äthiopien etablieren konnten. Gegen Ende des 18. Jh. kamen dann aber, finanziert von der römischen Missionsgesellschaft Sacra Congregatio de Propaganda Fide, einige Franziskaner und Kapuzinermönche nach Äthiopien und verbrachten mehrere Jahre in Gondar, unter ihnen der Franziskaner Giuseppe Maria di Gerusalemme, Remedius Prutky (der einen bedeutenden Bericht über die Stadt hinterließ) und die Jesuiten Grenier und Paulet.

Mit der wachsenden Intervention europäischer Mächte im subsaharischen Afrika und dem Roten Meer gewannen im 19. Jh. religiöse Missionen an Dynamik. Zu diesem Zeitpunkt waren es nicht nur Katholiken, die versuchten, die Afrikaner zu missionieren, auch protestantische Missionare entfalteten Aktivitäten. Einer ihrer Pioniere war der Schweizer Samuel Gobat, der im Auftrag der Anglican Church Missionary Society 1830 Äthiopien erreichte. Dort erkundete er auf umfangreichen Reisen Tigray und das Gebiet um den Tanasee. Er ebnete den Weg für die bedeutende schweizerische St. Chrischona-Pilgermission, die von etwa 1855 an unter den Oromo und den Beta Esrael wirkte. Später errichteten auch andere Protestanten, darunter die britische London Society for Promoting Christianity amongst the Jews, die deutsche Hermannsburger Mission, die schwedische Evangeliska Fosterlands Stiftelsen und die amerikanische Sudan Interior Mission wirkungsvolle Niederlassungen. Mit ihrer Arbeit legten sie im 20. Jh. den Grundstein für die lokalen protestantischen Kirchen, die heute im Lande aktiv sind, wie die Evangelical Church Bethel, die Ethiopian Evangelical Church Mekane Yesus, die Masarata Krestos Church, die Pentecostal Mulu Wangel und die Qala Heywat Church. Katholische Pioniere dieser Zeit waren der Lazarist Giustino De Jacobis und der Kapuziner Guglielmo Massaja, die in Tigray und unter den Oromo tätig waren. Neu im frühen 20. Jh. waren die jüdischen Missionen, die sich den sog. Falasha oder Beta Esrael widmeten und die von Jacques Faitlovitch ausgingen. Sie waren von erheblicher Bedeutung, stärkten sie doch der kleinen jüdischen Gruppe die eigene Identität. Damit begann ein Prozess, der ein Jahrhundert später mit der Umsiedelung der Beta Esrael nach Israel seinen Höhepunkt erreichte.

Die Haltung der äthiopischen Kaiser gegenüber den ausländischen Missionsbemühungen war zwiespältig. Manchmal unterstützte oder duldete man sie, und manchmal wurden sie verboten. Generell suchten die Herrscher die Verbindung zu Europa, sie waren an seiner politischen Stärke und seiner Technologie (insbesondere den Feuerwaffen) interessiert, und sie nutzen die Missionare als Mittelsmänner. Kaiser Tewodros II. ließ sie überwiegend gewähren und setzte sie als Handwerker und Berater ein. Doch seine Entscheidung, die Missionare in Maqdala festzuhalten, führte zu seinem Niedergang. Sein Nachfolger Yohannes IV. versuchte, die Missionen im Namen der religiösen Einheit Äthiopiens zu vertreiben. Als er 1889 starb, handelte Menilek II. deutlich pragmatischer. Auch regionale Fürsten ließen Missionsaktivitäten zu.

Eine weitere Entwicklung, die erwähnt werden muss, sind die internen Missionen, die orthodoxe Äthiopier unternahmen. Frühe Beispiele waren solche, die von Mönchen angeführt wurden, z.B. die der Dabra-Libanos-Gemeinschaft im Hochland von Shawa oder die der Ewostatewos-Mönche im 14. und 15. Jh. in den äthiopisch-eritreischen Regionen Saraye, Hamasen, Shire und Bur. Auch andere „Schulen" des mittelalterlichen Mönchtums und starke Herrscher wie Zara Yaeqob förderten Evangelisierungskampagnen, die das Christentum weiter nach Süden trugen. Im 19. Jh. formulierten die äthiopischen Herrscher, vielleicht nach dem Vorbild ausländischer Missionsgruppen, eigene missionarische Ziele. So beauftragte Kaiser Yohannes IV. nach dem Kirchenkonzil von Boru Meda 1878 eine Reihe von Kirchengelehrten, die Christianisierung der muslimischen Region Wallo voranzutreiben. Seine Politik entpuppte sich als Fiasko und wurde schnell wieder aufgegeben. Als Vorläufer einer effektiveren kirchlichen Expansionsstrategie kündigte sich hier schon an, was unter Kaiser Menilek II. und Hayla Sellase praktiziert werden sollte.

Moderne Missionen. Während der kurzen italienischen Besetzung Äthiopiens florierten italienische Missionen wie die des Istituto della Consolata und des Kapuzinerordens. Im Gegensatz dazu wurden nichtitalienische Missionare (Protestanten wie Katholiken) aus Großbritannien, Schweden, Frankreich und den USA vertrieben. Nach der Befreiung 1941 führte Hayla Sellase, den französische Kapuziner unterrichtet hatten, den pragmatischen Ansatz in Anlehnung an Menilek II. fort. Er förderte europäische Missionare, sofern sie ihre Bemühungen auf die nichtchristlichen Völker Äthiopiens konzentrierten und Schulen und Kliniken errichteten. Als Folge dieser Politik waren während der 1950er und 1960er Jahre so viele Missionare wie nie zuvor im Land. Sie spielten eine bedeutende Rolle bei der Modernisierung der Bildung. Die Swedish Evangelical Mission, die Brothers of Saint Gabriel, die Seventh Day Adventists und die United Presbyterian Church unterhielten in der ersten Hälfte des 20. Jh. eigene Schulen. Neben der Ausbildung kümmerten sich die ausländischen Missionen vor allem darum, die Gesundheitsfürsorge zu verbessern. Dr. Thomas Lambie von der Sudan Interior Mission war wohl der bekannteste unter den in Äthiopien arbeitenden Ärzten und Missionaren – im Bereich der medizinischen Grundversorgung sowie bei Bau und Erhalt von Krankenhäusern. Missionen schlossen nicht selten im ländlichen und städtischen Raum die Lücke, die das mangelhafte staatliche System offenbarte. So halfen die westlichen Kirchen in der Hungerhilfe, der medizinischen Versorgung und der Fürsorge für die Armen. Dies geschah auch in den 1970er und 1980er Jahren, als äthiopische und eritreische Regierungen versuchten, das Wirken ausländischer Gruppen zu unterbinden. Zu Zeiten von Hunger und Krieg intensivierte sich auch die Zusammenarbeit der orthodoxen, ökumenisch-christlichen Konfessionen (mit einem großen Anteil an Hilfskampagnen) mit den muslimischen Gemeinschaften.

Heute zeichnen sich die Beziehungen zwischen den religiösen und missionarischen Gemeinschaften auf etlichen Gebieten durch ein respektvolles Miteinander aus, in anderen Bereichen durch Wettbewerb und Spannungen. Die 1994 in der äthiopischen Verfassung proklamierte Religionsfreiheit (Artikel 27) ebnet den Weg für die Mission ausländischer Gruppen. Zudem gibt es in den boomenden Städten einen Wettbewerb zwischen den Konfessionen. Die rasche Wirtschaftsentwicklung und die Zuspitzung sozialer Unterschiede begünstigen die Ausbreitung neuer Sekten und religiöser Gruppen, einige davon mit afrikanischen Wurzeln.

Literatur: VERENA BÖLL, STEVEN KAPLAN, ANDREU MARTÍNEZ D'ALÒS-MONER, EUGENJA SOKOLINSKAIA (Hrsg.), *Ethiopia and the Missions: Historical and Anthropological Insights*, Münster 2004; GETATCHEW HAILE, AASUV LANDE, SVEN RUBENSON (Hrsg.), *The Missionary Factor in Ethiopia: Papers from a Symposium on the Impact of European Missions on Ethiopian Society. Lund University, August 1996*, Frankfurt, New York 1998.

Andreu Martínez d'Alòs-Moner, University of Gondar

Protestantische Kirchen

Nach der Volkszählung von 2007 bekennen sich 18.6% der Äthiopier zum Protestantismus. Während im Norden und Osten des Landes weniger als 1% der Bevölkerung einer evangelischen Kirche angehören, sind es in der Gambela-Region 70,1% und im Süden und Westen über 55%. Nach dem orthodoxen Christentum und dem Islam bilden die Protestanten die drittgrößte Religionsgemeinschaft, mit steigender Tendenz.

Die Anfänge. Im 17. Jh. kamen Protestanten aus Europa nach Äthiopien mit der Absicht, die Orthodoxe Kirche kennenzulernen und bei ihren Erneuerungsbemühungen zu unterstützen. Peter Heyling, Lehrer, Arzt und Theologe, erreichte 1634 Äthiopien. Im 19. Jh. kamen weitere Europäer, übersetzten die Bibel in äthiopische Sprachen, verteilten christliche Schriften und lehrten. An einigen Orten versammelten sich heimlich Gruppen von Bibellesern. Im 20. Jh. ergaben sich für die protestantischen Kirchen neue Aufgaben. Weite Gebiete waren dem äthiopischen Kaiserreich einverleibt worden, in denen die Menschen traditioneller afrikanischer Religion folgten. Der Kaiser wollte nun das Land modernisieren. Da geschultes Personal wie auch entsprechende Mittel fehlten, um Schulwesen und medizinische Einrichtungen zu entwickeln, wurden ausländische Organisationen und Kirchen nach Äthiopien eingeladen. In den 1920er Jahren nahmen Missionsgesellschaften aus Schweden, den USA, Deutschland und England ihre Arbeit in Äthiopien auf. Sie hatten einen lutherischen, presbyterianischen, adventistischen, baptistischen oder pfingstlerischen Hintergrund. Auf ihren Stationen, in denen sie in der Regel Schulen und Kliniken betrieben, war es ihnen erlaubt, ihr christliches Bekenntnis zu vermitteln.

Äthiopisierung. Die Invasion der Italiener von 1935 beendete die Anfangsperiode. Zu dieser Zeit gab es kaum mehr als 1000 Protestanten im Land. Doch während die evangelischen ausländischen Missionare des Landes verwiesen wurden, ergriffen einheimische Protestestanten die Initiative. Diese „Pioniere" luden in ihre Häuser in Wallaga, Walaytta, Kambata und Addis Ababa Interessierte zu Bibelstudium und Gebet ein, dies trotz Unterdrückung vor Ort. Nach der Befreiung im Jahre 1941 erlaubte Kaiser Hayla Sellase den Bau evangelischer Kirchen in Gebieten, die dafür als „offen" erklärt worden waren. Die protestantische Bewegung wuchs, und einheimische Kirchen konstituierten sich: 1947 die Evangelical Church Bethel, 1959 die Ethiopian Evangelical Church Mekane Yesus (EECMY), 1960 die Lutheran Church True Friends, 1964 die Masarata Krestos Church, 1966 die Pfingstkirche Mulu Wangel und 1974 die Qala Heywat Church (KHK). Alle diese äthiopisch-protestantischen Kirchen unterhielten Schul- oder Sozialprogramme.

Periode der Verfolgung. Während der Herrschaft des marxistischen *Darg* (1974–1991) erlebten die Protestanten Unterdrückung und Verfolgung. Kirchenführer wurden verhaftet, gefoltert und auch getötet. Die Machthaber schlossen Kirchengebäude, enteigneten Häuser und verboten Versammlungen. Trotz dieser Behinderungen unterbrachen die Christen, so weit möglich, ihre Sozial- und Entwicklungstätigkeit nicht. Sie bekannten sich offen zu ihrem Glauben, mit der Folge, dass die Zahl der Mitglieder in dieser Zeit erheblich stieg. Es gab auch innerkirchliche Veränderungen. Kirchenlieder, die anfangs Übersetzungen aus dem Schwedischen oder Deutschen waren, wurden durch einheimische Lieder sowie durch neue Texte und Melodien ersetzt. Chöre junger Leute bildeten sich, und die Gottesdienste wurden nicht nur nach einer festgeschriebenen Liturgie gehalten. Charismatische Elemente fanden Eingang.

Die Kirchen. Die MYK ist die älteste und größte protestantische Kirche Äthiopiens. Ihre Anfänge gehen zurück auf das Jahr 1898, als die ersten Protestanten sich

in Wallaga versammelten (allerdings ist die Evangelische Kirche Eritreas noch älter).
Die MYK bekennt sich zu einem ganzheitlichen Ansatz, in dem Evangeliumsver-
kündigung und Entwicklungsprojekte als Einheit betrachtet werden. Die Zahl ihrer
Mitglieder wuchs von 25.000 im Jahre 1959 auf 8.308.857 im Jahr 2016. Sie zählt
8.565 Gemeinden und weitere 3.968 Versammlungsorte, an denen 3.940 Pastoren,
7.549 Evangelisten und 580.171 ehrenamtliche Mitarbeiter tätig sind. Die Gottesdienste werden in der jeweiligen Regionalsprache gehalten. Die Entwicklungs- und
Sozialabteilung der Kirche betreut in medizinischen Zentren, Schuleinrichtungen,
Landwirtschafts-, Forst- und Wasserprojekten, in sozialen Projekten, in Hungerhilfe
und Flüchtlingsbetreuung jährlich 10–12 Mio Menschen.

Die KHK – sie hat gewisse baptistische Wurzeln – ist eine weitere evangelische
Kirche Äthiopiens. Während und nach der italienischen Besatzung hatten sich unabhängige örtliche Gemeinden mit selbstbewussten, einheimischen Leitern gebildet.
1955 gab es vor allem in Walaytta, Kambaata und Hadiyya 538 solcher Gemeinden.
Die Bewegung breitete sich schnell aus, und 2015 zählte die KHK etwa 6,7 Mio
Glieder in 7.774 Gemeinden. Neben den geistlichen spirituellen und sozialen Programmen betont die Kirche sehr stark eine theologische Ausbildung, wofür sie über
300 Bibelschulen und Seminare unterschiedlichen Standards unterhält.

Weit verbreitet ist die Gruppe der Pfingstkirchen. Über 20 von ihnen sind registriert,
von denen die Full Gospel Believers' Church (oder Mulu Wangel) die größte ist. Die
meisten haben sich in der *Ethiopian Pentecostal Churches Fellowship* organisiert. Als die
Bewegung in Äthiopien unter Studenten und Gymnasiasten aufkam, wurde sie unterdrückt und verfolgt. Sie wirkte jedoch weiter, und viele Jugendliche fühlten sich angezogen durch die spirituellen Elemente wie Heilung oder Sprachengebet („Zungenrede").

Es gibt auch kleinere protestantische Kirchen und Vereinigungen. Die meisten
sind Glieder der *Evangelical Churches Fellowship,* die 28 Denominationen und über
35.000 örtliche Gemeinden umfasst. Dabei wird von einem jährlichen Wachstum
von 10–12 % berichtet. In Addis Ababa gibt es weiterhin eine deutschsprachige, eine
anglikanische und mehrere internationale protestantische Gemeinden. Sie bemühen
sich um ein gutes Verhältnis zu den anderen Konfessionen und Kirchen.

Jahr	Mitgliederzahl	Jahr	Mitgliederzahl	Jahr	Mitgliederzahl	Jahr	Mitgliederzahl
1959	*c.*25.000	1980	508.201	2005	4.312.407	2016	8.308.857
1967	72.976	1991	1.002.863	2008	5.012.486	2017	9.057.526
1976	283.000	2000	3.359.683	2015	7.886.595		

Tabelle 15: Mitgliederentwicklung der Ethiopian Evangelical Church Mekane Yesus (MYK)

Literatur: ERNST BAUEROCHSE, *Ihr Ziel war das Oromoland,* Münster 2006; JOHANNES LAUNHARDT,
Uns erschrecken die Trommeln nicht mehr, Erlangen 1982; HENNING UZAR (Hrsg.), *Mit wachsender
Begeisterung,* Hermannsburg 1998; Gustav Aren, *Evangelical Pioneers & Envoys of the Gospel,* Stock-
holm 1978, 1999; JOHANNES LAUNHARDT, *Evangelicals in Addis Ababa (1919–1991),* Münster 2004;
DEBELA BIRRI, *Divine Plan Unfolding,* Minneapolis 2014.

Johannes Launhardt, Hermannsburg

Die Rastafari

Die Rastafari-Bewegung entstand in den frühen 1930er Jahren in Kingston, Jamaika.
Persönlichkeiten wie Archibald Dunkley, Joseph Nathaniel Hibbert, Robert Hinds

und Leonard P. Howell begannen damals, meist nach Reisen durch Mittel- und Nordamerika, über die göttliche Natur Hayla Sellases zu predigen. Als *Ras* Tafari Makonnen am 2. November 1930 als Kaiser den äthiopischen Thron bestieg, sahen sie darin eine Erfüllung dessen, was in der Offenbarung des Johannes (5,5) prophezeit worden war, wonach die Sieben Siegel Gottes geöffnet werden und Gottes Wille geschieht. Die Rastafari feiern Hayla Sellases Krönungstag und seinen Geburtstag am 23. Juli bis heute. Mitte der 1930er wuchs die Zahl der Anhänger im Kampf gegen die faschistische Okkupation Äthiopiens spürbar an.

Soziale und ideologische Wurzeln. Der soziale und ideologische Ursprung der Rastafari-Bewegung liegt in den Volksreligionen, die darin ein Mittel des Widerstandes gegen die Sklaverei sahen; darüber hinaus in der Tradition des sog. Äthiopismus (s. „Pan-Afrikanismus"), über dessen biblische Symbolik sich Schwarze mit Äthiopien identifizierten. Bedeutung hatten auch die Schriften von Marcus Garvey (1887–1940), der sich für die Identität und Würde der Afrikaner einsetzte. „Rastafari" entstand in den Armenvierteln der schwarzen Bevölkerung von Kingston, wurde jedoch von der Mehrheit der jamaikanischen Bevölkerung und der britischen Kolonialverwaltung abgelehnt.

Unter den Rastafari gibt es verschiedene Strömungen und Praktiken, die als Zeichen der individuellen Freiheit gelten. Neben dem Glauben an die Gegenwart Gottes unter den Menschen, die sich in Hayla Sellase manifestiert, vereint sie gemeinsame Merkmale: eine Umkehr der Werte, die Schwarzen und Weißen sonst zugeschrieben werden, die Identifizierung mit dem auserwählten Volk Israel, das aus der Sklaverei befreit wurde, sowie ein auf „Zion" basierendes Weltbild, das Afrika als ursprüngliche Heimat und gelobtes Land preist. Das Gegenteil davon ist Babylon, das für die westliche Welt und ihre Vorherrschaft steht.

Konkrete Formen nahm die Rastafari-Kultur in den 1940er Jahren an. Zur Lebensweise (*Livity*) gehören langes Haar und Dreadlocks, vegane, natürliche Kost (*Ital*) und der ritualisierte Konsum von „Gras" (*Cannabis sativa*). Der *Italk*, eine Inversion des jamaikanischen Patois (nach dem Pronomen „ich", s. engl. *I-talk*), drückt ihren Glauben an die Macht des Wortes und die Einzigartigkeit der Persönlichkeit aus. Kulturelles Ausdrucksmittel sind die *Nyahbinghi*-Trommeln (Bass, Fundeh, Repeater). Eine Session kann sieben Tage und Nächte dauern. Als Reinigungsritual mit Feuer, mit Gebeten und Lobpreisungen auf den äthiopischen Herrscher symbolisiert dies den ewigen Kampf zwischen Gut und Böse.

Die Bewegung ist eine bedeutende Quelle der Inspiration für Künstler, Dichter, Filmschaffende, Schriftsteller und Intellektuelle. Seit der Unabhängigkeit 1962 steht „Rastafari" wegen des Stolzes auf die schwarze Identität für den kulturellen Wandel Jamaikas. Trotz massiver Unterdrückung durch die Regierung hat sich Rastafari zu einem wichtigen Element der nationalen Identität entwickelt. Die Anhänger beharren auf ihrem Recht, die Insel zu verlassen und nach Afrika zurückzukehren, wo sie ihre Erlösung erwarten.

Land in Shashamane. 1950 wies Hayla Sellase den „Schwarzen dieser Erde" 200 ha Land nahe der Stadt Shashamane in Südäthiopien zu, womit er sich für die Unterstützung im Krieg gegen Italien bedankte. In den späten 1960ern nahmen viele Rastafari die Einladung an und ließen sich dort nieder. Trotz des Verlustes dieser Schenkung im Rahmen der Landreform 1975 und trotz harter Bedrängnis unter dem *Darg* wurden in den 1990ern wieder Neuankömmlinge registriert. Heute leben ungefähr 800 „Rückkehrer" in der Stadt, dazu einige hundert in Addis Ababa, Baher Dar und an anderen Orten. Die meisten sind Jamaikaner, es gibt aber auch Vertreter von rund 20 weiteren Staaten.

Binghimam Shashamane, © Giulia Bonacci

Shashamane gilt als „Hauptstadt" der internationalen Rastafari-Bewegung. Aber seitens der äthiopischen Regierung und der AU fehlt der politische Wille zur Integration dieser ungewöhnlichen Siedler. Mangels gültiger Papiere sehen sich die Rastafari großen Herausforderungen gegenüber; das gilt vor allem für in Äthiopien geborene Kinder, die über keine Staatsbürgerschaft verfügen. Diese rechtliche Unsicherheit bewog viele zur „Rückkehr" nach Ghana, Benin, Südafrika oder Tansania. Die Rastafari bleiben für Äthiopier ein rätselhaftes Phänomen; auf der anderen Seite hat diese Gruppe zur Entwicklung und zum Aufblühen der Kultur- und Musikszene Äthiopiens beigetragen, und viele äthiopische Künstler haben sich der Reggae-Musik verschrieben.

Vor allem dank Reggae erfährt die Bewegung seit den 1970ern weltweit viel Zulauf. Organisationen wie die „Ethiopian World Federation", die „Twelve Tribes of Israel", der „Ethiopia Africa Black International Congress" und der *Nyahbinghi*-Orden halten die Rastafari in der Karibik, in Großbritannien und den USA am Leben. Darüber hinaus entstanden Rastafari-Communities an verschiedenen Plätzen, in Europa, Asien, im pazifischen Raum, in Mittel- und Lateinamerika und natürlich in Afrika, wo lokale Formen der Rastafari-Bewegung ihre Stimme laut erheben.

Literatur: Giulia Bonacci, *Exodus! Heirs and Pioneers, Rastafari Return to Ethiopia*, Kingston 2015; Erin C. MacLeod, *Visions of Zion: Ethiopians and Rastafari in the Search for the Promised Land*, New York 2014.

Giulia Bonacci, Institut de recherche pour le développement, Nice

Kapitel 8 Gesellschaft und Politik

Einführung

Deutlicher als bei manch anderen Themen treten in Gesellschaft und Politik die Unterschiede in der Entwicklung unserer Region zutage. Äthiopien spielt dabei eine herausragende Rolle, seine Entwicklung bietet gelegentlich gar einen Kontrast zu den Nachbarländern.

Äthiopien hat sich seit der Spätzeit des Kaiserreichs zum Symbol afrikanischer Solidarität und des Panafrikanismus entwickelt, und seine Politik steht für das Streben nach afrikanischer Identität und politischer Souveränität. Andererseits war und ist das Land ein Laboratorium für die Koexistenz stark divergierender politischer Systeme. Es übersteht in seiner Geschichte christliche Monarchie, Marxismus und vermutlich auch einen eher plakativen Föderalismus.

Der Pluralismus ist für die Gesamtregion ein definierendes Element der Völker und ihrer Kulturen. Markenzeichen sind die divergierenden gesellschaftlichen Identitäten und Systeme. Christen denken, arbeiten, feiern, praktizieren ihre Riten und organisieren sich alltags und festtags anders als Muslime. Hinzu tritt ein De-facto-Rechtspluralismus: neben christlichem Recht ein gesellschaftlich akzeptiertes islamisches Recht. Das hat die alltäglich gelebte Koexistenz in weiten Gebieten möglich gemacht, unterbrochen allerdings von blutigen Auseinandersetzungen. Daneben bestimmen nahezu geschlossene muslimische Gemeinschaften – wie z.B. in Somalia – Gesellschaft, Recht, Wirtschaft, Bildung und Machtzentren.

Im ökonomischen Bereich dominiert die Zentralmacht Äthiopien und – durch intensive Kooperation mit ihm – in jüngster Zeit das eher zwergenhafte Dschibuti die Entwicklung. Mit Menilek II. und Hayla Sellase machen Äthiopien-Eritrea grundlegende Schritte in die Moderne und schließen sich an Europa, seine Technik und seine Zivilisation an. Diplomatie, Handel, Bildungswesen, Gesundheitsversorgung und Medienstrukturen dokumentieren das. Zugleich springt die Diskrepanz zwischen den Ländern ins Auge; die Analphabetenrate z.B. in Somalia und in Südsudan hemmt – abgesehen von den Bürgerkriegszuständen – die gesellschaftlich-ökonomische Entwicklung auf allen Feldern. Die mangelhafte Partizipation von Frauen an der gesellschaftlichen Gestaltung und insbesondere ihre meist eingeschränkten Bildungschancen reißt die Kluft zwischen den Ländern immer weiter auf.

Pan-Afrikanismus

Der Begriff Pan-Afrikanismus beschreibt die Auffassung, dass alle Afrikaner und deren Nachkommen in Herkunft und Schicksal vereint sind. Er ist die anspruchsvollste und weitreichendste Ideologie, die Afrika hervorgebracht hat. Zuerst in der Diaspora von schwarzen Intellektuellen formuliert, hat er die Popkultur in Latein- und

Nordamerika und zugleich die Entwicklung des Kontinents bestimmt. In den 1950er Jahren entdeckte ihn auch die aufstrebende politische Elite Afrikas und bestimmte fortan das politische Schicksal des Kontinents. Äthiopien nimmt in der pan-afrikanischen Bewegung eine herausragende Stellung ein. Eingebettet in die ideologische Basis des „Äthiopismus" war der Pan-Afrikanismus Ausgangspunkt für die afrikanischen Unabhängigkeitsbewegungen sowie die Entwicklung regionaler und überregionaler Institutionen, so dass Äthiopien als ein Grundpfeiler des Pan-Afrikanismus gilt.

Äthiopien und der frühe Pan-Afrikanismus. Seit der Erwähnung Äthiopiens in der englischen King-James-Bibel (1611) ist das Land zum Sehnsuchtsort für symbolische religiöse und urafrikanische Wertevorstellungen geworden und damit im kollektiven Gedächtnis und sozialen Handeln der Afroamerikaner und der schwarzen Bevölkerung im südlichen Afrika tief verwurzelt.

Als auf die Bibel zurückgehender Mythos einer gemeinsamen Identität und Vergangenheit steht der „Äthiopismus" für die Erlösung aller Schwarzen auf der Welt von der Vorherrschaft durch andere. Nach dem Sieg der Äthiopier über Italien in der Schlacht von Adwa 1896 wurde der „Äthiopismus" neu justiert und das Territorium des ostafrikanischen Landes unmittelbar in die Bewegung einbezogen. So vollzog man die Annäherung des mythischen, urafrikanischen Selbstbildes mit einer konkreten politischen Realität; Äthiopien betrat das 20. Jh. als das Ideal von Souveränität und Unabhängigkeit.

Schon unter Kaiser Menilek II. (reg. 1889 bis 1913) waren Schwarze vieler Nationalitäten in Äthiopien willkommen. Der auf Haiti geborene Anwalt und Aktivist Benito Sylvain reiste nach der Schlacht von Adwa viermal nach Äthiopien. Auf der ersten pan-afrikanischen Konferenz in London 1900 repräsentierte er sowohl Haiti als auch Äthiopien. Der von Guadeloupe stammende Joseph Vitalien war Leibarzt Menileks. Ab 1919, als Tafari Makonnen Regent war, haben äthiopische Delegationen in den USA gezielt schwarze Fachkräfte angeworben. 1922 begann ein offizieller Schriftverkehr mit Marcus Garvey's Universal Negro Improvement Association, um Schwarze nach Äthiopien einzuladen. Um 1930 lebten in Addis Abeba rund 100 Schwarze, die aus den Vereinigten Staaten bzw. der Karibik kamen. Die meisten von ihnen verließen das Land wieder, als Mussolinis Truppen einmarschierten.

Der zweite Krieg zwischen Äthiopien und Italien (1935–1941) löste eine gewaltige Welle pan-afrikanischer Solidarität aus. Der afroamerikanische Pilot Oberst John Robinson kämpfte an der Front und bildete später die erste Generation äthiopischer Kadetten aus. Für den Wiederaufbau und die Entwicklung des Landes stellte die äthiopische Regierung in den 1940er und 1950er Jahren viele schwarze Lehrer, Erzieher, Techniker, Handwerker, Journalisten und Redakteure aus dem Ausland ein. 1950 gab der Kaiser schwarzen Einwanderern als Dank für die moralische und finanzielle Unterstützung während des Krieges 200 ha Land im Süden Äthiopiens bei Shashamane. Die Rastafari aus Jamaika und anderen Ländern nahmen in den späten 1960ern dieses Angebot an (gegenwärtig zählt ihre Gemeinschaft etwa 800 „Rückkehrer"). Seit Ende der 1950er Jahre erhielten Hunderte von Studenten verschiedener afrikanischer Länder Stipendien, um in Äthiopien zu studieren, von denen nicht wenige später in ihrer Heimat wichtige Ämter übernahmen. Einer der bekanntesten Stipendiaten der Haile Selassie Foundation war Leopold Sedar Senghor, der Präsident des Senegal (1960–1980) war.

Institutionalisierung des Pan-Afrikanismus. Die afrikanischen Führer zu einer Gipfelkonferenz einzuberufen, gestaltete sich nicht einfach, da viele zunächst überzeugt werden mussten, ihre nationalen Interessen zurückzustellen, um 1963 in Addis Abeba die Organisation of African Unity (OAU) zu gründen. Angesichts der afrikanischen Po-

Africa Hall, Addis Ababa, © Derejeb

litik jener Zeit und der Spaltung zwischen Casablanca-Gruppe und Monrovia-Gruppe schienen die Hindernisse, denen sich Äthiopien gegenübersah, fast unüberwindlich zu sein. Die von Äthiopien vorbereitete Charta war bestimmt vom Geist der pan-afrikanischen Bewegung, der Unterstützung der Entkolonialisierung sowie dem Streben nach politischer Unabhängigkeit und Integration. Die Teilnehmer der Konferenz einigten sich auf den Entwurf und nahmen ihn als OAU-Charta an. Auch der von Äthiopien vorgeschlagene Aufbau der Organisation fand Anklang. Er sah eine innerafrikanische Vereinigung souveräner Staats- und Regierungschefs vor sowie ein Sekretariat und eine gewisse Mitsprache nationaler Ministerien und Gremien. Addis Ababa wurde Sitz von OAU und African Union, die 2002 die organisatorische Nachfolge antrat.

Die Initiative Äthiopiens für die afrikanischen Befreiungsbewegungen bewies, dass sich das Land der afrikanischen Sache verpflichtet sah; dies bleibt eine der größten politischen Errungenschaften des gesamten Kontinents. Ungeachtet der ideologischen Spannungen, die das OAU-Befreiungskomitee immer wieder lähmten, bekannten sich sowohl der Kaiser als auch später die Militärjunta (*Darg*) zu einem der bedeutendsten pan-afrikanischen Ziele: der Emanzipation von kolonialer Bevormundung. Über Jahrzehnte stellte sich das Land hinter die antikolonialen Bewegungen Südafrikas, Namibias und Simbabwes. Prominente Befreiungskämpfer wie Nelson Mandela und Robert Mugabe zogen manchen Vorteil aus ihrer Ausbildung in und ihrer Verbindung mit Äthiopien. Mit materieller, logistischer und moralischer Unterstützung für die Befreiungsbewegungen schmiedete Äthiopien Allianzen mit den Menschen und Politikern im südlichen Afrika.

Äthiopien spielte auch bei der Gründung und Stärkung der Institutionen der Region eine große Rolle. Seine rechtzeitige Intervention hat 1962 z.B. die pan-afrikanische Freiheitsbewegung für Ost-, Zentral- und Südafrika vor dem Zerfall gerettet und wiederbelebt. Sein engagiertes Auftreten in der 1986 gegründeten Organisation der Intergovernmental Authority on Drought and Development – 1996 umbenannt in Intergovernmental Authority on Development (IGAD) und seit 1994 im Common Market for Eastern and Southern Africa (COMESA) – gab wichtige Impulse. Die aktive Rolle Äthiopiens dokumentiert seine strategische Bedeutung bei der Schaffung politischer und wirtschaftlicher Institutionen. Ungeachtet der wirtschaftlichen Schwäche Äthiopiens war das Land ein maßgeblicher Faktor bei ihrem Aufbau. Doch beides, die Förderung der Ostafrikanischen Föderation und die starke IGAD sollte äthiopische Regierungen später weiter beschäftigen. Äthiopien betrachtete die regionalen Gremien als Vehikel, um weiterhin seine Ziele zu verfolgen, ohne aber elementare, langfristige Herausforderungen zu beachten. Wie andere afrikanische Organisationen blieben regionale Vereinigungen relativ wirkungslos und spezifischen Zielen verpflichtet. Bis heute haben weder die äthiopischen Behörden noch die Wirtschaft des Landes sich die Grundsätze der COMESA zu eigen gemacht.

Äthiopien und afrikanische Politik. Äthiopiens Bemühungen, auch in Konflikten zwischen den Ländern Afrikas nach der Erlangung der Unabhängigkeit zu vermitteln, spiegelt eine weitere Facette seines Engagements in den Belangen des Kontinents wider. Insgesamt belegen diese Aktivitäten des Landes, dass es an Frieden und kollektiver Sicherheit Afrikas Anteil nimmt. Die Wertschätzung des Landes in politischen Fragen, die Wahrung des Prinzips friedlicher Konfliktbeilegung und die Beachtung des Grundsatzes, sich aus ideologisch motivierten Bündnissen herauszuhalten, trugen in der Regel zum Erfolg der Schlichtungen bei. Nichtsdestotrotz war die Basis der verschiedenen äthiopischen Regierungen die Frage, welche Auswirkungen jedes Engagement auf Äthiopien haben könnte. Äthiopien plädierte stets für eine Lösung afrikanischer Probleme ohne Intervention externer Kräfte. Insbesondere die Einmischung einstiger Kolonialmächte rief heftige Gegenwehr hervor. Während der Kaiserzeit sollten Meinungsdifferenzen im Rahmen nationaler Eigenständigkeit und ohne Eingriff durch andere Nationen gelöst werden. Auch der *Darg* hielt sich an diese Prinzipien, obwohl er die andauernden afrikanischen Krisenherde nicht selten ideologisch beurteilte. Die Regierung machte nach 1991 ihr Engagement gegenüber der pan-afrikanischen Agenda deutlich: durch Mediation, durch Missionen zur Friedenssicherung sowie die Förderung regionaler und den Kontinent umspannender Gespräche. Der Einsatz äthiopischer Friedenstruppen in Ruanda, Burundi, Liberia, Sudan (Abiye und Darfur) und Somalia belegen dies. Führungspositionen in IGAD und OAU/AU förderten die Bewältigung von Konflikten in Somalia, Sudan und zuletzt im Südsudan. In einem größeren Rahmen tritt Äthiopien als treibende Kraft innerhalb der New Partnership for African Development und in den Verhandlungen zum Klimaschutz auf. Diese Aktivitäten sind aber nicht ohne Defizite und mögliche Nachwehen zu leisten, die die künftige Stellung des Landes in der afrikanischen Politik beeinträchtigen könnten.

Der Äthiopismus hat sich als umfassendes Konzept erwiesen, mit dem sich Schwarze identifizieren. Mit dem Sieg von Adwa 1896 fand der Äthiopismus im heutigen Äthiopien sein Zentrum, und dies führte zur Entwicklung der panafrikanischen Politik Äthiopiens, die das schwarze Amerika umfasste. Äthiopiens traditioneller Grundsatz der Zurückhaltung in seinen Außenbeziehungen bestimmte das Ausmaß seiner Mitwirkung an regionalen und gesamtafrikanischen Angelegenheiten. Die Verpflichtung, die „heilige" äthiopische Nation vor jeglicher Einmischung von außen zu schützen, hat in gewisser Weise zum Widerstand gegen die Schaffung tragfähiger supranationaler Organisationen auf regionaler oder kontinentaler Ebene und der Verwirklichung der politischen Einheit Afrikas beigetragen. Darüber hinaus haben die verschiedenen Regierungen ihre Außenpolitik nach dem Ziel ausgerichtet, ihre Macht zu sichern und zu festigen. Die Teilnahme Äthiopiens an afrikanischen Entwicklungen ist im Lichte dessen zu beurteilen, was es in diesem Prozess erreicht hat. Äthiopien war stets bemüht, seine strategischen Interessen zu wahren und bei aller Begeisterung für die Unabhängigkeit Afrikas eine geachtete Position einzunehmen. Äthiopien war Teil der Erfolge und der Misserfolge der pan-afrikanischen Bewegung. Es wurde für etliche seiner Positionen kritisiert und verurteilt, für andere erhielt es großen Applaus. Das Land hat in schwierigen Zeiten vom Einsatz der afrikanischen Staaten und ihrer Organisationen profitiert.

Literatur: Belete Belachew Yihun, *Black Ethiopia: a Glimpse into African Politics, 1956–1991*, Los Angeles, CA 2014; Giulia Bonacci, *Exodus! Heirs and Pioneers, Rastafari Return to Ethiopia*, Kingston 2015.

Giulia Bonacci, Institut de recherche pour le développement, Nice,
Belete Belachew, Jimma University

Politische Systeme in Äthiopien

Aksum und sein Erbe. Die Entwicklung staatlicher Strukturen in Nordäthiopien geht auf die Antike zurück. Das bekannteste und am höchsten entwickelte Staatswesen war Aksum mit einem Zugang zur Küste des Roten Meeres. Aksum entstand vermutlich im 2. Jh. v.Chr. Die aksumitische Zivilisation kam im 3. Jh. n.Chr. zur Entfaltung, was bis heute erhaltene Monumente und Münzen als Teil seiner materiellen Kultur eindrucksvoll belegen. Die aksumitische Gesellschaft zeichnete sich durch eine archaische Struktur, ein eigenes Schrifttum und einen Königsklan „göttlicher Herkunft" aus. Schreiben und Lesen blieb Priestern vorbehalten und den Schreibern, die die Ereignisse des Reiches festhielten und die Verwaltung führten. Der aksumitische Staat hatte einen absoluten Herrscher, der die Einheit von Religion und Politik verkörperte. Die Könige Aksums waren Teil der religiösen Ordnung; man sah sie als Abkömmlinge der Götter an. Das galt insbesondere für den Kriegsgott *Mahrem* (griechisch *Ares*). Der Titel *Negusa nagast* („König der Könige") wurde zum Sinnbild für die politisch-militärische Macht des Herrschers.

Aksum gilt als Wiege des christlichen Äthiopien. Die Einführung des Christentums und die Konversion des aksumitischen Königs im 4. Jh. bestimmten maßgeblich die spätere Staatsbildung Äthiopiens. Seine Könige formten den Nationalstaat, jedoch nicht nur mittels der politischen Zentralmacht, sondern auch durch eine Vereinheitlichung der Kultur: sie zwangen die verschiedenen ethnischen und religiösen Gemeinschaften im Land, den orthodoxen Glauben und die äthiopische Sprache anzunehmen. Zur herrschenden Klasse gehörten Kaiser, Adel, Klerus und Militär. Die Kirche bot das ideologische Fundament des Reiches und unterstützte später den Anspruch der Abstammung des Herrschers vom biblischen König Salomo. Sie rechtfertigte damit ihren Machtanspruch. Als Gegenleistung wurde der Äthiopischen Kirche später ein Drittel des Landbesitzes zugesagt. Im Unterschied zu den Machtoptionen der Könige von Aksum konnte die unabhängige Gelehrtenschicht der Kirche das national-religiöse System Äthiopiens weit verbreiten. Zum Wesen des politischen Gefüges gehörte der Umstand, dass die Staatsgewalt nicht auf die Kontrolle an Grund und Boden gegründet war, sondern dass dies durch die Herrschaft über die Menschen geschah, die das Land bearbeiteten, die Bauern. Über das *Rest*-System (Familienerbe) erhielt die ländliche Bevölkerung Zugang zu Land. *Rest* bedeutete, dass alle männlichen und weiblichen Nachkommen eines Eigentümers Anrecht auf einen Teil des Landes hatten (aufgehoben 1973). Dem *Rest*-System übergeordnet war die *Gult*-Struktur. Daraus leitete sich das Recht des Adels auf einen Teil der Erträge ab (eine Art Lehensrecht), die als Tribut oder als Steuer in Form von Geld und Naturalien oder als Arbeitskraft zu entrichten und an die Grundbesitzer zu zahlen waren.

Muslimische Politik. Es gab weitere Zentren mit staatlichen Strukturen in Äthiopien. Während im nördlichen Hochland das orthodoxe Christentum die Ideologie für die Entwicklung des Staatswesens stellte, bot der Islam im zentralen, südöstlichen und südwestlichen Hochland eine vergleichbare Ideologie. Sultanate wie Ifat und Adal als bekannteste Vertreter entstanden in Zentraläthiopien bereits im 10. Jh. Sie

konkurrierten mit dem christlichen Reich vom 13. bis 16. Jh. um Handel, Handelsrouten und politische Macht. In diesem Kampf setzte sich der christliche Staat durch,
unterlag allerdings kurzzeitig im ersten Viertel des 16. Jh., als Ahmad Ibn Ibrahim
al-Ghazi (Grany) Äthiopien unterwarf. Mit dem Sieg über Granys Armeen verloren
die muslimischen Sultanate an Macht, überlebten aber, wenn auch deutlich reduziert,
weiter im wirtschaftlich bedeutenden Stadtstaat Harar.

In Südäthiopien lag ein drittes Siedlungsgebiet, das eine Reihe von staatlichen
Einheiten hervorbrachte, teils tributpflichtig, teils unabhängig vom christlichen Imperium. Diese Königreiche waren von traditionellen Glaubensvorstellungen geprägt.
Die politisch mächtigsten und einflussreichsten von ihnen waren die Reiche der Kafa
und Walayyta. Eine weitere Organisationsform äthiopischer Gesellschaften stellt die
rituelle Königsherrschaft dar. Die Anywaa im westlichen Gambella sind deren klassische Vertreter. Sog. Vorsteher oder Adlige galten als spirituelle Führer ihrer dörflichen
Gemeinschaften. Sie bemühten sich kaum, andere Gebiete zu erobern.

Auch wenn Konflikte zwischen den Anywaa zum Alltag gehörten, resultierten daraus keine territorialen Ansprüche. Gegenstand der Kämpfe zwischen Anführern und
Adligen waren überwiegend königliche Insignien oder andere Zeichen der Macht.
Symbole der Häuptlings- oder Königswürde bestanden vor allem aus wertvollen Perlen, einem Thron und besonderen Speeren.

Die Oromo und die Altersgruppen. Ganz anders als die südlichen Königreiche organisieren sich die auf Altersklassen basierenden Gesellschaften mit einem eher integrativen,
nichthierarchischen Ansatz der Gemeinschaft. Das sich an Generationen orientierende
Gadaa-System der Oromo ist repräsentativ für diese Form sozialer Organisation (so bei
den Konso, Dirasa und Sidaama). Alle männlichen Mitglieder werden in Gruppen zusammengefasst, die sich nach der Zugehörigkeit zu einer Generation richten, aber nicht
nach Alter oder väterlicher Abstammungslinie. Alle Söhne der Männer einer Generation
bilden eine eigene Gruppe. Weil jede Generationengruppe Personen unterschiedlichen
Alters vereint, werden sie jeweils in fünf Altersgruppen unterteilt. Alle acht Jahre steigt
jede Gruppe in die nächste, höhere auf. Jede Klasse hat eigene Rechte und Pflichten
– vom Hirten im Kindesalter über junge Krieger zu reifen Entscheidungsträgern und
weisen Ältesten. Auf diese Weise werden soziale Rollen in einer lebenslangen Abfolge
verteilt, wobei der Führungsanspruch von einer Generationengruppe auf die nächste
übertragen wird. Außerdem wählen die Mitglieder der führenden, im Gerichtswesen
entscheidenden Generationengruppe aus ihren Reihen die Repräsentanten bzw. Oberhäupter. Die Versammlung von Generationengruppen im Schatten heiliger Bäume wie
der Sykamorenfeige ist eines der herausragenden Symbole im demokratischen Werte-
kanon der Oromo. Es zielt auf eine ununterbrochene Abfolge von Argumentation und
Bestätigung ab und darauf, den Frieden (*Nagaa*) zu bewahren.

Segmentäre Systeme. Eine völlig andere politische Ordnung verkörpert die segmentäre
Gesellschaft der Hirtengemeinschaften West- und Ostäthiopiens. Die Nuer, die in Westäthiopien und im Südsudan leben, sind der Prototyp der politischen Organisation jener „Stämme ohne Herrscher" (so Somali und Gurage), in der die väterliche Linie beim
Fehlen einer Zentralinstanz zum Maßstab der gesellschaftlichen Solidarität wird. Im segmentären Abstammungssystem gilt die Herkunft väterlicherseits als grundlegender Wert,
darauf gründet sich das politische System. Das Abstammungssystem und die politische
Ordnung entfalten sich in zwei Bereichen: den väterlichen Linien (Klane und Abstammungslinien) und den territorial abgrenzbaren Stämmen. Abgesehen vom ideologischen
Rahmen sind Abstammungslinien ein wesentlicher Bezugspunkt für die Nuer, um die

Regeln der Exogamie zu befolgen. Zudem dienen sie als Grundlage bei der Ausübung von Ritualen. In segmentären Gesellschaften sind „Stämme" weitaus anpassungsfähiger und integrativer, als das herkömmliche Verständnis des Begriffes Stamm vermuten lässt. So fühlen sich Mitglieder anderer Klane und erst recht Außenstehende einem bestimmten „Stamm" verbunden, dem sie durch Heirat oder andere Formen sozialen Austauschs angehören, so dass letztlich eine wachsende politische Gemeinschaft entsteht. Vor diesem Hintergrund sind segmentäre Gesellschaften durchaus offen für Assimilierungsprozesse.

Christliche Expansion. Diese unterschiedlichen politischen Systeme wurden Ende des 19. Jh. dem expandierenden christlichen Imperium einverleibt. Nach den beiden großen Herausforderungen – die islamischen Sultanate und die Oromo-Migration im 16. und 17. Jh. – erstarkte der äthiopische Staat erneut im Zentralmassiv: das Königreich von Shawa entstand. Dank kluger, politischer und militärischer Führer hielten sich die Könige Shawas aus den zerstörerischen Konflikten im 18. und des 19. Jh. heraus, die als „Zeit der Fürsten" (*Zamana masafent*) bekannt sind, in der die Monarchie zerfiel und selbsternannte lokale Machthaber als Königsmacher regierten. Die Könige von Shawa festigten ihre Stellung durch Expansion nach Süden weit über das christliche Königreich des Mittelalters hinaus. Sie knüpften diplomatische Beziehungen zu Europa, um den Handel und den Zugang zu Feuerwaffen auszubauen. Militärisch gerüstet machte sich König Menilek II. daran, die territoriale Erweiterung nach Süden, Westen und Osten voranzutreiben. Der ökonomische Reichtum der eroberten Gebiete wiederum ermöglichte es ihm, seinen Anspruch auf den Kaiserthron gegenüber den Königen im Norden geltend zu machen und schließlich zum „König der Könige" gekrönt zu werden. Die Aufgabe, Menileks Reich zu festigen und zu modernisieren, fiel Kaiser Hayla Sellase (reg. 1930–1974) zu.

Jüngste Umbrüche. Die Erneuerung Äthiopiens förderte soziale Widersprüche und wachsende Forderungen verschiedener Gesellschaftsschichten zutage. Die ideologische Basis des äthiopischen Reiches wurde von den Studentenbewegungen der 1960er und 1970er Jahre, die politische Veränderungen und eine Bodenreform forderten, erschüttert und von regionalen und ethnisch-autonomen Bewegungen, insbesondere den separatistischen Befreiungsbewegungen in Eritrea, infrage gestellt. Nach einem Jahrzehnt der Studentenproteste schritt eine Gruppe von Militärs ein und stürzte den Kaiser und mit ihm eine der ältesten Monarchien der Welt. In der Folge versuchte die Militärregierung, der *Darg*, eine neue politische Ordnung nach den Prinzipien des Sozialismus zu errichten. Mit dem Anspruch, „echte" sozialistische Organisationen zu sein, forderten mehrere politische Parteien und Freiheitsbewegungen, die aus der Studentenschaft hervorgingen, den *Darg* politisch und militärisch heraus. Zwar gelang es zunächst, städtisch geprägte marxistische Parteien wie die Ethiopian People's Revolutionary Party (EPRP) niederzuschlagen, ländliche marxistische Freiheitsbewegungen wie die Tigray People's Liberation Front (TPLF) hielten jedoch stand und stürzten den *Darg*. Ende der 1980er war die TPLF die stärkste Unabhängigkeitsbewegung und bildete eine Koalition mit Splittergruppen von EPRP und anderen ethnisch-politischen Vereinigungen. Daraus entstand eine landesweite Partei, die Ethiopian People's Revolutionary Democratic Front (EPRDF).

Die EPRDF stürzte 1991 den *Darg* und übernahm die Kontrolle über den äthiopischen Staat, den es in der Folge radikal veränderte. Den Jahrhunderte alten, von politischer Zentralisation und kultureller Vereinheitlichung geleiteten Prozess der Nationenbildung umkehrend, begründete die EPRDF eine Ordnung, die die kulturelle Vielfalt akzeptiert. Das Land wird als Föderation auf der Basis ihrer Völker neu organisiert. Den „Nationen, Nationalitäten und Völkern" Äthiopiens wird laut Verfassung die Selbstbestimmung gewährt bis hin zur möglichen Sezession, sollten die Rechte durch die föderale Regierung verletzt werden. Die äthiopische Föderation umfasst neun nach ethnischen Kriterien gegliederte Staaten und zwei Stadtstaaten, die Hauptstadt Addis Ababa und Dire Dawa.

Literatur: DONALD CRUMMEY, *Land and Society in the Christian Kingdom of Ethiopia: From the 13th to the 20th Century*, Chicago, IL 2000; EDWARD EVANS-PRITCHARD, *The Nuer. A Description of the Modes of Livelihood and Political Institutions of a Nilotic People*, Oxford 1940.

Dereje Feyissa, Addis Ababa University

Rechtspluralismus

Die Rechtswirklichkeit in Äthiopien ist nicht nur durch ethnische und religiöse Vielfalt, sondern auch durch eine Vielzahl gewohnheitsrechtlicher bzw. lokaler, religiöser und staatlicher Rechtsordnungen geprägt. Als Folge des jahrhundertelangen Neben-, Mit- und Gegeneinanders der verschiedenen Ordnungsvorstellungen sind teilweise sich überlappende und durchlässige Strukturen entstanden, die sich historisch herleiten lassen.

So existierte neben den lokalen und religiösen Rechten der unterschiedlichen lokalen Gemeinschaften seit dem 14. Jh. auch das sog. Recht der Könige als eine frühe formalisierte Rechtsordnung im äthiopischen Hochland. Die Herrscher versuchten ihr Rechtsverständnis u.a. in Form von Erlassen und Statuten durchzusetzen, um die vielfältigen Beziehungen zwischen den lokalen Gemeinschaften im abessinischen Hochland, insbesondere zwischen den Tigray und Amhara, aber auch die des monarchischen Staates zur Äthiopisch-Orthodoxen Kirche zu regeln. Beispiele früher Gesetzgebung waren die Kodizes *Fetha Nagast* („Gesetz der Könige"), *Kebra Nagast* („Herrlichkeit der Könige") und *Serata Mangest* („Ordnung des Königsreichs").

Mitte des 20. Jh. nahm Kaiser Hayla Sellase (1892–1975) umfangreiche, hauptsächlich auf europäischen Quellen basierende Rechtskodifizierungen vor. So wurden neben den Verfassungskodifikationen (1931 und 1955) auch sechs Gesetzeswerke verabschiedet: ein Strafgesetz (1957), ein Zivilgesetz (1960), ein Handelsgesetz (1960), ein Seerecht (1960), ein Strafprozessrecht (1961) und ein Zivilprozessrecht (1965). Trotz dieser zentralistischen, den Staat modernisierenden Ambitionen des Kaisers erwies sich die Durchsetzung dieser Gesetze im rechtspluralistischen Äthiopien als wenig realistisch. Die Mehrheit der Bevölkerung folgte weiterhin eigenen Rechtsvorstellungen und Konfliktschlichtungsmechanismen. Insofern waren diese frühen Versuche in Richtung eines uniformen formalen Rechtssystems wegen mangelnder staatlicher Durchdringung in die tief verwurzelten lokalen Rechtskulturen zum Scheitern verurteilt. Insbesondere auf dem Gebiet des Privat- sowie des Familienrechts dominiert auch weiterhin gewohnheitsrechtliche und religiöse Rechtsvorstellungen.

Die sich wandelnden soziopolitischen Realitäten führten seit den 1990er Jahren zu einem Paradigmenwechsel im Denken über das Recht – von staatszentralistischen zu pluralistischen Ansätzen: Die ethno-linguistische und religiöse Vielfalt wird offiziell zum staatlichen Ko-Organisationsprinzip. Staatliche Akteure haben erkennen müssen, dass die Ideen eines Nationalstaates und eines einheitlichen Rechts in einem Land mit derart kultureller Vielfalt nicht sinnvoll sind. Die derzeitige Bundesverfassung von 1995 sowie die entsprechende offizielle Politik markieren den Wandel im Umgang mit den Bedürfnissen der „multikulturellen" Bürgerschaft. Die Verfassung reflektiert die pluralistische Rechtswirklichkeit auf unterschiedlichen Ebenen. Äthiopien folgt dem Modell einer pluralistischen, föderalstaatlichen Gesetzgebung. Zum einen wird eine Koexistenz von föderalen und regionalen Gesetzen mit teilweise überlappenden

Bereichen (Art. 50, 52, 55) sichtbar. Zum anderen garantiert die Bundesverfassung das Recht auf die Selbstbestimmung jeder „Nation, Nationalität und aller Völker Äthiopiens", inklusive des Rechts, eigene Kultur und Werte zu fördern und zu entwickeln (Art. 39). Dies beinhaltet auch die verfassungsrechtliche Anerkennung lokaler und religiöser Mechanismen und der Institutionen einer Konfliktlösung. Die Bundesverfassung ermächtigt die Gesetzgeber, lokale und religiöse Rechtsordnungen offiziell anzuerkennen, allerdings begrenzt auf das Personenstands-, Ehe- und Familienrecht (Art. 27, 34, 78). Strafrechtliche Belange unterliegen offiziell staatlicher Regulation.

Im Umgang mit der pluralen Rechtswirklichkeit bemühen sich die staatlichen Akteure, ihre Autorität hinsichtlich der Ko-Regulierung auf dem Gebiet des Familienrechts so weit wie möglich zu erhalten. Innerhalb ihrer Politik der „Einheit in Vielfalt" folgen sie einer dualen Strategie: Einerseits wird die Rechtspluralität verfassungsrechtlich anerkannt und die Anwendung der lokalen und religiösen Wert- und Rechtsvorstellungen reguliert, andererseits wurde auf der Basis der verfassungsrechtlich verbrieften Grundrechte, der besonderen Betonung der „Gleichheit vor dem Gesetz und dem Anspruch auf gleichen Schutz durch das Gesetz" (Art. 25) sowie der „Rechte der Frau" (Art. 35) eine umfassende Familienrechtsreform angestoßen. So erkennt der *Revised Family Code 2000* unter bestimmten prozeduralen Bedingungen nicht nur zivile, sondern

Lokales Recht: Ein Dieb bittet um Vergebung, indem er einen Stein auf seinen Rücken legt, damit wird das Rechtsverfahren gegen ihn beendet, Mikael Amba, Tigray, © Wolbert G.C. Smidt

auch gewohnheitsrechtliche und religiöse Formen der Ehe an. Allerdings konnte auch der Erlass des neuen Familiengesetzbuches die große Kluft zwischen dem *Law in the books* und dem *Law in action* nicht verringern, insbesondere nicht hinsichtlich des Zugangs zur staatlichen Familiengerichtsbarkeit.

Verfassungsrechtliche Anerkennung des islamischen Rechts und der *Sharia*-Gerichtsbarkeit. Die säkularen und religiösen Belange der muslimischen äthiopischen Gemeinschaften (welche mehr als ein Drittel der Gesamtbevölkerung ausmachen) werden seit Jahrhunderten durch das islamische Recht und die *Sharia*-Gerichtsbarkeit, unabhängig von staatlicher Anerkennung, reguliert. Sich wandelnde soziopolitische Rahmenbedingungen führten in den Jahren 1942 und 1944 dazu, dass Kaiser Hayla Sellase die *Sharia*-Gerichtsbarkeit (*Shariya Ferd Bet*) staatlich anerkannte. Seitdem ist die Jurisdiktion der *Sharia*-Gerichtsbarkeit auf das Personenstandsrecht begrenzt. Allerdings sollte noch ein halbes Jahrhundert verstreichen, bevor das islamische Familienrecht und die *Sharia*-Gerichtsbarkeit im äthiopischen Rechtssystem Verfassungsrang erhielten. Parallel zur staatlichen Gerichtsbarkeit schuf man eine dreistufige *Sharia*-Gerichtsbarkeit auf Bundes- wie auch auf Regionalebene: den *First Instance Court of Sharia,* den *High Court of Sharia,* und den *Supreme Court of Sharia.* Ein entscheidendes Merkmal der *Sharia*-Gerichte, im Gegensatz zur staatlichen Gerichtsbarkeit, ist ihr voluntativer Charakter, d.h. es bedarf des gegenseitigen Einvernehmens beider Streitparteien. Im Zuge staatlicher Ambitionen, Rechtssicherheit und Verfahrensgerechtigkeit zu gewährleisten, werden die *Sharia*-Gerichte als Teil der gesamtäthiopischen Judikative verpflichtet, ausschließlich staatliches Zivilprozessrecht anzuwenden.

Die Rechtspraxis zeigt, dass Äthiopiens rechtspluralistisches Arrangement nicht nur Normkonflikte, sondern auch unterschiedliche gegenseitige Adaptionsprozesse als eine Reaktion auf unterschiedliche Rechts- und Wertvorstellungen, z.B. hinsichtlich des Heiratsmindestalters oder der polygamen Ehen sichtbar werden lässt.

Trotz verschiedener staatlicher Regulierungsmechanismen (wie z.B. die Finanzierung der *Sharia*-Gerichtsbarkeit und die auf Konsens basierende Jurisdiktion unter der Bedingung der Anwendung staatlichen Prozessrechts) hat der Staat nur sehr begrenzte Möglichkeiten der Einflussnahme auf die Arbeit der *Sharia*-Gerichte. Allerdings hat das äthiopische Rechtssystem Regeln geschaffen, um gerichtliche Entscheidungen einer Überprüfung zu unterziehen. Die Befugnis, finale Gerichtsurteile zu bewerten und aufzuheben, obliegt den obersten Gerichtshöfen auf Bundes- und Regionalebene. Hinzu kommen andere Kontrollorgane, die die „korrekte" Anwendung der konstitutionellen Prinzipien garantieren: Das *House of Federation* (HoF) in Kooperation mit einem juristischen Expertengremium, dem *Council of Constitutional Inquiry* (CCI), verfügen über das Recht, die Verfassung zu interpretieren. Die staatliche Kontrolle beschränkt sich auf die Einhaltung verfahrens- und verfassungsrechtlicher Prinzipien. Staatliche Akteure der Kassationsgerichte verfügen kaum über ausreichende Kenntnisse im islamischen Recht, um Fehler bei der Rechtsanwendung durch die *Sharia*-Gerichte festmachen zu können, so dass lediglich eine prozessuale Überprüfung erfolgen kann. Auch HoF und CCI folgen im Blick auf die verfassungsrechtliche Überprüfung der Entscheidungen der *Sharia*-Gerichte eher einem prozeduralen Ansatz.

Eine Voraussetzung für die Anwendung der staatlichen Verfahrensregeln ist ein wechselseitiger Wissenstransfer. Ohne beispielsweise eine angemessene Weiterbildung der ernannten *Kadi* im staatlichen Verfahrensrecht und in den Verfassungsgrundsätzen und ohne die Weiterbildung der staatlichen Akteure im Bereich des islamischen Rechts dürfte eine erfolgreiche Implementierung dieses rechtspluralistischen Arrangements nicht leicht gelingen.

Literatur: Aberra Jembere, Woldetensay Woldemelak, *An Introduction to the Legal History of Ethiopia 1974–2009*, Addis Ababa 2011; Katrin Seidel, *Rechtspluralismus in Äthiopien. Interdependenzen zwischen islamischem Recht und staatlichem Recht*, Köln 2013.

Katrin Seidel, Max-Planck-Institut für ethnologische Forschung, Halle (Saale)

Wirtschaft

Hintergründe und Tendenzen. Äthiopien ist mit ca. 100 Mio Einwohnern, einer großen Fläche, mit fruchtbaren Böden und guten Niederschlägen in vielen Regionen eines der ressourcenreichsten Länder Afrikas. Traditionell dominieren kleinbäuerliche Betriebe in Subsistenzwirtschaft, die bis heute für viele Menschen eine wichtige Einkommensquelle ist und entscheidend zur äthiopischen Wirtschaft beiträgt. Bis vor kurzem (2010) entfiel auf die Landwirtschaft ein Anteil von über 50 % am Bruttoinlandsprodukt (BIP = Wert aller Güter und Dienstleistungen einer Volkswirtschaft), beschäftigte 85 % der erwerbstätigen Bevölkerung und erzielte 80 % der Exporterlöse.

Trotz seines großen Potenzials zählt Äthiopien zu den ärmsten Ländern des Kontinents. 2011 lebten 36,8 % der Bevölkerung unter der Armutsgrenze von weniger als 1,25 US-Dollar pro Tag. Im weltweiten Human Development Index der UN kommt das Land auf Platz 174 von 188 (2016). In den vergangenen Jahrzehnten erlitt die äthiopische Wirtschaft immer wieder Rückschläge infolge von Dürreperioden, die Millionen Menschen das Leben kosteten und zu politischer Instabilität und großer Armut führten. Ungeachtet positiver Tendenzen beim Wirtschaftswachstum steht das Land vor großen Herausforderungen. Um die scheinbar paradoxe Situation zu verstehen (Rohstoffreichtum, aber geringe Entwicklung), müssen die Trends der verschiedenen Regierungen der zurückliegenden Jahrzehnte betrachtet werden.

Indikator	Durchschnitt			2011	2012	2013	2014	2015
	1980–1990	1990–2000	2001–2010					
BIP zu konstanten Preisen (in Mia *Birr*)	124,06	152,20	279,23	466,22	507,43	556.46	602.07	653.00
BIP-Wachstum (%)	2,54	3,15	8,65	11,39	8,84	9.66	8.20	8.46
BIP zu aktuellen Preisen (in Mia US-Dollar)	9,53	9,45	16,83	31,37	42,63	46.00	49.86	55.52
Pro-Kopf-BIP zu aktuellen Preisen (in US-Dollar)	228,67	167,42	217,69	370,25	491,33	517.71	547.98	597.11
Gesamtinvestitionen (in % vom BIP)	16,32	15,11	22,38	27,10	33,08	32,98	30,10	30,25
Inflationsindex, durchschnittliche Verbraucherpreise (2000=100)	40,91	84,98	164.00	380,32	472,11	510.21	549.58	599.51
Staatliche Nettoverschuldung (in % vom BIP)	keine Angaben	109,32	61,19	20,74	17,86	19.11	20.47	21.46
Staatliche Bruttoverschuldung (in Mia *Birr*)	keine Angaben	56,99	78,22	132,56	156,47	186.37	227.73	278.59
Leistungsbilanzdefizit (in Mia US-Dollar)	-0,19	-0,06	-0,99	-0,78	-2,99	-2.78	-3.53	-4.04
Leistungsbilanzdefizit (in % vom BIP)	-2,03	-0,81	-5,89	-2,50	-7,00	-6.05	-7.09	-7.27

Quelle: Angaben der äthiopischen Regierung und Schätzungen des IWF; Daten von 2014/2015, geschätzt

Tabelle 16: Makroökonomische Kennziffern, © Mulatu Wubneh

Nach dem Ende der italienischen Besatzung 1941 versuchte die Regierung Hayla Sellases, die Wirtschaft zu modernisieren, indem sie die von den Italienern hinterlassene Infrastruktur verbesserte und fortentwickelte, Kleinindustrie und kommerzielle Agrarbetriebe ansiedelte und die Verwaltung erneuerte. Die Intention war eine moderne Wirtschaft, die auf agro-industrieller Entwicklung basierte. Das Startsignal gaben marktwirtschaftlich orientierte nationale Pläne, von denen die Kaiserregierung zwischen 1957 und 1973 drei verabschiedete. Auch wenn diese halfen, die Wirtschaft zu fördern, erzielten sie wegen zahlloser Schwierigkeiten keinen durchgreifenden Erfolg. Es fehlte an verwertbaren Daten und technischen Voraussetzungen, die Pläne umzusetzen, weil die institutionellen Strukturen schwach ausgeprägt waren und die Bürokratie von echten Reformen nichts wissen wollte, so dass u.a. das traditionelle Landrecht eine Expansion der Wirtschaft behinderte. In der Regierungszeit von Hayla Sellase (1930–1974) lag das jährliche Wachstum bei durchschnittlich 4,1 % und über dem Bevölkerungswachstum von 2,3 %, das Pro-Kopf-Einkommen stieg aber nur um 1,5 %.

Der Militärrat (*Darg*), der 1974 an die Macht kam, verfolgte ein wirtschaftspolitisches Programm, dessen Grundlage die Prinzipien des Sozialismus waren. Boden, Immobilienwesen und viele wichtige Wirtschaftszweige wurden verstaatlicht, darunter kommerzielle Farmen, Produktionsbetriebe, Bergbau und Dienstleistungen. Die Folge waren oppositionelle Bewegungen, die das Vorgehen des *Darg* und seinen harten Kurs immer mehr infrage stellten. Die Volkswirtschaft verfiel. Diese Verwerfungen und das instabile politische Klima führten zur Verelendung von Millionen von Menschen. Laut Weltbank (WB) stieg das BIP in der *Darg*-Ära (1974–1990) nur um durchschnittlich 2 % pro Jahr und das Pro-Kopf-Einkommen von 203 auf 250 US-Dollar (1981–1990). Äthiopien gehörte nach wie vor zu den wirtschaftlich rückständigsten Ländern Afrikas.

Getreidemühle am Stadtrand von Lalibala, © Wilfried Hofmann

1991 übernahm die Ethiopian People's Revolutionary Democratic Front (EPRDF) die Macht. Sie erbte eine Wirtschaft, die durch den gescheiterten Sozialismus und durch politische Unruhen heruntergekommen war, mit nahezu leeren Staatskassen und ohne Devisenreserven. Die Regierung behielt liberale Ansätze der späten *Darg*-Jahre bei, so eine marktwirtschaftlich und wettbewerbsorientierte Wirtschaft, mit staatlichem Schutz strategischer Industrien (insbesondere Telekommunikation und Banken) unter Einbeziehung des Privatsektors. Die EPRDF setzte auf Dezentralisierung und ordnete das Land entsprechend den Regionen nach ethnisch-sprachlichen Kriterien. Einen wichtigen Wirtschaftsschwerpunt bildete das nationale Programm Agricultural Development Led Industrialization (ADLI). Erklärtes Ziel ist die stärkere Verflechtung von Landwirtschaft und Industrie, um die Produktivität der bäuerlichen Kleinbetriebe anzuheben durch einen verstärkten Einsatz von Düngemitteln und einem verbesserten Saatgut. Man vergab gewaltige Landflächen an die Agrarwirtschaft, setzte Anreize für Fabriken, mehr heimische Rohstoffe zu nutzen, und privilegierte arbeitsintensive Sektoren, die Waren für den Export produzierten. Kurz, bei ADLI ging es vorrangig darum, die Subsistenzwirtschaft in ein modernes Wirtschaftssystem zu überführen.

Ein erheblicher Teil der Investitionen floss in den Aufbau der Infrastruktur und in neue, exportorientierte Strukturen. Die Regierung formulierte dafür vier wichtige Bereiche: Gartenbau, Schnittblumen, Textilindustrie und Lederverarbeitung bzw. Schuhproduktion. So betrug der Anteil staatlicher Investitionen zwischen 2008 und 2013 17,9 % des BIP (der Durchschnittswert in anderen Ländern im subsaharischen Afrika lag bei 7,1 %). Zwischen 2004 und 2014 betrug die Gesamtinvestition der äthiopischen Regierung durchschnittlich 25,6 % des BIP (in den ölimportierenden Ländern von Subsahara-Afrika betrug sie ca. 23,1 %). Die Pläne sehen vor, die staatlichen Investitionen auf 30 % und darüber anzuheben. Für 2016 wurden nach IMF-Prognosen staatliche Investitionen von 38,5 % des BIP erwartet.

Durch die Vergabe Tausender Hektar Land zu Preisen zwischen 1 und 10 US-Dollar konnte die EPRDF Konzerne aus dem Ausland gewinnen, in die industrielle Landwirtschaft zu investieren. Derart großzügige Anreize lockten Investoren aus Saudi Arabien, Indien, der Türkei, Malaysia und anderen Ländern an. Gewinnbringend waren Investitionsanreize wie die Befreiung von Zöllen und Steuern auf Investitionsgüter und importierte Rohstoffe, die zurück in den Export gingen, einen erleichterten Zugang zu Krediten und die Konzentration der Zuständigkeiten für ausländische Interessenten in einem „One-Stop"-System (= an einem Ort und aus *einer* Hand) der Investmentbearbeitung.

Laut Oakland Institute verpachtete die Regierung über 3,6 Mio ha an nichtäthiopische Konzerne, die landwirtschaftliche Produkte für den Export herstellen. Diese Politik, die

Ackerflächen zum Niedrigstpreis verpachtet und damit ortsansässige Bauern verdrängt, das sog. Landgrabbing, wird zulasten Tausender einheimischer Bauern umgesetzt.

Wachstumsentwicklung. In den ersten zehn Jahren der EPRDF bewegte sich das Wirtschaftswachstum trotz der Übergangsprobleme, die man aus der vorangegangenen Periode geerbt hatte, mehr oder weniger auf dem Niveau der Kaiserzeit. Begünstigende Faktoren waren die weitere Liberalisierung der Wirtschaft, eine dezentrale Verwaltungsstruktur und relativ gute Witterungsverhältnisse, die den Bauern Rekordernten bescherten. Auch das verarbeitende Gewerbe und der Dienstleistungssektor entwickelten sich um 3 % (produzierender Sektor) bzw. 2,1 % (Dienstleistungssektor) pro Jahr. Von 2002 bis 2010 wuchs die Wirtschaft laut Regierungsangaben durchschnittlich um 11 % pro Jahr.

Die Weltbank spricht von Raten zwischen 7–8 %. Dabei sind die Werte, verglichen mit anderen Ländern im subsaharischen Afrika, durchaus solide.

Auf der Grundlage der Erfolge bei der Armutsbekämpfung und der nachhaltigen Entwicklungsstrategien hat die EPRDF 2010 einen Wachstums- und Transformationsplan (GTP) aufgelegt. Ziel des Programms ist es, die Millenniums-Entwicklungsziele bis 2025 zu erreichen und Äthiopien bis 2030 in die Länder mit einem mittleren Einkommen zu katapultieren.

Das GTP legte unter Betonung der makroökonomischen Stabilität ein Wirtschaftswachstumsziel von 11,2 % für den Zeitraum fest. Kritiker meinen, dass dieses Wachstumsziel angesichts der begrenzten Rolle, die der Privatsektor in der Wirtschaft spielt, ehrgeizig sei. Da sind die hohe Verschuldung des Landes, die beträchtliche Inflationsrate, das zunehmende Leistungsbilanzdefizit, und

Stadtbahn, Addis Ababa, © Stefan Warwas

die Volatilität (Schwankungsindex) der Exportpreise für die Rohstoffe in Äthiopien. Eine vorläufige Bewertung des GTP durch den IWF zeigt, dass die Wirtschaft die vom GTP gesteckten Ziele von 11,2 % in dieser Zeit nicht erreicht hat.

Jüngste Entwicklungen und Perspektiven. Die jüngste Wirtschaftsleistung Äthiopiens weist im zehnten Jahr in Folge weiterhin einen Wachstumstrend auf, wobei das reale BIP-Wachstum 2012/2013 bei 9,6 % lag. Das starke BIP-Wachstum Äthiopiens entfiel auf den Dienstleistungssektor (45,0 %), gefolgt von der Landwirtschaft (42,7 %) und der Industrie (12,4 %). Das Wachstum im Dienstleistungssektor ist der Zunahme des Groß- und Einzelhandels, es ist der Verkehrs- und Kommunikationsbranche sowie dem Hotelgewerbe und dem Tourismus zu verdanken. Das Wachstum des verarbeitenden Gewerbes wird durch den anhaltenden Bauboom und den Ausbau von Bergbau- und Fertigungsinitiativen angetrieben. Auch die Armutsquote ist von 54,6 % im Jahr 2000 auf 36,8 % im Jahr 2011 gesunken.

Obgleich der Anteil der Landwirtschaft weiter zurückgeht, bleibt er nach wie vor das Rückgrat der Volkswirtschaft und trug 2013 mit 43,0 % zum BIP bei. Trotz der anhaltenden Ausweitung der Anbauflächen und der relativen Verbesserung der Erträge ist der Agrarsektor noch immer ein schwieriger Bereich. Dazu gehören die

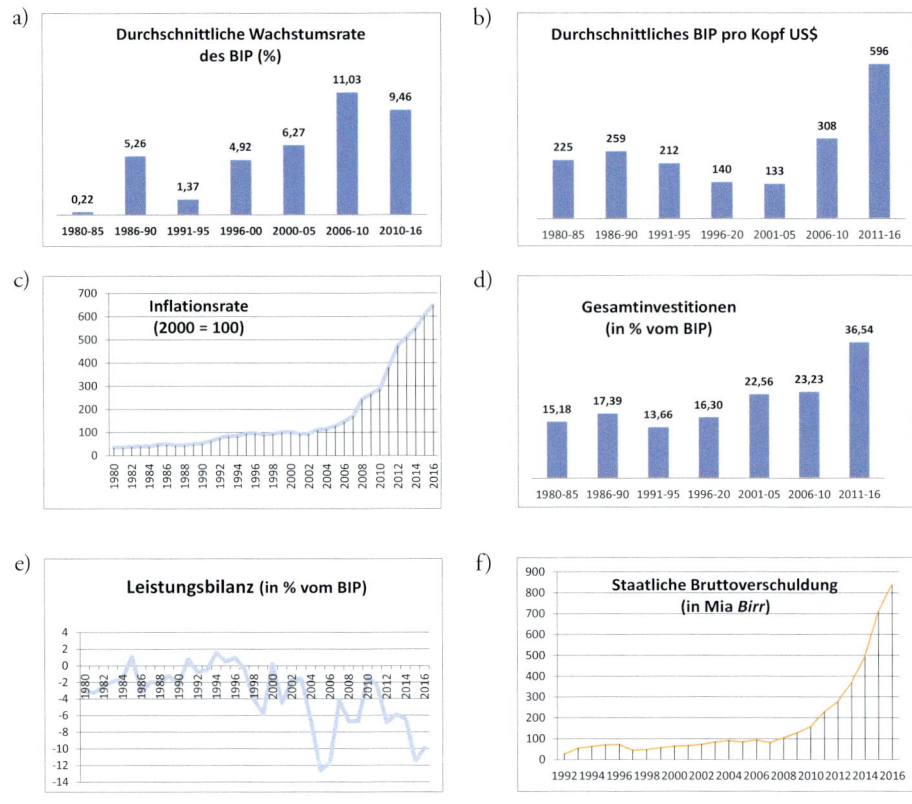

Tabelle 17: Makroökonomische Kennziffern, © Mulatu Wubneh

Unsicherheit beim Bodenrecht wegen des uneingeschränkten Landbesitzes der Regierung und der Praxis der Umverteilung von Ackerflächen sowie der Umsiedlung von Kleinbauern, um Platz für ausländische Investoren zu schaffen. Belastend wirken sich auch Preissteigerungen bei den Investitionen einschließlich der Düngemittel und die Größenreduzierung der Höfe aus (die durchschnittliche Größe der Betriebe beträgt ca. 0,93 ha). Dies vor allem in den Hochlandregionen, wo die Bevölkerungsdichte zunimmt und der landwirtschaftliche Anbau stark vom Zugang zu Wasser und von klimatischen Schwankungen bestimmt wird. Nach dem Welternährungsprogramm waren 2014 ca. 2,7 Mio Menschen von Nahrungsmittelsoforthilfe abhängig, und weitere 7,0 Mio lebten 2012/2013 in chronisch unsicheren Verhältnissen.

2. Das Wirtschaftswachstum in Äthiopien hat sich im letzten Jahrzehnt stetig beschleunigt; das BIP ist stärker gewachsen als im afrikanischen Durchschnitt südlich der Sahara. Die Armutsquote ist zurückgegangen, und die Infrastruktur, insbesondere die der Straßen, hat sich in vielen Regionen verbessert. Nach Angaben des IWF sollte das BIP 2014 um 8 % bzw. 2015 um 8,5 % steigen.

Im Jahr 2010 hat das GTP das Ziel formuliert, die Millenniums-Entwicklungsziele bis 2025 zu erreichen. Die wichtige Frage lautet: Wird Äthiopien das angestrebte Wirtschaftswachstum im kommenden Jahrzehnt aufrechterhalten können?

Das makroökonomische Bild scheint darauf hinzuweisen, dass sich Äthiopien großen Herausforderungen stellen muss. Die Wachstumsrate des BIP verlangsamt sich, die Inflation nimmt zu, die Staatsverschuldung ebenfalls, und die Leistungsbilanz-

und die Zahlungsbilanzdefizite steigen weiter (Tabelle 1). Allerdings können auch Nutzer des Ackerlandes Landpachtrechte kaufen und verkaufen.

Noch gravierender ist, dass das Land strukturellen und politischen Problemen ausgesetzt ist, die gelöst werden müssen, wenn Äthiopien bis 2030 das Ziel erreichen will, den Ländern mit mittlerem Einkommen anzugehören.

Einige dieser Probleme: Die durch die staatliche Kontrolle verursachte Unsicherheit hinsichtlich des Bodens (kein Privateigentumsrecht an Land) und die ständige Umverteilung von Farmen in einigen Gebieten (Bewässerung des Landes) haben zur Atmosphäre der Unsicherheit bei den Bauern geführt, wenngleich Nutzer der Landflächen das Recht haben, zu mieten, zu erwerben und zu verkaufen. Staatliche und firmeneigene Betriebe erhalten einen bevorzugten Zugang zur Pacht und zu Krediten, was Nichtregierungs- und Nichtpartei-Unternehmen verdrängt.

Äthiopiens Entwicklungsstrategie konzentriert sich auf die Förderung des Wachstums durch öffentliche Investitionen und beschränkt die Beteiligung des Privatsektors. Damit ist dies Realität: Die inländischen Ressourcen sind wegen der niedrigen Sparquote begrenzt, und externe Ressourcen lassen sich wegen der globalen Wirtschaftsbedingungen immer schwerer auftreiben. Äthiopien muss dem privaten Sektor dazu verhelfen, eine wichtige Rolle bei der Entwicklung zu übernehmen.

Die Finanzierung des GTP setzt die Fähigkeit voraus, Ressourcen aus lokalen und externen Quellen aufzubringen. Der anhaltend hohe Anteil an Krediten aus inländischen Ressourcen verdrängt wichtige Investitionen im Privatsektor, wodurch die Verfügbarkeit von Krediten und Devisen für die übrige Wirtschaft reduziert wird. Die externe Kreditaufnahme wird zudem durch verschiedene strukturelle Kreditkonditionen der Kreditgeberländer eingeschränkt.

Äthiopiens Wirtschaftsstrategie nutzt Importsubstitution und Exportexpansion, um die industrielle Entwicklung zu fördern und Deviseneinnahmen zu gewinnen. Der Exportsektor Äthiopiens stagniert aber wegen des überbewerteten Rückgangs der Wechselkurse bei primären Rohstoffpreisen und der zurückbleibenden Produktivität. Das Exportergebnis in 2015/2016 ging gegenüber dem Vorjahr um 7,0 % zurück. Der Mangel an Devisen wirkt sich deutlich auf die Wirtschaft aus.

Das ökonomische Transformationsmuster zeigt, dass die Wirtschaft Äthiopiens von der Landwirtschaft zur dienstleistungsorientierten Wirtschaft übergeht, die nicht selten zu geringerer Produktivität tendiert. Dieses Wachstumsmuster unterscheidet sich von der ökonomischen Erfahrung in asiatischen Ländern, wo sich die Wirtschaft von der Landwirtschaft zur produzierenden Wirtschaft gewandelt hat. Die Produktion in Äthiopien stagnierte im Laufe der Jahre und machte 2012/2013 13,0 % des BIP aus. Auch im Dienstleistungssektor (der sich überwiegend aus Verkaufspersonal und Hausangestellten rekrutiert) sind die Löhne im Vergleich zum verarbeitenden Gewerbe relativ niedrig, was große Armut im Lande bedeutet.

Künftig muss Äthiopien sowohl die hier aufgezählten Probleme als auch jene lösen, die mit der Nutzung der unternehmerischen Initiativen des Privatsektors verbunden sind. Ebenso die wachsenden sozialen und politischen Schwierigkeiten, die auf die zunehmende Einengung des demokratischen Systems zurückzuführen sind. Und Äthiopien muss die Zunahme der ethnischen Politisierung angehen, soll das Land bis 2030 den Status der Länder mit mittlerem Einkommen erreichen.

Referenz: Die Daten für die Analyse stammen von der Weltbank 2013: WORLD DEVELOPMENT INDICATORS, 2012/2013 (*www.worldbank.org*); dem Internationalen Währungsfonds, World Economic Outlook Database (*www.imf.org/external/data.htm*); der *Federal Democratic Republic of Ethi-*

opia – Selected Issues (*http://se.imf.org*), 2014 und der NATIONAL BANK OF ETHIOPIA, *Annual Report, 2012/2013* (*www.nbe.gov.et*), 2013.
Literatur: ALEMAYEHU GEDA, BEFEKADU DEGEFE, „The Political Economy of Growth in Ethiopia", in BENNO NDULU et al., *The Political Economy of Growth in Africa* (*Country Case Studies*), Oxford 2007.

Mulatu Wubneh, East Carolina University, Greenville

Bildung in Äthiopien

Vor Hayla Sellase. Über Jahrhunderte wurde die formelle Bildung hauptsächlich in Form von religiöser Unterweisung durch die Äthiopisch-Orthodoxe Kirche vermittelt. Die moderne Erziehung begann erst im späten 19. Jh., als Kaiser Menilek II. katholischen und protestantischen Missionaren erlaubte, einige Schulen zu errichten. Die Missionsgesellschaften sahen in der Bildung ein wirksames Mittel zur Bekehrung, sie setzten im Unterricht häufig die lokalen Sprachen ein und schickten vielversprechende Schüler ins Ausland. Mit den Jahren wurden landesweit auch andere konfessionelle Schulen gegründet.

Nach der Schlacht von Adwa im Jahre 1896 zeigte sich, dass das traditionelle Bildungssystem für die Anforderungen eines modernen Landes nicht ausreichte, um das Volk für Staatsverwaltung, Diplomatie, Handel und Industrie vorzubereiten. Um diesen Erfordernissen gerecht zu werden, errichtete Menilek im Jahre 1908 die erste moderne staatlich finanzierte Schule, die Menelik II Secondary School in Addis Ababa. 1925 eröffnete der Regent Ras Tafari das Tafari Makwannen Lyceum in Addis Ababa.

Öffentliches Bildungswesen zur Zeit Hayla Sellases. Nach der Krönung Hayla Sellases im Jahre 1930 unternahm das Land größere Fortschritte im öffentlichen Bildungswesen. Ein zentrales Ministry of Education and Fine Arts wurde eingerichtet, und dieses erhielt zusätzlich zur Bildungssteuer 2% der Einkünfte der Staatseinnahmen zugewiesen. In Addis Ababa begann Kaiserin Manan mit der staatlichen Ausbildung von Mädchen, wofür sie 1930 die Etage Manan School gründete. Zur Zeit der italienischen Invasion gab es 21 staatliche Schulen mit 4.200 Schülern und etwa weitere 2.000 Schüler in konfessionellen Schulen.

Die italienische Besatzungsmacht (1936–1941) schloss die Schulen und setzte die allgemeine Bildung weitgehend aus. Außerdem richteten die Faschisten viele gebildete äthiopische Männer und Frauen hin.

Nach der Restauration im Jahr 1941 erwiesen sich die Briten als die treibende Kraft im Bildungswesen des Kaiserreichs. 1944 erklärte die Regierung Englisch zur Unterrichtssprache in allen Schulfächern. In den 1940ern wurden wichtige Sekundarschulen in Addis Ababa gegründet. Regierungsstellen oder private Gesellschaften betrieben auch technische Schulen, Berufsschulen und Sonderschulen. Das Bildungswesen erhielt ca. 20% des nationalen Budgets in den 1940er Jahren, die zweithöchste Zuweisung von Finanzmitteln. Um 1952 waren im ganzen Reich 60.000 Schüler in 400 Grundschulen und elf Sekundarschulen eingeschrieben.

Während der 1950er Jahre unternahm die Regierung gezielte Anstrengungen, um das Bildungssystem zu verbessern. Von 1953 bis 1955 wirkten amerikanische Berater in Rahmen des Point Four Program gemeinsam mit dem Bildungsministerium und bestärkten die Äthiopier, das Erziehungssystem an die Bedingungen und Bedürfnisse des Landes anzupassen. Amharisch wurde zur Unterrichtssprache in den ersten sechs Schuljahren erklärt und Englisch in den folgenden Klassen eingesetzt. 1960/1961 gab es 26 (weiterführende) Sekundarschulen, davon 14 in den Provinzen, und außerdem 310 Missions- und Privatschulen, mit 52.000 eingeschriebenen Schülern.

Trotz dieser Fortschritte stufte die UNESCO-Konferenz der afrikanischen Staaten zur Entwicklung der Bildung Äthiopiens Grund- und Sekundarschulbildung im Jahre 1961 ans untere Ende der afrikanischen Länder ein. Angesichts dieser Herausforderung entwickelte das Bildungsministerium eine neue Bildungspolitik, die bis 1974 in Kraft war. Die Struktur wurde umgestaltet auf sechs Jahre Grundschule (mit Amharisch als Unterrichtssprache) und auf Englisch, zwei Jahre untere Sekundarstufe („junior secondary") sowie vier Jahre höhere Sekundarstufe („senior secondary") mit Abschluss. Der überarbeitete Lehrplan bot eine Mischung von akademischen und nichtakademischen Fächern, und man räumte der Einrichtung technischer Schulen Priorität ein.

Zwischen 1961 und 1971 erweiterte die Regierung mit Hilfe etlicher Anleihen bei der Weltbank das öffentliche Schulsystem um mehr als das Vierfache und erklärte die allge-

meine Grundausbildung zum Langzeitziel. 1971 gab es 1.300 Grund- und Sekundarschulen mit 600.000 Schülern. Das US Peace Corps stellte Lehrer mit Hochschulabschluss für Sekundar-, Fach- und Mittelschulen bereit, und erhöhte so die Zahl der Lehrer an diesen Schulen um 50%. Die Ausgaben für die Bildung stiegen von 10% der gesamten Staatsausgaben im Jahre 1968 auf 20% in den frühen 1970ern. Aber die finanzielle Ausstattung blieb dennoch

Schule, © Deminoff

unzureichend. Trotz dieser Anstrengungen der Regierung, die Situation zu verbessern, waren 1974 noch mehr als 90% der Bevölkerung Analphabeten. Die Grundausbildung erreichte 12% der Kinder im Grundschulalter, und nur 1 Mio Schüler waren an allen Schulen der Nation eingeschrieben.

Schulwesen nach der Revolution. Nach der Revolution von 1974 erhielt die Alphabetisierung im ländlichen Raum Priorität. Auf praktische Fächer wurde ebenso Wert gelegt wie auf die sozialistische Lehre. Osteuropäische Regierungen stellten politische Berater zur Verfügung, um einen Lehrplan nach dem Muster ihrer sozialistischen Systeme zu entwickeln. Der Bau von Schulen aller Stufen war beeindruckend: die Zahl der Grundschüler stieg auf 2,5 Mio, und die der Sekundarschulen verdoppelte sich beinahe. Trotz dieser Erfolge blieben große Teile der Bevölkerung im schulpflichtigen Alter

Schuleinschreibung	gesamt	Grundstufe	Oberstufe
1967	523.000	496.000	27.000
2013	22.000.000	18.000.000	2.000.000
Kinder im Schulalter	25.600.000	18.300.000	7.300.000
Schulen	33.000	31.000	2.000
Lehrer	401.000	335.000	66.000
Qualifikation: Diploma/Degree		65%	92%
Schulabbrecher Klassen 1–8	gesamt	männlich	weiblich
	16%	16%	15%
Schulabschlüsse Klasse 8		53%	52%

Tabelle 18: Schulbildung in Äthiopien, © Alumni-Vereinigung der Peace Corps Volunteers (2014)

Schulabschlüsse		gesamt	männlich	weiblich
Klasse 12		167.000		
Klasse 8 (nach Regionen, in Prozent)	Addis Ababa	87	89	85
	Amhara	57	53	61
	Tegray	82	78	86
	Harari	52	59	46
	Oromiyaa	44	46	41
	Afar	16	20	11

Tabelle 19: Schulabschlüsse in Äthiopien, © Alumni-Vereinigung der Peace Corps Volunteers (2014)

ohne Schulbildung, zumal sich zugleich Bürgerkrieg, schwere Dürren und Hungersnot auf eine Verbesserung der Bildung negativ auswirkten.

Nach dem Sturz des *Darg* durch die Ethiopian People's Revolutionary Democratic Front im Jahre 1991 kam es zu einer massiven Ausweitung des Bildungssystems. 2013 überschritt die Schülerzahl die Zahl von 22,3 Mio an 35.414 staatlichen Schulen. Die Grundschulbildung besteht nun aus vier Jahren der unteren Grundstufe (Klassen 1–4, „lower primary school"), mit der regionalen Muttersprache als Unterrichtssprache, und vier Jahren für die obere Grundstufe (Klassen 5–8, „senior primary school") mit Unterricht auf Englisch. Sekundarschulen haben ebenfalls zwei Zyklen: Klassen 9–10 und Klassen 11–12 in englischer Sprache. Etwa 26,5 % der Bevölkerung im Schulalter besuchen die Schule. Schulabbrüche sind in allen Schulstufen häufig, und das Unterrichtsministerium bemüht sich intensiv darum, die Abbruch- und Wiederholungsrate zu senken, desgleichen strebt es eine Verbesserung der Lernerfolge und eine Erweiterung der Kompetenzen im Bildungsmanagement an. Zu den Hindernissen der vom Ministerium verfolgten Ziele gehören Klassengröße, geringe Mittel, niedrige Lehrergehälter und Hinweise auf Korruption sowie die Fälschung von Zeugnissen in einigen Bereichen. Die Bildung von Mädchen wird zudem beeinträchtigt durch geschlechtsspezifische Vorurteile, durch Gewalttätigkeiten und durch den Mangel an Sanitäreinrichtungen (nur 43 % der Schulen haben getrennte Toiletten für Mädchen).

Die jüngsten Fortschritte Äthiopiens in der Bildung sind generell beeindruckend. Die Alphabetisierung hat 83 % der Bevölkerung erreicht, und die Regierung gibt 25,2 % des jährlichen Haushalts für Bildung aus. Das Land hat sehr große Zunahmen bei den Schüler- und Lehrerzahlen zu verzeichnen, ebenso beim Niveau der Lehrerausbildung und der Anzahl der Lehrbücher.

Literatur: THEODORE M. VESTAL, „Modern Education", *EAE* II, 234–237; ID., „The United States Peace Corps", *EAE* IV, 127–128.

Theodore M. Vestal, Oklahoma State University

Gesundheitssystem

Ein medizinisches System umfasst die Gesamtheit aller therapeutischen Ressourcen, die an einem bestimmten Ort verfügbar sind, unabhängig davon, ob sie auf biomedizinischer Basis beruhen oder nicht. Will man das Gesundheitssystem Äthiopiens beschreiben, müssen alle Bereiche herangezogen werden, die derzeit zur Verfügung stehen. Im Land findet man eine vielfältige Tradition: Biomedizin (westliche Medizin), religiöse Heilungsmethoden, traditionelle äthiopische Medizin, aber auch zahllose lokale Heilpraktiken.

Lokale Medizin. Es gibt eine große Fülle traditioneller Medizin, die die verschiedenen Völker praktizieren. Viele davon werden innerhalb *einer* Gruppe eingesetzt. Häufig ist die Nachfrage nach Heilung aber auch ein Motiv für interkulturelle Begegnungen. Hunderte von Pflanzen werden, ganz oder partiell, verwendet, um Krankheiten wie z.B. den Bandwurm (mit *Kosso*) oder Rheuma (mit *Henna*) zu behandeln. Auch tierische Produkte wie Milch, Butter, Honig und Blut spielen in der traditionellen Pharmakologie eine große Rolle, insbesondere bei den südlichen Völkern, die dem äthiopischen Reich im 19. und 20. Jh. eingegliedert wurden. Unter den Ethnien im Norden ist der Zarkult für die psychotherapeutische Behandlung verbreitet. Er ist insgesamt am Horn von Afrika zu finden und von Ethnologen gut erforscht.

Religiöse Heilung. Muslime, Juden und Christen praktizierten die überall verfügbare Heilmethode gleichermaßen; ihre medizinischen Praktiken werden dabei oft von alten Handbüchern begleitet. Heilige Texte können nicht nur den Weg zur Heilung ebnen, sondern bewirken die Heilung selbst. Schon die physische Anwesenheit eines heiligen Buches, sei es Bibel oder Koran, ist gelegentlich nicht weniger wichtig als die Worte und Anweisungen, die es enthält. Pilgerreisen oder Wallfahrten zu einem heiligen Fluss oder einem Heiligengrab können ebenfalls Teil des Wegs zur Heilung sein. Hervorzuheben sind die Quellen heiligen Wassers (*Tsabal*), wo Frauen und Männer eintauchen und trinken, um von ihren Leiden erlöst zu werden. Man benutzt heiliges Wasser, um jede Art von Krankheiten zu heilen, schwere Krankheiten zu überwinden oder um das Böse und das Unglück zu verhindern.

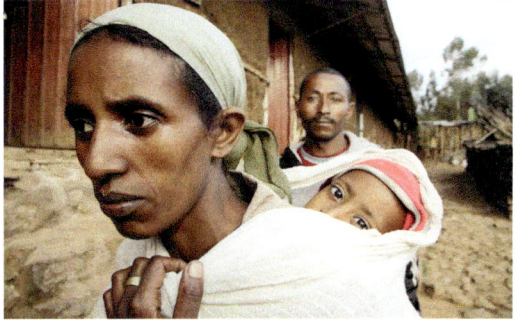

Darüber hinaus gibt es schriftlich überlieferte traditionelle Heilverfahren, die im Laufe der Jahrhunderte im äthiopischen Hochland entwickelt wurden. Beeinflusst sind sie durch griechische, arabische und jüdische Auf der Suche nach heiligem Wasser vom Entoto zur Traditionen infolge von Migration und Heilung eines gelähmten Kindes, © Philipp Hedemann

Handel zwischen Äthiopien und der arabischen Halbinsel. Die traditionelle Medizin ist das Feld der *Dabtara*, die der Hierarchie der Orthodoxen Kirche angehören. Ihre Therapie umfasst sowohl Gebete als auch Pflanzenkunde. Sie bieten die Behandlungen in ihren Häusern an, nicht aber in der Kirche, weil ihre Rolle als Therapeuten als unabhängig von ihrer religiösen Tätigkeit einzustufen ist. Mitunter betrachtet man sie mit Argwohn, weil ihnen Verbindungen zu Dämonen nachgesagt werden. Es gibt auch muslimische Heiler (singl. *Hakim*), die sich den Grundsätzen der islamischen Medizin verpflichtet fühlen.

Westliche Biomedizin. Mit der klassischen westlichen Medizin machte Äthiopien erstmals im 16. Jh. Bekanntschaft. Der französische Arzt Charles Poncet, der Ende des 17. Jh. am Hof von Gondar wirkte, war der erste studierte Arzt, der im Land praktizierte. Er behandelte vor allem die kaiserliche Familie. Auch wenn in den Folgejahren westliche Ärzte in verschiedener Mission ins Land kamen, wurde erst in der Zeit Menileks II. die westliche Schulmedizin fest etabliert. 1897 gründeten russische Ärzte in Addis Abeba das erste Krankenhaus. Anfang des 20. Jh. nahmen Mediziner aus Ost- und Westeuropa ihre Arbeit in Äthiopien auf. Einer von ihnen, der Franzose Pierre Mérab, gründete die erste Apotheke des Landes.

In den folgenden Jahrzehnten trafen protestantische Missionare ein, die vorrangig im Süden wirkten. Viele gründeten kleine Arzneimittelstationen und Kliniken, um die Bevölkerung vor Ort zu versorgen.

Später entstanden solche Einrichtungen überall, und die westliche Schulmedizin wurde führend, wenn man ihre Verbreitung in Betracht zieht. In der ersten Hälfte des 20. Jh. gab es Kliniken und Hospitäler überwiegend in großen Städten. Im ländlichen Raum fehlten sie weitgehend, so dass man sich auf religiöse und traditionelle Heilverfahren stützte.

Nach dem Sturz von Kaiser Hayla Sellase (1974) erlebte Äthiopien unter dem *Darg*-Regime die schwärzeste Periode seiner jüngeren Geschichte. Wegen der harten ökonomischen Verhältnisse und der fortschreitenden Verschlechterung der Infrastruktur verschlimmerte sich auch die medizinische Versorgung in jener Zeit.

Nach dem Ende des Bürgerkriegs und dem Sturz des *Darg* (1991) besserte sich die Lage allmählich. Überall im Lande wurden in den letzten Jahren neue Krankenhäuser und Kliniken gebaut. Darüber hinaus machte die Öffnung hin zur Marktwirtschaft ein Wachstum des privaten Sektors möglich, sowohl im medizinischen als auch im pharmazeutischen Bereich. Vor allem in Ballungsräumen und Großstädten entstehen moderne Kliniken und Praxen, die privatwirtschaftlich betrieben werden. Ländliche Regionen sind jedoch bis heute benachteiligt.

Privathospitäler und Klinken decken das gesamte Spektrum der medizinischen Behandlung ab. Die Größe fällt unterschiedlich aus. Einige kümmern sich um die ambulante Betreuung, andere um die stationäre Versorgung. Darüber hinaus unterhalten auch religiöse und karitative Organisationen Krankenhäuser, die über das Land verstreut sind.

Die öffentliche medizinische Versorgung ist heute in der Breite gewährleistet. Dem föderalen Staatsaufbau gemäß werden die Einrichtungen vom äthiopischen Gesundheitsministerium und den regionalen Gesundheitseinrichtungen betrieben. Kliniken und Gesundheitszentren gibt es in allen Bundesstaaten, auch wenn es an Ärzten, Krankenpflegern und medizinischem Personal fehlt.

Das Gesundheitssystem umfasst vier Stufen: Einrichtungen zur medizinischen Grundversorgung, Bezirkskrankenhäuser, Regionalkliniken und spezielle Fachkrankenhäuser.

Die medizinische Grundversorgung stützt sich auf ein Netzwerk von Gesundheitszentren und Gesundheitsstationen. Diese haben meist keine Betten und behandeln ambulant. Bezirkskrankenhäuser sind oft kleine Hospitäler, die die Bedürfnisse der Bevölkerung vor Ort zu erfüllen haben. Zonen- oder Regionalkliniken sollen einen größeren Patientenkreis versorgen und dienen einem breiteren Spektrum von Krankheiten.

Bei Arzneimitteln gibt es zwei Verteilsysteme: ein staatliches und ein privates. Der staatliche Großhandel beliefert Apotheken im städtischen und ländlichen Umfeld. Einige Apotheken sind direkt Krankenhäusern und Gesundheitszentren angeschlossen.

Die Zahl der privaten Großhändler wächst rapide. In aller Regel erwerben sie pharmazeutische Produkte im Ausland und verkaufen diese an private Apotheker im ganzen Land. Man kann Arzneimittel in drei Arten von Geschäften kaufen: in Apotheken, Arznei-Shops und ausgewählten Drogerien. Der Unterschied besteht in der Qualifikation der Inhaber. Wer eine Apotheke betreiben will, muss einen Studienabschluss in Pharmazie vorweisen. Für einen ländlichen Arznei-Shop genügt eine Ausbildung als Pharmaziemitarbeiter. Betreiber mit geringerer Befähigung dürfen nur ein begrenztes Spektrum an Arzneimitteln verkaufen, das der studierten Apotheker ist vollumfänglich.

Auch wenn die medizinische Versorgung überall in Äthiopien gewährleistet ist, hat man, insbesondere in den Städten, die Wahl zwischen staatlichen und privaten Einrichtungen. Menschen nehmen in Gesundheitsfragen gern verschiedene medizinische Ressourcen in Anspruch, die sich aus unterschiedlichen Traditionen ergeben.

Literatur: RONALD A. REMINICK, RACHEL CHAMBERS, JOACHIM PERSOON, „Healers", *EAE* III, 3–5; RICHARD PANKHURST, *An Introduction to the Medical History of Ethiopia*, Trenton, NJ 1990.

Pino Schirripa, Sapienza Università di Roma

Medizinische Lage und Krankheiten

Einleitung. Aus medizinischer Sicht ist Äthiopien ein armes Land, das in der tropischen und subtropischen Klimazone liegt. Infolge der Armut ist das Gesundheitswesen in vielen Bereichen unzureichend, erkennbar an den üblichen Gesundheitsindikatoren wie Kindersterblichkeit, etc. Armutsbedingte Erkrankungen sind häufig, und aus der geografischen Lage folgt, dass auch klassische Tropenkrankheiten häufig vorkommen.

Beim *Human development index* rangiert Äthiopien auf Platz 174 (von 188 bewerteten Ländern). Es zählt zu den ärmsten Ländern der Welt. Teilweise treten Hunger und Unterernährung auf. Teile der Bevölkerung haben keinen sicheren Zugang zu Trinkwasser. Äthiopien ist gekennzeichnet durch eine rasch wachsende Bevölkerung: die Einwohnerzahl wird auf 102 Mio geschätzt, die Wachstumsrate der Bevölkerung auf 2,47 %. Man rechnet mit 4,28 Kindern je Frau. Die meisten Einwohner leben in einem ländlich geprägten Umfeld. Andererseits nimmt die Urbanisierung zu; Addis Ababa hat rund 3,6 Mio Einwohner. Aus medizinischer Sicht bleibt zu erwähnen, dass Kinderarbeit weit verbreitet ist.

Die geografisch-geologische Struktur Äthiopiens nimmt innerhalb Afrikas eine Sonderrolle ein. 50 % der Landfläche liegen höher als 1.200 m ü.d.M., mehr als 25 % über 1.800 m, mehr als 5 % erreichen Höhen von über 3.500 m. Damit unterscheidet sich das Klima innerhalb Äthiopiens vor allem durch die Höhenlage: In den Tiefebenen ist es heiß und in den Hochebenen relativ kühl. Viele Erkrankungen, die durch Vektoren (z.B. Insekten) übertragen werden, kommen daher nur im Tiefland vor. Die Hauptstadt Addis Ababa liegt auf ca. 2.400 m ü.d.M. – hier ist mit manchen Tropenkrankheiten nicht zu rechnen. Zusammengefasst: Äthiopien ist betroffen von Infektionskrankheiten, zunehmend, wie andernorts, aber auch von *non-communicable diseases* und Verkehrsunfällen.

Gesundheitsindikatoren. Anfang des Jahrtausends wurden von den UN die *Millennium Development Goals* ausgerufen (inzwischen abgelöst durch die *Sustainable Development Goals*). Äthiopien erreichte einige der Millenniumsziele. So konnte die Kindersterblichkeit gesenkt werden. Die *Under-five-mortality*-Rate per 1.000 Lebendgeburten nahm von 205 im Jahr 1990 auf 67 im Jahr 2015 ab. Im gleichen Zeitraum sanken die Säuglingssterblichkeit (während des ersten Lebensjahrs) und die Neugeborenen-Sterblichkeitsrate (Tod in den ersten 28 Lebenstagen). Dabei sind diese Sterblichkeitsraten in ländlichen Gebieten signifikant höher als in den Städten. Mehr als 90 % der Kindersterblichkeit werden durch Lungenentzündungen, Durchfall, Masern, Malaria, neonatale Probleme, Mangelernährung, HIV/AIDS bzw. durch Kombinationen aus diesen Erkrankungen verursacht. Auch bei der Müttersterblichkeit sind Erfolge zu verbuchen. Die Müttersterblichkeit (WHO: Tod einer Frau während der Schwangerschaft oder 42 Tage nach Schwangerschaftsende) sank pro 100.000 Lebendgeburten von 1.400 im Jahr 1990 auf 412 im Jahr 2015, eine Reduzierung um 71 %. Der Prozentsatz der Frauen, die bei ihrer letzten Geburt professionelle Unterstützung (*Antenatal care*) durch einen Arzt, eine Krankenschwester oder eine Hebamme erhielten, stieg von 6 % im Jahr 1990 auf 62 % im Jahr 2015 – auch hier mit Unterschieden zwischen Land und Stadt. – Erwähnenswert ist auch, dass der Gebrauch moderner kontrazeptiver Methoden in den letzten Jahren zugenommen hat. – Die Lebenserwartung liegt bei 65 Jahren für Frauen und 62 Jahren für Männer.

Gesundheitssystem. Das Gesundheitssystem ist dreigliedrig. Die erste Ebene: Der *Primary care level* mit Gesundheitsposten, *Health Center* und *Primary Hospital*. Jeder Gesundheitsposten hat regelhaft zwei GesundheitsarbeiterInnen und ist verantwortlich für ca. 3.000–5.000 Personen (die GesundheitsarbeiterInnen sind Freiwillige mit einem einjährigen Gesundheitstraining und mindestens Highschool-Abschluss). Die *Health Center* sind mit etwa 20 Mitarbeitern ausgestattet (Krankenschwestern und -pfleger, Hebammen, Apothekenhelfer, Laboranten). Die zweite Ebene: die Allgemeinkrankenhäuser. Sie bieten stationäre und ambulante Dienste. Durchschnittlich sind 240 Fachkräfte in diesen Einrichtungen mit ca. 50 Betten tätig. Das Allgemeinkrankenhaus übernimmt Einweisungen von den primären Krankenhäusern. Dritte Ebene: die spezialisierten Krankenhäuser, jeweils für 3,5–5 Mio Einwohner. (Daneben bestehen NGO-Krankenhäuser.)

Es gibt keine allgemeine Krankenversicherung. Die Behandlung in den staatlichen Einrichtungen ist kostenfrei, Laboruntersuchungen und Medikamente sind in der Regel zu bezahlen. Geburtshilfe, HIV- und TB-Therapie sind frei. Man rechnet mit *einem* Arzt auf 35.000 Einwohner; die Ärzte sind oft unterbezahlt und überlastet, der Verdienst liegt bei 500 USD pro Monat.

Traditionelle Medizin. Die traditionelle Medizin hat nach vor wie einen hohen Stellenwert. Verlässliche Zahlen sind schwer zu erheben, aber man schätzt, dass bis zu 80 % der Bevölkerung zunächst traditionelle Heiler aufsuchen. Dabei handelt es sich um sprituelle Heiler und Witch doctors (Wunderheiler), Herbalisten (Kräuterheilkundige), traditionelle Geburtshelfer, auch z.B. Tooth extractors („Zahnzieher"). Religiöse Praktiken spielen eine große Rolle (s. „Gesundheitssystem"). Die weibliche Beschneidung wird weiterhin häufig praktiziert.

Erkrankungen. Die zehn häufigsten Todesursachen sind: Infektionen des unteren Respirationstraktes (untere Atemwege, 10 %), Durchfallerkrankungen (8 %), HIV (7 %), Tuberkulose (7 %), Schlaganfall (7 %), Krebs (6 %), koronare Herzkrankheit (4 %), Geburtskomplikationen (3 %), Malaria (2 %), Verkehrsunfälle (2 %).

Zu den wichtigsten Infektionskrankheiten in Äthiopien zählen Tuberkulose und HIV-Infektion. Malaria trifft man in tiefer gelegenen Gebieten ebenfalls häufig an, auch wenn sie rückläufig ist. Einige Wurmkrankheiten spielen eine wichtige Rolle im Hinblick auf Morbidität, weniger im Hinblick auf die Mortalität. Auch virale und bakterielle Erkrankungen, die durch Vektoren übertragen werden, kommen vor, so z.B. das Läuserückfall-Fieber.

Zu den nicht übertragbaren Krankheiten gehören Erkrankungen wie Diabetes mellitus, Herz-Kreislauf-Erkrankungen, Krebs, chronische Atemwegserkrankungen und psychische Störungen. Diese Erkrankungen nehmen in allen Entwicklungs- und Schwellenländern zu, auch in Äthiopien.

Tuberkulose. Tuberkulose ist eine weltweit verbreitete bakterielle Infektionskrankheit, die durch verschiedene Arten von Mykobakterien verursacht wird. Die Mehrzahl der Fälle weltweit kommt aus sozioökonomischen Gründen in tropischen und subtropischen Regionen vor. Durch Tröpfcheninfektion von Mensch zu Mensch übertragen, betrifft sie vor allem die Lunge, kann aber auch in jedem anderen Organ auftreten.

Die wichtigsten Symptome sind andauernder Husten, Gewichtsabnahme, vermehrtes Schwitzen, Appetitmangel, Müdigkeit und erhöhte Temperaturen. Die Diagnostik arbeitet mit mikroskopischer Untersuchung z.B. des Sputums, mit der Kultivierung der Tuberkulosebakterien auf festen und flüssigen Kulturmedien und gentechnischen Methoden; dies ist aufwändig. Die Therapie beruht auf einer Kombination verschiedener Medikamente und muss über viele Monate erfolgen. Besorgniserregend bleibt die weltweit zunehmende Resistenzentwicklung der Erreger gegen die normalerweise erfolgreiche Antibiotika-Therapie. Gefährlich ist die Tuberkulose insbesondere für HIV-Infizierte. Mit ihrem geschwächten Immunsystem haben sie ein um 50-fach erhöhtes Risiko: Die Immunschwäche fördert den Ausbruch der Tuberkulose und beide Krankheiten verstärken sich.

Die Tuberkulose-Inzidenz liegt in Äthiopien bei 192 pro 100.000 Einwohner (in Deutschland bei etwa 5 pro 100.000). Die Tuberkulose-Sterblichkeitsrate liegt bei 25 pro 100.000 (in Deutschland bei 0,1 Todesfällen pro 100.000 Einwohner).

HIV-Infektion. Das HI-Virus (*Human immunodeficiency virus*), als globale Pandemie verbreitet, betrifft vor allem Entwicklungs- und Schwellenländer, insbesondere das subsaharische Afrika, wo HIV/AIDS zu den wichtigsten Gesundheitsproblemen zählt.

Die nach variabler Latenz auftretende Erkrankung manifestiert sich als chronisch zunehmende Immunschwäche, die sich vor allem mit schweren opportunistischen Infektionen und Tumoren zeigt und unbehandelt zum Tod führt. Gegen HIV gibt es heute sehr wirkungsvolle Medikamente (ART = *Antiretroviral treatment*). Sie verhindern die Vermehrung des Virus im Blut, können es aber nicht aus dem Körper entfernen. Diese Medikamente müssen lebenslang regelmäßig eingenommen werden, andernfalls treten Resistenzen auf. HIV-positive Frauen können bei der Geburt oder beim Stillen HIV auf ihr Kind übertragen; dieses Risiko lässt sich allerdings durch Medikamente und andere Maßnahmen fast vollständig ausschalten.

In Äthiopien ist die HIV-Prävalenz bei schwangeren Frauen (15 bis 24 Jahre) von 12,4% im Jahr 2000 auf 1,7% im Jahr 2015 gesunken, dies durch Aufklärung und zunehmenden Kondom-Gebrauch. Etwa 55% aller HIV-Infizierten haben im Jahr 2015 eine ART erhalten.

Malaria. Malaria ist eine Infektionskrankheit, die von einzelligen Parasiten der Gattung Plasmodium hervorgerufen wird. Sie wird heutzutage hauptsächlich in den Tropen und Subtropen durch den Stich der weiblichen Anophelesmücke übertragen. *Plasmodium falciparum* ist der Erreger der Malaria tropica – diese hat größte Bedeutung, da sie häufig zum Tode führt.

In Äthiopien kommt die Malaria überwiegend in Gebieten unter 2.000 m ü.d.M. vor. In den meisten Landesteilen sind die Hauptübertragungszeiten September bis Dezember (nach der Regenzeit Juni bis September) und von März bis Mai (nach der kleinen Regenzeit von Februar bis März). Die Malaria geht im Land zurück. Das ist der Erfolg von Maßnahmen der Bekämpfung, insbesondere der, dass Kinder unter Moskitonetzen schlafen. Malariamedikamente sind kostenlos.

Leishmaniasis. Diese ist eine weltweit bei Mensch und Tier vorkommende Infektionskrankheit, die ebenfalls durch Einzeller hervorgerufen und durch Mücken übertragen wird. Es werden entweder die inneren Organe (sogenannte Kala-Azar) oder die Haut (sogenannte Orientbeule) befallen – beide Formen kommen in Äthiopien vor (man rechnet mit 2.500–4.000 Fällen der Kala-Azar pro Jahr). Schwere Verläufe einer Leishmaniasis finden sich insbesondere bei Patienten mit HIV-Infektion.

Wurmkrankheiten. Die *Bilharziose* wird verursacht durch verschiedene, in den Tropen weit verbreitete Arten der Pärchen-Egel (Schistosomen). Der Mensch wird durch die Haut mittels der in Süßgewässern vorkommenden Larven (Zerkarien) infiziert, welche aus Zwischenwirt-Schnecken freigesetzt werden. Die urogenitale Schistosomiasis führt zur chronischen Entzündung von Harnblase, ableitenden Harnwegen und Geschlechtsorganen und als Spätkomplikation zum Blasenkarzinom. Die intestinale Schistosomiasis manifestiert sich als chronische Darmentzündung und führt zunehmend zur Leberschädigung. Die intestinale Schistosomiasis ist in Äthiopien weit verbreitet, die Blasenbilharziose kommt vorwiegend im Rift-Valley vor. Man schätzt, dass 2015 35 Mio infiziert waren. Ein Kontrollprogramm mit Massenbehandlungen wurde etabliert.

Filariosen sind Infektionen mit Rundwürmern, die sich im Gewebe aufhalten, die Larven dieser Würmer werden durch blutsaugende Insekten übertragen. Bei der

Flussblindheit führen die Larven zu Hautveränderungen und können bei der Einwanderung ins Auge zu Blindheit führen. Vorwiegend die westlichen Landesteile sind betroffen. – Eine weitere Filariose kommt in Äthiopien vor, nämlich die lymphatische Filariasis, bei der als Spätkomplikation eine Elephantiasis auftreten kann, also eine monströse Anschwellung der Beine oder Genitalien. Kontrollprogramme mit Massenbehandlungen wurden auch hier etabliert. – Weiterhin kommt in Äthiopien eine nicht-infektiöse Erkrankung vor, die zu Lymphstau ähnlich wie bei einer lymphatischen Filariasis führen kann, die sog. Podokoniose. Ursache sind Mikropartikel, die in Böden mit hohem Gehalt roter Laterite vulkanischen Ursprungs vorkommen. Diese dringen bei Barfußläufern durch die intakte Haut ins subkutane Gewebe ein und führen zu entzündlichen Prozessen, Ödemen und zum Verschluss der Lymphbahnen.

Darmwürmer sind ebenfalls häufig. Bei Kindern sind Prävalenz und Intensität der Infektion meist am höchsten. Darmwürmer können zu uncharakteristischen abdominellen Beschwerden führen, einige auch zu Blutverlust und Unterernährung. Bei Kindern kann dies zu verzögertem Wachstum und möglicherweise neurokognitiven Defiziten führen.

Bakterielle Erkrankungen. *Lepra* stellt in Äthiopien nach wie vor eine Herausforderung dar. Es gibt mehrere Spezialkliniken im Land; die meisten Patienten mit Lepra werden behandelt im All Africa Leprosy Rehabilitation and Training Center (ALERT Hospital) in Addis Ababa, im Kuyera Hospital, im Bisidimo Hospital oder im Gambo General Hospital.

Eine seltene bakterielle Erkrankung, die überwiegend nur am Horn von Afrika vorkommt, ist das *Läuserückfallfieber.* (Es wurde jüngst in Einzelfällen von Flüchtlingen nach Deutschland eingeschleppt.) Das Läuserückfallfieber wird durch Kleiderläuse übertragen und äußert sich vor allem durch plötzlich einsetzendes Fieber. Es tritt in mehrmaligen Fieberschüben auf. Erreger sind bestimmte Borrelien. Die Todesrate liegt unbehandelt bei 10–40 %, behandelt bei unter 5 %.

Äthiopien liegt im sog. *Meningitis*-Gürtel Afrikas, d.h. dass hier Hirnhautentzündungen durch bestimmte Bakterien (Meningokokken) häufig vorkommen. Seit einigen Jahren steht gegen diese Meningokokkenmeningitis ein spezieller Impfstoff zur Verfügung, der auch im Lande breit eingesetzt wird.

Medizin in den Nachbarländern. In den Nachbarländern herrschen im Wesentlichen die gleichen Krankheiten vor wie in Äthiopien. *Somalia* zählt zu den ärmsten Ländern der Erde, die Gesundheitsindikatoren sind noch schlechter als in Äthiopien. Die Lebenserwartung liegt bei 56 Jahren für Frauen und 53 Jahren für Männer. Tropenkrankheiten sind häufig, das gilt insbesondere für Tuberkulose. Erwähnt werden müssen wieder auftretende Ausbrüche von Cholera. Ganzjährig besteht ein hohes Malariarisiko, außer in Somaliland, dort ist das Risiko deutlich geringer; ähnliches gilt für *Eritrea*. Die Lebenserwartung liegt bei 67 Jahren für Frauen und 62 Jahren für Männer. Die genannten Tropenkrankheiten kommen auch hier vor. Für Malaria gibt es in allen Landesteilen unterhalb von ca. 1.500 m ü.d.M., also in den Küstenregionen, ganzjährig ein hohes Infektionsrisiko, nur in der Hauptstadt Asmara besteht keine Infektionsgefahr. Insbesondere in den Küstenregionen kommt es durch den Stich tagaktiver Stechmücken auch zur Übertragung von Dengue-Fieber.

Literatur: YIBELTAL ASSEFA et al., „Successes and Challenges of the Millennium Development Goals in Ethiopia: Lessons for the Sustainable Development goals", *BMJ Glob Health*, (2017), 2/2; *http://www.worldbank.org/en/country/ethiopia/overview*; *http://apps.who.int/gho/data/node.cco*; *https://www.cdc.gov/globalhealth/countries/ethiopia/*; *http://www.moh.gov.et.*

Gerd Burchard, Bernhard-Nocht-Institut für Tropenmedizin, Hamburg

Medien und Kommunikation in Äthiopien

Die Entwicklung moderner Medien und Kommunikationsmittel ist eng mit der Entwicklung des äthiopischen Nationalstaats Ende des 19. Jh. verbunden. Drei Faktoren haben dabei eine wesentliche Rolle gespielt: 1.) das Bestreben der Regierenden des Landes, Informationen über Äthiopien der Außenwelt zu vermitteln; 2.) das Gefühl nationaler Identität in der Gesellschaft zu verankern; und 3.) Medien für die Bildungs- und Entwicklungsarbeit zu nutzen. Diese Faktoren demonstrieren die enge Verknüpfung zwischen den modernen Kommunikationsmitteln und dem Staat. Das lässt sich bis heute verfolgen. Diese enge Beziehung hatte auch eine kontinuierliche Kontrolle der Medien beziehungsweise deren Lenkung durch die jeweilige Regierung zur Folge.

Druckmedien. In einer ersten Phase der Entwicklung gedruckter Medien zu Beginn des 20. Jh. spielten private Initiativen eine Rolle. So wurde die erste amharische Zeitung *Aemero* von dem griechischen Geschäftsmann Andreas E. Kavvadias herausgegeben. Sie ist gleichzeitig eine der ersten Zeitungen, die in einer lokalen Sprache auf dem afrikanischen Kontinent erschien. Eine weitere wichtige Zeitung, *Berhanenna Salam,* 1917 gegründet, bot den frühen äthiopischen Intellektuellen ein Forum, um ihre Gedanken über die Zukunft und Entwicklung Äthiopiens zum Ausdruck zu bringen. Die Zeitung wie auch andere Druckmedien mussten ihren Betrieb während der italienischen Besatzung (1936–1941) einstellen.

Nach dem Ende der italienischen Besatzung begann die zweite Phase der Entwicklung moderner Printmedien in Äthiopien. Ein fest etabliertes Verlagswesen förderte die steigende Anzahl von Zeitschriften und Magazinen sowie deren Qualität. Die Presse unterstand der direkten Kontrolle des Ministeriums für Information und kann daher als Sprachrohr der Regierung betrachtet werden. Ihre vornehmliche Aufgabe bestand darin, das Bild eines modernen progressiven Äthiopien zu vermitteln. Kritische Gegenstimmen bildeten im Laufe der 1960er Jahre studentische Publikationen, die jedoch nur in sehr kleinen Auflagen erschienen. Während der äthiopischen Revolution (1974) kam es zu einem regelrechten Ausbruch freier Meinungsäußerung, und politische Themen wurden auf breiter Ebene und kontrovers in der Presse diskutiert. Dies schränkte man jedoch nach der endgültigen Machtübernahme durch das Militär (1976) wieder ein, und die Medien fungierten wieder als ein rein staatliches Organ mit dem Ziel der „Erziehung" und „Aufklärung" der Bevölkerung im Sinne der sozialistischen Staatsideologie. Nach dem Sturz der Militärregierung trat 1992 die „Proklamation zur Pressefreiheit" in Kraft, in deren Folge zahlreiche private Zeitungen gegründet wurden; rund 250 Zeitungen und 120 Magazine wurden lizensiert, jedoch konnten sich nur wenige dauerhaft halten. Zudem sind die Auflagen der Zeitungen niedrig, sie liegen meist im Bereich einiger Tausend, und ihre Wirkung bleibt überwiegend auf die Hauptstadt Addis Ababa begrenzt. Laut der Ethiopian Broadcast Authority erschienen im Jahr 2014 regelmäßig 16 Zeitungen und 19 Magazine. Im Laufe der letzten Dekade unterwarf man die Presse einer zunehmenden Kontrolle und Zensur, verschiedene Publikationen wurden von der Regierung verboten. Das im Jahr 2008 verabschiedete Pressegesetz gibt nach Aussage von Kritikern der Regierung einen großen Spielraum, die Pressefreiheit einzuschränken.

Fernsehen. Das Fernsehen ist in Äthiopien in staatlicher Hand, es existieren keine privat betriebenen Fernsehanstalten. 1964 wurde das Äthiopische Fernsehen (ETV) gegründet, um das Treffen der Gründungsmitglieder der OAU-Staaten feierlich zu dokumentieren. Im Jahr 1982 führte die Militärregierung aus Anlass der Gründung der Arbeiterpartei Äthiopiens das Farbfernsehen ein. Nach dem Sturz der Militärregierung bestand ETV weiter und wurde 2014 in Ethiopian Broadcasting Corporation umbenannt (EBC). EBC sendet in den Sprachen Amharisch, Oromo, Tigrinnya, Somali, Afar, Harari und Englisch. Nur ein sehr kleiner Teil der Bevölkerung besitzt jedoch einen Fernseher. Die wachsende Mittelschicht in den Städten kann zunehmend ausländische Sender via Satellit empfangen, darunter das Programm der äthiopischen Diaspora, Ethiopian Satellite Television, Programme aus dem arabischen Sprachraum sowie englischsprachige Sender wie BBC und CNN.

Radio. Das Radio ist, besonders für die Landbevölkerung, immer noch eines der wichtigsten Informationsmedien im Lande. Laut einer Studie aus dem Jahr 2011 gilt das für 80 % der Äthiopier. Der erste Radiosender wurde bereits 1935 eingerichtet. Heute existieren etwa ein Dutzend Radiosender, von denen der Großteil in staatlicher Hand ist. In der Hauptstadt Addis Abeba werden auch private Radiosender betrieben, die überwiegend auf Unterhaltungsformate setzen. Über Kurzwelle können aus dem Ausland zudem die Deutsche Welle und Voice of America empfangen werden, die Programme in Amharisch und weiteren weitläufig in Äthiopien gesprochenen Sprachen anbieten. Beide Sender beklagen, dass die äthiopische Regierung in der Vergangenheit wiederholt über den Einsatz von Störsendern den Empfang ihrer Programme in Äthiopien verhindert habe.

Telekommunikation und Internet. Die staatliche Ethiopia Telecommunications Corporation wurde im Jahre 1952 gegründet und ist seit dieser Zeit der einzige Anbieter von Telekommunikationsdiensten in Äthiopien.

Im Jahr 2010 in Ethio Telecom umbenannt, steuert sie den Zugang zu Telefonnetz und Internet. Der äthiopische Staat hat sich bisher dem Druck widersetzt, den Telekommunikationssektor zu liberalisieren. Als Gründe hierfür werden zum einen die bereits getätigten Investitionen der Regierung in den Sektor, die wichtige Rolle als Einnahmequelle des Staates sowie das Bemühen um Kontrolle angeführt. Allerdings wurden Teilaufträge in diesem Bereich an ausländische Unternehmen übergeben. So sind etwa chinesische Firmen maßgeblich am Ausbau der Infrastruktur beteiligt, und das Management der Ethio Telecom wurde zeitweise einer französischen Gesellschaft übertragen. Letztere hatte den Auftrag, die Verwaltung zu modernisieren.

Die Verbreitung von Mobiltelefonen ist in den letzten Jahren stark gewachsen, obwohl die Gesamtzahl der Nutzer im Vergleich zu anderen Ländern in der Region noch immer gering ist. Laut Angaben der Internationalen Fernmeldeunion hat Äthiopien 23,7 Mobilfunknutzer je 100 Einwohner. Zum Vergleich: im benachbarten Kenia gibt es 72 Mobilfunknutzer je 100 Einwohner. Die Besitzer von Mobiltelefonen sind vor allem in den Städten zu finden, auf dem Land nutzen die Menschen die Telefone lokaler Kioske oder Telekom-Shops. Die Internetnutzung steckt in Äthiopien noch in den Kinderschuhen: Weniger als 1,5 % der Äthiopier haben Zugang zum Internet, und diese sind vor allem in den Städten zu finden. Weitere Nutzungsmöglichkeiten des Internets werden vor allem durch die wachsende Zahl von Internetcafés sowie die zunehmende Verbreitung internetfähiger Mobiltelefone unterstützt. Allgemein gelten die Verbindungsgeschwindigkeiten als langsam und die Kosten im internationalen Vergleich als hoch. Der derzeitige Ausbau eines schnellen mobilen Internets soll zumindest das erstgenannte Problem beheben.

Es ist auch zu erwähnen, dass eine Reihe von der äthiopischen Diaspora betriebene Internetseiten bestehen. Diese bieten das Forum für lebhafte politische Diskussionen und bilden eine wichtige Verbindung zwischen Diaspora und Heimat.

Literatur: RANDI RØNNING BALSVIK, RICHARD PANKHURST, „Press in Ethiopia", *EAE* IV, 205–207; TERJE S. SKJERDAL, HALLELUJAH LULE, „Uneven Performances by the Private Press in Ethiopia: An Analysis of 18 Years of Press Freedom", *Journal of Communication and Language*

Arts, Special Issue on Media and Democracy, 3/1 (2009), 44–59; The International Telecommucation Union (ITU), „ITU Regional Office for Africa, Ethiopia", 2014, *http://www.itu.int/ITUD/afr/memberstates/country_details.asp?countryIndex=ETH* (Stand 17.02.2015).

Julian Tadesse, Leibniz-Zentrum Moderner Orient, Berlin

Sport in Äthiopien

„Äthiopier haben schon immer Sport getrieben." Mit diesen Worten legte Kaiser Hayla Sellase 1947 den Grundstein für den ersten Stadionbau seines Landes in Addis Ababa. Heute werden von den 241 bekannten traditionellen Sportarten acht Disziplinen aufgrund ihrer Verbreitung von der Ethiopian Cultural Sports Federation besonders gefördert. Dabei handelt es sich um *Ganna* (Hockey), *Korbo* (Zielwerfen mit Speer), *Tegel* (Ringen), *Faras gugs* (Wettreiten mit Speer und Schild), *Faras shart* (Pferderennen) sowie die Brettspiele *Bub* (Mühle), *Shah/Santaraj* (Schach) und *Gabata* (Brett mit Löchern und Steinen). Wettbewerbe im Ringen, in Hockey, Zielwerfen und Reiten sind an agrarische und Festtagskalender gebunden.

Institutionen. Der Wettkampfsport verbreitete sich mit dem Aufbau moderner Bildungs-, Militär- und Freizeiteinrichtungen. In den 1920er Jahren wurde der Sportunterricht an den höheren Schulen der Hauptstadt eingeführt. Dessen Gestaltung hing von den Vorlieben des ausländischen Lehrpersonals ab. Historische Fotografien belegen die Verbreitung von Turnen und Gymnastik. Das 1948 im Bildungsministerium eingerichtete Department of Physical Education and Scouting verfügte die landesweite Einführung des Sportunterrichts auf allen Ebenen des Bildungssystems. Die Ethiopian Inter-School Athletic Association, gegründet 1950, veranstaltete bis 1974 jährliche Ausscheidungswettkämpfe in allen Provinzen in der Leichtathletik, im Fußball und Volleyball. Die Finalwettkämpfe fanden in Gegenwart des Kaisers in Addis Ababa statt. Die Sportlehrerausbildung begann 1957 mit Sommerkursen. Zuvor unterrichteten Lehrer aus Ägypten, Indien, Europa und Nordamerika oder ehemalige äthiopische Militärangehörige. Den ersten Diplomstudiengang Physical Education bot die Haile Selassie I University (Addis Ababa) im Jahr 1965 an. Als wichtigstes Zentrum der Sportlehrausbildung gilt seit 1970 das Addis Ababa College of Teacher Education (seit 1976 Kotabe College of Teacher Education).

Wie andernorts bilden auch in Äthiopien Sport und Militär bzw. Polizei eine erfolgreiche Allianz. Spitzenathleten wie Abbaba Bikila, Hauptmann der Imperial Body Guard und Olympiasieger im Marathon in Rom 1960 und Tokio 1964, oder Darartu Tulu, Majorin der Polizei und Olympiasiegerin über 10.000 m in Barcelona 1992 und Sidney 2000, belegen das in eindrucksvoller Weise. Bereits die Imperial Body Guard Cadet Training School in Qabena (1946–1953) sowie die 1958 gegründete Haile Selassie I Military Academy in Harar verfügten über modernste Anlagen, qualifizierte ausländische Trainer und ausreichend Verpfle-

Great Ethiopian Run 2009, © Julian Tadesse

gung, um hervorragende Sportler auszubilden. Neben der Leichtathletik förderte das Militär vor allem den Boxsport und brachte Olympiakader wie Abbaba Makwannen (Tokio 1964) oder Ayyale Muhamed (München 1972, Moskau 1980) hervor. Seit 1956 werden in jährlich stattfindenden Sport Days Leistungen verglichen, Kader für internationale Wettbewerbe ermittelt und die Stärke der Gesellschaft demonstriert.

Von 1953 bis 1976 förderte die Young Men's Christian Association (YMCA) den modernen Sport in besonderem Maße. Die von der Organisation propagierte Einheit von Religion, Charakterbildung und körperlicher Fitness führte zur Entwicklung der äthiopischen 18 Zweigstellen als Trainings- und Wettkampforte. Von hier aus wurden die nationale Volleyball- und Basketballföderationen aufgebaut und geleitet. Ein wichtiges Element der sportlichen Arbeit bildete die Schwerathletik, insbesondere Boxen und Gewichtheben. Der Schwergewichtsmeister Sayfu Makwannen sowie Germa Charu, Vater des Bodybuilding in Äthiopien und erster Generalsekretär des 1970 gegründeten äthiopischen Gewichtheberverbandes, sind prominente Beispiele dafür. Zudem war Kraftsport in den 1960er Jahren ein beliebtes Element städtischer Freizeitkultur mit öffentlichen Kämpfen in Kinos, Theatern und Hotelhallen.

Internationalisierung. Die Anbindung des äthiopischen Sports an den internationalen Wettkampfsport erfolgte zunächst über die 1943 gegründete Ethiopian Football Federation, die 1948 als FIFA-Mitglied anerkannt wurde. Dessen Gründungsmitglied Yednaqachaw Tassama (1921–1987) gilt als der wichtigste äthiopische Sportfunktionär des 20. Jh. Die Ethiopian Sports Confederation wurde 1948 gegründet und erhielt 1954 die offizielle Anerkennung durch das IOC. Äthiopien nahm mit acht Leichtathleten und vier Radsportlern erstmals an den Olympischen Spielen in Melbourne 1956 teil. Von 1968 an qualifizierten sich Boxer für die Teilnahme an den Spielen. Äthiopien selbst war 1962 Gastgeber und Sieger des Africa Cup of Nations und richtete das Turnier erneut 1976 aus.

Die bereits 1973 von Yednaqachaw Tassama geplante Umstrukturierung des äthiopischen Sportbetriebs entfaltete ihre Wirkung unter sozialistischen Vorzeichen. Diese sah eine gezielte Förderung begabter Athleten bei gleichzeitiger Betonung des Massensports vor, um die Gesundheit der Bevölkerung zu verbessern. Dabei kooperierte man mit den sozialistischen Staaten. Äthiopische Boxer trainierten beispielsweise auf Kuba. Diverse Kurse an der Deutschen Hochschule für Körperkultur in Leipzig (DDR) vermittelten modernste Trainingsmethoden an angehende Trainer und Sportfunktionäre. Die Koordinierung des äthiopischen Sports erfolgte durch die 1976 eingesetzte Commission for Sports and Physical Culture. Im Spitzensport verhinderten Äthiopiens Anti-Apartheid Politik und der Kalte Krieg die Teilnahme an den Olympischen Spielen in Montreal (1976), Los Angeles (1984) und Seoul (1988).

Nach 1991 wurde die Arbeit der Sportverbände einer kritischen Bewertung unterworfen, wobei die personelle Kontinuität an der Spitze weitgehend gewahrt blieb. Das 2001 eingerichtete Ministry of Youth and Sports formulierte die verbindliche Sportpolitik, deren Umsetzung durch die Federal Sports Commission erfolgt. Im Leistungssport findet seit den 1990ern eine immer stärkere Verengung auf den Langstreckenlauf zu Lasten anderer athletischer Disziplinen und Sportarten statt. Erfolgreiche Läufer wie Haile Gebreselassie investieren in private Trainingszentren.

Literatur: KATRIN BROMBER, „Muscularity, Heavy Athletics and Urban Leisure in Ethiopia, 1950s–1970s", *The International Journal of the History of Sports*, 30/16 (2013), 1915–1928; RICHARD PANKHURST, „Sports", *EAE* IV, 728–729; PAUL RAMBALL, *Barefoot Runner. The Life of Marathon Champion Abebe Bikila*, London 2007.

Katrin Bromber, Leibniz-Zentrum Moderner Orient, Berlin

Kapitel 9 Jüngste Entwicklungen

Einführung

Für eine Region, deren Völker und religiöse Gemeinschaften durch die Geschichte eng verflochten sind, könnte die jüngste Entwicklung – und d.h. insbesondere die politische und wirtschaftliche Lage – kaum größere Gegensätze aufweisen. Einerseits besteht trotz immer wieder aufflammender Unruhen relative Stabilität in einem Land, Äthiopien, das als einflussreiche Regionalmacht agiert und sich als ehrlicher Makler in Konflikten versucht, und dies trotz blutiger Geschichte bis in unsere Generation. Im Unterschied dazu fehlen in manchen Nachbarländern, wo ganze Völker von Warlords oder repressiven Diktatoren ausgeplündert werden, die grundlegenden Staatsstrukturen. Einige Machtkonstellationen dürften in der globalen Gemeinschaft auf längere Sicht kaum Chancen auf Fortbestehen haben. Und daneben entsteht im „toten Winkel Afrikas" ein neues staatliches Gebilde, Somaliland.

Von übergeordneter Bedeutung bleibt die Koexistenz der Gesellschaften mit christlichem und muslimischem Bekenntnis, die es angesichts der in jüngster Zeit zunehmenden Politisierung islamischer Kräfte und der Gefahr aufbrechender Spannungen nachhaltig zu bewahren gilt.

Insbesondere Äthiopien, Kernland der Region, verdient einen intensiven Blick. Ausgestattet mit einer demokratischen Verfassung, föderal organisiert, wirtschaftlich prosperierend und trotz bestehender Defizite in den Bereichen Demokratie und Teilhabe aller gesellschaftlichen Kräfte an der Macht sowie auf dem Feld der Menschenrechte, ist Äthiopien eine aufstrebende, stolze, leistungsbereite und zukunftsfähige Völkergemeinschaft.

Zugleich bleiben wichtige Fragen trotz positiver Entwicklungen ungelöst. Die über Jahrzehnte anhaltende Emigration ist der Aderlass von motivierten jungen Leuten, was die Krise in der Region stetig verschärft. Nicht nur deshalb, weil Europa mit der Herausforderung weiterer Millionen von Flüchtenden aus Nordostafrika überfordert wäre, sondern vor allem deshalb, weil Afrika dringend seine Führungskräfte für Wirtschaft, Politik und Wissenschaft selbst benötigt. Die Länder der Region sind zum Erfolg verurteilt in Ausbildung, Beschäftigung und Verbesserung alltäglicher Lebensbedingungen, um der Jugend, die mehr als die Hälfte der Bevölkerung repräsentiert, in ihrer Heimat eine Perspektive zu bieten. Ehrgeizige und nachhaltige Wirtschaftspläne, die auf dem Papier großartige Prognosen anbieten, müssen realisiert und die Wirtschaft liberalisiert werden, um einen Mittelstand zu entwickeln und Investitionen anzustoßen. Die afrikanische Jugend hat keine Geduld und muss schnelle Erfolge sehen in Demokratisierung, Chancen für die individuelle Lebensgestaltung, für äußere und innere Sicherheit, und sie besteht auf raschen Resultaten in der Armutsbekämpfung. Insbesondere muss eine neue „Elite" mit weitem Horizont die Bedürfnisse aller Menschen in das Zentrum alles Strebens rücken und sich als Vorreiter der künftigen Entwicklung an die Spitze setzen. Dafür bestehen durchaus hoffnungsvolle Ansätze.

Äthiopien und seine Nachbarn

Dschibuti

Geschichte. Dschibuti ist ein kleines Land an der Meerenge des Bab-al Mandab, der Verbindung zwischen dem Roten Meer und dem Indischen Ozean. Das Gebiet stand unter dem Einfluss des aksumitischen Königreiches. Später, zwischen dem 16. und 19. Jh., kam es unter die Herrschaft des Ottomanischen Reiches, woraufhin die Türken das Gebiet an den ägyptischen Khediven Ismael abtraten. Gleichzeitig bestanden lokale Herrschaftsinstanzen in Form von Sultanaten fort. Bevor die Franzosen das Land im Jahr 1896 als Kolonie proklamierten, hatten sie Schutzverträge mit lokalen Anführern der Afar und Issa abgeschlossen, den beiden ethnischen Gruppen, die das Gebiet bewohnen. Bedingt durch das heiße, lebensfeindliche Klima pflegten beide Gemeinschaften einen nomadischen Lebensstil. Beide sprechen eine kuschitische Sprache und sind Anhänger des sunnitischen Islam, der durch Händler von der Arabischen Halbinsel an die Küste des Roten Meeres gelangte. Dennoch gab es in der Vergangenheit Konflikte zwischen beiden Gruppen, die bis heute andauern. Die Franzosen provozierten die Auseinandersetzungen dadurch, dass sie die Afar und Issa gegeneinander aufbrachten, vor allem nach dem Ende des Zweiten Weltkrieges, als es um die Unabhängigkeit des Territoriums ging. Während die Mehrheit der Issa für eine Unabhängigkeit mit der Option einer späteren Vereinigung mit Somalia plädierte, stimmten die Afar in einem Referendum im Jahre 1967 für einen Verbleib bei Frankreich. Dschibuti wurde schließlich zehn Jahre später, nach einem weiteren Referendum, unabhängig. Dennoch unterhält Frankreich bis heute eine starke Militärpräsenz im Lande. Die Konflikte zwischen den Issa und den Afar gipfelten in den frühen 1990er Jahren in einem Bürgerkrieg, und Spannungen bestehen bis heute fort. Das Land wurde bislang von nur zwei Präsidenten regiert: Hassan Goulded Aptidon (1977–1999) und seinem Nachfolger Ismaïl Omar Guelleh, der im April 2016 für eine vierte Amtsperiode gewählt wurde.

Regionale Beziehungen. Mit Ausnahme von Eritrea unterhält Dschibuti friedliche Beziehungen mit seinen Nachbarn am Horn von Afrika. Gewaltsame Auseinandersetzungen mit Eritrea an der umstrittenen Grenze nahe Ras Doumeira brachen 1996 und 2008 aus, als eritreische Truppen auf dschibutisches Gelände vordrangen. 2010 unterzeichneten beide Regierungen ein Abkommen, das Katar als Vermittler vorsah; der Konflikt wurde jedoch nicht beigelegt. 2017 kam es zum Bruch mit Katar, da sich beide Länder im Konflikt zwischen den Staaten der Arabischen Halbinsel auf die Seite Saudi Arabiens schlugen, woraufhin Katar seine Friedenstruppen abzog. Dschibuti spielte eine aktive Rolle bei der Friedensvermittlung in den internen Konflikten Somalias. Von 2008 bis 2009 beherbergte die Regierung die Alliance for the Re-Liberation of Somalia und vermittelte ein Übereinkommen zwischen der Allianz und der provisorischen Bundesregierung Somalias, was zu einer Koalition zwischen beiden Gruppen führte. Seit 2011 beteiligt sich Dschibuti and der Mission der AU in Somalia. Darüber hinaus ist das Land Sitz der regionalen Intergovernmental Authority on Development (IGAD), spielt eine aktive Rolle in der AU und der Arabischen Liga und unterhält enge Beziehungen zu Staaten der Arabischen Halbinsel. Allerdings wurden die diplomatischen Beziehungen zwischen Dschibuti und den Vereinigten Arabischen Emiraten 2014 vorübergehend unterbrochen, nachdem ein Rechtsstreit mit der in Dubai ansässigen Firma DP World ausgebrochen war, die das Hafenmanagement von Dschibuti führte. Im Juni 2017 stufte die Regierung die diplomatischen Beziehungen mit Katar zurück.

Internationale Beziehungen. Die dschibutische Regierung nutzt geschickt die wichtige geostrategische Lage des Landes an der Meerenge des Bab-al-Mandab, die an einer wichtigen internationalen Schifffahrtsroute liegt. Das Land beherbergt mehrere internationale Militärstützpunkte, die das Ziel verfolgen, die Piraterie zu kontrollieren und islamistischen Terrororganisationen Einhalt zu gebieten. Die frühere Kolonialmacht Frankreich hat etwa 2.000 Mann in Dschibuti stationiert, und die USA begannen nach den Terrorangriffen des 9. Novembers 2001, das Land als Basis in ihrem „Krieg gegen den Terror" zu nutzen, wozu sie in Camp Lemonnier eine moderne Militärbasis errichteten, die 4.000 Beschäftigte mit militärischen und zivilen Funktionen beherbergt. 2014 sicherte sich die US-Regierung die Nutzungsrechte für die Militärbasis für weitere 20 Jahre. Zusätzlich gibt es eine kleinere japanische Militärstation, und im August 2017 eröffnete China seinen ersten Militärstützpunkt in Afrika auf dschibutischem Territorium. China tätigt auch bedeutsame Investitionen in Infrastruktur und in Entwicklungsprojekte.

Beziehungen zu Äthiopien. Die Beziehungen zwischen Äthiopien und Dschibuti sind eng, insbesondere seit Äthiopien nach dem Krieg mit Eritrea (1998–2000) begann, den Hafen von Dschibuti als Meereszugang zu nutzen. Große Teile der äthiopischen Im- und Exporte werden seither über Dschibuti abgewickelt, und beide Länder sind durch eine neue, von China finanzierte Eisenbahnlinie miteinander verbunden, die den Hafen von Dschibuti mit Addis Abeba verbindet. Zudem ist eine Treibstoffpipeline zwischen den Ländern geplant. Präsident Guelleh und der bis Februar 2018 amtierende äthiopische Premierminister Hailemariam Desalegn unterstrichen wiederholt ihre Bereitschaft, die Zusammenarbeit in den Bereichen Politik, Wirtschaft und Soziales auszuweiten, und die äthiopische Regierung wirbt für eine zunehmende politische Integration beider Länder.

Ökonomische und geopolitische Perspektiven. Die dschibutische Regierung nutzt die geostrategische Lage des Landes erfolgreich, um ihre politische Stabilität zu wahren und durch die Ansiedlung internationaler Militärstützpunkte und das Einwerben beträchtlicher internationaler Direktinvestitionen Perspektiven für ein robustes Wirtschaftswachstum (7 % im Jahr 2017) zu schaffen. Allerdings wird das erwirtschaftete Einkommen nicht dazu verwendet, die weit verbreitete Armut der Bevölkerung zu bekämpfen und die chronische Arbeitslosigkeit von mehr als der Hälfte der Bevölkerung zu verringern. Heute leben 42 % der Einwohner des Landes in absoluter Armut, während eine kleine unter Korruptionsverdacht stehende Führungselite die Segnungen der internationalen Geldströme genießt. Über ein Viertel der Bevölkerung kommt nicht in den Genuss einer Grundschulbildung; die Nomaden an der Peripherie des Landes verloren in den letzten Jahren einen erheblichen Teil ihrer Herden aufgrund von häufigen Dürren.

Literatur: JENNIFER N. BRASS, „Djibouti's Unusual Resource Curse", *Journal of Modern African Studies*, 46/4 (2008), 523–545; STEPH MATTI, CLAIRE METELITS, *Deserting Democracy: Authoritarianism and Geo-Strategic Politics in Djibouti*, 2013, *http://www.academia.edu/5363276/Deserting_Democracy_Authoritarianism_and_Geo-strategic_Politics_in_Djibouti*.

Nicole Hirt, GIGA Hamburg

Eritrea

Geschichte. Das unter dem Namen Eritrea bekannte Gebiet wird von neun ethnischen Gruppen bewohnt und erhielt seinen heutigen Namen und seine Grenzen während der Kolonisierung durch Italien im Jahr 1890. Die Italiener errichteten zur Festigung ihrer Herrschaft eine Zentralregierung, tasteten jedoch die traditionellen Strukturen der lokalen Verwaltungen nicht an. Ein früher Versuch, ihre Kontrolle auch auf Äthiopien auszuweiten, scheiterte mit der Niederlage in der Schlacht von Adwa im Jahr 1896. Mussolini setzte Eritrea als Basis zur Eroberung Äthiopiens (1936) ein, weshalb er in die industrielle Entwicklung und die Infrastruktur investierte. Italien verlor jedoch seine Kolonien im Laufe des Zweiten Weltkrieges, und im Jahr 1941 wurde eine britische Militärverwaltung eingerichtet. Damals stand die Zukunft der Kolonie noch zur Disposition. Einerseits unterstützte die Mehrheit der im Hochland lebenden orthodoxen Christen die Einheit mit Äthiopien aufgrund der engen kulturellen Beziehungen über die Grenze hinweg und organisierten sich in der Unionist Party; andererseits traten die meisten Muslime für die Unabhängigkeit ein und schlossen sich der Muslim League an. Im Jahr 1952 fällten die UN die umstrittene Entscheidung einer Föderation Eritreas mit Äthiopien. Äthiopien annektierte das Land 1962. Dies führte zu einem 30-jährigen Unabhängigkeitskampf (1961–1991), den die muslimisch dominierte Eritrean Liberation Front (ELF) aufnahm. Anfang der 1970er Jahre entstand die Eritrean People's Liberation Front (EPLF) und vertrieb 1982 die ELF. 1991 besiegte die EPLF mit militärischen Mitteln das äthiopische *Darg*-Regime, und 1993 erklärte Eritrea nach einem Referendum seine formelle Unabhängigkeit. Ein Jahr später benannte sich die EPLF in People's Front for Democracy and Justice (PFDJ) um. Angeführt wird sie von Präsident Isayas Afewerki, der zu keiner Zeit durch ordentliche Wahlen in seinem Amt bestätigt wurde. Heute ist Eritrea ein autokratisch regierter Staat ohne eine implementierte Verfassung; Rechtsstaatlichkeit und bürgerliche Freiheiten sind nicht vorhanden. Im Jahr 2002 verlängerte die Regierung die Dauer des Nationaldienstes von den ursprünglich vorgesehenen 18 Monaten auf unbestimmte Zeit, weshalb sich Eritrea weltweit zu einem der größten Flüchtlingsländer im Verhältnis zur Einwohnerzahl entwickelte.

Beziehungen zu Äthiopien. Über die Jahrhunderte bestimmten enge, aber nicht selten konfliktbeladene Beziehungen das Verhältnis zwischen Eritrea und Äthiopien, sowohl zwischen den Herrschenden als auch den lokalen Gemeinschaften. Die eritreischen Hochlandprovinzen waren Teil des aksumitischen Königreiches (1.–8. Jh. n.Chr.), und sie standen auch während des 14. und 15. Jh. unter der Oberherrschaft des äthiopischen Kaisers, dessen Stellvertreter, der *Bahr nagash* („Herr des Meeres") das Gebiet in seinem Auftrag regierte. Während der „Zeit der Fürsten" (Mitte 18. Jh.–Mitte 19. Jh.) verlor Äthiopien die Kontrolle über das Gebiet. Im 16. Jh. kamen die Küste und das Hinterland unter die Herrschaft des Osmanischen Reiches, und die Türken kontrollierten die Hafenstadt Metsewa bis 1865, als sie die Herrschaft an den ägyptischen Khediven Ismail abtraten. Während des 18. Jh. weiteten die Machthaber der äthiopischen Nordprovinz Tigray ihren Einfluss auf das eritreische Hochland aus, vor allem nach der Krönung des tigrayischen Herrschers *Ras* Kassa zum Kaiser Yohannes IV. im Jahr 1872. In den folgenden Jahren führten die Mahdi-Aufstände im Sudan sowie die Präsenz sowohl italienischer als auch britischer Truppen in der Region zu komplizierten diplomatischen Konstellationen, was die Kolonisierung Eritreas durch die Italiener erleichterte. Allerdings blieben die grenzübergreifenden engen sozialen Kontakte zwischen Eritreern und Äthiopiern während der Zeit der italienischen Herrschaft intakt, und die wirtschaftliche Entwicklung in den städtischen Regionen Eritreas zog viele Arbeitsmigranten aus Tigray an. Nach dem Niedergang der italienischen Herrschaft setzte sich Kaiser Hayla Sellase zum Ziel, Eritrea in das äthiopische Reich einzuverleiben, um den Zugang zum Meer für sein Land sicherzustellen. Er nutzte dabei die strategischen Interessen der USA und die proäthiopische Einstellung der christlich-orthodoxen Bevölkerung, um Eritreas Föderation mit Äthiopien 1952 durchzusetzen, der ein Jahrzehnt später die Annexion folgte, die wiederum den Unabhängigkeitskampf auslöste. 1974 wurde Hayla Sellase durch den

Darg gestürzt, und aufgrund einer verfehlten Innenpolitik und der Aufkündigung der sowjetischen Unterstützung verlor das Militärregime den Krieg gegen die EPLF, die mit der Tigray People's Liberation Front (TPLF) zusammenarbeitete.

Zu Anfang bestand die Hoffnung, dass die EPLF und die TPLF, welche die neue äthiopische Regierung dominierte, freundschaftliche Beziehungen unterhalten würden. Wirtschafts- und finanzpolitische Differenzen, ein Grenzkonflikt sowie mangelnde diplomatische Fähigkeiten führten jedoch zum Ausbruch eines verheerenden Krieges, der zwischen 1998 und 2000 bis zu 100.000 Menschenleben kostete und zur Deportation Zehntausender Eritreer aus Äthiopien und umgekehrt führte. Im Dezember 2000 unterzeichneten die Parteien das Friedensabkommen von Algier, und die unabhängige Eritrea Ethiopia Boundary Commission (EEBC) wurde damit beauftragt, den Grenzverlauf festzulegen. Im Jahr 2002 sprach die Kommission das umstrittene Gebiet um den Ort Badme Eritrea zu. Äthiopien weigert sich seither, die Entscheidung umzusetzen – Anlass des „Kalten Krieges" zwischen den Ländern. Die Folge war die Militarisierung der eritreischen Gesellschaft mittels eines unbefristeten Militär- und Nationaldienstes, der wiederum zur Flucht von mehr als 100.000 Eritreern nach Äthiopien führte, die dort einen Flüchtlingsstatus erhalten. Beide Länder unterstützen seither Oppositionsgruppen im jeweils anderen Land. Es gibt wenig Hoffnung auf einen diplomatischen Durchbruch, solange die jetzigen Machthaber die Regierung stellen.

Regionale Beziehungen. Eritreas Beziehungen zu den Nachbarländern sind unbeständig. Unter der PFDJ-Regierung kam es 1995 zu einer bewaffneten Auseinandersetzung mit dem Jemen um die Hanish-Inseln; 1996 und 2008 folgten Kämpfe mit Dschibuti um die umstrittene Grenze nahe Ras Doumeira. Katar bemühte sich ab 2010 erfolglos, in dem Konflikt zu vermitteln, und zog 2017 seine Friedenstruppen von der Grenze ab. Mit dem Sudan bestanden zwischen 1994 und 2005 keine diplomatischen Beziehungen, da Eritrea die dortige Regierung beschuldigte, islamistischen eritreischen Rebellen Unterschlupf zu gewähren. 2005 wurden die Beziehungen wieder aufgenommen und verbesserten sich zusehends, nachdem Eritrea erfolgreich sowohl in Konflikten zwischen Nord- und Südsudan als auch zwischen der sudanesischen Regierung und Rebellen der Eastern Front vermittelt hatte. Nach der Unabhängigkeit wurde Eritrea Mitglied der Intergovernmental Authority for Development (IGAD), suspendierte seinen Sitz jedoch 2006 aus Protest gegen die von den USA unterstützte Invasion Somalias durch Äthiopien mit dem Ziel, die Islamic Court Union zu stürzen. In den darauffolgenden Jahren sah sich Eritrea mit Vorwürfen konfrontiert, die *Al-Shabaab*-Milizen Somalias zu unterstützen. Eritreische Versuche, die Mitgliedschaft in der IGAD wieder aufleben zu lassen, wurden durch Äthiopien und Kenia verhindert.

Internationale Beziehungen. Eritreas internationale Beziehungen sind bestimmt vom Misstrauen der Regierung gegenüber internationalen Organisationen. Die Führungselite spricht zudem von Verschwörungen gegen das Land, um die Bevölkerung zu motivieren, einer angeblichen Gefährdung der eritreischen Unabhängigkeit die Stirn zu bieten. Eritrea trat 1993 der UN und der AU bei und erhielt einen Beobachterstatus bei der Arabischen Liga. Präsident Isayas wertete wiederholt die Föderation mit Äthiopien im Jahr 1952 als Verrat der internationalen Gemeinschaft am eritreischen Volk, wenngleich damit ignoriert wird, dass etwa die Hälfte der Bevölkerung diese Vereinigung damals befürwortete. In der Zeit unmittelbar nach der Unabhängigkeit bestanden freundschaftliche Beziehungen zu den USA, obwohl Eritreas Regierung stets eine Politik des Vertrauens auf die eigenen Kräfte („self-reliance") verfocht. Während des Grenzkrieges beschuldigte die Regierung die internationale Gemeinschaft und insbesondere die USA, für Äthiopien Partei zu ergreifen. Dennoch versuchte Präsident Isayas in den ersten Jahren nach der Jahrtausendwende, erneut die Gunst der US-amerikanischen Regierung zu gewinnen, die nach dem 11. September 2001 eine Militärbasis am Horn errichten wollte, und schloss sich der „Koalition der Willigen" im Irakkrieg an. Nachdem die US-Regierung sich jedoch für eine Basis in Dschibuti entschieden hatte, verschlechterten sich die Beziehungen zwischen Eritrea und den USA rapide, und die US-Regierung unterstützte die Initiative Äthiopiens und der IGAD, gegen Eritrea aufgrund seiner Unterstützung militanter Organisationen in der Region Sanktionen zu verhängen. Die Sanktionen wurden 2009 vom Weltsicherheitsrat gebilligt und 2011 nochmals verschärft. Eritreas erschreckende Menschenrechtsbilanz belastete das Verhältnis zwischen EU und Eritrea stark; dennoch wurde die Entwicklungszusammenarbeit 2015 wieder aufgenommen, auch wegen der europäischen Furcht vor steigenden Flüchtlingszahlen aus Eritrea.

Wirtschaftliche und geopolitische Perspektiven. Nach der Unabhängigkeit verfolgte Eritrea das ambitionierte Ziel, große Erfolge bei der Entwicklung und im Nation-Building zu erzielen. Die Aussichten schienen positiv. Obwohl es in den ländlichen Gebieten durch 30 Jahre Kampf schwere Kriegsschäden gab, war die Hauptstadt Asmara mit zahlreichen Industriebetrieben unversehrt geblieben. Eine bescheidene Infrastruktur war vorhanden, das Land verfügte über das Potential, von kommerzieller Fischerei, Tourismus, von steigender industrieller Produktion und dem Rohstoffexport zu profitieren. Zusätzliche Einnahmen bot die Nutzung der Häfen in Assab und Metsewa durch Äthiopien. Nach dem Krieg zwischen Eritrea und Äthiopien setzte jedoch eine stetige Abwärtsspirale ein. 2001 schlug Isayas eine parteiinterne politische Reformbewegung nieder, und die Verfügung des zeitlich unbefristeten Nationaldienstes für Eritreer im Alter von 18 bis 50 Jahren im Jahr 2002, die mit der Einführung einer militarisierten Kommandoökonomie einherging und auf systematische Zwangsarbeit hinausläuft, führte zu katastrophalen Konsequenzen für die Entwicklung des Landes. Heute herrscht weitverbreitete Unterernährung, zwei Drittel der Kinder im Grundschulalter besuchen keine Schule, und etwa 5.000 Eritreer fliehen monatlich aus dem Land, um an anderen Orten bessere Lebensbedingungen zu finden.

Literatur: DAN CONNEL, TOM KILLION, *Historical Dictionary of Eritrea*, 2. Auflage Lanham 2011; NICOLE HIRT, ABDULKADER SALEH MOHAMMAD, „Dreams don't Come True in Eritrea: Anomie and Family Disintegration due to the Structural Militarisation of Society", *Journal of Modern African Studies*, 51/1 (2013), 139–168; KJETIL TRONVOLL, DANIEL R. MEKONNEN, *The African Garrison State. Human Rights and Political Development in Eritrea*, Woodbridge 2014.

Nicole Hirt, GIGA Hamburg

Somalia

Staatsbildung ohne Ende? Seit dem 16. Jh. andauernde Spannungen zwischen dem christlich geprägten Äthiopien und muslimischen Sultanaten, die Ende des 19. Jh. kolonial erzwungene Neuaufteilung der von ethnischen Somali besiedelten Gebiete, verlustreiche, religiös und national motivierte Guerillakriege gegen Briten, Italiener und Äthiopier (1899–1920) und die Gründung der Somali Youth League als erster politischer Partei (1943). Es folgten der Zusammenschluss der ehemaligen Kolonien Britisch-Somaliland und Italienisch-Somalia zur Republik Somalia (1960), klanbeförderte und gewaltsam ausgetragene innenpolitische Streitigkeiten, der opferreiche somalisch-äthiopische Ogadenkrieg (1977/1978) sowie Somalilands bis heute anhaltendes Bemühen um staatliche Unabhängigkeit. Zuletzt prägten das militärische Eingreifen Äthiopiens gegen die islamischen Gerichtshöfe (2006–2009), von *Al-Shabaab* reklamierte Attentate mit Hunderten von Toten und der drohnengestützte „Krieg gegen den Terror" die Entwicklung. Kritikern gilt Somalia als gescheiterter Staat. Versuche politischer und militärischer Konfliktbeilegung waren nur begrenzt erfolgreich. Auch das mittlerweile über zehn Jahre andauernde Engagement der African Union Mission In Somalia (AMISOM), an dem zwischenzeitlich bis zu 22.000 SoldatInnen aus Äthiopien, Burundi, Dschibuti, Kenia und Uganda beteiligt waren, weist eine gemischte Erfolgsbilanz auf. Eine schnelle, friedenstauglich verhandelte Überwindung gewaltsam ausgetragener innersomalischer Auffassungs- und Interessensgegensätze ist nicht in Sicht.

Groß-Somalia und der Ogaden-Krieg. Als die Republik Somalia 1960 unabhängig wurde, sah die Verfassung die Schaffung eines Groß-Somalia vor, das den Nordosten Kenias, Französisch-Somaliland sowie den Ogaden umfassen sollte. Um die Gebietsansprüche durchzusetzen, wurde die Western Somali Liberation Front (WSLF) ins Leben gerufen. Nach einer als demokratisch beschriebenen Übergangsphase putschte sich Generalmajor Siad Barre 1969 an die Macht und propagierte, anfangs von der Sowjetunion gestützt, einen islamisch geprägten Marxismus.

In der Folge häuften sich im Ogaden von Somalia gesteuerte Guerillaaktivitäten. Äthiopiens Präsident Mengistu Haile Mariam beschuldigte die Regierung in Mogadischu, heimlich Soldaten einzuschleusen. Siad Barre und die ihm verbundenen Militärs reagierten mit dem Hinweis, dass es lediglich „Freiwilligen" erlaubt sei, an der Seite des WSLF zu kämpfen. Ende Juli 1977 begannen 50.000 somalische Soldaten in den Ogaden einzumarschieren. Der verdeckten Invasion folgte ein offener Krieg, in dem Zehntausende ihr Leben verloren. Versuche somalischer Truppen, die ostäthiopische Stadt Harar einzunehmen, scheiterten. Die Sowjetunion, die kurz zuvor die Seiten gewechselt hatte, war jetzt dem sich sozialistisch gebenden äthiopischen Militärrat verbunden. Mit Hilfe sowjetischer Berater (1.500), kubanischer Soldaten (11.000) und kurzfristig rekrutierter, in die Streitkräfte eingegliederter Milizen (100.000) gelang es den 40.000 regulären Soldaten der äthiopischen Armee, die besser ausgerüsteten somalischen Streitkräfte zu besiegen. Am 9. März 1978 ordnete Siad Barre den Rückzug der somalischen Nationalarmee an. Sie hatte ein Drittel ihrer regulären Soldaten, drei Viertel ihrer Panzer und die Hälfte ihrer – vom ehemaligen Bündnispartner Sowjetunion gelieferten – Militärflugzeuge verloren. 1988 unterzeichnete er ein Friedensabkommen, das vorsah, die Unterstützung von Rebellengruppen zu beenden.

Ungewisse Zukunft. Ende 1991 wurde Siad Barre, der zunächst nach Kenia und später nach Nigeria floh, entmachtet. Sein politisches Ende fiel zeitlich mit dem Zusammenbruch des äthiopischen Militärregimes zusammen. In Addis Ababa löste die Ethiopian People's Revolutionary Democratic Front (EPRDF) den *Darg* ab. Während Somalia im Bürgerkrieg versank, beförderte die neue äthiopische Regierung einen „ethnischen Föderalismus", der größeren Volksgruppen eigene Bundesstaaten zugestand. 1992 fanden in der neugeschaffenen äthiopischen Somali-Region erstmals Regionalwahlen statt.

1992 billigte der UN-Sicherheitsrat die Entsendung einer Unified Task Force (UNITAF), auch als „Operation Restore Hope" bekannt, nach Somalia. Ziel war es, humanitäre Hilfe für die Opfer von Bürgerkrieg und Hungersnot zu leisten. Zudem sollte die öffentliche Ordnung wiederhergestellt und eine funktionstüchtige Zentralregierung installiert werden. UNITAF war ermächtigt, alle nötigen Mittel – also auch militärische – anzuwenden. Die Operation scheiterte. Anfang Dezember 1992 gingen die ersten UNITAF-Truppen an der somalischen Küste an Land. Die Interventionstruppen umfassten zeitweise 37.000 Personen, mehrheitlich US-Amerikaner. Auch Deutschland war beteiligt: Die Bundeswehr entsandte den „Deutschen Unterstützungsverband Somalia" und nahm damit erstmals in der Geschichte der Bundesrepublik an einem militärischen Einsatz außerhalb des NATO-Bündnisgebietes teil. Als Anfang Oktober 1993 18 US-amerikanische Soldaten getötet wurden, zogen die USA und ihre Verbündeten ihre Truppen aus Somalia ab.

Unterdessen verfolgte Äthiopien eine flexible, an eigenen Interessen orientierte Somalia-Politik. Zur Somaliland-Regierung in Hargeisa, die nach wie vor auf staatliche Unabhängigkeit hofft, unterhält Addis Abeba, auch mit Blick auf die Nutzung des Hafens von Berbera, freundschaftliche Beziehungen. Im Gegenzug unterstützte Somaliland die äthiopische Regierung im Kampf gegen bewaffnete Oppositionsgruppen wie die Ogaden National Liberation Front und die Ogaden National Liberation Army.

Ende 1996 erklärte Äthiopien der in Mogadischu regierenden Union of Islamic Courts, die weite Teile Süd- und Zentralsomalias kontrollierte und im Verdacht stand, zum *Jihad* und der Rückeroberung des Ogaden aufgerufen zu haben, offiziell den Krieg. Äthiopische Truppen marschierten auf Seiten der Übergangsregierung in Mogadischu ein. Ihre islamisch vernetzten Gegner begaben sich ins eritreische Exil, wo sie die Alliance for the Re-Liberation of Somalia gründeten. Anfang 2009 wurden die äthiopischen Truppen abgezogen. 2011 und 2012 unterstellten Kenia und Äthiopien, die bis dahin bilateral agiert hatten, ihre Truppen dem AMISOM-Kommando.

Das AMISOM-gestützte Werben um ein stärkeres internationales Engagement hat die politische Stabilisierung, den Aufbau ziviler Institutionen und die erhoffte effiziente Ausbildung nationaler somalischer Sicherheitskräfte bislang nur begrenzt befördern können. Kritiker halten dafür, dass die Internationale Gemeinschaft die Gründe und Dynamiken der innersomalischen Konflikte überwiegend als strategiearm und von eigenen Interessen geleitet begreift. Statt das Handeln und die Motive somalischer Akteure vor dem Hintergrund eines beschleunigten sozialen Wandels – wachsende Gegensätze zwischen ländlichen, überwiegend nomadischen und traditionell-religiösen Pastoralisten und städtischen Bevölkerungsgruppen – transformationsbezogen zu begleiten, dominiere ein operatives, bei Bedarf drohnenbefördertes Kurzfristdenken das Handeln. Bruchstückhafte oder fehlende Primärerfahrungen internationaler Akteure begünstigten stereotype, massenmedial beförderte Wahrnehmungen („die Guten gegen die terroristischen Bösen") und erschweren so – indirekt und ungewollt – eine überfällige und wünschenswerte Neuorientierung lokaler Akteure. Ein Politikstil, der jegliche Regierungskritik radikalislamistischen Terroristen anlaste, laufe Gefahr, die sozialen und ökonomischen Beweggründe an den Rand gedrängter Bevölkerungsgruppen geringzuschätzen. Äthiopien beherbergt derzeit rund 250.000 somalische Flüchtlinge, und im kenianischen, weltweit größten Flüchtlingslager Dabaab leben 650.000 Menschen.

Trotz bemühter Initiativen zur Verbesserung der Lebensumstände leiden 10,5 Mio Einwohner Somalias weiter unter schwachen staatlichen Institutionen, finanzieller Außenabhängigkeit, sozialer Ungleichheit, Korruption und Armut. Geschätzte 70% der Bevölkerung leben un- oder unterbezahlt von Landwirtschaft und nomadischer Viehzucht. Ein geschätztes Fünftel der jährlichen Geldeinkommen verdankt sich Überweisungen der über 1 Mio im Ausland lebenden Exil-Somalier. UNDP-Erkenntnissen zufolge lag das jährliche Durchschnittseinkommen 2012 bei 843 US$. 85% der knapp 11 Mio Einwohner sind unter 35 Jahre alt. Nur 49% der männlichen und 25% der weiblichen Bevölkerung können lesen und schreiben.

Am 8. Februar 2017 wurde Mohamed Abdullahi Farmaajo zum neuen, neunten Präsidenten Somalias gewählt. Seine mehrfach verschobene Wahl fand unter strikten Sicherheitsvorkehrungen am militärisch gesicherten Flughafen von Mogadischu statt. Klanälteste hatten über 14.000 Delegierte benannt, die die 275 Mitglieder des neuen Parlaments bestimmten. Allgemeine Wahlen werden nicht vor 2020 erwartet. Seit dem Amtsantritt Donald Trumps hat sich die Zahl der US-Luftangriffe in Somalia verdoppelt. Am 14. Oktober 2017 starben bei der Explosion eines mit Sprengstoff gefüllten LKW in Mogadischu mehr als 500 Menschen, knapp 300 wurden verletzt.

Literatur: ABDIHAKIM AINTE, *Somalia, Another Paradigm Shift?*, Al Jazeera Centre for Studies, Berlin 2017; STEFAN BRÜNE, *Ratlos in Mogadischu? Europa, die USA und die internationale Gemeinschaft in Somalia*, FES Perspektive, Berlin, März 2015; ABDIRIZAK SHEIKH, MATHIAS WEBER, *Kein Frieden für Somalia?* Frankfurt a.M. 2010; IOAN M. LEWIS, *Understanding Somalia and Somaliland: Culture, History and Society*, London 2008.

Stefan Brüne, Hamburg

Südsudan

Elitenkämpfe und Politikversagen. Zehntausende Tote, unvorstellbare Grausamkeiten, ein Fünftel der 12 Mio Einwohner auf der Flucht und anhaltend drohende Nahrungsmittelknappheit. Sechs Jahre nach der opferreich erkämpften Unabhängigkeit droht der jüngste Staat der Welt, die Republik Südsudan, an sich selbst zu scheitern. Im jüngsten Fragile-Staaten-Index des Fund for Peace findet sich das bürgerkriegsgezeichnete Land – noch vor Somalia – an erster Stelle.

Dabei hatte alles hoffnungsvoll begonnen. Als sich im Januar 2011 über 98 % der Abstimmenden in einem Unabhängigskeitsreferendum für die Abspaltung des Südens vom Gesamtsudan aussprachen – 3,8 Mio stimmten dafür, 45.000 dagegen – war die Begeisterung groß. Am 9. Juli 2011 wurde die Republik Südsudan unabhängig.

Der anfänglichen Euphorie folgten herbe Enttäuschungen. Ende 2013 brachen bewaffnete Kämpfe aus. Seit langem schwelende Feindseligkeiten innerhalb des Sudan People's Liberation Movement (SPLM) – zwischen Anhängern von Präsident Salva Kiir Mayardit, einem Dinka, auf der einen und Vizepräsident Riek Machar, einem Nuer auf der anderen Seite – kosteten zahlreiche Menschenleben. Der genaue Verlauf und die Einzelheiten der tödlichen Auseinandersetzungen, in die die Präsidentengarde und weitere Sicherheitskräfte verwickelt waren, sind bis heute ungeklärt. Riek Machar betrieb in der Folge den Aufbau des Sudan People's Liberation Movement-in-Opposition (SPLM-IO).

Bewaffnet ausgetragene Regionalkonflikte, verbrannte Schulen und zerstörte Krankenhäuser, 2,4 Mio Binnen- und Auslandsflüchtlinge, Zehntausende von ihren Familien getrennte Kinder, ungesühnte Kriegs- und andere Verbrechen sowie beschämend hohe Militärausgaben waren und sind die Folge. Die mit der staatlichen Unabhängigkeit verbundenen Hoffnungen sind breiter Enttäuschung gewichen. Das Bürgerkriegsland Südsudan zählt zu den ärmsten un- und unterentwickelten Staaten des subsaharischen Afrika.

Umstrittenes Friedensabkommen. Anfang 2015 setzte Präsident Salva Kiir Mayardit die vorgesehenen freien Wahlen – es wären die ersten in der Geschichte des jungen Landes gewesen – aus und verfügte, vom Parlament gestützt, eine dreijährige Verlängerung seiner Amtszeit. Die internationale Gemeinschaft reagierte besorgt. Seit der Ende 2014 erfolgten Veröffentlichung eines anfänglich von der Afrikanischen Union (AU) zurückgehaltenen UN-Berichts über Kriegsverbrechen und gravierende Menschenrechtsverletzungen beider Seiten (außergerichtliche Hinrichtungen, willkürliche Festnahmen, Massenvergewaltigungen, Zwangsrekrutierung von Kindersoldaten, Verbrennungen bei lebendigem Leib) hat sich die Debatte um gezielte Sanktionen, eine unabhängige Justiz und ein von den UN verantwortetes Waffenembargo belebt.

Zu den wichtigsten Waffenlieferanten südsudanesischer Konfliktparteien zählen die Ukraine, Israel und die VR China. Auch die Regierung in Khartum steht im Verdacht, Teile der SPLM-IO militärisch zu stützen. Unklar ist die Rolle der ugandischen Regierung: Zwar haben 5.000 im Dezember 2013 zur Unterstützung General Kiirs entsandte ugandische Truppen das Land inzwischen verlassen, aber Spekulationen über die ökonomisch und geopolitisch motivierte Beschaffung und Wartung südsudanesischer MI-24 Kampfhubschrauber und Amphibienpanzer durch das ugandische Militär halten an.

Als Riek Machar (am 17. August 2015 in Addis Abeba) und Präsident Salva Kirr (am 26. August 2015 in Juba) unter massivem internationalem Druck ein von der ostafrikanischen Regionalorganisation Intergovernmental Authority on Development (IGAD) vermitteltes Friedensabkommen unterzeichneten, wurde dies weithin begrüßt. Das Agreement on the Resolution of Conflict in South Sudan (ARCISS) sah eine sofortige Waffenruhe, die Bildung einer inklusiven Übergangsregierung innerhalb von 90 Tagen und die Schaffung einer befristet entmilitarisierten Zone um die Hauptstadt Juba vor.

Trotz des anhaltenden Sanktionsdrucks internationaler Akteure (UN, IGAD, USA, Großbritannien, Norwegen, AU, EU, China) lässt sich bis heute keine friedenssichernde Kompromissbereitschaft der Konfliktparteien erkennen. In Juba kam es im Juli 2016 erneut zu mehrtägigen gewaltsamen Auseinandersetzungen, die Hunderte das Leben kosteten und den zwischenzeitlich in die Hauptstadt zurückgekehrten ehemaligen Vizepräsidenten Riek Machar – nach Zerstörung seines Anwesens – verwundet zur Flucht zwangen. Rieck Machar lebt heute – unter Hausarrest – in Pretoria, wo er öffentlich erklärt hat, eine größere Rebellenkoalition aufbauen zu wollen. Die mit dem Konflikt befassten internationalen Akteure sind uneins, ob Rieck Machar politisch fallengelassen oder weiterhin eingebunden werden sollte.

Konfliktverschärfend wirkte zuletzt auch die von Präsident Kirr überraschend und einseitig verfügte Schaffung von 28 neuen Bundesstaaten (bislang waren es zehn). Zudem ist unklar, wann und unter welchen Voraussetzungen der von der AU gewünschte Hybrid Court for South Sudan und die Truth, Reconciliation and Healing Commission etabliert und arbeitsfähig gemacht werden können. Ende 2015 haben erste, mit der Implementierung des Friedensabkommens befasste Institutionen ihre Arbeit aufgenommen. Der Erfolg anhaltend schwieriger Friedensbemühungen dürfte maßgeblich davon abhängen, ob und wie es der Joint Monitoring and Evaluation Commission (JMEC) unter dem Vorsitz des ehemaligen botswanischen Präsidenten Festus Gontebanye Mogae gelingt, vergangenheits- (keine Straffreiheit) und zukunftsbezogene (auf Aussöhnung gerichtete) Handlungsanforderungen zu verbinden. Mit den Worten Ban Ki-moons: „Put peace above politics. Pursue compromise. Overcome obstacles. Establish the Transitional Government of National Unity. And do not delay it."

Hinsichtlich rechtlich und friedenspolitisch gebotener Handlungsanforderungen konkurrieren auf nationaler und internationaler Ebene normative und realpolitische Einstellungen. Auf der einen Seite dominiert die Überzeugung, man habe es auf Regierungs- und Oppositionsseite mit Akteuren zu tun, die sich als Kriegsverbrecher strafbar gemacht haben, auf der anderen Seite vermeidet der ehemalige US-Special Envoy for South Sudan, Donald Booth, deren direkte Verurteilung und hält dafür, in dem bereits mehrfach verletzten Friedensabkommen die beste Hoffnung für ein einvernehmlich vereinbartes Kriegsende zu sehen. Vom US-Senat kürzlich befragte Beobachter beschreiben das Bürgerkriegsland als „violent cleptocracy" und einen „hijacked state", in dem „war crimes pay". Die Republik gilt als drittkorruptestes Land der Welt. Eine Ende 2017 von den USA im UN-Sicherheitsrat eingebrachte Resolution, die ein Waffenembargo und Sanktionen vorsah, fand bei der Abstimmung in New York keine Mehrheit.

Massiver Einbruch der Staatsfinanzen. Als ehemalige Befreiungsbewegung ist das *Sudan People's Liberation Movement* keine politische Programmpartei. Einflusspolitisch versierte, überwiegend präsidentennahe Patronagenetzwerke sichern eigeninteressierten Akteuren erhebliche Vorteile und Gunstbedingungen. Eine neutrale, politisch erfahrene, mit den komplexen Problemen des Staatsaufbaus vertraute, politisch durchsetzungsfähige Mittelschicht existiert nur in Ansätzen. Die überwiegend in der Subsistenzlandwirtschaft tätige ländliche Bevölkerungsmehrheit ist arm und – das Land hat die höchste Analphabetenrate weltweit – 60 % der Männer und 84 % der Frauen können weder lesen noch schreiben. Bis vor kurzem waren auch 47 Parlamentsmitglieder Analphabeten.

Die verfassungsbedingte Macht des Präsidenten, das brüchige Gewaltmonopol des Staates und der landesweit verbreitete Klein- und Schusswaffenbesitz bewaffneter Milizen haben die lange überfällige Security Sector Reform und einen damit einhergehenden, politisch und sozial gebotenen Rück- und Abbau des überdimensionierten Sicherheitsapparates bislang verhindert. Die Militärausgaben – sie liegen bei über 60 % des Jahresbudgets – sind nach wie vor beschämend hoch und erschweren angesichts rückläufiger Öleinnahmen und der Mitte Dezember 2015 erfolgten Abwertung des südsudanesischen Pfunds eine zukunftsfeste Diversifizierung der „war economy". Die Republik Südsudan verfügt, nach der Russischen Föderation, über die weltweit zweithöchste Zahl an Generälen.

Mitte Dezember 2015 hat die südsudanesische Zentralbank die feste Wechselkursanbindung des südsudanesischen Pfunds an den US-Dollar und andere Fremdwährungen aufgehoben und durch ein unkontrolliertes System flexibler Wechselkurse ersetzt. Hintergrund der radikalen Reform, die eine massive, inflationsbegleitete Abwertung des südsudanesischen Pfunds zur Folge hatte, ist ein massiver Einbruch der Staatsfinanzen. Ein Umstand, an dem auch die kürzlich erfolgte Aufnahme des Südsudan in die East African Community nichts Wesentliches ändern dürfte – zumal die Mitgliedschaft in der Organisation satzungsgemäß Demokratie, gute Regierungsführung, Steuerpflicht, die Beachtung der Menschenrechte und das Bemühen um soziale Gerechtigkeit voraussetzt.

Unverzichtbar und dringend geboten erscheint unter den geschilderten Umständen eine generationenbezogene Neuausrichtung der Gesamtpolitik. Zwei Drittel der 12 Mio Südsudanesen sind jünger als 30 Jahre, 80 % der Jugendlichen im arbeitsfähigen Alter sind un- oder unterbeschäftigt. Entwicklungsrückstände, die mit hoher Jugendarbeitslosigkeit, interethnischer Gewalt und prestigeträchtigem Viehdiebstahl einhergehen. Erklärtes Regierungsziel ist es, bis 2040 eine von humanitären Hilfsleistungen unabhängige, alphabetisierte und informierte Nation zu schaffen.

Literatur: STEFAN BRÜNE, „Gewalt ohne Ende. Elitenkämpfe und Politikversagen im Südsudan", *Zeitschrift für Außen- und Sicherheitspolitik*, 10/1, 2017, 29–38; INTERGOVERNMENTAL AUTHORITY ON DEVELOPMENT (IGAD), *Agreement on the Resolution of the Conflict in the Republic South Sudan*, Addis Ababa 2015; *United Nations Development Programme, South Sudan – National Human Development Report 2015: People, Peace and Prosperity*, [Ort] 2015; EDWARD THOMAS, *South Sudan: A Slow Liberation*, London 2015.

Stefan Brüne, Hamburg

„Entwicklungsstaat" Äthiopien

Die Vorstellung von Äthiopien als „Entwicklungsstaat" („developmental state") wurde zum Eckpfeiler der nationalen und organisatorischen Erneuerungsideologie der herrschenden Ethiopian People's Revolutionary Democratic Front (EPRDF) nach ihrer Spaltung im Jahre 2001 und in der Folge des verheerenden Krieges mit Eritrea (1998–2000). Zehn Jahre zuvor, als sie an der Spitze der Übergangsregierung stand, hatte die EPRDF eine dreigleisige Agenda für den Staat festgelegt, den sie von ihrem marxistisch-militärischen Vorgänger geerbt hatte: Dezentralisation seiner Einheitsstruktur, Liberalisierung der Planwirtschaft und Demokratisierung seines Systems der Einparteienherrschaft. Doch ein Jahrzehnt später waren die meisten liberalen Beobachter von den praktischen Auswirkungen dieser Reformen enttäuscht. Selbst der radikale Umbau der Verfassung auf der Basis föderaler Selbstbestimmung änderte die Lage nur schleppend, sie wurde durch eine starke politische und fiskalische Kontrolle aus dem Zentrum kompensiert. Die Öffnung des Marktes kam nur schrittweise voran, wobei Schlüsselbranchen ausgenommen blieben, welche die Regierung als unentbehrlich für den wirtschaftlichen Wandel oder die nationale Sicherheit ansah. Auch die Wahlpolitik wurde weiterhin dominiert von der „revolutionär-demokratischen" Strategie einer aktivistischen Machtkoalition und ihrer Verbündeten, ohne viel Raum für Konkurrenten zu lassen.

Der Entwicklungsstaat. Die neue Strategie entwickelte sich in den frühen 2000er Jahren mit der Idee, dass die EPRDF eine politische, wirtschaftliche und administrative Ordnung etablieren sollte, die sich völlig unterscheidet von der pluralistisch-liberalen Politik, mit der viele ihrer internationalen Partner, Kritiker und Konkurrenten rechneten. Als der äthiopisch-eritreische Krieg die nationalistische Stimmung aufschaukelte und den internen Dissens innerhalb der regierenden Partei an den Rand drängte, trieb Premierminister Mallas Zenawi ein neues Projekt voran: den Entwicklungsstaat, oder was die Regierung als „demokratischen Developmentalismus" („democratic developmentalism") bezeichnete. Diese Akzentverschiebung leitete die Periode eines außerordentlichen und anhaltenden wirtschaftlichen Wachstums ein. Die genauen Wachstumsraten sind umstritten, aber sie lagen seit 2003 jährlich um oder über 10%. Sie wurden auch nicht gestört vom globalen Absturz im Jahr 2008, oder durch den Übergang der Führung in der EPRDF nach dem Tod des einflussreichen Premierministers im August 2012. 2014 und 2015 zog das rasche Wirtschaftswachstum Äthiopiens immer mehr internationale Investoren und Investitionskapital an.

Begeistert vom extrem raschen wirtschaftlichen Wandel in Staaten mit gelenkter Wirtschaft wie Taiwan unter der Kuomintang, in Korea unter General Park und in neuerer Zeit in China, hatte der inzwischen verstorbene Premierminister die Bedeutung von politischer Führung und staatlicher Intervention erkannt für die Verwirklichung eines sozioökonomischen Wandels in Äthiopien. Mallas Zenawi war der Ansicht, dass, „wenn eine Verbesserung der agrarischen Produktivität und eine Lenkung des Überschusses, der aus der Industrialisierung erwächst", die Schlüssel zur Entwicklung sind, dann wird „hinter dem wirtschaftlichen ein grundlegender politischer Prozess stehen: die Machtergreifung durch eine politische Klasse, die sowohl den Willen als auch die Fähigkeit zur Umsetzung hat". Seine Regierung sah im Zusammenhang mit der chronischen Ernährungsunsicherheit und mit der Armut den strukturellen wirtschaftlichen Wandel als Existenzfrage an, und viel zu wichtig, um sie kommerziellen Interessen oder Marktmechanismen zu überlassen. Diese Auffassung hat sich seit dem Tod Mallas Zenawis kaum geändert (zumindest bis zu dem Zeitpunkt, da diese Zeilen geschrieben werden).

Merkmale des „Developmentalismus". Wie sollte ein Entwicklungsstaat verfahren? Man machte vier Merkmale aus. Erstens sollte die Legitimität auf der Grundlage einer „zielstrebigen Verfolgung" der gesellschaftlich einbezogenen und weitsichtigen Entwicklung erreicht werden. Zweitens sollte diese Legitimität auf einer breiten Unterstützung der Bürger basieren und auf einem starken Konsens in der Bevölkerung. Drittens sollte der Staat selbstbestimmt sein, unabhängig von allen möglichen Einflüssen, insbesondere von solchen des privaten Sektors, sollte er fähig sein zu disziplinieren und zu entwicklungsförderlichen Investitionen anzuhalten, um das nationale Wachstum zu fördern. Und viertens: Weil ein „Staat in Entwicklung" entweder demokratisch oder undemokratisch sein kann, entschied der verstorbene Premierminister, dass Äthiopien demokratisch sei.

Der Denkansatz der regierenden Partei basiert auf elementaren nichtliberalen Annahmen. Die erste besteht darin, dass der Staat über eine lange Periode von einer oder mehreren Generationen einer politischen Führung gelenkt werden soll, die sich ausdrücklich dem Developmentalismus verpflichtet fühlt. Dies aber führt zu einer Reihe von Fragen:

Wie kann sichergestellt werden, daß die nationale Führung integer und engagiert bleibt in der langfristigen Aufrechterhaltung eines integrativen Gleichgewichtes zwischen einer Entwicklung zugunsten der Armen und des nationalen Wachstums? Welche Möglichkeiten von Machtwechseln durch Wahlen bestehen im Rahmen eines Mehrparteiensystems? Wie steht es um den wirklichen Umfang des Rückhalts der Regierung im Volk? Nach der breiten Anfechtung bei den nationalen Wahlen von 2005 – insbesondere, aber nicht nur in den städtischen Gebieten – wurden die politischen Oppositionsparteien an den Rand gedrängt, wobei die herrschende Partei ihre Strukturen erneuerte und den verfügbaren politischen Raum wieder besetzte. Im Mai 2015 schafften es die Oppositionsparteien nicht, auch nur einen einzigen Sitz

Markttag in Bati, Oromiyaa, © Wilfried Hofmann

im Bundesparlament zu erringen. Nach Ansicht der EPRDF gewährleistet das von ihr mittels des Föderalismus eingeführte, weitgehende System einer multiethnischen Vertretung mit parlamentarischen Strukturen auf verschiedenen Ebenen, von der lokalen bis zur zentralen, eine demokratische Legitimation. Wenig Zustimmung findet diese Sichtweise außerhalb der herrschenden Partei, wo Kritiker auf die repressive Gewaltanwendung gegen Oppositionelle verweisen.

Die zweite Annahme besteht darin, dass der Staat in den wirtschaftlichen Schlüsselbereichen die Kontrolle über die Schalthebel behalten kann und soll, sowohl regulierend als auch agierend; eine Regierung kann beides zugleich leisten und developmentalistisch (wirtschaftspolitisch) aktiv sein, aber unter Vermeidung von Aktionen im öffentlichen Bereich, die (mit Hilfe politisch erwirkter Privilegien) gewinnorientiert sind und sich als sozial verheerend auswirken, so Mallas Zenawi. Dies unterscheidet sich von der neoliberalen Ansicht, welche allein den Wettbewerb für effizient hält. Die Führer Äthiopiens wenden sich gegen die Vorstellung, dass die Märkte das ideale Instrument sind, um die Produktion anzukurbeln und Überangebote im Zusammenhang mit dem Entwicklungswandel zu verteilen. Sie teilen damit einige Ideen des Ökonomen Josef Stiglitz. In dem Glauben, dass dies eher den Interessen eines beschleunigten sozioökonomischen Wandels der kleinbäuerlichen Mehrheit als einer reichen Oberschicht entspricht, strebt die EPRDF nach einem Entwicklungsstaat, der den Willen und die Fähigkeit hat, den Markt und den Privatsektor – sowohl national als auch international – zu disziplinieren, weil sie diese wohl für eine Gefahr für die Integrität und die die Armen begünstigende Orientierung von Politik und Verwaltung hält.

Kritik. Kritiker haben die Frage gestellt, inwieweit in der Praxis die entsprechende Fähigkeit und der Wille auf der bundestaatlichen Ebene vorhanden sind, geschweige denn in den föderierten, nationalen Regionalstaaten und auf der lokalen Ebene. Der äthiopische Staat wurde lange Zeit als bemerkenswert frei von Korruption geschätzt. Das Ausmaß der aufkommenden Korruption sowohl im öffentlichen Dienst als auch in weiten Bereichen politischer Entscheidungsträger ist inzwischen besorgniserregend geworden, verbunden mit der mangelnden Bereitschaft beider Gruppen, „den Mächtigen die Wahrheit sagen" (Zitat: „speaking truth unto power"). Vor allem Letzteres war in der traditionell hierarchischen Kultur der äthiopischen Politik stets unterentwickelt. Die aufkeimende Korruption sowie anhaltende Schwächen in vielen Leistungsbereichen des öffentlichen Dienstes stellen wohl die größten Schwachstellen des äthiopischen Entwicklungsmodells dar.

Die Umsetzung der nationalen Entwicklungsstrategie Äthiopiens liegt also überwiegend in der Hand des Staates. Im zweiten Halbjahr 2015 wurde ein zweiter fünfjähriger Growth and Transformation Plan (GTPII) aufgestellt, um das 2010 eingeleitete Programm für sehr ehrgeizige öffentliche Investitionen in die Infrastruktur fortzusetzen.

Der staatliche Hebelmechanismus wird mittels einer umfassenden Kontrolle der strategischen Bereiche und Ressourcen umgesetzt, sowie durch einen sehr großen öffentlichen Sektor. Man erweiterte die Privatisierung auf wenige Gebiete der Infrastrukturen oder Dienstleistungen aus, wobei Erwägungen der nationalen Sicherheit im Spiel sind (und im heutigen Äthiopien wird nationale Sicherheit weit gefasst). Es besteht eine gewisse Aussicht auf kommerzielle Investitionen in der Energieerzeugung, aber ihre Übertragung und Verteilung bleibt dem Staat vorbehalten. Die meisten Investitionen sind öffentliche, so z.B. der Bau von Staudämmen für Wasserkraftwerke an den Flüssen – fragwürdigerweise sind dies Nil und Omo. Auch der Telekommunikationsbereich, dessen große Gewinne in andere öffentliche Investitionen fließen, bleibt dem privaten Sektor verschlossen. Zusammen mit dem anhaltenden staatlichen Ausbau der Strom-, Verkehrs- und Telekommunikationsnetze fördert der GTPII die Bereiche Bildung, Gesundheit und Wohnen und konzentriert sich auf die massive Expansion des formellen Finanzsektors, um die Dienstleistungen auf die Landbevölkerung auszuweiten. Obwohl es 16 äthiopische Privatbanken gibt (die in engen Grenzen reguliert werden und die Staatsanleihen im Wert von 27 % ihres Darlehensportfolios zeichnen müssen), bleiben internationale Banken vom Privatkundengeschäft ausgeschlossen, das die staatseigene Commercial Bank dominiert. Es gibt freilich Anzeichen dafür, dass der äthiopische Finanzsektor, nicht zuletzt im Zusammenhang mit dem Beitritt zur Welthandelsorganisation, sich 2020 öffnet, mit der Einführung eines internationalen Wettbewerbs und einer breiteren Palette von Finanzprodukten – und damit einem Sekundärmarkt für Schatzwechsel –, von 2020 an mit der Einführung eines Aktienkapitalmarktes. Diese Veränderungen dürften für den inländischen Bankensektor, der, verglichen mit globalen Standards, noch in den Kinderschuhen steckt, eine große Herausforderung darstellen. Dies wird aber dem kleinen inländischen Privatsektor möglicherweise die dringend benötigten neuen Kreditquellen erschließen. Internationale Investoren und Unternehmen haben mittlerweile erheblich in die Bau-, Textil-, Getränke-, Schnittblumen- und Zementindustrie investiert.

Der öffentliche Sektor beherrscht den Maschinenbau und die Erschließung von Industrieparks, die Produktion von Zucker und Düngemittel, das Transportwesen auf Straße, Schiene, Wasser und in der Luft, usw. Kritiker beklagen, dass die äthiopische Währung nach wie vor überbewertet ist und die Zinsen niedrig gehalten werden. Eine Strategie, die den Import von Materialien für das öffentliche Investitionsprogramm begünstigt, aber die Wettbewerbsfähigkeit des Exports und die nationalen Spareinlagen behindert. Die Schaffung von Arbeitsplätzen, um den Bedürfnissen einer zunehmend jungen Generation gerecht zu werden, ist nach wie vor eine gewaltige Herausforderung, zumal die Arbeitsmigration auf lokaler wie internationaler Ebene zunimmt.

Dass der Grundbesitz im öffentlichen Eigentum gehalten wird, erwies sich als höchst kontroverses Thema der Politik. Dem Entwicklungsstaat erleichtert es den raschen Ausbau der Infrastruktur (Straßen, Eisenbahnen, Staudämme, Energie- und Telekommunikationsnetze). Denn für die Enteignung von Land aus Privateigentum wäre ein erheblicher Aufwand an Zeit und Finanzmitteln erforderlich. So verhindert man den Einsatz knapper nationaler Kapitalressourcen beim Erwerb von Grundstücken für Investitionen oder Entwicklung. Zugleich dämpft dies die Landflucht. Kritiker raten aber schon lange zur Vorsicht, dieser Ansatz sei auf Dauer nicht aufrecht zu erhalten, weil die zunehmende Zerstückelung der landwirtschaftlichen Flächen im Hochland kaum durch eine schrittweise Ausweitung bei den Pachtverträgen wettgemacht werden könne. Dies führe auch zu Spannungen zwischen einer älteren Generation mit Landbesitz und einer jüngeren ohne Land. Die Enteignung von Land im Tiefland war – vor allem in den letzten fünf Jahren – heftig umstritten, verbunden mit einer weitreichenden (und oft unproduktiven) Verpachtung an kommerzielle Investoren und verbunden mit einer Umsiedelung. Seit 2014 geriet sie aber auch im Zusammenhang mit einer städtischen Erweiterung zum Streitthema, als eine damit kombinierte Entwicklungsplanung in und um Addis Ababa Proteste in ganz Oromiyaa auslöste.

Regierung als Gesellschafter („Stakeholder" = Anspruchsberechtigter). Während der Staat der führende Vollstrecker der Interessen ist, erstreckt sich die Bandbreite der Akteure, die sich wünschenswerterweise an den Entwicklungsvorstellungen des Staates orientieren sollen, weit über den Staat hinaus. Die Initiativen des Staates wurden ergänzt durch solche einer Reihe politischer oder mit ihm verbundener Institutionen, die man zu diesem Zweck schuf. Zu diesen gehören regierungsnahe Nichtregierungsorganisationen und Entwicklungsverbände, Körperschaften mit Massenmitgliedern, Kleinstkredit-Institutionen und Genossenschaften. sowie Mischkonzerne mit Stiftungsfonds. Die Existenz dieses Spektrums staatlicher und nichtstaatlicher sozioökonomischer Akteure, die sich sämtlich an den Visionen der Regierung ausrichten, räumt der Staatsführung beträchtlichen Einfluss auf die Entwicklungsagenda ein. Indessen wurden Akteure aus dem privaten Sektor und dem Freiwilligenbereich weniger wohlwollend angesehen, und die Regierung hat sich immer stärker auf Gebieten durchgesetzt, die man normalerweise zum privaten Sektor zählt. Bestimmte Handelsformen, die den Markt verzerren – z.B. durch einschneidendes Handeln beim Horten von Waren und beim Wucher – werden als „unproduktives Gewinnstreben" verdammt. Die Regierung behauptet, dass der Privatsektor in Äthiopien zunächst heranreifen und sich entwickeln muss, ehe er eine führende Rolle in Ergänzung der staatlichen Wirtschaftsaktivität spielen kann, die bis dahin Vorrang hat. Eine vergleichbare Haltung ist gegenüber Freiwilligenorganisationen zu beobachten, wobei die Zivilgesellschaft eher die Lücken bei den öffentlichen Dienstleitungen schließen soll statt als gute Sache an sich angesehen zu werden.

Insgesamt scheint das Entwicklungspotential eines staatlich gelenkten Ansatzes klar, der eine langfristige Perspektive für die Armen voraussetzt, am Gewinn orientiert ist, zentral verwaltet wird und das politische Umfeld vorhersehbar macht. Seine Umsetzung durch einen öffentlichen Dienst und eine politische Hierarchie, die weitgehend unabhängig von externer Überprüfung und Kontrolle ist und nur einem internen – meist politischen – Bewertungssystem unterworfen bleibt, weckt Befürchtungen im Blick auf Redlichkeit, Integrität und Nachhaltigkeit. Die EPRDF hat den Entwicklungsstaat zum allumfassenden Projekt gemacht, das ihre Anhänger begrüßen, aber wenig Raum für Vertreter alternativer Ideen lässt. Beobachter haben beklagt, dass dieser allumfassende Ansatz den Spielraum für Vetternwirtschaft, Korruption und Selbstgefälligkeit eröffnet. Inzwischen bleibt der Fortschritt bei Prozessen der Dezentralisierung, Liberalisierung und Demokratisierung zwischen der Regierung und ihren Kritikern hart umkämpft.

Literatur: EMANUELE FANTINI, *Developmental State, Economic Transformation and Social Diversification in Ethiopia*, Istituto per gli studi di politica internazionale, Analysis no. 63, Milan 2013 (*http://193.205.23.8/sites/default/files/publicazioni/analysis_163_2013.pdf*); MELES ZENAWI, „States and Markets: Neoliberal Limitations and the Case for the Developmental State", in AKBAR NOMAN, KWESI BOTCHWEY, HOWARD STEIN, JOSEPH STIGLITZ (Hrsg.), *Good Growth and Governance in Africa: Rethinking Development Strategies*, Oxford 2012, 140–174.

Sarah Vaughan, Edinburgh

Emigration und Diaspora

Die geografische Nähe Äthiopiens zu den frühen Handelsrouten des Roten und des Arabischen Meeres hat dazu geführt, dass sich Äthiopier über viele Jahrhunderte weit über die Grenzen Nordostafrikas hinaus verstreut haben. Dies geschah entweder aus freiem Willen oder durch Vertreibung, die mit dem Sklavenhandel in Verbindung gebracht wird.

Frühe Händler und Pilger. Das älteste Zeugnis für die Existenz von Äthiopiern in der Fremde ist der antike Hafen von Barygaza (das moderne Bharuch im indischen Gujarat), wo sich in den frühen Jahrhunderten des 1. Jt. n.Chr. eine äthiopische Händlerkolonie etabliert haben könnte. Aber die meisten der ältesten Berichte stehen in Beziehung mit der Geschichte des Christentums in Äthiopien. So ist es wahrscheinlich, dass in den ersten Jahrhunderten nach der Konversion des aksumitischen Königs im 4. Jh. abessinische Pilger nach Jerusalem reisten. Eine äthiopische Gemeinde wurde dort bald nach dem Aufkommen des Islam im 7. Jh. als eine von drei „Nationen" vor Ort betrachtet. Als Salah ad-Din 1187 Jerusalem von den Kreuzrittern für den Islam zurückgewann, erkannte er ausdrücklich ihre Rechte als eingesessene Vertreter eines Zweiges der koptischen Kirche an. Die Tatsache, dass Äthiopier in der zweiten Hälfte des 13. Jh. erneut als eine der „Nationen" des Heiligen Landes genannt werden, ist zweifellos Ausdruck ihrer festen Verankerung in Jerusalem. Die äthiopische Präsenz in Jerusalem währt bis zum heutigen Tage, sowohl in der Grabeskirche als auch in der Äthiopischen Kirche, die von Kaiser Menilek II. Ende des 19. Jh. finanziert wurde.

Versklavung und Vertreibung. Die äthiopische Gemeinde in Jerusalem war untypisch, denn sie bestand aus einzelnen Personen, die zum Dienst an ihrer Kirche in das Herzland ihres Glaubens entsandt wurden. Im Gegensatz dazu waren die meisten Äthiopier in der Diaspora Sklaven in der Fremde und konvertierten zum Islam. Aber es gab auch freie christliche Händler und Handwerker aus Äthiopien, die in Arabien lebten. Von den Muslimen wird der äthiopische Sklave Bilal ibn Rabah verehrt, ein früher Konvertit zum Islam und der erste Muezzin. Der äthiopische Sklavenhandel hatte zur Folge, dass Äthiopier über die gesamte islamische Welt verstreut wurden, von Arabien bis Indien, von Ägypten bis Sansibar, wo sie gemeinhin als „Habash" oder als „Habashi" bekannt waren, eine vom Arabischen abgeleitete Bezeichnung für die verschiedenen Völker Äthiopiens und des Horns von Afrika.

Der Islam bot ein Sozialsystem, in dem Unfreie in beträchtlichem Ausmaß an Macht und Einfluss gewinnen konnten. So spielten äthiopische Sklaven im muslimischen Indien eine prominente Rolle als Soldaten, Konkubinen und Eunuchen. Bereits im zweiten Viertel des 13. Jh. wurden Habashi zu bestimmenden Faktoren auf dem militärischen und politischen Feld des neuen Turk-Sultanats von Delhi.

Die Habashi erreichten über den direkten Seeweg auch das Königreich von Bengalen und wurden unter Rukn-al-Din Barbak Shah (ca. 1459–1474) bedeutende Kriegssklaven. 1486 ergriffen sie die Macht und regierten Bengalen über sieben Jahre, bevor sie 1494 wieder gestürzt wurden. In der Folge wurden die Habashi aus Bengalen vertrieben und wanderten in den Süden des Dekkan ab, wo schon zu Beginn des 15. Jh. Herrscher des Bahmani-Königreiches Habashi für ihre militärischen Einheiten rekrutierten und wo einige von ihnen militärische und politische Führer wurden.

Im späten 15. Jh. waren Habashi Gouverneure von zwei der vier Provinzen des Königreiches; ein weiterer diente als Finanzminister unter Sultan Mahmud, der von 1482 bis 1518 herrschte. Nach dem Zusammenbruch des Dekkan-Königreichs und seiner Ablösung durch verschiedene neue, unabhängige Königreiche stiegen Habashi im 16. Jh. in den Königreichen Ahmadnagar, Bijapur und Golconda in einflussreiche Positionen auf. Auf Grund des Rufes, den die Habashi als Militär- und Hofbeamte zu dieser Zeit im Dekkan genossen, kam es zur Bildung einer Habashi-Streitkraft, genannt Siddis, die als Seemacht an der Küste von Westindien aktiv war. Gestützt auf die Inselfestung von Janjira, waren die Siddis die unangefochtenen Herren der Küste, bis sie sich 1870 der britischen Herrschaft unterwarfen.

Habashi waren auch in Gujarat während der Jahrhunderte muslimischer Herrschaft in Nordindien prominent, wo sie bereits im 13. Jh. als Soldaten in den Armeen und als Seeleute in den Häfen anzutreffen waren. Während der mittleren Jahrzehnte dieses Jahrhunderts und bis zur Eroberung von Ahmadabad durch Akbar im Juli 1572 sind Habashi unter mehreren aufeinanderfolgenden Herrschern von Gujarat in führende Positionen aufgestiegen. Wir wissen, dass nicht alle Habashi Sklaven waren. Ein Netz von Schreinen muslimischer Sufi-Heiliger, die mit Habashi-Pionieren des Achatperlenhandels nach Afrika in Verbindung stehen, entstand in dieser Zeit, vielleicht im 14. Jh.

Erzpriester Merawi Tebege während des *Kidana-Mehrat*-Festes, Hamburg 2010, © Maija Priess

Äthiopische Sklaven werden unter den Gruppen anderer versklavter Völker im Arabien des 19. Jh. besonders hervorgehoben. In ganz Arabien und vor allem in Kairo wurden abessinische Sklavinnen sehr bewundert und waren als Konkubinen begehrt. Viele dieser Frauen wurden freigelassen, und manche erbten Reichtum, wenngleich auch viele am Rande der Gesellschaft dahinlebten.

Im Jahre 1890 wurde eine Handvoll Oromo-Gefangener von der Königlich Britischen Marine befreit und kam schließlich in die Lovedale-Missionsstation in Südafrika. Der Enkel einer dieser Oromo-Frauen war der südafrikanische Anti-Apartheid-Aktivist Neville Alexander (1936–2012). Die regionale Sklaverei und der Exporthandel mit Sklaven endeten nach und nach im beginnenden 20. Jh.

Politische Opposition und Geburt der Diaspora. Schon in den 1920er Jahren begannen einige Äthiopier aus den Oberschichten im Ausland zu studieren, und manche von ihnen blieben im Exil, als die Opposition gegen das kaiserliche Regime nach dem 2.Weltkrieg immer mehr zunahm. Bis in die Zeit der italienischen Vorherrschaft hinein, während derer sich einige Äthiopier in Italien niederließen, war das Aufkommen einer Diaspora noch nicht abzusehen. Das Phänomen der neuen Diaspora geht auf die 1960er Jahre zurück und bildet einen Teil des Kampfes zwischen dem kaiserlichen Äthiopien und der eritreischen Befreiungsbewegung. Von 1967 an flohen Tausende Eritreer in die Republik Sudan; 1991 befanden sich dort bereits über 500.000 Flüchtlinge aus Eritrea. Mit der Revolution von 1974 und der brutalen Bekämpfung ziviler Oppositioneller in Äthiopien durch den *Darg* schlossen sich den Eritreern im Sudan auch viele Gruppen von Äthiopiern an. Mitte der 1980er Jahre waren Dürre und Zwangsumsiedlungen für weitere 50.000 Menschen der Grund, Äthiopien zu verlassen, so dass die Anzahl der Flüchtlinge im Sudan auf mindestens 650.000 anstieg. Für manche war dies zwar nur eine zeitweise Auswanderung, aber die Unsicherheit der politischen Situation in der Heimat veranlasste viele Tausend Flüchtlinge, im Sudan zu bleiben. Einige zogen weiter nach Ägypten, während andere nach Italien und anderswohin in Europa gingen, vor allem ins Vereinigte Königreich und in nordeuropäische Länder.

Zur selben Zeit wurden über 15.000 Beta Esrael, hauptsächlich aus dem Sudan, nach Israel gebracht, vor allem während der späten 1970er und frühen 1980er Jahre. Weitere 35.000 kamen in den 1990er Jahren direkt von Äthiopien nach Israel. 2014 waren fast 140.000 israelische Staatsangehörige äthiopischer Herkunft. Aus Mangel an westlicher Bildung und Arbeitserfahrung fällt die Arbeitslosenquote bei ihnen höher aus als bei den meisten anderen Israelis, außerdem ist ihr Verdienst geringer.

Das Flüchtlingsgesetz von 1980 und das Einwanderungsgesetz von 1990 öffnete das Diversity-Immigrant-Visa-Programm (Einwanderervielfalt-Visum-Programm) das Tor der Vereinigten Staaten von Amerika für Flüchtlinge aus Äthiopien und Eritrea. Um 2011 dürfte ihre Zahl bei über 150.000 gelegen haben. Wenn man die Äthiopier und Eritreer der zweiten und dritten Generation in den Vereinigten Staaten von Amerika hinzuzählt, kommt man vielleicht auf etwa 450.000. Obwohl einige in ihre Heimat zurückkehrten oder besuchsweise nach Afrika zurückkamen, hat die andauernde politische Unsicherheit in beiden Ländern sowie der Umstand, dass sie dort, wo sie sich niedergelassen haben, inzwischen Wurzeln gefasst hatten, dazu geführt, dass sich echte Diaspora-Gemeinden von Äthiopiern und Eritreern in den Vereinigten Staaten von Amerika gebildet haben. Viele davon gehören der Äthiopisch-Orthodoxen Tawahedo-Kirche an, aber der Zuwachs bei den Pfingstkirchen ist, wie auch in Äthiopien, ebenfalls signifikant. Des Weiteren gibt es insbesondere in Washington DC, Los Angeles und im Großraum New York viele äthiopische und eritreische Geschäfts- und Gesellschaftsniederlassungen. Zusätzlich zu den Geldüberweisungen an Familienmitglieder in Äthiopien betätigen sich Äthio-Amerikaner in zunehmendem Maße als Investoren in Äthiopien. Im Jahre 2002 wurde im äthiopischen Außenministerium eine Generaldirektion für Diaspora-Angelegenheiten gegründet, die das Ziel hat, Kapitalanlagen der äthiopischen Diaspora im Land zu fördern. Im selben Jahr erhielten ausländische Staatsangehörige äthiopischer Herkunft einen neuen Rechtsstatus, der sie mit allen Rechten und Pflichten eines Äthiopiers versieht, ausgenommen das Wahlrecht. In dieser Zeit aufgekommene Vorwürfe, die äthiopische Regierung verwende digitale Überwachungsmittel zum Ausspionieren von Äthiopiern, legen die Vermutung nahe, dass eine politische Opposition weder außerhalb Äthiopiens noch innerhalb des Landes länger toleriert wird.

Es ist aufschlussreich, dass sich die große Mehrheit der eritreischen Flüchtlinge nach 1991 dafür entschieden hat, nicht in das unabhängige Eritrea zurückzukehren. Die eritreische Diaspora pflegt ein starkes nationales Zusammengehörigkeitsgefühl, das durch Verbände und durch die Organisation der eritreischen Nationalfeiertage gestärkt wird. Sowohl einzelne Personen als auch Familien und oft auch Gemeinden unterhalten enge Verbindungen zu Eritrea. Personen oder Familien senden regelmäßig Geld und andere Güter an Familienmitglieder in Eritrea. Während des Unabhängigkeitskampfes spielte die Diaspora bei der Finanzierung der Eritrean People's Liberation Front eine wichtige Rolle. Seit der Unabhängigkeit haben viele Eritreer in der Diaspora dem Staat regelmäßig Geldspenden zukommen lassen, oder, neuerdings, Staatsanleihen gekauft. Im Jahre 2011 untersagten jedoch die UN der eritreischen Regierung das Eintreiben einer 2%-igen Diaspora-Steuer, die vor allem unter den 40.000 Eritreern im Vereinigten Königreich auf Widerstand gestoßen war.

Dramatischer Anstieg von Wirtschaftsmigranten. Auf der Suche nach Arbeitsmöglichkeiten, die in der Heimat fehlen, strömten in den letzten Jahrzehnten Scharen von Äthiopiern, insbesondere junge Frauen, nach Saudi Arabien und in die Golfstaaten. Doch Ende 2013 beschloss die saudische Regierung, ungefähr 1 Mio nichtsaudischer Arbeiter ohne Papiere auszuweisen, darunter annähernd 150.000 Äthiopier. Obwohl die äthiopische Regierung finanzielle Mittel für die Wiedereingliederung dieser Arbeitsmigranten bereitstellte, war sie angesichts dieser ungeheuren Anzahl überfordert. Aus denselben wirtschaftlichen Gründen halten sich Äthiopier mit unterschiedlichem Status in allen Ländern der Region auf, insbesondere in Dschibuti, Kenia und Uganda. Die reguläre und irreguläre Abwanderung nach Südafrika auf dem Luft- und Landweg hat im letzten Jahrzehnt dramatisch zugenommen. Südäthiopier, vor allem von den Haddiya und Kambata, sind in Südafrika in großer Zahl vertreten, von wo aus sie enge Verbindungen zu ihren Verwandten in Äthiopien aufrechterhalten. Die Migrationsrouten durch den Kontinent und über das Mittelmeer sind gefährlich, und zahlreiche Menschen sterben unterwegs oder fallen den Schleuserorganisationen zum Opfer. Seit 2009 versuchten 50.000 Eritreer den Sinai zu passieren – etwa einem Fünftel von ihnen gelang es nicht. Systematischer Menschenraub, Folterung und Geiselnahme von Eritreern ist auf dem Sinai ein gut organisiertes verbrecherisches Geschäft, das nur von wenigen Menschenrechtsaktivisten entschieden angesprochen wird.

Mit einer verstärkten Präsenz dank der Informationstechnologien sind die äthiopischen und eritreischen Diaspora-Gemeinschaften aktiv. Sie sind hervorragend mit ihrer Heimat verbunden und tragen zu einer sich rasch ändernden sozialen Landschaft bei, da eine wachsende Zahl Jugendlicher auszieht, um ihr Glück anderswo zu suchen.

Literatur: EDWARD A. ALPERS, KHALID KOSER, „Diaspora", *EAE* II, 150–153; GIULIA BONACCI, „In and Out of Ethiopia: Migrations, Diaspora and Contemporary Ethiopia", *African Diaspora*, 8 (2015), 1–13; MINISTRY OF FOREIGN AFFAIRS, DIASPORA ENGAGEMENT AFFAIRS GENERAL DIRECTORATE, *Basic Information for Ethiopians in the Diaspora*, Addis Ababa 2011 (*http://www.ethiopi anembassy.org/pdf/doc-information-book-diaspora-2012.pdf*).

Edward A. Alpers, University of California, Los Angeles,
Giulia Bonacci, Institut de recherche pour le développement, Nice

Armutsbekämpfung in Äthiopien

Einführung. Äthiopien ist eines der wenigen afrikanischen Länder, deren wirtschaftlicher Entwicklungsverlauf darauf hindeutet, dass es auf dem richtigen Weg des Fortschritts ist, um in den nächsten 10–15 Jahren das Millenniumsziel Nr. 1 der Vereinten Nationen zu erreichen: die Bekämpfung der extremen Armut und des Hungers. Laut Weltbank (WB) wuchs die äthiopische Wirtschaft zwischen 2000 und 2012 um durchschnittlich 8,3% pro Jahr, d.i. die doppelte Durchschnittsrate des Wachstums der Subsahara-Länder. Auch die Armutsrate ($1,25 pro Kopf und Tag) fiel um 33% zwischen 2000 und 2011. Weiterhin hat Äthiopien eine deutliche Verbesserung beim

Zugang zum primären und sekundären Bildungswesen zu verzeichnen, die Grundversorgung im medizinischen Bereich ausgeweitet, die Kindersterblichkeit reduziert,
und die Lebensalterserwartung nahm zu. Diese Verbesserungen sind die Folge bedeutender Investitionen im Bereich der Infrastruktur, vor allem durch den Bau von
Straßen, Schulen, Kliniken und die Einrichtung des Programms für ein soziales Sicherheitsnetz in Gebieten mit Nahrungsdefiziten.

United Nations Development Program (UNDP). Der Bericht des Entwicklungspro-
gramms der Vereinten Nationen (UNDP) setzt in seinem Human Development Report Äthiopien auf Platz 173 der 186 Länder. Wichtiger noch: Über 25 Mio Menschen

leben noch immer in Armut, und Millionen mehr stehen knapp über der
Armutsgrenze und sind oft gefährdet
durch klimatische oder wirtschaftliche
Einbrüche und von Nahrungsunsi-
cherheit bedroht. 2012/2013 waren
über 7,1 Mio auf das Productive Safety
Net Programm (PSNP) angewiesen,
ein Programm zum Nahrungsmittel-
transfer in Gegenden mit einem Defizit
an Nahrungsmitteln.

Die zentralen Fragen lauten: Warum rangiert Äthiopien nach zwei Jahrzehnten mit einem beachtlich hohen
Wirtschaftswachstum auf dem UNDP-
Index so weit hinten? Warum leben
noch immer über 25 Mio Äthiopier in
Armut oder knapp über der Armutsgrenze? Wie breit gestreut und umfassend ist das Wirtschaftswachstum? Wie
wahrscheinlich ist es, dass Äthiopien
das Millenniums Development Goal
Nr. 1 in den kommenden 10–15 Jahren erreicht? Welches sind die größten
Gefahren, die Äthiopiens Anstrengun-

Konso-Kinder, © Clemens Schlüter

gen bedrohen, sich aus der Armutsfalle zu befreien? Versuchen wir, einige dieser Fragen
zu beantworten, indem wir die Tendenzen in der Wirtschaftsentwicklung Äthiopiens
und die Regierungspoltik zur Beseitigung der Armut im Lande untersuchen.

Definition, Maßnahmen und Strategien der Regierung zur Armutsbekämpfung.
Armut ist ein Begriff mit vielen Dimensionen, und jede Anstrengung zu ihrer Bekämpfung muss in Zusammenhang mit der Entwicklung der Menschen gesehen werden, die
nach den Erkenntnissen des UNDP zu Veränderungen im sozialen, wirtschaftlichen
und politischen Leben des Volkes führen. Diese Veränderungen hängen zusammen mit
dem Wirtschaftswachstum, mit einem angemessenen Lebensstandard, mit dem Zugang zu den Ressourcen, die für eine gesunde Lebensführung erforderlich sind, mit
Bildungschancen und mit der Freiheit, an der produktiven Wirtschaft teilzuhaben. Sie
sollten auch ein Leben mit garantierter politischer Freiheit, Rechtsschutz und freier
Meinungsäußerung möglich machen. Wie Entwicklungsstudien gezeigt haben, ist es

von noch größerer Bedeutung, dass jede Bemühung in der Armutsbekämpfung umfassend, nachhaltig und angemessen sein muss, um Armut zu definieren.

Hier nutzen wir diese breitere Definition der gesellschaftlichen Entwicklung als Rahmen für die Beurteilung der äthiopischen Anstrengungen bei der Armutsbekämpfung, und zwar aus zwei Gründen: Erstens versetzt uns dieses Konzept in die Lage, die Auswirkungen der Wirtschaftspolitik der äthiopischen Regierung auf die Entwicklungsfragen der Menschen einzuschätzen. Zweitens hilft es festzustellen, in welchem Umfang der in den letzten beiden Jahrzehnten erzielte wirtschaftliche Fortschritt zu Verbesserung des Lebens der Menschen und zur Armutsbekämpfung beigetragen hat.

Im Jahre 1999 führten die Weltbank (WB) und der Internationale Währungsfonds (IWF) die „Strategischen Papiere zur Verringerung der Armut" ein, als Grundlage für Anleihen bei Banken und Fonds. Diese strategischen Papiere sollten landesbezogen und landgesteuert sein, damit die kreditnehmenden Länder eigene Prioritäten setzen und sich auch selbst an dem Prozess beteiligen können. Sie sollten nach der Wirksamkeit fragen und sich gezielt gegen extreme Armut richten, mit der Absicht, Strategien zur entwickeln, wie die Armut innerhalb kurzer Zeit beseitigt werden könnte.

Entsprechend den Initiativen der WB und des IWF begann die damals regierende Ethiopian People's Revolutionary Democratic Front das Sustainable Development and Poverty Reduction Program (2000–2005) und den Plan for Accelerated and Sustainable Development to End Poverty (2005–2010). Das Hauptziel beider Programme war, eine nachhaltige Entwicklung der Wirtschaft auf breiter Basis einzuleiten und den Weg zu ebnen für die Erreichung der Millenniums-Entwicklungsziele. Auf der Basis der Erfahrungen aus diesen früheren Programmen führte die Regierung im Jahre 2010 den Growth and Transformation Plan (GTP) ein, der die Periode von 2010–2015 umfasste. Nach diesem Plan war es das nationale Ziel, Bedingungen zu schaffen, unter denen Äthiopien erhebliche Fortschritte in der Wirtschaft erzielen, die Armut beseitigen und ein mittleres Einkommensniveau bis 2025 (später geändert auf 2030) erreichen könnte. Der GTP setzte auch einige spezifische Ziele: Ausbau der Kapazitäten von Institutionen, Verbesserung des Zugangs zu medizinischer Erstversorgung, Schulbildung und anderen Programmen der sozialen Netze, Schaffung von Arbeitsplätzen, Verringerung der Armut, Gleichheit der Geschlechter, Aufbau fundamentaler wirtschaftlicher und sozialer Infrastrukturen wie Straßen, Wasser, Elektrizität und Telekommunikation.

Im Rahmen ihrer Anstrengungen, das Wirtschaftswachstum zu beschleunigen und die Armut zu bekämpfen, hat die Regierung bedeutende Mittel für die Entwicklung der Infrastruktur bereitgestellt. So betrugen die öffentlichen Investitionen in die Infrastuktur und in die Schlüsselbranchen der Wirtschaft zwischen 2000 und 2013 laut IWF durchschnittlich 17,9% des Bruttoinlandsproduktes (BIP), d.i. das Zweieinhalbfache des Durchschnitts im subsaharischen Afrika. Auch der Anteil der armutsbedingten Ausgaben (Landwirtschaft, Bildung, Gesundheit, Wasserversorgung und Nahrungsmittelsicherung) stieg kontinuierlich von 57,0% im Jahre 2005 auf 70,0% im Jahre 2013. Tatsächlich wird ein Großteil dieser Aufwendungen gegen die Armut durch ausländische Hilfe finanziert – z.B. sind die Gehälter für Grundschullehrer oder Entwicklungshelfer in der Landwirtschaft und im Gesundheitswesen weitgehend von auswärtiger Hilfe abhängig. Im Jahre 2008 richtete die Regierung ein System für das Management von Katastrophenrisiken ein, das sich auf die Schaffung entsprechender Programme und die Entwicklung von Netzwerken zur sozialen Absicherung konzentriert.

Entwicklungstrends und Armutsbekämpfung. Äthiopiens schnelles Wirtschaftswachstum, abzulesen am relativ hohen BIP und am Wachstum des pro Kopf-Einkom-

mens, hat zur Reduzierung der Armut geführt. Nach der Erhebung des Haushalts-
einkommens und der Konsumausgaben durch die Central Statistical Agency (CSA)
wurden Millionen von Äthiopiern aus der Armut gehoben: nach der nationalen Volkszählung ging die Armut von 45,5% im Jahre 1996 auf 29,6% im Jahre 2011 zurück.
Ebenso verringerte sich die Armutsrate, gemessen an der extremen Armut mit $1,25
pro Tag, von 63,2% im Jahre 1995 auf 30,7% im Jahre 2010, und der sog. Gini-
Koeffizient (ein Maß für die Ungleichheit der Einkommen) blieb zwischen 2000 und
2010 konstant unter 30%, was eine relativ niedrige Ungleichheit zwischen den hohen
und niedrigen Einkommensgruppen der Haushalte bedeutet.

Amhara-Bauern auf dem Rückweg vom Markt, © Serge Dewel-Mouton

Die nationale Armutsgrenze ist in Äthiopien bei 3.781 *Birr* angesetzt (ca. 185 US$,
bei einem Umrechnungskurs von US$ 1= 20,5 *Birr*) – die darunter Fallenden gelten als
arm. Im Jahre 1996 lebte einer von zwei Äthiopiern unter dieser Armutsgrenze; dieses
Verhältnis hat sich 2011 auf einen unter drei Äthiopiern verbessert. Dennoch leben
trotz dieser beachtlichen Erfolge noch immer etwa 25 Mio unter der Armutsgrenze.
Dazu sind viele Millionen von diversen Katastrophen bedroht und Risiken ausgesetzt,
die von wirtschaftlichen wie ökologischen Rückschlägen herrühren, was die fortdau-
ernden Anstrengungen Äthiopiens bei der Armutsbekämpfung beeinträchtigt. Mehr
als die Hälfte der äthiopischen Landbevölkerung litt in der Geschichte unter wiederkehrenden Dürren, die zur Entwurzelung von Familien und zu Hungernöten in vielen
Gesellschaften führten. Laut Angaben der WB sind 14% der nicht unbedingt armen
bäuerlichen Haushalte gefährdet vom Abgleiten in die Armut, wenn der gegenwärtige
Fortschrittsgrad bei der Beseitigung der extremen Armut nicht beibehalten wird.

Auch Arbeitslosigkeit und Unterbeschäftigung sind Probleme, welche die äthiopischen Bemühungen um die Beseitigung der Armut bedrohen. Nach einer Erhebung
des CSA des Jahres 2011 lag die Arbeitslosigkeit bei Jugendlichen (15–29 Jährige) bei
23,3%. Diese hohe Rate verschlechtert sich weiter, wenn man die geschätzten 1,4 Mio

(voraussichtlich 3,2 Mio bis 2050) Arbeitssuchenden dazuzählt, die jedes Jahr zur er-
werbsfähigen Bevölkerung hinzustoßen. Der Anteil der arbeitlosen und unterbeschäf-
tigten Frauen beläuft sich auf 42 %, während es bei den Männern 17,5 % sind. Die
staatlichen Investitionen seitens der Regierung in die Infrastruktur und andere Entwick-
lungsprogramme tragen zur Reduzierung der Arbeitslosenrate bei, aber diese Strategie
ist nicht von Dauer, weil die Regierung in absehbarer Zeit nicht mehr in der Lage sein
wird, das Niveau der staatlichen Investitionen durchzuhalten. Daher ist es wichtig, den
privaten Investitionssektor für Unternehmen zu gewinnen, die Arbeitsplätze schaffen.

Im Bereich der Staatsführung hat die äthiopische Regierung sich in bemerkenswer-
ter Weise auf Dezentralisation und eine Machtdezentralisierung unter Beteiligung von
Regionalregierungen eingelassen. Anzuerkennen ist auch die Rolle der guten Staatsführung beim Aufbau der nachhaltigen Wirtschaft und bei der Förderung einer auf die
Bevölkerung bezogenen Entwicklung. Dennoch zeigen die Daten zu Transparenz, Re-
chenschaftspflicht und Korruption sowie zu den politischen Rechten und bürgerlichen
Freiheiten, dass sich die politischen und sozialen Bedingungen über die letzten Jahre
verschlechtert haben. Eine Analyse, welche die allgemeine politische Situation beurteilt,
und zwar einschließlich des Ablaufs von Wahlen, des politischen Pluralismus, der Arbeit-
weise der Regierung, der individuellen Rechte, der Rechtsstaatlichkeit, der Meinungs-
und Religionsfreiheit, macht deutlich, dass die Bürger sich vielfach nicht der Menschen-
und der politischen Grundrechte erfreuen können, die in der Verfassung garantiert sind.

Herausforderungen. Äthiopien hat in kurzer Zeit wichtige Schritte unternommen,
um das Millenniumsziel Nr. 1 der UN zu erreichen: die Beseitigung der extremen
Armut und des Hungers. Aber dabei bestehen eine Reihe von Herausforderungen fort
– strukturelle wie politische –, denen sich das Land bei seiner Anstrengung, die Armut
zu beseitigen, stellen muss. Diese sind:

– **Die Bevölkerungsdynamik.** Die Bevölkerung Äthiopiens wächst um 2,5 % jährlich, und nach Schätzungen der UN wird sie bis 2025 ca. 130 Mio erreicht haben,
  so dass sich Äthiopien unter den weltweit zehn Ländern mit dem größten Bevölke-
  rungszuwachs befinden wird. Dieses Bevölkerungswachstum wird einen entsprechend großen Bedarf an sozialen und wirtschaftlichen Diensten nach sich ziehen,
  einschließlich von Schulbildung, Gesundheitsvorsorge, von Wohn- und Arbeitsmöglichkeiten. Die Herausforderung betrifft in größerem Umfang auch das Bemühen des Landes um die Beseitigung der Armut. Ermutigend ist der Rückgang der
  Geburtenrate und des Bevölkerungswachstums, wie dies während des letzten Jahrzehnts zu beobachten war. Allerdings muss diese Entwicklung weitergehen, wenn
  Äthiopien von der Dividende der demografischen Veränderung profitieren soll:
  Bei rückläufiger Geburtenrate und sinkender Sterblichkeitsrate verschiebt sich das
  davon abhängige Verhältnis zwischen nicht arbeitstätigem und arbeitsfähigem Lebensalter; es wird ein Zustand erreicht, in dem die Nachfrage nach Dienstleistungen
  durch die Fähigkeiten des Landes, diese zu erbringen, gewährleistet wird.

  Ein damit zusammenhängendes Problem der Bevölkerungsdynamik ist das
  Altersprofil. Etwa 60 % der äthiopischen Bevölkerung (etwas über 54 Mio) sind
  jünger als 25 Jahre, was zu einer hohen Abhängigkeitsrate führt. Die Jugendarbeitslosigkeit (bei 15–29 Jährigen) beträgt 23,3 %, und 1,4 Mio neue Arbeitsu-
  chende kommen jählich auf dem Arbeitsmarkt hinzu. Gegenwärtig hilft das hohe
  Investitionsniveau der Öffentlichen Hand dabei, die Arbeitslosenrate zu reduzieren, aber nur höhere private Investitionen in die Schaffung neuer Arbeitsplätze
  können diese Probleme langfristig lösen.

– Die Wirtschaftsstruktur. Das Rückgrat der äthiopischen Wirtschaft ist die Landwirtschaft; sie ist die Lebensgrundlage für 85% der Bevölkerung. Das Wachstum
der Landwirtschaft hat auch zur Verringerung der Armut beigetragen. Eine neuere WB-Studie ergab, dass ein Wachstum in der landwirtschaftlichen Produktion von durchschnittlich 1,0% einen Rückgang der Armut von 0.9% nach sich
zieht. Die Leistungsfähigkeit der Landwirtschaft hängt jedoch in hohem Maße
von den Klimabedingungen ab. In den letzten Jahrzehnten haben Dürre und
unregelmäßige Niederschläge die Produktivität im landwirtschaftlichen Sektor
beeinträchtigt und oft einen Großteil der ländlichen Bevölkerung der Gefahr
einer Hungersnot ausgesetzt. Die Regierung hat das Programm für ein soziales
Sicherungsnetz und zur Bewältigung von Risiken etabliert, aber dessen geografische Reichweite ist nicht so groß, wie es sein sollte. Einige Gebiete, insbesondere die, in denen Viehzucht betrieben wird, sind von den Hilfen aus Programmen des sozialen Sicherungsnetzes der Regierung ausgeschlossen, einschließlich
dem Empfang direkter und erweiterter Leistungen, wie verbessertem Saatgut
und besseren Düngemitteln. Auch der Anstieg der Lebensmittelpreise (der Con-
sumer Price Index [CPI] stieg zwischen 2000 und 2013 um 400%) betrifft die
Armen und trägt dazu bei, dass die Zahl der Haushalte größer wird, die ein soziales Sicherungsnetz benötigen. Ein Gutachten des CSA hat ermittelt, dass die
Anzahl der Haushalte mit einer Lebensmittellücke von weniger als drei Monaten im Jahr 2005 von 25% auf 42% im Jahre 2011 angestiegen ist.

Der Anteil der Landwirtschaft am Bruttoinlandsprodukt ist rückläufig (von
47% im Jahre 2000 auf 38% im Jahre 2011), was auf einen Strukturwandel in der
Wirtschaft hindeutet. Aber dieser Wechsel wird nicht von einem entsprechenden
Anwachsen auf dem nichtagrarischen Sektor ausgeglichen, insbesondere nicht im
verarbeitenden Gewerbe, wo eine größere Beschäftigungskapazität bestünde. Stattdessen wuchs der Anteil des Dienstleistungssektors (Beschäftigte im Handel, im
Haushalt und anderen Sozialdiensten) von 35% im Jahre 2000 auf 43% im Jahre
2011. Eine Beschäftigung im Dienstleistungssektor rekrutiert sich aus Arbeitern,
die als „arbeitende Arme" darum kämpfen, über die Runden zu kommen. Die Regierung muss alles daransetzen, um den Anteil des Fertigungssektors zu erhöhen.

– Die Rolle des privaten Sektors. Wie erwähnt, spielt der private Sektor eine entscheidende Rolle bei der Schaffung eines nachhaltigen Wirtschaftswachstums und
der Reduzierung der Armut durch die Bereitstellung von Arbeitsmöglichkeiten.
Leider ist die Rolle des privaten Sektors beschränkt. Die Regierung hat versucht,
durch Gesetze Anreize für private Investitionen zu geben und die Rolle des privaten Sektors zu stärken. Aber diese Bemühungen haben bislang nur zu begrenzten Resultaten geführt. Zu den kritischen Faktoren, welche die Beteiligung des
privaten Sektors bestimmen, gehören die einfache Geschäftsabwicklung und die
Auswirkung staatlicher Normen und Regulierungen sowie die Bürokratie bei der
Geschäftstätigkeit. Äthiopien rangiert auf Platz 132 (drei Plätze unter dem des
Vorjahres) der 189 Länder, die im Jahre 2014 im WB-Bericht zum Doing Busi-
ness Survey verglichen wurden. Die Transaktionskosten des Privatsektors sind in
Äthiopien bedeutend höher als in anderen afrikanischen oder asiatischen Ländern.
Faktoren wie Geschäftseröffnung, Kreditwürdigkeit oder grenzüberschreitender
Handel wurden im Bericht von 2014 schlecht bewertet. Die Regierung muss das
Geschäftsklima verbessern, um die Transaktionskosten auf dem privaten Sektor zu
senken.

- Das Sicherheitsnetz für urbane Gebiete. Das gegenwärtige Programm des Sozial-
netzes erstreckt sich nicht auf die städtischen Gebiete, wo vielfach zu hoher Arbeitslosenrate und Unterbeschäftigung der Anstieg der Mieten und der Nahrungs-
mittelpreise kommt. Hier belief sich die Arbeitslosenrate im Jahre 2012 auf 17,5 %,
aber diese Zahl erfasst nicht die in Not Arbeitenden (z.B. Tagelöhner), die ein
Beschäftigungsverhältnis suchen. So entsteht der falsche Eindruck, dass die Armut
in den städtischen Gebieten nicht so hoch wäre wie auf dem Lande, obwohl sie in
Städten, vor allem in den großstädtischen Räumen, weiterhin ansteigt.

  Nach einer Untersuchung der CSA 2011 zum Lebensstandard haben mehr als
  die Hälfte der Befragten angegeben, dass ihr Lebensstandard schlechter sei als 12
  Monate zuvor. Diese Wahrnehmung, dass sich der Lebensstandard verschlechtert,
  herrschte vor allem in den städtischen Gebieten vor. Soziale Netze zur Absicherung der Armen in den Städten sind mehr denn je erforderlich; sie könnten auch
  selbstständig Arbeitende ermutigen, sich stärker unternehmerisch zu betätigen
  und ein Geschäft aufzubauen.

- Regierungsführung und institutionelle Strukturen für integratives Wachstum. Die
äthiopische Regierung hat Gesetze und Prozesse eingeführt, um die Regierungsstruk-
tur zu verbessern und ihren politischen Raum zu erweitern. Wie jedoch die Daten in
unserer Tabelle zeigen, bestehen weiterhin große Herausforderungen auf dem Gebiet
der politischen Rechte und der bürgerlichen und der individuellen Freiheiten, bei der
Rechtsstaatlichkeit und einem wirksamen Rechtssystem. Die politischen Rechte und
die bürgerlichen Freiheiten haben sich im Laufe der Jahre verschlechtert, und die äthiopische Gesellschaft kann nicht die verbrieften demokratischen Freiheiten genießen.

- Verbesserungen der Qualität der Dienstleistungen. Im letzten Jahrzehnt hat
Äthiopien beeindruckende Schritte bei der Steigerung des Dienstleistungsniveaus
erreicht: in den Bereichen Bildung, Gesundheitswesen, Straßenbau und Wasserversorgung. Dennoch steht das Land nach wie vor vor vielen drängenden Problemen der gesellschaftlichen Entwicklung, insbesondere bei der Qualitätsverbesse-
rung der Infrastruktur und der sozialen Dienste.

Ob Äthiopien es schaffen wird, die Armut zu beseitigen und das Niveau der Länder
mit einem mittleren Einkommen bis 2030 zu erreichen, hängt davon ab, wie sehr
es der Regierung gelingen wird, die hier erörterten Herausforderungen zu meistern.

  Im Jahr 2016 hat die äthiopische Regierung den GTP II (2015–2020) verabschiedet, dessen Hauptziel darin besteht, Äthiopien bis 2020 (nunmehr 2030) in die
Kategorie der Länder mit einem mittleren Einkommen zu befördern. In dem Plan
wurden wichtige Strategien, wie in GTP I, formuliert, darunter schnelles Wachstum
der Wirtschaft, Steigerung der landwirtschaftlichen Kapazität und des verarbeitenden
Sektors, Verbesserung der Infrastrukturbasis, Ausweitung der Rolle des Privatsektors
in der Wirtschaft und Stärkung des städtischen Managements der Erweiterung, einschließlich der Schaffung von Arbeitsplätzen. Die Regierung hat sehr ehrgeizige Ziele
und Strategien zur Umsetzung dieser Pläne festgelegt, von denen einige das Erreichen
der Wachstumsrate von 10 % des BIP, die Verringerung des Anteils der Landwirtschaft am BIP auf 35,6 % und die Erhöhung des Anteils des verarbeitenden Gewerbes
auf 22,8 % vorsehen, ebenso die Senkung der Armutsquote auf 16,7 %, sowie die
Ausweitung des Sektors der Versorgung auf 90 % und schließlich die Verbesserung
der Sozial-, der Gesundheits- und der Bildungsdienstleistungen des Landes.

  Die Erfahrung Äthiopiens beim Erreichen der in GTP I festgelegten Ziele macht
deutlich, dass die Wirtschaft weiterhin vor großen Herausforderungen steht. Dazu

zählen die Finanzierungsengpässe von Projekten, die hohe Inflationsrate, durch Dürre verursachte Nahrungsmittelknappheit, eine hohe Arbeitslosenquote und die Schrumpfung der privaten Sektoren durch die Dominanz von parteigeförderten Unternehmen, die die Wirtschaft bestimmen. Es ist zwingend erforderlich, dass die Regierung erkennt, dass die strukturellen und politischen Probleme der Wirtschaft der Erörterung bedürfen, wenn die im GTP II festgelegten Ziele erreicht werden sollen.

Entwicklung	Jahre				
	1995	2000	2005	2010	2015
Ausmaß des Wirtschaftswachstums					
Bruttoinlandsprodukt BIP (in %)	6.13	6.07	11.80	11.20	10.49
pro Kopf (in %)	2.73	3.08	8.70	8.30	7.60
Wachstum der Hauptwirtschaftszweige					
Landwirtschaftlicher Wertzuwachs jährlich (in %)	3.80	3.10	13.50	5.10	6.40
Produzierendes Gewerbe jährlich (in %)	8.89	6.66	13.03	9.21	18.20
Dienstleistungsgewerbe jährlich (in %)	10.59	10.89	12.32	16.24	11.10
Verbraucherpreis-Index – 2010 = 100	34.10	35.00	44.80	100.00	209.1
Armut und Einkommen					
Absolute Armut (% der Bevölkerung)	45.50	44.20	38.70	29.6 (11)	
Anteil mit $1,25 (% der Bevölkerung)	63.20	55.60	39.00	30.70	
Index des Gini-Koeffizienten	0.39	0.28	0.30	0.30	
Einkommensunabhängige Armut					
Gesundheit					
Lebenserwartung	49.3	52.2	56.6	61.5	65.0
Kindersterblichkeit (Todesrate je 1.000 Geburten)	106	97	74	59	43
Todesrate bei Unter-5jährigen (je 1.000 Geburten)	175	146	110	76	61
Müttersterblichkeitsrate (je 100.000 Geburten)	1.200	990	740		420
Bildung					
Alphabetisierung der Über-15-Jährigen (% der Bevölkerung)	27.0 (94)	35.9 (04)	37.9	39.0 (07)	54.4
Schulanfänger (% der Bevölkerung)	29.3	54.9	79.2	87.0 (06)	94.8
Wasser – nationale Versorgung (in %)	19.1	27.9	35.9	52.6	57.3
Straßennetz – durchschnittliche Entfernung von Hauptstraßen (in km)			14.9	11.3	6.4
Regierungsführung Politische Rechte und bürgerliche Freiheiten (Skala von 1 bis 7)*					
Politische Rechte	4	5	5	6	6
Bürgerliche Freiheiten	5	5	5	6	6
Status	PF	PF	PF	NF	NF
Transparenz (Verantwortlichkeit und Korruption im öffentlichen Bereich**)		2.5	2.5	2.5	3.0
* Bewertung der politischen und der bürgerlichen Rechte: 1 = sehr frei, 7 = am wenigsten frei; Status der Freiheit: PF = partiell frei; NF = nicht frei					
** Bewertung der Transparenz: 1 = gering, 6 = hoch					

Tabelle 20: Entwicklung der Armutsbekämpfung in Äthiopien, © Mulatu Wubneh

Referenzen: Die meisten der ökonomischen und der Armutsdaten für diese Analyse wurden den folgenden Berichten entnommen, die ihrerseits auf nationalen Quellen basieren, so z.B.: den Central Statistical Authority and Ministry of Finance and Economic Development als Originalquellen; weiterhin NATIONAL HUMAN DEVELOPMENT REPORT 2014, *Ethiopia: Accelerating Inclusive Growth for Sustainable Human Development in Ethiopia*, Addis Ababa 2015; WORLD BANK, *Ethiopia: Poverty Assessment*, Addis Ababa 2015.

Mulatu Wubneh, East Carolina University

Innere und äußere Sicherheit – die Lage in Äthiopien

Äthiopien ist ein Vielvölkerstaat, in dem mehr als 80 Nationalitäten zusammenleben. Da viele ethnische Gruppen lange Zeit ökonomisch und sozial an den Rand der Gesellschaft gedrängt wurden, war die jüngere Geschichte von bewaffneten Auseinandersetzungen geprägt. Für zahlreiche Ethnien war es kaum möglich, ihre Kultur und Sprache zu pflegen. Das letzte Jahrhundert ist deshalb mit Tyrannei und bitterer Armut verbunden. Endlose gewaltsame Konflikte im Land und feindselige Beziehungen zu den Nachbarn waren die Folge. Die koloniale Grenzziehung, die ethnische Gruppen auf verschiedene Staaten aufteilte, löste Kriege aus, wie im Fall von Somalia. Diese langwierigen Konflikte endeten 1991, als die Militärjunta (*Darg*), die 1974 an die Macht gekommen war, gestürzt wurde. Die Territorialkonflikte gingen seitdem spürbar zurück.

Innere Sicherheit. Die innere Sicherheit Äthiopiens hängt vor allem davon ab, ob es gelingt, mit der Vielfalt umzugehen, Armut wirksam zu bekämpfen und Demokratie zu verwirklichen. Nach dem Sturz des Militärregimes führte das Land ein föderales System ein, das die Macht an die Regionalstaaten delegierte, die sich vor allem an ethnischen Kennzeichen orientieren. Der Föderalismus garantierte den Gruppenidentitäten, in den föderalen politischen Institutionen angemessen vertreten zu sein, und führte dazu, dass viele bewaffnete Organisationen, die gegen die Zentralregierung gekämpft hatten, den bewaffneten Widerstand aufgaben. Die Trennung von Staat und Kirche schuf zudem günstige Bedingungen für ein friedliches Miteinander der Religionen. Die positiven Veränderungen, die das Land in den zurückliegenden 25 Jahren erlebte, haben Äthiopien eine relative Stabilität verschafft. Trotzdem steht die Regierung vor Herausforderungen, darunter dem Fehlen der Pflicht des Staates zur Rechenschaft und der Transparenz, dem Fortbestehen einer Marginalisierung, die Gruppen beklagen, einem Missverhältnis in den Beziehungen zwischen politischem Zentrum und Peripherie sowie den Konflikten innerhalb der Regionen beziehungsweise der Ethnien. All das könnte negative Folgen für die nationale Sicherheit und insbesondere die einiger Regionalstaaten haben.

Nach den Aussagen der Regierung ist die innere Sicherheit eng mit den Entwicklungsanstrengungen verbunden, die das Ziel verfolgen, die absolute Armut im Land zu senken (s. „Armutsbekämpfung in Äthiopien"). Etwa 80 % der Bevölkerung hängt von der Subsistenzwirtschaft ab und damit von ausreichenden Regenfällen. Das Land ist somit anfällig für Dürre und Hungersnöte. 1974 beispielsweise führte dies zur Revolution und zum Sturz des Kaisers und zu anhaltenden bewaffneten Kämpfen gegen die Militärmachthaber. Angesichts des Klimawandels sind Dürreperioden und die Versorgung mit Nahrungsmitteln eine der größten Herausforderungen. Auch wenn Äthiopien über gewaltige Ressourcen an kohlenstofffreier Energie wie Wasserkraft verfügt, sind erhebliche Investitionen nötig, um den Energiebedarf nachhaltig zu decken. Die Reduzierung der Armut und größere Ernährungssicherheit sind deshalb das

Herzstück der Sicherheitspolitik. Äthiopien verzeichnet seit über zehn Jahren ein Wirtschaftswachstum von bis zu 10 %. Mehr als 22 Mio Menschen konnten so aus absoluter Armut befreit werden. Die Regierung hofft, dass Äthiopien bis 2030 den Status eines Landes mit mittlerem Einkommen erreicht. Dennoch bleiben die Befreiung des Volkes aus absoluter Armut und das Thema der Ernährungssicherheit die Hauptelemente der inneren Sicherheit.

Auch die Frage, wie sich Demokratie und „good governance" (= gute Regierungsführung) weiterentwickeln, hängt mit der inneren Sicherheit zusammen. Der äthiopische Staat versteht sich als einer der weltweit ältesten. In alter Zeit wurde er zentralistisch und hierarchisch geführt. Die Machtübertragung an regionale und lokale Strukturen schafft

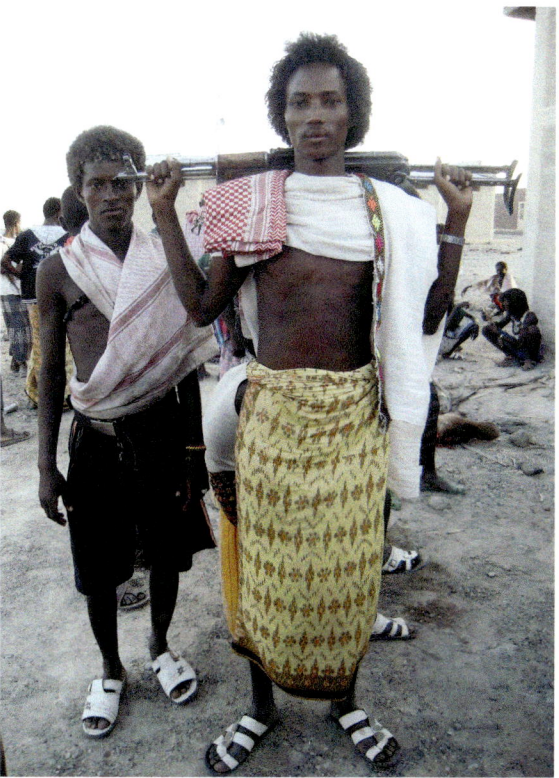

Afar mit Maschinengewehr, © Wolbert G.C. Smidt

nunmehr Bürgernähe, und das bietet Möglichkeiten für eine breitere Mobilisierung der Bürger, auch mit der Chance, nationale Entwicklungspläne wie Aufforstung, Steigerung der Agrarproduktion und anderes umzusetzen. Allerdings verhindern die Dominanz einer politischen Partei und das Top-Down-Prinzip der Regierung eine breitere Teilhabe der Bevölkerung bei staatlichen Angelegenheiten. Mehr Rechtssicherheit, die Rechenschaftslegung und Transparenz staatlicher Dienstleistungen sowie die Korruptionsbekämpfung bleiben kritische Herausforderungen. Sollte die Regierung nicht mit Reformen auf allen Ebenen reagieren, könnten politische Unruhen weiter um sich greifen. Öffentliche Bürgerproteste in den Bundesstaaten Oromiyaa und Amhara 2015/2016 waren und sind die Folge solcher ungelösten Probleme.

Äußere Sicherheit. Die äußere Sicherheit hängt ab von der Stabilität am Horn von Afrika. Die Region gilt als ausgesprochen krisenanfällig. Erwähnt seien die bewaffneten Konflikte im Sudan und im Südsudan bzw. zwischen beiden Ländern. In Somalia bekämpfen sich rivalisierende Klane bis heute, und es kommt immer wieder zu Anschlägen durch terroristische Gruppen. Somalia gilt schlechthin als „gescheiterter Staat". Zwischen Äthiopien und Eritrea schwelt ein Grenzkonflikt, und mit Ägypten herrscht ständig Streit wegen der Nutzung des Nilwassers. Diese regionalen Probleme stellen die nationale Sicherheit Äthiopiens in Frage.

Die Kämpfe zwischen Äthiopien und Eritrea gipfelten 1998 bis 2000 in einem blutigen Konflikt. Seit dem Ende des Krieges verharren beide Länder im Zustand des Kalten Kriegs. Seit 2006 sieht sich Äthiopien auch mit der islamistischen Terrormiliz *Al-Shabaab* konfrontiert, einem somalischen Ableger von *Al-Qaida*, was ein massives

Risiko für die Sicherheit darstellt. Äthiopische Soldaten beteiligten sich an der Friedenstruppe der Afrikanischen Union (AU) in Somalia. Äthiopien beherbergt mehr als 700.000 Flüchtlinge, die vor den Konflikten in den Nachbarländern flohen.

Ungeachtet dessen gilt Äthiopien als relativ stabil und hat sich zum wichtigen Sicherheitsfaktor in der Region entwickelt. Äthiopien entsendet die viertgrößte Friedenstruppe der Welt und die größte Afrikas. Das Land schultert den größten Anteil friedenserhaltender Operationen innerhalb der Region; Südsudan, Sudan und Somalia gehören dazu.

Äthiopien ist es gelungen, eine Einigung über die Nutzung des Nilwassers mit allen Anrainerländern zu erzielen und insbesondere mit der neuen ägyptischen Regierung. Als afrikanisches Land mit der zweitgrößten Bevölkerung hat Äthiopien die Chance, zu einem Zentrum ökonomischer Integration und Stabilität zu werden. Die Stromtrassen nach Dschibuti, Kenia und Sudan sind ein Beleg für das Potenzial Äthiopiens, die regionale und wirtschaftliche Integration am Horn von Afrika zu verwirklichen. Ein weiterer Gewinn für die regionale Stabilität und Sicherheit ist, dass sich in Addis Abeba neben der AU mehr als 100 diplomatische Vertretungen und internationale Organisationen niedergelassen haben.

Die äthiopische Außenpolitik unterstützt die nationalen Sicherheitsinteressen. Schwerpunkte dabei sind der Kampf gegen die Bedrohung durch den Terrorismus und ein gezielter Ausbau wirtschaftlicher Interessen und der Zusammenarbeit am Horn von Afrika. Das hat dazu beigetragen, dass Äthiopien zu einem wichtigen Akteur bei den UN, der AU und in Regionalorganisationen wie der Intergovernmental Authority on Development geworden ist und zum und Gastgeber internationaler Klimaschutzkonferenzen.

Sicherheitsinstitutionen. Seit 1991 hat Äthiopien relativ effektive und gut funktionierende Sicherheitsstrukturen aufgebaut. In der äthiopischen Geschichte war das Militär immer wieder der Hauptbeteiligte bei gesellschaftlichen Konflikten. Seine Vertreter besetzten auch Schlüsselstellungen in der Zivilverwaltung. Bis zum Sturz des *Darg*-Regimes galt das Militär als meistgefürchtete Institution. Auf der Grundlage der Verfassung von 1995 beschränkt sich das Mandat der äthiopischen Armee heute auf die Aufrechterhaltung der territorialen Integrität und Souveränität des Landes.

Mit der Gründung neuer nationaler Streitkräfte wurde die frühere Armee der Ethiopian People's Revolutionary Democratic Front (EPRDF), die das Militärregime 1974 stürzte, zur Basis für die neue Institution. Einige EPRDF-Offiziere bekleiden auch gegenwärtig Führungspositionen in der Armee. Auf dieser Grundlage verschmolzen die Infrastruktur des Militärregimes und die Praxis der Indoktrinierung der EPRDF-Kräfte, und es gelang, die äthiopischen Streitkräfte durch Reformen in eine starke Berufsarmee umzuwandeln.

Das äthiopische Heer, das viertgrößte Afrikas, ist die wichtigste Truppe im Kampf gegen *Al-Shabaab* in Somalia und ein Haupttruppensteller für Friedensmissionen weltweit sowie in der Region.

Die äthiopische Polizei ist auf zwei Ebenen organisiert: bundesstaatlich und regional. Die Bundespolizei ist verantwortlich für die Aufrechterhaltung von Frieden und Sicherheit auf nationaler Ebene und die Regionalpolizei für ihren Bundesstaat. Die Regionalpolizei arbeitet mit kommunalen Sicherheitskräften eng zusammen, wenn es um die Lösung lokaler Konflikte geht. Künftig muss sich die äthiopische Polizei noch besser und professioneller aufstellen, sie muss darauf hinwirken, dass bei Zusammenstößen kein Blut mehr fließt und die Menschenrechte geachtet werden.

Abschließend bleibt festzuhalten, dass die innere und die äußere Sicherheit Äthiopiens davon abhängen, ob es gelingt, zu den Ländern mit mittlerem Einkommen zu gehören und die Mehrheit der Bevölkerung aus absoluter Armut zu befreien. Außerdem entscheiden die Demokratisierung des Staates, die Beachtung der „good governance" und das Problem der absoluten Armut über die Entwicklung, und dies entscheidet wiederum über Stabilität und die Geschwindigkeit der wirtschaftlichen Entwicklung des Landes. Äthiopien hat deutliche Fortschritte bei der Überwindung seiner jüngsten Instabilität und seines Konfliktpotenzials gemacht. Diese Entwicklung hat günstige Voraussetzungen dafür geschaffen, dass das Land heute ein wichtiger Faktor bei der Stabilität und wirtschaftlichen Integration am Horn von Afrika ist.

Literatur: David Turton, *Ethnic Federalism: The Ethiopian Experience in Comparative Perspective*, Oxford 2006; United Nations High Commissioner for Refugees, The UN Refugee Agency, *2015 UNHCR country operations profile-Ethiopia* (*http://www.unhcr.org/pages/49e483986.html*).

Mesfin Gebremichael, Addis Ababa University

Chancen und Herausforderungen für Äthiopiens Entwicklung im regionalen Kontext

Im Vergleich mit zahlreichen krisengeschüttelten Ländern und Regionen auf dem afrikanischen Kontinent erscheint Äthiopien heute vielfach als ein Hort der politischen Stabilität und des wirtschaftlichen Aufschwungs am Horn von Afrika. Und in der Tat: Es gibt eine Reihe von Entwicklungen, die Anlass für Optimismus bieten.

Wirtschaftsentwicklung. Sie zeigt über Jahre ein starkes, fast zweistelliges Wachstum, sowie seit Mitte 2012 eine rückläufige Inflationsrate. Die äthiopische Regierung unternimmt große Anstrengungen, das Land als Investitionsstandort attraktiver und – im ostafrikanischen Kontext – wettbewerbsfähiger zu machen. Im afrikanischen Vergleich liegt Äthiopien nach dem Index der Mo Ibrahim Foundation, dem Ibrahim Index of African Governance für 2015, bei den ökonomischen Rahmenbedingungen für nachhaltige Wirtschaftsentwicklung inzwischen über dem kontinentalen Durchschnitt, noch vor Kenia, Dschibuti und – mit weitem Abstand – vor Eritrea und Somalia.

Trotz der grundsätzlich auf Reformen orientierten äthiopischen Wirtschaftspolitik bleibt das Umfeld für Privatinvestitionen risikobehaftet und problematisch, nicht zuletzt wegen der chronisch niedrigen Devisenreserven und der Bevorzugung öffentlicher Projekte bei der Kreditvergabe.

Für eines der immer noch ärmsten Länder der Welt hat die äthiopische Regierung 2010 einen von vielen Beobachtern als vorbildlich eingestuften Fünfjahresplan zur nachhaltigen Entwicklung des Landes beschlossen, den Growth and Transformation Plan (GTP I), der 2015 für weitere fünf Jahre verlängert wurde (GTP II). Ziel der äthiopischen Entwicklungsstrategie ist, bis 2025 ein „lower-middle-income-country" zu werden. Mit GTP II wird ein durchschnittliches BIP-Wachstum von 11% angestrebt.

Mit maßgeblicher Beteiligung der internationalen Gebergemeinschaft hat Äthiopien bis Ende 2015 beachtliche Fortschritte zur Erreichung der Millennium-Entwicklungsziele erreicht, insbesondere im Hinblick auf die Armutsbekämpfung. Dennoch bleibt in anderen Bereichen noch viel zu tun, wie z.B. im Bildungsbereich, in der Gesundheitsversorgung und der Infrastruktur des Landes.

Entwicklung des Agrarsektors. Der Agrarsektor ist von herausragender Bedeutung für Äthiopien (rund 80% der Bevölkerung leben und arbeiten in ländlichen Regionen)

Hoffnungsvoller Blick in die Zukunft, © Wilfried Hofmann

und hat deshalb auch Priorität in der Entwicklungszusammenarbeit mit der EU. Der Verkauf oder die Verpachtung von fruchtbaren landwirtschaftlichen Flächen an ausländische Investoren bleibt ein kontroverses Thema, insbesondere vor dem Hintergrund der weiterhin fehlenden gesicherten Versorgung der Bevölkerung mit Nahrungsmitteln in einigen Regionen des Landes. Kritiker warnen vor einem „Ausverkauf" von fruchtbarem Ackerland im Interesse kurzsichtiger Deviseneinnahmen. Hingegen verteidigt die Regierung diese Politik mit dem Hinweis auf reichlich vorhandene landwirtschaftliche Nutzflächen und die Vorteile, die die Verwendung einer modernen Agrartechnologie und der Managementmethoden für die Entwicklung dieses Schlüsselsektors der äthiopischen Wirtschaft mit sich bringt.

Eine der großen gesellschafts-und entwicklungspolitischen Herausforderungen Äthiopiens ist die rasante Entwicklung der Bevölkerungszahlen. Schon heute ist jeder zweite Einwohner unter 21 Jahren. Die Schaffung von ausreichenden Ausbildungsund Arbeitsplätzen für die heranwachsende Generation dürfte daher eine der schwierigsten Zukunftsaufgaben sein. Die nachhaltige Unterstützung der Anstrengungen Äthiopiens im Bildungsbereich ist deshalb auch eine der Prioritäten der Entwicklungszusammenarbeit der EU und ihrer Mitgliedstaaten.

Seit mehreren Jahren unterstützt Deutschland den Bau von Schulen und Universitäten sowie Projekte zur Berufsausbildung und Hochschulzusammenarbeit. Die geplante Stiftungsprofessur an der Universität Hamburg verfolgt ganz in diesem Sinne die Förderung und Unterstützung des akademischen Nachwuchses in Äthiopien.

Ein wichtiges und ermutigendes Element für einen breiten gesellschaftlichen Diskurs über die Zukunft des Landes ist der entspannte Umgang der beiden größten Religionsgemeinschaften miteinander – orthodoxen Christen und Muslimen. Daran können sich andere Länder in der Region ein Beispiel nehmen.

Außen- und sicherheitspolitische Fragen. Hier spielt Äthiopien als Regionalmacht traditionell eine herausragende Rolle am Horn von Afrika. Als Gründungsmitglied der

Organisation für Afrikanische Einheit hat Äthiopien anlässlich der 50-Jahrfeier der Afrikanischen Union (AU) und mit Übernahme seiner Präsidentschaft zu Beginn des Jahres 2013 seinen Anspruch als einer der maßgeblichen afrikanischen Meinungsführer unterstrichen. Das kontinentale und regionale Engagement Äthiopiens zeigt sich u.a. darin, dass es mit ca. 12.000 Soldaten derzeit der größte afrikanische Truppensteller für die Vereinten Nationen und die Afrikanische Union ist. In der ostafrikanischen Regionalorganisation Inter-Governmental Authority of Development hat Äthiopien seit Ausbruch des Südsudan-Konflikts im Dezember 2013 in den Mediationsbemühungen zur Beilegung der Feindseligkeiten durchgehend eine Führungsrolle übernommen.

Stabilität und Sicherheit im benachbarten Somalia sind für Äthiopien von vitaler Bedeutung. Seit Anfang 2014 sind äthiopische Truppen als Teil der AU-Mission in Somalia vor Ort und haben im Verbund mit anderen Truppenstellern Erfolge in der Bekämpfung der *Al-Shabaab*-Miliz erzielt. Aus äthiopischer Sicht, die auch von seinen Partnern und Verbündeten geteilt wird, kann es allerdings keine rein militärische Lösung des Konflikts in Somalia geben. Addis Abeba ist deshalb nachdrücklich engagiert, den innersomalischen Friedensprozess voranzutreiben, wobei sich Äthiopien selbst als „ehrlicher Makler" versteht – eine Rolle, die angesichts der spannungsreichen Vergangenheit in den Beziehungen beider Länder nicht ohne Misstrauen zumindest in Teilen der somalischen Führung in Mogadischu gesehen werden dürfte.

Das Verhältnis zum nördlichen Nachbarn, Eritrea, blieb auch nach dem Tod des charismatischen Premierministers Mallas Zenawi unter seinem Nachfolger Hailemariam Desalegn gespannt und in der auf beiden Seiten emotionalen und hoch sensiblen Frage der Anerkennung der Grenzen unverändert brisant. Nach dem Rücktritt Hailemariam Desalegns streckte der neue Premierminister Abiy Ahmed im Juli 2018 überraschend die Hand zur Versöhnung aus und akzeptierte für Äthiopien die bereits 2002 von einer internationalen Schiedskommission vorgeschlagene Grenzziehung zu Eritrea.

Die künftige Verteilung und Nutzung des Nilwassers ist insbesondere für die Anrainerstaaten Äthiopien, Sudan und Ägypten von vitaler Bedeutung; 80 % des gesamten Nilwassers entspringt im äthiopischen Hochland („Blauer Nil"). Deshalb haben Verhandlungen über dieses Thema zwischen den beteiligten Ländern eine große politische und wirtschaftliche Bedeutung. Im März 2015 unterzeichneten Äthiopien, Sudan und Ägypten die „Khartum-Erklärung", in der die Grundlagen für die zukünftige Zusammenarbeit im Hinblick auf den Blauen Nil festgelegt werden.

Wie schon 2010 gewann die – seit 1991 – regierende Ethiopian People's Revolutionary Democratic Front (EPRDF) die Parlamentswahlen im Mai 2015. Die Opposition konnte nicht einen einzigen Sitz im Parlament erringen, das nach dem Mehrheitswahlrecht gewählt wird. Bereits im April 2013 konnte die EPRDF ihre erdrückende Mehrheit auch auf lokaler Ebene zementieren. Die Übergangsphase nach dem Tod des charismatischen Premierministers Mallas Zenawi (2012) verlief ohne nennenswerte politische Verwerfungen, die von einigen befürchtet worden waren. Hoffnungen auf und Erwartungen an die neue Regierung von Premierminister Hailemariam Desalegn, auf eine spürbare Öffnung der politischen Lage in Äthiopien zugunsten von mehr Pluralismus, Pressefreiheit und neue Spielräume für die Opposition und Zivilgesellschaft, wurden allerdings bitter enttäuscht.

Andauernde Spannungen vor allem in der Oromo- und Amhara-Region, in deren Verlauf zahlreiche Menschen ums Leben kamen und die 2016 eine massive Verhaftungswelle auslösten, führten am 13. Februar 2018 zum Rücktritt von Premierminister Hailemariam Desalegn und nachfolgend zur Verhängung des Ausnahmezustands im

Lande. Der neue Premierminister, Abiy Ahmed, der der Mehrheitsethnie der Oromo angehört, hat sich in den ersten öffentlichen Äußerungen nach seiner Amtsübernahme für politische Reformen und eine stärkere Beteiligung der Zivilgesellschaft an der Meinungsbildung über die zukünftige Entwicklung Äthiopiens ausgesprochen.

Afrika bietet zahlreiche und gut dokumentierte Belege dafür, dass zwischen nachhaltiger wirtschaftlicher und sozialer Entwicklung sowie einer guten Regierungsführung („good governance") ein unübersehbarer Zusammenhang besteht. Anders gesagt: ein Land, in dem allgemein anerkannte Prinzipien „guter Regierungsführung" auf Dauer ignoriert werden und es an transparenter und legitimierter Durchsetzung fehlt, kann letztlich nicht mit einer nach innen und außen gesicherten Zukunft seiner Bürger rechnen.

Sidaama-Mädchen, © Clemens Schlüter

Bei aller Anerkennung und Würdigung der wirtschaftlichen und entwicklungspolitischen Fortschritte, die Äthiopien in den zurückliegenden Jahren verzeichnen kann, sowie seiner positiven Rolle bei der Stabilisierung der Lage am Horn von Afrika, raten Freunde und Partner des Landes vor diesem Hintergrund nachdrücklich dazu, mehr Pluralität in der Gesellschaft zuzulassen, anstatt sie weiter einzuschränken. Ein Anfang könnte z.B. mit einer schrittweisen Änderung des Wahlsystems gemacht werden, indem in einem Land mit über 80 unterschiedlichen Ethnien proportionale Elemente eingeführt werden, die eine stärkere politische Beteiligung an der Gestaltung der Zukunft des Landes möglich macht. Als flankierende Maßnahme dazu wäre die Einrichtung eines sog. Runden Tisches eine andernorts bewährte Methode, um dem politischen Diskurs über die friedliche Zukunftsgestaltung des Landes eine breite Dialogplattform zu bieten. Zugegeben: dies ist keine leichte Aufgabe angesichts der komplexen Rahmenbedingungen dieses an Potential und Geschichte so reichen Landes, aber letztlich im Interesse des äthiopischen Volkes und darüber hinaus der gesamten Region. Es bleibt zu hoffen, dass unter der neuen Führung Abiy Ahmeds mutige Reformen einen unumkehrbaren positiven Prozess in Äthiopien und seinen nachbarländern in bewegung setzen. Freunde und Partner Äthiopiens stehen bereit, um dem Land, seinen Menschen und der Region auf diesem schwierigen Weg mit Rat und Tat zu helfen.

Literatur: GÉRARD PRUNIER, ÉLOI FICQUET (Hrsg.), *Understanding Contemporary Ethiopia: Monarchy, Revolution and the Legacy of Meles Zenawi*, London 2015.

Claas Knoop, Bremen

Kapitel 10 Reisen

Einführung

Um es vorweg zu sagen: Wir legen keinen Reiseführer vor. Daran ändert auch das letzte Kapitel dieses Buches nichts. Aber wir wollen Menschen, die die Region bereisen, grundlegende Informationen für eine moderne „Reisekultur" an die Hand geben.

Dabei sind drei Feststellungen wichtig:

– Das Horn von Afrika gilt in der Regel nicht als klassisches Touristenziel, ist nicht vom Massentourismus überflutet, und so fehlen die üblichen Merkmale wie landesweite Hotelketten, eine reibungslos funktionierende Infrastruktur, medizinische Versorgung nach europäischen Standards, das große Spektrum organisierter Freizeitangebote.

– Andererseits haben bereits seit dem Mittelalter Europäer die Region regelmäßig bereist und über ihre Begegnung mit Land und Leuten berichtet; dabei ging es stets um die Begegnung mit den Menschen und ihrer Zivilisation.

– Außerdem erkunden wir seit über 80 Jahren diese faszinierende und uns meist fremde Welt entlang etablierter Routen: in kleinen Landrover-Gruppen oder als Individualreisende entdecken wir die farbigen Kulturen, folgen der Historischen Route und lernen die Völker und Kulturen im Süden und die Nationalparks kennen.

Nicht alle sehenswerten Reiseziele können wir beschreiben. Einige – wie z.B. Aksum oder die südliche „Völker- und Kulturenroute" – wurden auszugsweise in den vorangegangenen Kapiteln beschrieben. Manche Ziele, die als lohnend gelten, bleiben dem Normalreisenden aus politischen oder Sicherheitsgründen derzeit verschlossen, wenn sie z.B. in Eritrea oder Somalia liegen.

Äthiopien empfiehlt sich seit Hayla Sellase als Reiseland. Das Land unternimmt große Anstrengungen, um Touristen einzuladen, und ist dabei, seine Tourismusbranche auszubauen und international zu präsentieren. Dazu gehört die Errichtung von Museen, in denen die Geschichte und die durch die „Zivilisation" bedrohte Kultur der Völker bewahrt und erforscht werden kann.

Wenn wir nach Nordostafrika kommen, begegnen wir den Afrikanern mit Respekt vor ihrer Identität. Wir starren sie nicht wie Tiere im Zoo an – als lebten sie hinter Gittern –, die für unsere Kameras exotische Bräuche und Fotomotive zur Schau stellen. Vielmehr bietet unsere Begegnung eine Chance für beide Seiten, die uns wie ihnen einen Zugang gewährt in das jeweils Andere und Unbekannte. Und dies unterstützt von unserer Seite den dringend notwendigen Beitrag zur Rettung unwiederbringlicher Kulturgüter.

Forschungs- und Entdeckungsreisen

Reisende zur Zeit der Antike und des frühen Islam. Seit dem Altertum bereisten Händler, Diplomaten, Missionare und Militärangehörige das Rote Meer und durch-

Hamar-Region im Dunst, © Matthias Ansel

querten die Gebiete am Horn von Afrika. Die ältesten Schriftzeugnisse von Reiseunter-
nehmungen in diese Länder reichen zum Beginn der christlichen Zeitrechnung zurück.
Sie wurden vornehmlich von griechischen, römischen und byzantinischen Autoren
verfasst. Eines dieser Werke ist der anonyme griechische Text *Periplus maris Erythreai*
(= „Periplus des eritreischen Meeres"), ein Reisebericht über die Region des Roten
Meeres. Er wurde um die Mitte des 1. Jh. verfasst und enthält eine Beschreibung der
Häfen am Roten Meer sowie der Küste und ihres Hinterlandes für die Nutzung durch
römische Handelsleute. Obgleich der Text keine identifizierbaren ethnischen Bezeichnungen enthält, gibt er doch wertvolle geografische Angaben, wie vor allem die erste
Erwähnung von Aksum. Die Unternehmungen des arianischen Missionars und Gesandten von Constantius II. (4. Jh.), bekannt als Theophilus der Inder, der ausgedehnte
Reisen in Himyar und Aksum durchführte, wurden von einem zeitgenössischen arianischen Glaubensbruder in dessen *Historia ecclesiastica* niedergeschrieben. Zwei Jahrhunderte später berichtete der Gesandte Nonnosus (Nónnosos) des byzantinischen Kaisers Justinian I. (518–527) in der Region des Roten Meeres ausführlich über Aksum,
Himyar und Arabien. Sein verschollenes Werk wurde in Auszügen durch Photius, den
ökumenischen Patriarchen von Konstantinopel (858–867) überliefert.

In die Mitte des 6. Jh. zu datieren ist ein Text mit wertvollen Informationen über
die politischen Umbrüche in der Region, die sog. „Christliche Topographie". Sie
wurde in griechischer Sprache von einem christlichen Mönch unter dem Pseudonym
Cosmas Indicopleustes („Cosmas der Indienfahrer") verfasst. Das Buch berichtet über
die Reise des Autors nach Adulis in der Zeit, als die Hafenstadt unter der Herrschaft
eines Gouverneurs stand, den der aksumitische König Ella Atsbeha, auch bekannt
unter dem Namen Kaleb, ernannt hatte. Cosmas zeichnete den vollständigen Text
von zwei Inschriften auf, die er in Adulis im Auftrag des Königs kopiert hatte (das
Monumentum Adulitanum). Darüber hinaus verfasste er wichtige Beschreibungen der
Handelsaktivitäten und der politischen Verhältnisse des Königreiches Aksum und
erwähnte auch die ethnische Gruppe der Agaw.

Das darauf folgende ertragreiche Reisematerial über Äthiopien und das Horn von
Afrika geht auf muslimische Berichte zurück. Angefangen von der Zeit der sog. ersten

Hijra (622 n.Chr.) bis etwa 1500 berichteten zahlreiche arabische und islamische Autoren über das Gebiet des Roten Meeres und des Horns. Sie dokumentieren damit die sich weiter entwickelnden Beziehungen dieser Region mit der muslimischen Welt. Wichtige Autoren dieser Periode sind al-Yaqubi (9. Jh.), Ibn Said al-Magribi (13. Jh.), Ibn Batuta, Ibn Khaldub (14. Jh.) und al-Maqrizi (14.–15. Jh.).

Mittelalterliche Reisende und der Mythos vom Priesterkönig Johannes. Während der Epoche des Mittelalters gelangten zunehmend Reisende aus der westlichen Welt zum Horn von Afrika und schrieben über ihre Erfahrungen und Beobachtungen. Ein wertvoller früher Bericht ist der in hebräischer Sprache verfasste Text *Masaot Binyamin*, bekannt geworden als „Die Reisen von Benjamin", der von dem spanischen Juden Benjamin von Tudela geschrieben wurde. Benjamin berichtet über seine Reisen nach Europa, Afrika und Asien während der Zeitspanne von etwa 1159 bis 1172/73. Nach seiner Schilderung reiste er (oder reisten seine Gewährsleute) über das Rote Meer von Aden nach Suez und sammelten Informationen über „Kush" und den „Sultan von Al-Habash". In späterer Zeit regten die Entstehung des Mythos vom Priesterkönig Johannes und das zunehmende Interesse am christlichen Äthiopien sowohl Entdeckungsreisen als auch den Austausch diplomatischer Beziehungen zwischen europäischen Staaten und dem äthiopischen Hof an. Einer der ersten europäischen Handelsleute und Diplomaten, der nach Äthiopien reiste, war Filippo, der Gesandte von Papst Alexander III. in der zweiten Hälfte des 12. Jh. Im darauf folgenden Jahrhundert lieferte Marco Polo mit *Il Milione* den ersten einigermaßen zuverlässigen Bericht über „Abasce" (Abyssinien), obgleich dieser sich nur auf Gewährsleute stützte, da er selbst niemals Afrika oder das Gebiet des Roten Meeres erreicht hatte.

Im 13. und 14. Jh. trug die Entstehung der Orden von Bettelmönchen, vornehmlich der Franziskaner und Dominikaner, zu einem Anwachsen der Reisetätigkeit in den Orient und nach Ostafrika bei. Bettelmönche und Prälaten wie etwa Guillaume Adam, Jordanus Catalani, Johannes von Sultaniya und Johannes von Montecorvino führten Missionsreisen in den Orient durch und schlossen dabei in einigen Fällen auch das Horn von Afrika und die Region des Roten Meeres ein. Gleichermaßen spielten auch europäische Ordensbrüder eine wichtige Rolle für die Erweiterung des Wissens über das Horn, wie etwa ein namentlich nicht bekannter Franziskaner, der das *Libro del Conoscimento* schrieb, der Dominikaner Pietro Ranzano (Bericht über Pietro Rombulo), und die Franziskaner Johannes von Winterthur und Francesco Suriano (Bericht über Giovanni Battista da Imola).

Im 15. Jh. tauschten etliche europäische Staaten und Königshäuser Gesandte mit äthiopischen Herrschern aus, so etwa mit Yeshaq (1414–1430), Zara Yaeqob (1434–1468), Baeda Maryam I. (1468–1478) and Eskender (1478–1494). In der Folge wurde das christliche Äthiopien Bestimmungsort zahlreicher Gesandtschaften ebenso wie das Ziel von Einzelreisenden, die von der fernen christlichen Monarchie fasziniert waren. Man kann davon ausgehen, dass am Ende jenes Jahrhunderts ein relativ sicherer Reiseweg Ägypten über Nubien mit dem Hochland von Äthiopien verband.

Die Zeit der Portugiesen und der Jesuiten. Im 16. Jh. traten die Portugiesen als privilegierte europäische Partner des christlichen Äthiopien in den Blickpunkt des Interesses. Für mehr als ein Jahrhundert – dies unter der Ägide des portugiesischen Kolonialreiches in Asien – reisten zahlreiche europäische und indische Diplomaten, Handelsagenten, Militärs, Missionare und Techniker an das Horn von Afrika. Die Gründe für ein Engagement in Afrika waren vielfältig, doch überwogen während dieser gesamten Zeitspanne diplomatische, militärische und religiös-missionarische Zielsetzungen. Die Intensivierung der Reisetätigkeit fand ihren Ausdruck in zahlreichen Schriftwerken, welche die Länder und die dort lebenden Völker detailliert beschreiben. Mit Hilfe des Buchdruckes nahm Europa den 1540 erschienenen Reisebericht „The Prester John of the Indies. A True Narration about the Lands of the Prester John" des Portugiesen Francisco Alvares zur Kenntnis. Im darauf folgenden Jahrhundert erlangte ein weiteres Werk über Äthiopien, das sog. *Itinerário* des Jesuiten Jerónimo Lobo, einen größeren Leserkreis. In Europa beflügelte dieses Schrifttum das Interesse für diese afrikanische Region und insbesondere für das christliche Äthiopien und regte zu weiteren Reiseaktivitäten an. Dabei ist es unser Vorteil, dass wir dank der Berichte, Abhandlungen und Missionarsbriefe, die in den Jahren nach 1500 erschienen, vergleichsweise umfassend über die Reisebedingungen in der frühen Neuzeit informiert sind.

Von den verschiedenen Routen, die benutzt wurden, um das Horn von Afrika zu erreichen, wurde jene bevorzugt, die die bedeutenden Hafenstädte des indischen Gujarat entlang der Küsten von Oman und Hadramawt mit den Häfen am Roten Meer verband. Es handelte sich um die Route, die über Jahrhunderte hinweg asiatische Kaufleute und Pilger benutzt hatten, um zu den heiligen Stätten Arabiens ebenso wie zu den nach Gewürzen verlangenden Märkten der Levante und Europas zu gelangen. Der Reiseweg wurde von Angehörigen verschiedener Religionszugehörigkeit (zumeist Muslime, Hindus und Jains) beherrscht, doch trat überall die Gruppe der Banyan mit ihrem von Malakka bis Sawakin reichenden Netzwerk von Außenposten als die führender Handelsmakler hervor. Die Banyan statteten Reisende mit Krediten und einschlägigen Informationen aus und vermittelten ihnen eine gewisse Atmosphäre von Schutz und Glaubwürdigkeit.

Darüber hinaus schuf auch die osmanische Ausweitung ihrer Macht über die Region des Roten Meeres – ungeachtet der althergebrachten Rivalität zwischen der Hohen Pforte und den europäischen Mächten – ein politisch homogenes Gebiet, vorausgesetzt der Reisende besaß den erforderlichen *Firmam* (eine Form des Reisepasses) sowie genügend Bargeld, um das *Sagoate*, das übliche Bestechungsgeld, zu entrichten. Waren diese Gegebenheiten erfüllt, erwies sich das Reisen als relativ sicher. Aus dem historischem Schrifttum lässt sich zudem als eine wichtige Maßnahme entnehmen, dass europäische Reisende nicht selten Verkleidungen benutzten (zumeist wohl die armenische Tracht), um nicht als Leute aus dem Westen erkannt zu werden. Diese Methode muss noch bis in die frühe Kolonialzeit gebräuchlich gewesen sein. Außerdem war die Zuhilfenahme von Dolmetschern (portugiesisch *Lingoas*, international verbreitet *Dragomen*) weithin üblich. Die Dolmetscher waren von verschiedener ethnischer Herkunft, doch überwogen unter ihnen offensichtlich Juden, levantinische Griechen, Armenier und zum Islam konvertierte Europäer.

Reisende während der Gondar-Periode. Entgegen einer verbreiteten These in der historischen Literatur war das Äthiopien der Gondar-Zeit von der übrigen Welt – und auch vom westlichen Europa – nicht isoliert. Die Vertreibung der Jesuiten 1632 reduzierte die Beziehungen zwischen Äthiopien und der spanisch- und portugiesischsprachigen Welt erheblich, doch sie beendete nicht die ausländische Reisetätigkeit. Es ist vielmehr davon auszugehen, dass die diplomatischen Beziehungen zwischen Fasilidas (1632–1667) und muslimischen Mächten wie Jemen und Mogul-Indien zu einer beständigen Anwesenheit arabischer und indischer Agenten, Handelsleute und Techniker im Gondar-Staat führte. Zudem müssen sich im späten 17. Jh. und unter der Regierung von Iyasu I. (1682–1706) die Lebensbedingungen für die Europäer (sgl. *Faranj*) erheblich verbessert haben. Das wird durch die dauerhafte Anwesenheit von Europäern an seinem Hof (etwa des Arztes Charles Poncet, der Franziskaner Guiseppe Maria di Gerusalemme und Benedetto sowie der Jesuiten Grenier und Paulet) deutlich.

Zu dieser Zeit änderten die Europäer ihre Reiseroute, abweichend von der, die die Portugiesen genutzt hatten, um in das äthiopische Hochland zu gelangen. Diese begann in Kairo und führte dann zu Wasser oder zu Land zunächst zu den Außenposten des südlichen Sudan. Sie erfolgte üblicherweise auf einem Segelboot den Nil aufwärts in Richtung Ober-Ägypten bis nach Qina. Dort teilte sich die Route in zwei Richtungen: ostwärts nach Al Qusayr, um dann Anschluss an die Seehäfen von Sawakin und Metsewa zu erhalten, und südwärts, um über Land via Aswan und den sudanesischen Teil Nubiens nach Sinnar und dann weiter an die Hänge des Hochlandes von Chilga zu gelangen. Der berühmte Reisende James Bruce erreichte Gondar gegen Ende des 18. Jh. auf der erstgenannten Route.

Entdecker und Kolonisatoren. Im 19. Jh. führten der Einsatz des Dampfschiffes als eines leistungsstarken Transportmittels und die Begründung von Gesellschaften zur geografischen Forschung in Europa zu einem gewaltigen Aufschwung der Reisetätigkeit überall auf dem afrikanischen Kontinent und speziell am Horn von Afrika. Nach und nach verlor die Fernreise ihren Ruf als einer riskanten und einzigartigen Unternehmung und näherte sich ihrem modernen Erscheinungsbild als einer immer stärker touristisch standardisierten Unternehmung an.

Sie findet ihren Ausdruck vornehmlich in dem Bestreben, den Besuch einer berühmten, exotischen Stätte als herausragendes Erlebnis zu memorieren. Zu Beginn äußerte sich das darin, dass der Reisende seinen Namen mittels Graffiti an einem Monument anbrachte (so geschehen etwa durch den britischen Offizier Charles Beke um 1810 am Kloster Mertula Maryam in Gojjam) oder in späterer Zeit (seit etwa 1850) mittels destruktiver Eingriffe durch Gravierungen oder durch Fotoinszenierungen.

Europäische Reisende am Horn von Afrika waren in dieser Periode zahlreich, aber sie fertigten nur wenige Reisebeschreibungen. Andererseits diente das Verfassen eines Berichtes nach Beendigung der Reise vielfältigen Zwecken. Einerseits wurde er zum autorisierten Beweis der „Funde", die der Entdecker für sich beanspruchte. Andererseits erreichte man mit der Erzählung eine breite Leserschaft, was durchaus wirtschaftlichen Erfolg und Prestige nach sich ziehen konnte. Schließlich konnte der Bericht dazu verhelfen, Förderungen für weitere „Entdeckungen" zu bekommen. Zu den frühesten Beispielen dieser literarischen Gattung zählen Henry Salts „A Voyage to Abyssina", Nathaniel Pearces „Life and Adventures", Arnauld d'Abbadies „Douze ans de séjour dans la Haute-Éthiopie", Edward Rüppels „Reise in Abessinien", Wilhelm Schimpers „Reise von Adoa in Abessinien an den Tacaze und in das Semen-Gebirge" und Edmon Combes und Maurice Tamisiers „Voyage in Abyssinie".

Tourismus und Abenteuer heute. Heute ist Äthiopien ein gängiges Reiseziel im tropischen Afrika. Zugleich wird es beworben als eine bevorzugte Destination für jene Art von „Abenteuerreisen", die auf den Besuch von „exotischen" und noch „unentdeckten" Völkern abzielen. Dies lässt sich am Beispiel der Omotal-Touren in Südäthiopien ablesen, die neuerdings einen touristischen Bekanntheitsgrad erreicht haben. Auch das Genre der Erforschungs- und Abenteuerliteratur ist noch nicht ganz aus der Mode gekommen und wird von Journalisten und Touristen mit allerdings häufig wenig überzeugenden Ergebnissen gepflegt.

Literatur: O(SBERT) G(UY) S(TANHOPE) CRAWFORD, *Ethiopian Itineraries circa 1400–1524*, Cambridge 1958; SVEN RUBENSON, *The Survival of Ethiopian Independence*, London 1976 (Kapitel 1: „A survey of sources").

Andreu Martínez d'Alòs-Moner, Gondar University

Tourismus in Äthiopien

Äthiopien bietet mit Blick auf sein archäologisches und kulturelles Erbe und dank seines landschaftlichen Reichtums eine Fülle touristischer Möglichkeiten. Das Land wird als „Wiege der Menschheit" und Heimat von „Lucy" (amharisch *Denqenash* = „die Wunderbare"), eines der besterhaltenen Skelette der frühen Hominiden-Arten (*Australopithecus afarensis*), bezeichnet. Mit seiner biologischen Vielfalt und seinen einzigartigen kulturellen und historischen Reichtümern ist Äthiopien Heimat von neun Stätten des UNESCO-Weltkulturerbes und Weltnaturerbes. Darunter befinden sich der berühmte Komplex der monolithischen Felsenkirchen von Lalibala aus dem 13. Jh., die Ruinen der Stadt Aksum mit ihren berühmten Stelen als frühes Zentrum der Orthodoxen Kirche, die Stadt Harar mit ihrer historischen Stadtmauer als eine der heiligen Städte des Islam, die Flusstäler des Awash und des Omo, der Semen-Nationalpark sowie die Kulturlandschaft Konsos.

Der Tourismus Äthiopiens orientiert sich entlang zweier Hauptrouten: der nördlichen, historischen Route und der südlichen, kulturellen Route. Die meisten der etwa 500.000 Touristen, die jährlich das Land bereisen, interessieren sich für die Sehenswürdigkeiten des Kulturerbes, des Naturerbes oder für den Kulturtourismus. Geschäftsreisende und Konferenzteilnehmer tragen ebenfalls dazu bei, den Tourismus in Äthiopien zu einer wichtigen Einnahmequelle zu machen. Obwohl der Tourismus als wesentlicher Wachstumssektor des Landes gilt, könnte dieses Potential noch erweitert werden, insbesondere durch Qualitätsverbesserungen in den Serviceleistungen, der Verbesserung der allgemeinen Lebensbedingungen und des Naturschutzes. Andere ausbaufähige Bereiche, wie Ökotourismus und Community Based Tourism, bieten die Chance, kulturellen Austausch und Respekt zwischen den Touristen und der Bevölkerung im Lande zu fördern.

Qualitätsstandards und Entwicklungsmöglichkeiten des Tourismus. Besucher und Reisende der Hauptstadt Addis Abeba finden Unterkünfte in allen Kategorien: von privaten Einzelzimmern, z.B. buchbar über Online-Portale, über Pensionen bis hin zu Hotels in allen Sterne-Kategorien. Reisende der Nord- und Südrouten übernachten in Hotels, Resorts, Motels, Lodges oder in Zelten. Viele Unterkünfte entsprechen jedoch internationalen Standards nicht, vor allem bezüglich Sicherheits- und Sanitäreinrichtungen.

2015 legte deshalb das Ministerium für Kultur und Tourismus die Qualitätsstandards für Hygiene, Gesundheitseinrichtungen, Feuerschutz und Umweltauflagen fest, begleitet von einem Bewertungs- und Akkreditierungssystem für Hotels, das in Zusammenarbeit mit der United Nation World Tourism Organization durchgesetzt wird. Das Potential, durch das der Tourismus zu Verbesserungen im Naturschutz, bei der Armutsbekämpfung und zur wirtschaftlichen Entwicklung des Landes beitragen kann, wird von der äthiopischen Regierung formuliert und von internationalen Organisationen, wie z.B. der Weltbank und der Deutschen Gesellschaft für Internationale Zusammenarbeit, gefördert. Der Ethnologe Tamas Regi macht aber darauf aufmerksam, dass der Beitrag des Tourismus zum Bruttoinlandsprodukt eines Landes nicht automatisch zu einer finanziellen Verbesserung auf lokaler Ebene führt. Das lässt sich auch in einigen Regionen Äthiopiens beobachten, in denen die Bevölkerung keinen oder wenig Anteil am Gewinn durch den Tourismus hat.

Die nördliche Reiseroute: Historisches Kulturerbe und Naturtourismus. Viele Regionen Afrikas sind vom Kultur- und Naturtourismus geprägt. Für Äthiopienreisende besteht die Möglichkeit, die zahlreichen Stätten des historischen Kulturerbes aufzusuchen. Auf den Reiserouten ins nördliche Äthiopien befinden sich: die Stadt Aksum mit ihren berühmten Stelenfeldern, die Schlossruinen aus dem 16. Jh. in Gondar, die monolithischen Felsenkirchen von Lalibala und der Tanasee mit seinen mehr als 20 Inselklöstern. Die nördliche Route mit ihren atemberaubenden Landschaften birgt zusätzliches Potential für Naturtourismus und Ökotourismus, wie für die Semen-Berge erwähnt, was ausgebaut werden könnte.

Naturschutzgebiete, Nationalparks und Kulturlandschaften. Der Schutz der Artenvielfalt ist eine wichtige Aufgabe des Naturtourismus. Ein Paradebeispiel dafür ist die erste Touristenlodge im Semen-Nationalpark. Im Norden Äthiopiens gelegen, ist der Nationalpark die Heimat etlicher seltener Tierarten. Hierzu zählen z.B. der fast nur hier vorkommende Blutbrust-Pavian (*Theropithecus gelada*) und andere Arten, so der äthiopische Steinbock (*Walia ibex*) und der Semen-Fuchs (*Canis simensis*). Auf eine außergewöhnliche, atemberaubende Landschaft der heißen Danakil-Ebene trifft der Reisende in der Afar-Region im Nordosten Äthiopiens. Sie ist bekannt wegen ihrer aktiven Vulkane und Lavaseen, so den Erta Ale, von den Afar „rauchender Berg" genannt. Eine Region, in der Natur- und Kulturtourismus verbunden sind, ist in der 2011 zum UNESCO-Welterbe erklärten Kulturlandschaft Konsos im Südwesten Äthiopiens mit ihrem imposanten Terrassenfeldbau zu finden. Die einzigartige, traditionelle und nachhaltige Landwirtschaft Konsos in Verbindung mit der ländlichen Entwicklung, dem ökologischen Wissen seiner Bewohner, den rituellen Praktiken und heiligen Orten zieht ebenfalls zahlreiche Touristen an.

Allerdings erweist sich in vielen touristischen Gebieten die Frage der verträglichen und nachhaltigen Verbindung von lokaler Bevölkerung, Schutzgebieten, Naturschutz und touristischen Unternehmungen als große Herausforderung. Dies zeigte sich 2005, als sich die African Parks Foundation (heute: African Parks Network) in der Southern Nationalities, Nations and People's Region bemühte, bessere Infrastrukturen für den Tourismus zu schaffen. Obwohl Region und lokale Bevölkerung in den Parks und deren Umgebung durchaus von einem besseren Wildtierschutz und einem kommunalen Tourismus in den Nationalparks Nech Sar und Omo National Park hätten profitieren können, geschah zu wenig, um die Bevölkerung vor Ort einzubeziehen. Nach öffentlichem Druck der Bevölkerung im Omotal, die von der Beteiligung an den Projekten ausgeschlossen worden war, brach die African Parks Foundation im Jahr 2008 ihre Vorhaben in Äthiopien ab. Dieses Beispiel macht deutlich, dass ohne die gleichberechtigte Teilhabe der lokalen Bevölkerung sowohl an der Entwicklung als auch an den Gewinnen der Tourismusvorhaben der Erfolg beim wirtschaftlichen Wachstum sowie bei der Armutsbekämpfung begrenzt bleibt. Im Omo-Tal hat sich erwiesen, dass die fehlende Beteiligung der örtlichen Bevölkerung bei Planung, Ausführung und Gewinnteilhabe im Bereich von Naturschutz und Tourismusentwicklung oft mit der Auffassung verbunden ist, dass Hirtenvölker nicht als Partner, sondern als Vertreter rückständiger Kulturen zu betrachten seien.

Die südliche Reiseroute: interkulturelle Begegnungen. Die südliche Reiseroute bietet Besuchern die Möglichkeit, Wildtierreservate wie den Mago-Nationalpark und das Gebiet um den Stefanie-See zu erleben. Die Reisen haben aber vor allem den Besuch der zahlreichen ethnischen Gruppen des Omo-Tal in Südäthiopien zum Ziel. Sie beginnen meist mit dem Geländewagen von Addis Ababa aus und führen über Arba Mench und Konso nach Jinka mit seinem Museum und Forschungszentrum. Die ethnischen Gruppen, die besucht werden, sind die agro-pastoralen Ethnien der Mursi, Kara und Dassanach, die entlang des Omoflusses leben, ebenso die Tsamakko, Hamar, Banna, Boorana und Arbore. Obwohl die Völker des Omo-Tales von Reiseunternehmen in Broschüren und Zeitschriftenartikeln als exotische Attraktionen beschrieben werden, profitieren sie bisher nur in geringem Umfang vom Tourismus, der um sie entwickelt wurde. Während die alltäglichen Arbeitsabläufe und die Privatsphäre der Bevölkerung durch Touristengruppen gestört werden, erhalten die Besuchten kaum eine angemessene Entschädigung für ihren Einsatz, den sie für den Tourismus erbringen (Tänze, Touristenführungen, Fotos, usw.). Die in aller Welt gerühmte äthiopische Gastfreundschaft hat

Abenteuerreisen in Südäthiopien, © Horst Böge

unter solchen Begegnungen mit den hereinbrechenden Touristen gelitten, denn diese
waren oft von Respektlosigkeit und Ungleichheit geprägt. Obwohl die Begegnung von
Touristen mit ihnen bisher unbekannten Kulturen zu Respekt und Verständnis zwischen
den Kulturen führen könnte, hat das wenig rücksichtsvolle Verhalten der Besucher in der
Bevölkerung sogar teilweise zu Ablehnung oder Gleichgültigkeit gegenüber den Touristen geführt.

Eine innovative Reaktion auf den Tourismus zeigt sich in der übertriebenen „Verklei-
dung" einiger Bewohner des Omo-Tals (z.B. Kopfbedeckungen aus Rinderköpfen oder
Hörnern bei der lokalen Bevölkerung oder übertriebene Körperbemalungen bei den
Kara). Diese Übertreibungen sind Kennzeichen kultureller Veränderungen, die sich im
Wettbewerb um Tourismuseinnahmen ergeben haben (s. auch mursionline.org). Der
Tourismus hat auch zu Veränderungen im allgemeinen Verhalten gegenüber Besuchern
geführt. Ein Beispiel ist das gelegentlich aggressive Auftreten der lokalen Bevölkerung,
dem manche Touristen ausgesetzt waren, das jedoch für den Großteil der ländlichen
Gebiete als untypisch bezeichnet werden muss. Eine gewisse Erklärung bietet das Be-
zahlen-für-Foto-Problem, für die einheimische Bevölkerung nicht selten eine Form
der finanziellen Teilhabe am Tourismus. Diese Geldzahlungen (üblicherweise einige
äthiopische *Birr* je Foto) sind nicht selten unschön, sowohl für die Touristen als auch
für die fotografierten Einheimischen. Aus diesen kurzen, oft gehetzten Begegnungen
entstand ein negatives Erscheinungsbild an vielen Orten Südäthiopiens, vor allem bei
Kindern, die hinter Touristenautos herlaufen und hoffen, dass ihnen Süßigkeiten, Geld
oder Plastikwasserflaschen aus dem Wagenfenster zugeworfen werden. Als ebenso problematisch erweist sich der steigende Alkoholkonsum z.B. in jenen Gebieten, in denen
die Menschen durch den Tourismus zu Objekten degradiert werden.

Respektvoller Tourismus. Ethnologen am South Omo Research Center (Jinka) fanden
in vergleichenden Studien zum gemeinschaftsorientierten Tourismus heraus, dass Begegnungen mit Touristen in kultursensibler Weise gemeinsam mit der Lokalbevölkerung
entwickelt, geplant und verbessert werden können. Dieser Ansatz ist verbunden mit dem
traditionellen Verständnis der betreffenden Gruppen Südäthiopiens, sowohl die eigene

Kultur als auch die ihrer Nachbarn und Gäste zu schätzen und zu respektieren. Besonders für kurzfristige Begegnungen mit Touristen werden immer wieder neue Formen entwickelt. Während, z.B. in Kara und Hamar Touristen in zunehmendem Maße mit spielerischen und inszenierten Kulturdarbietungen empfangen werden, wie z.B. dem Sprung über die Rinder oder mit Tanzdarbietungen, errichteten die Arbore eine separate Touristensiedlung entlang der Straße, so dass einzelne Arbore selbst entscheiden können, ob sie sich dem Tourismus widmen oder ihrer täglichen Arbeit, unberührt vom Touristengetümmel, nachgehen wollen. In den letzten Jahren haben die Mursi zunehmend Wege gefunden, feindselige Begegnungen mit Touristen zu vermeiden, z.B. durch die Einrichtung von Zeltplätzen, und dadurch, dass sie Besucher über mehrere Tage beherbergen, um eine Basis für persönliche Erfahrungen zu schaffen. Die Ablehnung des Tourismus – oder bestimmter Formen des Tourismus – hat ihre Ursache in der Erfahrung der einheimischen Bevölkerung, dass viele Reisegruppen nur das Ziel verfolgen, exotische Kulturen oder die letzten unberührten Völker der Erde zu besichtigen, ohne sich ernsthaft für die Kulturen zu interessieren, ohne über einen fairen Anteil am Erlös der Einnahmen des Tourismus nachzudenken und ohne nach den Meinungen der besuchten Menschen und Völker zu fragen. In der Konsequenz laufen die Begegnungen darum nicht selten auf eine Enttäuschung auf beiden Seiten hinaus. Das Vorgehen der Touristen, einfach vorzufahren, um Menschen bei ihrer Tätigkeit in ihrem Haus zu beobachten, ist für die *face-to-face*-Gesellschaften Südäthiopiens kein angemessenes Verhalten; es wäre darüber hinaus an vielen, wenn nicht sogar den meisten, anderen Orten der Welt ebenfalls undenkbar.

Einen Lösungsversuch für viele der Herausforderungen durch den Tourismus stellte die Schaffung lokaler Tourismus-Verbände dar. Das Ziel war, lokale Sichtweisen zu integrieren und Fonds für Einrichtungen vor Ort zu generieren. Allerdings wurden diese Verbände von Touristenführern und Reiseunternehmen nicht selten für deren Profit missbraucht. Anstatt auf gegenseitiges Verständnis zu setzen, wurde die Idee, dass Personen mit kultureller und sprachlicher Expertise den Tourismus positiv begleiten und dass die lokale Bevölkerung am Tourismus partizipieren kann, dadurch nicht selten untergraben. Einige Reiseveranstalter und Touristenführer haben allerdings über Jahre gute Beziehungen zu den lokalen Gastgebern geknüpft. Obwohl diese gewachsenen Beziehungen Prozesse der Begegnung möglich machen, auf deren Grundlage Vertrauen und Engagement entstehen können, sind noch zu wenige Vertreter der einheimischen Bevölkerung im Tourismus eingebunden, um ihn in ihren Gebieten gleichberechtigt mitzugestalten.

Die Zukunft des Tourismus in Äthiopien. Das historische Erbe und die biokulturelle Vielfalt Äthiopiens machen das Land zu einem attraktiven Touristenziel mit sehr guten Ausgangsvorraussetzungen. Daraus gilt es Strategien für nachhaltigen Tourismus zu entwickeln, die im Einklang mit den Sichtweisen der Menschen in den Regionen entstehen. Auf dieser Basis ließe sich eine Infrastruktur für den Tourismus entwickeln, die die Erwartungen der örtlichen Bevölkerung, der Reiseunternehmen und der Touristen gleichermaßen einbezieht. Eine bessere Verteilung der Einnahmen durch den Tourismus und das gegenseitige Kennenlernen kultureller Eigenarten sind wichtig, um gute Beziehungen zu knüpfen und die Bedingungen für einen sozial- und umweltverträglichen Tourismus zu schaffen. Dies erfordert eine Tourismuspolitik, die die Balance zwischen der nationalen Koordination und den lokalen Lebensbedingungen und Vorstellungen gewährleistet. Wenngleich faire Anteile am finanziellen Erlös für die lokale Bevölkerung als wichtige Voraussetzung für einen guten Tourismus gelten, sollte man nicht vergessen, dass insbesondere die Besucher vom kulturellen und natürlichen Reichtum einen besonderen Gewinn haben, der sich nicht in Geldwert messen lässt.

Guter Tourismus schafft wechselseitigen Austausch über die Grenzen hinweg zwischen Gastgebern und Gästen als gleichberechtigte Weltbürger und globale Nachbarn. In der respektvollen Kommunikation zwischen Menschen unterschiedlicher Herkunft liegt das Potential der künftigen Begegnungen von Menschen in Äthiopien.

Literatur: JONATHAN MITCHELL, CHRISTOPHER COLES et al., *Enhancing Private Sector and Community Engagement in Tourism Service in Ethiopia*, London 2009; JON ABBINK, „Tourism and its Discontents – Suri-Tourist Encounters in Southern Ethiopia", *Social Anthropology*, 8/1 (2000), 1–17; TAMÁS RÉGI, „The Art of the Weak: Tourist Encounters in East Africa", *Tourist Studies*, 13/1 (2014), 99–118; SHAUNA LATOSKY, *Predicaments of Mursi (Mun) Women in Ethiopia's Changing World*, Köln 2013.

Echi Christina Gabbert, Universität Göttingen, Shauna LaTosky, Max-Planck-Institut für Ethnologische Forschung, Halle (Saale)

Museen in Äthiopien

Museen sind eine neue Erscheinung der äthiopischen Kulturlandschaft. Allerdings hat in manchen Regionen das Aufbewahren und Sammeln historischer Gegenstände eine seit alters etablierte Tradition. Die ersten Museen im modernen Sinne wurden von den 1950er Jahren an vor allem in Addis Ababa gegründet, um den Bedürfnissen des beginnenden Tourismus und einer neuen städtischen Mittelschicht zu entsprechen. Einige dieser Museen gehören traditionell zum Besucherprogramm der klassischen Tourismusrouten und bei Stadtbesichtigungen, während andere erst noch zu entdecken sind. Das Konzept „Museum" ist inzwischen auch ausgedehnt worden über manch alte Kulturlandschaften und historische Stätten, die man „Freiluft-Museen" nennt.

Addis Ababa. Das älteste und wichtigste Museum ist das Nationalmuseum Äthiopiens, das ursprünglich (1958) als Archäologisches Museum gegründet worden war. Es wurde kürzlich in Zusammenarbeit mit dem Centre français des études éthiopiennes in Addis Ababa konzeptionell umgestaltet. Am wichtigsten sind dessen archäologische Sammlungen, begonnen in der Zeit Kaiser Hayla Sellases auf der Basis jahrzehntelanger Ausgrabungen französischer Archäologen, mit vor-aksumitischen und aksumitischen Artefakten. Dazu gibt es ethnografische Sammlungen zu den wichtigsten Völkern sowie eine moderne Kunstsammlung, geschaffen in der Zeit der ersten Blüte moderner Kunst in Äthiopien in den 1960er Jahren, Prunkkleidungsstücke, goldene Kronen der Kaiser, ein kaiserlicher Thron und andere Objekte der Herrschereliten. Eine andere Abteilung des Nationalmuseums zeigt außerdem eine paläontologische Sammlung zu Tieren der früheren Naturgeschichte und zu den ersten Menschen. Dazu gehört das berühmte *Australopithecus*-Skelett, in Äthiopien *Denqenash* genannt („Lucy"), seit einiger Zeit untrennbar verbunden mit dem Selbstbild Äthiopiens als Wiege der Menschheit.

Die neuere Geschichte ist das Hauptthema des Addis Ababa Museums in der früheren Residenz *Dajjazmach* Berrus am Masqal Square. Die Ereignisse von Krieg und Verfolgung der Militärdiktatur (*Darg*) sind das Thema des nahegelegenen Museums des Roten Terrors (2010). Ein älteres Museum von großer Bedeutung ist das Ethnografische Museum des Institute of Ethiopian Studies der Addis Ababa University, in dem Objekte aus ganz Äthiopien ausgestellt werden (gegründet 1963). Seine große Bedeutung liegt in der außergewöhnlichen Sammlung christlicher Ikonen und christlicher und islamischer Manuskripte.

Sehenswürdigkeiten. Abgesehen von der Historischen Route (mit Aksum, Gondar, Lalibala und den Klöstern des Tanasees) bietet auch Addis Ababa Möglichkeiten des Sightseeings (s. „Addis Ababa"). In der unmittelbaren Umgebung besuchen Touristen

Museum des Institute of Ethiopian Studies, Addis Ababa, © Ethiopian Tourism Organization

gewöhnlich den Entoto-Berg mit dem ersten Palast Kaiser Menileks II. und seiner Frau Taytu sowie der kirchlichen Sammlung von Entoto Maryam, inzwischen zum Museum erklärt (1986). Eine weitere Sehenswürdigkeit ist das Piyassa-Viertel („Arada"), wo sich neben der St. Georgs-Kirche (mit Sammlungen rund um Kaiser Hayla Sellase) auch mehrere Häuser des frühen Addis Ababa befinden, manche in indischem Stil erbaut. Die ehemaligen Paläste der früheren Shawa-Adelsherren sind gewöhnlich für Besucher nicht zugänglich, da sie überwiegend als Büros, Polizei- oder Militärstationen, etc. genutzt werden, wie auch die Paläste, in denen heute Präsident und Premierminister residieren, nicht öffentlich sind. Das Handelsviertel Markato ist einer der größten Märkte Afrikas und wird daher als Sehenswürdigkeit betrachtet.

Auch in Harar finden sich Sehenswürdigkeiten (s. „Harar"), wie die frühere Residenz des Gouverneurs *Dajjazmach* Tafari Makwannen (später Kaiser Hayla Sellase), erbaut in indischem Stil, das Haus, das dem Dichter und Händler Arthur Rimbaud zugeschrieben wird, ebenso andere Stätten.

Regionalmuseen. Regionalmuseen wurden überwiegend während der letzten zwei Jahrzehnte gegründet. Ein wichtiges Beispiel ist das Stadtmuseum von Harar mit Harari-Manuskripten und Münzen der Stadt aus der Privatsammlung von Abdullahi Sherif, die vom Staat übernommen wurde, um ihren Erhalt zu sichern. Andere alte islamische Lehrzentren, wie in Arsi, besitzen bedeutende Manuskriptsammlungen, die bisher nicht zu Museen umgewandelt worden sind. In Dase wird ein Palast des *Negus* Mikael von Wallo als Regionalmuseum genutzt. Die meisten Museen des Landes befinden sich im Regionalstaat Tigray. Im antiken Zentrum Aksum findet der Besucher zwei Museen. Das staatliche Museum, gegründet 1974, beherbergt archäologische Objekte, darunter Münzen und Inschriften, beginnend mit der vor-aksumitischen Periode. Es wurde 2007 in die restaurierte frühere Residenz des Gouverneurs *Dajjazmach* Gabra Sellase Barya Gaber direkt am Stelen-Park verlegt. Auf dem Grund und Boden der Aksum-Seyon-Kirche wird ein neues Museum die reichen Sammlungen wertvoller Objekte aufbewahren, die über Jahrhunderte der Kirche gestiftet wurden. Dazu gehören Silbertrommeln (*Nagarit*) von Herrschern, Votiv- und Königskronen wie die erste Krone Menileks II. (von vor 1896) sowie diejenige von Yohannes IV., desgleichen prunkvolle Kleidungsstücke von Adligen u.a.m. Im nahegelegenen Kloster von Abba Garima ist die Kirchensammlung in ein Museum umgewandelt worden, in dem zwei der weltweit ältesten erhaltenen illuminierten christlichen Manuskripte aufbewahrt werden: die äthiopischen Evangelien von Abba Garima, die aus der Spätantike stammen. Ebenso wird derzeit in Yaha ein neues Museum für die Kirchensammlungen evom Deutschen Archäologischen Institut errichtet, das in Zusammenarbeit mit der lokalen Gemeinde entsteht. Darin werden sabäische Inschriften und seltene Artefakte aufbewahrt, die aus dem 1. Jt. v.Chr. stammen. Die kürzliche Entdeckung der Reste eines Tempels samt Inschriften derselben Periode am Hügel von Maqaber Gaewa bei Weqro führte zur Gründung der Gesellschaft zur Förderung von Museen in Äthiopien, die in Weqro in Zusammenarbeit mit der Tourism and Culture Agency of Tigray ein Museum für die Funde dieser Grabung gegründet hat (2015). In Meqele zeigt das Museum der Märtyrer eine umfangreiche Fotosammlung und Gegenstände aus der Zeit des Kampfes der Tigray People's Liberation Front gegen die Zentralregierung von vor 1991. Der Palast, der in den 1880er Jahren im Auftrag des Kaisers Yohannes IV. von dem in Deutschland ausgebildeten Ingenieur *Lej* Engedashat (alias Schimper) und dem italienischen Handwerker Naretti erbaut wurde, ist der Sitz des Meqele-Museums (künftig das tigrayische Regionalmuseum) mit Sammlungen von Yohannes IV. (einschließlich seines Thrones) und tigrayischen Gouverneuren seiner Dynastie, sowie wichtige tigrayische Kunstwerke, insbesondere Kirchenikonen. Aber es gehören auch arabische Inschriften aus der muslimischen Ansiedlung im nahegelegenen Kwiha dazu. Außerdem werden Kulturlandschaften als Freiluftmuseen präsentiert, insbesondere Garalta mit seinen zahlreichen Felsenkirchen.

In vielen Regionalmuseen wird die lokale Geschichte mit Dokumenten und Gegenständen nachgezeichnet, darunter solche von früher unabhängigen Königreichen. Ein älteres Beispiel ist das Jimmaa-Museum (Muuziyemii Jimmaa) mit Erinnerungsstücken früherer Könige, lokaler Handwerksarbeit und einer Abteilung zur Geschichte des Kaffees. Auch der Palast des Königs Abbaa Jiffaar in Jiren steht für Besucher offen. Das Naqamtee-Museum (1989) dokumentiert kulturelle Traditionen der Oromo von Wallaga. In Soddo präsentiert ein Museum Ausstellungsstücke der Walaytta (1966). In Semera (Afar) wurde ein neues Museum eröffnet (2001), und in Shashamane zeigt das private Black Lion Museum Gegenstände aus der Geschichte der Rastafari. Eine andere Neugründung ist das Kaffee-Museum von Bonga in Kafa (2007). Ein völlig anderes Konzept verfolgt das South Omo Research Centre (jetzt „South Omo Museum") in Jinka (2002). Gegründet von deutschen Forschern in Zusammenarbeit mit japanischen Wissenschaftlern sowie in Partnerschaft mit äthiopischen Institutionen, ist es Museum und Kulturzentrum zugleich, das von Forschern und lokalen Gruppen als Begegnungsstätte genutzt wird, für Workshops und zur Dokumentation lokalen Wissens und kultureller Traditionen. Andere Museen des Landes basieren in der Regel eher auf einem Konzept statischer Dokumentation von Objekten, wobei aber Ideen der Interaktion mit der lokalen Bevölkerung zunehmend diskutiert werden.

Kirchliche Sammlungen. Eine besondere Rolle spielen Kirchensammlungen in dafür errichteten Schatzhäusern, *Eqa bet* (singl.), in denen Gegenstände und Erinnerungsstücke aufbewahrt werden, darunter Inschriften und archäologische Funde. Sie haben Bedeutung als Zentren des Gedächtnisses, wobei die aufbewahrten Stücke meist nicht öffentlich zugänglich sind. Andererseits machen einige Kirchengemeinden – als Reaktion auf den zunehmenden Tourismus – inzwischen ihre Sammlungen zu Museen, um sie der interessierten Öffentlichkeit zu präsentieren.

Ausblick. Derzeit kann man viele lokale Initiativen zur Gründung von Museen beobachten. Darunter finden sich solche von Universitäten, die eigene Museen eröffnen wollen (Gondar, Meqele, Dabra Marqos). Schließlich entstehen Museen in Zusammenarbeit mit ausländischen Partnern.

Literatur: Alke Dohrmann, Dirk Bustorf, „Museums", *EAE* V, 452–455; D. James Narendra Bondla et al. (Hrsg.), *Cultural Landscapes of Ethiopia*: *Conference Proceedings*, Mekelle 2015.

Wolbert G.C. Smidt, Mekelle, Erfurt

Addis Ababa

Addis Ababa, Hauptstadt und größte Stadt Äthiopiens, liegt im geografischen Zentrum des Landes und wurde in der Nähe der Wasserscheide von zwei großen Flusssystemen, dem Blauen Nil und dem Awash, erbaut. Die Entoto-Bergkette grenzt die Hauptstadt nach Norden hin ab, und das Stadtgebiet selbst liegt auf einem wasserreichen Plateau, das von Yarar im Osten und von Mannagasha im Westen und Südwesten umschlossen wird. Seine Höhenlage von 2.400m stellt eine Herausforderung für viele Besucher der kosmopolitischen und dynamischen Stadt dar.

Gründung und frühe Entwicklung. Addis Ababa war die letzte in einer Reihe von wechselnden Residenzstädten Shawas nach Ankobar, Dabra Berhan und Entoto und folgte somit der Tradition der sich auch im nationalen Rahmen wandelnden Regierungszentren in Aksum, Lalibala und Gondar. 1886 überzeugte Kaiserin Taytu ihren Gemahl Menilek II., seine Hauptstadt vom kalten und windigen Entoto-Gipfel in die wärmere Ebene bei den heißen Quellen von Finfinnee zu verlagern (die sich noch in der Nähe des Zentrums der Altstadt befinden). Sie war es, die der neuen Stadt ihren Namen Addis Ababa („neue Blume"), gab. Im Verlauf des folgenden Jahres wurden ausgedehnte Landparzellen (*Safar*) dem Hochadel sowie anderen bedeutenden Persönlichkeiten und einigen Kirchen zugeteilt. Das Land der dort ansässigen Oromo-Gruppen wurde enteignet und viele von ihnen vertrieben. Es ist wichtig anzumerken, dass die Stadt ursprünglich die Struktur eines Militärlagers aufwies, wie dies einer Armee auf dem Marsch entspricht. Die Ländereien des Befehlshabers der Vorhut, Habta Giyorgis, lagen am weitesten im Westen, während Menileks Palast (*Gebbi*) sich im Zentrum befand und auf beiden Seiten vom Besitztum der Befehlshaber des rechten und des linken Heeresflügels flankiert wurde. Das als Nachhutbereich verstandene Gebiet östlich des Palastes war einem weiteren hohen Würdenträger zugewiesen worden. Viele dieser Ländereien lassen noch ihren ursprünglichen Charakter als militärische Zuweisungen erkennen. Jeder Bereich des Feldlagers wurde von den jeweiligen Gefolgsleuten des adligen Besitzers eingenommen, ebenso von seinen Sklaven, die sich in der Regel aus den ethnischen Gruppen in den von ihm beherrschten Ländereien rekrutierten. Unter den Angehörigen dieser Gruppen waren die Amhara, Oromo, Gurage, Dorze und Tigray am häufigsten vertreten und machten Addis Ababa zum bedeutendsten ethnischen Schmelztiegel Äthiopiens. Von der frühesten Zeit seiner Existenz wuchs Addis Ababa spontan und ohne eine wesentliche Kontrolle von Seiten der Zentralgewalt.

Als Kaiser Yohannes IV. im Kampf gefallen war und Menilek von Shawa die Nachfolge antrat, wurde seine Krönung 1889 nicht in Addis Ababa, sondern in einer Kirche auf dem Entoto-Berg durchgeführt. Dennoch wuchs die Bedeutung der neuen Hauptstadt in den 1880er und den 1890er Jahren stetig.

Die noch in rudimentärem Zustand befindliche Verwaltung der neuen Stadt wurde durch landesweite Krisen, namentlich durch die Hungersnot, Rinderpest und Cholera-Epidemie von 1889–1892 einer erheblichen Belastungsprobe ausgesetzt. Während die Bevölkerung Äthiopiens zurückging, kann davon ausgegangen werden, dass viele

Menschen aus den ländlichen Gebieten in Addis Ababa Zuflucht suchten, um von den Almosen zu profitieren, die der Kaiser, die Kaiserin und der Adel verteilten.

Der Palast war das Verwaltungszentrum der Hauptstadt. Der Kaiser hatte die ultimative Verwaltungshoheit über Addis Ababa inne, doch delegierte er Befugnisse an Würdenträger in Schlüsselpositionen. Die bedeutendsten unter diesen war der *Naggadras*, das Oberhaupt der Handelsleute, der als erster Bürgermeister von Addis Ababa gelten kann. Der äthiopische Sieg in der Schlacht von Adwa 1896 stärkte Menilek in seiner Herrschaftsposition und stärkte zugleich die Rolle Addis Ababas als politisches Zentrum der Nation. Auch wurde dadurch die internationale Anerkennung Äthiopiens als unabhängiges Land gefestigt. Repräsentanten aus den Provinzen ebenso wie Gesandte internationaler Mächte verlegten zunehmend ihre Residenzen nach Addis Ababa und förderten ihren Aufstieg zu einem bedeutenden Standort nationaler und regionaler Diplomatie.

Menilek war, obgleich nur selektiv, ungemein bemüht zu modernisieren und mit westlichen Technologien zu experimentieren. Von den zahlreichen ausländischen Minderheiten hatten die Griechen, Armenier und Italiener den größten Einfluss auf die Geschichte und die Entwicklung der Stadt. In seiner Frühphase erlebte Addis Ababa die Einrichtung des ersten Telegrafen- und Telefonnetzes, die Elektrifizierung des *Gebbi*, die ersten Getreidemühlen und Seifenfabriken sowie den Import von Automobilen und Zugmaschinen. Es wurden neue Kirchen erbaut wie etwa St. Georg im Stadtzentrum. Das 20. Jh. begann für die Hauptstadt mit einem neuen Bauprogramm: eine neue Münzstätte entstand, neue Brücken wurden finanziert, eine Munitionsfabrik entstand dank einer Konzession, die Bank of Abyssinia und eine neue Schule, die Menilek II Secondary School, nahmen ihren Betrieb auf. Das Areal des zentralen Marktplatzes (*Arada*) erhielt eine neue Gestaltung, und viele dauerhafte Gebäude wurden geplant und gebaut.

Die nächste große Phase der Geschichte von Addis Ababa, von 1907 bis 1916, war eine Zeit des Überganges und der Instabilität. Hayla Giyorgis, das erste Stadtoberhaupt, festigte seine Machtposition und stieg zum einflussreichsten Mann in Äthiopien auf, während Nachfolgeunruhen durch Menileks Krankheit und Tod aufkamen. Während dieser Zeit verlegten bedeutende internationale Unternehmen für Import und Export, namentlich indische, französische und armenische, ihre Hauptquartiere nach Addis Ababa. Der Markt der Stadt überflügelte zum ersten Mal den von Harar, und die Hauptstadt stieg ebenso zum wirtschaftlichen wie zum politischen Zentrum Äthiopiens auf. Die Bevölkerungszahl war stetig angewachsen von geschätzten 45.000 im späten 19. Jh. auf mehr als 100.000 im Jahr 1918. Allerdings müssen alle Zahlen vor dem ersten wirklichen Zensus von 1984 als grobe Schätzungen angesehen werden.

1916–1935. Der Staatsstreich von 1916 markiert einen weiteren bedeutenden Wendepunkt in der Geschichte der Hauptstadt ebenso wie in der des äthiopischen Staates. *Lej* Iyasu, der Enkel von Kaiser Menilek, wurde gestürzt und durch Kaiserin Zawditu ersetzt; ihr stand *Ras* Tafari Makwannen (der spätere Kaiser Hayle Sellase) als Regent zur Seite. Als Anführer der äthiopischen Reformpartei setzte Tafari die neu strukturierte Stadtverwaltung von Addis Ababa als ein Ausbildungsfeld für zukünftige Verwaltungsleute auf Provinzebene und im Nationalstaat ein. Sie wurde gewissermaßen zum Schaufenster für Reformen und der Modernisierung Äthiopiens. In dem Maße, wie Tafari seine Machtposition bedächtig erweiterte, wuchs maßgeblich auch die Rolle von Addis Ababa als Herrschafts- und Wirtschaftszentrum des gesamten äthiopischen Kaiserreiches.

Im Jahre 1917 erreichte die Eisenbahnlinie, deren Bau 1897 in Dschibuti begonnen worden war, die Außenbezirke der Hauptstadt und stellte nunmehr die haupt-

sächliche Transportverbindung mit der übrigen Welt dar. Neue Schulen wie die Tafari
Makonnen School und andere wurden gegründet. Es entstand eine moderne, recht
produktive Presse, *Berhanenna Salam*. Diese und andere Faktoren führten dazu, dass
Addis Ababa zum intellektuellen und kulturellen Zentrum Äthiopiens aufstieg. Die
Modernisierung und Hinwendung zur westlichen Zivilisation erreichte einen Höhe-
punkt mit der hektischen Betriebsamkeit, die im Zusammenhang mit der Krönung
von Kaiser Hayle Sellase 1930 entfaltet wurde. Seine Gattin begründete die erste
Mädchenschule, die Empress Manan School, und die Mission der Siebenten-Tags-
Adventisten bereicherte die Hauptstadt durch das Zawditu Memorial Hospital. Der
Straßenbau schritt in beachtlichem Umfang voran.

1935–1941. 1935 marschierten die Italiener in Äthiopien ein und erklärten Addis
Ababa zur Hauptstadt Äthiopiens, ihrer Kolonie *Africa Orientale Italiana*, die Eritrea
und Somalia einschloss. Während ihrer Herrschaft von 1936 bis 1941 waren sie bestrebt, Addis Ababa zum Schaufenster ihres Kolonialreiches und zum Mittelpunkt eines
weit ausgedehnten Straßensystems zu machen.

Zudem wurden grandiose Planungen entworfen, um die Stadt mittels eines einschneidenden Bau-
programms umzugestalten. Die Hauptstadt sollte in weiße und einheimische Wohnbezirke getrennt
und letztere wiederum nach religiöser und ethnischer Zugehörigkeit differenziert werden. Ein sepa-
rater Markt für die Einheimischen wurde geschaffen, der heutige *Markato*, während der alte Markt
Arada den Weißen vorbehalten sein sollte.

Die Italiener festigten die Rolle von Addis Ababa als wichtigstes urbanes Zentrum
Äthiopiens deutlich, obgleich viele ihrer Pläne nie Gestalt annahmen. Das Straßensystem
trug wesentlich dazu bei, dass stetig wachsende Zahlen von Angehörigen ethnischer
Gruppen aus allen Teilen ihres ostafrikanischen Kolonialreiches in die Hauptstadt strömten. Der für die Italiener entworfene Art-deco-Stil wurde zum prägenden Modell und
hat sich vereinzelt immer noch erhalten. Während der Kolonialzeit blieb Schulbildung
oberhalb der Elementarstufe den Italienern vorbehalten. Diese erweiterten das System der
Wasserversorgung für die Stadt durch die Nutzung neuer Quellen aus Gefarsa beträchtlich und vergrößerten das Stromnetz. Außerdem trugen die Italiener zur Ausweitung eines bereits bestehenden Problems bei, indem sie die organisierte Prostitution zielgerichtet
unterstützten, um damit den Interessen der weißen und nichtweißen Militärangehörigen
zu entsprechen. Der wahrscheinlich größte Einfluss, den die Italiener auf die Stadt ausübten, lag im wirtschaftlichen Bereich, da sie einen städtischen Arbeitsmarkt mit der
Bezahlung in Geld für Dienstleistungen schufen und die Sklaverei abschafften. Das war
ein einschneidender Wandel gegenüber dem zuvor bestehenden System, bei dem die Arbeiten überwiegend für die zumeist adligen Grundbesitzer geleistet werden mussten und
nur wenige Arbeiter bezahlt worden waren. Die Bevölkerung von Addis Ababa wuchs
während der italienischen Besatzungszeit auf vermutlich 300.000 an.

1941–1974. Im Mai 1941 wurde Addis Ababa als erste Großstadt der Achsenmächte
während des Zweiten Weltkrieges von den Alliierten befreit. Die Jahre von den späten
1940ern bis 1974 kennzeichneten dann die rasanteste Expansionsphase in der Geschichte
der Hauptstadt. Um 1960 belief sich ihre Bevölkerungszahl auf etwa eine halbe Million.
Mehr als die Hälfte der verarbeitenden Industrie des Landes war in der Hauptstadt angesiedelt, und 60% der Kapitalgewinne wurden dort erwirtschaftet. Ausländer besaßen
und/oder verwalteten die meisten der Industrieunternehmen. Reichtum und Landbesitz
lagen überwiegend in den Händen der äthiopischen Aristokratie und Elite. 1966 besaßen
5% der Bevölkerung 95% des privaten Grundbesitzes in Addis Ababa. Die Spekulation
auf Landbesitz grassierte ungezügelt, und als Folge davon blieb zwischen einem Drittel

und der Hälfte der Fläche der Hauptstadt überwiegend ungenutzt. Dieser Tatbestand gehörte zu den Hauptursachen, die zur Revolution von 1974 führten. Zudem konzentrierten sich die wenigen Industrieanlagen auf die südlichen Bereiche der Stadt wie *Nafas Selk*.

Während dieser Phase entwickelte sich Addis Ababa zunehmend über den Rahmen eines nationalen und regionalen Zentrums hinaus mehr und mehr zu einer kosmopolitischen und international bedeutsamen Metropole. Als 1960 die Organisation of African Unity gegründet wurde, erhielt diese ihren Sitz in Addis Ababa, ebenso weitere regionale und internationale Einrichtungen wie die Economic Commission for Africa. Auch eine Vielzahl von Nichtregierungsorganisationen ließ sich hier nieder.

Die Stadt blieb weiterhin nationaler Schmelztiegel. Die hauptsächlichen ethnischen Gruppen der Hauptstadt bildeten die Amhara, Oromo, Tigray, Gurage und Dorze. Gemäß der Register über Reisen in die Herkunftsgebiete und über den Landbesitz in Addis Ababa assimilierten sich die Oromo am stärksten in die dominante amharische Kultur, die Gurage und Dorze am wenigsten. 1967 bestand die Bevölkerung von Addis Ababa zu 56% aus Zuwanderern. In der Hauptstadt gab es mehr Möglichkeiten für wirtschaftliches Auskommen und Arbeitsstellen und auch ein höheres Bildungsangebot als irgendwo sonst in Äthiopien. Transporteinrichtungen, vor allem das Straßennetz für Busse und Taxis, boten ein gebündeltes Netzwerk und regten den Zuzug nicht nur aus ländlichen Gebieten, sondern auch aus kleineren Städten an. Letztendlich beeinflussten auch periodisch auftretende Naturkatastrophen wie Hungersnöte und Dürren einen Trend zur Abwanderung aus ländlichen Gebieten in die Hauptstadt.

1974 bis heute. In der Folge der Revolution von 1974 stieg der *Darg* (Provisional Military Administrative Council) zum Machtzentrum Äthiopiens auf. Nachdem er seine Herrschaft konsolidiert hatte, versuchte er einen radikalen Bruch mit der Vergangenheit durchzusetzen und einen „sozialistischen Plan" für die Entwicklung von Addis Ababa zu verwirklichen. 1978 stellte er den Ungarn C. K. Polony als neuen Planungsbeauftragten ein und setzte eine dauerhafte Verschiebung des Stadtzentrums nach Süden in Gang. Der Masqal Square (traditionell für die Feierlichkeiten am kirchlichen Fest der Kreuzerhöhung genutzt), wurde symbolträchtig in „Revolutionary Square" umbenannt und galt seitdem als Zentrum für die meisten revolutionären Veranstaltungen. Acht Jahre später wurde eine italienische Planungskommission eingesetzt, um einen neuen Masterplan zu erstellen.

Die Stadt wuchs weiterhin in spontaner und unkoordinierter Weise. Die Hungersnot von 1983–1985 war ein bedeutender Faktor für die weitere Ausdehnung der Hauptstadt, die zu einem Anwachsen der Bevölkerung auf 1,5 Mio führte. Insgesamt wuchs sie jedoch langsamer als vor 1974 und nach 1991. Ein beträchtlicher Anteil von preisgünstigem Wohnraum, bestehend aus Häusern mit Lehmflechtwerk und Wellblechdächern, entstand. Nach dem Zensus von 1994 gliederte sich die Bevölkerung nach

Taxiverkehr, Addis Ababa, © Horst Böge

den wichtigsten Religionsgruppen wie folgt: Äthiopisch-Orthodoxe-Tawahedo-Kirche 85%, Muslime 12,7%, Protestanten bestehend aus Siebenten-Tags-Adventisten, Pfingstlern, Lutheranern, Baptisten, Anglikanern, Presbyterianern, Masarata Krestos, Mulu Wangel, Kala Heywat, etc. 3,9%, Katholiken 0,8% und Angehörige traditioneller und weiterer Religionen 0,6%. Die rasche Zunahme der Urbanisierung, der Bevölkerung, der räumlichen Ausdehnung der Metropole und der damit einhergehenden Zunahme wirtschaftlicher und gesellschaftlicher Aktivitäten führte zu einer erheblich wachsenden Nachfrage nach Transportleistungen. Die zwei in der Stadt dafür zur Verfügung stehenden und parallel betriebenen Systeme zur Personenbeförderung, Busse und private Taxen, wuchsen an Zahl und Leistung. Zudem bestanden noch die Eisenbahn, die Addis Ababa mit Dschibuti verbindet, und der bedeutende internationale Flughafen in der Bole-Region südöstlich des Stadtzentrums.

Nach der Flucht des *Darg*-Vorsitzenden Mengistu Haile Mariam ins Exil 1991 führte die neue Regierung unter Mallas Zenawi ein föderales und in der Theorie dezentralisiert ausgerichtetes Regierungssystem ein. Dies führte langsam zu einer Verringerung der Wachstumsrate von Addis Ababa, während regionale Hauptstädte wie Dire Dawa, Gondar und Meqele deutlich schneller wuchsen. Addis Ababa blieb zwar auf der ganzen Linie die landesweit führende Metropole, ist jedoch nicht mehr so dominant wie früher. 2003 wurde der Masterplan von 1986 überarbeitet, wobei zwei neue Planungsbereiche in den Blickpunkt traten. Der erste bestand darin, die Nachbarschaften der Wohngegenden von Addis Ababa wieder zu stärken, um dadurch faktisch eine Dezentralisierung der Stadt zu erreichen. Der zweite zielte darauf ab, ein größeres Gewicht auf den Aufbau der Infrastruktur zu legen. Ein neues Verkehrsnetz mit Ringstraßen und erweiterten Schnellstraßen modernisierten das Transportwesen der Stadt. Addis Ababa bleibt das politische und wirtschaftliche Zentrum Äthiopiens, doch Teile der Kompetenzen in beiden Bereichen wurden auf die regionalen Zentren übertragen.

Sightseeing. Unangefochten blieb Addis Ababa der intellektuelle Mittelpunkt des Landes. Obwohl überall im Lande zahlreiche neue Universitäten, Schulen und Krankenhäuser gebaut wurden, kann Addis Ababa sich weiterhin rühmen, die an Zahl und Ausstattung größte Konzentration solcher Einrichtungen in Äthiopien zu besitzen. Die Stadt verfügt auch über die weitaus größte Dichte von Museen, Theatern und Kunstgalerien innerhalb des Landes. Hotels, Restaurants, Cafés und Bars bieten das gesamte Spektrum von Luxus und Gourmet bis hin zu preiswerten und einfachen Einrichtungen. Seine Bevölkerung soll jetzt 4 Mio erreicht haben.

Das bedeutendste Museum ist das Nationalmuseum von Äthiopien, gegründet 1958 (s. „Museen in Äthiopien"). Addis Ababa beherbergt unzählige orthodoxe Kirchen. Etliche davon sind von großer historischer Bedeutung. Die St. Georgs-Kathedrale, die auch über ein kleines Museum verfügt, wurde dem Heiligen gewidmet, dessen *Tabot* 1896 beim Sieg der Äthiopier über die Italiener in Adwa vorangetragen wurde. Sowohl Kaiserin Zawditu als auch Kaiser Hayla Sellase wurden an diesem Ort gekrönt. Die Dreifaltigkeitskathedrale (*Qeddest sellase*) ist (nach der Kirche Maryam Tseyon in Aksum) der heiligste Ort der Äthiopischen Kirche. Sie wurde im Gedenken an die Vertreibung der italienischen Faschisten erbaut. Kaiser Hayla Sellase, Kaiserin Manan, Ministerpräsident Mallas Zenawi, die Patriarchen *Abuna* Takla Haymanot und *Abuna* Pawlos sowie die Suffragette Sylvia Pankhurst gehören zu den auf ihrem Friedhof begrabenen Persönlichkeiten. Die Madhane-Alam-Kathedrale in der modernen Bole-Region, nahe des internationalen Flughafens, ist Addis Ababas jüngste und gleichzeitig größte Kirche. Sie vermittelt einen klaren, gegenwartsorientierten Eindruck.

Einkaufs- und Geschäftsstraße, Addis Ababa, © Matthias Ansel

Der große Freiluftmarkt, *Markato*, soll der größte offene Markt Afrikas sein. In seiner Nähe befindet sich die Anwar-Moschee, das bedeutendste religiöse Zentrum für Muslime in der Hauptstadt und ihrer Umgebung. Auch die Römisch-Katholische Kathedrale Madhane Alam spricht für die religiöse Vielfalt der Stadt.

Zusammenfassend ist festzuhalten, dass die Bevölkerung von Addis Ababa ein großes Spektrum von Menschen aus allen Regionen des Landes repräsentiert. Diese Vielfalt verlieh der Hauptstadt einen einzigartigen Charakter und auch die Gestaltungskraft, die Einheit aus dieser Vielfalt zu bewältigen. Addis Ababa war und ist in vielerlei Hinsicht ein Schmelztiegel, der Äthiopien dazu verhilft, die nationale Identität im 21. Jh. zu verwirklichen.

Literatur: Peter Garretson, *A History of Addis Abäba*, Wiesbaden 2000; Peter Garretson, Mekete Belachew, „Addis Abäba", *EAE* I, 79–88.

Peter Garretson, Florida State University, Steven Kaplan, The Hebrew University Jerusalem

Historische Route

Die Historische Route bietet eine gute Möglichkeit, in sieben bis zehn Tagen einen Einblick in die unterschiedlichen Epochen der äthiopischen Geschichte zu gewinnen. Der Portugiese Francisco Alvares beschrieb nach seinem Aufenthalt in Äthiopien (1521–1525) als erster diese Route, seine klassische Reisebeschreibung ist bis heute Vorbild der einschlägigen Reisetagebücher.

Die traditionellen Stationen der Historischen Route liegen überwiegend in der heutigen Region Amhara im Nordosten des Landes. Fünf Ziele gehören zum Standard: Baher Dar mit dem Tanasee, Gondar, Aksum, Lalibala und Harar; weitere Orte wie Dabra Dammo und Yaha können dazukommen.

Die historischen Stätten bezeugen die kulturelle und religiöse Vergangenheit insbesondere des christlichen Äthiopien. Jeder Ort steht exemplarisch für bestimmte geschichtliche Perioden. Architektur und Material der Bauten sind Zeitzeugen; Artefakte berichten von Religion, Handel, von Hierarchien und Kriegen. Die Zeitreise in die Kulturgeschichte Äthiopiens beginnt zwar vor über 2500 Jahren, doch stehen viele der Sehenswürdigkeiten „mitten im Leben", so die Felsenkirchen von Lalibala. Sie sind zu begreifen und zu betasten als einmalige Baudenkmäler, und zugleich als Element der heutigen christlichen Kultur Äthiopiens.

Die Historische Route kann in einer kleinen Reisegruppe als Paket (Flüge und Fahrten, Hotels, Eintrittsgelder, Führer vor Ort) gebucht oder individuell organisiert werden. Entlang der Strecke sind in den letzten Jahren zahlreiche Hotels entstanden. Die beste Reisezeit liegt zwischen November und Februar, die Prozessionen zu Weihnachten (6./7. Januar) und *Temqat* (Epiphanie, 19. Januar) sind dabei Höhepunkte. (Beim Besuch der Kirchen sind die Schuhe auszuziehen, Frauen wird ein Tuch für die Schultern angeraten.)

Die „Zeitreise" durch die bewegte Geschichte des Landes beginnt in der 1886 gegründeten Hauptstadt Addis Abeba. Von hier geht es mit dem Flugzeug oder mit Auto bzw. Bus nach Baher Dar, zum Tanasee.

Baher Dar und Tanasee. Die Provinzhauptstadt der Region Amhara, Baher Dar, liegt am größten See Äthiopiens, dem Tanasee (3.600 km²). In diesem Gewässer entspringt der Blaue Nil. Mehr als 20 Inselklöster liegen verstreut im See. Die Klostersiedlungen wurden vom 13. Jh. an (so moderne Forschungsergebnisse) gegründet, nach lokalen Überlieferungen begann die Errichtung der ersten Klöster bereits im 4. Jh. Sie bestehen aus einer Kirche und den Hütten der Mönche, die sich über die jeweilige Insel verteilen. Die Abgeschiedenheit der Klöster war der Grund dafür, dass ein erheblicher Bestand an Handschriften, einschließlich prächtig illuminierter Manuskripte, die Eroberungskriege überdauerten und bis auf unsere Zeit erhalten blieben. Handschriften sind Ausdruck der reichen literarischen Kultur Äthiopiens, vor allem sind sie Dokumente spiritueller Zentren, in denen das Leben Gott und der christlichen Gemeinschaft geweiht ist. Die Mönche versorgen sich größtenteils selbst, Bücher und Kleidung werden mit Booten geliefert. Die Inselklöster sind Zeichen der grundlegenden Bedeutung des Mönchswesens für die Äthiopische Kirche und Gesellschaft. Die klösterlichen Gemeinschaften machten schon auf die frühen Reisenden wegen ihrer sprichwörtlichen Selbstgenügsamkeit großen Eindruck. Nur zwei Klöster sind Frauen zugänglich: Werra (Ura) Kidana Mehrat (Zege) und Narga Sellase.

In Baher Dar werden die Besichtigungen organisiert. Beim Überqueren des Sees vermitteln die *Tankwa*, die schmalen und zugleich stabilen Papyrusboote, ein Gefühl dafür, was den Besucher auf den Inseln erwartet: die Zeitlosigkeit. Die erste Klosterinsel auf der Tour ist Kebran (90 Minuten Fahrt). Die Kirche Kebran Gabreel (14. Jh.) wurde durch Kaiser Iyasu I. (1682–1706) mit rotem Stein erneuert. Die Wandmalereien bieten einprägsame Szenen, so z.B. die Enthauptung des Apostels Johannes. In der Klosterbibliothek fällt insbesondere das illuminierte Manuskript der Vier Evangelien (14 Jh.) mit einigen Miniaturen aus Gold auf. Die Kirche Werra (Ura) Kidana Mehrat (14. Jh.) auf der Halbinsel Zage im Südwesten des Sees verfügt über eine konische Decke und farbenprächtige Wandmalereien. Über 300 Manuskripte (ab dem 15. Jh.) sind dort archiviert. Die anderen sieben Kirchen auf der Insel werden seltener besucht. Das älteste Kloster Daga Estifanos (Hl. Stefan, 13. Jh.) liegt auf der Insel Daga mitten im See. Die Kirche wurde nach dem Brand 1880 grundlegend saniert. Im Schatzhaus lagern reich verzierte liturgische Gewänder und Kaiserkronen. Daga Estifanos diente als royale Grabstätte für die Kaiser Zara Yaeqob (15. Jh.) und Fasiladas (17. Jh.). Glassärge erlauben heute einen Blick auf die mumifizier-

Kirche Werra (Ura) Kidana Mehrat, Zage-Halbinsel, Baher Dar, © Ethiopian Tourism Organization

ten Herrscher. Im Kloster soll die Bundeslade vor dem Eroberer Ahmad Grany ver-
steckt worden sein (16. Jh.). Östlich von Daga liegt die kleine Insel Narga. Kaiserin
Mentewwab ließ 1737/1738 die Steinkirche Narga Sellase errichten; ihre Schnitzereien und Wandmalereien beeindrucken bis heute. Tana Qirqos liegt an der Ostseite
des Sees. Nach lokalen Überlieferungen soll hier die Heilige Familie Zuflucht vor
Herodes gefunden haben. Wertvolle Handschriften, ein Stein mit den Fußabdrücken
Jesu, eine Halskette Marias und sabäische Inschriften sind zu besichtigen. Zurück in
Baher Dar (s. „Baher Dar") kann die Georgskirche besucht werden. In ihrer Nähe
steht das möglicherweise älteste zweistöckige Gebäude Äthiopiens (16. Jh.).

Ein Ausflug zu den Wasserfällen des Blauen Nil (35km) gehört zum Programm. Das
Naturschauspiel erinnert an die traditionelle Sorge der Ägypter, die Äthiopier könnten
die Zufuhr des Nil stoppen, und Ägypten würde ohne den fruchtbaren Flussschlamm
verelenden. Die Wasserfälle, Tis Esat („dampfendes Wasser"), stürzen 45 m in die Tiefe,
je nach Jahreszeit als Rinnsal oder als tosender Wasserstrudel. In der Nähe befindet sich
die älteste erhaltene Steinbrücke Äthiopiens (1626). Der 2010 begonnene Bau des Ethiopian Renaissance Dam beginnt zunehmend die Topographie der Gegend zu verändern.

Auf der Weiterfahrt nach Gondar ist ein Abstecher zur Halbinsel Gorgora mit
dem vom Portugiesen Pedro Paez als uneinnehmbare Festung errichteten Schloss des
Kaisers Susenyos (1604–1632) empfehlenswert. In der Nähe steht die Rundkirche
Dabra Sina (17. Jh.), die die seltene Verkündigungsszene mit Gabriel als altem Mann
bietet. Der Reisende nähert sich nun der alten Kaiserstadt Gondar (35 km), die auf
2.200 m ü.d.M. am Fuß des Semen-Gebirges in Nordwestäthiopien liegt.

Gondar. Gondar war die Residenz der äthiopischen Könige (1636–1855). Die Palast-
anlage von Fasil(adas), *Fasil gemb,* beeindruckt den Reisenden wegen ihrer Monumen-
talität (70.000m²). Der Kaiser (1632–1662) hatte sich nach einem Traum für den Ort
entschieden. Bis heute macht ein Käfig auf den letzten Palastlöwen aufmerksam, der 1965
starb. Auch das Ehrengrab des britischen Konsuls Walter Plowden (1820–1860) befindet sich auf dem Gelände; Plowden wurde von Aufständischen ermordet und hier auf

Anordnung von Kaiser Tewodros II. (1855–1868) bestattet. Gondar war lange Zeit ein theologisches Zentrum; seine Tradition der Bibelexegese machte die Kirchenschulen international berühmt. Besucher sind in der Kirchenschule Madhane Alam (Nähe Marktplatz) willkommen (s. „Gondar und Umgebung"). Die Reise geht weiter in den Norden.

Aksum. Aksum ist heute eine relativ kleine Stadt im nördlichen Tigray, die hauptsächlich vom Tourismus lebt. Doch welch ein geschichtsträchtiger Ort! Hier nahm die äthiopische Geschichte ihren Anfang. Aksum war Hauptstadt und Handelszentrum des ersten äthiopischen Reiches (ca. 500 v.Chr.–Mitte 7. Jh. n.Chr.). Der an der Küste des Roten Meeres gelegene Hafen Adulis im heutigen Eritrea verband Aksum dabei mit der arabischen Welt. Aksums „Markenzeichen" sind seine Stelen, die Palastruinen und die Kirche Maryam Tseyon (Zion). Im Norden der Stadt befindet sich der Stelenpark, Gebräbnisstätte für die aksumitischen Könige. Die in der Stadt gefundenen Münzen berichten vom Religionswechsel König Ezanas zum Christentum (ca. 340): Die Mondsichel über dem Portrait des Herrschers wird durch ein Kreuz ersetzt. Die in drei Schriften (Sabäisch, Griechisch und Ge'ez) verfassten zweisprachigen Inschriften (Ge'ez und Griechisch) auf den Stelen bezeugen Religion und Kriege. Die Paläste und Tempel im Westen der Stadt und die Throne aus Stein sind beeindruckende Sehenswürdigkeiten. Die Kirche Maryam Tseyon (Aksum Tseyon, 16. Jh.) wurde auf den Fundamenten einer älteren Kirche (6. Jh.) errichtet. In ihrem Schatzhaus befindet sich nach der orthodoxen Überlieferung die Bundeslade (*Tabot*). Kirchenschätze und Kaiserkronen sind zu besichtigen. Frauen haben keinen Zutritt in die Kirche. Im Aksum-Museum werden Artefakte wie Karaffen, Münzen, Manuskripte und Kronen aufbewahrt (s. die drei Aksum-Artikel im Kapitel Geschichte). Die Fahrt geht wieder nach Süden.

Dabra Dammo. Die älteste erhaltene Kirche Äthiopiens (6. Jh.) ist Teil des Klosters Dabra Dammo. Das Kloster liegt auf einem Tafelberg (*Amba*) in 2.216 m Höhe ü.d.M. in der Region Bizat (Osttigray). Nach der hagiographischen Vita von *Abba* Aragawi ließ Gott eine Schlange vom Berg hinab, an der sich dieser hinaufhangelte. Bis heute lassen die Mönche ein Seil aus 25 m Höhe für den Aufstieg herab. Frauen haben keinen Zutritt. Die Klosterkirche ist ein Beispiel für die aksumitische Architektur; Gebälk und Dach sind dekoriert mit geschnitzten Tieren. Bei einem Blitzeinschlag verbrannten 1996 einige der ältesten Manuskripte des Landes. Heute leben hier etwa 100 Mönche, die ihre Grundnahrungsmittel als „Selbstversorger" auf dem Berg anbauen. Die Weiterfahrt führt zu einem vorchristlichen Bauwerk.

Yaha. Yaha („Yeha") liegt in Tigray, dem Zentrum der vor-aksumitischen Zivilisation. Hier steht ein 2500 Jahre alter und gut erhaltener Mondtempel des Da'amat-Reiches. In Vollmondnächten faszinieren die Lichtspiele. Eine Ansammlung von 36 Stelen aus dem Neolithikum, die wie menschliche Miniaturfiguren auf den Betrachter wirken, ist in Tiya zu besichtigen. Ein Abstecher zu den in der Nähe von Addigrat gelegenen Felsenkirchen Weqro Cherqos und Abreha Atsbeha lohnt sich wegen der Wandmalereien; das gilt auch für den in Weqro kürzlich ausgegrabenen äthio-sabäischen Tempel (6.–8. Jh. v.Chr.). Die Reise führt nun ins 12. Jahrhundert.

Lalibala. Lalibala wurde 1978 als Weltkulturerbe von der UNESCO anerkannt. Ein Besucherpass für sämtliche Kirchen des Ortes (50 US-Dollar) hilft, den Erhalt dieser gelegentlich als achtes Weltwunder bezeichneten Monumente zu unterstützen. Der 2.600 m hoch gelegene Ort in Lasta ist weltbekannt für seine elf aus rötlichem Gestein (Vulkantuff) herausgearbeiteten Kirchen. Sie sind von oben in die Tiefe getrieben und werden erst kurz vor der Abbruchkante sichtbar. Diese Meisterwerke der Handwerkskunst präsentieren sich in unterschiedlicher Architektur. Vier Kirchen sind in der Vertikale aus *einem* Felsblock herausgehauen, die anderen von der Seite in den Felsen getrieben. Täglich beten hier Gläubige, zu Weihnachten und zu Epiphanie (*Temqat*) stellen sich zahllose Pilger ein. König Lalibala (ca. 1180–1225), mächtigster Herrscher der Zagwe Dynastie (ca. 1137–1270), wurde der Überlieferung nach von Gott beauftragt, Jerusalem in Äthiopien nachzubauen. Das Jordan-Flüsschen (Yordanos) teilt die Felsenkirchen in zwei Gruppen. Im Norden liegen sechs Gotteshäuser: Beta Golgota, Beta Qeddus Mikael (Dabra Sina), Beta Maryam, Beta Masqal, Beta Danagel und Beta Madhane Alam. Die in ihrer Struktur einzigartige Beta Madhane Alam („Haus des Erlösers der Welt") ist die größte dieser Monolithkirchen. In der Form eines Tempels errichtet und von rechteckigen Säulen umgeben, folgt der Grundriss einer fünfschiffigen Basilika. Die offenen Fenster haben unterschiedliche Muster wie z.B. das einer Swastika oder eines griechischen Kreuzes. In der ältesten Kirche, Beta Maryam, nehmen die Fresken, Schnitzereien und die Bilderfriese mit Heiligen den Blick des Betrachters gefangen. Beta Golgota und Qeddus Mikael symbolisieren die Grabeskirche in Jerusalem. Das Figurenrelief von Beta Golgota ist einmalig für Äthiopien. Die Gräber von König Lalibala und von Adam sowie die Dreifaltigkeitskapelle in Beta Golgota gelten als die heiligsten Orte von Lalibala (s. „Lalibala"). Südlich vom Jordan liegen die Kirchen Beta Amanuel, Beta Marqorewos (Merkurios), Beta Abba Libanos und Beta Qeddus Gabreel-Rufael. Die elegante Felsenkirche Beta Qeddus Giyorgis (Hl. Georg) wurde in Form eines griechischen Kreuzes mit 12,5 m langen Schenkeln gestaltet. Einige Kirchen sind durch Tunnel verbunden, in kleinen Ausbuchtungen liegen die Gebeine von Mönchen. Die Route wendet sich nun nach Osten.

Harar. Die Altstadt von Harar (13. Jh.) ist berühmt wegen ihrer mehr als 100 Moscheen, 200 Schreine, die Koranschulen und nicht zuletzt wegen der Struktur ihrer Wohnhäuser (s. „Harar"). Kostbare Handschriften in Harari und Arabisch erwarten den Betrachter. Die Handwerksberufe der Harari haben Tradition, Besucher sind in den Werkstätten willkommen. 1887 eroberte Kaiser Menilek II. die Stadt und setzte *Ras* Makwannen als Regenten ein. Sein Sohn, der spätere Kaiser Hayla Sellase, besuchte häufig seine Geburtsstadt.

Auf der Rückfahrt ist ein Besuch im Kloster Dabra Libanos angebracht. Es wurde gegründet von dem Mönch Takla Haymanot (13. Jh.). 1937 durch italienische Soldaten zerstört, wurde es unter Kaiser Hayla Sellase neu errichtet. Die Glasfenster der modernen Kirche hat der bekannte Künstler Afewerk Tekle gestaltet. Zur hiesigen Marienquelle pilgern viele Kranke.

Zurück in Addis Ababa (s. „Addis Ababa"), kann die Kulturgeschichte des Landes in den Museen weiter erkundet werden. Zukünftige Ausgrabungen in verschiedenen Regionen des Landes werden helfen, neue Einblicke in die mehr als zwei Jahrtausende währende Geschichte Äthiopiens zu gewinnen.

Literatur: CHARLES FRASER BECKINGHAM, GEORGE WYNN BRERETON HUNTINGFORD (Hrsg.), *The Prester John of the Indies. A True Relation of the Lands of the Prester John, being the Narrative of the Portuguese Embassy to Ethiopia in 1520, written by Father Francisco Alvares*, I–II, Cambridge 1961; MARY ANNE FITZGERALD, PHILIP MARSDEN, *Ethiopia, The Living Churches of an Ancient Kingdom*, Cairo 2017.

Verena Böll, Dresden

Lalibala

Lalibala liegt in einer schönen Berglandschaft auf 2.600 m ü.d.M., ca. 340 km nördlich von Addis Ababa und hat ganzjährig ein gut verträgliches Klima. Der Ort ist eine Kleinstadt mit 15.000 Einwohnern. Berühmt ist er wegen seiner einzigartigen Felsenkirchen, die aus dem rötlichen vulkanischen Felsen gehauen wurden und über 700–1000 Jahre alt sind. Die Stadt ist ein kirchliches Zentrum der Äthiopisch-Orthodoxen Kirche, ein Ort der Wallfahrt und Anbetung für Menschen, der jedes Jahr bis zu 100.000 Besucher anzieht. Religiöse Feste bilden die Mitte im gesellschaftlichen Leben mit Prozessionen, Fastenzeiten und der Menge singender und tanzender Geistlicher. Zur Atmosphäre tragen die Architektur der Kirchen und das einfache Leben bei – der Ort hat eine zeitlose, nahezu biblische Ausstrahlung. Den Besucher erwartet eine fast antike Umgebung mit den traditionellen, runden zweistöckigen Steinhäusern und ihren Treppenstufen an der Außenmauer der Gebäude, mit kegelförmigen strohgedeckten Dächern. Die Abgeschiedenheit der Kleinstadt bringt dem Fremden die Frömmigkeit und zugleich das harte Leben der armen Landleute näher. Der Wochenmarkt am Samstag, auf dem Gewürze, landwirtschaftliche Produkte, Handarbeiten und Nutztiere verkauft werden, gewährt Einblick in das alltägliche Leben der Menschen.

Nach einer Legende umschwärmten Bienen den künftigen Herrscher bei der Geburt und die Eltern ahnten, dass der Allmächtige Großes mit ihm vorhatte. Sie gaben dem kommenden Haupt der Zagwe-Dynastie den Namen Lalibala, „der von den Bienen Auserkorene". Herangewachsen, kamen Lalibala und sein Halbbruder Harbay in die Stadt Roha und schufen in 25 Jahren die Felsenkirchen. Unterstützt wurden sie tagsüber von Bauarbeitern und nachts von Engeln. Die Gebäude jener Zeit tragen die Namen von Orten, die die Pilger bei ihrem Besuch Jerusalems und seiner Umgebung angetroffen hatten. Zu Beginn der Regierungszeit des Königs Lalibala hatte 1187 der Muslim Salah ad-Din (Saladin) Jerusalem eingenommen; danach waren die Äthiopier von Wallfahrten ins Heilige Land ausgeschlossen. Lalibala wurde daher als Neu-Jerusalem geschaffen und

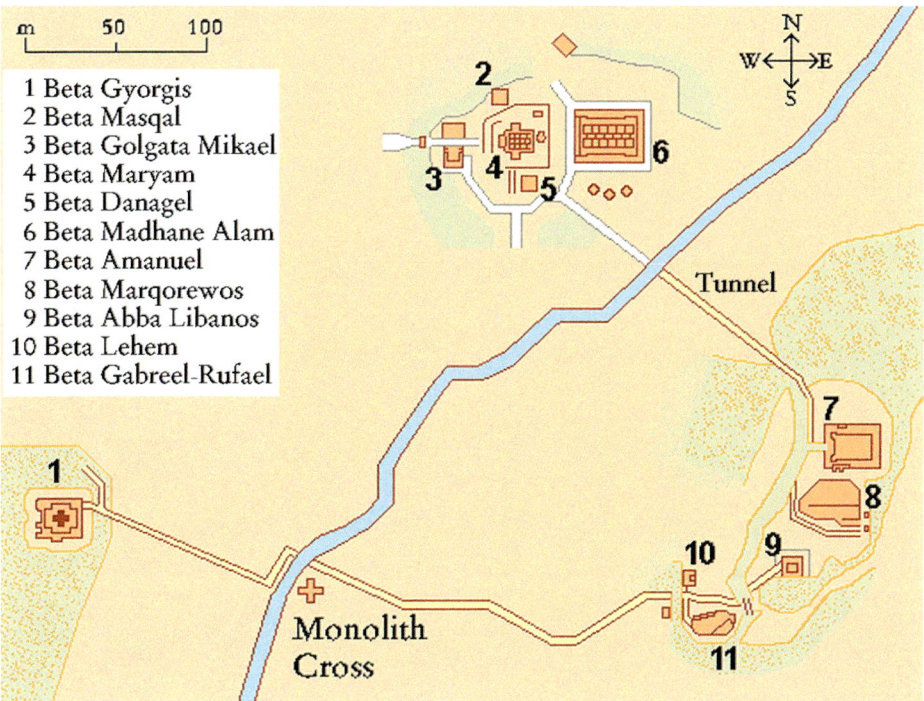

Karte 10: Die Lage der Kirchen in Lalibala (nach Wikimedia), © Thomas Rave

entwickelte sich seither zum zentralen Wallfahrtsort. Die Äthiopisch-Orthodoxe Kirche kanonisierte später den König und änderte den Namen Roha in Lalibala.

Die elf Kirchen sind untereinander zu Fuß zu erreichen und lassen sich in zwei Hauptgruppen teilen, hinzu kommt eine isoliert stehende Kirche. Die Außen- und Innenwände der Kirchen sind von gewachsenem Felsen, und ihre Struktur weist große Unterschiede auf: Fenster, Türen, Böden und Säulen haben sehr unterschiedliche Formen. Die Dächer der Kirchen sind auf demselben Niveau wie der felsige Boden der Umgebung. Man kann die Eingänge der Kirchen durch Treppen, die in die engen Zwischenräume führen, erreichen. Ein kompliziertes System von Ableitungskanälen, Tunneln und unterirdischen Höhlengängen – sowie einigen Hohlräumen mit den Skeletten frommer Mönche und Pilger – verknüpfen die einzelnen Kirchenkomplexe.

Es hat sich als schwierig erwiesen, das Alter der Kirchen festzulegen, zumal sie dem alltäglichen Verschleiß ausgesetzt sind. Die Debatten über die Entstehungsfolge, Entstehungszeit sowie die Dauer der Bearbeitungszeit sind nicht abgeschlossen. Manche Wissenschaftler meinen, die ältesten Monumente seien nicht kirchlichen Zwecken gewidmet gewesen. Zumindest bestehen klare Hinweise auf aksumitische Vorbilder, auf die die Kirchen zurückgehen.

Die Kirchen. Die nördliche Gruppe. Beta Madhane Alam („Erlöser der Welt-Kirche") ist die weltweit größte monolithische Kirche, in der auch das Lalibala-Kreuz seinen Platz

gefunden hat, sie soll nach dem Modell der Marienkirche von Aksum geschaffen worden sein. Die Basilika misst 33,7 m x 23,7 m x 11,5 m. Sie ist umgeben von viereckigen Säulen und zwei Fensterreihen unterschiedlicher Gestaltung. Gänge und Tunnel verbinden sie mit Beta Maryam (der Marienkirche), die möglicherweise die älteste dieser Kirchen ist. Letztgenannte hat drei Eingänge, einen weiten Vorbau

Felsenkirche Madhane Alam, Lalibala, © Serge Dewel-Mouton

und im Stil des antiken Aksum gestaltete Fenster. Ihr Inneres schmücken Wandmalereien mit biblischen Gestalten, Sternen und Kreuzen. Unter den Säulen sticht eine monumentale Säule von 7,6 m Höhe hervor, deren Stoffhülle Malereien und Texte verbirgt – sie wird *Amda berhan* („Säule des Lichts") genannt. An der Nordmauer von Beta Maryam öffnet sich die kleine herausgehauene Kapelle von Beta Masqal („Kreuzkirche"), die z.Zt. als Schatzkammer der Kirche dient. Die westlichen und südlichen Eingänge von Beta Danagel („Jungfrauenkirche") weisen im Inneren aksumitische Merkmale auf, nicht aber der Nordeingang. Der Legende nach wurde sie zu Ehren der Jungfrauen, die Mitte des 4. Jh. in Rom als Märtyrerinnen starben, geschaffen. Ein Tunnel am Südende des Hofes von Beta Maryam führt zu den benachbarten Kirchen Beta Mikael (Dabra Sina) und Beta Golgota, die Bedeutung wegen ihrer künstlerischen Ausgestaltung und der frühen christlichen Felszeichnungen an den Wänden haben. Hier gibt es einen separaten Raum, die Sellase-(„Dreifaltigkeits")Kapelle, den Priestern vorbehalten, wo sich das Grab des Königs Lalibala befindet, und ebenso einen leeren Raum, genannt Adams Grab.

Inneres der Beta-Maryam-Kirche, Lalibala, © Serge Dewel-Mouton

Die östliche Gruppe. Beta Amanuel (Emmanuel) weist eine aufwändige architektonische Struktur auf mit aksumitisch gestalteten Außenwänden und Eingängen. Eine Wendeltreppe führt zur oberen Ebene. Heilige Bienen zieren die Kirche, sie weisen auf die obengenannte Prophezeiung zum Königtum Lalibalas hin. Ein unterirdischer Tunnel führt zur teilweise eingestürzten Kirche Beta Marqorewos; ihre Wandmalereien auf Baumwolle wurden entfernt und sind jetzt im National Museum in Addis Abeba zu besichtigen. Zwischen Beta Marqorewos und Beta Gabreel-Rufael ([Erzengel] Gabriel und Rufael) liegt ein kleiner Raum, genannt *Beta lehem* („Brothaus"). Diese waren ursprünglich vermutlich nicht in kirchlichem Gebrauch. Beta Abba Libanos, einem äthiopischen Heiligen gewidmet, ist eine Höhlenkirche mit einer Fassade von Felszeichnungen und drei freien Wänden, deren Oberkante jedoch nicht freiliegt. Beta Giyorgis, dem Nationalheiligen Äthiopiens, dem Hl. Georg, gewidmet, ist außerordentlich kunstvoll gestaltet und besterhalten; ihr Dach in Form eines griechischen Kreuzes gilt als Symbol Lalibalas. Gestaltet wie ein fast perfekter Würfel, in der Form eines Kreuzes aus den Felsen gehauen, geht der Haupteingang nach Westen, während das Heilige (*Qeddest*) gen Osten zeigt. Die Kirche steht in einer tiefen Grube mit senkrechten Wänden und kann nur durch einen verborgenen, in den Felsen gehauenen Tunnel betreten werden.

Außerhalb des eigentlichen Ortes Lalibala befinden sich die Klosterkirchen von Na'akkweto La'ab und Ashetan Maryam sowie die berühmte, im aksumitischen Stil gestaltete, in einer Höhle stehende Kirche Yemrehanna Krestos aus dem 12. Jh.

Erhalt des nationalen Kulturerbes. Die Region wurde von Erdbeben erschüttert, die zu Rissen und Wasserschäden an den Monumenten führten. Es besteht das Risiko des Einsturzes, der Zerstörung der Malereien und der Reliefs der Kirchen. 2011 hat die UNESCO mit der EU provisorische Leichtbau-Schutzdächer über vier gefährdete Kirchen gezogen. Dieses Vorhaben hat zudem das traditionelle Handwerk in der von Armut betroffenen Region unterstützt.

Literatur: Marilyn Heldman, „Churches of Lalibäla", *EAE* III, 484–489; Kellen McClure, *No Shelter. UNESCO's efforts to save Lalibela's Culture*, University of Vermont, Addis Ababa 2007; David W. Phillipson, *Ancient Churches of Ethiopia*, New Haven, London 2009.

Maija Priess, Universität Hamburg

Meqele

Meqele („Mekelle"), die Hauptstadt des Regionalstaates von Tigray und zweitgrößte Stadt Äthiopiens, ist ein Wirtschaftszentrum und geprägt von einer wachsenden Industrie; sie trägt damit zum schnellen Wachstum der äthiopischen Wirtschaft bei. Seit dem 19. Jh. etablierte sich die Stadt als politisches und ökonomisches Zentrum und war in den 1880er Jahren Hauptstadt des äthiopischen Reiches. Davon zeugen heute noch historische Monumente. Der Flughafen „Ras Alula Abba Nega Airport" verbindet Meqele mit Addis Ababa mit täglich fünf bis sechs Flügen, aber auch mit Aksum und Gondar, während internationale Verbindungen zur Zeit nur für Charterflüge offen sind.

Die Innenstadt mit Palmenalleen, mit Kaffeebars und Geschäften mit Fruchtsaftangeboten lohnt einen Besuch, ebenso wie die Viertel nahe dem ehemaligen Kaiserpalast. Sehenswert sind mehrere Museen wie der Palast Yohannes IV. Auch das Museum im Areal des „Hawelti", ein Monument, das zum Gedächtnis der Toten des Befreiungskrieges der Tigrayan People's Liberation Front (TPLF) gegen die Zentralregierung bis 1991 errichtet wurde, lädt zum Besuch ein; es bietet die beste Sammlung von Fotos und Dokumenten dieses Krieges. Ein kleinerer Palast des Gouverneurs Abreha Araya (reg. 1899–1909), nicht weit von Hawelti, das den Stil des kaiserlichen Palastes imitiert, ist heute ein Hotel. Das Umland bietet eindrucksvolle Naturdenkmäler, wie den großen Wasserfall von Chala'anqwa in Dabri, mit den Ruinen einfacher alter Einsiedlerbehausungen. Zu nennen ist auch das fruchtbare Tal des Klosters Mikael Tsallamo hinter Dabri und außerdem der Romanat-Wasserfall beim Dorf Gambala nahe Masabo. Vor wenigen Jahren wurden die Kleinstadt Kwiha und mehrere umliegende Dörfer wie Aynalam, Gambala und Dabri mit neuen Straßen eingemeindet. Im Jahr 1994 lebten rund 100.000 Einwohner in Meqele, 2007 wurden 215.914 gezählt und im Jahr 2015 410.217. Das Klima ist gemäßigt und trocken, die Stadt liegt auf ca. 2.100 m ü.d.M.

Ursprünge. Nach neueren historischen Schriften geht Meqele bis ins 13. Jh. zurück. Diese zeitliche Ansetzung beruht allerdings nicht auf der bekannten historischen Gründungsgeschichte der Stadt, sondern zeigt ein Missverständnis der geschichtlichen Überlieferungen. Als königliche Stadt bzw. Residenzstadt des Herrschers (etwa in der Gegend um Qabala 14) wurde sie in den 1880er Jahren im offenen Grasland gegründet, dessen Nutzung sich die umliegenden älteren Dörfer teilten. Die Geschichte einiger dieser Dörfer geht allerdings weiter zurück, z.T. weiter als bis in das 13. Jh., wie das Vorhandensein aksumitischer Ruinen innerhalb von Kwiha beweist. Bei Gründung der Stadt Meqele wurden zunächst die Ländereien der umliegenden Dörfer nach und nach integriert – ein dynamischer Prozess, der in jüngster Zeit zwischen 2005 und 2015 mit mehreren Eingemeindungen ihren Höhepunkt erreichte. Eine der ersten Siedlungen, die dem Stadtgebiet einverleibt wurden, waren wenige Farmhäuser nahe der im 13. Jh. gegründeten Madhane-Alam-Kirche. Neu dazugekommen ist Kwiha, das als Städtchen auf eine italienische Kolonialgründung in der Region des alten Egra Hariba mit der aksumitischen Kirchenruine von Enda Charqos zurückgeht.

Meqele entstand auf einer weiten Ebene unterhalb von Egra Hariba, der historischen Steuerstation für den Salzhandel und zeitweise auch Regierungssitz des Gouverneurs von

Endarta. Dieses findet in den Steuerregistern von Kaiser Tewodros II. Erwähnung. Der Name der Stadt Meqele bedeutet im Tigrinnya „geteiltes Land", was darauf verweist, dass es von den umliegenden Dörfern wie Dabri, Aynalam und anderen gemeinsam als offenes Land genutzt wurde. Diese unterhielten dort einen gemeinsamen Marktplatz, vor allem für Salz. Der Name, der gewöhnlich für die gesamte Ebene genutzt wurde, Gambala, findet sich auf alten Karten und in der mündlichen Überlieferung; sie wurde nach dem kleinen Fluss benannt, der oberhalb beim höhergelegenen Kwiha entspringt.

Als Kaiser Yohannes IV. einen Ort für seinen Palast in Tigray suchte, entschied er sich zunächst für Aksum, musste diesen Plan aber nach Verhandlungen mit den dortigen Priestern aufgeben, da diese den Status als Freie Stadt mit unabhängiger Verwaltung nicht aufgeben wollten. Auch seine Entscheidung, sich in Agula, dem alten Sitz der Gouverneure von Tsara (nördlich von Meqele), auf den er alte ererbte Ansprüche hatte, niederzulassen, war nicht von Dauer, da der Ort seine Armee nicht ernähren konnte. Die Ländereien von Meqele und die umliegenden wasserreichen Dörfer waren dagegen ausreichend fruchtbar, womit er hier seinen Regierungssitz dauerhaft etablieren konnte. Anders als bei seinen früheren Residenzen übernahm er damit keinen schon bestehenden Gouverneurssitz, sondern gründete eine neue Siedlung.

Palast und Museum. Die historischen Quellen berichten, dass Yohannes seinen Palast auf einem kleinen Hügel in Meqele in der Zeit 1882–1884 erbaute. Bemerkenswert ist, dass wir hier das früheste Beispiel für moderne Bauingenieurkunst in Äthiopien haben, die mit einem im Ausland ausgebildeten Äthiopier verbunden ist. Der Kaiser vergab die Aufgabe an seinen italienischen Baumeister Giacomo Naretti, der schon zuvor verschiedene Bauten für ihn errichtet hatte. Dieser plante und baute den neuen Palast gemeinsam mit dem ersten äthiopischen Ingenieur, *Lej* Engedashat aus Adwa. Der Äthiopier war kurz zuvor, 1877, von seinen Universitätsstudien in Deutschland zurückgekehrt, die ihm möglich waren, da er teilweise deutscher Herkunft war: Äthiopier tigrayischer Herkunft war er mütterlicherseits, während sein Vater, der Deutsche Wilhelm Schimper, als Berater, Baumeister und Landwirtschaftsreformer für äthiopische Fürsten arbeitete. Der Palast diente seither als Sitz der Gouverneure von Tigray, und zwar bis zum Staatsstreich von 1974, als der letzte Gouverneur, Nachfahre von Kaiser Yohannes IV., ins Exil floh. Von da an wurde er als Verwaltungssitz und als militärische Einrichtung genutzt. Nach 1991 machte man ein Museum daraus, mit Ikonen, Handschriften und arabischen Inschriften aus Kwiha. In den vergangenen Jahren wurde er renoviert und 2016 neu eröffnet. Das Museum beherbergt nur noch die Sammlung der Memorabilia von Kaiser Yohannes IV. und seiner Familie.

Geschichte. Die reiche Geschichte Meqeles und seines Umlands ist nicht vollständig erforscht und harrt noch der umfassenden Bearbeitung. Die Ebene von Meqele und ihrer Dörfer war im 19. Jh. unter Kontrolle des Herrschers von Tigray, *Ras* Walda Sellase, der den fruchtbaren Ort Dabri als Rückzugsort nutzte (noch heute leben Nachkommen dort). Als sich die britisch-indische Interventionsarmee unter Führung von Napier 1867 zeitweise in Tigray aufhielt, errichtete sie ihr Camp in Dolo oberhalb des heutigen Meqele. In den 1880er Jahren, als Hauptstadt Äthiopiens, wurde es zum Schauplatz eines politischen Dramas: Kaiser Yohannes hatte über Jahre hinweg einen Konflikt mit seinem Cousin Dabbab Araya zu bestehen. Dieser kontrollierte als Bandit jahrelang die Handelsrouten nach Metsewa und machte die Grenzen Äthiopiens unsicher. Schließlich boten ihm die Minister des Kaisers die Kaiserkrone an – er sollte dafür zum Palast in Meqele kommen – er nahm den Vorschlag an und wurde bei Betreten des Kaiserpalastes festgesetzt.

Meqele, © Wolbert G.C. Smidt

Im Jahr 1895 verleibten sich die Italiener Meqele als offiziellen Teil der erweiterten italienischen Kolonie Eritrea ein und errichteten ihr Verwaltungszentrum und ihre Militärfestung auf dem Endayasus-Berg, heute Hauptcampus der Universität. Die Dauer dieser Annexion war kurz: Die tigrayischen Truppen hatten sich beim Einmarsch der Italiener zurückgezogen, um diese in der Illusion eines leichten Sieges zu wiegen. Allerdings begannen sie bald eine Belagerung und schnitten die Festung von der Wasserversorgung ab. Nach kurzer Schlacht kapitulierte die italienische Garnison im Januar 1896 und zog nach Adwa ab. Dort verloren die Italiener allerdings auch die nächste Schlacht im März 1896, diesmal endgültig und vernichtend. Über die folgenden Regierungssysteme hinweg blieb Meqele Sitz der Gouverneure von Tigray, bzw. in der Zeit, als Tigray in getrennte Provinzen zerteilt wurde (z.B. um 1900), lediglich als Sitz des Gouverneurs von Endarta. Einer der aktivsten Gouverneure war *Ras* Seyyum Mangasha, der in den 1960er Jahren eine moderne Stadtplanung anstieß und die Stadt, ähnlich wie Hawassa, entwickelte. In den 1940er Jahren war Meqele ein Zentrum des Widerstandes gegen die Zentralregierung, zeitweise Zentrum der sog. Wayyana-Bewegung („Rebellion"). Der Hintergrund: Zuvor war Meqele, wie der Rest Äthiopiens 1936–1941, Teil des italienisch besetzten Africa Orientale Italiana und wurde nach der Rückkehr des Kaisers aus dem Exil marginalisiert. Dies geschah offenbar als Reaktion auf den massiven Widerstand der Tigrayer (die Kaiser Hayla Sellase häufig als illegitimen Herrscher betrachtet hatten). Der lokale Widerstand gegen Hayla Sellase hatte z.T. sogar zur Unterstützung der eindringenden Italiener geführt, vor allem durch die ausgesprochen unabhängigen Rayya südlich von Meqele, aber auch durch den tigrayischen Gouverneur in Meqele selbst. Dies führte nach Abzug der Italiener zur weitgehenden Unterdrückung Tigrays und zu Maßnahmen gegen die althergebrachte Selbstverwaltung der Tigrayer. Die daraufhin ausbrechende Rebellion wurde 1943 niedergeworfen, u.a. mit Hilfe einer massiven Bombardierung Meqeles durch britische RAF-Bomber, die Kaiser Hayla Sellase, ihren Alliierten im Zweiten Weltkrieg, auf diese Weise unterstützten. Die Benachteiligung der Region besserte sich danach kaum, woraufhin die nachfolgende Generation von Studenten in den 1970er Jahren einen bewaffneten Kampf begann und die TPLF gründete, bekannt als „zweite Wayyana". Im Jahr 1989 fiel Meqele schließlich in die Hand der TPLF. Der Sitz der Rebellenverwaltung blieb noch in den unterirdischen Höhlen von

Addi Gezaeti in den nahegelegenen Tamben-Bergen, um schließlich 1991 nach Meqele umzuziehen. In derselben Zeit wurde auch das TPLF Business College in Meqele angesiedelt, ebenso die Landwirtschaftsfakultät der University of Asmara, die zunächst nach Südäthiopien evakuiert und dort weitergeführt worden war. Diese wurden nun zu zwei unabhängigen Colleges und fusionierten im Jahr 2000, woraus die Mekelle University entstand, mit ihrem Hauptsitz im verlassenen Militärcamp von Endayasus. Heute ist die Universität voll entwickelt, mit sechs Campussen und über 30.000 Studenten.

Wirtschaft, Stadtentwicklung und Bevölkerung. Wirtschaftlich spielte Meqele zunächst vor allem wegen der Nähe zu den Salzstraßen nach Afar und wegen der Lage direkt an der Nord-Süd-Route, die Inneräthiopien über Osttigray mit dem Roten Meer verbindet, eine Rolle als Salzmarkt und regionaler Handelsplatz. Seit den 1990er Jahren ist Meqele vom ständigen Anstieg der Investitionen geprägt, viele davon von privaten Geldgebern im Ausland (z.B. von Tigrayern der Diaspora). Die Masabo-Zementfabrik, Eigentum des Endowment Fund for the Rehabilitation of Tigray, ist eine der wichtigsten Industrieanlagen des Nordens, ähnlich wie auch Mesfin Engineering, das äthiopische Lastwagen zusammenbaut, seit jüngstem auch Autos. Die Maa Garment Factory ist eine der großen Textilfabriken des Landes. Ein neues Stadtzentrum entsteht, und zwar unterhalb des zweiten (Business-)Campus der Universität in Addi Haqi und des Hawelti-Monuments. Das Gebiet ist geprägt von neuen Regierungsgebäuden, einer Kirche und einer Moschee, einem Stadion und mehreren 5-Sterne-Hotels. Zahlreiche neue Stadtviertel sind in den letzten zwei Jahrzehnten entstanden, wie Addi Ha, Addi Hawsi, Addi Haqi, Diyaspora, Qalqal Dabri und Lachi. Eine weitere Ausdehnung in die umliegenden Dörfer hat begonnen. Die geplante Eisenbahnlinie wird Meqele mit der Afar-Tiefebene verbinden, mit dem ökonomisch wichtigen Pottasche-Fördergebiet, und schließlich mit Dschibuti.

Vor allem Tigrayer bilden die Bevölkerung, darunter Arbeiter und Handwerker, die während des Krieges 1998–2000 aus Eritrea eingewandert sind, sowie ländliche Zuwanderer insbesondere aus Agama, Wajjarat, Rayya und den umliegenden Gebieten von Endarta, aber auch aus Agaw (z.B. aus Saqota). Die große Mehrheit (über 90%) bekennt sich zum christlich-orthodoxen Glauben, doch auch eine kleine, aber aktive muslimische Gemeinde hat seit Gründung der Stadt den Handel stetig wachsen lassen. Außerdem gibt es eine katholische Gemeinde (vor allem bestehend aus Migranten aus Agame und Irob) und protestantische Kirchen, unter ihnen vor allem Pfingstler. Durch den zunehmenden Klein- und Großhandel, durch die neuen Unternehmen, die Colleges und die Universität wächst die Zahl der Amharisch-Sprecher.

Schreibung. Der Name der Stadt wird je nach Kontext unterschiedlich geschrieben, in äthiopischer wie lateinischer Schrift, was bei Besuchern zur Verwirrung führt. Auf Tigrinnya wird Mäqälä, auf Amharisch Mäqällé geschrieben. Außerdem ist im Englischen eine Reihe von Umschriften im Umlauf. Die englische Schreibung der Ethiopian Airlines hat Makale, basierend auf der englischen Aussprache des „a" (wie in „fat"). In weiterführenden Schulen wie in der Universität lautet die Schreibung Mekelle („Mekelle University", wobei das „k" vereinfacht für den Glottal „q" steht), neben Meqele oder Mäqälä (seltener an der Universität verwendet). Auf geografischen Karten erscheint, ebenso korrekt, Mek'ele. Bei früheren ausländischen Schreibern gibt es weitere Varianten, wie Makalah, etc.

Literatur: YOHANNES ABERA, TSEGAY BERHE GEBRELIBANOS, „Mäqälä", *EAE* III, 761–763; RUMI OKAZAKI, *Study on the Urban Formation and Actuality of the Central District in Mekelle, Ethiopia*: *Appraisal of Historical Quarters and Inner City Problems*, Keio University 2009.

Wolbert G.C. Smidt, Mekelle, Erfurt

Gondar und Umgebung

Gondar und die Historische Route. Gondar liegt auf einer Höhe von ca. 2.200 m ü.d.M. und ist auf drei Seiten umgeben von einer 3.000 m hohen Bergkette. Im Süden öffnet sich die Landschaft ins Angarab-Tal und weiter südlich zum Tanasee. Die Stadt erstreckt sich entlang einer Kette von Kastellen und Palästen, die aus dem 17. Jh. und 18. Jh. stammen, als Gondar die Hauptstadt des christlichen Äthiopien war.

Gondar ist heute ein wichtiges Touristenziel Äthiopiens. Zusammen mit Harar, Lalibala, Aksum und Yaha gehört die Stadt zu den Hauptattraktionen der Historischen Route. Von Gondar aus können verschiedene bedeutende historische und religiöse Stätten des Gondar-Königreichs und der Tana-Region besucht werden. Auch der 1959 gegründete Semen-Nationalpark lässt sich von hier aus gut erreichen; er liegt 100 km entfernt in nordöstlicher Richtung.

Engels- und christologische Szenen, auf Tuch gemalt, Dabra-Berhan-Sellase-Kirche, Gondar, © Michael Gervers

Gondars touristisches Potential ist nicht ausgeschöpft. Die Zahl der Hotels stieg zwar in den letzten Jahren stetig, aber immer noch zu wenige Hotels entsprechen dem internationalen Standard. Die Stadt ist inzwischen durch eine Asphaltstraße mit Baher Dar, der Hauptstadt des Amhara-Regionalstaates, verbunden. Aber Dase im Osten und Enda Sellase im Norden sind nur auf schlechten Straßen oder sogar Pisten zu erreichen. Linienflüge schaffen die Verbindung innerhalb des Landes: mit Addis Ababa und Aksum einerseits und ebenso nach Lalibala und Baher Dar. Zu anderen regionalen Hauptstädten bestehen keine Verbindungen, obgleich die Stadt und der Tourismus dadurch gewinnen könnten.

Gondars Nationalerbe. Gondars Attraktivität liegt in der Möglichkeit, Kunst und Architektur der letzten vier Jahrhunderte des Landes kennenzulernen. Die am höchsten gelegene Region beherbergt den Palastkomplex *Fasil gebbi* mit historischen Gebäuden, die von einer 900 m langen Mauer umgeben sind. Hier residierten die christlichen äthiopischen Herrscher für mehr als 150 Jahre. Innerhalb der Mauer stehen 15 Gebäude, die zwischen dem 17. und 18. Jh. errichtet wurden. Das massive Schloss von Kaiser Fasilidas (*Fasil gemb*) ist eindrucksvoll, ebenso die elegante Burg von Iyasu I., desgleichen Bakaffas U-förmiges Bauwerk, sowie der Palast von Königin Mentewwab. In der Umfassung finden sich auch drei historische Kirchen, Atatame Mikael, Elfen Giyorgis und Gemja Bet Maryam, sowie weitere kleinere Gebäude, so z.B. ein Türkisches Bad, Türme und Zisternen.

Außerhalb des königlichen Areals, etwa 200 m in Richtung Norden findet sich Ras Gemb, ein Palast der Gondarzeit, der seit seiner Errichtung für unterschiedliche Zwecke eingesetzt wurde. Ursprünglich war er der Wohnsitz hoher Würdenträger des gondarinischen Königsreichs, darunter auch Mikael Sehul. Während der italienischen Besatzungszeit diente er als Residenz des Gouverneurs der Amhara-Provinz. In der sozialistischen *Darg*-Periode fungierte er als Gefängnis, und gegenwärtig befindet sich in seinen Hallen Gondars Stadtmuseum, das mit Hilfe äthiopischer und französischer Wissenschaftler geschaffen wurde. Etwas weiter in nordöstlicher Richtung zum Angarab trifft der Besucher auf die Kirche Dabra Berhan Sellase. Sie wurde im 17. Jh. zunächst in Rundform von Iyasu I. errichtet und ca. ein Jahrhundert später von Hayla Maryam Eshete wiedererbaut. Die Kirche hat einen rechteckigen Grundriss und besteht aus Mörtel und Steinmetzwerk mit einem Papyrusdach. Im Inneren der Kirche begegnet dem Besucher eine der reichsten Sammlungen gondarinischer Gemälde und anderer Kunst.

Ein Stück bergab in westlicher Richtung nahe dem Kaha-Fluss ziehen zwei weitere bedeutende Stätten die Aufmerksamkeit auf sich. Da ist zunächst Fasils Bad, ein Wasserbecken mit einem zentralen Pavillon, erbaut um 1640. Es ist Teil einer Anlage, die einen Garten mit Jahrhunderte alten Banyan-Bäumen und ein weiteres historisches Gebäude umfasst: das Grab von Zobel, Fasils Pferd. Das Bad und der Komplex erinnern in ihrer

„Bad" des Kaisers Fasiladas, Gondar, © Andreu Martínez d'Alòs-Moner

Struktur an indische Vorbilder (indisches Mogulreich), erbaut von Herrschern wie Akbar, Jahangir und Shah Jahan. Jeweils im Januar verwandeln sich der Garten und das Bad zum Schauplatz des *Temqat*-Festes, das neben Tausenden von Gläubigen auch viele Touristen anzieht. Weiter nordwestlich erreicht der Besucher die Kirche Dabra Tsahay Qwesqwam, die zwischen 1733 und 1746 von Königin Mentewwab errichtet wurde. Die Anlage umfasst eine Kirche, eine private Kapelle und einen Palast und diente als Sitz der religiösen Fraktion der Kwara-Gruppe, die über Jahrzehnte Staat und Politik beherrschte.

In der Umgebung und am Stadtrand Gondars finden sich etliche Zeugen der Geschichte des Landes. Einige von ihnen sind allerdings deutlich von Zerfall und Zerstörung gezeichnet. Entlang der sog. College Road, nahe dem Lammergayer Hotel, steht Yohannes Metmaq (Johannes des Täufers Kirche), die umgeben ist von einer Wallanlage und von Türmen, ähnlich wie bei Dabra Berhan. In südlicher Richtung liegt die Ruine der Kirche Ledata Maryam, von der nur einige Säulen überdauert haben. Außerdem kann man außerhalb der Stadt weitere Belege ziviler Baukunst besichtigen, wie etwa die beiden historischen Brücken, die über den Angarab-Fluss führen: eine Brücke im Osten der Stadt auf dem Weg nach Dafacha, die zweite südöstlich auf der historischen Route nach Tsadda.

Zeugen einer modernistischen Architektur sind vereinzelt in der Stadt anzutreffen; sie bilden die Hinterlassenschaft der italienischen Besatzungszeit (1936–1941). Am eindrucksvollsten zeigt sich das im Stadtzentrum, eine Gegend, die bis heute „Piasa" genannt wird. Dazu gehören Gebäude wie das *Poste e Telegrafi* (heute Ethiopian Telecom), oder *Comando truppe* (beherbergt heute die South Gondar Administrative Zone), den *Circolo militare e coloniale* (heute Bezirksgericht), *Albergo CIAAO* (heute das zwischendurch geschlossene Tarara Hotel) sowie die *Opera nazionale dopolavoro cinema* (heute Cinema Ethiopia und Camelot Restaurant). Des Weiteren sind Apartmenthäuser und Villen nördlich der Stadt erhalten, die einst für Kolonialbeamte erbaut wurden.

Das lebendige kulturelle Leben Gondars zieht Touristen in seinen Bann. Zu nennen ist das *Temqat*-Fest, das als religiöses Großereignis die ganze Stadt erfasst. In einem *Azmari bet*, jenen traditionellen Treffpunkten rings um die Piasa, kann der Besucher den improvisierten Gesängen der *Azmari* lauschen, die von traditionellen *Eskesta*-Tänzen begleitet werden.

Außerhalb von Gondar. Die Umgebung der Stadt bietet eine Reihe kultureller, historischer und von der Natur geschaffener Sehenswürdigkeiten. Dabei ist allerdings zu beachten, dass nur wenige davon mittels gut befahrbarer Straßen von der Stadt aus zu erreichen sind, was dazu beiträgt, dass bis heute nur wenige dieser Sehenswürdigkeiten touristisch erschlossen sind.

12km südlich der Stadt liegt das Dorf Azazo, in dem die Geschichte Gondars begann. Etwa um 1621 gründete Kaiser Susenyos mit Hilfe des spanischen Jesuiten Pedro Páez, einem seiner Vertrauten, an diesem Ort seinen Hauptsitz, Gannata Iyasus. Über die Jahre wurde der Komplex um einen Garten erweitert, den man mit Hilfe indischer Handwerker anlegte, hinzu kam eine befestigte Kirchenanlage. Der Sohn von Susenyos, der spätere Kaiser Fasiladas, der in dieser Anlage aufwuchs, ließ, als er den Thron bestieg, eine ähnliche Anlage in Gondar nachbauen. (Derzeit laufende Ausgrabungen spanischer Archäologen dokumentieren Ausmaß und Größe dieser einstigen Residenz.) Südöstlich von Gannata Iyasus liegen Kirche und Kloster Takla Haymanot. Der Komplex wurde unmittelbar nach der Vertreibung der katholischen Missionare in den späten 1630ern oder frühen 1640ern erbaut und war für mehr als 250 Jahre der Hauptsitz der Klostergemeinschaft von Dabra Libanos. Er bietet die frühesten Zeugnisse des Baustils von Gondar.

Die Halbinsel Gorgora, etwa 50 km südwestlich gelegen, beherbergt eine Handvoll historischer Stätten. Gleich am Ufer steht die Kirche Dabra Sina Maryam, in der unterschiedliche Beispiele früher gondarinischer Malkunst vereint sind. Auf einem Hügel, mit Blick auf die Insel, wurde der *Faro della Conquista* („Leuchtturm des Sieges") errichtet, eine Statue, die an den italienischen Sieg über Äthiopien 1936 erinnern soll. Weiter südwestlich erhebt sich das Kloster Mandabba Madhane Alam, gegründet im 14. Jh. und zeitweise eines der wichtigsten und einflussreichsten religiösen Zentren. Weiter westlich, ca. 12 km vom Dorf Aburja, sind die Ruinen der ehemaligen Jesuitenresidenz Gorgora Nova erhalten (auch hier führten äthiopische und spanische Archäologen kürzlich Grabungen durch). Erhalten sind ein befestigtes Gebäude, ein Missionshaus und Seminar sowie eine katholische Kirche: Gorgora Iyasus. Der Ort repräsentiert auf bemerkenswerte Weise die Existenz der indisch-portugiesischen Architektur in Äthiopien.

Entlang der Asphaltstraße zwischen Azazo und Addis Zaman kann der Besucher einige Baudenkmäler aus der Gondarzeit und der Vor-Gondarzeit besichtigen. Am Rande von Tsadda im Norden befindet sich die Kirche Egziabeher Ab, die von Yohannes I. erbaut wurde. Sie ist mit ihrer Befestigungsanlage ein typischer Beleg für die Gondar-Periode. Wenige Kilometer weiter Richtung Addis Zaman links der Straße befindet sich Bahrey Gemb, ein einzigartiges früh-gondarinisches Kloster mit einer Kuppel. Dahinter führt eine Schotterpiste nach Osten. Nach einer beschwerlichen Fahrt bergauf findet man die Ruinen von Danqaz in einer Gegend, die als Gomenge bekannt ist. Hier stehen die Ruinen des Palastes von Susenyos sowie einer katholischen Kirche.

Zurück auf der Asphaltstraße nach Addis Zaman, hinter dem Dorf Enfraz, erreicht man auf einer Anhöhe das Schloss Guzara. Häufig wird es Kaiser Sartsa Dengel zugeschrieben, doch ist es wohl zeitgleich mit den Gebäuden der Hauptstadt des Reiches errichtet worden. In derselben Gegend, etwas weiter im Hinterland, lassen sich die Ruinen des Hauses des katholischen Patriarchen Afonso Mendes ausmachen. Zwischen 1626 und 1632 residierten hier die höchsten katholischen Würdenträger.

Im Norden von Gondar liegen weniger bedeutsame historische Stätten. Gleichwohl sind einige außergewöhnlich. In der Nähe von Amba Giyorgis, etwa 40 km nordöstlich, findet man zwei gondarinische Kirchen, beide werden Iaysu I. zugeschrieben: Daqwa Kidana Mehrat und Gorenko Maryam. Nur 5 km nördlich von Gondar befindet sich das Falasha-Dorf (der Beta Esrael) Wallaqa, wo die Beta Esrael Töpferwaren herstellen und den Touristen anbieten (heute leben nur noch wenige von ihnen – wenn überhaupt – in Äthiopien, da sie in den 1980er und 1990er Jahren nach Israel auswanderten).

Literatur: Eduardo Martín Agúndez, Christina Charro Lobato, Agustín Cabria Ramos, *Gondar City Tourist Map*, Madrid 2013; Gian Paolo Chiari, *Guide to Gondar and Lake Tana*, Addis Ababa 2012; David Rifkind, „Gondar: Architecture and Urbanism for Italy's Fascist Empire", *Journal of the Society of Architectural Historians*, 70 (2011), 492–511.

Andreu Martínez d'Alòs-Moner, University of Gondar

Baher Dar

Baher Dar ist eine Kleinstadt im zentralen Hochland Nordwestäthiopiens an der Mündung des Abbay in den Tanasee. Sie liegt 1.800 m ü.d.M. und ist 578 km von Addis Ababa entfernt, inmitten der fruchtbaren Region des Tana-Abbay-Beckens. Es ist die Hauptstadt des Amhara National State.

Amhara auf einem Tankwa-Boot, © Serge Dewel-Mouton

Ursprünglich trug die Stadt den Namen Baher Giyorgis; ihre Gründung wird Kaiser Iyasu I. (reg. 1682–1706) zugeschrieben. 1856 und 1866 besuchte Tewodros II. Baher Dar auf seinem Rückweg von den Feldzügen in Shawa und Gojjam. Noch im 19. Jh. beschrieben ausländische Reisende, die den Ort auf dem Weg von Metsewa nach Addis Ababa oder in den Sudan besuchten, Baher Dar als eine Ansiedlung mit ca. 1.200–1.600 Einwohnern.

20. Jh. In der ersten Hälfte des 20. Jh. vereinbarten die äthiopische und die britische Regierung, mittels eines Dammes den Abbay zu stauen. Äthiopien hoffte dabei auf Unterstützung seiner Bemühungen um die Modernisierung des Landes. Das Vorhaben wurde jedoch nicht umgesetzt, weil die äthiopische Regierung darauf bestand, Baher Dar und Addis Ababa mit einer Straße zu verbinden und nicht mit dem Sudan. 1930 beschrieb ein von der Regierung entsandtes äthiopisches Expertenteam Baher Dar als Dorf mit weitgespannter Handelstätigkeit, geprägt von verschiedenen traditionellen Wohngebieten, die sich sämtlich durch die soziale Stellung, die ihre Bewohner innehatten, unterschieden. Die bedeutendsten Gruppen waren die *Kahnat* (die Geistlichkeit) und *Balabbat* („die Noblen"); die anderen Gebiete nahmen Pächter-Handwerker-Gruppen ein, die auf den Ländereien der *Balabbat* wohnten. Alle Gemeinschaften waren ökonomisch voneinander abhängig. Heiratsverbindungen untereinander gab es nicht.

Die italienische Armee nahm Baher Dar im April 1936 ein und machte sie zum Ausgangspunkt, um das übrige Gojjam zu besetzen. Sie gaben Baher Dar ein modernes, urbanes Gesicht, indem sie eine neue säkulare Administration und den privaten Landbesitz einführten. Ferner teilten sie Land für die Verwaltung, die Armee, eine Landepiste und für die Hafenanlage zu. Wohn- und Handelsbereiche wurden abgesteckt. Unterschiedliche Geschäfte, Teehäuser, Schneidereien, Bars und Restaurants, betrieben von Italienern, Arabern, von Somali und Sudanesen, bestimmten bald die Handelszone. Die äthiopische Teilhabe war in diesem Bereich dagegen die Ausnahme. Des Weiteren verbanden die Stadt der Einsatz von Motorbooten mit anderen Tanasee-Häfen sowie ein Straßennetz mit Gondar, Dabra Marqos und Addis Ababa. Eine Holzbrücke an der Mündung des Abbay in den See schuf eine Verbindung der Stadt mit Gojjam und Bagemder. Viele *Balabbat* stellten sich gegen die neuen Herrscher und schlossen sich der patriotischen Resistenz in den umliegenden Wäldern ein.

Die Italiener schufen mit der Stadt ein politisches und ökonomisches Zentrum; sie erklärten sie zum Verwaltungszentrum der semi-autonomen Tanasee-Südregion von Yilmana Densa, Macha und Achafar. Dabei trennten sie die vorhandenen Beziehungen zwischen den traditionellen Gemeinschaften in Baher Dar.

Die Italiener waren daran interessiert, das Tanasee- und Abbay-Becken landwirtschaftlich intensiv zu nutzen, und sie wollten das vorhandene Wasservolumen für die Stromgewinnung einsetzen. Als sie später aber Äthiopien verließen, zerstörten sie die

Holzbrücke, die sie am Kanfaro („der Mündung") des Abbay konstruiert hatten, und ebenso die Alta-Brücke in der Nähe des Wasserfalls des Blauen Nil.

Nachdem die Allianz der äthiopischen Patrioten und die internationalen antifaschistischen Truppen Äthiopien von der italienischen Besetzung 1941 befreit hatten, griff die äthiopische Regierung das gewaltige Potential der Region auf und machte die Stadt zum *Warada*-(„Bezirks")-Verwaltungszentrum mit den entsprechenden Einrichtungen. 1945 erhielt Baher Dar den Status einer Stadtgemeinde. Bald danach setzten sich Überlegungen durch, der Stadt den Rang der Zentralstadt einer *Awrajja* („Unterprovinz") zuzuerkennen, zusätzlich zur *Warada*-Bezirkshauptstadt.

Moderne Entwicklungen. Die strategische Lage für die Entwicklung der Wirtschaft und des Tourismus – dies dank der vorhandenen historischen Monumente sowie der Schönheit und der natürlichen Ressourcen – erfuhr zunehmend die Aufmerksamkeit der Regierung. In den frühen 1950er Jahren reifte in hohen Regierungskreisen der Plan, hier eine alternative Verwaltungshauptstadt des Landes zu errichten. 1950/1951 besuchte Kaiser Hayla Sellase mehrmals Baher Dar, und britische Stadtplaner empfahlen, in größerem Umfang wissenschaftliche Forschung in Baher Dar und Umgebung anzusiedeln.

Das kooperative Programm (1950–1956), das Äthiopien, die USA und das Regional Tana Basin Project 1958–1959 gemeinsam entwickelten, machte klar, dass Baher Dar ein wichtiges Zentrum werden könnte. Die Idee einer alternativen Hauptstadt wurde jedoch verworfen, obwohl die Stadt weiter wuchs.

1960–1962 legte eine Gruppe deutscher Experten, geleitet von Max Guther, einen grundlegenden Masterplan der Stadt vor, der für das städtische Gebiet einen umfassenden ökonomischen Plan vorsah, abgestimmt mit regionalen und nationalen ökonomischen Interessen. Neue Verwaltungs-, Wohnungs-, Handels-, Industrie-, Freizeit- und Bildungszonen wurden ausgewiesen. Baher Dar erhielt ein modernes Krankenhaus, aber auch Ausbildungsinstitutionen wie das Polytechnische Institut, die pädagogische Akademie (später das Baher Dar Teachers College). Separate Gelände für Bus, Bahn und Airport wurden ausgewiesen. Privathäuser, Geschäfte, Bars und Restaurants wuchsen. Luft- und Wassertransporte konnten wiederbelebt und erweitert werden. Eine moderne Brücke, die Gojjam und Bagemder verband, entstand wieder am Kanfaro Abbay.

Die Wirtschaftsempfehlungen des Masterplans sahen vor, über 20 Industrien in Baher Dar zu etablieren, um so den Nucleus für eine industrielle Kette mit Handel, Gewerbe, häuslicher und Kleinindustrie zu schaffen, damit in einer Zeitspanne von 50 Jahren etwa 300.000 Einwohner angesiedelt werden könnten.

Bis vor kurzem haben jedoch, mit Ausnahme der Textilindustrie, nur kleine private Unternehmen expandiert. Baher Dars beschleunigte Entwicklung beruht auf der Tatsache, dass dieses wichtige touristische Zentrum mit gutem Zugang per Luft, Land und Wasser weiter wuchs, insbesondere durch den Ausbau der Hotelunterkünfte.

Seit den frühen 1990er Jahren erlebt Baher Dar ein außergewöhnliches Wachstum und eine Expansion, die vom Freihandel in der Finanzpolitik der Regierung gestützt wird. Heute ist Baher Dar nicht nur ein Verwaltungszentrum, sondern auch ein Zentrum des Handels, der Industrie, des Transportwesens, des Gesundheitswesens, von Ausbildung und Tourismus. Die Baher Dar University wurde im Jahr 2000 durch die Vereinigung des Baher Dar Polytechnic Institute und des Baher Dar Teachers College ins Leben gerufen. Hier gibt es mehr als 50.000 Studenten in über 200 Programmen. Die Stadt verfügt über einen Airport mit täglichen Flügen sowohl nach Addis Abeba als auch nach Gondar. Nach dem Zensus von 2007 leben in Gondar und Umgebung über 220.000 Einwohner. Es sind dies überwiegend orthodoxe Christen (90 %), fast ausschließlich Amharen (96 %).

Sightseeing. Palmen säumen die Alleen Baher Dars, die Gärten sind voll tropischer Vegetation und einer Fülle von Vögeln, die Menge der modernen Geschäfte, Hotels und Restaurants nimmt zu. Die zwei Märkte von Baher Dar sind es wert, aufgesucht zu werden: der allgemeine Markt präsentiert bunt gewebte Textilien und ein großes Sortiment von Waren, einschließlich des Kaffees; und der Markt am Wegrand bietet vor allem Körbe an. Beachtlich ist die Vielfalt von Kunsthandwerk und Weberhandwerk.

Baher Dar ist das Tor zum Tanasee und zu seinen vielen Inseln und führt die Gäste zu den Wasserfällen des Blauen Nil. Der Besucher sieht außer modernen Motorbooten auch kleine oder große *Tankwa* (sgl. = Papyrusboot), die je nach ihren Tansportbedürfnissen von den am Seeufer wohnenden Wayto gebaut werden. Bis in die 1950er Jahre waren die Wayto Jäger und Fischer, deren Kultur und Ökonomie hauptsächlich von der Nilpferdjagd abhing. Neben dem Fischen widmen sie sich jetzt dem *Tankwa*-Bau, ihre Frauen sind Korbflechter.

Zu den Attraktionen gehört der Besuch der Wasserfälle Tis Esat des Blauen Nil, 22 km außerhalb der Stadt, und ebenso eine Bootsfahrt auf dem Tanasee, um Kirchen und Klöster zu besichtigen. Die Mönche breiten Ikonen, Handschriften und andere Kultgegenstände des Klosters vor den Besuchern aus. Zu beachten ist allerdings, dass eine Reihe von Klöstern Frauen keinen Zutritt gewährt.

Literatur: SELTENE SEYOUM, *A History of Bahir Dar Town, 1936–1974*, M.A. Thesis, Addis Ababa University, Addis Ababa 1988; SELTENE SEYOUM, „Baher Dar", *EAE* I, 442–444.

Seltene Seyoum, Addis Ababa University, Maija Priess, Universität Hamburg

Dabra Berhan

Geschichte. Die Hauptstadt der North Shawa Administrative Zone of the Amhara Regional Administration, Dabra Berhan („Berg des Lichtes") befindet sich 120 km nordöstlich von Addis Ababa auf 2.840 m ü.d.M. Sie liegt im Herzen des christlichen Hochlandes und wurde einst Dabra Eba genannt. Die Stadt ist in ihrer Geschichte mit Kaiser Zara Yaeqob verbunden, der sie als neue Hauptstadt 1455 gründete.

Gemäß mehrerer Quellen führte eine Lichterscheinung zum Namen der neuen Hauptstadt, wenngleich die Traditionen in der Frage, warum und wie das Licht vom Himmel erschien, voneinander abweichen. Nach der ältesten Legende kam das Licht vom Himmel herab, nachdem eine Gruppe von Häretikern (Anhänger der Stephaniten-Mönche) getötet worden war. Kaiser Zara Yaeqob verkündete danach, dass der Platz nunmehr Dabra Berhan zu nennen sei. Eine spätere, vermutlich eher wahrscheinliche Tradition, verknüpft die Lichterscheinung mit dem Halley-Kometen, der in dieser Zeit in Shawa zu beobachten war.

Laut seinem Hofchronisten blieb Zara Yaeqob 12 Jahre „ohne Unterbrechung" in Dabra Berhan. Nach dem Tod des Kaisers versank die Stadt in der Bedeutungslosigkeit. Während der Eroberungszüge des *Imam* Ahmad Grany war die Region um Dabra Berhan ein Zentrum des Widerstandes gegen die Invasion. Aber Grany siegte offensichtlich, denn es geschah in Dabra Berhan, dass er verkündete: „Abessinien ist erobert". Er machte die Stadt zur Militärgarnison, von wo aus seine Truppen zum Einsatz kamen und wo seine Generäle eine Militärparade abhielten.

In den Jahrhunderten nach der Niederschlagung von Ahmad Grany erlebte Dabra Berhan mit seinen Gebieten eine Periode wiederkehrender ethnischer Konflikte, diesmal zwischen den Oromo und den Amhara. Die Oromo drängten die Amhara ins Tiefland ab, während sie selbst sich im Hochland niederließen. Etwa Mitte des 18. Jh. gelang es den Amhara unter Führung von Amha Iyasus (1745–1775), erneut die Kontrolle über Teile des Hochlandes mit Dabra Berhan zu gewinnen und die Oromo zu verdrängen. In der ersten Hälfte des 19. Jh., während der Morgendämmerung der aufstrebenden Macht der Shawa-Dynastie, begann *Ras* Wasan Saggad (1808–1813), die Stadt neu zu erbauen. Doch kurz nach seinem Tod wurde sie erneut von Abbicho-Oromo zerstört. Schließlich eroberte Sahla Sellase (1813–1847) das Gebiet zurück und machte die Stadt zu seiner Residenz. Es kam zu einer Zeit der Blüte und des Wachsens, und das dank eines starken Austauschs mit weit entfernten Regionen. Die Stadt wurde von „heterogenen Stämmen" häufig aufgesucht und wurde „zu einem der wichtigsten Zentren für die zahlreichen Sklaven des Königs in Shawa", die für unterschiedliche Arten schwerer körperlicher Arbeit, einschließlich des Brückenbaus in Barressa, eingesetzt wurden. Damals war Dabra Berhan das einzige Handelszentrum Shawas, wo man Maultiere und Pferde kaufen konnte.

Die Entwicklung Dabra Berhans wurde jedoch erneut unterbrochen, und zwar durch die Eroberung Shawas durch Kaiser Tewodros II. (1855–1868). Die Stadt wuchs aber wieder nach der Thronbesteigung von Kaiser Menilek II. von Shawa.

Als mittelalterliche Stadt mit großer historischer Bedeutung bietet Dabra Berhan verschiedene archäologische Stätten, die die Aufmerksamkeit der Fachspezialisten verdient. Dazu gehört der Palast von Kaiser Zara Yaeqob, der gemäß seiner Chronik „von keinem seiner Vorgänger erbaut" worden war und sich ca. 50 m westlich der Sellase-Kirche befand, einer mittelalterlichen Kirche der Stadt mit prachtvollen Wandmalereien. Der britische Diplomat William Harris besichtigte die Ruinen des Schlosses in der ersten Hälfte des 19. Jh.: „Die erhaltenen Überreste seines [Zara Yaeqobs] Wohnsitzes zeigen zweifellos eine Architektur, die überragend ist gegenüber der heutigen heruntergekommenen Zeit." Er erwähnte auch, dass das umliegende Gebiet von undurchdringlichem Wald, insbesondere von Wachholder, umgeben war und nur einen Pfad hatte. Vor dem Platz der Geschichte befindet sich Zara Yaeqob *Addababay* („Zara-Yaeqob-Platz"), der Platz, der bis heute den Anwohnern als Ort für verschiedene öffentliche Ereignisse dient.

Gegenwart. Nach dem nationalen Zensus von 2007 lag die Einwohnerzahl von Dabra Berhan bei 65.231, sie hatte seit 1994 einen Zuwachs von ca. 60 % zu verzeichnen. Die Bevölkerungszahl von 110.408 (2012, hauptsächlich Amhara, 90 %), zeigt, dass dies eine der am schnellsten wachsenden Städte Äthiopiens ist. Die Mehrheit ihrer Einwohner (95 %) gehört der Äthiopisch-Orthodoxen Kirche an, während 2 % Protestanten und 3 % Muslime sind.

Dabra Berhan ist von verschiedenen Vorstädten (sgl. *Safar*) umgeben, die sie zu einer mittelgroßen Stadt machen.

Arada Safar befindet sich im Herzen der Stadt, in Richtung der Addis Ababa–Dase-Straße, und ist bekannt wegen ihrer Gaststätten und Pensionen. Nördlich davon liegt Ankobar Safar, erwähnenswert wegen ihrer *Talla*- und *Araqi*-Häuser. Tabase Safar liegt am Ufer des Beressa-Flusses; nach der Tradition erhielt das Gebiet seinen Namen während der Zeit von Kaiser Yekunno Amlak (reg. 1270–1285) wegen des kalten Wetters. Wohlhabende Leute der Stadt wohnen im Asmara-Ber-Gebiet am Ostende der Stadt. Qes Amba, einst das Stadtzentrum, wurde nach der italienischen Zeit mit Ausnahme einiger bäuerlicher Siedlungen aufgegeben. Eslam Amba gegenüber der Sellase Kirche ist das Areal, das die muslimische Gemeinschaft der Stadt, die überwiegend Händler sind, um ihre Moschee herum bewohnt.

Dabra Berhan genießt bei den Regierungen schon lange als Produktionszentrum des Landes eine bevorzugte Stellung. Während der Regierungszeit von Zara Yaeqob

war die Stadt wegen ihres Kunsthandwerks bekannt. Zu erwähnen sind dabei eine
große Auswahl kreativer und einfallsreicher Arbeiten in der Gerberei, Töpferei, Weberei, das Herstellen traditioneller Gewänder, die Fertigung von Holzhockern, hölzernen Sesseln und ebenso unterschiedlicher Kunsthandwerke.- Die Dabra Berhan
Blanket Factory wurde 1965 vom Kaiser Hayla Sellase als Dabra Berhan Wool Factory
gegründet. Sie ist bis heute die größte Produktionsstätte des Landes für Bettdecken.
In den letzten Jahren hat die Stadt gewaltige Investitionen angezogen. Von den großen Industrien sind insbesondere die Baumaschinenherstellung, die Traktor- und
Landmaschinenmontage, die Schuh- und Lederfabrik, das produzierende Gewerbe
verschiedener Produkte, die Glasherstellung und die Bierbrauerei von Bedeutung.

   Die Stadt beherbergt einige moderne akademische Institutionen, von denen das
Dabra Berhan Teachter Training Institute (1957) die älteste ist. Die Dabra Berhan
University ist eine junge Universität, die 2007 gegründet wurde und mehr als 13.000
Studenten ausbildet.

Literatur: WILLIAM C. HARRIS, *The Highlands of Ethiopia*, London 1844; RICHARD PANKHURST,
History of Ethiopian Towns from the Middle Ages to the Early Nineteenth Century, Wiesbaden 1982; ID.,
History of Ethiopian Towns from the Mid-Nineteenth Century to 1935, Wiesbaden 1985.

Mersha Alehegne, Addis Ababa, Maija Priess, Universität Hamburg

Harar

Harar erhielt von den Europäern den Beinamen „Timbuktu des Ostens" und von den
Einheimischen den Beinamen „Stadt der Heiligen". Der Vergleich mit Timbuktu bezog
sich zunächst auf die Unzugänglichkeit der Stadt für Europäer. Erst 1854 gelang es dem
Engländer Richard Burton, sich einige Tage in dieser Stadt aufzuhalten. Harar hebt sich
völlig von allen anderen Städten Äthiopiens ab. Mit seiner Mauer und den engen Gas-
sen ist es eine typisch orientalische Stadt und ähnelt tatsächlich eher Timbuktu als etwa
Gondar. „Stadt der Heiligen" deutet darauf hin, dass Harar das geistige und kulturelle
Zentrum des Islam in Südostäthiopien mit einer Ausstrahlung bis nach Somalia ist. Der
Harariner Islam ist durch die Verehrung zahlreicher Heiliger geprägt.

   Der von der Mauer umschlossene Kern der Stadt misst nur 1,6 km mal 0,8 km. Bis
vor wenigen Jahrzehnten war er fast ausschließlich von einer homogenen Ethnie, den
Harari, bewohnt. Die Harari, die sich selbst *Ge usu'* („Leute der Stadt") nennen, sprechen
eine eigene semitische Sprache, das Harari, während die ländlichen Bewohner des Umlandes Oromo sind und somit eine kuschitische Sprache sprechen. Das Harari hat eine
bis in das 16. Jh. zurückreichende, zumeist religiöse Literatur hervorgebracht, die in arabischer Schrift aufgezeichnet wurde. Daneben spielte das Arabische, das auch die Verwal-
tungssprache des *Kadi*-Amtes, des Diwan, war, eine bedeutende Rolle im Kulturleben.

   Der Machtantritt des *Darg* 1974 brachte tiefgreifende soziale und ethnische Veränderungen in Harar mit sich. Der Reichtum der Harariner gründete sich damals auf
den Besitz von Ländereien außerhalb der Stadt, die von Oromo-Pächtern bearbeitet
wurden, und auf den Fernhandel. Die Gesetze des *Darg* zerstörten diese Lebensgrundlage und zwangen viele Harari zur Auswanderung, entweder in die städtischen
Zentren Dire Dawa und Addis Ababa oder ins Ausland nach Saudi Arabien, Kanada und die USA. Heute leben etwa Zweidrittel der Harari in der Diaspora. Dafür
strömten andere Ethnien wie Amhara und Oromo in die Stadtmauern. Von den etwa
30.000 Einwohnern der Innenstadt sind heute nur noch die Hälfte Harari. Trotzdem

bestimmen sie das Leben in der Stadt. Schon seit der Eroberung der Stadt durch Menilek II. 1887 haben sich außerhalb der Stadtmauer Amhara als Soldaten, Verwaltungsbeamte und Lehrer angesiedelt. Die Bevölkerung von Alt- und Neustadt beträgt heute etwa 65.000 Personen.

Geschichte. Eine einheimische Chronik lässt die Geschichte Harars mit der Ankunft des Nationalheiligen Abadir aus Mekka im Jahre 1216 beginnen. Obwohl die Chronik stark legendär und mit groben Anachronismen durchsetzt ist, mag das Datum richtig sein, denn 1332 wird Harar in einer äthiopischen Chronik genannt. Die Stadt muss damals schon Bedeutung gehabt haben, da sie einen muslimischen Aufstand in Äthiopien mit drei „Gouverneuren" unterstützen konnte.

Markt vor dem Harar-Bari (Harar-Tor), © Ethiopian Tourism Organization

Wir hören von Harar dann erst wieder im Jahre 1520, als die Walashma-Sultane ihre Hauptstadt von Adal nach Harar verlegten, um christlichen Angriffen weniger ausgesetzt zu sein. Die Walashma-Sultane hatten nicht nur gegen die Christen zu kämpfen, im Innern machten ihnen radikalislamische *Imame* die Herrschaft streitig. Der bekannteste von ihnen war Ahmad Grany, der 1525 den Walashma-Sultan tötete und durch einen Marionetten-Sultan ersetzte. Dann trat er von Harar aus seinen Siegeszug durch Äthiopien an.

Nach Ahmad Granys Niederlage und Tod durch die Portugiesen im Jahre 1543 flohen die geschlagenen Muslime zurück nach Harar. Ein Verwandter Granys, Nur ibn Mujahid, konnte von hier aus nochmals einen *Jihad* organisieren und im Jahre 1559 den äthiopischen Kaiser Galawdewos schlagen und töten. Doch war Nur ibn Mujahid inzwischen in den von Süden vordringenden heidnischen Oromo ein neuer Feind erwachsen. Gegen sie erbaute er die berühmte Mauer, die zwar die Stadt schützte, nicht aber die Verwüstung des Hinterlandes verhinderte. Die Zerstörung der Felder verursachte zwei Hungersnöte, die zweite gefolgt von einer Pest, der Nur ibn Mujahid 1568 erlag.

In der Folgezeit unternahm nur noch einmal ein Herrscher Harars einen erfolglosen *Jihad* gegen die Christen. Die Hauptbedrohung der Stadt waren jetzt die Oromo. Der *Imam* Muhammad Gasa I. verlegte deshalb 1576 seinen Regierungssitz in das nördlich gelegene Awsa im Afar-Gebiet. Harar wurde bis 1647 von einem Gouverneur regiert. In diesem Jahr machte sich Ali ibn Da'ud in Harar selbständig. Seine Dynastie regierte bis zur ägyptischen Eroberung 1875 einen Stadtstaat, der einen Umkreis von etwa 50 km um Harar herum beherrschte, dessen politischer und vor allem wirtschaftlicher Einfluss sich aber bis Zayla am Roten Meer und bis Aliyu Amba im Westen erstreckte. Die Auseinandersetzungen mit den Oromo schwächten den Staat aber so, dass der *Emir*, als der ägyptische *Chedive* Isma'il auch Harar in seine imperialistischen Pläne einbezog, ihm keinen Widerstand entgegensetzen konnte.

Die Ägypter reformierten die Verwaltung und das Steuersystem, errichteten Moscheen und Verwaltungsgebäude und islamisierten die Oromo des Hinterlandes. Unter der ägyptischen Herrschaft erhielten auch Fremde Zugang zur Stadt. Indische und europäische Kaufleute ließen sich in Harar nieder. Der französische Dichter Arthur Rimbaud vertrat dort zeitweilig die Firma Bardey. Die französischen Kapuziner konnten eine Mission in der Stadt gründen.

1885 mussten die Ägypter, durch den Mahdi-Aufstand im Sudan in eine finanzielle Krise geraten, auf Drängen der Briten Harar räumen. Die abziehenden Ägypter setzten mit dem *Emir* Abdullahi nochmals ein Mitglied der Familie Ali ibn Da'uds auf den Thron. Jedoch schon 1887 nahm König Menilek von Shawa die Ermordung der Expeditionsteilnehmer des Italieners Pietro Porro durch den *Emir* zum Anlass, die Stadt seinem Reich einzuverleiben. Die Schlacht von Challanqo, die noch heute ein Trauma für die Harariner ist, bedeutete das Ende der Selbständigkeit Harars.

Gouverneur der Stadt wurde *Ras* Makwannen, der Vater des späteren Kaisers Hayla Sellase. *Ras* Makwannen ließ zwar die aus dem Jahre 1771 stammende Freitagsmoschee Harars abreißen und durch die orthodoxe Madhane Alam-Kirche ersetzen, im Übrigen aber respektierte er den islamischen Glauben und ließ vor allem das Sharia-Gericht bestehen. Erst in den zwanziger Jahren des vorigen Jahrhunderts wurde die Verwaltung mehr und mehr von amharischen Beamten durchsetzt, und Amhara konnten sich in den Besitz Harariner Landes setzen, indem sie den durch ihre kostspieligen Familienfeiern in Bedrängnis geratenen Harari Geld liehen, das diese nicht zurückzahlen konnten. Im Widerstand gegen diese Überfremdung bildeten führende Harari den Kulturverein *Firmach* ("Unterschriften"), der u.a. die erste islamische Schule gründete, in der auch „moderne" Fächer unterrichtet wurden. So kam es, dass die italienische Invasion Äthiopiens 1935–1936 von den Harari begrüßt wurde, zumal die Faschisten während ihrer Herrschaft eine proislamische Politik betrieben, um den Einfluss der Orthodoxen Kirche zurückzudrängen.

Nach dem Sieg über die Italiener 1941 versuchten die Amhara, die Vorkriegsverhältnisse wiederherzustellen. Dagegen erhob sich in Harar Widerstand, der sich in der *Jamiyya wataniyya* (Heimatverein) organisierte. Zusammen mit der Somali Youth League entsandte sie 1947 eine Delegation nach Mogadischu zu der dortigen UN-Kommission, die über das Schicksal der italienischen Kolonien entscheiden sollte. Die äthiopische Regierung reagierte mit der Auflösung der *Jamiyya* und Verhaftungen. Es kam zu einer ersten Emigrationswelle aus Harar.

Nach dem Sturz des *Darg*-Regimes im Jahre 1991 erhielt Harar als Verwaltungszentrum des Harari National Regional State eine gewisse Selbstverwaltung. Im Zuge der Verschriftung der bisher schriftlosen Sprachen Äthiopiens ersetzten die Harari die arabische Schrift durch die äthiopische Schrift (während die Oromo und viele andere Völker die Lateinschrift wählten). Auch dies deutet auf eine langsame Integration in den äthiopischen Staat hin.

Leben in der Stadt. Heute betritt man, von Dire Dawa kommend, die Innenstadt Harars durch das westlich gelegene Harar Bari (Harar-Tor), das die ägyptische Regierung zusätzlich zu den fünf traditionellen Toren in die Stadtmauer (*Jugal*) reißen ließ. Von dort führt der breite, von größeren Läden gesäumte Amir Uga (Straße des *Emirs*) zum Faras Magala (Pferdemarkt), direkt vor der Madhane Alam-Kirche. Der Faras Magala ist heute Station der Überlandbusse und Taxis. Früher endete hier die Passierbarkeit für Fahrzeuge. Heute ist der Amir Uga bis zum Argob Bari (Argobba-Tor) im Osten befahrbar. Bis zum Gedir Magala (großer Markt) in der Stadtmitte kann man mit dem Auto kommen. Am Gedir Magala wird noch heute Markt gehalten. Oromo- und Argobba-Frauen verkaufen ihre Waren. Am Gedir Magala befindet sich die von den Italienern erbaute, nach dem Hl. Ali Hamdun benannte Moschee. Sie besitzt *ein* Minarett, während die heutige Freitagsmoschee nördlich des Amir Uga zwei Minarette hat. Ihr Bau wird mit Ahmad Grany in Verbindung gebracht, ist aber wohl erst um 1560 erbaut worden. Die meisten der über hundert Moscheen in der Stadt besitzen kein Minarett. Sie sind äußerlich von Privathäusern höchstens durch eine Außentreppe zum Dach unterschieden, die der Muezzin für den Gebetsruf benutzt.

Östlich der Madhane Alam-Kirche hatte *Ras* Makwannen seinen Palast. Er verfiel im 20. Jh., wurde neuerdings aber teilweise restauriert. Während *Ras* Makwannens Zeit wurde auch das sogenannte Rimbaud-Haus gebaut. Der Dichter wechselte während seines Harar-Aufenthalts mehrfach seinen Wohnsitz, wohnte aber nie in dem erst nach seinem Tode gebauten Rimbaud-Haus. Es wurde vor einigen Jahren von den Franzosen restauriert und enthält ein kleines Museum und eine Bibliothek.

Trotz mancher Neubauten ist das Bild der Innenstadt durch enge, ungepflasterte Gassen zwischen weiß getünchten (in letzter Zeit gelegentlich auch grünen) Häusern geprägt, die zur Straße hin nur ein manchmal reich geschnitztes Tor aufweisen, aber keine Fenster. Die geschnitzten Tore kamen in der ägyptischen Zeit in Mode und wurden von aus Gujerat (Indien) eingewanderten Handwerkern ausgeführt. Der Hauptraum des Hauses ist dem Eingang gegenüber zweistufig erhöht, so dass drei Ebenen entstehen. Die hinterste, d.h. oberste Ebene ist dem Hausherrn und Ehrengästen vorbehalten. Die Wände sind in einer festgelegten Anordnung mit Korbwaren geschmückt, für deren Produktion Harar berühmt ist. Das frühere Haus des *Kadi* nahe dem Rimbaud-Haus ist heute eine Art Museum und kann als Beispiel für ein reiches Harari-Haus besichtigt werden.

Sehr kunstvolle Korbwaren werden auch heute noch für den Eigenbedarf hergestellt. Einfachere Waren befriedigen außerdem den Touristenmarkt. Juweliere verarbeiten Silber, Gold, Korallen, Bernstein, Malachit und Glas. Sie bedienen den einheimischen Bedarf, aber auch den der Oromo, der Argobba und der Touristen. Die Somali dagegen haben ihre eigenen Juweliere. Wie in anderen Teilen Äthiopiens werden manche Handwerke nur von Angehörigen diskriminierter Kasten ausgeführt. Zu ihnen gehört das Schmiedehandwerk, das von den Tumtu ausgeübt wird, die getrennt von der übrigen Bevölkerung leben und den bösen Blick haben sollen. Ähnliches gilt für die Töpfer. Lederwaren werden von einer niederen Somali-Kaste, den Bona, gefertigt. Zu Burtons Zeit war Harar wegen seiner Buchbindekunst berühmt. Dieses Handwerk ist heute jedoch praktisch ausgestorben.

Harar ist in fünf Stadtteile aufgeteilt, die nach den fünf historischen Toren benannt sind. In früheren Zeiten waren die Stadtteile nicht nur Verwaltungseinheiten, sondern spielten auch im kulturellen Leben eine Rolle, z.B. gab es sportliche Wettkämpfe zwischen den Koranschulen der Stadtteile. Die Stadtteile sind wiederum in Nachbarschaften aufgeteilt, von denen es über 100 gibt. Sie sind häufig nach den in ihnen verehrten Heiligen (*Awach*) benannt, aber auch nach Märkten, Moscheen und Läden.

Religion und Kultur. Die Verehrung der Heiligen spielte und spielt im sozialen Leben der Harari eine große Rolle. An der Spitze der Heiligen steht der Nationalheilige Abadir, dessen Grab und Moschee im Süden der Stadt nahe dem Saqutat-Tor liegt und gelegentlich besichtigt werden kann. Weitere etwa 200 Kultstätten, zumeist Gräber, aber auch Bäume und Felsen sind über die Stadt und ihre Umgebung verteilt. Unter den Heiligen finden sich auch mehrere Frauen. Offensichtlich sind auch vorislamische Vorstellungen in den Kult eingeflossen. Zu Ehren der Heiligen werden sogenannte *Zikri* veranstaltet, zur Trommel gesungene Gebete und Litaneien auf Arabisch, Harari und heute auch auf Oromo.

Die Heiligenverehrung war lange Zeit Kennzeichen des Harariner Islam. Wahhabitische Einflüsse aus Saudi Arabien haben den Heiligenkult bekämpft, stießen zunächst aber auf Widerstand. Anhänger der *Wahhabiyya* stellten sich außerhalb der Harariner Gesellschaft. In neuester Zeit wirken aber auch modernistische Strömungen aus der westlichen Diaspora, in der Harari mit muslimischen Emigranten aus anderen Ländern in Kontakt gekommen sind, auf Harar zurück, so dass vor allem Angehörige der Mittelklasse den Heiligenkult nur noch als kulturelles und weniger als religiöses Wahrzeichen der Stadt betrachten.

Neben dem Heiligenkult gibt es noch weitere soziale Bindungen unter den Harari. Da ist zunächst das *Afocha* zu nennen. Es handelt sich um Vereine zu gegenseitiger Hilfe vor allem bei Hochzeiten und Begräbnissen, von denen Erstere aufwändig gefeiert werden. Die Mitglieder treffen sich zu regelmäßigen Zusammenkünften mit gemeinsamen Gebeten, wobei der Heiligenkult wiederum hineinspielt. Für Männer ist die Mitgliedschaft zu einem *Afocha* obligatorisch, obwohl finanzielle Beiträge und ein gewisser Bildungsstandard erwartet werden. So muss das Mitglied lesen und schreiben können und Kenntnisse des Koran vorweisen. In den von den männlichen getrennten Frauen-*Afocha* wird nur die Kenntnis des Koran verlangt. Die Frauen treten einem *Afocha* zumeist erst bei, wenn ihre Kinder in das Schulalter kommen. Zuvor können sie Mitglied einer freiwilligen *Baha* sein. Nach der letzten Auswanderungswelle haben die Harari auch in der Diaspora *Afocha* gebildet.

Bei den *Afocha*-Versammlungen der Männer spielt der *Khat*-Konsum eine wichtige Rolle. Aber auch private Freundeskreise treffen sich nachmittags zum *Khat*-Kauen. Die Zeremonie wird durch das Rezitieren der *Fatiha*, der ersten Sure des Koran, eingeleitet und durch Gebete und Kaffeetrinken immer wieder unterbrochen. Die *Khat*-Blätter müssen frisch sein. *Khat* zeigt zunächst eine stimulierende Wirkung, so dass er in den *Khat*-Runden die Gesprächs- und Disputierfreudigkeit anregt. Nach etwa zwei Stunden tritt eine einschläfernde Wirkung ein. *Khat* spielt auch im Wirtschaftsleben der Harari eine bedeutende Rolle. Im Anbau hat der *Khat*, weil er mehr einbringt, den Kaffee überrundet.

Eine Touristenattraktion ist heute das Hyänenfüttern abends vor den Toren der Stadt. Der Hyänenmann nimmt dabei ein Stück Fleisch in den Mund, ruft eine der Hyänen beim Namen und lässt sich das Fleisch vom Mund reißen. Die Fütterung soll auf einen Pakt zurückgehen, der während einer Hungersnot im 19. Jh. zwischen den Harari und den Hyänen geschlossen wurde. Die Hyänen verzichteten danach als Gegenleistung für die Fütterung auf Angriffe gegen die Harari und ihr Vieh.

Literatur: Patrick Desplat, *Heilige Stadt – Stadt der Heiligen*, Köln 2010; Ewald Wagner, *Harar. Annotierte Bibliographie zum Schrifttum über die Stadt und den Islam in Südostäthiopien*, Wiesbaden 2003; Belle Asante, Ewald Wagner, Jonathan Miran, Tim Carmichael, „Harär", *EAE* II, 1012–1021.

Ewald Wagner, Gießen

Nationalparks

Nationalparks, die als standortübergreifende Areale eines Landes für die Bewahrung des Naturerbes mit besonderen Schutzmaßnahmen bei gleichzeitiger Öffnung für den Tourismus konzipiert sind, wurden am Horn von Afrika zwischen den 1960er und den 1990er Jahren eingerichtet. Eine Ausnahme stellte Dschibuti dar, wo ein Gebiet für den Naturschutz bereits 1939 durch die französische Kolonialverwaltung ausgewiesen wurde.

Die Idee, Schutzzonen für den Erhalt der Natur einzurichten, lässt sich auf Menilek II. zurückführen. Der Kaiser ließ Waldgebiete für eine nachhaltige Feuerholzgewinnung und für Belange des Umweltschutzes ausweisen, als er Ende des 19. Jh. den Bau von Kirchen in Mannagasha und auf dem Entoto anordnete. Traditionell werden Bäume und Büsche im Umkreis von Kirchen und heiligen Stätten nicht abgerodet. Erst 1963 wurde eine von Julian Huxley geleitete UNESCO-Mission beauftragt, einen Survey über den Wildtierbestand durchzuführen und Vorschläge für die Einrichtung eines Wildlife Conservation Board and Department auszuarbeiten, um einen Dreijahresplan für Schutzmaßnahmen von Wildtieren und die Begründung von Nationalparks in Äthiopien zu erstellen. Der Awash-Park, ein kaiserliches Wildschutzgebiet, wurde 1966 als Nationalpark ausgewiesen, und Gleiches geschah mit dem Omo-Park und dem Semen-Park. Der Forêt du Day-Park entstand als der erste Ausflugsort für Europäer der Stadt Dschibuti während der heißen Jahreszeit.

Die Nationalparks am Horn von Afrika sollen den offiziellen Bestimmungen für Einrichtungen dieser Art genügen, wie sie 1969 von der International Union for the Conservation of Nature vorgegeben wurden. Diese sehen als bestimmende Elemente den Schutz der Ökosysteme eines Parks gegen (Über-)Nutzung und übermäßige Besiedlung durch Menschen sowie einen eingeschränkten Zugang für die Bereiche Erholung, Bildung und wissenschaftlicher Forschung vor. Vom Staat besoldete Mitarbeiter sollen die Parks beaufsichtigen, den genannten Vorgaben Geltung verschaffen und ihre Entwicklung als Naturreservate voranbringen. Jedoch wurden die Parks wegen politischer Instabilität und der Bürgerkriege zwischen den 1970er und 1990er Jahren vernachlässigt, und in Somalia sind sie akut bedroht.

Nationalparks am Horn von Afrika befinden sich überwiegend in dünn besiedelten Gebieten: in Tiefebenen der äthiopischen und eritreischen Grenzgebiete, in Gebirgszonen auf Hochplateaus, sowie in Küstenbereichen am Roten Meer und am Indischen Ozean in Dschibuti, Eritrea und Somalia. Gleichgültig ob es sich um gebirgige Hochlagen oder um entlegene Korallenriffe und Inselgruppen handelte, keines der ausgewiesenen Areale war frei von menschlicher Besiedlung. Selbst die typischen Naturgegebenheiten und Landschaften der Parks, wie etwa die Hochgebirgsalmen, die Graseben, die zeitweilig überfluteten Galeriewälder, Dünen und Sandbänke, Mangroven – sie sind das Ergebnis ursprünglich menschlicher Aktivitäten (periodisches Abbrennen, Wechselfeldbau, Wanderhirtentum, Sammeltätigkeit, Fischen, Jagen). Die Parks beherbergen eine bedeutende Anzahl von gemeinen und endemischen afrikanischen Spezies einschließlich von Vögeln, Pflanzen, Reptilien und Säugetieren, die als erhaltenswert gelten. Die einheimischen Tier- und Pflanzenarten der hohen und unteren Gebirgslagen stehen ausschließlich in den Parks von Forêt du Day, von Bale und von Semen unter Schutz. Die UNESCO erklärte 1978 die Semen-Berge und später die Parks des Omo-Tals und des Awash-Flusses zum Weltnaturerbe.

Dschibuti

Nationalparks	Jahr	Fläche in km²	Region
Forêt du Day (Goda Mountains)	1939	30	Tadjourah
Naturschutzgebiete			
The 7 Frères Islands	–	–	Obock
The Maskalli and Moucha Islands	–	–	Arta/Dschibuti

Tabelle 21: Nationalparks, Schutzzonen und Naturreservate Dschibutis, © Alain Gascon

In Dschibuti unterstehen die Naturschutzgebiete der Verwaltung des Ministeriums für Landwirtschaft. Der Park Forêt du Day und die Mabla-Berge dienten als Rückzugsgebiete des 1991 von Afar getragenen Aufstandes der Front pour la restauration de l'unité et de la démocratie. Heftige Kämpfe fanden statt zwischen der Armee des Staates und den Rebellen, und als Folge war das Gebiet für mehrere Jahre gesperrt. Derzeit gibt es nur wenige Besucher im Forêt du Day, und es ist kaum möglich, die Viehhirten der Umgebung daran zu hindern, mit ihren Rindern einzudringen und auch Bäume zu fällen. Touristen ziehen die Strände von 7 Frères, Moucha und den Maskalli-Inseln vor, wo sie beim Schnorcheln und Geräte-Tauchen farbenfrohe Fische und Korallenriffe beobachten können. Offensichtlich fehlt hier eine wirksame Aufsicht, um das Fischen unter Wasser einzuschränken.

Eritrea

Nationalparks	Jahr	Fläche in km²	Region
Forêt du Day (Goda Mountains)	1939	30	Tadjourah
Naturschutzgebiete			
The 7 Frères Islands	–	–	Obock
The Maskalli and Moucha Islands	–	–	Arta/Djibouti

Tabelle 22: Nationalparks, Schutzzonen und Naturreservate Eritreas, © Alain Gascon

Vor der Unabhängigkeit Eritreas (1993) betrieb die Ethiopian Wildlife Conservation Organisation die Parks des Landes. Nach offiziellen Angaben im Internet wurde eine Asphaltstraße von Metsewa im Norden für „nationale und ausländische" Besucher des Naturparks Semenawi Qayyeh Bahri angelegt. Es ist nicht bekannt, ob die Inseln des berühmten Dahlak Marine National Park mit seinen Korallenriffen, seinen Fischen und seinen historischen Hinterlassenschaften zugänglich sind. Wegen des politischen Ausnahmezustandes sind die Wildlife Reserves von Nakfa und Yobi zweifellos noch geschlossen.

Somalia/Somaliland

Nationalparks	Jahr	Fläche in km²	Region
Daallo Forest (Buuraha Daallo)	–	–	Sanaag
Hargeysa National Park	–	–	Wokooyi Galbeeb
Las Caanod-Taleex-Ceel Chebet			Sool
Jilib (?) National Park	–	–	Shabeellaha Hoose?
Kismaayo National Park	–	–	Jubbada Hoose
Lag Badana National Park (Bushbush National Park)	1985s	3,340	Jubbada Hoose
Jowhar-Warshek	–	–	Shabeellaha Dhexe

Naturschutzgebiete	Jahr	Fläche in km²	Region
Seylac	–	–	Wokooyi Galbeeb
Ras Xaafun	–	–	Bari (Puntland)
Jowhar	–	–	Shabeellaha Dhexe
Balcad Nature Reserve	–	–	Shabeellaha Dhexe
Bush Lake Badana Game Reserve	–	–	Shabeellaha Hoose
Alifuuto National Nature Reserve	–	–	Shabeellaha Dhexe
Beledweyn	–	–	Hiiraan
Hobyo	–	–	Mudug
Mogadischu	–	–	Mogadischu
Xuddur	–	–	Bakool
Mandera	–	–	Gedo

Tabelle 23: Nationalparks, Schutzzonen und Naturreservate Somalias, © Alain Gascon

Aufgrund der seit über 25 Jahren andauernden politischen Gewalt in Somalia ist wenig darüber bekannt, wie viel Raum den Naturschutzgebieten überlassen blieb. Nur die Hälfte der 40 mit „parks.it" bezeichneten Orte ist eindeutig auf den Landkarten verzeichnet und nur zehn sind eindeutig dokumentiert. Somaliland wurde als nicht offizieller Staat anerkannt, ungeachtet seiner politischen und wirtschaftlichen Stabilität seit 1991, von den mit dem Umweltschutz befassten UNO-Kommissionen ignoriert. Der Hargaysa National Park wird offenbar von den Bewohnern der Hauptstadt von Somaliland mehr als ein Ausflugsort genutzt als dass er Naturschutzzwecken dienen würde. Der Daallo-Forst – Überbleibsel eines *Juniperus*-Waldes – ist wegen seiner Lage im umstrittenen Grenzbereich zwischen Somaliland und Puntland in seiner Existenz bedroht. Während der zweiten Hälfte der 1980er Jahre richtete unter der Herrschaft von Siyaad Barre das Tourismus-Ministerium Lag Badana als ersten Nationalpark des damals noch vereinten Somalia ein. Zweifellos ist dieser heute jedoch außer Funktion. 1989 wurde ein neues Gesetzeswerk verabschiedet, das die Verwaltung der Naturerbestätten dem Ministry of Livestock, Forestry and National Range Agency zuwies. Nach dem Ausbruch des Bürgerkrieges in den Jahren 1988–1991 kam die Entwicklung der Nationalparks zum Erliegen. Alle vom somalischen Staat dauerhaft angestellten Verwaltungsleute, Touristenführer und Ranger zogen sich aus ihren Aufgabenbereichen zurück.

Angesichts der ständigen Engpässe bei der Versorgung mit Nahrungsmitteln in den ariden Gebieten des Nordens ging die lokale Bevölkerung dazu über, die Busch- und Grasland-Regionen als Weideflächen zu nutzen. Um die Milizen bezahlen zu können, verlegten sich einige Warlords und/oder *Shabaab*-Anführer im südlichen Somalia auf den sehr lukrativen Export von Holzkohle in die Golfstaaten. Sie vertrieben die Bantu-sprachigen Bewohner (Wa Boni, Wa Gosha) vom Land ihrer Vorfahren. Diese hatten seit Jahrhunderten in den Feuchtwäldern der Täler an den Unterläufen der Flüsse Jubba und Wabi Shaballe Wanderfeldbau, Jagd und Sammelwirtschaft betrieben. Andauernde politische Instabilität und gewaltsame Auseinandersetzungen der Klane führten offenbar zur Abwanderung aus Städten und dem Hinterland in die Flüchtlingscamps an der Küste des Indischen Ozeans. 2014 kündete der Präsident Xasan Sheekh Maxamuud neue Projekte zur Entwicklung der Nationalparks an, um den Schutz der Umwelt sowie des Tourismus und damit verbunden Arbeitsmöglichkeiten zu fördern. Derzeit ist das nicht mehr als eine Wunschvorstellung, da der seit 25 Jahren andauernde Bürgerkrieg noch im ganzen Lande wütet.

Äthiopien

Nationalparks	Jahr	Fläche in km²	Region
Awash	1966	756	Afar &
Semen Tararawoch (Semen Mountains)	1969	179/136	Amhara
Abyaataa Shaalaa Hayqoch (Abyaataa-Shaalaa Lakes, also Rift Valley Lakes)	1971	887	Oromiyaa
Omo	1966	4,068	South
Yabale Tararawoch (Bale Mountains)	1970	2,471	Oromiyaa
Yangudi Rasa	1977	4,731	Afar
Mago	1979	2,162	South
Nach Sar	1974	514	South
Gambela	1974	5061	Gambela
Wildreservate			
Merab Awash	1981	1,781	Oromiyaa & Afar
Aldage	1981	1,832	Afar
Bale/Balee	1981	1,766	Oromiyaa
Chaw Baher	1981	4,212	South
Gawane	–	2,439	Afar
Millee Sardo	–	8,766	Afar
Tama Wildlife Reserve	–	3,269	South
Shire	–	5,000	Tigray
Naturschutzgebiete			
Babilee Yazehonoch Matalaya	–	6,982	Somalia & Oromiyaa
Yabello Yadur Ensasat Matalaya	–	2,537	Oromiyaa
Senk Yakorkewoch Matalaya	–	54	Oromiyaa

Tabelle 24: Nationalparks, Schutzzonen und Naturreservate Äthiopiens, © Alain Gascon

Für Erhalt und Management der Tier- und Pflanzenwelt in den Nationalparks des Landes spielte die Ethiopian Wildlife Conservation Organisation eine bedeutende Rolle. Auf der anderen Seite blieb die eingeschränkte Jagdtätigkeit ausländischer Großwildjäger („Sportjäger", die beträchtliche Lizenzgebühren bezahlen) erlaubt. Traditionelle Jagdpraktiken, von der lokalen Bevölkerung über Jahrhunderte gepflegt, hatten den Tierbestand weitgehend stabil gehalten. In den letzten zwei Jahrzehnten gab es dann einen erheblichen Abwärtstrend. In einigen Gebieten Äthiopiens ist inzwischen eine problematische Lage der Nationalparks entstanden, da dort ansässige Volksgruppen ausgewiesen wurden und gleichzeitig ein verstärkter Druck durch Weidewirtschaft und Jagdtätigkeit entstand. Beispielsweise gibt es mindestens 13 ethnische Gruppen, die teilweise in den südlichen Parks leben oder die dortigen Ressourcen nutzen (Meen, Aari, Mursi, Hamar, Bashada, Gujji, Koorete, Suri, Kara, Nyangatom, Dizi, Anuak, Nuer), dazu sind einige weitere Gruppen (Afar, Karrayyuu) in den nordöstlichen Parks aktiv. Da ihnen nunmehr der Zuritt verboten ist, begannen einige Viehhalter und Bodenbauern, welche die Areale zuvor traditionell genutzt hatten (auch mittels der Jagd), gewaltsam gegen die Parkwächter vorzugehen. Namentlich für die Karrayyuu und die Afar wurde es gängige Praxis, in Schutzzonen einzudringen und Wildtiere zu töten. Es muss in diesem Zusammenhang auch erwähnt werden, dass viele Afar seit der Einrichtung von mechanisierten

Großfarmen in den 1970er Jahren teilweise aus ihren angestammten Wohngebieten in der Nähe des Awash-Parks vertrieben worden waren. Während des Bürgerkrieges von 1975–1991 dienten die Hochlagen des Semen-Parks als Rückzugsgebiet für Guerillas, die gegen die Regierung kämpften. Im Frühjahr 2000 erlitt der Bale National Park schwere Einbußen durch weiträumige Brände, die aus

Termitenbau im Yabello-Naturreservat, © Matthias Ansel

Protest gegen die gewaltsame Einschränkung von Weidemöglichkeiten gelegt worden waren. Einige ausländische Berater schlugen der äthiopischen Regierung vor, die Ausweisung ortsansässiger Bevölkerungsgruppen aus den Parkarealen erneut gewaltsam auszuweiten. Die Staatsorgane wurden zudem verdächtigt, dass sie die Einrichtung von Pufferzonen vorsehen würden, um Restgruppen der Guerilla-Bewegungen zu isolieren.

In den 1990er Jahren erhielten die Parks im südlichen Äthiopien einen gewissen Auftrieb durch das von der EU finanzierte National Parks Rehabilitation in Southern Ethiopia Project (1993–1998). Darin war vorgesehen, dass die Parkentwicklung einhergehen sollte mit einer Förderung von Infrastruktur, Dienstleistungen und Schulbauten für die lokale Bevölkerung, um sie einzubeziehen. Das Projekt kam einigermaßen erfolgreich voran, aber es brach ein, als seine Finanzierung 1998 zum Ende kam und damit einhergehend die institutionellen Strukturen aufhörten, ordnungsgemäß zu arbeiten. Ungeachtet aller Anstrengungen gibt es heute kein ausreichend unterstütztes und nachhaltiges Management der Nationalparks in Äthiopien. Dieser Tatbestand wird langfristig die Tier- und Pflanzenwelt, die Landschaftsentwicklung und die Lebensmöglichkeiten der beträchtlich anwachsenden lokalen Bevölkerungen schmälern.

2004 unterzeichnete die in den Niederlanden stationierte „African Parks Foundation" (AFP) einen Vertrag mit der äthiopischen Regierung, die Parks von Omo, Nach Sar und Mago zu organisieren und sie für den Artenschutz und Tourismus zur Beobachtung von Wildtieren zu entwickeln. Zu diesem Zweck wurden die Grenzen der Parks zum ersten Mal rechtlich bindend festgelegt („gazetted") und die Zielsetzung, der lokalen Bevölkerung den Zutritt zu verweigern, wurde deutlich formuliert. Meinungsverschiedenheiten über die Behandlung der lokalen Bevölkerung durch die Regierung veranlasste die AFP, sich 2008 vorzeitig zurückzuziehen. Derzeit wird erwogen, eine mehr auf lokaler Gemeindeebene basierende Naturschutzstrategie anstelle einer ausschließlich auf die Situation des Parks bezogene Strategie zu entwickeln. Die Entscheidung darüber steht noch aus.

Wegen des Bürgerkrieges im Sudan überquerten Tausende von südsudanesischen Anuak und Nuer die äthiopische Grenze, um im Baro-Zipfel Schutz zu suchen. Den in ihrer Existenz bedrohten Menschen wurde in Lagern Zuflucht gewährt, die man im Umkreis des Gambela National Park einrichtete. Einige von ihnen drangen in den Park ein, um Tiere zu jagen, Wildfrüchte zu sammeln, Bäume zu fällen und ihr Vieh zu weiden. Der Druck auf bebaubares Land verstärkte sich in den letzten fünf Jahren durch einen stetigen Zuzug von Migranten und Flüchtlingen. Diese Zuwanderung hat das ethnische Kräftegleichgewicht in der Gambela-Region verändert, und in der Folge brachen gewaltsame Konflikte zwischen Anuak und Nuer aus. Mehrfach ging die äthiopische Armee gegen gewalttätige Demonstranten vor, die im Nationalpark Zuflucht gesucht hatten. Seit 2009 haben die Zentralregierung sowie die regionale Regierung von Gambela einheimische Bevölkerungsgruppen in erheblichem Umfang ihres angestammten Landbesitzes beraubt. Sie haben dadurch das landwirtschaftliche Nutzungssystem in dramatischer Weise verändert und die politische Lage in der Region destabilisiert, was eine Bedrohung für den Park nach sich zog. Im Süden des imposanten Gelgel-Gibe-III-Staudamms am Omo-Fluss sollen 445.000 ha Fläche für eine bewässerte Landwirtschaft im Umkreis des Nationalparks erschlossen werden, „um die Lebensgrundlage der Bevölkerung zu verbessern" (sic). Als Folge droht über 200.000 Agropastoralisten, die seit Jahrhunderten im unteren Omo-Tal nördlich des Turkana-Sees gelebt haben, entweder von ihren Weidegründen vertrieben oder des Zuganges zum Omo-Fluss beraubt zu werden.

Vulkan Erta Ale, © Stefan Warwas

Die äthiopischen Nationalparks sind die einzigen am Horn von Afrika, die seit langem von ausländischen Touristen, vor allem aus Europa, besucht werden. Die meisten Besucher fahren zur Wildbeobachtung und zur Besichtigung der Wasserfälle in den Awash-Park, der in wenigen Stunden mittels einer Asphaltstraße von Addis Ababa aus zu erreichen ist. Wegen des lange währenden Ausnahmezustandes in Eritrea, wegen des von den 1970er bis in die 1990er Jahre andauernden Bürgerkrieges sowie wegen des Mangels an touristischer Infrastruktur haben die Parks am Horn von Afrika trotz ihres vergleichsweise langen Bestehens nie einen Ruf erlangt, der vergleichbar wäre dem der bekannten Naturschutzeinrichtungen in Kenia, Tansania oder Südafrika. Stattdessen werden hier und besonders in Äthiopien die Touristen weitaus mehr von den kulturgeschichtlichen Sehenswürdigkeiten angezogen, etwa auch den Klöstern, Kirchen und Moscheen in Eritrea, Tigray und Wallo sowie den Schlössern und Kirchen in Gondar. Andererseits werden seit einigen Jahren verstärkt Safaris und Wanderungen in entlegene Gebiete der Nationalparks Omo-Tal, Bale und Semen angeboten. Der Tourismus im Omo-Park stieg vor allem deshalb in der Gunst der Reisenden, weil sich als bevorzugte Fotomotive die „exotisch-urtümlichen" Ethnien der Suri und Mursi in seiner Nähe anbieten.

Literatur: Jon Abbink, Alain Gascon, „Parks, National", *EAE* IV, 114–117; Asebebe Regassa Debelo, *Wilderness or Home? Conflicts, Competing Perspectives and Claims of Entitlement over Nech Sar National Park,* Wien 2016; Guillaume Blanc, *Une histoire environnementale de la nation. Regards croisés sur les parcs nationaux du Canada, d'Éthiopie et de France,* Paris 2015.

Alain Gascon, Paris, Jon Abbink, Leiden

Glossar ausgewählter Namen und Begriffe

Da es keine verbindliche Festlegung für die Schreibung äthiopischer Namen und Begriffe im lateinischen Alphabet gibt, finden sich in der Literatur viele Schreibvarianten. Um etwas Ordnung in die verwirrende Vielfalt zu bringen, benutzen die Autoren eine vereinfachte Version des wissenschaftlichen Transkriptionssystems der Ge'ez-Schrift und der arabischen Schrift, wobei sie Akzentzeichen und diakritische Zeichen vermeiden, die den Leser verunsichern könnten. Allerdings müssen diese Zeichen dann erhalten bleiben, wenn Unterschiede in der Betonung angezeigt werden sollen. Im folgenden Glossar wird die akademische Umschrift zum Ge'ez und zur arabischen Schrift hinzugefügt.

Namen und Begriffe (Begriffe mit *)

Abun *: *Abun* አቡን andere Form von *Abuna* (*Abunä*) „Vater", Ehrentitel des Metropoliten der Äthiopisch-Orthodoxen Kirche

Addis Ababa: *Addis Abäba* አዲስ አበባ, oft „Addis Abeba"

Adwa: *ʿAdwa* ዐድዋ, ዓድዋ

Afawarqi („Afewerki"): *Afäwärqi* አፈወርቂ

Ahmad ibn Ibrahim, „Grany": *Aḥmad Ibn Ibrāhīm al-Ġāzī* (*Grañ*): احمد ابن ابراهيم الغازي

Alaqa *: *Aläqa* አለቃ Titel des Oberhauptes einer Hauptkirche

Al-Shabaab: *al-Šabāb*: الشباب

Amole *: *Amole* አሞሌ Salzbarren, traditionelle Form von Naturalgeld

Asmara: *Asmära* አሥመራ, አስመራ

Atse *: *Aṣe* አጼ Anrede und Bezeichnung des äthiopischen Kaisers

Awrajja *: *Awraǧǧa* አውራጃ Verwaltungseinheit, entsprechend einer Region, Teilregion, „Provinz"

Azmari *: *Azmari* አዝማሪ traditioneller äthiopischer Bänkelsänger, eigentlich ein *Masinqo*-Spieler

Bab al-Mandab: *Bāb al-Mandab*: باب المندب

Balabbat *: *Balabbat* ባላባት eigentlich „der einen Vater hat", Mitglied der herrschenden Klasse

Bale: *Bale, Balee* ባሌ

Barbare *: *Bärbärre* በርበሬ roter äthiopischer Pfeffer, getrocknet und zermahlen Grundlage scharfer Würze

Baselyos: *Basǝlyos* ባስልዮስ

Beni Shangul: *Beni* (*Bela*) *Šangul* ቤኒ (ቤላ) ሻንጉል

Berta: *Bärta, Berta* በርታ

Beta Esrael: *Betä Ǝsraʾel* ቤተ እስራኤል, oft „Beta Israel"

Birr *: *Bǝrr* ብር äthiopische Währungseinheit, ursprüngliche Bedeutung „Silber", zuerst für den Silberdollar oder Taler verwendet

Khat *: *Čat* ጫት immergrüner Strauch, dessen Blätter als Aufputschmittel gekaut werden

Dabr *: *Däbr* ደብር Klosterkirche bzw. das zugehörige Kloster

Dabra Berhan: *Däbrä Bǝrhan* ደብረ ብርሃን

Dabtara *: *Däbtära* ደብተራ Kleriker ohne Ordination, mit Zwischenstellung zwischen ordiniertem Klerus und den Laien, kirchlicher Schreiber

Daga *: *Däga* ዳጋ eine geoökologische Zone Äthiopiens, 2.300 m–3.000 m ü.d.M.

Dajjazmach *: *Däǧǧazmač* ደጃዝማች hoher militärischer Rang

Darg *: *Därg* ደርግ, oft „Derg", das die Macht ausübende Komitee des marxistischen Regimes

Dase: *Däse* ዳሴ, oft „Dessie"

Dire Dawa: *Dǝrre Dawa* ድሬ ዳዋ

Echage *: *Ǝččäge* እጨጌ Titel des Klostervorstehers von Dabra Libanos (*Däbra Libanos*), zugleich Oberhaupt des äthiopischen Mönchtums

Enjara *: *Ǝnǧära* እንጀራ Brotflade, aus *Tef* oder aus anderen Getreidearten

Ensat *: *Ǝnsät* እንሰት „falsche Banane", Kulturpflanze der südlichen und südwestlichen Hochländer

Ewostatewos: *Ewosṭatewos* ኤዋስጣቴዎስ

Falasha *: *Fälaša* ፈላሻ traditionelle Bezeichnung der Beta Esrael

Faranj *: *Färänǧ* ፈረንጅ Fremder, Ausländer

Fasika *: *Fasika* ፋሲካ Ostern, Passah, auch *Tensae* (*Tǝnsaʾe*) = „Auferstehung", bedeutendstes Fest der Äthiopisch-Orthodoxen Kirche

Fasiladas: *Fasilädäs* ፋሲለደስ

Fetha Nagast *: *Fǝtḥa Nägäśt* ፍትሐ ነገሥት „Gesetz der Könige"

Gabbar *: *Gäbbar* ገባር Steuern zahlender Kleinbauer

Gadaa *: Generationen-Zyklus, Altersgruppen-System traditioneller Oromo-Gesellschaften

Gadl *: *Gädl* ገድል „(geistlicher) Kampf, (heldenhaftes) Leben", Hagiographie eines/einer Heiligen, eine Hauptgattung der Geʾez-Literatur

Galawdewos: *Gälawdewos* ገላውዴዎስ

Geʾez *: *Gǝʿǝz* ግዕዝ klassische Literatursprache des christlichen Äthiopien, auch „Klassisch-Äthiopisch", „Altäthiopisch" oder „Äthiopisch"

Gebbi *: *Gǝbbi* ግቢ Anwesen, Palastkomplex, kaiserliche Residenz

Gondar: *Gondär* ጎንደር

Habash(i) *: *Ḥabaš(i)*: حبش، حبشي :arabischer Name für Äthiopien bzw. die Äthiopier

Harar: *Ḥarär* ሐረር

Hayla Sellase: *Ḥaylä Śǝllase* ኃይለ ሥላሴ, oft „Hayla Sellasie", „Haile Sellasie", „Haile Selassie"

Hijra *: *Hiǧra* هجرة: Emigration des Propheten Mohammed von Mekka nach Medina (622 n.Chr.), im äthiopischen Zusammenhang: die „1. Hijra" = Auswanderung früher Anhänger Mohammeds nach Äthiopien

Imam *: *Imām*: امام: Leiter des muslimischen Gebets in der Moschee, auch für einen politischen Führer

Isayas: *Isayǝyas* ኢሳይያስ, ኢሳይያስ አፍወርቂ

Jihad *: *Ǧihād*: جهاد: „Heiliger Krieg" gegen Nichtmuslime

Jijiga: *Ǧigiga* ጂጂጋ

Kahen *: *Kahǝn* ካህን Priester

Kantiba *: *Käntiba* ከንቲባ Titel des Bürgermeisters einer Stadt

Lalibala *Lalibäla* ላሊበላ, oft „Lalibela"

Lej *: *Lǝǧ* ልጅ Titel für die Söhne des Adels oder der kaiserlichen Familie

Leul *: *Lǝʿul* ልዑል Adelstitel für Prinzen des Kaiserhauses

Mallas Zenawi, „Meles Zenawi", *Mälläs Zenawi* መለስ ዜናዊ

Mamher *: *Mämhǝr* መምህር „Lehrer", Abt oder Vorsteher eines Klosters

Mengistu Haile Mariam: *Mängəstu Ḫaylä Maryam* መንግሥቱ፡ ኃይለ ማርያም

Masqal *: *Mäsqäl* መስቀል „Kreuz (Christi)", Fest der Kreuzerhöhung

Menilek (II.): *Mənəlik* ምንሊክ

Meqele: *Mäqälä* መቐለ, oft „Mekelle"

Metsewa: *Məṣəwwaˁ* ምጽዋዕ, oft „Massawa"

Mogadischu: *Mogadishu, Muqdisho*: مقديشو

Naftannya *: *Näfṭäñña* ነፍጠኛ Soldat der kaiserlichen Armee, in eroberten Regionen Südäthiopiens angesiedelt

Negus *: *Nəguś* ንጉሥ „König", „Herrscher", „Oberhaupt", „Befehlshaber", Titel des äthiopischen Monarchen, seit vorchristlichen Zeiten bezeugt

Negusa Nagast *: *Nəguśä Nägäśt* ንጉሠ ነገሥት „König der Könige"

Qabale *: *Qäbäle* ቀበሌ kleine administrative Verwaltungseinheit, „Unterbezirk", „Distrikt", „Anwohnervereinigung"

Kadi, Qadi *: *Qāḍī*: قاضي: Beamter oder Richter des *Sharia*-Gerichts

Qene *: *Qəne* ቅኔ poetische Gattung der Geʾez-Literatur, auch Zweig der traditionellen Ausbildung; in der Liturgie der Äthiopischen Kirche ein Hymnus, während der Eucharistiefeier von *Dabtara* improvisiert

Ras (*): *Ras* ራስ „Haupt", zweithöchster Rang und Titel (nach dem *Negus*) in der militärisch-feudalen Hierarchie des Kaiserreichs

Salam *: *Sälam* ሰላም „Friede", auch Grußformel; zugleich eine Gattung der Geʾez-Literatur, mit einem kurzen Hymnus des Gedenkens der Taten eines/einer Heiligen

Selte: *Səlṭe* ስልጤ

Semen: *Səmen* ስሜን, auch Samen: *Sämen* ሳሜን

Shamma *: *Šamma* ሻማ weites, Schalähnliches Kleidungsstück verschiedener Typen

Sharia *: *Šarīˁa*: شريعة: islamisches Recht mit einem umfassenden System juristischer Anleitung

Shawa: *Säwa* ሸዋ, auch „Shoa"

Shaykh *: *Šayḫ*: شيخ: Ehrentitel für herausragende und geachtete Männer der muslimischen Welt

Tabot *: *Tabot* ታቦት Altartafel oder -platte auf einer Altartruhe, auch „Bundeslade" nach der äthiopischen Bibel, sowohl für die Arche Noah als auch Lade für die Gesetzestafeln

Tajj *: *Ṭäǧǧ* ጠጅ alkoholisches Getränk, aus Honig hergestellt

Talla *: *Ṭälla* ጠላ Bier, aus verschiedenen Getreidesorten, hauptsächlich Gerste, hergestellt

Tankwa *: *Tankʷa* ታንኳ Boot aus dem Schilf der Papyruspflanze

Tef *: *Ṭef* ጤፍ Getreidesorte, äthiopische Zwerghirse

Tigray: *Təgray* ትግራይ, „Tegray"

Tigre: *Təgre* ትግሬ, „Tigre"

Tigrinnya: *Təgrəñña* ትግርኛ, „Tegrennya"

Temqat *: *Ṭəmqät* ጥምቀት ein Hauptfest der Äthiopischen Kirche zur Erinnerung an die Taufe Jesu

Tewodros: *Tewodros* ቴዎድሮስ

Wabi Shaballe: *Wabi Šäbälle* (Wabi Shabelle) ዋቢ ሸበሊ

Walayytta: *Wälaytta* ወላይታ

Warada *: *Wäräda* ወረዳ „Distrikt", kleinere Verwaltungseinheit

Wat *: *Wäṭ* ወጥ Begriff für verschiedene Arten von Eintopfgerichten

Wayna daga *: *Wäyna däga* ወይና ዳጋ eine geoökologische Zone Äthiopiens, in Höhen von 1.500 m bis 2.300 m ü.d.M.

Yeshaq: *Yəsḥaq* ይስሐቅ

Yohannes (IV.): *Yoḥannəs* ዮሐንስ

Zamana masafent *: *Zämänä mäsafənt* ዘመነ መሳፍንት „Zeit der Fürsten" (mit Bezug auf die biblische Geschichte), eine politische Periode zwischen 1769 und 1855

Zar *: *Zar* ዛር weit verbreitete Form von Besessenheit, von Äthiopien ausgegangen

Zara Yaeqob: *Zärʾa Yaʿəqob* ዘርአ ያዕቆብ

Zawditu: *Zäwditu* ዘውዲቱ፦

Transkription des Altäthiopischen (Ge'ez)

Das Altäthiopische (*Fidal*-Schrift) wird hier (mit wenigen Ausnahmen) in vereinfachter Umschrift geschrieben und dazu, wenn abweichend, in Klammern die Umschrift nach dem System der *Encyclopaedia Aethiopica* gesetzt.

ሀ	ሁ	ሂ	ሃ	ሄ	ህ	ሆ
ha	hu	hi	ha	he	he (hə)	ho
ለ	ሉ	ሊ	ላ	ሌ	ል	ሎ
la (lä)	lu	li	la	le	le (lə)	lo
ሐ	ሑ	ሒ	ሓ	ሔ	ሕ	ሖ
ha (ḥa)	hu (ḥu)	hi (ḥi)	ha (ḥa)	he (ḥe)	he (ḥə)	ho (ḥo)
መ	ሙ	ሚ	ማ	ሜ	ም	ሞ
ma (mä)	mu	mi	ma	me	me (mə)	mo
ሠ	ሡ	ሢ	ሣ	ሤ	ሥ	ሦ
sa (śä)	su (śu)	si (śi)	sa (śa)	se (śe)	se (śə)	so (śo)
ረ	ሩ	ሪ	ራ	ሬ	ር	ሮ
ra (rä)	ru	ri	ra	re	re (rə)	ro
ሰ	ሱ	ሲ	ሳ	ሴ	ስ	ሶ
sa (sä)	su	si	sa	se	se (sə)	so
ሸ	ሹ	ሺ	ሻ	ሼ	ሽ	ሾ
sha (šä)	shu (šu)	shi (ši)	sha (ša)	she (še)	she (šə)	sho (šo)
ቀ	ቁ	ቂ	ቃ	ቄ	ቅ	ቆ
qa (qä)	qu	qi	qa	qe	qe (qə)	qo
በ	ቡ	ቢ	ባ	ቤ	ብ	ቦ
ba (bä)	bu	bi	ba	be	be (bə)	bo
ቨ	ቩ	ቪ	ቫ	ቬ	ቭ	ቮ
va (ḇä)	vu (ḇu)	vi (ḇi)	va (ḇa)	ve (ḇe)	ve (ḇə)	vo (ḇo)
ተ	ቱ	ቲ	ታ	ቴ	ት	ቶ
ta (tä)	tu	ti	ta	te	te (tə)	to
ቸ	ቹ	ቺ	ቻ	ቼ	ች	ቾ
cha (čä)	chu (ču)	chi (či)	cha (ča)	che (če)	che (čə)	cho (čo)
ኀ	ኁ	ኂ	ኃ	ኄ	ኅ	ኆ
ha (ḫa)	hu (ḫu)	hi (ḫi)	ha (ḫa)	he (ḫe)	he (ḫə)	ho (ḫo)
ነ	ኑ	ኒ	ና	ኔ	ን	ኖ
na (nä)	nu	ni	na	ne	ne (nə)	no

ኛ	ኙ	ኚ	ኛ	ኜ	ኝ	ኞ
nya (ñä)	nyu (ñu)	nyi (ñi)	nya (ña)	nye (ñe)	nye (ñə)	nyo (ño)
አ	ኡ	ኢ	አ	ኤ	እ	ኦ
a ('a)	u ('u)	i ('i)	a ('a)	e ('e)	e ('ə)	o ('o)
ከ	ኩ	ኪ	ካ	ኬ	ክ	ኮ
ka (kä)	ku	ki	ka	ke	ke (kə)	ko
ወ	ዉ	ዊ	ዋ	ዌ	ው	ዎ
wa (wä)	wu	wi	wa	we	we (wə)	wo
ዐ	ዑ	ዒ	ዓ	ዔ	ዕ	ዖ
a ('a)	u ('u)	i ('i)	a ('a)	e ('e)	e ('ə)	o ('o)
ዘ	ዙ	ዚ	ዛ	ዜ	ዝ	ዞ
za (zä)	zu	zi	za	ze	ze (zə)	zo
ዠ	ዡ	ዢ	ዣ	ዤ	ዥ	ዦ
ja (žä)	ju (žu)	ji (ži)	ja (ža)	je (že)	je (žə)	jo (žo)
የ	ዩ	ዪ	ያ	ዬ	ይ	ዮ
ya (yä)	yu	yi	ya	ye	ye (yə)	yo
ደ	ዱ	ዲ	ዳ	ዴ	ድ	ዶ
da (dä)	du	di	da	de	de (də)	do
ጀ	ጁ	ጂ	ጃ	ጄ	ጅ	ጆ
ja (ǧä)	ju (ǧu)	ji (ǧi)	ja (ǧa)	je (ǧe)	je (ǧə)	jo (ǧo)
ገ	ጉ	ጊ	ጋ	ጌ	ግ	ጎ
ga (gä)	gu	gi	ga	ge	ge (gə)	go
ጠ	ጡ	ጢ	ጣ	ጤ	ጥ	ጦ
ta (ṭä)	tu (ṭu)	ti (ṭi)	ta (ṭa)	te (ṭe)	te (ṭə)	to (ṭo)
ጨ	ጩ	ጪ	ጫ	ጬ	ጭ	ጮ
cha (čä)	chu (ču)	chi (či)	cha (ča)	che (če)	cha (čə)	cho (čo)
ጰ	ጱ	ጲ	ጳ	ጴ	ጵ	ጶ
pa (ṗä)	pu (ṗu)	pi (ṗi)	pa (ṗa)	pe (ṗe)	pe (ṗə)	po (ṗo)
ጸ	ጹ	ጺ	ጻ	ጼ	ጽ	ጾ
tsa (ṣä)	tsu (ṣu)	tsi (ṣi)	tsa (ṣa)	tse (ṣe)	tse (ṣə)	tso (ṣo)
ፀ	ፁ	ፂ	ፃ	ፄ	ፅ	ፆ
tsa (śä)	tsu (śu)	tsi (śi)	tsa (śa)	tse (śe)	tse (śə)	tso (śo)
ፈ	ፉ	ፊ	ፋ	ፌ	ፍ	ፎ
fa (fä)	fu	fi	fa	fe	fe (fə)	fo
ፐ	ፑ	ፒ	ፓ	ፔ	ፕ	ፖ
pa (pä)	pu	pi	pa	pe	pe (pə)	po

ቈ		ቊ	ቋ	ቌ	ቍ	
qwa (qʷä)		qwi (qʷi)	qwa (qʷa)	qwe (qʷe)	qwe (qʷə)	
ኈ		ኊ	ኋ	ኌ	ኍ	
hwa (ḫʷä)		hwi (ḫʷi)	hwa (ḫʷa)	hwe (ḫʷe)	hwe (ḫʷə)	
ኰ		ኲ	ኳ	ኴ	ኵ	
kwa (kʷä)		kwi (kʷi)	kwa (kʷa)	kwe (kʷe)	kwe (kʷə)	
ጐ		ጒ	ጓ	ጔ	ጕ	
gwa (gʷä)		gwi (gʷi)	gwa (gʷa)	gwe (gʷe)	gwe (gʷə)	

Register wichtiger Namen und Begriffe

Das Register bietet wichtige Namen und Begriffe, ohne Berücksichtigung von „Äthiopien" und „Eritrea". Die Schreibung nordostafrikanischer Namen und Begriffe folgt den Regeln des Glossars, wobei die offizielle deutsche Schreibweise Vorrang hat. Lebende Personen werden in der von ihnen gewählten Form geschrieben. Ausdrücke nichteuropäischer oder antiker Sprachen sind kursiv gesetzt.

SUDAN

SÜDSUDAN

N

300   150   0   300 Km